PHAENOMENOLOGICA

SERIES FOUNDED BY H. L. VAN BREDA AND PUBLISHED UNDER THE AUSPICES OF THE HUSSERL-ARCHIVES

Series Editors

Julia Jansen, Husserl Archives, Leuven, Belgium
Stefano Micali, Husserl Archives, Leuven, Belgium

Editorial Board

R. Bernet, Husserl-Archives, Leuven, Belgium
R. Breeur, Husserl Archives, Leuven, Belgium
H. Leonardy, Centre d'études phénoménologiques, Louvain-la-Neuve, Belgium
D. Lories, CEP/ISP/Collège Désiré Mercier, Louvain-la-Neuve, Belgium
U. Melle, Husserl-Archives, Leuven, Belgium
J. Taminiaux, Centre d'études phénoménologiques, Louvain-la-Neuve, Belgium
R. Visker, Catholic Univerisity Leuven, Leuven, Belgium

Advisory Editors

R. Bernasconi, Memphis State University, Memphis, USA
D. Carr, Emory University, Atlanta, USA
E. S. Casey, State University of New York at Stony Brook, Stony Brook, USA
R. Cobb-Stevens, Boston College, Chestnut Hill, USA
J. F. Courtine, Archives-Husserl, Paris, France
F. Dastur, Université de Paris, Paris, France
K. Düsing, Husserl-Archiv, Köln, Germany
J. Hart, Indiana University, Bloomington, USA
K. Held, Bergische Universität, Wuppertal, Germany
K. E. Kaehler, Husserl-Archiv, Köln, Germany
D. Lohmar, Husserl-Archiv, Köln, Germany
W. R. McKenna, Miami University, Oxford, USA
J. N. Mohanty, Temple University, Philadelphia, USA
E. W. Orth, Universität Trier, Trier, Germany
C. Sini, Università degli Studi di Milano, Milan, Italy
R. Sokolowski, Catholic University of America, Washington, DC, USA
B. Waldenfels, Ruhr-Universität, Bochum, Germany

, SCOPE: Phaenomenologica is the longest running phenomenological book series world-wide. It was originally founded as a companion series to the Husserliana, and its first volume appeared in 1958. To this day, the series publishes studies of Husserl's work and of the work of related thinkers, investigations into the history of phenomenology, in-depth studies of specific aspects of phenomenology and phenomenological philosophy, and independent phenomenological research by scholars from all over the world. This unique series now unites several generations of phenomenologists, including Emmanuel Levinas, Jan Patočka, Eugen Fink, Roman Ingarden, Alfred Schutz, Bernhard Waldenfels and Marc Richir.

Initial inquiries and manuscripts for review should be sent directly to the attention of the Series Editors at phaenomenologica@kuleuven.be.

More information about this series at https://www.springer.com/series/6409

Alexandre Feron

Le Moment marxiste de la phénoménologie française

Sartre, Merleau-Ponty, Trần Đức Thảo

Préface de Renaud Barbaras

 Springer

Alexandre Feron
Membre associé des Archives Husserl
Paris, France

ISSN 0079-1350　　　　　　ISSN 2215-0331　(electronic)
Phaenomenologica
ISBN 978-3-030-70689-0　　　ISBN 978-3-030-70690-6　(eBook)
https://doi.org/10.1007/978-3-030-70690-6

© The Editor(s) (if applicable) and The Author(s), under exclusive license to Springer Nature Switzerland AG 2022
This work is subject to copyright. All rights are solely and exclusively licensed by the Publisher, whether the whole or part of the material is concerned, specifically the rights of translation, reprinting, reuse of illustrations, recitation, broadcasting, reproduction on microfilms or in any other physical way, and transmission or information storage and retrieval, electronic adaptation, computer software, or by similar or dissimilar methodology now known or hereafter developed.
The use of general descriptive names, registered names, trademarks, service marks, etc. in this publication does not imply, even in the absence of a specific statement, that such names are exempt from the relevant protective laws and regulations and therefore free for general use.
The publisher, the authors and the editors are safe to assume that the advice and information in this book are believed to be true and accurate at the date of publication. Neither the publisher nor the authors or the editors give a warranty, expressed or implied, with respect to the material contained herein or for any errors or omissions that may have been made. The publisher remains neutral with regard to jurisdictional claims in published maps and institutional affiliations.

This Springer imprint is published by the registered company Springer Nature Switzerland AG
The registered company address is: Gewerbestrasse 11, 6330 Cham, Switzerland

Préface
de Renaud Barbaras

Alors même que la question du marxisme s'est trouvée au cœur de la réflexion, comme de l'action, des figures majeures de la phénoménologie française, et ce de la fin de la guerre jusqu'au début des années 1960, aucune étude systématique ne lui avait encore été consacrée. Cette lacune considérable se trouve enfin comblée, et magnifiquement, par l'ouvrage d'Alexandre Feron. Celui-ci aborde en effet le problème du rapport entre phénoménologie et marxisme de manière systématique et exhaustive – la documentation mobilisée est considérable –, telle qu'il se formule et se déploie chez ces trois figures majeures de la philosophie française que sont Sartre, Merleau-Ponty et Trần Đức Thảo. Ce faisant, Alexandre Feron se situe à l'articulation de l'histoire de la philosophie et de l'histoire tout court, politique en particulier. Le résultat en est un texte passionnant de bout en bout, qui jette un jour neuf sur les trois auteurs traités, sur leur rapport à l'époque ainsi que leurs relations mutuelles. On y apprend beaucoup aussi sur l'époque elle-même, les débats théoriques intenses qui l'ont caractérisée, tout comme sur le mode de rapport des philosophes à la politique, dont l'intensité et l'intelligence ne peuvent que susciter une forme de nostalgie.

Reprenant à son compte la métaphore linguistique de Jean-Toussaint Desanti, Alexandre Feron caractérise le projet commun aux trois auteurs comme la recherche d'un métalangage susceptible d'assurer une traductibilité de ces trois champs théoriques que sont la philosophie, les sciences et la politique. Or, selon lui, tous trois partagent également la conviction de l'impossibilité de réaliser l'unification des champs à partir de l'une des trois langues ou des trois types de rationalité : la syntaxe commune ne peut procéder pour eux, au moins de 1944 à 1961, que d'une certaine articulation entre phénoménologie et marxisme. La synthèse à laquelle chacun des trois penseurs aspire doit donc permettre à la fois de surmonter l'éclatement des savoirs, notamment philosophiques et scientifiques, et de réconcilier le champ théorique et celui de la pratique. L'auteur distingue alors trois périodes, dont le découpage se justifie à la fois philosophiquement et historiquement. D'abord, la période de la Libération (1944–1947), marquée par la nécessité d'élaborer une philosophie de la révolution qui puisse accompagner et éclairer la transformation sociale ; ensuite, la séquence qui va de la Guerre froide jusqu'au milieu des années 1950, où l'exigence d'articulation perdure sous la forme de ce qu'il nomme un structuralisme génétique ; enfin, la dernière période, qui coïncide avec le processus de déstalinisation, est marquée, chez les deux penseurs qui restent en lice, par la dimension réflexive et critique de leur rapport au marxisme et par l'éloignement radical de leurs démarches respectives.

Il est évidemment impossible de restituer un travail d'une telle ampleur. Il faut néanmoins souligner à quel point les analyses développées à la lumière de la question du marxisme jette un éclairage neuf sur des auteurs que nous pensions bien connaître. Alors que les commentateurs ont beaucoup insisté jusqu'ici sur l'influence de Sartre sur Merleau-Ponty et sur le fait que celui-ci est jusqu'au bout en dialogue avec Sartre, l'auteur souligne tout autant l'influence considérable que Merleau-Ponty eut sur Sartre, notamment dans le champ proprement politique. Plus généralement, il met en évidence chez Sartre une forme de continuité et de cohérence là où on a surtout vu jusqu'alors des ruptures nettes. Dans cette perspective, il montre clairement comment on peut lire dans *L'Être et le Néant* une première tentative de faire droit à la spécificité de l'être social. De même, l'influence de Aron et de Heidegger sur la conception sartrienne de l'histoire, tout comme le processus d'élargissement au plan social et historique du concept de situation n'avaient jamais été mis en évidence de manière aussi convaincante. Cependant, c'est sans doute à propos de Merleau-Ponty que la mise en perspective historique proposée par l'auteur conteste le plus radicalement les interprétations établies et, à ce titre, appelle la discussion. Il montre très bien comment l'importance du marxisme aux yeux de Merleau-Ponty tient au fait qu'il ne s'agit pas seulement d'une nouvelle philosophie mais bien d'une nouvelle manière de faire de la philosophie. Selon cette formule de Marx que Merleau-Ponty reprend à son compte : « On ne peut pas réaliser la philosophie sans l'abolir ; on ne peut pas abolir la philosophie sans la réaliser »[1]. L'auteur prend alors le contre-pied de la lecture dominante en montrant que, loin que les textes politiques puissent être isolés des textes philosophiques, le marxisme joue au contraire un rôle fondamental dans l'élaboration de sa philosophie, au point qu'il en vient à parler d'un « scénario marxiste ». En vérité, cette ligne de lecture sera maintenue jusqu'au bout puisque l'auteur comprend l'ontologie finale elle-même comme la tentative de constitution d'un nouveau matérialisme dialectique, plus précisément de l'ontologie dialectique qui aurait manqué à Marx. De même, il montre très bien que ce qui motive l'investissement de Merleau-Ponty, « ce n'est pas tant le marxisme comme puissance de négation (ce qui sera le cas chez Sartre) que le marxisme comme possibilité concrète d'une synthèse effective, c'est-à-dire bien moins la révolution comme négation du monde ancien que le communisme comme établissement d'un monde nouveau réconcilié avec lui-même »[2]. Cette perspective lui permet de mettre en évidence le fait que les analyses de Merleau-Ponty débouchent sur une conception existentialo-gestaltiste de la corrélation, la *Gestalt* permettant de donner un sens à la conception marxiste de l'objet humain comme de l'histoire et de dépasser ainsi une série d'antinomies, aussi bien théoriques que pratiques. Ces analyses

---

[1] Cf. *infra*, p. 168.
[2] Cf. *infra*, p. 174.

débouchent sur une seconde partie, commandée par une hypothèse de lecture particulièrement intéressante, celle d'une réduction, au sens phénoménologique, du marxisme, qui élit un certain domaine d'objet afin de neutraliser les thèses naïves concernant l'histoire, dont l'effectivité et le mode d'être véritable sont toujours recouverts par les événements politiques et les représentations des agents[3]. Ce domaine d'objet sera celui de la langue, de sorte que la manière dont la linguistique pense le rapport entre synchronie et diachronie doit pouvoir éclairer le sens véritable de l'histoire, par-delà l'alternative entre un chaos « de bruit et de fureur » et une logique guidée par un principe transcendant.

C'est néanmoins à propos de Trần Đức Thảo que l'apport de ce livre est sans doute le plus considérable. Cet auteur peu connu, si ce n'est pour la magistrale introduction à la pensée de Husserl que constitue la première partie de *Phénoménologie et matérialisme dialectique*, y apparaît comme un philosophe à part entière, aussi original que puissant. Il n'y avait rien d'équivalent sur Trần Đức Thảo, dont la philosophie se trouve dès lors instituée comme telle par Alexandre Feron. Celui-ci montre très bien, dès la première partie de l'ouvrage, comment Trần Đức Thảo met en évidence une communauté d'inspiration entre phénoménologie et marxisme, qui recouvre à la fois une conception non réductionniste du réel, englobant par conséquent la dimension subjective, et l'insistance sur le fait qu'il est toujours le produit d'une activité humaine. D'autre part, par-delà leurs divergences fondamentales, les deux traditions de pensée sont toutes deux confrontées à une dualité insurmontable entre infrastructure et superstructure pour l'un, et conscience et réalité objective pour l'autre. L'auteur montre alors très bien comment Trần Đức Thảo a recours à la phénoménologie génétique husserlienne, qu'il connaissait particulièrement bien, pour rendre compte des phénomènes super-structurels sans les transformer en simples épiphénomènes. Comme il le remarque, « la phénoménologie génétique donne au marxisme la possibilité de tenir ensemble une compréhension précise de la genèse des superstructures à partir d'un fondement infra-structurel, tout en faisant droit à la consistance propre de ces superstructures, qui les rend irréductibles à leur fondement »[4]. Mais il montre aussi très bien comment cette théorie de l'*idéalisation secondaire*, qui porte sur la genèse des idéalités à partir de l'activité antéprédicative, appelait une théorie de l'*idéalisation primaire*, comme processus de genèse de l'être conscient à partir de l'être objectif non conscient, bref, de genèse du transcendantal lui-même.

C'est à ce niveau que se situe le chapitre 4 consacré à Trần Đức Thảo dans la seconde partie, niveau qui va conduire Trần Đức Thảo à dépasser la phénoménologie au profit du matérialisme dialectique. Ce chapitre est particulièrement éclairant, notamment sur la critique adressée à Kojève, tout comme à Husserl lui-même. Il s'agit alors de renverser l'idéalisme phénoménologique en mettant notamment au jour le fait que « le vécu n'est qu'un moment abstrait dans la dialectique du corps vivant agissant comme un tout »[5]. Or, l'auteur met en évidence le fait que ce

---

[3] Cf. *infra*, p. 306, p. 349.
[4] Cf. *infra*, p. 158.
[5] Cf. *infra*, p. 272.

renversement peut être compris comme une radicalisation de la phénoménologie. En effet, s'il est vrai que le caractère encore idéaliste de la phénoménologie tient au caractère inachevé de la réduction, le dépassement de cet idéalisme passera par une radicalisation de celle-ci, radicalisation qui consistera à découvrir au plus profond du sujet un mouvement dont il n'est pas l'origine mais seulement un produit. Ainsi, écrit-il, « La réduction phénoménologique révèle que le sens de l'être est d'être constitué par une conscience qui se présente comme fondement absolu : la réduction radicalisée révèle au contraire, à un niveau plus fondamental, que la conscience est *traversée* et *produite* par un processus de constitution qui n'est que le mouvement dialectique du monde lui-même »[6]. C'est pourquoi il en vient à dire à juste titre que le caractère d'être produit donne le sens d'être de l'être par-delà la corrélation, donc au-delà de l'être pour l'homme.

Cette approche du problème, par la voie génétique au sens husserlien, me paraît être la seule tentative convaincante de conciliation de la phénoménologie et du marxisme, parce que, contrairement à celles de Sartre et de Merleau-Ponty, elle ne lâche rien de part et d'autre. Mais, surtout, il me semble que, dans ces formulations que je viens de citer, nous sommes tout près du « point-sublime », c'est-à-dire du point où le dépassement de la phénoménologie par radicalisation se fait aussi dépassement du marxisme. En effet, ce processus de constitution dont nous provenons, si tant est qu'il ait bien une signification ontologique, ne peut être compris au sens simplement ontique du travail mais doit renvoyer à une auto-production de l'être même, autrement dit à un processus d'individuation qui est *ipso facto* un mouvement de phénoménalisation. C'est en ce point précis que la radicalisation de la phénoménologie dans la direction d'une genèse de l'idéalisation primaire, à savoir du sujet lui-même, converge avec une radicalisation du marxisme, radicalisation qui signifie sa sortie du cadre naïvement réaliste, sous la forme d'une détermination du procès de production comme procès de mondification, de devenir-monde du monde et donc de phénoménalisation. C'est alors la tentative de Fink en vue de l'élaboration d'une cosmologie phénoménologique, que Trần Đức Thảo connaissait bien, qui pourrait constituer le point où phénoménologie et marxisme se rencontrent vraiment en se radicalisant ou se dépassant, comme on voudra, si on veut bien entendre par marxisme une pensée de l'être comme production et de la conscience comme insérée dans cette production. Pour le dire autrement, la genèse de la conscience à partir de la dialectique du corps vivant n'est pensable qu'à la condition que le monde au sein duquel elle émerge soit déjà un monde phénoménal et non pas réel au sens naïf du réalisme, qu'il relève donc de ce que Patočka nommait, à la suite de Fink, la manifestation primaire – manifestation qui n'est pour personne et que les sujets peuvent reprendre à leur compte sur la base d'une inscription spécifique au sein de ce procès. En somme, l'idéalisation primaire n'est pensable qu'au sein d'un processus de production qui relève de la manifestation primaire et c'est alors dans l'articulation nécessaire de cette manifestation et de cette idéalisation que résiderait la vérité commune à la phénoménologie et au marxisme.

---

[6] Cf. *infra*, p. 275.

La conclusion est à la hauteur de l'ouvrage. L'auteur y développe d'abord l'idée, qui me paraît très juste, selon laquelle ces trois auteurs ont été post-structuralistes de manière anticipée, avant donc le structuralisme. D'autre part, il montre très bien comment, à travers cette tentative de synthèse entre phénoménologie et marxisme, c'est tout simplement la place même de la philosophie qui est en question. La description des trois options possibles pour la philosophie (repli sur son propre discours ; dissolution dans les autres rationalités – science et politique – dont elle devient un appendice ; affirmation de soi comme seule source du vrai) me paraît très pertinente et encore opératoire. Il me semble également très juste d'affirmer, comme le fait l'auteur, que l'une des spécificités des œuvres abordées dans ce livre est de n'avoir justement adopté aucune de ces options : les trois auteurs ne veulent en effet ni renoncer à l'ambition totalisante de la philosophie, ni ériger le discours philosophique en unique rationalité, ouverts qu'ils sont à d'autres discours. Il me semble, comme à l'auteur, que cette position permet de circonscrire aujourd'hui avec justesse la tâche de la philosophie. Cet ouvrage ne se contente donc pas de combler une lacune majeure, en quoi il constitue un apport décisif à l'histoire de la philosophie contemporaine : il fait authentiquement œuvre de philosophie.

Professeur à l'université Paris 1 Panthéon-Sorbonne   Renaud Barbaras

Contents

Partie I Fondation et Révolution. À la recherche d'une synthèse entre existentialisme et marxisme (1944–1947)

1 **Sartre ou la fondation existentialiste de la philosophie de la Révolution (1943–47)** 7
  1 DE LA CRITIQUE DU MATÉRIALISME DIALECTIQUE À L'EXISTENTIALISME RÉVOLUTIONNAIRE. 13
    1.1 Critique phénoménologique et existentialiste du matérialisme marxiste. 15
    1.2 Phénoménologie du militant révolutionnaire. 22
  2 EXISTENTIALISME ET MATÉRIALISME HISTORIQUE.. 28
    2.1 Esquisse d'une théorie existentielle du social............ 29
    2.2 La réduction de l'histoire à l'historicité. Aron, Heidegger et la conception existentialiste de l'histoire. ... 40
  3 SITUATION ET ENGAGEMENT. EXISTENTIALISME ET POLITIQUE MARXISTE. 52
    3.1 Le devenir politique de la notion de situation........... 53
    3.2 De l'engagement ontologique à l'engagement politique de l'écrivain. 57

2 **Trần Đức Thảo et la révision du marxisme par la phénoménologie. Vers un marxisme phénoménologique (1942–1947)**.............. 65
  1 GENÈSE DE L'INTENTION PHILOSOPHIQUE DE TRẦN ĐỨC THẢO................................ 68
    1.1 Trần Đức Thảo et l'introduction de la phénoménologie en France........................... 68
    1.2 De l'expérience de colonisé au marxisme. 71
    1.3 De la « Phénoménologie de la phénoménologie » à la synthèse entre marxisme et phénoménologie......... 76
  2 CRITIQUE DU MARXISME ET DE LA PHÉNOMÉNOLOGIE. 82

		2.1	Le sens authentique du marxisme et de la phénoménologie.	83
		2.2	Limites du marxisme et de la phénoménologie.	90
	3	\multicolumn{2}{l}{Vers un marxisme phénoménologique.}	95
		3.1	Genèse des superstructures. Marxisme et phénoménologie génétique.	97
		3.2	Histoire et lutte des classes. Existence et superstructures.	101
		3.3	Authenticité et engagement.	104

3 Merleau-Ponty et le « scénario marxiste ». Esquisse d'un existentialisme marxiste (1944–1948) 109

	1	\multicolumn{2}{l}{Genèse du « scénario marxiste » de Merleau-Ponty.}	112
		1.1	La découverte conjointe du marxisme et de la phénoménologie.	113
		1.2	L'appropriation merleau-pontyienne de Marx et de Husserl.	120
		1.3	La « vérité première » du marxisme et le scénario marxiste.	123
	2	\multicolumn{2}{l}{Les antinomies théoriques et leur dépassement.}	125
		2.1	Les antinomies du sujet. Praxis et existence.	126
		2.2	Les antinomies de l'objet. Gestalt et perspective marxiste.	133
		2.3	L'antinomie entre nature et humanité.	146
	3	\multicolumn{2}{l}{Les antinomies pratiques et leur dépassement. Phénoménologie de la politique marxiste.}	149
		3.1	L'humanisme marxiste et le problème de la politique.	150
		3.2	Antinomie entre fins et moyens : la politique comme art stratégique.	153
		3.3	La conception léniniste du parti et l'antinomie de l'action collective.	160

Partie II Genèse et structure. Crise de l'existentialisme marxiste et nouveaux paradigmes (1948–1954)

4 Trần Đức Thảo et la genèse matérialiste dialectique du transcendantal (1948–1952) 173

	1	\multicolumn{2}{l}{Du marxisme phénoménologique au matérialisme dialectique. Genèse d'une nouvelle problématique philosophique.}	180
		1.1	Sous la bannière du « matérialisme dialectique ».	181
		1.2	Le laboratoire hégélien.	184
	2	\multicolumn{2}{l}{La critique de la phénoménologie comme phénoménologie du matérialisme dialectique.}	193
		2.1	Dialectique de la phénoménologie de Husserl.	194
		2.2	L'échec de la phénoménologie.	197
		2.3	Le sens du dépassement de la phénoménologie.	202

	3	RECONSTRUCTION MATÉRIALISTE DIALECTIQUE DE LA PHÉNOMÉNOLOGIE : LA DIALECTIQUE MATÉRIALISTE COMME MOUVEMENT DU RÉEL.............................	206
		3.1 Les enjeux de la seconde partie.....................	207
		3.2 Le fondement matériel des structures transcendantales de l'humanité....................................	209
		3.3 De la dialectique de la nature à la dialectique des sociétés humaines................................	221
5	**Merleau-Ponty : Du « scénario marxiste » à l'*épochè* du marxisme. Approche linguistique du social et de l'histoire**.........		**229**
	1	LE SCÉNARIO MARXISTE À L'ÉPREUVE DE LA GUERRE FROIDE.....	236
		1.1 Phénoménologie du temps présent et *Gestalt* marxiste....	237
		1.2 « L'hypothèse Trotski ». À la recherche d'une nouvelle *Gestalt*..	242
		1.3 L'impossible troisième voie........................	245
	2	PHÉNOMÉNOLOGIE DU SUJET PARLANT COMME ACCÈS AU SOCIAL. SOCIOLOGIE MARXISTE, CULTURALISME ET LINGUISTIQUE..	247
		2.1 Individu et structure : comprendre l'efficace du social.....	249
		2.2 Statut ontologique de la totalité sociale : l'espace symbolique................................	252
		2.3 Langage généralisé et unité des sphères dans la culture....................................	255
	3	*PRAXIS* ET HISTOIRE : VERS UNE THÉORIE « SAUSSURIENNE » DE L'HISTOIRE ?	259
		3.1 Linguistique et marxisme : l'expérience de l'historicité....................................	261
		3.2 Dynamique linguistique et historique.................	265
		3.3 Le fondement de l'histoire : praxis et institution.........	268
		3.4 L'unité de l'histoire humaine.......................	272
6	**Sartre et la crise de l'existentialisme : Vers une synthèse entre marxisme et existentialisme (1948–1954)**.................		**279**
	1	VERS UNE NOUVELLE CONCEPTION DE L'HISTOIRE. À L'ÉCOLE DE MERLEAU-PONTY, DE HEGEL ET DE MARX........	287
		1.1 Esquisse d'une conception existentialiste dialectique de l'histoire......................................	288
		1.2 Phénoménologie du processus historique..............	294
	2	L'AUTRE ET LA NORME SOCIALE : ALIÉNATION ET SUBJECTIVITÉ...	297
		2.1 L'Autre comme présence intime du social : de l'aliénation à l'oppression........................	298

	2.2	Le social et son dehors. Inclusion de l'exclu, exclusion de l'inclus.	303
3		AU-DELÀ DE L'OPPOSITION ENTRE L'AVENTURIER ET LE MILITANT. LES AVENTURES D'UNE POLITIQUE « MERLEAU-PONTYIENNE ».	308
	3.1	La leçon de Merleau-Ponty. Esquisse d'une nouvelle subjectivité politique.	310
	3.2	De la troisième voie au Parti communiste. Repenser la classe et le rôle du parti.	314

Partie III   Histoire et dialectique entre crise et critique. Sens de l'histoire et avenir de la Révolution (1953–1961)

7   Merleau-Ponty : crise et aventures de la dialectique marxiste. De l'impensé du marxisme à l'ontologie dialectique 333

1		CRISE DU MARXISME. DU SCÉNARIO MARXISTE À L'IMPENSÉ DE MARX.	339
	1.1	Les symptômes : la crise du marxisme comme crise de la dialectique.	340
	1.2	Diagnostic : l'origine de la crise du marxisme selon Merleau-Ponty	344
	1.3	Sartre et la phase « ultra-bolcheviste » du marxisme.	348
2		DE L'IMPENSÉ DE MARX À UNE NOUVELLE ONTOLOGIE DIALECTIQUE.	350
	2.1	De l'institution à la dialectique. La dialectique comme logique de l'institution.	351
	2.2	De la nature à l'ontologie dialectique. Chair et dialectique de l'être.	361
3		DU BON DIVORCE ENTRE POLITIQUE ET PHILOSOPHIE. DE LA RÉVOLUTION À L'INSTITUTION.	367
	3.1	Institution et communisme. Ambiguïté de la révolution.	368
	3.2	L'avenir de la révolution. Réforme et sous-développement.	373

8   De la crise du marxisme à la *Critique de la Raison dialectique*. Vers une anthropologie structurelle et historique 381

1		MARXISME ET EXISTENTIALISME DANS L'ARCHITECTONIQUE DES SAVOIRS THÉORIQUES ET PRATIQUES.	387
	1.1	Symptômes : la philosophie de l'époque et la crise de l'humanité.	388
	1.2	Diagnostic : origine de l'objectivation du savoir et des hommes.	392
	1.3	Existentialisme et marxisme. L'idée d'une anthropologie structurelle et historique.	394
2		LE SENS DE L'EXPÉRIENCE CRITIQUE. PHÉNOMÉNOLOGIE ET MARXISME DANS LA MÉTHODE CRITIQUE DE SARTRE.	398
	2.1	La méthode critique. Entre Kant et Husserl.	398

	2.2	Le mouvement dialectique de l'abstrait au concret. Une phénoménologie hégélienne de l'anthropologie marxiste.	405
	2.3	Expérience dialectique et écriture dialectique.	408
3	Les notions fondamentales de la Critique de la Raison dialectique entre phénoménologie et marxisme.		413
	3.1	Refondation de la corrélation phénoménologique : *praxis* individuelle et champ pratique.	414
	3.2	L'ontologie sociale et la question de l'intentionnalité collective.	422
	3.3	Le sens de l'histoire.	430

Conclusion 437

Remerciements 449

Bibliographie 451

Index 473

Abréviations

Jean-Paul Sartre

EH :	*L'existentialisme est un humanisme*, Paris, Gallimard, 1996.
CDG :	*Carnets de la drôle de guerre (septembre 1939–mars 1940)*, Paris, Gallimard, 1995.
CPM :	*Cahiers pour une morale*, Paris, Gallimard, 1983.
CRD :	*Critique de la Raison dialectique. Tome I. Théorie des ensembles pratiques*, Gallimard, 1985.
CRD2 :	*Critique de la Raison dialectique. Tome II (inachevé). L'intelligibilité de l'Histoire*, Gallimard, 1985.
EN :	*L'Être et le Néant*, Paris, Gallimard. Nous donnons à chaque fois deux références : la première renvoie à la pagination de la collection « Bibliothèque des Idées » (1943), la seconde à celle de la collection « Tel » (1994).
QM :	*Questions de méthode*. Nous donnons deux références, la première à l'édition de poche (Paris, Gallimard, « Tel », 1986), la seconde à la *CRD* (Paris, Gallimard, 1985).
RQJ :	*Réflexions sur la question juive*, Paris, Gallimard, Folio-Essais, 1954.
SG :	*Saint Genet : comédien et martyr*, Paris, Gallimard, 1952.
SI :	*Situations, I. Critiques littéraires*, Paris, Gallimard, Folio-Essais, 1993.
	IFPHI : « Une idée fondamentale de la phénoménologie de Husserl : l'intentionnalité ».
SII :	*Situations, II. Littérature et engagement*, Paris, Gallimard, 1999.
	PTM : « Présentation des *Temps Modernes* ».
	QL : *Qu'est-ce que la littérature ?*
SIII :	*Situations, III. Lendemains de guerre*, Paris, Gallimard, 2003.
	M&R « Matérialisme et révolution ».
	ON : « Orphée noir ».

SIV :	*Situations, IV. Portraits*, Paris, Gallimard, 1964.
	MPV : « Merleau-Ponty vivant ».
SV :	*Situations, V. Colonialisme et néo-colonialisme*, Paris, Gallimard, 1964.
SVI :	*Situations, VI. Problèmes du marxisme, 1*, Paris, Gallimard, 1964.
	FSFL : « Faux savants ou faux lièvres ».
	C&P : « Les communistes et la paix ».
SVII :	*Situations, VII. Problèmes du marxisme, 2*, Paris, Gallimard, 1965.
	FdS : « Le fantôme de Staline ».
SVIII :	*Situations, VIII. Autour de 68*, Paris, Gallimard, 1972.
SIX :	*Situations, IX. Mélanges*, Paris, Gallimard, 1972.
SX :	*Situations, X. Politique et autobiographie*, Paris, Gallimard, 1976.

Maurice Merleau-Ponty

AD :	*Les aventures de la dialectique*, Paris, Gallimard, Folio-Essais, 2000.
Causeries :	*Causeries 1948*, Paris, Le Seuil, 2002.
Dial. :	« La philosophie dialectique » (Cours au Collège de France, 1955–56). Ce cours n'a pas encore été publié, mais nous avons pu utiliser la transcription de D. Belot et J.-F. Narboux.
EntCharb :	*Entretiens avec Charbonnier et autre dialogues, 1946–1959*, Lagrasse, Éditions Verdier, 2016.
EP :	*Éloge de la philosophie et autre essais*, Paris, Gallimard, 1989.
HT :	*Humanisme et terreur. Essai sur le problème communiste*, Paris, Gallimard, Idées, 1980.
Instit. :	« L'institution dans l'histoire personnelle et publique » (Cours au Collège de France, 1954–55), dans *L'institution, la passivité. Notes de cours au Collège de France (1954–1955)*, Paris, Belin, 2003.
Passiv. :	« Le problème de la passivité. Le sommeil, l'inconscient, la mémoire » (Cours au Collège de France, 1954–55), dans *L'institution, la passivité. Notes de cours au Collège de France (1954–1955)*, Paris, Belin, 2003.
MSME :	*Le monde sensible et le monde de l'expression. Cours au Collège de France. Notes, 1953*, Genève, Métis Presses, 2011.
Nature :	*La Nature. Notes. Cours du Collège de France*, Paris, Le Seuil, 1995.
Notes de cours :	*Notes de cours au Collège de France 1958–1959 et 1960–1961*, Paris, Gallimard, 1996.
PhP :	*Phénoménologie de la perception*, Paris, Gallimard, 1945.
PM :	*Prose du monde*, Paris, Gallimard, 1969.

Abréviations

P1 : *Parcours, 1935–1951*, Lagrasse, Éditions Verdier, 1997.
   HuEng :   « Human Engineering. Les nouvelles techniques "humaines" du Big Business Américain ».
P2 : *Parcours deux, 1951–1961*, Lagrasse, Verdier, 2000.
   TiTra :   « Titres et travaux – projet d'enseignement ».
   Inéd –   « Un inédit de Maurice Merleau-Ponty ».
RC : *Résumés de Cours. Collège de France. 1952–1960*, Paris, Gallimard, 1968.
SNS : *Sens et non-sens*, Gallimard, 1996.
   PV :   « Pour la vérité ».
   QE :   « La querelle de l'existentialisme ».
   M&P :   « Marxisme et philosophie ».
   FBF :   « Foi et bonne foi ».
SC : *La structure du comportement*, Paris, PUF, 1977.
   Signes, Paris, Gallimard, Folio-Essais, 2001.
   SPL :   « Sur la phénoménologie du langage ».
   PhiSoc :   « Le philosophe et la sociologie ».
   ComAnt [PP] :   « Communisme et anticommunisme [La politique paranoïaque] ».
   JNV [URSS] :   « Les jours de notre vie [L'URSS et les camps] ».
   LIVS :   « Le langage indirect et les voix du silence ».
   MH [NM] :   « Machiavélisme et humanisme [Note sur Machiavel] ».
   HoAdv :   « L'homme et l'adversité ».
Sorb : *Psychologie et pédagogie de l'enfant. Cours de Sorbonne 1949–1952*, Lagrasse, Éditions Verdier, 2001.
   CAL :   « La conscience et l'acquisition du langage ».
   SHP :   « Les sciences de l'homme et la phénoménologie ».
VI : *Le visible et l'invisible*, Paris, Gallimard, 1964.

Trần Đức Thảo

EMD :   « Existentialisme et matérialisme dialectique », *RMM*, vol. 58, n°3–4, 1949, p. 317–329.
FH :   *La formation de l'homme* (1986), édité par l'Association d'amitié franco-vietnamienne (des extraits de la Préface sont transcrits dans l'Annexe VII).
M&P :   « Marxisme et phénoménologie », *La revue internationale*, n°2, jan-fév 1946, p. 168–174.
NB :   « Note biographique » (1984), *LTM*, n°568, nov. 1993, p. 144–153.
ORPH :   « Les origines de la réduction phénoménologique chez Husserl » (1944), *Deucalion*, n°3, 1950, p. 128–142.
PECR :   « La *Phénoménologie de l'Esprit* et son contenu réel », *LTM*, n°36, sept 1948, p. 492–519.

PMD : *Phénoménologie et matérialisme dialectique*, Paris, Éditions des Archives Contemporaines, 1992. Cette édition est un fac-similé de la première édition de 1951 (Paris, Minh Tân, 1951).
QC : « Questions du communisme. Réponse de Trần Đức Thảo à une enquête de R. Stéphane », *Confluences*, n°18–20, 1947, p. 276–287.

Martin Heidegger

SZ : *Être et Temps*. Nous privilégions, quand cela est possible, les extraits traduits par H. Corbin (*Qu'est-ce que la métaphysique ? suivi d'extraits sur l'être et le temps et d'une conférence sur Hölderlin*, Paris, Gallimard, 1938), dont la traduction était la seule disponible à l'époque. Pour les autres passages, nous nous référons à la traduction d'E. Martineau (Paris, Authentica, 1985), en indiquant la pagination de l'édition allemande (qui figure en marge du texte traduit par Martineau).

Edmund Husserl

RL : *Recherches logiques*, trad. H. Elie, L. Kelkel et R. Schérer, Paris, PUF, 1958.
LPCIT : *Leçons pour une phénoménologie de la conscience intime du temps*, Paris, PUF, 1965.
Ideen I : *Idées directrices pour une phénoménologie. Livre premier, Introduction générale à la phénoménologie pure*, trad. P. Ricœur, Paris, Gallimard, 1950.
Ideen II : *Idées directrices pour une phénoménologie et une philosophie phénoménologique pures. Livre second, Recherches phénoménologiques pour la constitution*, trad. E. Escoubas, Paris, PUF, 1996.
LFLT : *Logique formelle et logique transcendantale*, trad. S. Bachelard, Paris, PUF, 2009.
MC : *Méditations cartésiennes. Introduction à la phénoménologie*, trad. G. Peiffer et E. Levinas, Paris, Vrin, 1947. Nous utilisons cette traduction, qui constitue jusqu'en 1950 l'unique édition disponible de ce texte.
Krisis : *La crise des sciences européennes et la phénoménologie transcendantale*, trad. G. Granel, Paris, Gallimard, 1976.
EJ : *Expérience et jugement*, trad. D. Souche, Paris, PUF, 1970.

Karl Marx

Contrib. : *Contribution à la critique de l'économie politique*, trad. G. Fondu et J. Quétier, Paris, Éditions sociales, 2014.
CCPDH : *Contribution à la critique de la philosophie du droit de Hegel*, trad. V. Béguin, A. Bouffard, P. Guerpillon et F. Nicodème, Paris, Éditions sociales, 2018.
M44 : *Manuscrits économico-philosophiques de 1844*. Nous utilisons deux traductions : celle de J. Molitor (« Économie, politique et philosophie », dans *Œuvres philosophiques*, t. VI, Paris, Éditions Costes, 1937) parce qu'il s'agit de l'édition dans laquelle nos auteurs lisent le texte, et celle plus récente de F. Fischbach (Paris, Vrin, 2007).
KI : *Le Capital. Critique de l'économie politique. Livre Premier, Le procès de production du capital*, trad. dirigée par J.-P. Lefebvre, Paris, Éditions sociales, 1983.

Karl Marx et Friedrich Engels

IA : *Idéologie allemande*, trad. G. Fondu et J. Quétier, Paris, Éditions sociales, 2014.
MPC : *Manifeste du parti communiste*, trad. E. Bottigelli, Paris, GF Flammarion, 1998.
SF : *La sainte famille ou Critique de la critique, contre Bruno Bauer et consorts*, Traduction d'E. Cogniot, Paris, Éditions sociales, 1969.

Friedrich Engels

AD : *Anti-Dühring. M. E. Dühring bouleverse la science*, trad. E. Bottigelli, Paris, Éditions sociales, 1950.
DN : *Dialectique de la Nature*, trad. E. Bottigelli, Paris, Éditions sociales, 1952.
LF : *Ludwig Feuerbach et la fin de la philosophie classique allemande*, trad. E. Bottigelli, Paris, Éditions sociales, 1979.

Simone de Beauvoir

FA : *La force de l'âge*, Paris, Gallimard, 1960.
FC : *La force des choses*, Paris, Gallimard, 1963.

Revues

LTM :   *Les Temps Modernes*
NC :   *La Nouvelle Critique*
RI :   *La revue internationale*
RMM :   *Revue de métaphysique et de morale*

Introduction

« J'ai sué sang et eau pour trouver les *choses mêmes* [*die Sachen selbst zu finden*] »
(Marx à Engels, 24 août, 1867[1]).

Tout semble opposer le matérialisme historique issu de Marx et d'Engels et la phénoménologie, courant philosophique fondé par Husserl : alors que le premier mot d'ordre méthodologique de l'un est de dépasser le point de vue nécessairement illusoire de la conscience, celui de l'autre est de s'en tenir « aux choses mêmes » telles qu'elles apparaissent à cette conscience ; alors que l'un cherche à transformer le monde, l'autre ne vise rien d'autre qu'à le dévoiler tel qu'il se manifeste en lui-même et à l'interpréter dans son sens d'être. Pourtant, entre la fin de la Seconde Guerre mondiale et le début des années soixante, les représentants les plus importants du courant phénoménologique en France estiment, à divers degrés, non seulement qu'il est nécessaire de se confronter au marxisme, mais que l'articulation de ces deux traditions de pensée constitue l'un des enjeux principaux de la philosophie dans le monde contemporain.

L'étrangeté de cette perspective n'a pas manqué de frapper de nombreux contemporains. Le marxiste P. Naville considère l'idée « saugrenue », l'entreprise « impossible »[2], et les réalisations effectives artificielles et peu concluantes[3]. Dans une conférence de 1946 sur « Marxisme et existentialisme » (dans l'immédiat après-guerre les termes d'existentialisme et de phénoménologie sont souvent utilisés l'un pour l'autre), R. Aron, encore tout imprégné par sa formation phénoménologique,

---

[1] K. Marx et F. Engels, *Lettres sur « Le Capital »*, Paris, Éditions sociales, 1964, p. 174.

[2] « Marx ou Husserl – quelle alternative saugrenue ! Voilà la première réflexion que fera sans doute tout marxiste. Et cependant ce dilemme est posé, quelquefois par des hommes que toute leur sincérité pousse à vouloir "conserver" ce qui chez Marx s'est révélé de valeur sûre, tout en le "complétant" par des données empruntées ailleurs [...]. Quantité d'articles et revues ou de journaux, ou même de livres, ont invité leurs lecteurs à rechercher l'impossible conciliation du marxisme et de la philosophie phénoménologique ou existentielle » (P. Naville, « Marx ou Husserl » (I), *La revue internationale*, n°3, mars 1946, p. 227).

[3] « En général il s'agit de commentaires assez indécis appuyés sur un stock mal digéré de quelques dizaines de citations de Marx ou d'Engels, et d'autant de citations de Husserl ou de Heidegger » (*id.*).

abonde pourtant dans le même sens, et se propose de montrer « pourquoi il y a une impossibilité foncière à se dire simultanément existentialiste et marxiste, pourquoi ces deux philosophies, dans leurs intentions, dans leurs origines et dans leurs fins profondes demeurent incompatibles »[4]. H. Spiegelberg, qui reste le principal historien du mouvement phénoménologique, estime pour sa part que « le lien entre existentialisme phénoménologique et marxisme est purement contingent [*merely incidental*] et s'explique par la situation concrète de l'intellectuel français »[5]. Synthèses impossibles, contradictoires et artificielles, les tentatives d'articulation du marxisme et de la phénoménologie sont souvent jugées peu sérieuses, et comme ne relevant pas d'un projet théorique cohérent.

Nous avons choisi au contraire de prendre au sérieux cette entreprise qui structure de manière centrale le champ philosophique et intellectuel en France pendant près de vingt ans. Elle est au cœur des productions théoriques de certains des représentants les plus originaux et féconds de la philosophie française au XXe siècle : Maurice Merleau-Ponty (1908–1961), Jean-Paul Sartre (1905–1980) et Trần Đức Thảo[6] (1917–1993), dont les pensées sont toutes les trois initialement marquées par la phénoménologie husserlienne, acquièrent en effet chacun la conviction que le sort non seulement de la phénoménologie, mais plus largement de la philosophie repose sur une confrontation avec la pensée marxiste et sur son assimilation. Derrière ces trois figures de premier plan qui sont l'objet principal de notre étude, se trouve toutefois une série de figures philosophiques moins visibles, qui n'ont certes pas proposé des contributions théoriques aussi décisives, mais qui, durant cette période, ont néanmoins été animées par ce questionnement (S. de Beauvoir, J. Beaufret, J.-T. Desanti, P. Ricœur, F. Alquié, M. Dufrenne, J. Hyppolite, J. Domarchi, Cl. Lefort, J.-F. Lyotard, M. Foucault, etc.). Si en 1945, J. Beaufret estime qu'« existentialisme et marxisme sont les deux composantes fondamentales de notre temps » et se demande « si le marxisme authentique n'exige pas du dedans de lui-même quelque chose comme l'existentialisme »[7], en 1952, A. De Waehlens considère encore, pour sa part, que « confronter la phénoménologie et le marxisme paraît, à n'en pas douter, l'une des tâches les plus urgentes et les plus riches de la philosophie

---

[4] R. Aron, « Marxisme et existentialisme » (1946), *Marxismes imaginaires. D'une sainte famille à l'autre*, Paris, Gallimard, 1970, p. 38.

[5] H. Spiegelberg, *The Phenomenological Movement. A Historical Introduction*, La Haye, Boston, London, Martinus Nijhoff, 1982 [1re éd. 1960], p. 446.

[6] Si Sartre et Merleau-Ponty peuvent être désignés sans difficulté par leur nom de famille, le cas de Trần Đức Thảo est plus délicat. Les noms vietnamiens sont en effet composés de trois éléments, dont le premier (« Tran ») est le patronyme, le second (« Duc ») est un nom intercalaire qui renvoie traditionnellement à une « lignée », et le troisième (« Thảo ») correspond au « prénom ». Il nous semble, de ce fait, guère possible de se référer à lui (comme on le fait souvent) au moyen de son seul « prénom ». Mais il nous semble tout aussi peu envisageable de le désigner comme « Tran » : non seulement parce que la référence n'est pas transparente, mais surtout parce que le système de désignation ne fonctionne pas au Vietnam exactement de la même manière qu'en Occident (le « prénom » est bien plus souvent utilisé pour se référer aux individus, même dans ces cadres officiels). Nous avons donc choisi de le désigner au moyen de son nom complet.

[7] J. Beaufret, « Existentialisme et marxisme » (1945), *Introduction aux philosophies de l'existence. De Kierkegaard à Heidegger*, Paris, Éditions Denoël, 1971, p. 65–66 et p. 76–77.

actuelle »[8]. C'est donc toute une période décisive de la philosophie française du XXe siècle qui reste obscure tant que les raisons et les enjeux de ce projet de cette synthèse ne sont pas élucidés.

Nous nous proposons de retracer cette aventure philosophique originale qui se déroule entre la fin de l'Occupation (moment où vient se cristalliser et s'affirmer le projet) et le début des années soixante, période durant laquelle la tentative d'articulation entre le marxisme et la phénoménologie cesse d'être dominante dans le champ intellectuel et philosophique. Il s'agit de comprendre *pourquoi* et *comment* ces deux traditions de pensée, en apparence opposées, ont pu se rencontrer, ainsi que les modalités précises de leur articulation.

1. LES TROIS LANGUES ET L'UNIFICATION DES CHAMPS PHILOSOPHIQUE, SCIENTIFIQUE ET POLITIQUE.

Afin de cerner la spécificité de cette configuration intellectuelle et les enjeux propres de l'articulation entre phénoménologie et marxisme, nous partirons d'un texte de J.-T. Desanti dans lequel celui-ci décrit sa propre situation intellectuelle de l'époque. Dans la « Postface en guise d'avant-propos » de la nouvelle édition de *Phénoménologie et praxis*[9], Desanti utilise une métaphore pour rendre compte de la manière dont se structure son « champ théorique » entre 1943 et 1958. Ce dernier serait, selon lui, partagé en « trois langues » distinctes : une langue *philosophique* (la phénoménologie husserlienne), une langue *scientifique* (les mathématiques), et une langue *politique* (le marxisme-léninisme du Parti communiste)[10]. Ces langues ne s'accordent pas entre elles (elles sont à proprement parler intraduisibles les unes dans les autres) et ne constituent pas un espace théorique cohérent. Devenu « Philosophe de parti », Desanti emploie certes de manière prépondérante la langue politique : l'activité du Parti communiste, « lieu où venaient s'enraciner et se motiver [ses] démarches intellectuelles », peut même lui apparaître comme le « foyer universel où s'élaborait la rationalité ». Cependant, cette langue, écrit-il, ne s'est jamais entièrement substituée aux autres langues, lesquelles jouissent encore, dans leurs domaines respectifs (mais fortement circonscrits), d'une indépendance absolue – constituant ainsi autant

---

[8] A. De Waehlens, « *Phénoménologie et matérialisme dialectique*, Trần Đức Thảo », *Critique*, n°56, p. 85.

[9] J.-T. Desanti, « Postface en guise d'avant-propos », *Introduction à la phénoménologie*, Paris, Gallimard, « Idées », 1976, p. 11–16. L'ouvrage a une histoire éditoriale complexe. Il s'agit à l'origine de la reprise d'une série de conférences que J.-T. Desanti présente aux étudiants de l'Union des étudiants communistes (UEC) en 1962–63 et publie sous le titre *Phénoménologie et praxis* (Éd. sociales, 1963). En 1976 l'ouvrage est republié à l'identique mais avec le nouveau titre d'*Introduction à la phénoménologie* et une « Postface en guise d'avant-propos » (rédigée en 1973). Une troisième édition paraît enfin en 1994 : Desanti supprime à cette occasion à la fois l'Introduction de 1963 et la « Postface en guise d'avant-propos » de 1976, et ajoute une nouvelle introduction (*Introduction à la phénoménologie*, Paris, Gallimard, « Folio Essais », 1994, p. 9–44).

[10] J.-T. Desanti, *op. cit.*, p. 12–15.

d'enclaves souterraines imperméables à la langue politique. De fait, Desanti avoue qu'il ne cherche pas à donner une cohérence d'ensemble à son « champ théorique » :

> Quant à unifier mon « champ théorique », à chercher une syntaxe unitaire capable d'organiser mes « trois langues », cela me paraissait une entreprise spéculative totalement privée d'intérêt[11].

C'est en revanche précisément cette entreprise qu'ont poursuivi, pendant près de vingt ans, les trois auteurs dont nous allons nous occuper. Merleau-Ponty, Sartre et Trần Đức Thảo se distinguent en effet de Desanti en ceci qu'ils refusent le régime de séparation des langues, et s'efforcent au contraire d'unifier leur « champ théorique » au moyen d'une « syntaxe commune » qui puisse faire communiquer les langues philosophique, scientifique et politique.

Nous nous proposons de reprendre cette métaphore linguistique et d'en faire notre fil conducteur pour étudier les tentatives de synthèse entre marxisme et phénoménologie entre 1944 et 1961. Si cette métaphore semble opératoire à un certain niveau de généralité, en permettant notamment de saisir la spécificité des projets théoriques de nos trois auteurs par rapport à d'autres penseurs contemporains ou postérieurs, il nous faudra cependant la mettre à l'épreuve des élaborations (et rééélaborations) théoriques particulières que Sartre, Merleau-Ponty et Trần Đức Thảo proposent à chaque moment de cette séquence historique. Ainsi, pour autant que nous acceptons de nous inscrire, au moins au départ, dans ces coordonnées conceptuelles, nous pouvons caractériser le projet théorique de nos trois auteurs comme celui d'élaborer une « syntaxe commune » à même d'organiser en un système cohérent les discours et pratiques hétérogènes qui structurent différents champs de l'existence humaine, à savoir le champ philosophique, le champ scientifique et le champ politique. Une telle « syntaxe », qui peut prendre, comme nous le verrons, une grande variété de formes (unification des méthodes, des concepts, des thèses, des discours, des objectifs pratiques, etc.), vise à compenser ou à contrecarrer les logiques spécifiques à l'œuvre dans ces champs – logiques d'autonomisation qui conduisent chaque champ à développer des discours et des pratiques de plus en plus étrangers à ceux des autres[12]. Ainsi s'agit-il d'assurer, d'un point de vue à la fois théorique et pratique, la mise en relation, la traductibilité et peut-être même la réunification de ces différentes sphères. À travers la métaphore linguistique employée par Desanti, nous pouvons alors voir que le problème qu'affrontent ces philosophes est celui des différentes formes de *rationalité* qui structurent ces grands domaines ou régions de l'existence humaine : est-ce que ces différences sont insurmontables de sorte que l'existence humaine sera toujours clivée entre des rationalités hétérogènes ? Ou bien est-il possible d'unifier ces rationalités ? Mais cette unification

---

[11] J.-T. Desanti, *op. cit.*, p. 14.

[12] Dans *Le philosophie et pouvoirs*, J.-T. Desanti prolonge les analyses de 1976 en ajoutant une dimension ethnologique à la métaphore linguistique : chaque langue renvoie à une « tribu » particulière pour laquelle tous les autres sont des « sauvages » ou des « barbares » (J.-T. Desanti, *Le philosophe et les pouvoirs (et autres dialogues)*, Paris, Hachette Littératures, 2008 [1re éd. 1976], chap. 1 « Le philosophe et les barbares », p. 11–42).

sera-t-elle alors le résultat de l'absorption, par l'une des rationalités, des deux autres, de sorte que l'une d'entre elles serait le véritable foyer universel où s'élabore la rationalité ? Ou bien doit-on trouver une autre rationalité à même de les unifier toutes et de leur donner leur sens véritable ?

La réflexion de chacun de ces trois auteurs nous semble avoir pour point commun (quoiqu'à des degrés différents et selon des modalités différentes) de combiner l'exigence d'une telle unification et la conviction de l'impossibilité de réaliser cette unification à partir d'un seul des trois champs (qui imposerait sa « langue » et sa rationalité propre aux autres). La première conséquence d'une telle position est que la philosophie ne constitue donc pas un métalangage à même d'assurer la communication entre les différents champs, et qu'elle n'est pas la rationalité supérieure qu'elle a longtemps prétendu incarner : la philosophie n'est qu'une rationalité parmi d'autres, une langue parmi d'autres, et non le foyer universel de la rationalité[13]. C'est peut-être là ce qui sépare fondamentalement leurs projets théoriques respectifs de ceux de Husserl et de Heidegger, qui continuent à poser la philosophie seule comme foyer universel de rationalité. Nos trois auteurs reconnaissent au contraire la contestation de l'hégémonie philosophique portée par les sciences et la politique, ainsi que la relativisation de la philosophie qui en résulte. Depuis Descartes, la philosophie se voit en effet progressivement contrainte de renoncer à sa place de « reine des sciences », à mesure qu'émergent de nouveaux savoirs spécialisés développant avec succès leurs propres approches méthodologiques et conceptuelles. Sartre, Merleau-Ponty et Trần Đức Thảo donnent ainsi chacun une place fondamentale aux savoirs positifs (des sciences naturelles, mais surtout des sciences humaines) : plutôt que de dicter ses conditions aux autres savoirs, la philosophie se met au contraire en partie à leur école et se laisse transformer par leurs résultats. Mais l'ancienne prétention de la philosophie n'est pas contestée seulement par l'autonomisation des sciences : elle l'est également par la mise en lumière de l'inscription temporelle et historique de la rationalité philosophique ainsi que de son rôle politique inavoué de défense (et possiblement de contestation) d'un ordre établi. Cette dimension « idéologique » de la philosophie, révélée de manière éclatante par le marxisme au cœur du XIXe siècle et, plus immédiatement dans le contexte français, par l'essai de P. Nizan *Les chiens de garde*[14], ne conduit pas tant à la disqualifier qu'à lui donner un nouveau statut : la philosophie doit dépasser sa position classique hors du monde et assumer son rôle et sa responsabilité sociale et politique – ce qui revient à la nécessité de prendre en compte une autre rationalité que la sienne, une rationalité de type politique, sociale, collective.

Cependant, pas plus que la philosophie, les autres rationalités ne peuvent s'ériger en métalangage et rationalité suprême. La science est en effet revenue de l'optimisme scientiste qu'elle avait au XIXe siècle, lorsqu'elle se voyait en mesure de se constituer en foyer unique et universel de rationalité. La crise des sciences ouverte depuis le début du XXe siècle met en lumière les limites de la rationalité positiviste

---

[13] En cela, ils refusent ce que J.-T. Desanti appelle « l'ethnocentrisme philosophique » (J.-T. Desanti, *Le philosophe et les pouvoirs*, op. cit., p. 27).
[14] P. Nizan, *Les chiens de garde*, Marseille, Agone, 2012 [1re éd. 1932].

ou analytique, et conduit à un éclatement méthodologique ainsi qu'à une dispersion des savoirs spécialisés – « crise de la raison », qui marque profondément la philosophie française de l'entre-deux-guerres, époque de la formation intellectuelle et des débuts philosophiques de nos trois auteurs[15]. Mais la contestation de la prétention scientiste émane également de la sphère sociale et politique. Le marxisme, le développement d'une épistémologique critique et historique, ainsi que les conséquences des inventions scientifiques (explosifs, armes chimiques, jusqu'à la bombe nucléaire, mais aussi inventions techniques qui transforment le mode d'existence des individus) rendent ensuite manifeste le lien entre savoirs et société, et le rôle nécessairement politique que joue la science (qu'elle le veuille ou non). De ce fait, non seulement la science ne peut étendre sa propre rationalité à d'autres domaines, mais cette rationalité est elle-même contestée et relativisée.

Enfin, la politique a dû elle aussi renoncer à se constituer en rationalité universelle. En effet, à partir de la fin du XIXe siècle se développe, d'abord au sein de la social-démocratie (marxiste) avant de s'étendre, l'idée d'une rationalité nouvelle à même de dépasser les rationalités imparfaites des sciences et de la philosophie[16]. Cette nouvelle logique des pratiques et des discours, qui trouve sa formulation théorique la plus aboutie dans la théorie léniniste du parti et qui triomphe avec la Révolution russe, commence à être fortement remise en cause par l'évolution de l'URSS ainsi que par celle des partis politiques se réclamant du marxisme. Le stalinisme, dans sa volonté de soumettre la rationalité philosophique et surtout scientifique à la ligne politique, montre certainement l'impasse que représente l'élévation de la rationalité politique en rationalité universelle. Par leur refus d'entrer au Parti communiste et de devenir des « philosophes de parti »[17], nos trois auteurs affirment l'impossibilité de dissoudre les rationalités philosophiques et scientifiques dans la rationalité politique.

Les projets théoriques de Sartre, Merleau-Ponty et Trần Đức Thảo prennent acte de cette impossibilité d'ériger l'un des foyers de rationalité (philosophie, sciences, politique) en foyer unique, tout en refusant leur séparation[18]. Il y va en effet pour

---

[15] Sur la « crise de la raison » en France dans l'entre-deux-guerres, voir notamment E. Castelli Gattinara, *Les inquiétudes de la raison. Épistémologie et histoire en France dans l'entre-deux-guerres*, Paris, Vrin/EHESS, 1998.

[16] Par politique nous n'entendons donc pas l'élaboration d'une philosophie politique, mais un ensemble de pratiques et de discours ayant leur propre rationalité qui ne peut être dissoute dans la philosophie.

[17] Sur cette question, le cas de Trần Đức Thảo diffère un peu de celui de Sartre et de Merleau-Ponty. Comme ces derniers, il n'a jamais été membre de Parti communiste français, mais il semble avoir adhéré au Parti communiste vietnamien vers la fin des années quarante (bien que nous n'ayons pas de document l'attestant). Pendant ses années en France, il ne sera cependant jamais un philosophe de parti au sens strict, et sa production théorique gardera toujours une autonomie relative par rapport à ce qu'on attend d'un philosophe communiste (ce qui explique son statut assez marginal dans le champ des intellectuels communistes).

[18] En cela, le projet de nos trois auteurs se distingue des tentatives d'articulation du marxisme et de la phénoménologie qui sont opérées à un niveau exclusivement philosophique. Cette tendance, qui est marginale à l'époque et dans laquelle on peut ranger certains écrits de J. Hyppolite, de P. Ricœur, ou de J. Beaufret, cherche une synthèse purement philosophique et neutralise la dimension immé-

eux de la possibilité pour chacun de ces domaines de se développer pleinement. En effet, la philosophie n'est véritablement philosophique que si elle dépasse son entre soi disciplinaire pour penser le monde (objet de la science) et intégrer la dimension pratique et sociale de l'existence humaine. De la même manière, la science n'est scientifique que dans la mesure où elle parvient à formuler des découvertes dans un cadre conceptuel et méthodologique au moins aussi rigoureux que celui que propose la philosophie, et où ses recherches se font en vue de ce qui est meilleur pour l'humanité (c'est-à-dire qu'elle assume sa responsabilité sociale et politique). Enfin, la politique ne s'élève au-dessus du jeu des politiciens que si elle s'articule à une authentique connaissance du monde (et est en mesure d'intégrer les apports de la science) et s'exprime avec une rigueur philosophique. Aussi la tâche théorique que se donnent nos trois auteurs est-elle d'élaborer une « syntaxe » à même de dépasser le caractère unilatéral de chacune des trois rationalités : ces domaines cesseront alors de constituer autant de langues étrangères les unes pour les autres et pourront communiquer entre eux.

Le lieu propre d'intervention de ces trois penseurs et donc d'élaboration de cette « syntaxe commune » ne peut donc être aucun de ces champs spécifiques, mais un espace social où ces derniers se rejoignent partiellement, à savoir le *champ intellectuel*. On peut en effet définir le champ intellectuel, à la suite de G. Sapiro (et de P. Bourdieu), comme « cet univers [où] s'affrontent des individus et des groupes de différents champs, politique, syndical, médiatique, académique, littéraire, etc. dans une lutte pour l'imposition de la vision légitime du monde social »[19]. Le champ intellectuel se présente ainsi pour les acteurs venus de différents champs (politique, scientifique, philosophique), d'une part comme un espace social commun où les langues et formes de rationalité propres aux différents champs s'opposent les unes aux autres dans l'espoir de s'assurer une position hégémonique (et ainsi de renforcer leur position dans leur champ spécifique et d'imposer leur langue et rationalité aux autres champs), mais d'autre part comme un point d'accès à un public bien plus large et donc comme un lieu où ils mettent à l'épreuve leur capacité à produire des discours ayant un sens et une efficacité en dehors des frontières étroites de leur champ spécialisé. Ainsi s'agit-il pour nos trois penseurs de sortir du champ philosophique dont ils sont issus afin d'élaborer, au sein du champ intellectuel, une « syntaxe commune » à même d'unifier les champs philosophique, scientifique et politique – et par-là d'avoir un effet sur les outils intellectuels et pratiques spécifiques au sein de ces différents champs.

---

diatement politique du marxisme. Elle prendra davantage d'importance à partir de la fin des années cinquante. L'un des diagnostics majeurs de Merleau-Ponty dans la Préface de *Signes* est celui d'un « divorce » qui se serait instauré entre philosophie et politique au sein du marxisme – événement qui ouvrirait alors la possibilité d'un nouveau rapport, purement philosophique (et même ontologique) à l'œuvre de Marx.

[19] G. Sapiro, « Modèles d'intervention politique des intellectuels. Le cas français », *Actes de la recherche en sciences sociales*, n°176–177, 2009/1, p. 9. Sur le champ intellectuel dans l'après-guerre en France, voir G. Sapiro, *Les écrivains et la politique en France. De l'Affaire Dreyfus à la guerre d'Algérie*, Paris, Le Seuil, 2018 ; A. Boschetti, *Sartre et « Les Temps Modernes » : une entreprise intellectuelle*, Paris, Éditions de Minuit, 1985.

Or entre 1944 et 1961, Sartre, Merleau-Ponty et Trần Đức Thảo ont la conviction que cette syntaxe commune ne pourra s'élaborer qu'à travers une certaine articulation entre phénoménologie et marxisme. La difficulté de l'entreprise tient cependant au fait que chacune de ces deux traditions de pensée se pose déjà comme ce métalangage, cette syntaxe, cette rationalité fondamentale unifiant les différents champs. Ces deux traditions, fortement marquées à la fois par la crise scientifique du début du siècle et par la crise politique et sociale ouverte par la Première Guerre mondiale, cherchent toutes les deux à répondre à ces crises. Marx lui-même affirmait déjà la nécessité de dépasser une modalité de discours strictement philosophique pour se confronter non seulement à la discursivité scientifique (celle de l'économie politique ou de l'histoire), mais aussi au projet pratique de transformation du monde – ce qui a donné lieu à l'idée des « trois sources du marxisme » (la philosophie allemande, l'économique politique anglaise et la tradition socialiste française)[20]. Dans les années vingt et trente, s'élabore ainsi dans les milieux marxistes, et en particulier en Union soviétique, un projet théorique d'unification de la philosophie, des sciences et de la politique sous le nom de « matérialisme dialectique ». Cette formule désigne une syntaxe commune qui doit se diffuser dans les champs philosophique (ainsi cherche-t-on à formuler une philosophie ou ontologie marxiste), scientifique (chaque science devant intégrer le langage du matérialisme dialectique de manière à faire dialoguer les savoirs et les méthodes) et politique (à travers la conception léniniste de la politique ou le développement des méthodes de planification pour réorganiser les échanges sociaux) : il s'agit par-là de surmonter leur isolement et d'œuvrer à l'avènement d'une rationalité nouvelle à même de transformer en profondeur l'organisation de l'humanité[21]. La phénoménologie quant à elle se lance durant ces mêmes années dans une entreprise aux ambitions similaires : le projet husserlien n'a en effet pas simplement une dimension intra-philosophique, mais vise à faire de la phénoménologie une syntaxe commune permettant de mettre au jour la source de la crise qui traverse les domaines philosophique, scientifique et même politique[22], et permettant ensuite de formuler des moyens pour en sortir – d'où la caractérisation husserlienne des philosophes comme « Fonctionnaires de l'Humanité »[23].

Si Sartre, Merleau-Ponty et Trần Đức Thảo ne sont satisfaits par aucune de ces deux tentatives prises séparément, ils pensent en revanche que cette syntaxe commune pourra être élaborée par leur articulation. Ils procèdent ainsi à une critique de

---

[20] *Cf.* par exemple K. Kautsky, *Les trois sources du marxisme. L'œuvre historique de Marx* (1908) ; V. I. Lénine, « Les trois sources et parties constitutives du marxisme » (1913).

[21] Sur ce projet, voir I. Gouarné, *Introduction du marxisme en France. Sciences humaines et philosoviétisme (1920–1939)*, Rennes, Presses Universitaires de Rennes, 2013, et A. Tosel, « Matérialisme, dialectique et "rationalisme moderne". La philosophie des sciences à la française et le marxisme (1931–1945) », dans J.-F. Mattéi (dir.), *Philosopher en français*, Paris, PUF, 2001, p. 387–407. *Cf. infra*, Partie II, chap. 4.

[22] Ce projet qui s'affirme pleinement dans les années trente (en particulier dans le texte de la *Krisis*), est cependant déjà à l'arrière-plan de *Logique formelle et logique transcendantale* (Introduction, p. 3–10) ou des *Méditations cartésiennes* (Introduction, §2, p. 3–5).

[23] E. Husserl, *Krisis*, §7, p. 23.

ces deux tentatives pour mettre en lumière ce qui leur a fait défaut et les éléments fondamentaux à préserver pour leur propre tentative. L'échec de ces tentatives tient au fait que dans les ceux cas, l'unification se fait toujours au profit d'une des rationalités, de sorte qu'au lieu d'avoir l'élaboration d'une syntaxe commune, c'est l'une des langues qui finit par s'imposer aux autres. Le « matérialisme dialectique » devient en effet au cours des années trente la doctrine officielle du stalinisme (le célèbre *Dia-mat*), ce qui entraine une série de rapports complexes : si la philosophie semble parfois s'imposer à la science, la science s'impose tout aussi souvent à la philosophie (d'où la réapparition du scientisme), mais en réalité ces deux champs sont subordonnés à la seule rationalité politique (à savoir les intérêts stratégiques de l'Union soviétique). À l'inverse, la tentative phénoménologique reconduit l'ensemble des champs à la seule rationalité de la philosophie : la science n'est valorisée qu'en tant qu'on peut la reformuler dans un langage phénoménologique et elle ne contribue pas à forger la nouvelle rationalité à même de sortir l'humanité de la crise (et pour cause : l'évolution de la science est l'un des principaux facteurs de cette crise) ; et les problèmes politiques et historiques sont interprétés comme, et partant réduits à, des problèmes purement philosophiques (la crise de l'idée de philosophie fondatrice de l'Europe). Cette incapacité à prendre la mesure d'une certaine hétérogénéité du champ politique et historique par rapport à la philosophie conduit Husserl à méconnaître la logique propre des crises touchant ce domaine – ce qui explique peut-être en partie sa difficulté à prendre pleinement conscience des conséquences de l'arrivée au pouvoir des nazis dans les années trente et à proposer des réponses à la mesure des enjeux. Quant à Heidegger, son adhésion au Parti national-socialiste est largement connue et régulièrement utilisée (en particulier par les intellectuels communistes) pour délégitimer le projet d'articulation entre phénoménologie et marxisme, mais son attitude politique est généralement à l'époque fortement dissociée de son travail philosophique, et Sartre comme Merleau-Ponty lui reprochent alors le plus souvent son incapacité à comprendre la logique politique[24].

L'articulation entre phénoménologie et marxisme n'est donc pas seulement une synthèse philosophique entre deux courants de pensée, mais une synthèse qui doit pouvoir articuler, à partir du champ intellectuel, les trois champs distincts que sont la philosophie, les sciences et la politique. Le projet a donc une double dimension. D'une part, cette syntaxe unitaire vise à articuler les différents types de savoir : contre le morcellement des savoirs et des méthodologies, il s'agit d'œuvrer pour une réunification des sciences et de celles-ci avec la philosophie. Mais cette unification des savoirs doit d'autre part s'articuler à un engagement politique : contre la distinction entre savoir et action, théorie et pratique, philosophie et politique, il s'agit

---

[24] La question de l'engagement nazi de Heidegger et du lien de celui-ci avec sa pensée philosophique a fait l'objet d'un certain nombre d'articles et de débats dans *Les Temps Modernes* dans l'immédiat après-guerre. Sur cette « première affaire Heidegger », voir notamment E. Kleinberg, *Generation Existential. Heidegger's Philosophy in France 1926–1961*, Ithaca and London, Cornell University Press, 2005, chap. 5, p. 157–183 ; D. Janicaud, *Heidegger en France*, Paris, Albin Michel, 2001, t. 1, p. 103–109 et p. 120–127.

d'œuvrer à l'avènement d'une forme nouvelle de rationalité qui puisse réconcilier ces contraires.

L'unité de la période 1944-1961 ressort tout particulièrement lorsqu'on la met en contraste avec les projets et les œuvres de la période qui s'ouvre au début des années soixante. Le début des années soixante connaît en effet une transformation profonde du champ intellectuel : en quelques années, les thèmes, concepts et auteurs privilégiés de la période précédente disparaissent ou sont marginalisés par la restructuration du champ intellectuel[25]. Deux publications symbolisent, du moins rétrospectivement, cette rupture. Du côté de la tradition phénoménologique, l'année 1961 est décisive, puisqu'il s'agit à la fois de celle de la mort de Merleau-Ponty, et de celle de la publication par E. Levinas de *Totalité et infini* – ouvrage qui inaugure, selon D. Janicaud, le « tournant théologique de la phénoménologie »[26]. La phénoménologie, désormais articulée de manière privilégiée à une réflexion théologique ou à une réflexion purement ontologique, ne s'inscrit plus dans le même projet théorique. Elle s'inscrit désormais presque exclusivement dans le champ philosophique et revient, d'une certaine manière, à une pratique plus classique de la philosophie, puisque les auteurs ne considèrent plus comme légitimes les contestations qui proviennent des domaines scientifiques et politiques[27] – ces derniers ne constituant alors que très marginalement des thèmes de réflexion. En outre, même si cette nouvelle période a, par ailleurs, conduit à un développement sans précédent des recherches sur la pensée de Husserl, la nouvelle phénoménologie est, comme le remarque J. Benoist, « essentiellement et profondément *post-heideggerienne* »[28]. Alors que ce sont jusqu'alors principalement les recherches du dernier Husserl qui offrent le prisme à travers lequel on lit *Être et temps* de Heidegger, ce sont ensuite au contraire les thématiques du second Heidegger qui conditionnent la lecture du premier Heidegger et de l'ensemble de l'œuvre de Husserl.

Du côté de la tradition marxiste, l'année est tout aussi cruciale. C'est en effet en 1961 que L. Althusser publie « Sur le Jeune Marx (Questions de théorie) »[29] dans *La Pensée*, bientôt suivi de « Contradiction et surdétermination »[30], et inaugure ce qui a été désigné comme le tournant « structuraliste » du marxisme. Si à bien des égards le projet de cette nouvelle séquence peut encore être décrit comme une tentative d'élaboration d'une syntaxe commune aux domaines philosophiques, scientifiques

---

[25] Nous parlons évidemment des tendances majoritaires du champ. Les recherches que mène par exemple J.-T. Desanti à partir des années soixante reprennent alors le projet théorique qui a animé Sartre, Merleau-Ponty et Trần Đức Thảo depuis la Libération.

[26] *Cf.* D. Janicaud, « Le tournant théologique de la phénoménologie française », *La phénoménologie dans tous ses états*, Paris, Gallimard, « Folio Essais », p. 39-149.

[27] Sur ce point, voir J. Benoist, « Sur l'état présent de la phénoménologie » (1998), *L'idée de phénoménologie*, Paris, Beauchesne, 2001, p. 25.

[28] J. Benoist, *ibid.*, p. 7. Sur la « seconde lecture » de Heidegger qui s'impose alors, voir E. Kleinberg, *op. cit.*

[29] L. Althusser, « Sur le jeune Marx (Questions de méthode) », *La Pensée*, n°96, mars-avril 1961, p. 3-26.

[30] L. Althusser, « Contradiction et surdétermination », *La Pensée*, n°106, décembre 1962, p. 3-22. Les autres articles repris dans *Pour Marx* paraissent en 1963-64.

et politiques, et si cette syntaxe commune est de nouveau conçue comme une certaine articulation entre le marxisme et un autre courant théorique, la rupture se situe principalement sur l'identité de cet autre courant. En posant une discontinuité radicale entre la philosophie du jeune Marx (encore marquée par l'idéologie) et la pratique scientifique du Marx de la maturité, Althusser invalide de ce fait même la perspective interprétative qui dominait depuis vingt ans, et qui faisait des textes du jeune Marx à la fois le fondement philosophique de l'ensemble de son œuvre, et le moyen de son articulation avec la phénoménologie. Ainsi, pour toute la génération structuraliste des années soixante, l'idée même d'articuler le marxisme à la phénoménologie est considérée comme un obstacle épistémologique, et expliquerait l'échec supposé des auteurs de la période qui suit la Seconde Guerre mondiale[31]. Les œuvres et les concepts fondamentaux de Sartre, Merleau-Ponty et de Trần Đức Thảo (*praxis*, dialectique, aliénation, histoire, etc.) sont alors rejetés sans même être discutés et la synthèse est cherchée dans une toute autre direction[32]. C'est donc bien toute une séquence de la philosophie française qui semble prendre fin en 1961.

2. Vers une synthèse entre marxisme et phénoménologie.

La date qui marque symboliquement le début de cette séquence est indéniablement 1944, année de la libération du territoire français de l'occupation allemande. Cependant, si ce n'est qu'à la Libération que le projet d'articulation de la phénoménologie et le marxisme peut apparaître au grand jour (et pour cause, puisqu'il s'agit de deux traditions théoriques suspectes et même interdites), ce projet existe déjà depuis plusieurs années dans un certain nombre de milieux intellectuels et philosophiques. Pour poser le cadre général de notre étude et comprendre la genèse du projet de synthèse entre marxisme et phénoménologie, nous devons donc revenir sur la décennie qui a précédé la Libération et voir comment le projet de nos auteurs s'inscrit dans l'histoire de la réception française de la phénoménologie et du marxisme.

En France, l'introduction du marxisme et celle de la phénoménologie suivent des lignes similaires et parallèles, jusqu'à ce qu'elles viennent se croiser dans un projet théorique cohérent vers la fin des années trente et au début des années quarante. Dans les deux cas, il s'agit de philosophies venant d'Allemagne faisant une entrée tardive dans le champ intellectuel français alors qu'elles sont l'objet d'une tentative

---

[31] « Thảo et Desanti portaient alors les espoirs de notre génération [...]. Mais ils ne les ont pas tenus, la faute à Husserl » (L. Althusser, *L'avenir dure longtemps. Suivi de Les Faits*, Paris, Éditions Stock/IMEC, 1994, p. 362).

[32] Sur la brutalité de cette mutation (sur laquelle nous reviendrons dans notre conclusion), voir notamment V. Descombes, *Le même et l'autre. Quarante-cinq ans de philosophie française (1933–1978)*, Éditions de Minuit, 1979, ainsi que I. Garo, *Foucault, Deleuze, Althusser & Marx. La politique dans la philosophie*, Paris, Éditions Démopolis, 2011.

d'expulsion, et même d'élimination, de la part du régime nazi[33]. Encore peu connues et très partiellement traduites à l'époque, elles sont très loin de recevoir la reconnaissance institutionnelle qui sera la leur après la Seconde Guerre mondiale. Leur importation est l'œuvre d'un petit nombre d'individus qui sont contraints d'affronter des textes ardus sans aide et sans tradition interprétative nationale. La difficulté est encore augmentée par le statut des *corpus* marxiste et phénoménologique, mélanges hétéroclites de textes souvent inachevés, d'époques et de statuts différents. C'est une telle situation qui a sans doute rendu possible la liberté interprétative et l'originalité théorique de la réception des deux courants – conditions qui ont certainement contribué à faire de la France des années trente et quarante un terreau favorable à leur convergence (bien plus, par exemple, qu'en Allemagne où les deux courants sont solidement institutionnalisés jusqu'à l'arrivée au pouvoir d'Hitler).

2.1 Aux origines de la phénoménologie française. Phénoménologie et existentialisme.

Notre ouvrage porte sur ce qu'H. Spiegelberg identifie comme la seconde phase de la réception française de la phénoménologie. Cette phase se caractérise par le développement en France d'une production phénoménologique originale par rapport aux auteurs allemands[34], mais aussi par le déplacement du centre de gravité du mouvement phénoménologique lui-même. Expulsée d'Allemagne au cours des années trente, la phénoménologie trouve refuge en France avant de s'affirmer pleinement comme française à la Libération[35] – B. Waldenfels parlant même d'une « naturalisation » (*Einbürgerung*) française de la phénoménologie[36].

Cette migration de la phénoménologie vers la France est en grande partie le résultat de l'histoire générale de l'Europe, laquelle marque tout de suite profondément la manière même dont la phénoménologie est reprise et pratiquée en France. La première phase de la réception française de la phénoménologie, qui s'étend de 1910 à la fin des années trente, se fait dans un tout autre climat et à l'abri de l'histoire : la réception reste relativement limitée[37], concernant principalement les

---

[33] Dans les deux cas, on est également contraint de sortir clandestinement d'Allemagne les manuscrits des fondateurs.

[34] H. Spiegelberg, *op. cit.*, p. 426–427.

[35] Selon H. Spiegelberg, la « phase française du mouvement » succède ainsi à la « phase » allemande (*cf.* H. Spiegelberg, *op. cit.*, Partie III « The French Phase of the Movement », p. 423–649. Sur cette question, voir aussi J. Benoist, art. cit., p. 1–2).

[36] B. Waldenfels, *Phänomenologie in Frankreich*, Frankfurt am Main, Suhrkamp Verlag, 1983, Partie I « Entstehung und Einbürgerung », p. 19–62. Cette naturalisation est peut-être définitive tant la France continue encore aujourd'hui d'être le pays le plus dynamique dans sa production phénoménologique.

[37] Il faut rappeler que les *Méditations cartésiennes* (traduites par G. Pfeiffer et E. Levinas en 1931) constituent pendant près de vingt ans le seul texte de Husserl disponible en français. Il faudra attendre la traduction par P. Ricœur des *Ideen I* en 1950 pour que commence véritablement un

milieux universitaires ou d'avant-garde[38], et consiste en grande partie, non pas en une élaboration philosophique originale, mais plutôt en une reformulation de la phénoménologie transcendantale husserlienne dans le langage de la tradition philosophique dominante en France à l'époque (le criticisme et le cartésianisme) ou bien dans l'importation des thèmes privilégiés de la philosophie existentielle allemande (Jaspers, Heidegger, Scheler)[39]. La seconde phase quant à elle, qui met l'œuvre de Husserl au premier plan[40] (alors que lors de la première phrase, c'est surtout celles de Heidegger et de Scheler qui suscitent de l'intérêt[41]), se caractérise en ceci qu'elle est immédiatement empreinte de l'histoire politique et sociale de l'époque. La phénoménologie arrive ainsi chargée de son histoire tragique récente : l'exclusion progressive de l'université allemande, non seulement de Husserl mais de tous ceux qui continuent de s'en revendiquer (L. Landgrebe, E. Fink), l'exfiltration en 1938 des manuscrits de Husserl hors d'Allemagne par le père franciscain H. L. Van Breda (avec l'aide de Landgrebe et de Fink) préservant ainsi l'héritage husserlien, l'installation à Louvain des Archives-Husserl[42], bientôt devenues clandestines au moment de l'occupation de la Belgique en 1940. La tâche n'est donc pas seulement théorique : il s'agit d'accueillir une philosophie devenue apatride, expulsée d'Allemagne et contrainte à la clandestinité.

Or au moment même où H. L. Van Breda cherche à se tourner vers la France dans l'espoir d'en faire une terre d'accueil pour le mouvement phénoménologique, il rencontre une jeune génération de philosophes qui s'intéressent déjà à la phénoménologie[43] – comme en témoigne sa correspondance conservée aux Archives-Husserl de Louvain. Ces échanges commencent véritablement en 1942 lorsque qu'un petit

---

travail de traduction française de Husserl.

[38] L'œuvre de Husserl suscite de l'intérêt au sein d'une jeune génération de philosophes nés au début du siècle (Sartre, Aron, Merleau-Ponty, Koyré, Kojève, Levinas, Cavaillès, Wahl, etc.), mais ces futurs grands noms de la philosophie française sont encore, pour la plupart, en marge de l'université, et appartiennent plutôt à ce qu'on pourrait appeler les milieux philosophiques d'avant-garde (qui se rassemblent notamment autour de la revue *Recherches philosophiques*).

[39] Sur cette première réception de Husserl, voir H. Spiegelberg, *op. cit.*, p. 431–436 ; C. Dupont, *Phenomenology in French Philosophy : Early Encounters*, Dordrecht, Heidelberg, New York, London, Springer, 2014 ; N. Monseu, *Les usages de l'intentionnalité. Recherches sur la première réception de Husserl en France*, Louvain-la-Neuve, Peeters, 2005.

[40] Les textes husserliens de Sartre des années trente mis à part, la philosophie de Husserl ne commence à susciter un véritable intérêt qu'au début de la guerre, avec la publication en 1939 du numéro de la *Revue internationale de philosophie* (n°2, janvier 1939), et avec l'ouvrage de G. Berger (issu de sa thèse complémentaire) *Le cogito dans la philosophie de Husserl* (Paris, Aubier, 1941).

[41] H. Spiegelberg, *op. cit.*, p. 431–433.

[42] Sur l'histoire du transport des manuscrits à Louvain et la fondation des Archives Husserl, voir H. L. Van Breda, « Le sauvetage de l'héritage husserlien et la fondation des Archives Husserl », *Husserl et la pensée moderne*, La Haye, Martinus Nijhoff, 1959, p. 1–41.

[43] Notamment Merleau-Ponty, qui devient en avril 1939 le premier philosophe étranger à venir consulter les Archives-Husserl à Louvain. Sur ce point, voir H. L. Van Breda, « Maurice Merleau-Ponty et les Archives-Husserl à Louvain », *RMM*, 67e année, n°4, octobre-décembre 1962, p. 410–430.

groupe de philosophes qui gravitent autour de l'ENS (J. Cavaillès, Merleau-Ponty, Trần Đức Thảo – et dans une moindre mesure J. Hyppolite et Sartre) rencontre Van Breda à Paris, avec pour projet d'organiser la diffusion, la traduction et le commentaire des œuvres inédites de Husserl en France. Ce projet, qui se heurte à la prudence des professeurs titulaires (E. Bréhier, R. Le Senne, etc.), lesquels refusent leur soutien[44], sera donc entièrement pris en charge par la « génération montante » (selon la formule de Trần Đức Thảo), d'abord par J. Cavaillès, puis, après son arrestation et son exécution par les Allemands, par Merleau-Ponty et surtout Trần Đức Thảo (qui devient pendant plusieurs années le principal interlocuteur français de Van Breda et qui transportera clandestinement plusieurs milliers de pages de transcription des inédits de Husserl entre Louvain et Paris au printemps 1944). Pour comprendre le projet d'articulation de la phénoménologie au marxisme, il nous paraît important de le resituer dans cette atmosphère historique et militante qui marque la seconde phase de la réception de la phénoménologie husserlienne en France[45].

Le contexte historique ne conditionne cependant pas seulement le climat général de la réception, mais également son contenu philosophique. La première phase de la réception de Husserl s'est exclusivement appuyée sur la seule partie de l'œuvre husserlienne alors disponible, à savoir les œuvres publiées, en particulier les *Ideen I* (1913) et les *Méditations cartésiennes* (1931). L'originalité de la seconde phase tient à ce que pour la première fois des philosophes (en dehors des assistants de Husserl) lisent et s'approprient l'énorme massif que constitue la part inédite des écrits du fondateur de la phénoménologie, et en viennent même à interpréter l'ensemble du développement de sa pensée à partir de cette perspective. Comme l'écrit Merleau-Ponty dans un pneumatique du 1er juin 1942 adressé à H. L. Van Breda, « après tout, la philosophie de Husserl est presque entièrement contenue dans les inédits »[46]. Ces phénoménologues découvrent alors ce qu'ils interprètent comme un effort de Husserl pour dépasser la phénoménologie « transcendantale » des *Ideen I* (qui leur semble à bien des égards s'inscrire dans la tradition kantienne qu'ils refusent) vers une phénoménologie « génétique » : au lieu de s'en tenir à une analyse de la manière dont un objet est donné à une conscience, il s'agit de pousser l'analyse plus loin et de mettre en lumière la manière dont ces modes de donation n'ont précisément rien de donné, mais s'inscrivent dans une histoire. Le monde tel qu'il apparaît naïvement à la conscience se révèle alors pétri d'idéalités conditionnées historiquement et culturellement, et formant des superstructures érigées sur un « monde de la vie » (*Lebenswelt*) immédiat et antéprédicatif. En cela, les phénoménologues français subissent fortement l'influence de la lecture de Husserl que propose E. Fink, à la fois dans ses articles des années trente (qui cherchent à restituer l'originalité de la problématique de Husserl en montrant à quel point celle-ci se

---

[44] Pour le détail des péripéties, voir notamment H. L. Van Breda, art. cit.

[45] Ainsi, pour contourner la censure, Trần Đức Thảo désigne Husserl sous le nom de code « Saint Thomas » dans sa correspondance avec H. L. Van Breda.

[46] Lettre à H. L. Van Breda, 1er juin 1942.

distingue radicalement du néo-kantisme[47]), mais également dans le texte inédit de la *Sixième méditation cartésienne* qui propose un prolongement de la phénoménologie husserlienne sur la base des manuscrits inédits – texte qu'ils découvrent auprès de G. Berger[48]. S'inscrire dans le mouvement phénoménologique ne se réduit donc pas à un simple commentaire de l'œuvre publiée, mais consiste en une reprise de ces directions de pensée seulement esquissées par Husserl dans ses inédits : il s'agit alors d'une fidélité, non pas à la lettre, mais à l'esprit de cette entreprise dont ils prennent en charge l'approfondissement et l'achèvement. Faire de la phénoménologie, ce n'est pas être disciple de Husserl, mais le prolonger, amener sa pensée au-delà de ce qu'il a su faire ou dire lui-même, et donc parfois même s'opposer explicitement à lui lorsqu'on estime qu'il n'est pas fidèle à sa propre inspiration.

L'œuvre inédite du dernier Husserl n'est cependant pas la seule source de ce courant original de la phénoménologie qui se développe alors en France. Celui-ci intègre également d'autres lignées philosophiques, d'inspiration souvent proche, ou dérivées de la phénoménologie – lignées qu'on désigne de manière générique par l'expression de « philosophie de l'existence ». Cette appellation renvoie tout d'abord aux diverses ramifications philosophiques historiquement issues de l'idéalisme allemand (Hegel, Kierkegaard, le jeune Marx). C'est en effet durant ces mêmes années, et dans les mêmes milieux, que s'opère une « renaissance hégélienne » passant principalement par une appropriation de la *Phénoménologie de l'Esprit* de Hegel qui insiste sur la dimension existentielle de chacune de figures de la conscience et du mouvement dialectique lui-même[49]. Comme l'affirme A. Kojève dans le résumé de son cours de 1933–34 :

> La *Phänomenologie* s'est révélée être une anthropologie philosophique. Plus exactement : une description systématique et complète, *phénoménologique* au sens moderne (husserlien) du terme, des attitudes existentielles de l'Homme[50].

Le rapprochement avec la phénoménologie husserlienne (conduisant à ce qui a pu être appelé une hégélianisation de la phénoménologie française) est d'autant plus

---

[47] E. Fink, « La philosophie phénoménologique d'Edmund Husserl face à la critique contemporaine » (1933) (E. Fink, *De la phénoménologie*, Paris, Éditions de Minuit, 1974, p. 95–175) et « Le problème de la phénoménologie d'Edmund Husserl » (1939) (Fink, *ibid.*, p. 199–242).

[48] La *Sixième méditation cartésienne* n'est publiée qu'en 1988 (*VI. Cartesianische Meditation*, Dordrecht, Boston, London, Kluwer Academic Publishers, 1988). Cependant, lors d'une visite que G. Berger fait à Husserl et Fink à Freiburg en août 1934, Fink lui permet de rentrer à Marseille avec sa propre copie carbone de la *Sixième Médiation*. Les phénoménologues français se rendent alors chacun à leur tour chez G. Berger pour prendre connaissance de ce texte. Sur ce point, voir R. Bruzina, Bruzina, *Edmund Husserl and Eugen Fink : Beginnings and Ends in Phenomenology, 1928–1938*, New Haven, Yale University Press, 2004, p. 55–56.

[49] *Cf.* notamment J. Wahl (*Le malheur de la conscience dans la philosophie de Hegel*, Paris, Rieder, 1929) et A. Kojève (*Introduction à la lecture de Hegel. Leçons sur la* Phénoménologie de l'Esprit *professées de 1933 à 1939 à l'École des Hautes Études réunies et publiées par Raymond Queneau*, 2ᵉ éd. Paris, Gallimard, 1968 [1ʳᵉ éd. 1947]. Sur l'importance de cette réception de Hegel dans la constitution de l'existentialisme, voir notamment M. Poster, *op. cit.*, chap. 1, p. 3–35 ; E. Kleinberg, *op. cit.*, chap. 2 et 3.

[50] A. Kojève, *op. cit.*, p. 57.

facile que les penseurs peuvent s'appuyer sur l'homonymie du terme de phénoménologie[51]. Cette relecture de Hegel est alors mise en rapport avec Kierkegaard[52] et avec les textes du jeune Marx que l'on découvre durant cette même période. Mais l'appellation « philosophie de l'existence » (*Existenzphilosophie*) ou même « existentialisme » (*Existentialismus*) désigne également une branche de la philosophie allemande contemporaine représentée notamment par les œuvres de K. Jaspers et de M. Heidegger. Si les Allemands marquent clairement la différence entre ce courant et la phénoménologie, la réception française ne fera pas cette distinction et considérera qu'il s'agit d'un seul et même mouvement philosophique (Husserl sera ainsi considéré comme existentialiste dans sa dernière période, et Heidegger comme phénoménologue)[53]. Enfin, l'expression de « philosophie de l'existence » renvoie à la figure de G. Marcel, dont l'œuvre a joué un rôle de premier plan dans les milieux d'avant-garde des années trente et notamment dans la formation de Merleau-Ponty et de Sartre – influence réelle mais qui n'intervient pas immédiatement dans notre sujet. Quoi qu'il en soit, ces trois lignées distinctes de « philosophies de l'existence » se mêlent et se confondent dans les milieux philosophiques des années trente (notamment autour de la revue *Recherches philosophiques*), et constituent le terreau culturel sur lequel les auteurs dont nous nous occupons vont greffer une phénoménologie husserlienne réinterprétée à partir de sa dernière période.

La fusion de ces différentes traditions théoriques et l'usage relativement lâche qui est fait des termes de « phénoménologie », d'« existentialisme » ou de « philosophie de l'existence » (P. Ricœur propose en 1957 l'expression de « phénoménologie existentielle »[54]), rendent nécessaire une certaine clarification conceptuelle[55]. En effet, bien que ces expressions ne se recoupent pas absolument, elles ont pendant un certain temps été prises comme presque synonymes, puis ont été utilisées pour augmenter artificiellement les différences présentes au sein d'un même courant philosophique. L'« existentialisme » français constitue en effet un « amalgame » (selon l'expression d'A. De Waehlens)[56], qui est un prolongement de la phénoménologie husserlienne, intégrant d'autres traditions théoriques dans une synthèse originale.

---

[51] Ainsi, dans ses cours, Kojève n'hésite-t-il pas à affirmer à plusieurs reprises que la méthode hégélienne est « *phénoménologique* au sens husserlien au terme » (A. Kojève, *op. cit.*, p. 449 ; *cf.* aussi p. 466, p. 469–470). J. Hyppolite fait le même rapprochement (*Genèse et structure de la « Phénoménologie de l'Esprit »*, Paris, Éditions Montaigne, 1946, p. 15).

[52] *Cf.* notamment J. Wahl, *Études kierkegaardiennes*, Paris, F. Aubier, 1938.

[53] Ce n'est que dans les années soixante que se développe une connaissance plus précise de la différence d'inspiration entre Husserl et Heidegger. Pour marquer cette distinction, on n'utilisera toutefois pas l'opposition entre phénoménologie et existentialisme (ou même philosophie de l'existence), puisque cette dernière est alors considérée comme renvoyant irrémédiablement au « contre-sens » de Sartre sur l'œuvre de Heidegger.

[54] P. Ricœur, « Phénoménologie existentielle », *Encyclopédie française*, vol. XIX, 1957, 19.10.8–19.10.12.

[55] Sur la difficulté de définir la phénoménologie dans le cadre d'une étude de l'histoire du mouvement phénoménologique, voir H. Spiegelberg, *op. cit.*, Introduction, p. 1–19.

[56] A. De Waehlens, « De la phénoménologie à l'existentialisme », *Le choix, le monde, l'existence*, Grenoble, Arthaud, 1947, p. 37.

Par phénoménologie nous désignons un courant philosophique issu de Husserl qui se donne comme exigence principale le « retour aux choses mêmes »[57]. Ce mot d'ordre husserlien affirme la nécessité de faire du rapport direct et immédiat du sujet aux phénomènes (c'est-à-dire à ce qui apparaît) la source ultime et décisive de validation de toute forme de savoir – et cela contre toutes les approches médiates d'un objet (doxographique, discursive, logique, etc.). La phénoménologie ne se réduit toutefois pas à une simple description de l'apparaître, mais se donne plus fondamentalement pour tâche une mise au jour des conditions de possibilité de cet apparaître – et c'est en ce sens que la phénoménologie peut être caractérisée comme une philosophie *transcendantale* ou bien comme une entreprise de mise au jour de la *logique* des phénomènes. Pour dégager ces conditions de possibilité, la phénoménologie a recours classiquement à un certain nombre de démarches méthodologiques spécifiques – lesquelles sont très inégalement acceptées par les phénoménologues et font l'objet de nombreuses discussions, critiques et transformations dans l'histoire du mouvement phénoménologique. Tout d'abord, l'*épochè* ou réduction phénoménologique consiste en une mise en suspens préalable de l'ensemble des explications ou constructions théoriques (explicites ou implicites) au sujet des phénomènes (mise en suspens en particulier du présupposé réaliste naïf selon lequel l'apparaître trouverait ses conditions de possibilités dans l'être en soi) et cela pour s'assurer que l'analyse proprement phénoménologique des conditions de possibilité soit parfaitement fidèle à l'apparaître lui-même. Ensuite, la variation eidétique doit permettre de distinguer, dans cet apparaître, ce qui est de l'ordre du contingent de ce qui relève des structures nécessaires de cet apparaître – assurant ainsi à la phénoménologie la validité universelle des conditions de possibilités dégagées. Le résultat de ces démarches méthodologiques est la mise en lumière du fait que les conditions de possibilités de l'apparaître ne résident ni entièrement du côté du sujet, ni entièrement du côté de l'objet, mais dans leur rapport ou corrélation : l'apparaître est ainsi l'œuvre commune des pôles subjectif et objectif indissociablement liés dans la corrélation. Cette corrélation phénoménologique précède et conditionne les deux termes de la relation (sujet et objet, conscience et monde), et constitue donc « l'*a priori* universel » de tout apparaître[58]. Cependant, dans son élaboration effective, la phénoménologie n'est que rarement parvenue à respecter jusqu'au bout cette exigence et a toujours eu tendance à privilégier l'un ou l'autre pôle de la corrélation – le privilège du versant subjectif conduisant à un *idéalisme phénoménologique* (dont serait notamment coupable Husserl avec sa doctrine de la constitution), celui du versant objectif conduisant à un *réalisme phénoménologique* (vers lequel penchent plutôt Sartre et Merleau-Ponty).

---

[57] E. Husserl, *Recherches logiques. T.2 Recherches pour la phénoménologie et la théorie de la connaissance*, Paris, PUF, 1961, Introduction, §2, p. 6.
[58] Selon la formule de Husserl dans une note de la troisième partie (inédite à l'époque) de la *Krisis* (E. Husserl, *Krisis*, Partie III, §48, note p. 189–190). Trần Đức Thảo est le premier à avoir identifié cette note et à lui avoir accordé une telle importance pour comprendre l'unité du projet phénoménologique (*cf. PMD*, I, chap. 2, §5, p. 40–41).

L' « existentialisme » désigne le courant philosophique qui s'élabore dans les années quarante et qui trouve ses réalisations théoriques les plus abouties dans les œuvres de Sartre (*L'Être et le Néant*) et de Merleau-Ponty (*Phénoménologie de la perception*). On a parfois voulu confondre ce courant philosophique rigoureux avec la « mode » existentialiste (phénomène culturel de l'immédiat après-guerre qui n'a que des liens très distants avec la pensée de Sartre ou de Merleau-Ponty) afin de mieux le disqualifier – ce qui explique, du reste, la réticence des acteurs en question à reprendre cette étiquette[59]. Nous utiliserons, quant à nous, cette expression pour désigner un courant philosophique original qui se présente comme un infléchissement particulier de la phénoménologie husserlienne sous l'influence des différents courants de la « philosophie de l'existence » que nous avons indiqués – de sorte que l'expression la plus juste pour le désigner est sans doute celle de « phénoménologie existentielle » employée par P. Ricœur. Afin de fixer un cadre général à partir duquel nous pourrons spécifier les apports singuliers de chacun des penseurs, nous en proposerons une caractérisation générale – caractérisation nécessairement imparfaite, puisqu'unifiant des doctrines différentes, et s'appliquant inégalement à chacun des auteurs.

L'existentialisme manifeste sa filiation phénoménologique par sa volonté de se maintenir dans le cadre de la corrélation phénoménologique tout en cherchant à critiquer et dépasser les insuffisances de Husserl. Son orientation se caractérise d'un côté par une conception résolument anti-idéaliste, anti-subjectiviste et anti-transcendantale[60] de la phénoménologie, et d'un autre côté (même si cela pourrait sembler contradictoire) par l'attention toute particulière qu'il prête au pôle subjectif de la corrélation (et à l'élaboration de son sens d'être). Ce dernier subit en effet un triple déplacement ou décentrement par rapport à la formulation classiquement husserlienne des *Ideen I*. Tout d'abord un décentrement *ontologique* : le concept d' « existence » ne se confond pas immédiatement avec le pôle subjectif de la corrélation (dont le sens d'être est antinomique au sens d'être de l'objet), mais renvoie au fait que le versant « subjectif » de la corrélation est l'unité indissociable des *deux* régions distinguées par l'analyse phénoménologique. Cette dernière est en effet restée à un niveau abstrait en ceci qu'elle n'a mis en lumière qu'une seule des dimensions de l'existence (la dimension « subjective » – d'où son idéalisme) et n'a pas su penser la dimension objective (ou corporelle) de l'existence, et encore moins la

---

[59] Les principaux penseurs « existentialistes » (Sartre, Merleau-Ponty, Beauvoir) se montrent d'abord très réticents à l'égard de cette étiquette, et préfèrent celle de « philosophie de l'existence ». Mais devant le succès de la formule, ils finissent par l'adopter. C'est ce que raconte Beauvoir : « Sartre avait refusé que Gabriel Marcel lui appliquât cette étiquette : "Ma philosophie est une philosophie de l'existence ; l'existentialisme, je ne sais pas ce que c'est." Je partageais son agacement. [...] Mais nous protestâmes en vain. Nous finîmes par reprendre à notre compte l'épithète dont tout le monde usait pour nous désigner » (S. de Beauvoir, *FC*, p. 60).

[60] Nous prenons ici « transcendantal » en un sens kantien, pour qui les conditions de possibilité de l'apparaître sont situées sur le versant « subjectif » (dans les structures *a priori* du sujet transcendantal). D'une manière générale, nous emploierons en revanche ce terme en un sens moins déterminé afin de désigner les structures *a priori* de l'apparaître en tant que celles-ci peuvent tout aussi bien se situer sur le versant objectif que subjectif de la corrélation.

façon dont le sujet pouvait être constitué par l'unité de ces deux dimensions contradictoires. L'enjeu ontologique fondamental sera de penser cette dimension objective de la subjectivité, ou incarnation, c'est-à-dire d'élaborer une ontologie qui dépasse la différence phénoménologique en intégrant l'objectif dans le subjectif. Mais le décentrement est, en second lieu, *épistémologique* : si l'être du « sujet » excède et déborde la simple conscience (comme dimension subjective de son être), la conscience n'est de son côté qu'un point de vue limité et partiel sur le tout de l'existence. L'existence est un mouvement qui ne se fait pas sous le contrôle absolu de la conscience et de la volonté – celles-ci n'apparaissent en réalité que dans un second temps et toujours en retard par rapport à un mouvement dans lequel le sujet est déjà engagé. Elle témoigne d'un mode de présence original du « subjectif » dans l'objectif, qui est désigné par les expressions de « spontané », d' « irréfléchi », de « non thématique », voire même de « passif » – expressions qui cherchent toutes à révéler l'existence comme non-coïncidence fondamentale avec soi-même (c'est-à-dire un excès de l'être sur la connaissance ou de l'existence sur la conscience). L'enjeu épistémologique est donc de dégager le mode d'accès du sujet à cette dimension fondamentale et première de son être, en tant qu'il est non-transparent à lui-même. Enfin, le troisième décentrement est celui de *l'intersubjectivité*. Contrairement au « sujet » phénoménologique, qui est d'abord pensé comme rapport au monde (c'est-à-dire dans la corrélation sujet-objet), le « sujet » existentiel est d'abord pensé comme rapport aux autres, c'est-à-dire comme intersubjectif. Le « sujet » est toujours déjà pris dans un monde intersubjectif et ce rapport aux autres est premier. Il en résulte d'une part qu'il n'y a pas d'individu ou de conscience solitaire autonome, et d'autre part que le rapport aux autres est premier et conditionne le rapport au monde (et à l'objet). Non seulement les significations ont toujours déjà un sens historique et culturel indépendamment de nous, mais plus fondamentalement, les autres déterminent la personnalité de l'individu au plus profond de lui-même. Ces trois décentrements caractérisant la phénoménologie existentielle vont constituer des médiations essentielles dans son rapprochement avec le marxisme.

2.2 Réception du marxisme en France

Au moment même où la phénoménologie se fait peu à peu exclure de l'université allemande, les ouvrages d'un autre proscrit de l'université allemande, également juif converti devenu apatride, sont brûlés sur les places publiques et ses partisans enfermés dans les premiers camps de concentration. Mais contrairement à la phénoménologie, le marxisme non seulement offre une résistance au développement du fascisme, mais incarne pour beaucoup une force susceptible de le vaincre – force dont témoigne la puissance des mouvements antifascistes (de la guerre d'Espagne au Front Populaire) et de l'Union soviétique (tant par son développement économique que par son prestige militaire). C'est ce que rappellent N. Guterman et H. Lefebvre au début de la préface qu'ils écrivent pour les *Morceaux choisis* de Marx qu'ils publient en 1934 :

« *Tod dem Marxismus* » – « Mort au marxisme ». Ce mot d'ordre des hitlériens se lit jusque dans les murs des hameaux, en Allemagne, et le paysan le plus isolé de Franconie ou de Bavière sait déjà ce que saura bientôt le paysan de Bretagne ou du Dauphiné ; que le marxisme est une des forces qui se livrent les plus grands combats de l'histoire[61].

Le processus d'introduction du marxisme en France a certes débuté à la fin du XIXe siècle, mais il s'accélère et prend une tout autre ampleur dans les années trente au rythme des événements historiques, avant de devenir le mouvement culturel dominant au moment de la Libération[62]. Et davantage encore que pour la phénoménologie, cette introduction porte la marque de l'atmosphère historique et militante dans laquelle elle s'est déroulée.

Mais qu'entend-on au juste par marxisme ? Les difficultés face auxquelles nous nous sommes trouvés lorsque nous avons voulu définir la phénoménologie et l'existentialisme se trouvent démultipliées au sujet du marxisme. Plus encore que ces dernières, le marxisme constitue une tradition de pensée qui, dès le départ, se présente comme irréductible à l'œuvre philosophique personnelle de son fondateur[63], et partant comme intrinsèquement collective – c'est-à-dire comme une œuvre ouverte, appelant à être poursuivie, développée et transformée d'abord par des collaborateurs[64], puis par une série de continuateurs. Mais à cela s'ajoute le fait que Marx comme Husserl n'ont réalisé qu'une très petite partie de l'œuvre projetée et ont laissé à leur mort un *Nachlass* monumental : les œuvres publiées ne forment ainsi que des aperçus limités sur un projet bien plus vaste dont les œuvres inédites ou les manuscrits indiquent l'immensité du chantier. Chez ces deux auteurs, la volonté affichée de systématicité et de totalisation[65] est le pendant d'un inachèvement dans la réalisation – situation qui donne à leurs écrits une dimension ouverte et foisonnante, propice à des reprises et des développements très variés.

C'est cette situation qui rend sans doute impossible toute définition doctrinale stricte du marxisme : il s'agit en effet certainement de la tradition de pensée ayant connu le plus de combinaisons théoriques différentes et contradictoires. Ainsi préférons-nous le caractériser comme un vaste champ social (comprenant discours, pratiques et institutions) dans lequel se situent divers acteurs (individuels et collectifs) qui s'affrontent et développent des conceptions antinomiques de ce qu'ils appellent « marxisme » – l'un des enjeux de ce champ étant souvent précisément de

---

[61] K. Marx, *Morceaux choisis*, Paris, Gallimard, 1934, Préface, p. 7.

[62] Sur le marxisme en France, voir notamment J.-N. Ducange et A. Burlaud (dir.), *Marx, une passion française*, Paris, Éditions la Découverte, 2018.

[63] Sur l'histoire du terme « marxisme », voir notamment G. Haupt, « De Marx au marxisme », dans G. Haupt, *L'historien et le mouvement social*, Paris, Maspero, 1980, p. 77–109 ; G. Labica, « Marxisme », dans G. Bensussan et G. Labica (dir.), *Dictionnaire critique du marxisme*, Paris, PUF, 1985, p. 713–715.

[64] Ainsi pourrait-on comparer le caractère collectif de l'entreprise phénoménologique telle que la concevait Husserl (et le rôle que prennent notamment ses collaborateurs : E. Stein, L. Landgrebe ou E. Fink), et le rapport de Marx à Engels.

[65] On peut ainsi comparer l'immensité du projet initial du *Capital* (*cf.* notamment K. Marx, « Introduction de 1857 », *Contrib.*, §3, p. 55) avec ceux de Husserl et la volonté de systématisation de la phénoménologie qui s'affirme de plus en plus dans les années trente au contact d'E. Fink.

définir ce qu'est le marxisme, chacun proposant sa propre délimitation ou restriction du champ. Mais aux difficultés qu'on pourrait trouver dans d'autres traditions de pensée (et notamment dans la phénoménologie ou l'existentialisme), s'ajoute également, dans le cas du marxisme, le fait que celui-ci déborde largement le cadre philosophique et même intellectuel : le marxisme renvoie à une pratique politique militante, à un certain engagement dans le mouvement ouvrier, voire dans ses organisations (syndicats, partis). Ainsi se disent « marxistes » des militants qui n'ont parfois jamais lu Marx ou d'auteurs marxistes, mais qui, par leur appartenance ou proximité avec des organisations marxistes, ont souvent reçu une formation élémentaire de marxisme. Enfin, depuis 1917, le marxisme ne s'incarne pas seulement dans des individus ou des mouvements, mais dans un pays, l'Union soviétique, dont les habitants, représentants et partisans peuvent aussi se définir comme marxistes. L'histoire du marxisme (qui reste en grande partie à écrire) doit nécessairement, pour être complète, intégrer l'ensemble de ces dimensions et montrer de quelle façon elles s'entremêlent dans un champ social complexe, à la fois théorique et pratique, rythmé par des polémiques, des crises, des transformations, et des évolutions profondes. Étudier les rapports de la phénoménologie (et de l'existentialisme) avec le marxisme, ce n'est pas seulement comprendre la tentative de synthèse entre des doctrines théoriques, mais appréhender, dans toute sa diversité et sa richesse, le rapport complexe que des penseurs nouent avec le marxisme effectif.

Au début des années trente, le marxisme est encore largement méconnu en France et à peu près absent de l'université ainsi que du champ intellectuel. Il existe peu de traductions (et lorsqu'elles existent, elles sont souvent vieillies, datant du début du siècle et faites par des traducteurs qui sont rarement des philosophes)[66], et le marxisme est associé à une doctrine matérialiste et déterministe héritière du positivisme matérialiste du XIXe siècle. C'est cette situation que Sartre décrit lorsque, dans *Questions de méthode*, il retrace sa formation intellectuelle et son rapport au marxisme :

> Quand j'avais vingt ans, en 1925, il n'y avait pas de chaire de marxisme à l'Université et les étudiants communistes se gardaient bien de recourir au marxisme ou même le nommer dans leurs dissertations ; ils eussent été refusés à tous leurs examens. L'horreur de la dialectique était telle que Hegel lui-même nous était inconnu. Certes, on nous permettait de lire Marx, on nous en conseillait même la lecture : il fallait le connaître « pour le réfuter ». Mais sans tradition hégélienne et sans maîtres marxistes, sans programme, sans instruments de pensée, notre génération comme les précédentes et comme la suivante ignorait tout du matérialisme historique[67].

Trần Đức Thảo abonde dans le même sens en se rappelant que « Nous étions peu préparés pour une étude philosophique des textes marxistes »[68]. Ces témoignages n'ont rien d'exceptionnel : on trouve des descriptions similaires chez de nombreux

---

[66] Sur la situation éditoriale des textes de Marx, voir J.-N. Ducange et A. Burlaud (dir.), *op. cit.*, Partie II « Traduire et éditer Marx », notamment chap. 8 et 9, p. 113–143 ; A. Bouffard, A. Feron, G. Fondu, « Les éditions françaises du *Capital* », *Ce qu'est « Le Capital » de Marx*, Paris, Éditions sociales, 2017, p. 91–145.

[67] *QM*, I, p. 21/p. 28.

[68] *FH*, Préface, p. 6.

philosophes formés dans l'entre-deux-guerres[69]. S'il y eu certes quelques incursions éphémères du marxisme dans le champ philosophique (G. Sorel, le groupe « Philosophie »[70], etc.), cette tradition de pensée reste largement extérieure à la philosophie. Malgré cela, le marxisme devient en 1945 l'une des pensées structurantes non seulement du champ intellectuel mais aussi du champ philosophique, et le sera au moins jusque dans les années quatre-vingt. Que s'est-il donc passé en moins de dix ans pour transformer aussi durablement la place et le rôle du marxisme ?

Il y a tout d'abord un événement éditorial de première importance, qui va irréversiblement transformer la manière de concevoir la pensée de Marx et le marxisme. Au début des années trente, des écrits inédits de jeunesse de Marx sont édités de manière presque simultanée en Union soviétique (au sein de la première *Marx-Engels-Gestamtausgabe* [MEGA¹] de Riazanov puis d'Adoratski) et en Allemagne (*Der historische Materialismus. Die Frühschriften* de Landshut et Mayer[71]). En 1932, sont publiés les *Manuscrits économico-philosophiques*[72] que Marx rédige à Paris en 1844, puis *L'idéologie allemande*[73] écrite avec Engels à Bruxelles en 1845–46, et laissée, selon la formule de Marx, à la « critique rongeuse des souris »[74]. Si certains extraits de ces œuvres avaient déjà paru dans des revues proches du PCF[75], leur large diffusion en France est due à une entreprise de traduction menée par les Éditions Alfred Costes. Entre 1927 et 1938, une grande partie des textes philoso-

---

[69] Dans la Préface de *Pour Marx*, L. Althusser décrit la situation de « vide théorique » dans lequel est né le PCF : « Le parti français dut naître et grandir dans ces conditions ; sans l'acquis et le secours d'une tradition nationale *théorique*, et, ce qui en est la suite inévitable, sans une école théorique dont pussent sortir des maîtres. Telle est la réalité que nous dûmes apprendre à épeler, et à épeler tous seuls. Seuls, car nous n'eûmes par chez nous, en philosophie marxiste, de vrais et grands maîtres pour guider nos pas. Politzer, qui eût pu en être un, s'il n'avait sacrifié la grande œuvre philosophique qu'il portait en lui à des tâches économiques urgentes, ne nous avait laissé que les erreurs géniales de sa *Critique des fondements de la psychologie*. Il était mort, assassiné par les nazis. Nous n'avions pas de maîtres. Je ne parle pas des bonnes volontés ni d'esprits très cultivés, savants, lettrés et autres. Je parle de maîtres en philosophie marxiste, issus de notre histoire, accessibles et proches de nous » (L. Althusser, *Pour Marx*, Paris, Maspero, 1965, Préface, p. 16–17).

[70] Le groupe « Philosophie » est un cercle philosophique d'avant-garde fondé en 1924 et composé de P. Morhange, H. Lefebvre, G. Politzer, N. Guterman, G. Friedmann et P. Nizan. Il fonde en 1929 la *Revue marxiste* (qui paraît pendant un an) et se dissout au début des années trente.

[71] K. Marx, *Der historische Materialismus. Die Frühschriften*, Stuttgart, 1932.

[72] Deux éditions des *M44* paraissent en 1932 (dans la MEGA, vol. I/3 et dans K. Marx, *Der historische Materialismus : Die Frühschriften*). Sur l'édition des *M44*, voir la notice introductive de F. Fischbach dans K. Marx, *Manuscrits économico-philosophiques de 1844*, Paris, Vrin, 2007, p. 7–13.

[73] En 1932 paraissent deux éditions de l'*IA* : celle d'Adoratski dans le cadre de la MEGA (volume I/5) et celle de Landshut et Mayer. En raison des choix éditoriaux qui sont faits de part et d'autre, les deux textes sont très différents et tout aussi peu fiables d'un point de vue philologique. Pour un aperçu des enjeux éditoriaux de l'*IA*, voir D. Blank et T. Carver, *A Political History of the Editions of Marx and Engel's « German Ideology Manuscripts »*, New York, Palgrave Macmillan, 2014.

[74] K. Marx, *Contrib.*, Avant-propos, p. 64.

[75] Les premières petites revues marxistes d'avant-garde (*Revue marxiste*, *Avant-garde*) recevaient dès la fin des années vingt des envois de Riazanov avec des textes inédits de Marx et d'Engels.

phiques du jeune Marx est traduite par J. Molitor et rendue disponible au lectorat français dans la rubrique « Œuvres philosophiques » (en 9 volumes[76]) de leur édition des œuvres de Marx[77]. Étant donné sa proximité avec la SFIO, la maison d'édition choisit de s'appuyer, non pas sur la MEGA[1], mais sur l'édition de Landshut et Mayer – ce qui aura une incidence importante, en particulier en ce qui concerne les *Manuscrits de 1844* ou l'*Idéologie allemande*, sur le texte même qui sera présenté au public francophone[78].

La découverte des textes du jeune Marx, qui suscite l'intérêt d'un large spectre de milieux (des philosophes, des catholiques de gauche, mais aussi des penseurs proches ou membres du Parti communiste[79]), constitue un facteur décisif rendant possible la rencontre avec la phénoménologie[80]. Dans ces textes, on y trouve en effet un Marx encore fortement influencé par Hegel (et notamment par la *Phénoménologie de l'Esprit*) – révélant ainsi en Hegel une médiation permettant de constituer un espace commun pour une rencontre avec la phénoménologie[81]. Une telle perspective est favorisée par le climat intellectuel général de « renaissance hégélienne », et en particulier par les cours d'A. Kojève à l'École pratique des hautes études (EPHE) entre 1933 et 1939 : Kojève insiste non seulement sur la dimension existentielle et

---

[76] Les deux derniers volumes paraissent en 1947. Voici la chronologie et le contenu des différents volumes. T. I (1927) – Différence de la philosophie de la nature chez Démocrite et chez Épicure. Contribution à la critique de la philosophie du droit de Hegel. Le Manifeste philosophique de l'École de droit historique. La question juive ; T. II (1927) – La Sainte Famille ou Critique de la critique critique (contre Bruno Bauer et consorts) ; T. III (1928) – La Sainte Famille ou Critique de la critique critique (suite et fin). La Critique moralisante ou La morale critique ; T. IV (1935) – Critique de la philosophie de l'État de Hegel ; T. V (1937) – La Liberté de la presse. À propos du communisme. La loi sur les vols de bois. Correspondance Marx-Ruge. Le roi de Prusse et la réforme sociale ; T. VI (1937) – Économie politique et philosophie. Idéologie allemande, 1ère partie ; T. VII (1938) – Idéologie allemande (suite); T. VIII (1947) – Idéologie allemande (suite) ; T. IX (1947) – Idéologie allemande (suite et fin).

[77] Les Éditions Costes choisissent de diviser l'œuvre de Marx en trois grandes rubriques : « Philosophie » (qui comprend presque exclusivement les œuvres du jeune Marx), « Politique » et « Économie ». Ce choix n'est pas sans influence sur la réception française de Marx. Les philosophes ont en effet été conduits à privilégier les œuvres de jeunesse, jugées seules « philosophiques », au détriment du projet de critique de l'économie politique (et à ne pas chercher s'il n'y aurait pas une autre conception de la pratique philosophique à l'œuvre dans ces textes). C'est notamment contre cela que s'inscrit L. Althusser.

[78] Sur les éditions de ces textes et leurs enjeux, voir F. Fischbach, Introduction aux *Manuscrits économico-philosophiques de 1844*, *op. cit.* et D. Blank et T. Carver, *op. cit.*

[79] H. Lefebvre, membre alors du Parti communiste, est ainsi certainement le premier philosophe à accorder de l'importance aux *Manuscrits de 1844* : avec N. Guterman dans leur anthologie des textes de Marx (*Morceaux choisis*) ou dans leur ouvrage *La conscience mystifiée* (Paris, Gallimard, 1936), ou bien tout seul dans *Le matérialisme dialectique* (Paris, PUF, 1940).

[80] Sur cette question, voir M. Poster, *op. cit.*, chap. 2 « The Re-Discovery of Marx and the Concept of Alienation », p. 36–71.

[81] Si une telle articulation semble aujourd'hui évidente, elle n'a rien de nécessaire : en fait, elle s'oppose à la synthèse entre marxisme et kantisme que privilégie la social-démocratie européenne depuis le début du XXe siècle (notamment sous l'impulsion de l'austro-marxisme). Sur la diversité des combinaisons théoriques, voir P. Anderson, *Sur le marxisme occidental*, Paris, Maspero, 1977, p. 79–95.

même phénoménologique (au sens husserlien) de l'œuvre de Hegel, mais aussi sur ses liens avec le marxisme. Kojève, qui se déclare « stalinien » et prétend que le vrai sens de la fin de l'histoire est la réalisation de l'État rationnel en Union soviétique, rappelle par ailleurs continuellement la double dimension de l'activité humaine : d'une part le travail de transformation du monde et d'autre part la lutte pour la reconnaissance. Ainsi parvient-on à retrouver dans les textes du jeune Marx une dimension existentielle et phénoménologique. Ce n'est donc pas seulement pour des raisons purement extérieures et historiques que nous trouvons à chaque génération des projets de rapprochement entre la phénoménologie et le marxisme, mais aussi parce qu'il existe bel et bien un certain air de famille entre les démarches de ces deux pensées – et en particulier avec le jeune Marx des *Manuscrits de 1844*, qui a indéniablement une dimension phénoménologique.

Pour comprendre la configuration particulière du marxisme philosophique des années trente, il faut enfin signaler la publication chez Gallimard entre 1934 et 1939 d'un ensemble de trois textes (traduits et introduits par N. Guterman et H. Lefebvre) qui jouent un rôle important dans cette réception du marxisme : les *Morceaux choisis* de Karl Marx[82] (anthologie qui rend disponible pour la première fois au lectorat français un grand nombre de textes inédits ou peu accessibles et qui marque durablement la réception philosophique de Marx en France), les *Morceaux choisis* de Hegel[83], et les *Cahiers sur la dialectique de Hegel* de Lénine[84]. En publiant ce dernier texte, N. Guterman et H. Lefebvre font découvrir au public français un tout autre Lénine que celui de *Matérialisme et empiriocriticisme* (traduit en 1929) – un Lénine méditant Hegel juste avant la révolution russe et déclarant qu'il est impossible de comprendre le *Capital* de Marx sans être passé par la *Logique* de Hegel. Dans un célèbre passage de l'article « La portée du matérialisme militant » (12 mars 1922), Lénine donne une importance de premier plan à la fois à la dialectique de Hegel et à la pratique philosophique. Il en appelle en effet à

> Organiser l'étude systématique de la dialectique de Hegel du point de vue matérialiste, c'est-à-dire de la dialectique que Marx a appliquée pratiquement dans son *Capital* et dans ses écrits historiques et politiques[85].

---

[82] K. Marx, *Morceaux choisis, op. cit.*, Préface de N. Guterman et H. Lefebvre. L'ouvrage est divisé en deux parties. Les textes de la première partie (« Marx philosophe ») sont choisis par Paul Nizan, et ceux de la seconde (« Marx économiste ») par Jean Duret.

[83] G. W. F. Hegel, *Morceaux choisis*, Paris, Gallimard, 1939.

[84] V. I. Lénine, *Cahiers sur la dialectique de Hegel*, Paris, Gallimard, 1938.

[85] V. I. Lénine, « La portée du matérialisme militant », *Œuvres complètes*, Paris, Moscou, Éditions sociales et Éditions en langues étrangères, 1963, t. 33, p. 236. « En nous inspirant de la manière dont Marx appliquait la dialectique de Hegel comprise dans le sens matérialiste, nous pouvons et devons développer cette dialectique sous toutes les faces, reproduire dans la revue des passages empruntés aux principaux ouvrages de Hegel, les interpréter dans un esprit matérialiste en les commentant par des exemples d'application de la dialectique empruntés à Marx, et aussi des exemples de dialectique tirés du domaine des relations économiques, politiques, exemples que l'histoire récente, et notamment la guerre impérialiste et la révolution actuelles, fournissent en abondance » (*ibid.*, p. 237).

Cette caution de Lénine jouera un rôle non négligeable dans la légitimation du projet intellectuel de relecture du marxisme à partir de l'hégélianisme – relecture qui rend ensuite plus aisée son articulation à la phénoménologie.

Enfin, le troisième facteur déterminant du marxisme dans le champ intellectuel français des années trente consiste en la promotion, sous l'impulsion du PCF et de l'URSS, du projet encyclopédique du marxisme, selon la formule popularisée à l'époque, « sous la bannière du matérialisme dialectique ». L'expression « matérialisme dialectique », qui ne se trouve textuellement ni chez Marx ni chez Engels[86], apparaît à la fin du xixe siècle pour désigner le matérialisme nouveau qui a été fondé par Marx et Engels[87]. Mais elle est surtout popularisée par Lénine[88], et, après la Révolution russe, elle s'impose plus largement pour désigner la « philosophie » du marxisme, c'est-à-dire sa conception générale de la réalité (ce que nous pourrions appeler son « ontologie » ou sa « métaphysique »). Ce matérialisme dialectique se distingue du « matérialisme historique », qui correspond quant à lui à la conception matérialiste de l'histoire et de la société développée chez Marx et Engels[89]. La formule de « matérialisme dialectique » désigne alors une vaste entreprise scientifique, s'inspirant du projet d'Engels dans la *Dialectique de la nature*, et qui vise à faire du marxisme le métalangage ou la rationalité architectonique à même d'unifier les différents savoirs et de répondre à la crise des sciences[90]. Ce projet épistémologique trouve une mise en œuvre effective dans la constitution du cercle « Russie neuve » étudiée par I. Gouarné[91], qui montre comment le marxisme se diffuse alors, sous l'impulsion du Parti communiste, dans les milieux scientifiques (qui sont de leur côté séduits par le projet).

---

[86] Engels ne parle que d'une « dialectique matérialiste » (*Ludwig Feuerbach et la fin de la philosophie classique allemande*, IV, p.85), ainsi que d'une « conception matérialiste de la nature » et d'une « conception matérialiste de l'histoire » (ou « matérialisme historique »).

[87] On attribue généralement la paternité de cette formule à J. Dietzgen (*Incursions d'un socialiste dans la région de la connaissance*, 1887 ; trad. fr. dans J. Dietzgen, *Pièces pour un dossier : L'essence du travail intellectuel*, Maspero, 1973, p.179–221), mais l'expression a également été employée par K. Kautsky ou par G. Plekhanov à la même époque. Sur ce point, voir P. Macherey, « Matérialisme dialectique », dans G. Labica et G. Bensussan, *Dictionnaire critique du marxisme*, Paris, PUF, 1985, p. 723–727.

[88] V. I. Lénine, *Matérialisme et empirio-criticisme. Notes critiques sur une philosophie réactionnaire* (1908), Paris, Éditions sociales, 1973 ; *Cahiers philosophiques*, Paris, Éditions sociales, 1973.

[89] La distinction entre « matérialisme dialectique » et « matérialisme historique » sera ensuite figée dogmatiquement en un certain nombre de formules canoniques pour constituer le « *Dia-mat* » stalinien. Staline en personne en donne l'exposé orthodoxe dans sa célèbre brochure de 1938 *Matérialisme historique et matérialisme dialectique*. Sur cette question, voir notamment G. Labica, *Le marxisme-léninisme (Éléments pour une critique)*, Paris, Éditions Bruno Huisman, 1984.

[90] C'est ce qu'indique Lénine à la suite du passage que nous avons cité plus haut : « Les savants modernes trouveront (s'ils savent chercher et si nous apprenons à les aider) dans la dialectique de Hegel, interprétée dans le sens matérialiste, des réponses aux questions philosophiques posées par la révolution des sciences de la nature » (V. I. Lénine, « La portée du matérialisme militant », *op. cit.*, p. 237).

[91] I. Gouarné, *op. cit.*

3. Genèse d'un nouveau programme philosophique.

Dans *Les mots et les choses*, M. Foucault considère que les tentatives de synthèse entre phénoménologie et marxisme ne sont nullement anecdotiques et ne relèvent pas de « l'ordre de la conciliation tardive » : il en fait même le point d'aboutissement « nécessaire » de la pensée moderne, en tant que celle-ci se fonde sur le « postulat anthropologique », qui fait de l'être humain un « double empirico-transcendantal » (c'est-à-dire un être qui est d'une part chose du monde et objet de connaissance, et d'autre part condition de possibilité du monde et sujet de la connaissance)[92]. Si, comme nous allons le voir, le dépassement de l'opposition entre ces deux dimensions de l'être humain est l'une des questions fondamentales auxquelles s'affrontent nos trois auteurs, il n'est pas pour autant possible de faire de ce projet un simple moment inéluctable du développement de l'*épistémè* moderne (fut-ce pour en faire le couronnement). Le projet théorique s'inscrit en effet profondément dans la séquence historique qui s'ouvre avec les années trente et doit beaucoup aux choix opérés par un petit groupe d'individus dans ce contexte.

Le projet de synthèse entre marxisme et phénoménologie est en effet à l'origine celui d'un groupe très restreint de jeunes penseurs et se cristallise explicitement entre la toute fin des années trente et le début des années quarante (pendant l'Occupation) – et c'est à partir de ce foyer primitif qu'il se diffusera ensuite à la Libération dans l'ensemble du champ intellectuel. Merleau-Ponty en est la figure centrale. Il est à l'époque agrégé-répétiteur à l'ENS et se trouve au contact de jeunes philosophes (F. Cuzin, J.-T. Desanti, Y. Picard, P. Hervé, à la fin des années trente ; Trần Đức Thảo à partir de 1941), qui, comme lui, se radicalisent politiquement tout au long des événements des années trente (la plupart sont d'abord proches du trotskisme, et se rallieront au Parti communiste au moment d'entrer dans la Résistance). Il les initie à la phénoménologie husserlienne, mais tous ressentent une insatisfaction profonde à l'égard du projet de fondation husserlien, et plus généralement à l'égard de la posture philosophique classique de surplomb par rapport aux autres domaines (sciences et politique). Le marxisme se présente alors comme le moyen de dépasser les impasses théoriques et pratiques de la position husserlienne[93]. Dans un écrit autobiographique tardif, Trần Đức Thảo rappelle le rôle qu'a joué Merleau-Ponty :

---

[92] M. Foucault, *Les mots et les choses. Une archéologie des sciences humaines*, Paris, Gallimard, 1966, II, chap. 9 « L'homme et ses doubles », p. 332.

[93] Une grande partie de l'œuvre de Desanti trouve sa source dans un effort pour élaborer des concepts à mêmes de comprendre ce phénomène. Il montre notamment que la figure de subjectivation classique du « philosophe » apparaît insuffisante pour sa génération dans les années trente : ces jeunes philosophes se sentent interpellés par le monde, et d'autres figures de subjectivation viennent contester celle du « philosophe ». Ce qui distingue Desanti des auteurs que nous allons étudier, c'est qu'il passe à cette figure particulière de subjectivation qu'est le « philosophe de parti », alors que Sartre, Merleau-Ponty et Trần Đức Thảo, quoique refusant l'ancienne subjectivation, tentent cependant de la réinventer ou de la transformer en maintenant l'exigence d'indépendance philosophique par rapport au parti. *Cf.* notamment J.-T. Desanti, *Un destin philosophique ou Les pièges de la croyance* (Paris, Hachette Littératures, 2008 [1ʳᵉ éd. 1982]) puis l'introduction de 1994 à son *Introduction à la phénoménologie* (*op. cit.*).

> J'avais fait la connaissance de Merleau-Ponty, en 1941 à la rue d'Ulm, où il était revenu pour sa dernière année de caïmanat. Il nous lisait des extraits de sa thèse en préparation sur la Phénoménologie de la perception, et disait souvent que tout cela finira par une synthèse de Husserl, Hegel et Marx[94].

Dans « Merleau-Ponty vivant », Sartre confirme cette importance : « Sans Merleau, croit-on que Tran Duc Tao [*sic*] eût écrit sa thèse et tenté d'annexer Husserl à Marx ? »[95]. Dans ce texte, Sartre montre également le rôle décisif qu'a eu Merleau-Ponty dans son propre cheminement vers le marxisme. Merleau-Ponty est donc la figure centrale du développement de cette tendance des milieux philosophiques : d'abord comme initiateur et guide (rôle bientôt repris par Trần Đức Thảo[96]), mais ensuite en donnant un prestige et une légitimité institutionnels à ces deux traditions de pensée en grande partie absentes de l'université française et plus largement du champ intellectuel, ainsi qu'au projet de leur articulation.

Merleau-Ponty cristallise le ressenti de toute une génération pour en faire un programme philosophique particulier. Le sentiment diffus de cette génération (qui ne se ralliera d'ailleurs pas tout entière au projet de synthèse entre phénoménologie et marxisme) s'exprime d'abord dans le mot d'ordre de recherche du *concret*[97]. Rejetant la philosophie néokantienne (transcendantale) et la psychologie classique (empiriste et positiviste), cette génération cherche une philosophie qui puisse rendre raison de l'existence effective. L'ouvrage de J. Wahl, *Vers le concret* (1932), et en particulier sa préface qui est publiée dans les *Recherches philosophiques*, se présente comme une ressaisie de ce « vaste mouvement "vers le concret" »[98] qu'il voit à l'œuvre dans les diverses tentatives philosophiques contemporaines. Le projet de G. Politzer, à la fin des années vingt, d'élaborer une « psychologie concrète » est également important pour comprendre le climat intellectuel de l'époque. Ce sont de telles dispositions qui conditionneront l'infléchissement existentiel que toute cette génération donne à la phénoménologie husserlienne.

Mais à cela s'ajoute à partir du milieu des années trente la situation de crise sociale et politique qui touche profondément l'ensemble de l'Europe – situation qui fait que, selon la formule qu'emploie P. Ricœur en parlant de l'évolution de Husserl, « le plus anhistorique des professeurs était sommé par l'histoire de s'interpréter historiquement »[99]. Ce « tragique de l'histoire », qui a « incliné Husserl à penser

---

[94] *FH*, préface, p. 6.

[95] MPV, *SIV*, p. 243.

[96] R. Schérer, qui entre à l'ENS en 1943 et qui a bien connu Trần Đức Thảo à cette époque, rapporte que ce dernier organisait des groupes de lecture informels à l'ENS sur les inédits de Husserl et sur des textes de Marx (Entretien avec R. Schérer, 17 juillet 2017). L. Althusser, qui commence sa scolarité à l'ENS en 1945, confirme l'importance qu'ont joué Merleau-Ponty et Trần Đức Thảo dans sa formation : « Je n'eus en philosophie […] aucun vrai maître, aucun maître sauf Thảo […] et Merleau » (L. Althusser, *op. cit.*, p. 203).

[97] Sur ce point, voir Sartre, *QM*, p. 21–24/p. 28–30 et F. Worms, *La philosophie en France au XXe siècle. Moments*, Paris, Gallimard, 2009, chap. 8, p. 194–199.

[98] J. Wahl, *Vers le concret. Études d'histoire de la philosophie contemporaine (William James, Whitehead, Gabriel Marcel)*, Paris, Vrin, 2004 [1re éd. 1932], p. 41.

[99] P. Ricœur, « Husserl et le sens de l'histoire » (1949), *À l'école de la phénoménologie*, Paris, Vrin, 2004, p. 21.

historiquement »[100], transforme profondément les aspirations de la génération philosophique qui se forme durant ces années. L'exigence nouvelle est non seulement celle d'intégrer de nouveaux objets (l'histoire, la société, la violence, la conflictualité, etc.) et une nouvelle approche (en termes d'antagonisme, de crise, de conflictualité, de classes, etc.), mais aussi une autre manière de se penser, c'est-à-dire de penser le rapport de la philosophie à l'histoire, à la société et à la politique. Le sujet humain ou philosophique ne peut plus être envisagé de la même manière, comme Ego séparé, anhistorique, spectateur désintéressé. Face à cette situation, cette génération développe le sentiment d'avoir une responsabilité : l'Ego philosophant comme l'Ego transcendantal sont en effet engagés et inscrits dans le monde historique et social. Cela, ils en font chaque jour l'expérience, puisque la crise n'est pas seulement dans la rue, mais envahit les universités[101]. La nécessité de la lutte et de la résistance est perçue comme une exigence naturelle de la situation. La philosophie doit donc être en mesure de traiter l'ensemble de ces phénomènes sous peine de perdre son sens.

Dans ce contexte, ces penseurs sont fortement attirés par le mouvement communiste, qui se réclame du marxisme. Le marxisme fascine car il représente une pensée qui cherche à prendre en charge théoriquement et pratiquement l'ensemble des phénomènes. Le marxisme assume en effet son inscription historique et politique, et constitue une philosophie incarnée : incarnée dans le mouvement ouvrier qui défile lors des manifestations du Front Populaire ou dans les rangs des partis communistes, qui combat activement le fascisme partout dans le monde (Guerre d'Espagne), et qui s'identifie à un État – « Grande lueur à l'Est » dont le développement (croissance) fascine dans cette époque de crise du capitalisme[102]. Tous ont une très forte proximité politique, si ce n'est avec le Parti communiste, du moins avec des options politiques révolutionnaires, et donc une volonté sincère de se rapprocher de la pensée marxiste.

Ce qui se trouve ainsi contesté est une certaine manière traditionnelle de faire ou de pratiquer la philosophie. Dans ses œuvres des années soixante-dix et quatre-vingt, J.-T. Desanti est longuement revenu sur ce phénomène particulier, et sur la manière dont la situation historique et sociale de sa génération rendait presque impossible le maintien d'une pratique traditionnelle de la philosophie. Il vient en effet contester la prétention philosophique à l'universalité, en la réinscrivant, comme toutes les idéalités, dans le monde social et historique. Le marxisme joue pour ces jeunes philosophes la fonction du « malin génie » au sens cartésien : si le marxisme est vrai, c'est alors la prétention philosophique à la vérité et tout l'édifice institutionnel de la philosophie qui sont viciés, de sorte qu'en pensant dire le vrai, on professe

---

[100] P. Ricœur, *ibid.*, p. 20. *Cf.* aussi p. 30 : « L'histoire, disions-nous, rentre dans les préoccupations du philosophe le plus anhistorique et le plus apolitique par la *conscience de crise*. Une crise de culture est comme un grand doute à l'échelle de l'histoire. »
[101] C'est d'ailleurs à ce moment que s'effectue le basculement vers la gauche d'une grande partie des étudiants (étudiants jusque-là traditionnellement d'extrême droite et proches de l'Action française) et du corps professoral (qui passe majoritairement du « radicalisme » au « socialisme »).
[102] *Cf. QM*, I, p. 21–24/p. 28–30.

le faux (c'est-à-dire l'idéologique). Le marxisme jette ainsi un doute radical sur la philosophie et met en question la possibilité même d'y trouver un étalon pour distinguer le vrai du faux – comme en témoigne la violente charge polémique de P. Nizan dans *Les chiens de garde* contre l'institution philosophique. La question qui se pose alors pour ces jeunes penseurs est de savoir si la pratique philosophique a encore un sens, et si oui, lequel. Nos trois auteurs refusent en effet de suivre le chemin d'un P. Nizan ou d'un G. Politzer, qui les conduit hors de la philosophie (leur scepticisme absolu à l'égard d'eux-mêmes les conduit à rallier le dogmatisme du Parti communiste), comme celui d'un Desanti qui ne préserve une autonomie relative à la philosophie qu'au prix d'un défaut de radicalité dans sa démarche (puisqu'il se contente d'un champ théorique clivé entre plusieurs langues). Sartre, Merleau-Ponty, et Trần Đức Thảo s'efforcent au contraire de repenser le statut de la philosophie à la lumière de cette contestation radicale.

En effet, au moment même où le marxisme constitue la contestation la plus radicale de la philosophie, ces penseurs ne peuvent s'empêcher de ressentir une profonde insatisfaction intellectuelle par rapport à la pensée marxiste telle qu'elle se présente à l'époque. Plus encore que les procès de Moscou, la discipline militaire et militante du Parti, ainsi que son caractère ouvrier et anti-intellectuel[103], c'est au niveau théorique que se manifeste leur insatisfaction. Comme l'écrit Sartre dans *Questions de méthode* :

> Après nous avoir tirés à lui comme la lune tire les marées, après avoir transformé toutes nos idées, après avoir liquidé en nous les catégories de la pensée bourgeoise, le marxisme, brusquement, nous laissait en plan ; il ne satisfaisait pas notre besoin de comprendre ; sur le terrain particulier où nous étions placés, il n'avait plus rien de neuf à nous enseigner[104].

Le marxisme de l'époque, tel qu'il est incarné dans ces mouvements, est en effet fortement imprégné de positivisme et du langage déterministe de la IIe Internationale[105], et, à bien des égards, ressemble à la philosophie qu'ils refusent. Cette situation se prolonge dans l'après-guerre, comme le raconte Merleau-Ponty dans ses *Entretiens avec Charbonnier*, en évoquant l'attitude générale des jeunes étudiants qui venaient rencontrer l'équipe des *Temps Modernes* à la Libération :

> Il y avait chez eux pas mal de garçons ou de jeunes filles qui étaient au fond, qui étaient probablement pratiquement communistes dans les options politiques. Mais les pensées du communisme, du communisme français, en tout cas, ne les satisfaisaient pas. Alors ils auraient aimé trouver dans *Les Temps Modernes* une autre philosophie pour fonder les mêmes conclusions[106].

---

[103] Le Parti communiste est en effet à l'époque très méfiant à l'égard des intellectuels et se construit presque exclusivement par la promotion interne d'individus issus du monde ouvrier. Sur ce point, voir B. Pudal, *Prendre parti. Pour une sociologie historique du PCF*, Paris, Presses de la Fondation nationale des sciences politiques, 1989.
[104] *QM*, I, p. 25/p. 31.
[105] *Cf.* I. Gouarné, *op. cit.*
[106] *EntCharb*, p. 200.

Ce sont ces jeunes gens auxquels Sartre s'adresse en 1946 dans « Matérialisme et révolution ». Le projet de synthèse entre phénoménologie et marxisme a par conséquent, pendant ces années, permis à ces jeunes penseurs de s'engager pratiquement et théoriquement du côté du marxisme sans assumer le marxisme du Parti communiste. La phénoménologie joue alors auprès de ces intellectuels radicalisés le même rôle que jouera l'althussérisme vingt ans plus tard, à savoir la possibilité d'investir dans le marxisme l'exigence philosophique qu'ils se refusaient à abandonner. De la même manière que la phénoménologie se trouve investie par la politique et le marxisme, à l'inverse, le marxisme et la politique sont investis d'une exigence philosophique nouvelle – qui n'était pas celle des militants des partis. Ces espoirs, au moment de la Libération, ont donné lieu à une prolifération de textes, écrits par un grand nombre d'auteurs, mais leurs tentatives de synthèse, pour la plupart, ne dépasseront pas l'appel à des mots d'ordre assez vagues. Ce n'est en effet que chez nos trois auteurs que cette aspiration prend véritablement la forme d'un programme théorique cohérent.

4. LE MOMENT MARXISTE DE LA PHÉNOMÉNOLOGIE FRANÇAISE.

L'enjeu de notre ouvrage est de proposer une contribution à l'étude de ce moment particulièrement fécond de la philosophie française contemporaine (qui inaugure même, selon A. Badiou, un moment philosophique comparable « par son ampleur et sa nouveauté, tant au moment grec classique qu'à celui de l'idéalisme allemand »[107]) – et d'éclairer par là même une séquence de l'histoire de la phénoménologie et de celle du marxisme en France. Plus largement, il s'agit de comprendre la manière dont le projet d'articulation entre phénoménologie et marxisme devient, pendant près de vingt ans, une question structurante du champ intellectuel.

Cette séquence théorique n'est cependant pas homogène, et il nous semble de ce fait important de ne pas la réduire, comme on l'a souvent fait, à l'euphorie entourant l'existentialisme au moment de la Libération – enthousiasme qui prend en réalité fin vers 1947 avec le déclenchement de la Guerre froide. Nous voulons au contraire suivre cette aventure théorique tout au long de ces années pour montrer d'une part la permanence d'un certain projet théorique d'ensemble (celui de l'articulation entre phénoménologie et marxisme pour unifier les domaines philosophique, scientifique et politique), et d'autre part les transformations importantes que celui-ci subit au cours de ces années. Ces transformations nous semblent le résultat à la fois de logiques intellectuelles individuelles (c'est-à-dire le développement progressif d'une pensée et l'approfondissement de sa cohérence et de ses références) et de logiques inter-individuelles ou collectives (les discussions du champ intellectuel,

---

[107] A. Badiou, *L'aventure de la philosophie française depuis les années 1960*, Paris, La Fabrique, 2012, Préface, p. 9.

les influences entre penseurs, etc.), mais également de l'évolution historique plus générale.

Nous avons insisté sur l'importance de l'expérience historique d'une génération intellectuelle dans la genèse du projet, mais cette expérience historique sera également à l'origine des évolutions de ce projet. Esquissé à la fin des années trente et sous l'Occupation allemande, le projet prend chair au moment de la Libération et se présente alors comme le projet philosophique de la renaissance française de l'après-guerre. Cependant, l'histoire de l'après-guerre ne se déroule pas comme prévu, et très vite les philosophes doivent faire une nouvelle expérience historique, celle de la Guerre froide – expérience qu'ils se voient contraints de prendre en compte et au contact de laquelle leur pensée va évoluer. Les philosophes sont en effet des individus pensant dans et à partir du monde social et historique particulier dans lequel ils vivent, et ils portent (comme chacun) l'empreinte de cette historicité. Il est vrai que les explications sociologiques ou historiques sont souvent mobilisées pour délégitimer les travaux de ces auteurs : le projet contradictoire d'articuler le marxisme et la phénoménologie ne renverrait qu'à l'inconsistance ou aux illusions de leur groupe social (la petite bourgeoisie intellectuelle) et ne serait, de ce fait, qu'une simple curiosité historique. Il nous semble possible, quant à nous, de faire droit à cette inscription sociale et historique de la pensée de ces auteurs sans pour autant diminuer la portée théorique et philosophique de leurs recherches. Et cela d'autant plus que l'un de leurs soucis premiers est de ne pas perdre ce contact avec leur époque.

C'est pour cette raison qu'il nous a semblé nécessaire d'organiser notre ouvrage autour des grandes phases historiques et politiques de l'après-guerre. Ces grandes phrases correspondent en effet à différentes séquences théoriques et philosophiques. Si chaque séquence se définit par un certain *problème* dominant dans le champ intellectuel et philosophique (comme le rappelle F. Worms[108]), il nous est cependant apparu que ces problèmes étaient fortement liés à la structuration du champ intellectuel et philosophique et plus largement à la situation historique et politique de la société française de l'époque. La synthèse entre marxisme et phénoménologie n'a en effet pas le même sens dans le climat unitaire de la Libération et à partir de 1947, où le début de la Guerre froide contraint chacun à choisir son camp (communisme ou atlantisme) et rend inaudible la tentative de constitution d'une troisième voie phénoménologico-marxiste. La phénoménologie et l'existentialisme apparaissent dès lors comme des philosophies compromises : la phénoménologie par son caractère bourgeois et idéaliste (derniers feux du rationalisme bourgeois du XIXe siècle) et l'existentialisme par l'adhésion de Heidegger au nazisme (révélée par *Les Temps Modernes* dès l'après-guerre, et utilisée par les critiques marxistes du projet de synthèse entre les deux courants). De la même manière, le projet de synthèse change à nouveau de sens à partir de 1953 (avec la mort de Staline, puis surtout avec le XXe Congrès du PCUS) et le début du mouvement de déstalinisation, c'est-à-dire de la reconnaissance progressive par les communistes eux-mêmes (avec beaucoup de

---

[108] F. Worms, *op. cit.*, Avant-propos, p. 9–19.

réticence) du stalinisme comme transformation du marxisme en une nouvelle forme d'exploitation et d'aliénation. Et cela, alors que l'existentialisme montre quant à lui depuis 1944 une constance remarquable dans ses engagements politiques et dans sa dénonciation de l'oppression (en particulier coloniale, lors des guerres d'Indochine puis d'Algérie), et que certains marxistes des pays de l'Est se tournent vers lui pour se revendiquer d'un humanisme socialiste à même de transformer les régimes de l'Est et de réaliser le potentiel émancipateur du marxisme. Ainsi, à chaque bifurcation historique et politique, de nouveaux problèmes se posent et chacun des penseurs doit repenser son projet de synthèse à leur lumière. Nous avons donc voulu faire droit au caractère synchronique de certains problèmes et mettre en lumière le fait que chacun des philosophes affronte les mêmes problèmes au même moment, tout en cherchant à y apporter souvent des réponses différentes – c'est-à-dire différentes manières d'articuler phénoménologie et marxisme pour unifier les champs philosophique, politique et scientifique. L'objet de notre ouvrage est donc de suivre cette évolution et de voir comment à chaque période se posent de nouveaux problèmes, c'est-à-dire de nouvelles manières d'articuler la phénoménologie et le marxisme.

Notre point de départ sera la séquence marquée par la Libération (1944-47). Nous verrons que le problème historique et politique qui se pose à ce moment, à savoir la question d'une refondation de la France fidèle à l'esprit de la Résistance (refondation que beaucoup souhaitent révolutionnaire), se retrouve au niveau du champ intellectuel et philosophique sous la forme de la nécessité d'élaborer une *philosophie de la révolution* qui doit accompagner et éclairer la transformation sociale. C'est cette philosophie de la révolution que Merleau-Ponty, Sartre et Trần Đức Thảo veulent élaborer lorsqu'ils s'efforcent d'articuler le marxisme et la phénoménologie. La question qui se pose cependant pour eux, et à laquelle ils répondent de diverses manières, est de déterminer la forme précise que doit prendre cette articulation : est-ce la phénoménologie qui doit venir fonder et intégrer le marxisme ? Ou bien est-ce au contraire le marxisme qui doit absorber les acquis de la phénoménologie sur ses propres bases ? Ou encore, enfin, est-il possible d'envisager une synthèse équilibrée entre les deux traditions de pensées ?

La seconde grande étape de notre parcours sera consacrée à l'étude de la séquence qui s'ouvre en 1947 avec le début de la Guerre froide et qui s'étend jusqu'au milieu des années cinquante (selon les auteurs entre 1953 et 1956). La Guerre froide n'est en effet pas seulement structurante pour l'histoire générale de l'époque, mais aussi au niveau du champ intellectuel et philosophique : elle signe l'échec des espoirs de la Libération et d'une reprise large et populaire de la synthèse qui était proposée. Au sein d'un champ intellectuel où chacun est sommé de choisir son camp, nos trois auteurs s'efforcent néanmoins de maintenir l'exigence d'une articulation entre marxisme et phénoménologie, tout en remettant profondément en question la manière dont ils pensaient la réaliser dans l'immédiat après-guerre. La rigidité de la nouvelle situation politique et historique n'est sans doute pas étrangère à l'intérêt que suscite alors la notion de structure, ainsi que les développements récents dans les sciences humaines (psychologie, linguistique, anthropologie, etc.). Les nouvelles synthèses que chacun d'eux explore durant ces années relèvent ainsi toutes de tentatives pour élaborer une forme de « structuralisme génétique » : de nouveaux concepts et thèmes apparaissent et il s'agit désormais de comprendre l'articulation entre les structures et leur genèse, c'est-à-dire la manière dont l'action des individus se sédimente et se rigidifie.

Enfin, la dernière étape de notre étude s'intéressera à la manière dont le processus de déstalinisation (commencé entre 1953 et 1956) transforme fortement la manière dont Sartre et Merleau-Ponty envisagent d'articuler le marxisme et la phénoménologie – Trần Đức Thảo ayant quitté la France pour rejoindre la Vietnam du nord, son évolution intellectuelle ne correspond plus à cette périodisation propre au champ intellectuel français. Cette dernière période est en effet caractérisée par sa dimension réflexive et critique – permise par le dégel relatif. Sartre et Merleau-Ponty s'interrogent ainsi tous les deux sur le sens de l'histoire récente du marxisme, et en particulier sur le sens du devenir-stalinien du marxisme en URSS et dans les Partis communistes. C'est une problématique *critique* qui se trouve alors au cœur du projet d'articulation entre phénoménologie et marxisme : il s'agit de mettre au jour les difficultés qu'a rencontrées le marxisme, de repenser ce dernier à la lumière de l'expérience historique récente, et de lui donner un nouveau statut théorique en lien avec la phénoménologie[109].

---

[109] La périodisation que nous proposons ne peut cependant être qu'indicative, et ne ressaisit pas toujours le rythme de l'évolution de chacun des penseurs. Il est en effet parfois difficile de produire des coupures nettes : on découvre en effet souvent derrière la volonté manifeste de rupture, de très fortes continuités dans la pensée de chacun, qui font qu'au moment même où ils reconfigurent leur pensée, ils reprennent en réalité de nombreux éléments antérieurs en leur donnant un nouveau statut – de sorte qu'à mesure qu'on voit la période nouvelle anticipée par la période précédente, c'est l'idée même d'un changement qui semble alors se dissoudre. Comme le reconnaîtraient volontiers nos auteurs, l'évolution est nécessairement dialectique : elle conserve toujours en se dépassant. Mais la difficulté tient également au fait que les penseurs mettent parfois un certain nombre d'années pour prendre la pleine mesure d'un changement historique et pour reconfigurer en conséquence leur pensée. Enfin, notre périodisation ne se veut pas absolue, et nous pensons que d'autres scansions sont possibles pour l'étude des trois auteurs. Nous ne suivons en effet pas toujours les scansions classiques du commentaire de chacun des auteurs (même si nous ne les bouleversons pas fondamentalement). Chez Merleau-Ponty, nous avons par exemple placé *Les aventures de la dialectique* dans la dernière période, afin de mettre en lumière qu'il s'agit d'une étape cruciale de l'évolution qui conduit Merleau-Ponty de ses travaux sur la notion d'institution à une réflexion sur la dialectique, la nature puis sur l'ontologie (alors qu'on place généralement la rupture en 1958 avec le tournant spécifiquement ontologique). À l'inverse, nous avons placé les « Communistes et la paix » de 1952–54 dans la seconde période, c'est-à-dire la même période que les *Cahiers pour une morale* de 1947–48, non pas tant pour signaler une homogénéité entre ces textes, que pour les inscrire dans une même situation de crise de la pensée sartrienne de l'après-guerre, crise qui sera surmontée seulement à partir de 1955 et dans le projet de *Critique de la Raison dialectique* (et cela alors qu'une étude de la genèse de la *Critique de la Raison dialectique* devrait plutôt, à notre sens, considérer que la date fondamentale est 1950, année à partir de laquelle s'amorce la lente maturation du projet).

Partie I
Fondation et Révolution.

À la recherche d'une synthèse entre existentialisme et marxisme (1944-1947)

« Un de nos rêves, dans la clandestinité, s'exprimait par la formule : de la Résistance à la Révolution »
(J. Cassou, *La mémoire courte*, p. 72).

« Existentialisme et marxisme, voilà les deux composantes fondamentales de notre temps »
(J. Beaufret, « Existentialisme et marxisme », p. 65-66).

« Marx ou Husserl – quelle alternative saugrenue ! »
(P. Naville, « Marx ou Husserl », p. 227).

En 1944 au moment de la libération du territoire français, la Révolution est à l'ordre du jour. Le sous-titre de *Combat*, le journal d'A. Camus, reprend le mot d'ordre général de l'époque : « De la Résistance à la Révolution »[1]. L'atmosphère est à l'optimisme : on croit en la possibilité de refonder l'ensemble des institutions sociales, économiques et politiques de la France[2]. Et cela sur fond d'un large consensus populaire, dont le symbole est l'unité des gaullistes et des communistes dans la Résistance, prolongée par la présence de ministres communistes dans les gouvernements de la France libérée. Dans ses divers discours, M. Thorez affirme alors sa volonté de construire une voie française vers le communisme qui rassemblerait toutes des forces progressistes mobilisées par le Front Populaire et par la Résistance.

---

[1] M. Surya, *La révolution rêvée. Pour une histoire des intellectuels et des œuvres révolutionnaires. 1944-1956*, Paris, Fayard, 2004, III, 1 « De la Résistance à la révolution », p. 75-84 ; S. de Beauvoir, *FC*, chap. 1, p. 13-35. Sur le climat politique à la Libération, voir A. Boschetti, *Sartre et « Les Temps Modernes »*, Paris, Éditions de Minuit, 1985, p. 137-140 ; G. Madjarian, *Conflits, pouvoirs et société à la Libération*, Paris, UGE, 1980.

[2] *Cf.* par exemple la description qu'en donnent D. et J.-T. Desanti dans *La liberté nous aime encore* (Paris, Odile Jacob, 2004, chap. 3, p. 118-119) ; *cf.* aussi Sartre, « La république du silence » (*SIII*, p. 11-13).

Au milieu de cet enthousiasme, surgit alors « l'existentialisme », dont le succès tient sans doute en grande partie à sa capacité à saisir et à formuler les attentes et les espoirs de cette époque[3]. La revue *Les Temps Modernes* permet de donner une certaine unité et cohérence au mouvement existentialiste, et se révèle un remarquable organe de diffusion de l'existentialisme dans le champ intellectuel : dans l'esprit de ses fondateurs *Les Temps Modernes* doivent en effet être un « organe de recherches » collectif[4] rassemblant des travaux issus de divers champs (scientifique, littéraire, politique, journalistique, etc.) afin d'éclairer l'époque contemporaine, et notamment les choix politiques (et cela sans jamais se subordonner à la ligne d'un parti politique). La revue existentialiste se présente ainsi comme l'institution indispensable d'unification des champs philosophique, scientifique et politique autour d'un langage commun au service de la révolution imminente. Mais l'existentialisme n'incarne pas à lui seul le « moment » philosophique de la Libération : le marxisme, naguère absent des universités et tout à fait marginalisé dans le champ intellectuel, connaît alors un succès tout aussi foudroyant[5], et dispute à l'existentialisme la jeunesse intellectuelle radicalisée par la Résistance. Le marxisme peut quant à lui s'appuyer sur la puissante institution qu'est devenu le Parti communiste français, qui cherche alors à s'assurer une position hégémonique dans l'ensemble des champs de la société française – et se heurte alors, dans les champs intellectuels et culturels, au succès de l'existentialisme. En tant que philosophie de la Libération, l'existentialisme est donc indissociable de son dialogue et de sa confrontation avec la philosophie de la Révolution : le marxisme[6]. Conférences, débats, articles et ouvrages se multiplient à un rythme effréné pour tenter de trancher la question qui structure et anime le champ intellectuel de la Libération : quel rapport instaurer entre marxisme et existentialisme[7] ?

C'est dans ce contexte que se multiplient les tentatives d'articulation entre existentialisme et marxisme. Ce projet s'ancre d'abord dans la volonté sincère de prolonger au niveau théorique l'alliance qui s'était nouée dans la Résistance entre les milieux intellectuels et les communistes. Ainsi, derrière les figures de premier plan

---

[3] G. Deleuze, « Il a été mon maître », p. 109–110.

[4] PTM, *SII*, p. 27–29.

[5] Ainsi J. Lacroix constate-t-il que « l'on voit maintenant à l'École normale supérieure, à l'agrégation, bientôt à la notoriété philosophique, une pléiade de jeunes et brillants philosophes d'inspiration marxiste… » (J. Lacroix, « Marx et Hegel », *Le Monde*, 23 octobre 1947).

[6] La conjoncture intellectuelle et philosophique de la Libération n'est donc que partiellement ressaisie par l'idée d'un « moment de l'existence » (F. Worms, *La philosophie en France au XXe siècle. Moments*, Paris, Gallimard, 2009). Si la question de l'existence est certes importante, elle nous semble indissociable des discussions sur la transformation sociale, et donc de la Révolution. Existentialisme et marxisme sont tout aussi indispensables pour comprendre cette nouvelle situation politique. F. Worms reconnaît, du reste, l'importance de cette question et avoue avoir hésité sur la caractérisation de cette période (*ibid.*, p. 206 et p. 294–300).

[7] Sur les multiples débats sur l'existentialisme et le marxisme dans l'après-guerre, voir notamment Surya, *op.cit.*, IX, 2 « L'existentialisme », p. 301–310 ; Beauvoir, *FC*, chap. 1–2 ; M. Poster, *Existential Marxism in Postwar France*, chap. 4, « The Attack on Sartre : 1944–1948 », p. 109–160.

que sont celles de Sartre et surtout de Merleau-Ponty, se trouve un grand nombre de jeunes philosophes, souvent engagés dans la Résistance et fortement attirés par le Parti communiste (quand ils n'en sont pas déjà membres). Leurs textes alimentent les débats enfiévrés qui ont alors lieu non seulement dans *Les Temps Modernes*, mais aussi dans un certain nombre de revues marxistes, liées au Parti communistes (comme *Action* et *Les Cahiers d'Action*) ou non (comme *La revue internationale*[8]). Les cours de Merleau-Ponty, de Trần Đức Thảo et de J.-T. Desanti à l'École normale supérieure dans l'immédiat après-guerre incitent ensuite toute une nouvelle génération à rechercher une synthèse entre la phénoménologie et le marxisme.

Pourtant, tel projet peut surprendre et même paraître aberrant, si l'on s'en tient à une conception classique de ces deux courants. Mais c'est précisément de telles conceptions que contestent ces jeunes penseurs. Ils sont en effet tout aussi insatisfaits par « l'idéalisme transcendantal » défendu par Husserl dans ses œuvres publiées, que par le marxisme mécaniste et schématique qui domine au sein des IIe et IIIe Internationales : si la phénoménologie semble ainsi n'être qu'une forme de néo-kantisme, le marxisme apparaît quant à lui comme une perpétuation de la tradition scientiste du XIXe siècle. En l'état, aucun de ces deux courants ne semble pouvoir répondre aux attentes théoriques et pratiques du monde contemporain. L'enjeu pour ces penseurs est donc de dépasser ces conceptions inadéquates de la phénoménologie et du marxisme, et de mettre au jour de chaque côté des élaborations théoriques qui, une fois développées rigoureusement, pourraient constituer une alternative aux formulations officielles des doctrines et répondre à leurs propres exigences. L'opposition entre les deux courants leur apparaît ainsi comme superficielle et comme masquant une contradiction interne à chacun d'eux : il s'agit alors de favoriser de chaque côté des tendances moins visibles qui convergent, selon eux, dans une même direction – révélant ainsi une forme de parenté secrète et insoupçonnée entre la phénoménologie et le marxisme.

L'existentialisme est, nous l'avons vu, le nom qui désigne à l'époque la transformation qu'ils infligent à la phénoménologie husserlienne, à la fois par la mise au jour de tendances moins visibles qui s'opposent aux formulations classiques de

---

[8] *La revue internationale* est une revue théorique mensuelle fondée à la Libération par des intellectuels proches du trotskisme (P. Naville, G. Martinet, M. Nadeau, C. Bettelheim), et qui paraîtra entre 1945 et 1954. Elle se revendique ouvertement du « matérialisme dialectique », dont elle veut montrer la fécondité dans tous les domaines (dans les sciences, la philosophie, les arts, la littérature, etc.) – ce en quoi son projet se rapproche de celui de la revue communiste *La Pensée*. Cependant, contrairement à cette dernière, elle cherche à ouvrir ses colonnes à des auteurs qui ne se réclament pas nécessairement du marxisme et avec lesquels elle souhaite instituer un dialogue. Ainsi, durant sa première année de publication (1945-46), elle est l'un des lieux où marxistes et phénoménologues peuvent débattre librement du rapport entre ces deux courants de pensée. Ce débat s'ouvre avec des textes de Trần Đức Thảo (« Marxisme et phénoménologie ») et de J. Domarchi (« Théorie de la valeur et phénoménologie ») dans le numéro de février 1946, suivi d'un article de F. Alquié dans le numéro suivant (« Existentialisme et philosophie chez Heidegger »). Naville fait ensuite une longue critique non seulement des articles de Domarchi et de Trần Đức Thảo, mais de toutes les tentatives de synthèse entre marxisme et phénoménologie (« Marx ou Husserl », n°3 et n°5, mars et mai 1946). C'est enfin Merleau-Ponty qui vient clore la discussion avec « Philosophie et marxisme » (n°6, juin 1946).

Husserl, et par l'apport des diverses lignées de « philosophies de l'existence ». Ce dépassement de la phénoménologie husserlienne vers une phénoménologie existentielle se fait selon deux grandes stratégies – lesquelles ne sont pas exclusives l'une de l'autre. Merleau-Ponty et Trần Đức Thảo puisent dans les œuvres tardives de Husserl et plus encore dans ses inédits, qu'ils sont les premiers (en dehors des assistants de Husserl) à étudier aux Archives-Husserl de Louvain, des matériaux pour mettre en lumière une dynamique interne au développement de la pensée de Husserl qui le portait au-delà de son « idéalisme transcendantal ». Sartre (et dans une moindre mesure Merleau-Ponty) utilise quant à lui la pensée de Heidegger (principalement celle d'*Être et Temps*) comme moyen de dépasser la phénoménologie husserlienne. Ces deux stratégies convergent en mettant au premier plan la notion d'*existence* pour ressaisir le sujet concret conçu comme nécessairement immergé dans un monde social et historique particulier[9].

Le marxisme subit un processus de transformation similaire, qui rend possible son articulation avec la phénoménologie. Comme avec Husserl, la découverte des inédits joue un rôle décisif[10]. Ces textes du jeune Marx, qui mettent en avant le concept d'activité humaine (ou de *praxis*), et qui discutent la dialectique hégélienne et les analyses feuerbachiennes de la sensibilité, semblent à bien des égards anticiper et rejoindre les descriptions phénoménologiques[11]. Cette lecture de Marx est encore renforcée, comme nous l'avons vu, par l'intérêt croissant des jeunes philosophes de l'époque pour Hegel et en particulier pour la *Phénoménologie de l'Esprit*, qu'ils découvrent à partir de la lecture « marxisante » qu'en propose A. Kojève. La stratégie de lecture consiste alors à valoriser, contre les textes prétendument positivistes du Marx de la maturité, les analyses philosophiques du jeune Marx, et à montrer en quoi elles prennent toute leur signification lorsqu'elles sont réinscrites dans la filiation hégélienne et ressaisies conceptuellement à partir d'une phénoménologie existentielle[12].

Cependant, une fois constatée la possibilité d'une rencontre féconde entre marxisme et phénoménologie, il reste à construire un cadre conceptuel qui permette leur articulation effective. La question est de déterminer quelle place revient à chacun de ces courants dans la synthèse. La phénoménologie existentialiste doit-elle venir fonder les intuitions de Marx et les concepts dont ce dernier ne donne que

---

[9] Un tel mouvement est déjà esquissé par J. Wahl en 1932 dans la préface de *Vers le concret* (Paris, Vrin, 2004). Pour lui, le développement même de la phénoménologie porte celle-ci, en particulier avec Heidegger, « vers le concret » (p. 41), mouvement qui s'identifie déjà avec ce qu'il appelle une « dialectique » (p. 42–46). Wahl esquisse même un rapprochement avec le marxisme (p. 41, note 3).

[10] *Cf. supra*, Introduction générale.

[11] La lecture des analyses du 3e Cahier des *Manuscrits de 1844* est notamment décisive à cet égard.

[12] Ainsi, anticipant sur les critiques d'Althusser, R. Aron peut-il ironiser sur le fait que ces penseurs « ont parcouru en sens inverse, l'itinéraire de Marx. Celui-ci, parti d'une sorte d'existentialisme hégélien, avait abouti à une socio-économie. Ceux-là remontèrent de cette socio-économie à l'existentialisme. [...] ils trouvèrent dans les spéculations du jeune Marx le secret d'un marxisme "indépassable" que Marx croyait avoir "dépassé" dès sa trentième année » (R. Aron, « La lecture existentialiste de Marx », *Marxisme imaginaires*, Paris, Gallimard, 1970, p. 158).

l'esquisse dans ses textes de jeunesse ? Ou bien s'agit-il au contraire d'intégrer l'existentialisme dans la théorie marxiste plus englobante, en apportant à cette dernière des compléments philosophiques dans des domaines peu explorés comme ceux de la conscience et des superstructures ? Ou bien enfin faut-il renvoyer dos-à-dos les deux membres de cette alternative pour tenter de dégager une troisième philosophie qui permettrait de faire la synthèse entre les deux traditions de pensée ?

C'est dans ce contexte historique et théorique qu'interviennent les premières tentatives de confrontation entre le marxisme et la phénoménologie chez Sartre, Merleau-Ponty et Trần Đức Thảo. Dans cette époque d'ébullition révolutionnaire (ou pré-révolutionnaire), le problème qui les travaille est celui de fonder une philosophie de la Révolution. La syntaxe commune qu'ils cherchent à élaborer pour unifier les langues des champs philosophique, scientifique et politique doit en effet avant tout pouvoir répondre à l'urgence de fournir une pensée révolutionnaire à la France de la Libération. Chacun de nos trois auteurs envisagent cependant cette syntaxe commune d'une manière différente – dessinant ainsi autant de manières d'articuler les courants marxiste et phénoménologique. Pour le Sartre de 1945, l'existentialisme seul, en tant que celui-ci intègre tous les apports positifs du marxisme, permet d'être à la hauteur des exigences théoriques et pratiques de la Révolution, et c'est à lui que revient la tâche d'unifier philosophie, sciences et politique. Trần Đức Thảo considère pour sa part qu'il est nécessaire d'élaborer un *marxisme phénoménologique* seul à même de répondre aux défis de l'époque : celui-ci doit retrouver l'inspiration originelle animant chacun des deux courants en intégrant les analyses phénoménologiques des superstructures de l'existence au marxisme, qui en fournit le fondement matériel. Merleau-Ponty enfin, propose certainement, durant ces années de Libération, la tentative la plus aboutie d'élaboration d'un *existentialisme marxiste* : en deçà des différences entre les domaines philosophiques, scientifiques et politiques, Merleau-Ponty essaie de mettre au jour une rationalité plus fondamentale, dont ils participent tous les trois, et qui ne peut être ressaisie conceptuellement que grâce à la synthèse entre phénoménologie existentielle et marxisme[13].

---

[13] Même si, comme nous allons le voir, il y a à cette époque une forte proximité entre les élaborations de Trần Đức Thảo et de Merleau-Ponty, nous tenons à distinguer le *marxisme phénoménologique* du premier de l'*existialisme marxiste* du second. Par là nous voulons indiquer que Trần Đức Thảo considère que l'ancrage principal de la synthèse doit se situer du côté du marxisme, alors que Merleau-Ponty le place plutôt du côté de la phénoménologie existentielle (ou existentialisme).

Chapitre 1
Sartre ou la fondation existentialiste de la philosophie de la Révolution (1943–47)

> « *Les nouveaux thèmes, un certain nouveau style, une nouvelle façon polémique et agressive de poser les problèmes vinrent de Sartre. Dans le désordre et les espoirs de la Libération, on découvrait, on redécouvrait tout : Kafka, le roman américain, Husserl et Heidegger, les mises au point sans fin avec le marxisme, l'élan vers un nouveau roman... Tout passa par Sartre non seulement parce que, philosophe, il avait un génie de la totalisation, mais parce qu'il savait inventer le nouveau* »
> (G. Deleuze, « Il a été mon maître »)
> (G. Deleuze, "Il a été mon maître", p. 109–110).
>
> « *Sans tradition hégélienne et sans maîtres marxistes, sans programme, sans instruments de pensée, notre génération comme les précédentes et comme la suivante, ignorait tout du matérialisme historique. [...] j'ai lu* Le Capital *et* L'idéologie allemande *: je comprenais tout lumineusement et je n'y comprenais absolument rien. Comprendre c'est se changer, aller au-delà de soi-même : cette lecture ne me changeait pas* »
> (Sartre, Questions de méthode, p. 21).

Sartre a souvent présenté l'expérience de la guerre comme celle d'une véritable conversion. Dans un entretien de 1975, il affirme qu'alors qu'il était « assez confortablement installé dans [s]a situation d'écrivain antibourgeois et individualiste », la mobilisation, la guerre, le camp de prisonniers puis l'Occupation ont profondément transformé sa manière de concevoir le monde et la philosophie :

> La guerre a vraiment divisé ma vie en deux. [...] C'est là, si vous voulez, que je suis passé de l'individualisme et de l'individu pur d'avant la guerre au social, au socialisme. C'est ça le vrai tournant de ma vie : avant, après. Avant, ça m'a mené à des œuvres comme *La Nausée*, où le rapport à la société était métaphysique, et après ça m'a mené lentement à la *Critique de la raison dialectique*[1].

En réalité, les choses sont allées bien moins vite. S'il est évident que l'attitude de Sartre à l'égard de la politique et du social évolue profondément[2], ce changement ne

---

[1] Sartre, « Autoportrait à soixante-dix ans », *SX*, p. 180.
[2] *Cf.* les témoignages de Merleau-Ponty (*EntCharb*, p. 186–189) et de Beauvoir (*FA*, t. 2, p. 550).

se traduit que lentement au niveau des idées philosophiques : dans *L'Être et le Néant*, la présence du social et de l'historique reste encore assez discrète, et il lui faudra encore bien d'autres épreuves et toute l'expérience de l'après-guerre pour aboutir à l'élaboration de la *Critique de la Raison dialectique*. C'est ce parcours que nous allons retracer tout au long de notre travail, à savoir la manière dont l'ensemble de l'après-guerre le conduit à ressaisir philosophiquement l'expérience fondatrice de la guerre.

Ce chapitre constitue la première étape de ce parcours. Bien que Sartre ait la volonté de prendre en compte le social, l'historique et la politique, sa pensée reste encore tributaire, d'un point de vue conceptuel, de ses élaborations philosophiques des années trente. Après s'être initialement orienté vers la psychologie, Sartre est en effet, dès les années trente, à la recherche d'un langage philosophique permettant une saisie totale de l'homme concret[3]. Or, comme l'ont montré les travaux de G. Cormann, un tel programme philosophique doit se comprendre en partie comme une reprise du projet anthropologique de Mauss[4] : l'anthropologie se présente en effet pour ce dernier comme une discipline qui rassemble l'ensemble des savoirs portant sur l'humain (biologie et psychologie humaine, sociologie, etc.) et qui vise à ressaisir « l'homme complet » ou « l'homme total », conçu comme « être vivant, conscient et sociable »[5]. Si Sartre a d'abord cru trouver le cadre théorique qu'il cherchait dans la phénoménologie husserlienne[6], c'est surtout la découverte de la philosophie de Heidegger[7], au moment des expériences sociales et historiques de la fin des années trente (Front Populaire, Guerre d'Espagne, accords de Munich, Seconde Guerre mondiale, Occupation, etc.), qui joue un rôle décisif dans l'élaboration d'une conceptualité à même d'ouvrir sur une connaissance de « l'homme total »[8].

---

[3] Sur l'importance du « concret » pour les penseurs de sa génération, voir *supra*, Introduction générale.

[4] *Cf.* en particulier G. Cormann, « Passion et liberté. Le programme phénoménologique de Sartre », dans Ph. Cabestan et J.-P. Zarader (dir.), *Lectures de Sartre*, Paris, Ellipses, 2011, notamment p. 103–108.

[5] M. Mauss, « Rapports réels et pratiques de la psychologie et de la sociologie » (1924), dans *Sociologie et anthropologie*, Paris, PUF, p. 281–310. Sur le projet de Mauss, voir B. Karsenti, *L'homme total. Sociologie, anthropologie et philosophie chez Marcel Mauss*, Paris, PUF, 2011, en particulier « La synthèse anthropologique », p. 99–129.

[6] Entre 1934–37, il aurait été pleinement husserlien : « Husserl m'avait pris, je voyais tout à travers les perspectives de sa philosophie » (*CDG*, Carnet XI, p. 404). La formation de la pensée de Sartre dans les années trente a fait l'objet d'un grand nombre de travaux. Voir notamment V. De Coorebyter, *Sartre avant la phénoménologie. Autour de « La Nausée » et de la « Légende de la vérité »*, Bruxelles, Ousia, 2005 et *Sartre face à la phénoménologie. Autour de « L'intentionnalité » et de « La transcendance de l'Ego »*, Bruxelles, Ousia, 2000 ; A. Flajoliet, *La première philosophie de Sartre*, Paris, Éditions Champion, 2008.

[7] *CDG*, Carnet XI, p. 403–409. Sur le contexte de la lecture sartrienne de Heidegger, voir notamment E. Kleinberg, *Generation Existential. Heidegger's Philosophy in France 1926–1961*, Ithaca and London, Cornell University Press, 2005, chap. 4, p. 111–154.

[8] PTM, *SII*, p. 28.

La « philosophie de l'existence » qu'il élabore dans *L'Être et le Néant*, tout en s'inscrivant dans le sillage de la phénoménologie husserlienne, lui inflige cependant des transformations importantes – à la fois sur le versant objectif et sur le versant subjectif de la corrélation phénoménologique. Contre l'idéalisme transcendantal husserlien, il s'agit tout d'abord pour Sartre d'opter résolument pour une conception *réaliste* de la phénoménologie[9] : refusant la doctrine husserlienne de la constitution, Sartre affirme que le sens véritable de l'intentionnalité est une ouverture immédiate sur l'objet transcendant lui-même[10]. La chose se donne donc telle qu'elle est elle-même. Il en résulte que pour Sartre l'exigence phénoménologique première sera d'ordre non pas tant méthodologique que descriptive : il s'agit de témoigner d'une fidélité absolue à la manière dont les choses mêmes se présentent[11]. En cela, il se revendique plutôt de la manière dont Heidegger reformule, au §7 d'*Être et Temps*, la maxime husserlienne du retour « aux choses mêmes [*zu Sachen selbst*] », en faisant de la phénoménologie un effort pour « faire voir à partir de lui-même ce qui se montre tel qu'il se montre à partir de lui-même »[12]. L'exigence phénoménologique de laisser se déployer les choses elles-mêmes sans les soumettre à un cadre théorique *a priori* permet de comprendre la place essentielle qu'occupent les descriptions concrètes dans l'exposé sartrien : celles-ci ne sont ni de simples illustrations, ni les écarts littéraires d'un philosophe-écrivain, mais le lieu même de l'élaboration philosophique et de l'invention conceptuelle. C'est en effet la chose elle-même qui, en se manifestant, suggère à l'observateur fidèle les outils conceptuels les mieux à même de révéler son intelligibilité.

Cette phénoménologie réaliste implique en outre une transformation de la manière de concevoir le versant subjectif de la corrélation. Ce dernier, compris comme *existence*, est en effet essentiellement synthétique, négatif, pratique et non-thétique : *synthétique* en ceci qu'il ne cesse de se totaliser et de se rapporter au monde en tant que totalité ; *négatif* en tant que son œuvre propre n'est pas de constituer des objets (par une action positive), mais de simplifier ou de sélectionner dans l'ensemble de l'être ce qui lui apparaît (par une action négative)[13] ; *pratique* en ceci que cette sélection se fait à partir d'un projet d'existence, qui est une tentative de réalisation de soi dans le monde par son action ; *non-thétique* enfin en ceci que la

---

[9] « Rien n'est plus injuste que d'appeler les phénoménologues des idéalistes. Il y a des siècles, au contraire, qu'on n'avait senti dans la philosophie un courant aussi réaliste » (*TE*, conclusion, p. 131). *Cf.* aussi IFPHI.

[10] *Cf.* notamment l'Introduction de l'*EN* et IPPHI.

[11] Comme le remarque Ph. Cabestan, il est frappant de voir qu'il y a chez Sartre une absence presque complète de réflexion méthodologique sur la phénoménologie (*L'être et la conscience*, Bruxelles, Ousia, 2004, chap. 1, p. 33) – et cela par différence avec l'inflation méthodologique considérable qui caractérise l'œuvre de Husserl, et dans une moindre mesure celle de Heidegger. La phénoménologie sartrienne n'est pas tournée vers sa propre pratique, mais vers le monde et les choses à décrire.

[12] Heidegger, *SZ*, Introduction, §7, C, p. 34.

[13] Sartre appartient ainsi à une ligne de penseurs adoptant ce que Q. Meillassoux désigne comme un « modèle soustractif » de la perception et de la conscience (« Soustraction et contraction. À propos d'une remarque de Deleuze sur Matière et mémoire », *Philosophie*, n°96, 2008/1, p. 67–93).

plupart de ses opérations ne se situent pas à un niveau réflexif et dans une pleine transparence à soi-même, mais à un niveau irréfléchi de semi-conscience. C'est pour saisir un tel « sujet » que Sartre élabore, dans *L'Être et le Néant*, une méthode originale qu'il désigne sous le nom de « psychanalyse existentielle ». Cette méthode cherche à dépasser l'approche husserlienne de la conscience transcendantale au moyen d'une phénoménologie herméneutique, qui s'inscrit dans la triple filiation de l'analytique existentiale de Heidegger, de la psychopathologie de Jaspers[14] et de la psychanalyse freudienne (relue à travers Politzer). Telle est donc la philosophie de l'existence (comme version spécifiquement sartrienne de la phénoménologie), qui constitue donc pour Sartre, au moment de la Libération, le métalangage à même d'unifier les champs de la philosophie, des sciences et de la politique : elle seule peut prétendre au titre de philosophie de la Révolution.

Pourtant, face à l'existentialisme se dresse le marxisme : ce dernier prétend être non seulement la *philosophie* de la Révolution, mais encore la Révolution elle-même en tant que mouvement historique effectif. Le rapport de Sartre au marxisme ne commence certes pas à la Libération : il entretient, dès les années trente, un rapport ambivalent au marxisme. Cette pensée, qui est souvent à l'horizon de ses élaborations philosophiques, sans jamais y pénétrer, l'attire moins par sa dimension théorique[15], que par son incarnation dans un mouvement concret[16]. Il se sent interpellé et même contesté par le marxisme, mais n'arrive pas à l'intégrer[17]. C'est l'expérience de l'Occupation puis de la Résistance (au sein du CNE notamment), qui le pousse ensuite à envisager la possibilité d'un dialogue constructif avec le marxisme. Ainsi, dans *L'Être et le Néant*, un certain nombre d'allusions et de références (à la révolte de la Croix-Rousse, aux ouvriers révolutionnaires, au prolétariat et à la bourgeoisie, etc.) indiquent une volonté de se confronter au marxisme, non pas par le commentaire direct des thèses de Marx, mais par la prise en compte de phénomènes sociaux. Mais il s'agit toujours pour lui d'instaurer un *rapport externe* au

---

[14] Sur l'influence de Jaspers sur Sartre, voir notamment G. Cormann et G. Dassonneville, « Traduire la *Psychopathologie générale* : Sartre avec Lagache et Aron face à Jaspers. Une lecture du mémoire de DES de Sartre sur *L'Image dans la vie psychologique* (1927) » (*à paraître*).

[15] Il reconnaît avoir lu dès le début des années trente des ouvrages de Marx (*Le Capital*, l'*Idéologie allemande*) et de marxistes (*Ma vie* et *L'histoire de la Révolution russe* de L. Trotski, *Fascisme et grand capital* de D. Guérin, *L'histoire de la Révolution française* de J. Jaurès, etc.), mais il estime que le marxisme était finalement une pensée qu'il connaissait peu et comprenait mal (*cf.* « Autoportrait à soixante-dix ans », *SX*, p. 191–192 ; *QM*, p. 21–22/p. 28). À cette découverte du marxisme par les livres, il faudrait également ajouter ses conversations avec ses amis communistes (P. Nizan, G. Politzer) ou proches du trotskisme (C. Audry). Sur ce point, voir I. Birchall, *Sartre et l'extrême gauche. Cinquante ans de relations tumultueuses*, Paris, Éditions La Fabrique, 2011, chap. 2 « La communiste », p. 33–50.

[16] Au moment du Front Populaire, ou de la Guerre d'Espagne (*cf. QM*, p. 21–24/p. 28–30). Il subit également l'influence des romans d'A. Malraux (*La condition humaine* et *L'espoir*), qui développent une sorte de « communisme existentialiste » mettant souvent en scène des militants communistes.

[17] « Le marxisme reste, au moins jusqu'à la guerre, quelque chose qui me gênait, qui me faisait mal, qui m'indiquait que je ne connaissais pas tout, bien loin de là, et qu'il fallait apprendre » (« Autoportrait à soixante-dix ans », *SX*, p. 192).

marxisme, à partir de ses propres positions. Or comprendre une philosophie, comme il ne cesse de le dire, ce n'est pas prendre connaissance des thèses d'un auteur, mais se laisser transformer par sa pensée, c'est-à-dire « briser mes préjugés personnels et saisir les idées [du philosophe] à partir de ses principes propres et non des miens »[18] et cela jusqu'à ce qu'on « épuise » le philosophe :

> Et, pour moi, épuiser un philosophe, c'est réfléchir dans ses perspectives, me faire des idées personnelles à ses dépens jusqu'à ce que je tombe dans un cul-de-sac[19].

Sartre n'entreprendra un tel travail avec le marxisme que bien plus tard, dans les années cinquante[20]. Pour le moment, il s'agit d'une confrontation en extériorité qui n'essaie à aucun moment d'adopter les perspectives du marxisme : le marxisme ne lui permet donc pas de briser ses préjugés, ni de lui faire craquer, comme il le dira plus tard, « quelques os dans le cerveau »[21]. Au moment de la Libération, Sartre juge encore que le marxisme n'a pas grand-chose à apporter à cette philosophie de la Révolution que l'époque exige. D'un point de vue philosophique et scientifique, le marxisme ne serait rien d'autre qu'une variante du positivisme sociologique ou historique, qui réduit l'homme à une chose entièrement déterminée par l'extériorité. Son seul intérêt réside dans sa dimension pratique, en tant qu'il est la pensée d'un mouvement politique (le Parti communiste) – mais il ne joue alors tout au plus que le rôle d'un « mythe » mobilisateur. Or une authentique philosophie de la Révolution doit rendre possible une réconciliation entre la pratique politique révolutionnaire et le savoir philosophique ou scientifique.

C'est la fonction qu'il assigne à l'existentialisme. La revue *Les Temps Modernes* est alors conçue comme le laboratoire collectif d'élaboration de cet existentialisme (lequel ne se limite pas, dans l'esprit de Sartre, à sa propre philosophie telle qu'elle est développée dans *L'Être et le Néant*) et comme un instrument de sa diffusion au sein du champ intellectuel. En effet, la lutte pour l'hégémonie au sein du champ intellectuel est en même temps une lutte pour faire triompher un certain langage conceptuel, non seulement parmi les acteurs de ce champ, mais également dans un ensemble d'autres champs : le champ philosophique, le champ des sciences humaines, et surtout le champ politique. L'ampleur d'un tel projet implique de s'engager sur tous les fronts et de transgresser en permanence les frontières des différents champs[22] – faisant ainsi apparaître l'individu Sartre sous la figure de l' « intellectuel total » (selon la formule de Bourdieu), même si ce caractère totalisant appartient peut-être en premier lieu à l'entreprise collective des *Temps Modernes*. Pour reprendre la formule de Desanti, l'existentialisme doit donc devenir la « syntaxe commune » à même d'unifier les domaines philosophique, politique et scienti-

---

[18] *CDG*, Carnet XI, p. 404. Voir aussi *QM* (p. 21/p. 28) et « Autoportrait à soixante-dix ans », p. 191–192.
[19] *CDG*, Carnet XI, p. 405.
[20] *Cf. infra*, Partie II, chap. 6 et Partie III, chap. 8.
[21] MPV, *SIV*, p. 250.
[22] G. Sapiro, « Modèles d'intervention politique des intellectuels. Le cas français », *Actes de la recherche en sciences sociales*, n°176–177, 2009/1, p. 8–31.

fique, pour permettre la transformation révolutionnaire de la France que promet la Libération. C'est en ce sens qu'on peut parler d'une forme d'impérialisme existentialiste. Sartre s'efforce ainsi, dans ses textes de l'immédiat après-guerre, de montrer que l'existentialisme peut et doit fournir le fondement philosophique de l'ensemble des savoirs et des pratiques, et cela contre le marxisme du Parti communiste, que ce dernier cherche à imposer comme langage commun dans l'ensemble des champs de la société française. Selon Sartre, l'existentialisme serait supérieur au marxisme en ceci qu'il permettrait de fonder en vérité ce qu'avaient de positif (mais incomplet) les élaborations marxistes tout en dépassant ses limitations. Toutefois, pour faire de l'existentialisme la philosophie de la Révolution, il ne suffit pas d'affirmer sa supériorité *philosophique* par rapport au marxisme, c'est-à-dire sa supériorité par rapport à la philosophie marxiste (qu'on désigne à l'époque sous le nom de « matérialisme dialectique »). Le marxisme, depuis Marx, a en effet toujours prétendu être bien plus qu'une simple philosophie : d'un côté parce qu'il a la volonté d'abandonner la langue particulière de la philosophie pour celle des sciences positives (et de fonder ainsi une science de l'histoire et de la société, qu'on désigne depuis Engels par la formule de « matérialisme historique ») et d'un autre côté parce qu'il se refuse à n'être qu'une langue théorique se contentant de comprendre le monde, et veut dépasser l'opposition entre théorie et pratique pour transformer le monde (selon l'énoncé célèbre de la onzième des *Thèses sur Feuerbach*). Pour être en mesure de se substituer au marxisme auprès des révolutionnaires, l'existentialisme doit donc montrer qu'il peut investir les champs de la politique et des sciences humaines, et les unifier, mieux que ne le fait le marxisme, en un même langage conceptuel.

Étant donné ces positions, il n'est pas étonnant que Sartre ait des rapports conflictuels avec les intellectuels qui se réclament du marxisme (et cela, par différence avec Merleau-Ponty ou Trần Đức Thảo). Les intellectuels communistes en particulier mènent des campagnes successives pour dénoncer Sartre et l'existentialisme dès la Libération[23]. Si Sartre cherche d'abord à dissiper les malentendus en espérant établir un dialogue sur des objectifs politiques communs[24], il se rend vite compte de l'impossibilité d'un tel dialogue et se montre beaucoup plus offensif : en 1946 il affirme que le matérialisme marxiste n'est qu'un « mythe » qui met en danger la Révolution[25], et en 1947 il rejette dos-à-dos communistes et libéraux en déclarant que « la politique du communisme stalinien est incompatible avec l'exercice hon-

---

[23] Sur ce point, voir M. Surya, *La révolution rêvée. Pour une histoire des intellectuels et des œuvres révolutionnaires. 1944–1956*, Paris, Fayard, 2004, IX, 2 « L'existentialisme », p. 301–310 ; S. de Beauvoir, *FC*, t. 1, chap. 1–2 ; M. Poster, *Existential Marxism in Postwar France : From Sartre to Althusser*, Princeton, NJ : Princeton University Press, 1975, chap. 4, « The Attack on Sartre : 1944–1948 », p. 109–160.

[24] « A propos de l'existentialisme : Mise au point », *Action*, n°17, 29 décembre 1944 (*Écrits de Sartre*, p. 653–658). Dans cet article Sartre répond aux critiques communistes contre l'existentialisme en essayant de dissiper les préjugés et incompréhensions à son sujet. Le ton est encore cordial et il cherche encore les points d'accord possibles tout en acceptant les divergences fondamentales.

[25] M&R, *LTM*, n°9 et n°10, juin et juillet 1946 (*SIII*, p. 103–166).

nête du métier littéraire »[26]. Pourtant, les rapports conflictuels de Sartre avec les marxistes ne concernent pas seulement les communistes, mais tout autant les marxistes non communistes (notamment trotskistes), comme en témoignent ses nombreux débats avec P. Naville.

Dans ce chapitre, nous présenterons d'abord la critique que Sartre fait de la « philosophie » du marxisme, à savoir le « matérialisme dialectique » : il tente de montrer qu'il s'agit d'une philosophie inconsistante et que les militants révolutionnaires exigent implicitement une tout autre philosophie de la révolution. Cela nous permettra ensuite de voir comment Sartre affronte le marxisme en tant que « matérialisme historique » : nous examinerons alors sa tentative de fondation existentialiste du social et de l'histoire, qui dépasserait, selon lui, le point de vue du marxisme sur ces questions. Enfin, nous étudierons la façon dont Sartre tente de faire de l'existentialisme une pensée capable d'investir le champ politique et d'orienter, bien mieux que le marxisme, une véritable action révolutionnaire.

1 DE LA CRITIQUE DU MATÉRIALISME DIALECTIQUE À L'EXISTENTIALISME RÉVOLUTIONNAIRE.

« Il m'a toujours semblé qu'une hypothèse de travail aussi féconde que le matérialisme historique n'exigeait nullement pour fondement l'absurdité qu'est le matérialisme métaphysique »

(Sartre, *Transcendance de l'égo*, p. 131).

« Matérialisme et Révolution », qui paraît dans *Les Temps Modernes* en juin et juillet 1946[27], constitue la mise au point la plus aboutie de Sartre au sujet du marxisme dans l'immédiat après-guerre. Dans ce texte, Sartre cherche à clarifier son rapport philosophique aux communistes et à la philosophie marxiste dont ils se réclament. La stratégie adoptée est résolument offensive, et l'enjeu double : il s'agit d'une part de délégitimer le matérialisme dialectique en tant que philosophie, et d'autre part d'établir l'existentialisme comme l'authentique philosophie de la Révolution. À cet effet, Sartre déploie, dans la première partie (« Le mythe révolutionnaire »), une *critique* phénoménologique et existentialiste du matérialisme marxiste, avant de mettre en œuvre, dans la seconde partie (« La philosophie de la révolution »), une *phénoménologie* du militant révolutionnaire.

Si nous prenons le temps de suivre ce texte dans son détail, c'est qu'il constitue le véritable point de départ de la confrontation de Sartre avec le marxisme – point de départ qui contient déjà certaines de ses intuitions fondamentales au sujet du marxisme (intuitions qu'il ne cessera d'approfondir jusque dans la *Critique de la Raison dialectique*), mais qui témoigne surtout de la distance qui le sépare encore

---

[26] QL, Partie IV, *SII*, p. 261.
[27] M&R, *SIII*, p. 103–166. Le texte est annoncé dès le premier numéro des *Temps Modernes* sous le titre « Matérialisme des révolutionnaires ».

du marxisme[28]. Le Sartre de 1946 ne fait par exemple aucune différence entre le marxisme de Marx et celui des militants communistes staliniens[29]. Pour définir le marxisme, Sartre s'appuie même principalement sur la célèbre brochure pédagogique de Staline *Matérialisme dialectique et matérialisme historique*[30], qui propose une conception particulièrement dogmatique et schématique du marxisme. Cependant, si ce marxisme peut apparaître réducteur et caricatural, il ne s'agit pas pour autant d'un pur épouvantail forgé par Sartre pour faciliter son argumentation. Une grande partie des militants communistes s'initie en effet au marxisme, non pas à travers la lecture des textes récemment publiés du jeune Marx, mais à travers des formations et brochures du Parti communiste[31] – et celle de Staline en est sans doute la principale. Le « matérialisme dialectique » que Sartre cherche donc à critiquer dans « Matérialisme et Révolution » correspond donc bien à ce que pouvait être le marxisme pour les communistes de l'époque[32]. Sartre s'attaque donc au marxisme réellement existant chez les militants (et non au marxisme prétendument « authentique » qui n'existe que pour les intellectuels) – ce qui convient parfaitement à l'objectif pratique qu'il se fixe, à savoir remplacer cette philosophie inconsistante par celle de *L'Être et le Néant*.

---

[28] Ce texte constitue, par ailleurs, un jalon important de l'histoire plus générale de la synthèse entre marxisme et phénoménologie, non seulement parce que les adversaires de Sartre (à la fois les communistes et R. Aron) ne cesseront de l'utiliser contre lui, mais aussi parce que Merleau-Ponty l'aura souvent en tête lorsqu'il cherchera lui-même à se positionner par rapport au marxisme. Si dans un premier temps, l'article de Sartre fait plutôt figure de repoussoir (d'où les allusions critiques à « Matérialisme et Révolution » dans ses propres textes de l'époque), Merleau-Ponty se rapproche ensuite progressivement des positions défendues par Sartre. La stratégie argumentative déployée par Sartre aura notamment une influence sur le Merleau-Ponty des *Aventures de la dialectique* : on a en effet rarement noté qu'une des subtilités de l'argumentation de Merleau-Ponty dans ce texte est de retourner contre le Sartre des années cinquante ses thèses de 1946. Sur ce point, voir *infra*, Partie III, chap. 7.

[29] Contrairement à Merleau-Ponty, dont la connaissance du marxisme est à l'époque largement supérieure. *Cf. infra*, Partie I, chap. 3.

[30] En effet, presque toutes les citations de Marx, Engels, ou Lénine que fait Sartre dans ce texte proviennent du texte de Staline.

[31] Pour un aperçu du contenu de cette formation marxiste, on pourra consulter les brochures pédagogiques issues de cours donnés à l'Université ouvrière : J. Baby, R. Maublanc, G. Politzer et H. Wallon, *Cours de marxisme. 1ʳᵉ année, 1935–1936*, Paris, Bureau d'éditions, 1936 ; J. Baby, G. Friedmann, P. Labérenne, R. Maublanc, et H. Wallon, *Cours de marxisme. 2ᵉ année, 1936–1937*, Paris, Bureau d'éditions, 1937 ; G. Politzer, *Principes élémentaires de philosophie*, Paris, Éditions sociales, 1946 ; G. Politzer, *Principes fondamentaux de philosophie*, Paris, Éditions sociales, 1954.

[32] En outre, comme l'a montré I. Gouarné, l'un des moyens utilisés par les communistes pour diffuser le marxisme en France est d'articuler le marxisme soviétique avec les traditions intellectuelles nationales. Le langage scientiste et le matérialisme réductionniste du marxisme français proviennent donc de cette volonté de s'inscrire dans le courant positiviste, qui a une certaine importance et légitimité dans le champ intellectuel français. Sur ce point, voir I. Gouarné, *Introduction du marxisme en France. Sciences humaines et philosoviétisme (1920–1939)*, Rennes, Presses Universitaires de Rennes, 2013.

1.1 Critique phénoménologique et existentialiste du matérialisme marxiste.

« Qu'arrivera-t-il un jour, si le matérialisme étouffe le projet révolutionnaire ? »
(Sartre, « Matérialisme et Révolution », p. 166).

Dans la première partie de « Matérialisme et Révolution », Sartre s'efforce de démontrer l'inconsistance philosophique du « matérialisme dialectique » dont les militants communistes se réclament. Pour cela, il mobilise l'ensemble des outils intellectuels critiques dont il dispose, de manière à déployer sa critique à des niveaux ontologique, épistémologique, existentialiste et même politique.

1.1.1 Les contradictions de l'ontologie du matérialisme dialectique.

À un premier niveau, qu'on peut qualifier d'*ontologique*, Sartre critique la conception de la réalité qu'il voit à l'œuvre dans le matérialisme dialectique[33]. Ce dernier, en affirmant que la réalité est à la fois matérielle et dialectique, proposerait, d'après Sartre, une ontologie insoutenable, qui lie deux conceptions contradictoires et inconciliables de la réalité. La matière à laquelle se réfèrent les communistes est en effet celle de la science, qui est inerte (son mouvement lui vient toujours de l'extérieur) et analytique (le tout n'est que la somme des parties). Le mouvement dialectique quant à lui se caractérise, au contraire, par l'idée d'une totalité irréductible à ses parties ainsi qu'une progression par le mouvement interne (ou déploiement) de la chose elle-même. L'unité du dit « matérialisme dialectique » n'est donc que verbale, et dissimule la nécessité d'adopter une double ontologie contradictoire[34]. En s'appuyant sur l'ontologie de *L'Être et le Néant*, Sartre réaffirme en effet la différence irréductible entre l'en-soi (qui est défini par une logique de l'identité, étrangère à tout mouvement dialectique) et le pour-soi (qui, obéissant à une logique de la contradiction, est à l'origine de la négativité dans le monde). La dialectique n'a donc d'existence dans le monde que par l'activité du pour-soi (c'est-à-dire par la lutte et le travail) : l'idée d'une « dialectique de la nature », c'est-à-dire de l'existence d'une négativité dans la pure extériorité de la nature, n'a pas de fondement.

Par cette critique ontologique du marxisme, Sartre rejoint une idée qui circule dans le champ philosophique français de l'époque et qui trouve ses formulations les

---

[33] M&R, *SIII*, p. 109–116.
[34] « Nous savons ce qu'elle [i.e. la science] enseigne sur la matière : animé du dehors, conditionné par l'état total du monde, soumis à des forces qui viennent toujours d'ailleurs, composé d'éléments qui s'ajoutent sans se pénétrer et qui lui demeurent étrangers, un objet matériel est extérieur à lui-même, ses propriétés les plus évidentes sont statistiques, elles ne sont que la résultante des mouvements des molécules qui le composent. La Nature, comme dit Hegel si profondément, est extériorité. Comment trouver place dans cette extériorité pour ce mouvement d'intériorisation absolue qu'est la dialectique ? Ne voit-on pas que, selon l'idée même de synthèse, la vie serait irréductible à la matière et la conscience humaine irréductible à la vie ? » (M&R, *SIII*, p. 117).

plus frappantes et les plus décisives dans les cours d'A. Kojève sur la *Phénoménologie de l'Esprit* de Hegel[35]. Kojève y critique en effet « l'erreur moniste de Hegel »[36] :

> Hegel commet, à mon avis, une erreur grave. De la dialectique de la Totalité réelle, il conclut à la dialectique de ses deux éléments constitutifs fondamentaux, qui sont la Nature et l'Homme (= Histoire). En le faisant, il ne fait que suivre la tradition du monisme ontologique qui remonte aux Grecs : tout ce qui *est* est, d'une seule et même manière. […] Hegel, qui a découvert […] les catégories ontologiques « dialectiques » de la Négativité et de la Totalité en analysant l'être humain […], a étendu son ontologie dialectique « anthropologique » à la Nature. Or, cette extension n'est nullement justifiée (et elle n'est même pas discutée chez Hegel)[37].

Ainsi affirme-t-il explicitement le caractère « indispensable » d'une « ontologie dualiste » : d'une part une ontologie *non dialectique*, qui permet de comprendre la nature (laquelle est pure extériorité et obéit à une logique de l'identité), et d'autre part une ontologie *dialectique*, propre à révéler l'intelligibilité de tout ce qui relève de l'humain (c'est-à-dire l'histoire et la société en tant que celles-ci sont animées par une logique dialectique)[38]. Bien que la critique de Kojève s'adresse explicitement à Hegel, il est sans doute nécessaire d'y voir une critique implicite de la « dialectique de la nature » (qui prend alors de l'importance dans le marxisme communiste)[39], et la volonté de limiter le marxisme au seul « matérialisme historique ». Cette disqualification ontologique du matérialisme dialectique au profit d'une ontologie dualiste est l'une des questions structurantes du champ philosophique français dans son rapport au marxisme, et définit un clivage fondamental entre les penseurs qui reprennent ce qu'on pourrait appeler *l'interdit de Kojève* (l'impossibilité d'une ontologie moniste et dialectique[40]), et d'autre part ceux qui posent comme un fait l'unité de la nature et de l'histoire dans une perspective matérialiste et dialectique[41].

---

[35] A. Kojève, *Introduction à la lecture de Hegel. Leçons sur la* Phénoménologie de l'Esprit *professées de 1933 à 1939 à l'École des Hautes Études réunies et publiées par Raymond Queneau*, 2e éd. Paris, Gallimard, 1968 [1re éd. 1947]. Sur l'importance de ces cours dans la formation de la génération philosophique à laquelle appartient Sartre, voir *supra*, Introduction générale.

[36] *Cf.* en particulier A. Kojève, *ibid.*, note p. 484–487.

[37] A. Kojève, *ibid.*, p. 485–486.

[38] « Il semble donc nécessaire de distinguer au sein de l'ontologie dialectique de l'Être révélé ou de l'Esprit (dominée par la Totalité), une ontologie non-dialectique (d'inspiration grecque ou traditionnelle) de la Nature (dominée par l'Identité), et une ontologie dialectique (d'inspiration hégélienne, mais modifiée en conséquence) de l'Homme ou de l'Histoire (dominée par la Négativité) » (*ibid.*, p. 486).

[39] Sur la nécessité de développer « un art de lire entre les lignes » des textes de Kojève, voir A. Kojève, *L'empereur Julien et son art d'écrire*, Paris, Éditions Fourbis, 1990, p. 9–11 et p. 47 ; ainsi que D. Auffret, *Alexandre Kojève. La philosophie, l'État, la fin de l'histoire*, Grasset, 1990.

[40] L'ensemble des phénoménologues et existentialistes qui se confrontent au marxisme pendant cette période appartient à ce « camp ».

[41] Il ne s'agit pas seulement des intellectuels communistes, mais également de trotskistes comme P. Naville, qui est à l'origine de la première édition française de la *Dialectique de la nature*. Dès 1945, ce dernier publie l'Introduction de la *DN* dans *Revue internationale* – revue qui se donne le « matérialisme dialectique » comme programme.

1.1.2 Critique des contradictions épistémologiques.

À cette critique ontologique, s'ajoute, à un deuxième niveau, une critique *épistémologique*. Sartre montre que le matérialisme dialectique repose sur une dualité épistémologique : le marxisme se revendique de deux conceptions différentes de la vérité – conceptions non seulement problématiques prises à part, mais contradictoires entre elles. À certains moments, le marxisme se réclame en effet d'une épistémologie « scientiste », pour laquelle la science et ses procédures livrent la vérité objective sur l'être, et permettent d'atteindre, selon une formule d'Engels que Sartre aime citer (mais en l'attribuant souvent à Marx), « la conception de la nature telle qu'elle est, sans aucune addition étrangère »[42]. Cette phrase est pour Sartre symptomatique du caractère naïf de cette épistémologie, qui pense pouvoir atteindre le monde en dehors de la corrélation phénoménologique. Sartre peut alors lui opposer la critique husserlienne de l'attitude naturelle (qui vise notamment les « sciences du monde »[43]) et mettre en lumière la « naïveté » des penseurs marxistes qui croient détenir une perspective absolue sur l'être. Alors que l'analyse phénoménologique montre le caractère nécessairement relationnel du rapport entre sujet et monde, et révèle que la « vérité » atteinte n'est jamais définitive et absolue, mais toujours de l'ordre du « probable »[44] (l'évidence que l'on éprouve pouvant toujours être corrigée, transformée ou infirmée par la suite de l'expérience), les tenants du matérialisme dialectique imaginent, au contraire, selon Sartre, qu'il est possible de « sortir d'eux-mêmes et de l'humanité » pour « prendre sur l'homme et sur le monde le point de vue de Dieu »[45]. En prétendant expliquer le monde indépendamment de notre rapport à lui, le marxisme scientiste affirme alors bien plus que ce que l'expérience peut lui donner, et ne ferait donc que répéter l'illusion scientiste du XIXe siècle.

Cette critique phénoménologique de l'épistémologie scientiste du marxisme rejoint en réalité celle que pourrait formuler l'autre épistémologie du marxisme, qu'on peut caractériser comme *pragmatique*. Cette dernière insiste quant à elle sur le caractère situé (socialement et historiquement) de tout sujet et de toute entreprise humaine : la science ne constituerait plus alors un point de vue absolu sur l'être, mais ne livrerait que des perspectives socialement et historiquement conditionnées (c'est-à-dire « idéologiques »[46]). La valeur du marxisme ne repose plus sur son caractère prétendument « scientifique », mais sur son utilité dans la lutte des classes :

---

[42] La formule se trouve en réalité dans un fragment non publié du *Ludwig Feuerbach et la fin de la philosophie classique allemande* (Engels, *LF*, p. 145) et placé par Engels parmi ses notes de travail en vue de la *Dialectique de la nature* (Engels, *DN*, p. 198). Sartre la cite dans M&R (*SIII*, p. 107) et ne cessera de la reprendre jusque dans la *CRD* (Introduction, A, VII, p. 146).

[43] E. Husserl, *Ideen I*, Section I, chap. 1, §1, p. 13–16.

[44] M&R, *SIII*, p. 108. C'est ce que Sartre affirme déjà lors de son débat avec P. Naville à la suite de la conférence *L'existentialisme est un humanisme* (p. 103–104).

[45] M&R, *SIII*, p. 107.

[46] Ainsi Sartre peut-il rapporter les propos d'un intellectuel communiste qui oppose science et dialectique comme deux perspectives différentes renvoyant à des points de vue de classe : « la science exprime le point de vue bourgeois, qui est analytique. Notre dialectique au contraire est la

> Si le matérialisme est le meilleur instrument d'action, sa vérité est d'ordre pragmatique : il est vrai pour la classe ouvrière parce qu'il lui réussit[47].

La difficulté tient cependant au fait que, lorsque le marxisme adopte une telle épistémologie, l'idée même de vérité s'évanouit : le marxisme s'ôte toute possibilité de justifier sa supériorité épistémologique sur les autres perspectives. Le fait d'opter pour l'une ou l'autre perspective ne relève plus de critères rationnels, mais d'un pur choix politique (pour ou contre le prolétariat[48]) : le relativisme épistémologique appelle donc un volontarisme politique. Le matérialisme marxiste repose alors, en dernière instance, sur une prise de position non justifiable, c'est-à-dire sur une croyance. Ainsi, adhérer au matérialisme dialectique, lorsqu'on se situe dans le cadre de cette seconde épistémologie, conduit le marxiste à rejoindre l'attitude idéaliste et dogmatique du croyant[49]. Il y aurait ainsi, selon Sartre, une « dialectique » (au sens hégélien) du matérialisme dialectique au cours de laquelle ce dernier, en s'affirmant, en vient à nier sa propre validité et se révéler le contraire de ce qu'il croyait être[50] : « le rationalisme matérialiste "passe" dans l'irrationalisme et se détruit lui-même »[51].

Oscillant au gré des circonstances entre ces deux positions épistémologiques (dogmatisme scientiste et relativisme pragmatique), le marxisme se révèle incapable de rendre raison du statut épistémologique de ses propres énoncés[52]. L'« ambiguïté de la notion marxiste de vérité »[53] se manifeste notamment dans ce que Sartre appelle le « cercle vicieux » de fondation entre la science et la politique chez les communistes : on fait appel à la conception dogmatique de la science pour fonder la vérité des orientations politiques, mais par ailleurs, dans les débats scientifiques, on fait appel à la conception pragmatique et relativiste de la science, de manière à faire triompher une position scientifique qui paraît préférable politiquement à ce moment-là[54].

---

pensée même du prolétariat » (M&R, *SIII*, p. 116).

[47] M&R, *SIII*, p. 126.

[48] C'est la position que défend P. Nizan dans *Les chiens de garde* (Marseille, Agone, 2012) et qui s'imposera à l'intérieur du communisme à partir de 1948 avec la théorie des « deux sciences ».

[49] M&R, *SIII*, p. 127.

[50] M&R, *SIII*, p. 127. La vérité du matérialisme marxisme se révèle donc être un « scepticisme idéaliste » (p. 108).

[51] M&R, *SIII*, p. 108.

[52] Comme le dira encore Sartre dans la *CRD*, le marxisme « ne dispose pas de la signification : Vérité » (*CRD*, Introduction, A, II, p. 139).

[53] M&R, *SIII*, p. 128.

[54] M&R, *SIII*, note p. 129. C'est ce qui explique « l'ambivalence de l'attitude communiste en face du savant » (p. 128).

1.1.3 Critique existentielle des tenants du matérialisme dialectique.

Reste pourtant un fait incontestable : cette philosophie impossible (tant d'un point de vue ontologique qu'épistémologique) est adoptée et défendue par un grand nombre d'intellectuels. C'est pour expliquer une telle situation que Sartre déploie, à un troisième niveau, une critique qu'on peut qualifier d'*existentielle*. Le matérialisme dialectique n'apparaît plus alors comme un certain contenu doctrinal, mais comme une « *attitude humaine* »[55] (ou existentielle). Cette attitude relève, selon Sartre, principalement de la « mauvaise foi » (au sens de *L'Être et le Néant*), qui permet aux individus de masquer le caractère contradictoire de leurs positions théoriques. Dans *L'Être et le Néant*, Sartre montre que la mauvaise foi consiste notamment en « un certain art de formuler des concepts contradictoires, c'est-à-dire qui unissent en eux une idée et la négation de cette idée »[56]. Ces concepts, que Sartre appelle « métastables », contiennent deux significations contraires, mais

> La mauvaise foi ne veut ni les coordonner ni les surmonter dans une synthèse. Il s'agit pour elle d'affirmer leur identité tout en conservant leurs différences[57].

Cette ambivalence, qui permet tous les glissements de sens[58], est précisément ce sur quoi s'appuient les intellectuels communistes, lesquels ont systématiquement recours à ce que Sartre appelle des « concepts glissants et contradictoires »[59]. Les concepts pourtant fondamentaux de « totalité »[60], de « causalité »[61] ou de « matière »[62] ne sont ainsi jamais définis rigoureusement et peuvent alors être mobilisés, selon les situations, tantôt en un sens mécaniste et positiviste, tantôt en un sens dialectique[63]. L'idée même d'un « matérialisme dialectique », en tant que celui-ci contient deux sens contradictoires et inconciliables[64], est l'exemple suprême à la fois de l'inconsistance du marxisme des communistes et de leur mauvaise foi.

---

[55] M&R, *SIII*, p. 12. R. Aron affirme, dans sa thèse, que « le système marxiste dans son ensemble exprime une attitude existentielle » (*Introduction à la philosophie de l'histoire*, Paris, Gallimard, 1938, p. 389).

[56] *EN*, Partie I, chap. 2, II, p. 95/p. 91.

[57] *EN*, Partie I, chap. 2, II, p. 95/p. 91.

[58] « Ce qui compte ici, c'est qu'elles ne constituent pas des notions nouvelles et solidement structurées ; elles sont bâties au contraire de façon à rester en désagrégation perpétuelle et pour qu'un glissement perpétuel soit possible » (*EN*, Partie I, chap. 2, II, p. 96/p. 91).

[59] M&R, *SIII*, p. 117 et p. 122.

[60] M&R, *SIII*, p. 116–117.

[61] M&R, *SIII*, p. 117–121.

[62] M&R, *SIII*, p. 121–122.

[63] « Aussi bien vous diront-ils avec la même tranquillité tantôt que la vie n'est qu'une chaine complexe de phénomènes physico-chimiques et tantôt qu'elle est un moment irréductible de la dialectique naturelle » (M&R, *SIII*, p. 117).

[64] « La cause des matérialistes ne peut ni s'étayer sur la science ni se suspendre à la dialectique, elle demeure une notion vulgaire et pratique, l'indication de l'effort permanent du matérialisme pour courber l'une vers l'autre et rejoindre de force deux méthodes qui s'excluent réciproquement ; elle est le type de la fausse synthèse » (M&R, *SIII*, p. 119).

Ce n'est donc que par cette attitude de mauvaise foi que l'intellectuel communiste parvient à se convaincre et convaincre les autres de la validité de sa philosophie inconsistante. Pour éviter toutefois une prise de conscience explicite de cette situation, l'intellectuel communiste est contraint, selon Sartre, de se fuir. Le matérialisme est en effet, selon Sartre, l' « une des formes de l'esprit de sérieux et de la fuite devant soi-même »[65]. En adoptant l'esprit de sérieux, l'individu masque sa propre liberté et refoule son angoisse devant la nécessité de se choisir dans le monde[66].

> Il y a sérieux quand on part du monde et qu'on attribue plus de réalité au monde qu'à soi-même, à tout le moins quand on se confère une réalité dans la mesure où on appartient au monde. Ce n'est pas par hasard que le matérialisme est sérieux, ce n'est pas par hasard non plus qu'il se retrouve toujours et partout comme la doctrine d'élection du révolutionnaire. C'est que les révolutionnaires sont sérieux. [...] L'homme sérieux enfouit au fond de lui-même la conscience de sa liberté, il est de mauvaise foi[67].

Ainsi, l'esprit de sérieux du communiste se manifeste par son attitude de croyant : ce dernier s'abolit entièrement en tant qu'individu et subjectivité devant une norme transcendante et absolue qui lui dicte ses conduites et pensées. L'analyse existentielle rejoint ainsi les conclusions de la critique épistémologique, puisqu'il s'agit de dépasser, par un acte de foi, les incertitudes de l'existence et de poser dogmatiquement la vérité absolue de la doctrine. En cela, l'attitude de « foi aveugle »[68] est comparable à une attitude religieuse[69], et l'adhésion au communisme, à un acte de conversion[70] – non pas au sens où le matérialisme dialectique serait une religion, mais plutôt au sens où les deux phénomènes s'ancrent dans une même attitude existentielle qui conduit l'individu à orienter son existence en fonction d'une norme transcendante (celle d'un Parti ou d'une Église). La « foi » des intellectuels communistes dans le matérialisme dialectique ne peut être comprise qu'à partir de l'attitude existentielle de l'individu qui cherche à fuir sa propre liberté dans l'esprit de sérieux.

---

[65] M&R, SIII, p. 122.

[66] EN, Partie I, chap. 1, V, p. 77/p. 74–75 ; voir aussi EN, Conclusion, II, p. 721/p. 674.

[67] EN, Partie IV, chap. 2, II, p. 669/p. 626. Sartre décrit, au même moment, l'attitude existentielle du militant communiste dans les Chemins de la liberté, à travers le personnage du communiste Brunet (inspiré de P. Nizan) : « Brunet incarne l'esprit de sérieux, qui croit aux valeurs transcendantes, écrites au ciel, intelligibles, indépendantes de la subjectivité humaine, posées comme des choses. Pour lui, il y a un sens absolu du monde et de l'histoire qui commande ses entreprises » (« Entretien avec Jean-Paul Sartre, par Christian Grisoli », Paru, n°13, décembre 1945, p. 5–10 ; repris dans Œuvres romanesques, p. 1912–1917).

[68] M&R, SIII, p. 127.

[69] « Mets-toi à genoux et tu croiras, dit Pascal. L'entreprise du matérialiste est très voisine » (M&R, SIII, p. 129).

[70] « J'ai vu des conversions au matérialisme : on y entre comme en religion » (M&R, SIII, p. 122).

1.1.4 Critique politique du matérialisme marxiste.

L'intellectuel communiste peut toutefois répondre à ces critiques que, malgré ses défauts, le matérialisme dialectique reste la philosophie du Parti communiste, et qu'à ce titre il a prouvé qu'il pouvait unifier les travailleurs en une classe consciente d'elle-même[71]. C'est pour contrer à un tel argument que Sartre propose, à un quatrième niveau, une critique *politique* du matérialisme dialectique. Les résultats politiques du matérialisme dialectique montrent assurément, reconnaît-il, que cette doctrine doit bien contenir une part de vérité[72], mais Sartre précise aussitôt : « Mais cela ne veut point dire qu'il soit vrai tout entier comme doctrine »[73], ni qu'il soit « *la* vérité »[74]. C'est parce que sa vérité n'est que partielle et sa validité purement pragmatique, que Sartre lui refuse le titre de philosophie pour le qualifier de « mythe », c'est-à-dire de récit imaginaire qui permet d'unifier une communauté en vue de l'action (et qui, sans être vrai au sens littéral, contient cependant une expression indirecte et partielle de certaines vérités)[75] :

> Le matérialisme est incontestablement *le seul mythe* qui convienne aux exigences révolutionnaires ; et le politique ne va pas plus loin : le mythe lui sert, il l'adopte[76].

Pour autant, ce lien privilégié entre révolution et matérialisme ne suffit pas, selon Sartre, pour en faire la philosophie de la Révolution. Cette dernière doit en effet permettre non seulement de *faire* la Révolution, mais surtout de *fonder* un nouvel ordre post-révolutionnaire :

> Le révolutionnaire n'a que faire d'une expression symbolique de la situation présente ; il veut une pensée qui lui permette de forger l'avenir. Or le mythe matérialiste perdra tout sens dans une société sans classe[77].

Parce que le matérialisme envisage l'individu comme purement déterminé de l'extérieur et comme dépourvu de liberté, il n'est pas en mesure de penser l'existence humaine dans une société émancipée de l'oppression et de l'exploitation. Une telle société exige au contraire une philosophie de la liberté.

Mais si le « mythe matérialiste » avait pour seul défaut d'être provisoire, la situation ne serait pas si urgente. Malheureusement, il représente, selon Sartre, un danger

---

[71] Son contenu serait « propre à "mobiliser et organiser" les forces révolutionnaires » (M&R, *SIII*, p. 130).

[72] « Dans la mesure où il permet une action cohérente, dans la mesure où il exprime une situation concrète, dans la mesure où des millions d'hommes y trouvent un espoir et l'image de leur condition, le matérialisme doit enfermer indubitablement des vérités » (M&R, *SIII*, p. 131).

[73] M&R, *SIII*, p. 131.

[74] M&R, *SIII*, p. 130.

[75] M&R, *SIII*, p. 130. « S'il est vrai que le matérialisme, comme explication du supérieur par l'inférieur, est une image convenable des structures actuelles de notre société, il n'en est que plus évident que c'est seulement un mythe, au sens platonicien du terme » (M&R, *SIII*, p. 153).

[76] Le matérialisme aurait, selon Sartre, toujours joué ce rôle pour les mouvements révolutionnaires successifs dans l'histoire – le matérialisme dialectique n'étant que la forme contemporaine de ce lien entre matérialisme et forces révolutionnaires (M&R, *SIII*, p. 131).

[77] M&R, *SIII*, p. 153.

pour l'action présente et risque de se retourner contre le projet révolutionnaire lui-même. À maintenir le « mythe matérialiste », on forme en effet des générations de militants dans l'esprit de sérieux et la mauvaise foi, c'est-à-dire des individus incapables d'assumer la responsabilité de leurs actes et d'éprouver leur liberté dans leur engagement – et qui chercheront, de ce fait, à étouffer celle des autres. La dissociation entre pratique et théorie, l'opportunisme politique, les jeux de mauvaise foi, les confusions sur le sens des mots, les anathèmes, etc. ne sont pas des pratiques innocentes et marqueront les générations futures. Sartre termine donc son essai en adressant aux communistes une série des questions pour les contraindre à assumer leur responsabilité par rapport à l'avenir :

> « Après tout, pensent sans doute les chefs, qu'importe l'idéologie ? Notre vieux matérialisme a fait ses preuves et nous conduira sans doute jusqu'à la victoire. Notre lutte n'est pas d'idées ; c'est une lutte politique et sociale, d'hommes à hommes. » Ils ont sans doute raison pour le présent, pour le proche avenir. Mais quels hommes feront-ils ? On ne forme pas impunément des générations en leur enseignant des erreurs qui réussissent. Qu'arrivera-t-il un jour, si le matérialisme étouffe le projet révolutionnaire[78] ?

L'élaboration d'une philosophie de la révolution est donc une tâche révolutionnaire de premier ordre. C'est celle que Sartre se fixe dans la seconde partie de l'essai.

1.2 Phénoménologie du militant révolutionnaire.

> « C'est affaire au philosophe [...] de constituer peu à peu une philosophie qui convienne aussi exactement que le mythe aux exigences révolutionnaires »
> (Sartre, « Matérialisme et Révolution », p. 131).

L'objet de la seconde partie de « Matérialisme et révolution » est d'esquisser les grandes lignes d'une philosophie de la Révolution, mieux à même que le matérialisme dialectique de répondre aux exigences des révolutionnaires[79]. La philosophie de la Révolution ne doit en effet être rien de plus que la formulation rigoureuse de ces exigences[80]. Pour dégager cette « philosophie nouvelle »[81], Sartre met alors en œuvre une analyse phénoménologique du militant révolutionnaire, en s'appuyant sur la méthode de la psychanalyse existentielle exposée dans *L'Être et le Néant*. Sartre veut ainsi mettre au jour le sens du projet existentiel de tout révolutionnaire, c'est-à-dire la manière dont il éclaire le monde et lui-même à partir des fins qu'il se donne. Comme il l'explique au début de la seconde partie :

---

[78] M&R, *SIII*, p. 166.

[79] « Il y a beaucoup plus dans le matérialisme que ce qu'exige le révolutionnaire. Il y a beaucoup moins aussi, car ce rejointoiement hâtif et forcé des vérités les empêche de s'organiser entre elles spontanément et de conquérir leur véritable unité » (M&R, *SIII*, p. 131).

[80] M&R, *SIII*, p. 135–136.

[81] M&R, *SIII*, p. 161.

1   De la critique du matérialisme dialectique à l'existentialisme révolutionnaire.   23

> Comprenons bien qu'elle [i.e. la philosophie recherchée] ne vient pas se surajouter à l'effort révolutionnaire, mais qu'elle ne se distingue pas de cet effort ; elle est contenue dans le projet original de l'ouvrier qui adhère au parti de la révolution, elle est implicitement dans son attitude révolutionnaire car tout projet de changer le monde est inséparable d'une certaine compréhension qui dévoile le monde du point de vue du changement qu'on veut y réaliser[82].

Par l'analyse existentielle du militant révolutionnaire, il s'agit de dégager la philosophie implicite de sa pratique (c'est-à-dire son projet comme compréhension du monde) et de mettre en lumière la différence entre celle-ci et le matérialisme marxiste dont le révolutionnaire se réclame pourtant explicitement[83]. Or cette philosophie implicite trouve, selon Sartre, sa formulation rigoureuse dans l'existentialisme. C'est la raison pour laquelle il engage alors les révolutionnaires à abandonner le matérialisme dialectique et à assumer explicitement la philosophie existentialiste qu'ils exigent par leur propre existence.

Vis-à-vis du marxisme, la stratégie argumentative de Sartre est habile en ceci qu'il se réclame implicitement de la méthode de Marx afin de procéder à une forme de réduction (au sens phénoménologique) du marxisme. Dans *L'idéologie allemande*, Marx et Engels recommandent en effet de mettre entre parenthèses les représentations que les individus se font de leur propre action ou de leur époque, pour ne prendre en considération que leur comportement effectif[84]. Or c'est précisément ce que prétend mettre en œuvre Sartre à l'égard des militants qui se réclament du marxisme :

> Je n'ai pas cherché à décrire ce que *croient* les marxistes, mais à dégager les implications de ce qu'ils *font*[85].

Il s'agit donc pour Sartre de faire abstraction des représentations explicites de ces militants (c'est-à-dire leur adhésion consciente à la doctrine marxiste) pour ne s'intéresser qu'à leur comportement effectif. À partir de là, Sartre cherche à mettre au jour les conceptions implicites que présuppose ce comportement, c'est-à-dire « les grands thèmes de l'attitude révolutionnaire »[86] que les révolutionnaires eux-mêmes vivent sans nécessairement en avoir une conscience explicite. L'enjeu est enfin de donner à ceux-ci une formulation philosophique cohérente et rigoureuse.

---

[82] M&R, *SIII*, p. 135.

[83] « Le meilleur moyen pour repérer d'abord ces vérités au sein de l'erreur où elles baignent, c'est de déterminer ces exigences à partir d'un examen attentif de l'attitude révolutionnaire [...]. Peut-être que, si on les délivre du mythe qui les écrase et qui les masque à elles-mêmes, elles traceront les grandes lignes d'une philosophie cohérente qui ait sur le matérialisme la supériorité d'être une description *vraie* de la nature et des relations humaines » (M&R, *SIII*, p. 131).

[84] K. Marx et F. Engels, *IA*, chap. 1, I/5-9, p. 297–305.

[85] M&R, *SIII*, p. 165.

[86] M&R, *SIII*, p. 135.

1.2.1 Socio-phénoménologie du devenir révolutionnaire.

La première exigence que dégage Sartre, et qu'on peut qualifier de *sociologique*, est de comprendre le devenir révolutionnaire des opprimés. Si devenir révolutionnaire est une certaine manière de prendre conscience et d'assumer ce que l'on est, il faut expliquer comment s'effectue ce processus, et surtout en quoi ce dernier n'a rien de nécessaire (comme en témoigne le fait que les opprimés peuvent parfois agir ou adhérer à des idéologies qui s'opposent à leurs propres intérêts). Ainsi, comme l'écrit Sartre, « le révolutionnaire, parce qu'il prend conscience de la structure sociale dont il dépend, exige une philosophie qui pense sa situation »[87]. Le marxisme a certes distingué entre la classe en soi et la classe pour soi[88], entre l'appartenance de classe comme phénomène objectif (non conscient) et comme appropriation explicite et consciente de cet être objectif, mais il ne propose pas de théorie satisfaisante pour expliquer la complexité du rapport entre l'être objectif et la conscience, et ne parvient pas à réduire le hiatus entre ces deux termes[89]. Sartre quant à lui estime que l'existentialisme permet de rendre compte des distinctions spontanées que font les révolutionnaires sur cette question. Si le révolutionnaire a bien une situation objective (il fait non seulement partie des opprimés, mais des opprimés structurels, c'est-à-dire qu'il subit une oppression qui est essentielle à la permanence même du système social), il ne devient révolutionnaire (ou plutôt, ne *se fait* révolutionnaire) qu'à partir du moment où il est capable de dépasser cette facticité et de l'éclairer par un projet révolutionnaire. C'est ce qui distingue le révolutionnaire, d'une part, du simple révolté ou émeutier (dont l'exemple typique est pour Sartre le canut de Lyon[90]), qui n'est pas capable de formuler un projet de rupture avec la société (et qui ne saisit donc pas le sens même de sa situation dans la structure sociale), et d'autre part du révolté bourgeois, dont la négation de la bourgeoisie ne menace jamais l'ordre social bourgeois[91]. La première exigence d'une philosophie de la révolution, à caractère sociologique, réside donc dans le fait de comprendre comment on se fait révolutionnaire[92].

---

[87] M&R, *SIII*, p. 135.

[88] Cette distinction, qui connaîtra une grande fortune dans la tradition marxiste, apparaît chez Marx dans *Misère de la philosophie*, Partie II, 5, p. 177–179.

[89] Cette question, qui n'a pas beaucoup occupé Marx ni les premiers représentants de la social-démocratie (le passage de l'un à l'autre semblait devoir être un mouvement naturel et sans heurt), devient une question centrale à partir du début du XXe siècle. Cette question est notamment au centre des analyses de Lénine et de Lukács. Sur cette question, voir notamment H. Weber, *Marxisme et conscience de classe* (Paris, UGE, 1975).

[90] M&R, *SIII*, p. 135 ; voir également *EN*, Partie IV, chap. 1, I, p. 509–511/p. 478–480.

[91] Sartre développe cette figure dans *Baudelaire*, mais surtout dans les pièces de théâtre, notamment à travers le personnage de Hugo dans *Les mains sales*, ou encore celui d'Oreste dans *Les Mouches*. Cf. aussi QL, Partie III, p. 165, ainsi que l'analyse critique qu'il fait de l'engagement révolutionnaire des surréalistes dans QL, Partie IV, p. 201–215.

[92] Nous reviendrons plus loin sur la conception du social que propose Sartre.

1.2.2 Humanisme de l'attitude révolutionnaire.

La seconde exigence, qu'on peut qualifier d'*humaniste* ou d'*universaliste*, renvoie à la nécessité de fonder la notion de classe universelle. Une révolution est en effet toujours une action qui est accomplie par seulement une partie de la société (une classe ou un groupe social) : il s'agit alors de comprendre à quelles conditions cette action particulière peut recevoir une signification universelle, c'est-à-dire se faire pour l'humanité tout entière. Le marxisme proclame par exemple la vocation universelle de la révolution prolétarienne[93], mais n'est pas en mesure, selon Sartre, de la fonder – contrairement à l'existentialisme. Ce dernier permet en effet de montrer que le prolétaire est (contrairement au bourgeois), en raison même de sa situation, en mesure de saisir la vérité de la condition humaine en général. En effet, alors que « tout membre de la classe dominante est homme de droit divin »[94], c'est-à-dire que sa place, son destin et sa justification lui sont donnés avant même sa naissance, naître dans le prolétariat c'est, selon Sartre, découvrir sa contingence radicale, et par là l'égalité universelle entre les êtres humains[95]. La situation particulière du travailleur opprimé constitue donc la vérité de l'ensemble du genre humain : la libération de la classe des travailleurs sera de ce fait celle de l'ensemble du genre humain, et aura un véritable caractère universel. En apportant un « éclaircissement total de la condition humaine » et en montrant que l'action du révolutionnaire « met en jeu le sort de l'homme »[96], l'existentialisme se révèle seul à même de fonder l'humanisme révolutionnaire[97].

1.2.3 Le travail comme rapport originel au monde.

La troisième exigence du révolutionnaire est d'avoir à sa disposition une philosophie pouvant comprendre « le rapport originel de l'homme au monde », ou encore la « charnière entre les hommes et la nature »[98]. Le marxisme a certes eu raison d'affirmer le caractère fondamentalement pratique de ce rapport, mais le matérialisme scientiste est incapable de saisir le sens de cette pratique. La philosophie exigée par le révolutionnaire doit partir du rapport originellement pratique au monde, pour révéler le sens de la réalité et de la liberté :

---

[93] *Cf.* K. Marx, *CCPDH*. Introduction, p. 296–297 et K. Marx et F. Engels, *MPC*, chap. 1, p. 87–88.
[94] M&R, *SIII*, p. 137. Sur ce point, voir aussi « L'enfance d'un chef » (dans *Le mur*).
[95] « Chacun des événements de sa vie vient lui rappeler qu'il n'a pas le droit d'exister. Ses parents ne l'ont mis au monde pour aucune fin particulière : mais par hasard, *pour rien* […]. Qu'il soit ajusteur ou manœuvre, il sait bien qu'il n'est pas irremplaçable : c'est même l'interchangeabilité qui caractérise les travailleurs. […] À travers les circonstances de sa situation il prend conscience de lui-même comme membre d'une espèce zoologique : l'espèce humaine » (M&R, *SIII*, p. 139).
[96] M&R, *SIII*, p. 135.
[97] M&R, *SIII*, p. 163–165.
[98] M&R, *SIII*, p. 135.

> Il faut en un mot une théorie philosophique qui montre que la réalité de l'homme est action et que l'action sur l'univers ne fait qu'un avec la compréhension de cet univers tel qu'il est, autrement dit que l'action est dévoilement de la réalité *en même temps* que modification de cette réalité[99].

Le travail, comme forme privilégiée de l'activité, doit en effet être compris dans sa double dimension. Il s'agit bien sûr d'abord d'un travail commandé et réduit à une simple opération – ce qui tendrait à faire du travailleur un simple rouage d'une machine. Mais ce travail (aussi aliéné soit-il) est en même temps, selon Sartre, toujours « une amorce de libération concrète »[100], puisqu'il lui confère, par son exercice même, une « maîtrise sur les choses »[101]. Or par là même, le révolutionnaire saisit dans son travail le sens même du réel : le réel doit être compris, non pas comme matérialité en-soi indépendante de l'homme, mais comme « résistance » ou « adversité » révélée par l'activité humaine[102]. Le révolutionnaire, comme le dit Sartre, c'est celui qui veut « penser dur »[103]. Mais cela implique de penser le réel comme corrélatif d'une activité et le rapport comme rapport vécu par une subjectivité[104] :

> Le réalisme du révolutionnaire exige pareillement l'existence du monde et de la subjectivité ; mieux, il exige une telle corrélation de l'un et de l'autre qu'on ne puisse concevoir une subjectivité en dehors du monde ni un monde qui ne serait pas éclairé par l'effort d'une subjectivité[105].

Faire du travail le rapport originel entre l'être humain et le monde c'est donc exiger une compréhension de la corrélation qui fasse droit à la fois au pôle objectif et au pôle subjectif, et surtout qui les pense comme indissociables. C'est cette expérience du travail qui donne au révolutionnaire une « première image de la liberté » comme triomphe sur la résistance de la matière, comme capacité à modifier le réel. Pour

---

[99] M&R, *SIII*, p. 137. Sartre renvoie au « matérialisme pratique » du Marx des *Thèses sur Feuerbach*.

[100] M&R, *SIII*, p. 147.

[101] « Le travailleur se saisit comme possibilité de faire varier à l'infini la forme d'un objet matériel en agissant sur lui selon certaines règles universelles » (M&R, *SIII*, p. 147). Sartre reprend ici certaines analyses qu'il a pu trouver chez Alain (sur l'opposition entre l'ouvrier et le bourgeois). *Cf.* notamment Alain, *Propos*, Paris, Gallimard, 1956, « Un ministère des signes » (p. 192–194), « Métiers » (p. 207–209), « Lutte des classes » (p. 1077–1079), « Philosophie du travail » (p. 1121–1123), « L'orientation » (p. 1239–1241).

[102] M&R, *SIII*, p. 157.

[103] « À l'adversité des choses, il ne veut pas opposer l'idée, mais l'action qui se résout finalement en efforts, en fatigues épuisantes, en veilles » (M&R, *SIII*, p. 156).

[104] « Pour rendre compte de la réalité comme résistance à dompter par le travail, il faut que cette résistance soit vécue par une subjectivité qui cherche à la vaincre. [...] C'est la subjectivité humaine qui découvre l'*adversité* du réel dans et par le projet qu'elle fait de le dépasser vers l'avenir. Pour qu'une colline soit aisée ou malaisée à gravir, il faut avoir fait le projet de monter à son sommet. [...] Pour que la réalité se dévoile, il faut qu'un homme lutte contre elle [...]. Le maximum de réalité, le maximum de résistance sera obtenu si l'on suppose que l'homme est par définition en-situation-dans-le-monde et qu'il fait l'apprentissage difficile du réel en se définissant par rapport à lui » (M&R, *SIII*, p. 157–158).

[105] M&R, *SIII*, p. 157.

Sartre, l'existentialisme permet donc de dépasser l'opposition entre matérialisme et idéalisme pour penser à nouveaux frais le rapport de l'homme au monde[106].

1.2.4 De l'oppression à l'émancipation : l'exigence d'une philosophie de la liberté.

L'exigence suivante est celle d'élaborer une théorie de l'émancipation, c'est-à-dire une théorie qui permette de penser les raisons de l'oppression et de la violence entre les êtres humains, et ainsi les moyens de dépasser cette situation d'antagonisme[107]. Cette théorie de l'oppression et de la violence ne doit cependant pas être dissociée d'une théorie de la liberté : seule une liberté peut être opprimée, et la violence est la manière dont une liberté opprimée cherche à se libérer. Alors que le marxisme professé par les communistes ne permet pas de comprendre la liberté, et manque donc les racines de l'oppression, l'existentialisme offrirait au contraire une théorie de la liberté qui puisse rendre compte à la fois de l'oppression et de la violence à travers l'analyse des conflits intersubjectifs[108].

1.2.5 Théorie de l'action et philosophie de l'histoire.

Le révolutionnaire réclame enfin une philosophie de l'histoire. Celle-ci doit notamment mettre en lumière sa possibilité d'action dans l'histoire, c'est-à-dire qu'elle « doit nécessairement présenter le cours de l'histoire comme orienté ou tout le moins comme orientable »[109]. Cela implique deux choses. Il faut d'abord une pensée qui puisse rendre raison à la fois des résistances du réel et des possibilités d'action dans l'histoire. En effet, si l'histoire est entièrement déterminée et écrite à l'avance, à quoi servent les militants ? Sans l'activité des hommes s'affrontant aux résistances du réel, jamais la situation présente ne pourra être transformée. Mais d'autre part cela implique une certaine discontinuité entre le présent et l'avenir à réaliser (la révolution, la société sans classes), et donc l'importance de la représentation de l'avenir (comme projet) dans la manière d'éclairer le présent et d'agir pour sa transformation. Ici encore, l'existentialisme semble aux yeux de Sartre bien plus à même que le marxisme de formuler la philosophie de l'histoire immanente à la pratique des militants révolutionnaires.

---

[106] M&R, *SIII*, p. 161–163.

[107] « Comme [...] le révolutionnaire se découvre, par et dans son libre projet, comme un opprimé au sein d'une classe opprimée, sa position originelle nécessite qu'on lui rende compte de l'*oppression*. [...] Et réciproquement, comme la liberté opprimée veut se libérer par la force, l'attitude révolutionnaire exige une théorie de la violence comme réplique à l'oppression. (M&R, *SIII*, p. 160).

[108] M&R, *SIII*, p. 159–161.

[109] M&R, *SIII*, p. 135.

On peut certes s'amuser de voir Sartre retrouver sa propre philosophie existentialiste sous les traits du militant révolutionnaire. Ce rapprochement n'est toutefois pas absolument sans fondement historique. Au cours des années trente et sous l'Occupation, les pratiques militantes des communistes ont connu une évolution importante, et prennent des aspects volontaristes, subjectivistes et mêmes romantiques – ce qui tend à les rapprocher de la description qu'en donne Sartre. C'est ce que confirme l'historien britannique E. P. Thompson dans un texte où il essaie de retracer les grandes évolutions du marxisme au XXe siècle[110]. Il montre en effet qu'il y a eu une rupture décisive dans les années trente :

> Le marxisme dans l'urgence critique de la montée du fascisme et de la Seconde Guerre mondiale, a commencé à prendre les accents du volontarisme. Son vocabulaire a incorporé (comme il l'avait fait en Russie après 1917) un plus grand nombre de verbes renvoyant à la capacité d'agir [agency], au choix, à l'initiative individuelle, à la résistance, à l'héroïsme et au sacrifice. […] Les conditions mêmes de la guerre et de la répression (les militants isolés ou dispersés dans les armées, les camps de concentration, les détachements de partisans, les organisations clandestines) leur imposèrent la nécessité de juger politiquement et de s'engager activement, en tant qu'individus. Il semblait que les détachements de partisans, lorsqu'ils faisaient sauter de ponts ferroviaires importants, « faisaient l'histoire ». Il semblait, lorsque les femmes supportaient les bombardements ou lorsque les soldats tenaient bon à Stalingrad, que « l'histoire » dépendait de leur résistance. Ce fut une décennie de héros, et il y avait des Che Guevara dans chaque rue et dans chaque forêt[111].

Durant cette décennie, on passe d'une conception évolutionniste du marxisme[112] à une pratique « volontariste », d'un hyper-objectivisme à un hyper-subjectivisme valorisant les héros de la Résistance et de la lutte antifasciste. À l'affirmation du caractère inéluctable du processus historique se substitue une conception implicite de l'histoire qui met en avant les notions de responsabilité individuelle ou de dépassement de soi. Cette nouvelle pratique volontariste et subjectiviste semble effectivement mieux à même d'être ressaisie par la conceptualité existentialiste que par le marxisme dogmatique de l'époque. En ce sens, il n'est pas tout à fait illégitime pour Sartre d'affirmer que les militants révolutionnaires sont des existentialistes qui s'ignorent.

2 EXISTENTIALISME ET MATÉRIALISME HISTORIQUE.

Le marxisme ne se présente pas seulement comme une certaine philosophie (le matérialisme dialectique), mais aussi (et peut-être surtout) comme un discours à prétention scientifique qui cherche à rendre raison des phénomènes supra-individuels

---

[110] E. P. Thompson, *Misère de la théorie. Contre Althusser et le marxisme antihumaniste*, Paris, Éditions l'Échappée, 2015, chap. X, p. 149–155.
[111] E. P. Thompson, *op. cit.*, chap. X, p. 150–151.
[112] Il s'agissait d'une conception mécaniste et nécessitariste de l'histoire qui correspond assez bien au « mythe » matérialiste dont parle Sartre. La révolution sera le résultat mécanique et nécessaire du développement du capitalisme : il suffit d'attendre le moment où le prolétariat devient suffisamment nombreux et se range derrière son parti. Cette conception correspond à une certaine pratique de la social-démocratie allemande d'avant 1914, mais aura une grande influence sur la pratique politique marxiste au XXe siècle.

que sont l'histoire et le social. Or, si l'attaque de Sartre contre la philosophie marxiste joue un rôle important de délégitimation du matérialisme dialectique au sein du champ philosophique (de sorte que tout philosophe marxiste devra désormais se démarquer par rapport au marxisme vulgaire), cela ne suffit pas pour autant pour prouver que l'existentialisme peut aussi fonctionner comme un langage conceptuel unificateur dans le champ des sciences humaines, et se poser ainsi en rival de la « conception matérialiste de l'histoire » (ou « matérialisme historique »). Du reste, l'attitude de Sartre par rapport à cette dernière n'est pas la même qu'à l'égard de la philosophie marxiste : il n'est pas question de la disqualifier comme inconsistante, mais il s'agit plutôt de montrer en quoi ses acquis principaux doivent être repris et intégrés dans un cadre existentiel. Nous allons donc désormais nous intéresser à la manière dont Sartre cherche à rendre raison des phénomènes sociaux et historiques d'une façon qu'il estime plus rigoureuse non seulement que le marxisme, mais également que les autres théories qui dominent dans les sciences humaines de l'époque – toujours avec le souci d'intégrer à sa propre pensée leurs apports positifs.

En abordant l'analyse des phénomènes sociaux et historiques, Sartre est cependant tributaire des décisions méthodologiques fondamentales de la phénoménologie, celle de Husserl, mais peut-être plus encore celle de Heidegger. La « société » et « l'histoire », en tant qu'objets pour la conscience, ne sont, pas plus que n'importe quel autre objet, des choses existant par soi indépendamment de la conscience. Le premier geste méthodique consiste donc à dépasser l'attitude naturelle qui pense ces objets comme des entités subsistant par elles-mêmes et ayant une autonomie absolue par rapport à la conscience. Il s'agit ainsi de procéder à une *réduction phénoménologique* de l'histoire et du social, pour montrer de quelle manière ces phénomènes, apparemment objectifs et indépendants de la conscience individuelle, sont en fait relatifs à celle-ci et même constitués par elle. Le problème de la rationalité de ces « objets » sociaux et historiques est alors reconduit au problème de leur genèse à partir de la subjectivité. Pour Sartre, c'est le concept existentiel de « situation » qui permettra de faire droit au social et à l'historique sans poser ces phénomènes comme des réalités indépendantes des consciences. Chaque individu est en effet « en-situation », en ceci qu'il hérite d'une certaine facticité sociale et historique, à laquelle il est contraint de donner une certaine signification (par son projet). La « force » du social ou de l'historique provient tout entière du projet de l'individu.

2.1 Esquisse d'une théorie existentielle du social.

« Si la société fait la personne, la personne [...] fait la société. Sans son avenir, une société n'est qu'un amas de matériel, mais son avenir n'est rien que le projet de soi-même que font, par-delà l'état de choses présent, les millions d'hommes qui la composent »
(Sartre, « Présentation des *Temps Modernes* », p. 25–26).

La conception du social que propose à cette époque Sartre a fait l'objet de tant d'attaques et de caricatures, qu'il est difficile de lire véritablement les textes pour eux-mêmes. La lecture de Merleau-Ponty a en particulier eu une influence décisive sur les intellectuels français, qui conçoivent généralement le sujet sartrien comme une pure liberté dépourvue de toute inscription sociale et décidant souverainement du sens du monde[113]. Bourdieu caractérise ainsi l'approche sartrienne d' « ultra-subjectiviste » : le « monde de l'action » ne serait pour Sartre qu'un « univers imaginaire de possibles interchangeables dépendant entièrement des décrets de la conscience qui le crée », c'est-à-dire un monde « totalement dépourvu d'*objectivité* »[114]. Amplifiant certaines formules de Bourdieu, l'analyse d'A. Boschetti se fait quant à elle étonnement psychologisante : « le social » serait pour Sartre une « réalité inquiétante », à l'égard de laquelle il ressentirait une « répulsion » et même une « horreur », qui serait « enracinée dans des répugnances viscérales »[115].

Pour Sartre (qui, d'après les témoignages, n'éprouvaient pas d'antipathie particulière à l'égard du social), il n'a pourtant jamais été question d'affirmer la liberté d'un sujet anhistorique pouvant s'affranchir de toute la facticité sociale, et donc de poser un sujet asocial ou acosmique. Sartre ne prétend nullement qu'il n'y ait pas d'appartenance de classe, ni qu'on puisse choisir sa classe[116] : nous sommes au contraire entièrement *conditionnés* par le social. Le Pour-soi sartrien, rappelons-le, n'est pas fondement de son être : il ne choisit pas les conditions de son choix, c'est-à-dire sa facticité. Il ne choisit pas d'être né à tel endroit, dans telle société, dans telle classe sociale, ou dans telle famille. Sartre peut donc à peu près tout concéder au marxisme : l'individu naît dans une classe sociale, qui renvoie à une certaine place dans les rapports de production ; cette place conditionne le type de travail auquel il se consacre, et cette activité conditionne sa manière de penser le monde, de sorte que c'est bien la *praxis* socialement conditionnée qui détermine la conscience de l'individu.

Sartre refuse toutefois de s'en tenir à ces formules, et cherche à préciser l'articulation entre conditionnement social et conscience individuelle, entre activité productive et représentations. Or d'après lui, aucun des paradigmes sociologiques disponibles (ni celui de la conscience collective dont l'individu ne serait que l'expression, ni celui de la détermination causale en extériorité) ne permet de comprendre l'appartenance sociale. Le problème du marxisme, et plus largement des sciences sociales de l'époque, réside, selon lui, dans leur incapacité à penser le phénomène de socialisation, c'est-à-dire la manière dont un individu s'approprie

---

[113] La lecture que Merleau-Ponty propose de la liberté du sujet sartrien dans la *Phénoménologie de la perception* (Partie III, chap. 3, p. 496–520) est accentuée encore dans *Les aventures de la dialectique* (chap. 5 « Sartre et l'ultra-bolchevisme », notamment III-V, p. 185–229). Sur l'interprétation de ce dernier texte, voir *infra*, Partie III, chap. 7.

[114] Voir par exemple la description qu'en donne P. Bourdieu dans l'*Esquisse d'une théorie de la pratique* (Paris, Le Seuil, 2000 [1re éd. 1972], p. 265–271) ; le passage est reproduit presque à l'identique dans *Le sens pratique*, Paris, Éditions de Minuit, 1980, chap. 2, p. 71–78 ; *cf.* aussi *Méditations pascaliennes*, Paris, Le Seuil, 2003 [1re éd. 1997], p. 221–223.

[115] A. Boschetti, *Sartre et « Les Temps Modernes » : une entreprise intellectuelle*, Paris, Éditions de Minuit, 1985, p. 103–104.

[116] Même le « traître de classe » reste en effet toujours imprégné de sa classe d'origine. Sur cette question, voir notamment le personnage de Hugo dans *Les mains sales*.

son appartenance de classe[117]. Pour y parvenir, il faudrait pouvoir faire droit à la perspective de l'individu, c'est-à-dire à la manière dont ce dernier en vient à s'inscrire dans une classe ou un groupe social.

Dans des passages peu lus de *L'Être et le Néant*, on voit Sartre engager une discussion avec le marxisme, avec des penseurs ayant été proches du marxisme (H. de Man[118]) et avec les représentants les plus importants de la sociologie française de l'époque (E. Durkheim, M. Halbwachs[119], M. Mauss). On y découvre ainsi une première tentative pour faire droit à la spécificité de l'être social – même si ses analyses sont encore partielles et ne proposent pas un cadre analytique entièrement satisfaisant. À rebours des appréciations un peu sommaires sur l'aveuglement de Sartre au sujet du social et son ignorance (ou mépris) des sciences sociales, de tels passages viennent toutefois confirmer les recherches récentes[120], qui montrent que Sartre est, dès les années 1930, fortement imprégné par les sciences sociales, et en particulier par l'œuvre de M. Mauss. L'enjeu pour Sartre dans *L'Être et le Néant* est donc de faire droit à l'ensemble des phénomènes mis en évidence par la sociologie et par le marxisme, mais en leur donnant un fondement théorique rigoureux à partir de l'existentialisme.

2.1.1 L'ontologie sociale de Sartre et la structure ternaire du social.

L'ontologie sociale que Sartre esquisse dans *L'Être et le Néant* se veut un dépassement de l'alternative classique entre individualisme analytique et holisme synthétique. L'être spécifique du social ne se fonde pour Sartre ni sur de prétendues entités supra-individuelles, ni sur la relation intersubjective binaire classique qui constitue le point de départ de la plupart des approches phénoménologiques du social[121], mais sur une *structure intersubjective ternaire* mettant en lumière le rôle fondamental du *Tiers*.

---

[117] Comme l'écrit Sartre : « le marxisme ne dispose pas encore d'une psychologie de synthèse appropriée à sa conception totalitaire de la classe » (PTM, *SII*, p. 25).

[118] Henri de Man (1885–1953), homme politique belge et dirigeant du Parti ouvrier belge, est, dans les années 1920–1930, l'un des principaux théoriciens du « révisionnisme » et du « néo-socialisme ». Dans *Au-delà du marxisme* (*Zur Psychologie des Sozialismus*, 1926), il affirme la nécessité de « dépasser le marxisme » vers une « synthèse nouvelle » (fondée sur une psychologie sociale). Sa trajectoire politique le conduira à la collaboration avec les Allemands pendant l'Occupation.

[119] Maurice Halbwachs (1877–1945), sociologue français de l'école durkheimienne, s'est notamment intéressé à l'étude des classes sociales. Sartre se réfère en particulier à ses travaux sur la classe ouvrière (*La Classe ouvrière et les niveaux de vie* en 1912 et *L'Évolution des besoins dans les classes ouvrières* en 1933 ; réédités sous le titre *Le destin de la classe ouvrière*, Paris, PUF, 2011).

[120] Voir notamment G. Cormann, « Passion et liberté. Le programme phénoménologie de Sartre », dans Ph. Cabestan et J.-P. Zarader (dir.), *Lectures de Sartre*, Paris, Ellipses, 2011, p. 103–107.

[121] L. Perreau caractérise ainsi l'approche husserlienne comme une « conception intersubjectiviste du monde social » (*Le monde social selon Husserl*, Dordrecht, Heidelberg, New York, London, Springer, 2013, p. 361). J. Benoist quant à lui montre, en prolongeant les analyses de B. Karsenti et de V. Descombes, qu'il s'agit là de la difficulté principielle qui empêche la phénoménologie d'accéder au social (J. Benoist, « Intersubjectivité et socialité : la phénoménologie et la question du tiers », J. Benoist et B. Karsenti (dir.), *Phénoménologie et sociologie*, Paris, PUF, 2001,

La conception « synthétique » (nous dirions aujourd'hui « holiste ») du social fait des individus de pures expressions de leur société ou de leur classe. Une telle conception, que Sartre trouve à la fois dans le marxisme et dans la sociologie durkheimienne (alors dominante en France)[122], pose que l'entité sociale fondamentale est supra-individuelle (la classe sociale, la société, ou encore la nation, etc.) et que l'individu n'est qu'un élément de cet ensemble plus vaste qui le détermine[123]. Pour Sartre, si une telle conception fait bien droit à l'inscription sociale de l'individu, elle manque cependant ce en quoi l'individu est irréductible au groupe social auquel il appartient, n'exprime celui-ci que très imparfaitement, et conserve toujours une autonomie ou liberté par rapport à lui. Elle transforme ainsi le *conditionnement* social en *détermination* sociale[124].

Sartre développe cette critique dans la section de *L'Être et le Néant* consacrée à « L'"être-avec" (*Mitsein*) et le "nous" »[125]. Derrière la critique du *Mitsein* heideggérien, Sartre a peut-être surtout en vue la sociologie marxiste de l'époque, comme en témoigne son recours privilégié à l'exemple de la conscience de classe[126]. Sartre s'oppose en particulier à l'idée selon laquelle il y aurait une unité des sujets et des consciences (un « nous ») qui précéderait et viendrait fonder l'expérience d'autrui[127]. Cette ontologie sociale erronée a, selon Sartre, une double origine : d'une part l'illusion grammaticale qui fait du « nous » le sujet possible d'une phrase (donnant l'impression d'un parallélisme entre le « nous » et le « je »), et d'autre part une mauvaise interprétation de l'expérience réelle du « nous » dans la vie quotidienne (ce qui amène à confondre l'expérience du « Nous-sujet » et celle du « Nous-objet »). Dans la vie quotidienne, le « nous » dont on fait en effet l'expérience n'est pas un nous « sujet », mais un nous « objet ». Ce « nous » ne renvoie pas à une entité supra-individuelle (ou une intentionnalité collective)[128], mais à une conscience singulière qui s'éprouve comme appartenant à une certaine communauté supra-

---

p. 19–41).

[122] I. Gouarné montre le rapprochement qui s'effectue dans les années trente entre durkheimisme et marxisme (*cf.* I. Gouarné, *op. cit.*, chap. 6 « Rendre compatibles Durkheim et Marx », p. 171–189).

[123] Ainsi Sartre écrit-il que pour une telle conception la « classe seule existe » et l'individu est « englouti par sa classe » (PTM, *SII*, p. 22).

[124] Sartre distingue les *conditions* de notre existence (qui relèvent de la facticité, par rapport à laquelle nous devons nous positionner mais qui n'agit pas sur nous) de la *détermination* (qui renvoie à l'idée d'une action du monde sur nous). Ainsi, l'existence est entièrement conditionnée, mais nullement déterminée.

[125] *EN*, Partie III, chap. 3, III, p. 484–502/p. 453–470.

[126] *EN*, Partie III, chap. 3, III, p. 491–494/p. 460–463 ; puis p. 501–502/p. 469–470.

[127] « *L'être-pour*-l'autre précède et fonde *l'être-avec*-l'autre » (*EN*, Partie III, chap. 3, III, p. 486/p. 455).

[128] « L'expérience du nous-sujet est un pur événement psychologique et subjectif en une conscience singulière, qui correspond à une modification intime de la structure de cette conscience mais qui n'apparaît pas sur le fondement d'une relation concrète avec les autres et qui ne réalise aucun « mitsein ». Il s'agit seulement d'une manière de se sentir au milieu des autres » (*EN*, Partie III, chap. 3, III, p. 496–497/p. 465–466).

individuelle n'ayant pas de consistance réelle[129]. La seule chose qui existe, ce sont donc les individus qui peuvent s'éprouver comme « Nous-objet ». L'enjeu pour Sartre est donc de penser l'inscription sociale de l'individu (c'est-à-dire son conditionnement social) sans poser des entités sociales existant par elles-mêmes[130].

Une fois que les « objets sociaux » ont été réduits au phénomène d'appartenance sociale, il s'agit de mettre en lumière l'articulation entre les consciences individuelles et leur inscription sociale, ou encore ce que Sartre appelle « l'implication réciproque du collectif et de la personne »[131]. Selon Sartre, le sentiment d'appartenance sociale ne peut apparaître dans une situation strictement intersubjective (c'est-à-dire dans la relation binaire entre deux sujets), mais seulement dans une *relation à trois*. L'apparition d'un Tiers provoque en effet une modification profonde de la situation intersubjective : les deux sujets se sentent « vus » par le Tiers et s'éprouvent comme intégrés dans le « tiers monde »[132] de cette tierce conscience. Il se fait alors « un nivellement des deux situations inverses »[133], et chacun des deux se sent lié à l'autre devant ce Tiers[134]. L'expérience du Nous-objet est alors l'assomption (ou intériorisation) de cette situation provoquée par l'apparition du tiers[135]. Mais l'élément décisif de l'analyse (notamment en regard de l'évolution ultérieure de Sartre[136]) est que l'apparition du Tiers ne renvoie pas nécessairement à la présence empirique effective d'une troisième personne, mais à la simple *possibilité* de son apparition. Il en résulte donc (même si les conséquences ne sont pas entièrement développées par Sartre) que le Tiers n'est en réalité que la présence anticipée d'un point de vue extérieur (celui du sociologue ou du membre d'un autre groupe social) sur ces deux individus. Ces derniers peuvent alors prendre ce point de vue à leur compte, et finir ainsi par se rapporter à eux-mêmes par la médiation de ce point

---

[129] « Il est clair que le *nous* n'est pas une conscience intersubjective, ni un être neuf qui dépasse et englobe ses parties comme un tout synthétique, à la manière de la conscience collective des sociologues. Le *nous* est éprouvé par une conscience particulière » (*EN*, Partie III, chap. 3, III, p. 485/p. 454).

[130] Ce nominalisme ontologique n'est pas un refus du social en tant que tel, ni sa réduction à une pure création de la conscience individuelle. Le refus sartrien de la conception synthétique du social ne le ramène pas à la conception « libérale » ou « analytique », qui pense les individus « comme des petits pois dans une boîte » (PTM, *SII*, p. 19) – chaque individu étant un atome social aux caractéristiques identiques, quels que soient la société ou le groupe social auxquels il est supposé appartenir. Dans les *Réflexions sur la question juive*, Sartre affirme ainsi explicitement : « Nous n'acceptons pas d'envisager une société comme une somme de molécules isolées ou isolables » (*RQJ*, Partie III, p. 64). Une telle conception est en effet incapable de comprendre l'inscription sociale de l'individu, c'est-à-dire le fait que ce dernier est entièrement conditionné par la société dans laquelle il vit et la classe sociale à laquelle il appartient.

[131] PTM, *SII*, p. 28.

[132] *EN*, Partie III, chap. 3, III, p. 489/p. 458.

[133] *EN*, Partie III, chap. 3, III, p. 489/p. 458.

[134] « Ce que j'éprouve c'est un être-dehors où je suis organisé avec l'Autre en un tout indissoluble et objectif, un tout où je ne me *distingue plus* originellement de l'Autre mais que je concours, solidairement avec l'Autre, à constituer » (*EN*, Partie III, chap. 3, III, p. 489/p. 458).

[135] *EN*, Partie III, chap. 3, III, p. 490/p. 458.

[136] *Cf. infra*, Partie II, chap. 6.

de vue tiers[137]. La structure ternaire du social que décrit *L'Être et le Néant* se révèle donc irréductible à une relation intersubjective binaire entre deux sujets. La mise en lumière de cette structure témoigne de la volonté qu'a Sartre de donner un statut spécifique au social, sans faire de ce dernier une entité ayant une existence indépendante.

La mise au jour de cette structure ternaire (ou encore du Tiers comme structure du social) permet alors de relire sous un nouvel éclairage l'ensemble des remarques que fait Sartre tout au long de l'ouvrage sur la question du social, et de leur donner une forme systématique. On a en effet trop souvent réduit l'approche sartrienne du social à son analyse de la facticité. Ce concept, qui englobe selon Sartre ce que le marxisme appelle la « classe en soi », permet certes de penser la localisation sociale initiale de l'individu (le fait d'être né dans tel groupe social, dans telle société, etc.). Mais il ne correspond qu'au point de vue du Tiers sur l'individu, et ne suffit pas pour rendre intelligible l'inscription sociale de l'individu. Pour parvenir à cette intelligibilité, il est en effet nécessaire d'expliquer la manière dont l'individu dans son existence même ne cesse de se situer par rapport à cette localisation (ou regard Tiers), c'est-à-dire de se faire conditionner par celle-ci en *se faisant* membre de telle ou telle collectivité.

Sartre propose un double paradigme pour penser cette appartenance sociale de l'individu – renvoyant, d'une part à la dualité empirico-transcendantale qui traverse l'individu et son corps (sujet faisant paraître le monde et objet pour-autrui, corps-pour-soi et corps-pour-autrui), et d'autre part à la dualité gnoséologique du sujet (conscience irréfléchie ou implicite, et conscience réfléchie ou explicite)[138].

2.1.2 Les techniques d'appropriation du monde et l'intentionnalité sociale.

Le premier paradigme permet de mettre en lumière le caractère social de l'intentionnalité, et de donner un statut existentiel au concept marxiste de « classe en soi ». Il s'agit en effet de dégager une forme d'appartenance sociale qui se situe en deçà de la conscience explicite d'appartenance. Pour cela, Sartre se réapproprie le concept maussien de « technique du corps »[139] en lui donnant une dimension phénoménologique[140]. Chez Mauss le concept désigne le fait qu'il n'existe aucun mouvement ou geste « naturel » du corps : même les actions les plus élémentaires (marcher, courir, manger, boire, dormir, se tenir assis, etc.) font l'objet d'un apprentissage, de sorte que chaque groupe social (ou société) a sa propre manière de les

---

[137] Telle est par exemple, selon Sartre, la situation des juifs dans une société antisémite : ils finissent par s'observer eux-mêmes avec le regard des antisémites.

[138] *Cf. EN*, IV, chap. 1, II, D « Mon prochain », p. 591–615/p. 554–576.

[139] M. Mauss, « Les techniques du corps », *Sociologie et anthropologie*, Paris, PUF, 1993 [1re éd. 1950], p. 365–386.

[140] « Il faut le souligner : en dehors de mon être-pour-autrui la seule façon positive que j'ai d'*exister mon appartenance de fait* à ces collectivités, c'est l'usage que je fais constamment des techniques qui relèvent d'elles » (*EN*, Partie IV, chap. 1, II, D, p. 594/p. 557).

exécuter, c'est-à-dire a ses propres « techniques du corps » ou « habitus »[141]. Ce qui intéresse Sartre, ce n'est pas la puissance classificatoire d'une telle notion pour l'anthropologue situé en extériorité, mais le fait que ces différentes techniques du corps sont, selon lui, des « techniques d'appropriation du monde »[142], c'est-à-dire des manières de faire apparaître le monde sous un certain éclairage[143]. À chaque technique du corps (située sur le versant subjectif de la corrélation phénoménologique) correspond une certaine « vision du monde » (située quant à elle sur le versant objectif de la corrélation). Dans les *Réflexions sur la question juive*, Sartre montre par exemple que les « visions du monde » bourgeoises et ouvrières s'ancrent dans leur activité propre (c'est-à-dire dans des techniques du corps différentes) : l'un est un producteur confronté à la matérialité, l'autre est un non-producteur qui ne vit que dans le monde des signes et agit non sur la matière mais sur d'autres individus[144]. Ainsi, « chacun juge de l'histoire selon la profession qu'il exerce »[145]. Ce n'est donc pas parce qu'un groupe social partage un certain nombre de représentations du monde ou de croyances que tous ceux qui en sont membres agissent d'une même manière ; c'est au contraire parce qu'ils agissent d'une même manière (au moyen de techniques communes) que le monde leur apparaît sous un même éclairage[146]. L'unité véritable d'un groupe social réside donc dans l'existence de techniques du corps communes à un ensemble d'individus[147].

Ce prolongement phénoménologique de la notion anthropologique de technique du corps correspond en même temps à une réinscription sociologique du concept phénoménologique d'intentionnalité. Si le pour-soi est bien ce qui fait paraître le monde, il ne le fait jamais dans un face-à-face immédiat entre une conscience pure et un monde dépourvu de signification : son rapport au monde est toujours médié par des techniques, qui prolongent son corps et qui font apparaître le monde de telle ou telle manière. Ce geste a rarement été vu parce que l'intentionnalité sartrienne est le plus souvent comprise comme quelque chose d'absolument étranger à la corporéité (en s'appuyant sur la distinction entre pour-soi et en-soi). Or cela ne vaut

---

[141] Mauss définit les techniques du corps comme « les façons dont les hommes, société par société, savent se servir de leur corps » (*op. cit.*, p. 365). Les « habitus » sont des habitudes qui « varient non pas seulement avec les individus et leurs imitations » mais « surtout avec les sociétés, les éducations, les convenances et les modes, les prestiges » (*ibid.*, p. 368–369).

[142] *EN*, Partie IV, chap. 1, II, p. 594/p. 557.

[143] Sartre décrit ainsi la manière dont la montagne et la neige apparaissent différemment au skieur qui adopte la technique de ski « savoyarde » ou « norvégienne » (*EN*, Partie IV, chap. 1, II, p. 595/p. 558).

[144] *Cf.* l'analyse de la situation de l'écrivain dans la PTM (*SII*, p. 9–10).

[145] *RQJ*, Partie I, p. 39. Dans la « Présentation des *Temps Modernes* », Sartre affirme que ces techniques conditionnent nos sentiments et la tonalité affective de notre monde (PTM, *SII*, p. 21).

[146] Sartre accorde notamment une importance toute particulière à la technique d'appropriation du monde qu'est le langage.

[147] « Mon apparition dans un monde [...] ne se révèle à moi que par des techniques collectives et déjà constituées, qui visent à me faire saisir sous un aspect dont le sens a été défini en dehors de moi. Ces techniques vont déterminer mon appartenance aux collectivités : à l'*espèce humaine*, à la collectivité nationale, au groupe professionnel et familial » (*EN*, Partie IV, chap. 1, II, D, p. 594/p. 557).

que pour ce que Sartre appelle le « corps-pour-autrui » et non pour le « corps-pour-soi ». Ses analyses du corps-pour-soi[148] montrent au contraire l'inscription corporelle de l'intentionnalité, c'est-à-dire la manière dont le corps est ce par quoi se révèle le monde. C'est ce caractère corporel de l'intentionnalité qui fait que les différentes techniques du corps, avec leurs « déformations et sélections provinciales, professionnelles, familiales »[149], conditionnent la manière même dont le monde nous apparaît[150].

À partir d'un tel cadre théorique, Sartre peut alors tenter de reformuler les diverses définitions des classes sociales proposées par le marxisme et la sociologie de son époque. Selon lui, les définitions des classes sociales de Marx (par l'activité productive), d'Halbwachs (par le type de consommation), ou d'H. de Man (par les complexes psychologiques) manquent toutes l'articulation entre techniques du corps et « vision du monde », et optent donc soit pour des conceptions entièrement subjectivistes (la classe comme « représentation du monde ») soit pour des conceptions entièrement objectivistes (par la place dans la production ou par un type de consommation). En définissant au contraire l'appartenance de classe par des techniques d'appropriation du monde, Sartre se propose d'intégrer toutes ces analyses partielles dans ce qu'il estime être une conception plus englobante[151].

Cette appartenance sociale est toutefois vécue de manière immédiate : elle est certes éprouvée (ou « existée ») mais non connue de manière explicite. Si l'on peut parler d'une appartenance de classe par l'usage de techniques du corps communes, celle-ci se distingue d'une conscience de classe explicite : la classe a bien une certaine existence (implicite), mais non pas *pour* ses membres. Ce n'est qu'au niveau de l'être-pour-autrui, et avec l'intervention du Tiers, que cette appartenance peut devenir explicite.

---

[148] *Cf. EN*, Partie III, chap. 2, I « Le corps comme être-pour-soi : la facticité », p. 368–404/p. 345–378.

[149] *EN*, Partie IV, chap. 1, II, p. 595/p. 557–558.

[150] « Le Pour-soi ne saurait être une personne, c'est-à-dire choisir les fins qu'il est, sans être homme, membre d'une collectivité nationale, d'une classe, d'une famille, etc. […] le monde qui se révèle à lui apparaît comme pourvu de certaines significations corrélatives des techniques adoptées. Il apparaît comme monde-pour-le-Français, monde-pour-l'ouvrier, etc., avec toutes les caractéristiques qu'on peut deviner » (*EN*, Partie IV, chap. 1, II, p. 606/p. 568).

[151] « La plupart des tentatives pour définir la classe ouvrière reviennent à prendre comme critère la production, la consommation ou un certain type de "Weltanschauung" ressortissant au complexe d'infériorité (Marx – Halbwachs – de Man), c'est-à-dire, dans tous les cas, certaines techniques d'élaboration ou d'appropriation du monde, à travers lesquelles il offre ce que nous pourrions appeler son "visage prolétaire", avec ses oppositions violentes, ses grandes masses uniformes et désertiques, ses zones de ténèbres et ses plages de lumière, les fins simples et urgentes qui l'éclairent » (*EN*, Partie IV, chap. 1, II, p. 596/p. 558).

2.1.3 L'être-pour-autrui et l'appartenance « irréalisable » à un groupe social.

Le second paradigme de l'appartenance sociale permet de rendre compte de la manière dont les individus vivent explicitement leurs appartenances à des groupes sociaux – et d'engager ainsi une discussion du concept marxiste de « classe pour soi ». Pour Sartre, notre appartenance explicite à une identité sociale (nationalité, religion, « race », classe sociale, mais aussi genre, âge, etc.) est de l'ordre de ce qu'il appelle un « irréalisable »[152]. Contrairement aux techniques collectives d'appropriation du monde qui situent l'appartenance à un niveau pré-réflexif, l'irréalisable renvoie à notre rapport explicite à une signification (une « identité ») qui nous désigne de l'extérieur – « signification que je découvre comme *déjà mienne* »[153]. Notre expérience de ces significations est paradoxale : il y a à la fois une *reconnaissance* de la validité de ces qualificatifs et une *impossibilité* de fonder cette validité sur une expérience en première personne. Pour celui qui est désigné, les significations ne pourront jamais être autre chose qu'une visée sans remplissement (au sens phénoménologique), c'est-à-dire une signification qui ne peut être fondée dans une intuition évidente. Pourtant, tout en restant pour le sujet des significations vides, elles sont en même temps reconnues par lui comme valides. C'est en raison de leur caractère singulier, d'un point de vue phénoménologique, que Sartre appelle ces phénomènes des « irréalisables » – terme à prendre en son double sens gnoséologique et ontologique. Il s'agit en effet d'abord, comme nous venons de le voir, d'un irréalisable gnoséologique en ceci que ces phénomènes ne peuvent faire l'objet d'une expérience apodictique qui en fonde le sens : les significations restent irrémédiablement extérieures au sujet, qui ne peut en prendre connaissance que de manière indirecte par les paroles ou les comportements des autres. Mais il s'agit également d'un irréalisable au sens ontologique : quels que soient les efforts déployés pour être ce qu'il « est » (c'est-à-dire coïncider avec son identité sociale), le sujet ne pourra jamais l'être en un sens plein. Il s'agit d'une identité impossible à réaliser, c'est-à-dire à rendre réelle.

Pour comprendre les dynamiques à l'œuvre, il est nécessaire de revenir sur l'analyse de l'être-pour-autrui qui en constitue le fondement. L'élément fondamental que met en lumière Sartre est que c'est par l'autre que le sujet découvre une dimension essentielle de son être : sa *visibilité*. Il découvre qu'il peut *être vu* par autrui. Mais ce qui est particulièrement déstabilisant est qu'il ne peut pas voir ce que voit autrui : sa visibilité lui est *invisible*. En désignant un individu de telle ou telle manière, l'autre lui assigne donc des qualificatifs qu'il ne pourra jamais vérifier de l'intérieur. C'est en cela que réside le besoin d'autrui : le sens premier du rapport à autrui chez Sartre n'est peut-être pas le conflit, mais le besoin d'apprendre auprès de l'autre qui est cet « être » que nous sommes et qui nous échappera toujours[154]. Les rapports

---

[152] *EN*, Partie IV, chap. 1, II, D, p. 606–614/p. 568–576.

[153] *EN*, Partie IV, chap. 1, II, D, p. 592/p. 555.

[154] On a l'habitude de lire la Partie III de l'*EN* par le seul prisme de la conflictualité. Or il nous semble que cette conflictualité n'est que le renversement d'une impossible demande faite à autrui :

conflictuels avec autrui ne sont alors peut-être qu'une conséquence de l'impossible demande qui lui est faite. Nous demandons en effet à autrui ce qu'il ne peut jamais nous donner, puisque nous ne pourrons jamais éprouver en première personne cette désignation qui nous vient de l'extérieur : l'être-pour-autrui ne pourra jamais rejoindre l'être-pour-soi.

Les différentes « identités » sociales sont prises dans ce projet impossible. C'est la raison pour laquelle ces identités, qui se donnent comme « irréalisables à réaliser », constituent moins des descriptions de ce que nous sommes que des injonctions posant ce que nous devons être. Ainsi Sartre montre-t-il le caractère normatif du contenu des conversations quotidiennes les plus banales : toute désignation est une injonction à agir et se comporter d'une manière qui correspond au qualificatif ; toute « identité » se révèle être un impératif, qui ordonne ce qu'il faut essayer d'être ou de devenir. Un tel projet est évidemment de mauvaise foi, puisqu'il s'agit d'essayer d'être telle identité sur le mode de l'en-soi – comme Sartre le montre dans son analyse du garçon de café : désigné comme garçon de café, celui-ci essaie, par son comportement, de *se faire* garçon de café, c'est-à-dire de l'être sur le mode de l'en-soi. En assumant une identité, nous en venons donc à singer le comportement « typique » renvoyant à cette identité, de manière à devenir ce qu'on dit que nous sommes. Or parce que nous ne pouvons jamais éprouver cette identité de l'intérieur et donc la valider nous-mêmes, nous nous efforçons de la manifester à l'extérieur, c'est-à-dire de la rendre visible à autrui, afin qu'il la reconnaisse et la valide[155]. Chercher à réaliser l'irréalisable que nous sommes, n'est toutefois pas la seule attitude possible par rapport aux significations sociales. L'attitude contraire (celle qui consiste à refuser cette « identité ») est également possible, mais est tout autant de mauvaise foi. Dans ce cas, l'effort consiste à essayer de déconstruire ce qui dans notre être-pour-autrui manifeste cette identité à autrui. C'est la situation de tout transfuge de classe ou immigré qui cherche à effacer ses *habitus* de classe ou de culture. Sartre en fait l'analyse dans ses *Réflexions sur la question juive* à travers le portrait du « juif inauthentique » : celui-ci ne cesse en effet de se scruter lui-même afin d'effacer méthodiquement tout ce qui pourrait manifester sa « judéité » à autrui. Or cette tentative est vouée à l'échec dans la mesure où c'est justement ce comportement (se scruter en permanence pour effacer son « origine ») qui devient l'une des caractéristiques du groupe social désigné.

La situation semble sans issue : l'individu est assigné à des identités sociales qu'il ne peut ni réaliser ni refuser. Le caractère impossible de cette situation conduit certainement Sartre à prendre progressivement conscience, à partir de *L'Être et le Néant*, du fait que la liberté n'est pas un phénomène individuel et privé. Comme il

---

celle de nous donner l'être qui nous manque. C'est parce qu'on attend trop d'autrui qu'il nous plonge en « enfer ». Dans son commentaire sur *Huis clos*, Sartre insiste sur la dimension positive d'autrui et explique que si nos rapports avec les autres sont aussi viciés, c'est « parce que les autres sont au fond ce qu'il y a de plus important en nous-mêmes pour notre propre connaissance de nous-mêmes » (*Un théâtre de situations*, p. 282).

[155] C'est pour cette raison qu'il y a souvent un rapport direct entre l'insécurité identitaire (incertitude quant à son appartenance à un groupe social) et les efforts que l'on fait pour qu'autrui atteste cette identité insaisissable.

le dit, « on ne peut pas être libre seul »[156]. Tant que nous vivons dans un monde où chacun surinvestit ontologiquement ses rapports avec autrui, il est impossible d'être libre, car nous sommes toujours déjà désignés de l'extérieur. C'est la raison pour laquelle Sartre veut prolonger alors *L'Être et le Néant* vers une morale, qui indiquerait les voies pour réaliser la conversion universelle seule à même de sortir l'humanité de l'enfer des autres[157]. Mais en attendant une telle conversion, Sartre montre qu'il y a tout de même une manière authentique de se rapporter à son identité sociale : celle qui consiste à assumer cette désignation pour la retourner en un projet de libération. Ainsi, au lieu de vivre sa « judéité » dans la honte, la dissimulation, ou l'identification traditionnaliste, il est possible de se faire « juif authentique », d'assumer sa condition (et non son « identité ») pour tenter de la transformer (c'est-à-dire de transformer les conditions de son choix, à savoir le fait de devoir se situer dans un monde où il y a des antisémites)[158]. De la même manière, l'ouvrier en devenant conscient de sa situation, c'est-à-dire en développant une conscience de classe, assume la situation qui lui est faite, non pas pour réaliser une identité, mais pour transformer cette situation : « l'ouvrier révolutionnaire, par son projet révolutionnaire même, assume un "être-pour-être-ouvrier" »[159].

Ce second paradigme permet donc à Sartre de penser l'appartenance sociale d'un individu, non plus comme une manière spontanée de vivre au monde, mais comme un processus conscient d'identification et d'intériorisation des normes d'un groupe social. Il s'agit d'un paradigme réflexif et intersubjectif. L'identité est conçue comme un phénomène normatif (ce que je dois être ou ne pas être) et visuel (ce qu'il faut montrer ou cacher).

2.1.4 La conception existentialiste du social face au marxisme.

Une telle conception du social met au jour certaines des difficultés de l'approche marxiste des classes sociales, en particulier en ce qui concerne le passage de la classe en soi à la classe pour soi. Pour Sartre, en effet, l'appartenance explicite à n'importe quel groupe social est toujours une appartenance problématique et ambivalente : on ne peut pas plus « être » pleinement ouvrier, qu'on peut être pleinement professeur ou garçon de café. L'idée de classe pour soi est donc un irréalisable : elle fonctionne comme identité commune typique, comme norme pour l'ensemble des individus qui sont désignés comme membres de cette classe. Il faudrait *se faire* ouvrier communiste selon un certain type, et cela alors même qu'il est impossible

---

[156] Comme le rapporte Merleau-Ponty : « La philosophie que Sartre se proposait de développer dans son œuvre propre et la philosophie qui était immanente à la revue *Les Temps Modernes* commençait par cette proposition initiale qu'on ne peut pas être libre seul, qu'il n'y a pas d'individu séparé des autres individus » (*EntCharb*, p. 195).

[157] Ce projet est visible au début des *Cahiers pour une morale*. Sur les *CPM*, voir *infra*, Partie II, chap. 6.

[158] *EN*, Partie IV, chap. 1, II, D, p. 614/p. 575 ; *RQJ*, Partie III, p. 145–151 et Partie IV.

[159] *EN*, Partie IV, chap. 1, II, D, p. 614/p. 575.

de coïncider avec cette norme. L'analyse de Sartre met donc en lumière la difficulté de la constitution d'une classe consciente d'elle-même et la complexité des processus subjectifs de constitution de soi qui sont impliqués.

La conception sartrienne du social permet également de faire droit à la spécificité des trajectoires sociales. Le marxisme (et plus généralement la sociologie de l'époque), définit des grands « types » ou régularités sociales, et reste généralement aveugle aux trajectoires singulières, parce qu'il n'est pas en mesure de saisir la manière dont chaque individu vit son appartenance sociale. L'approche de Sartre cherche quant à elle à la fois à penser la généralité d'une condition (à travers les notions de facticité, de techniques collectives d'appropriation du monde, ou de type social irréalisable), mais aussi la spécificité d'une trajectoire : chaque individu *se fait* membre de sa classe d'une manière qui lui est propre. Affirmer que le bourgeois doit *se faire* bourgeois et l'ouvrier *se faire* ouvrier ne veut pas dire qu'il peut choisir de ne pas être bourgeois ou ouvrier, mais qu'il a à choisir *sa manière d'être* bourgeois ou ouvrier. Cela permet d'expliquer non seulement la présence (ou l'absence) d'une conscience de classe chez des individus, mais également des phénomènes de « trahison de classe », c'est-à-dire le fait que des bourgeois rejoignent le camp révolutionnaire, ou que des ouvriers deviennent des agents du patronat. Une telle approche permet aussi de comprendre et de rendre raison de la concurrence entre les différentes « identités » chez les individus et de l'efficace propre des idéologies et des représentations (l'identification à un type-national conduit à une autre subjectivation que l'identification à un type-ouvrier-international).

Si le cadre théorique que propose Sartre à partir de *L'Être et le Néant* ne permet certes pas de comprendre les dynamiques collectives, ni de saisir la force propre du social (insuffisances qui se révéleront peu à peu à Sartre dans les années de l'après-guerre), il faut reconnaître toutefois sa cohérence générale et sa capacité à révéler certains aspects du social qui n'ont pas toujours leur place dans les analyses sociologiques ou marxistes de l'époque. Sartre peut donc, non sans une certaine légitimité, penser que sa conception existentielle du social est plus heuristique et constitue un véritable dépassement des conceptions objectivistes.

2.2 La réduction de l'histoire à l'historicité. Aron, Heidegger et la conception existentialiste de l'histoire.

« L'histoire ne se caractérise ni par le changement ni par l'action pure et simple du passé ; elle est définie par la reprise intentionnelle du passé par le présent : il ne saurait y avoir qu'une histoire humaine »
(Sartre, « Matérialisme et Révolution », p. 112).

En écho avec ce qu'affirme Merleau-Ponty dans le premier numéro des *Temps Modernes*, Sartre rappelle, à son tour, que l'expérience des années trente et quarante a conduit à une découverte fondamentale : l'inscription historique de l'individu.

2 Existentialisme et matérialisme historique.

> Il s'est fait, au cours de ces vingt dernières années, un progrès important de la conscience occidentale. Sous la pression de l'Histoire nous avons appris que nous étions historiques[160].

En près de quinze ans, des événements comme les accords de Munich, la mobilisation, la drôle de guerre et l'Occupation ont en effet contraint chacun à prendre conscience de son ancrage dans une histoire qu'on ne maîtrise pas et qu'on n'a pas choisie[161]. L'histoire est même appelée à devenir, selon Sartre, le secteur de la connaissance qui entrainera un bouleversement et une restructuration fondamentale de l'ensemble des sciences[162]. C'est donc l'une des tâches de la pensée, et en particulier de la philosophie, que de penser notre historicité.

Or, si à cette époque Sartre ne propose pas explicitement de philosophie de l'histoire (dans *L'Être et le Néant* l'histoire ne fait l'objet, par exemple, que d'un court développement[163]), il n'en reste pas moins que la question occupe déjà une place importante dans ses textes. Dès la fin des années trente, Sartre est en effet à la recherche d'instruments philosophiques permettant de penser notre ancrage historique. Ces instruments, Sartre croit alors les trouver dans l'appropriation phénoménologique des acquis de l'École historique allemande (et en particulier de Dilthey) par les deux auteurs qui ont le plus contribué à façonner sa première conception de l'histoire, à savoir Heidegger[164] et Aron[165]. Comme il l'écrit dans ses *Carnets de la drôle de guerre*,

> L'*Histoire* était partout présente autour de moi. Philosophiquement d'abord : Aron venait d'écrire son *Introduction à la philosophie de l'histoire* et je le lisais. Ensuite elle m'entourait et m'enserrait comme tous mes contemporains, elle me faisait sentir sa présence. J'étais

---

[160] « La nationalisation de la littérature », *LTM*, n°2, nov. 1945 (*SII*, p. 40). Dans « La guerre a eu lieu », Merleau-Ponty affirmait « nous avons appris l'histoire et nous prétendons qu'il ne faut pas l'oublier » (*LTM*, n°1, oct. 1945 ; *SNS*, p. 183). Sartre revient longuement sur la découverte de l'historicité par sa génération dans QL (Partie IV, p. 220–248).

[161] *Cf.* remarques de Beauvoir (*FA*, t. 1, p. 15–16).

[162] « De la même façon que les mathématiques cartésiennes ont conditionné les différentes branches du savoir et des lettres au XVIIe siècle, la physique de Newton les a conditionnés au XVIIIe siècle, la biologie de Claude Bernard et de Lamarck au XIXe, l'Histoire au nôtre » (« La nationalisation de la littérature », *SII*, p. 40).

[163] *EN*, Partie IV, chap. 2, B « Mon passé », p. 577–585/p. 541–549. Dans les *CDG*, les développements sont plus longs (*cf.* Carnet XIV).

[164] Heidegger présente explicitement le chapitre 5 d'*Être et temps* (« Temporalité et historicité », §72–77) comme une appropriation et une radicalisation de la démarche de Dilthey. Il s'agit de l'un des deux chapitres de *SZ* qui figurent dans l'anthologie de textes d'Heidegger traduite par H. Corbin (Heidegger, *Qu'est-ce que la métaphysique ?*, Paris, Gallimard, 1938). Corbin traduit les §72–76 (omettant donc seulement le §77 qui porte sur Dilthey et le Comte de Yorck). Étant donné qu'il s'agit de la seule traduction française disponible à l'époque, et que Sartre reprend la plupart de ses choix de traduction, nous la privilégions pour nos citations.

[165] R. Aron, principal introducteur de l'historicisme allemand en France, inscrit explicitement son travail dans le courant phénoménologique (*cf. Introduction à la philosophie de l'histoire*, p. 10). Sur la place d'Aron dans le mouvement phénoménologique en tant que penseur de l'histoire, voir B. Waldenfels, *Phänomenologie in Frankreich*, Frankfurt am Main, Suhrkamp Verlag, 1983 p. 336–340. Aron subit par ailleurs lui-même l'influence de la pensée de Heidegger, notamment par la médiation des cours de Kojève. Sur ce point, voir E. Kleinberg, *op. cit.*, chap. 3, p. 87–94.

mal outillé encore pour la comprendre et la saisir, mais pourtant je le voulais fort ; je m'y efforçais avec les moyens du bord. C'est alors que parut le livre de Corbin. Juste quand il fallait[166].

Aron et plus encore Heidegger apparaissent à Sartre comme les seuls qui, au sein de la tradition phénoménologique, tentent de prendre en charge la question de l'histoire[167]. L'histoire n'est pas pour eux un processus objectif, mais trouve son fondement véritable dans l'être humain en tant que ce dernier se rapporte au passé de la collectivité à laquelle il appartient (et se fait ainsi conscience historique). Ce n'est pas l'histoire qui s'impose à l'individu, mais l'individu qui choisit de reprendre le passé en fonction de sa manière de se choisir dans le présent et de se projeter dans l'avenir.

Une telle approche se trouve renforcée par l'expérience de la Résistance. Dans un entretien de 1970, Sartre affirme que cette expérience de la Résistance, qu'il qualifie « d'expérience fausse » et de « mythe », lui a fait manquer, dans un premier moment, l'historicité et la « force des choses »[168]. En effet, une fois qu'on a « appris » son historicité, il reste encore à savoir quelle expérience révèle le plus profondément l'essence de cette historicité. Or sur ce point, on mesure la différence entre Sartre et Merleau-Ponty : alors que Merleau-Ponty cherche la vérité de l'historicité dans l'expérience quotidienne de l'Occupation[169], Sartre la pense à partir de l'expérience dramatique (ou « situation-limite ») de la Résistance, et même celle du Résistant arrêté confronté à la torture dans la solitude de sa prison[170]. Le privilège accordé à cette expérience le conduit, d'une part, à mettre en avant, à la suite de Heidegger, l'historicité comme responsabilité, c'est-à-dire comme prise en charge des possibilités historiques, et d'autre part, à insister sur la liberté de l'individu dans cette appropriation du passé (lequel est toujours ressaisi à travers l'avenir d'un projet). L'expérience de la Résistance, nourrie également des romans d'A. Malraux, transforme ainsi l'histoire en un rapport dramatique entre l'individu singulier et son époque.

---

[166] *CDG*, Carnet XI, p. 406.

[167] Husserl ne lui apparaît pas en revanche comme un penseur de l'histoire. Son appropriation active de la phénoménologie husserlienne, qui prend fin vers 1936–37 (à une époque où les conférences de Husserl sur la « Crise des sciences européennes » sont encore inconnues en France), passe principalement par les *Ideen I* (où la question de l'histoire est absente) et les *Méditations cartésiennes* (où elle n'apparaît que très marginalement).

[168] « Ce que la guerre m'a apporté, comme à tous ceux qui y ont participé, c'est l'expérience de l'héroïsme. Pas le mien, évidemment – je n'ai fait que porter quelques valises. Mais le militant de la Résistance qui était arrêté et torturé était devenu pour nous un mythe. Ce militant existait, bien sûr, mais il représentait aussi pour nous une sorte de mythe personnel. Serions-nous capables de tenir sous la torture, nous aussi ? Il s'agissait alors de faire preuve d'endurance physique, et non de déjouer les ruses de l'Histoire et les pièges de l'aliénation. Un homme est torturé : que va-t-il faire ? Il va parler ou refuser de parler. C'est cela, que j'appelle l'expérience de l'héroïsme, qui est une expérience fausse » (« Sartre par Sartre », *SIX*, p. 99–102).

[169] « La guerre a eu lieu », *SNS*, p. 169–185.

[170] « La République du silence », *Lettres françaises*, septembre 1944 (repris dans *SIII*, p. 11–13). Voir aussi *Morts sans sépulture*. Il faudrait cependant peut-être nuancer cette opposition en rappelant le texte « Paris sous l'Occupation » (*La France Libre*, 1945 ; *SII*, p. 15–34).

2.2.1 Aron et la réduction de l'histoire-processus à l'histoire-perspective.

L'éloignement politique et affectif de Sartre et d'Aron dans l'après-guerre fait parfois oublier leur relative proximité théorique et personnelle dans les années trente[171]. C'est pourtant à travers les ouvrages d'Aron que Sartre élabore ses premières réflexions sur l'histoire[172]. Le travail d'Aron permet notamment à Sartre de mettre en œuvre ce que nous pourrions appeler une *réduction de l'histoire*, c'est-à-dire la mise en œuvre de la réduction phénoménologique sur l'objet « histoire » : ce dernier ne se présente plus alors comme un processus réel, mais comme un simple phénomène pour une conscience (qui sera alors dite « historique »). Ce geste méthodologique fait alors ressortir la « naïveté » (du point de vue de la phénoménologie) des conceptions positiviste et marxiste, pour qui l'histoire est un processus impersonnel et objectif qui s'impose aux individus. La conception matérialiste de l'histoire, telle qu'elle s'est imposée dans les Partis communistes stalinisés et dans les partis socio-démocrates, décrit en effet un « Processus historique »[173] passant nécessairement par certaines « étapes ».

La réduction que met en œuvre Aron dans son *Introduction à la philosophie de l'histoire* permet de faire ressortir les limites de l'objectivisme historique, qui prétend que l'histoire est un processus objectif causal saisissable par une science positive[174]. Aron montre en effet que l'histoire n'est pas un processus indépendant de la conscience humaine, mais un phénomène qui n'existe que *pour* une conscience. L'histoire-phénomène n'est pas un fait dont le sens lui serait immanent, mais l'articulation d'une multiplicité de faits : c'est la place du fait dans l'ensemble qui lui donne son sens. Or l'articulation elle-même n'est jamais donnée, de sorte qu'il y a toujours pour chaque fait une « pluralité de systèmes d'interprétation », ou encore une « pluralité de perspectives » possibles. L'adoption d'une perspective particulière relève du choix de la conscience – choix qui se fait en fonction des intérêts

---

[171] On rappelle souvent qu'Aron précède Sartre à Berlin et l'incite à s'y rendre pour découvrir la phénoménologie. Mais on signale moins la proximité entre *L'introduction à la philosophie de l'histoire* et l'*EN*, au niveau non seulement des thèses défendues concernant l'histoire, mais également des conceptions philosophiques plus générales. On pourra par exemple comparer les développements d'Aron dans la Section II (« La connaissance de soi » et « La connaissance d'autrui ») avec ceux de Sartre dans l'*EN*. De nombreux passages de l'*EN* sont des discussions implicites avec Aron ou la reprise de certaines de ses idées (et parfois même de certains de ses exemples).

[172] Dans les *CDG*, Sartre indique que ses premières réflexions sur l'histoire datent de septembre 1938 (*CDG*, p. 539), et prennent la forme de discussions avec Beauvoir au sujet des causes de la guerre. L'enjeu consiste à la fois à reconnaître la validité des thèses d'Aron et à les dépasser dans ce qu'elles ont d'insuffisant (*CDG*, p. 539–549).

[173] Le 24 janvier 1947, un certain D. Zaslavski signe un article dans la *Pravda* (« Les Smertchiakine en France ») dénonçant notamment le fait que l'existentialisme sartrien « ignore le processus historique ». *Les Temps Modernes* traduisent le texte (*LTM*, n°20, mai 1947, p. 1531—1536) et Sartre répond le 8 février 1947 dans la *Gazette de Lausanne* : « Le Processus historique » (*ES*, p. 677–679). Par la suite, il rappellera souvent ironiquement cet épisode (*cf.* par exemple QL, *SII*, p. 235).

[174] *Cf.* R. Aron, *op. cit.*, Section III « Le déterminisme historique et la pensée causale », p. 195–330.

présents et en se projetant vers l'avenir. L'histoire apparaît donc comme un phénomène relatif aux projets de la conscience historique qui la fait apparaître.

Sartre reprend cette conception de l'histoire dans *L'Être et le Néant* et l'illustre avec l'exemple de l'entrée en guerre des États-Unis pendant la Première Guerre mondiale : c'est le choix présent de s'engager aux côtés de la France plutôt que de l'Allemagne qui les conduit à mettre en lumière certains faits (l'intervention de La Fayette lors de la guerre d'indépendance) et à laisser d'autres faits dans l'ombre (l'importance de l'immigration et donc de la culture allemande aux États-Unis)[175]. Mais le projet actuel de la conscience historique ne détermine pas seulement le sens de tel fait passé, il détermine également la manière même dont se structure et s'articule la trame historique. En effet, l'histoire n'est pas une simple succession de faits, mais s'ordonne en des blocs homogènes (périodes, époques) entre lesquels il y a des discontinuités ou des ruptures. Sartre montre alors que ce sont les projets présents qui déterminent ce qu'on voit comme une continuité ou une rupture[176]. Il prend alors l'exemple de la génération de l'entre-deux-guerres : celle-ci a en effet constitué son époque en un tout clos par sa manière de se projeter dans l'avenir[177]. Or étant donné qu'il n'y a pas de point de vue absolu, qu'il n'y a que des perspectives, que les êtres humains continuent à vivre et à se projeter dans l'avenir, il est impossible d'établir une structuration définitive de l'histoire ou d'attribuer un sens définitif à un événement : « Ainsi faudrait-il une histoire humaine *finie* pour que tel événement, par exemple la prise de la Bastille, reçût un *sens* définitif »[178]. Parce que cette perspective absolue de la fin de l'histoire est impossible, Sartre peut affirmer que le sens des événements et de l'histoire est sans cesse en train d'être modifié par les consciences historiques qui se succèdent. Ainsi affirme-t-il que « le sens du passé social est perpétuellement "en sursis" »[179].

Or lorsqu'on passe de la conscience historique spontanée à celle de l'historien, il n'y a pas de discontinuité. L'historien n'a pas un regard neutre, objectif sur le passé, mais il est lui-même toujours un individu vivant faisant apparaître le passé selon ses propres projets :

> L'historien est lui-même *historique*, c'est-à-dire qu'il historialise en éclairant « l'histoire » à la lumière de ses projets et ceux de sa société[180].

Chaque époque réécrit donc l'histoire de son propre point de vue et l'histoire n'est que l'ensemble des récits et reconstructions successifs des événements passés. Ainsi s'affirme une conception de l'histoire qu'on peut caractériser comme relativiste, sceptique et subjectiviste.

---

[175] *EN*, Partie IV, chap. 1, II, B, p. 581/p. 545.

[176] « Le projet actuel décide […] si une période définie du passé est en continuité avec le présent ou si elle est un fragment discontinu d'où l'on émerge et qui s'éloigne » (*EN*, Partie IV, chap. 1, II, B, p. 582/p. 546).

[177] *EN*, Partie IV, chap. 1, II, B, p. 582/p. 545–546.

[178] *EN*, Partie IV, chap. 1, II, B, p. 582/p. 546.

[179] *EN*, Partie IV, chap. 1, II, B, p. 582/p. 546.

[180] *EN*, Partie IV, chap. 1, II, B, p. 582/p. 546.

2.2.2 Le caractère absolu de l'histoire en train de se faire.

Mais si Sartre suit Aron dans sa relativisation de la connaissance historique, il refuse cependant la conclusion sceptique d'Aron quant à l'action historique. Le point de vue d'Aron n'est en effet pas celui de l'acteur historique (l'individu agissant dans l'histoire), mais celui du spectateur qui cherche rétrospectivement à donner un sens à l'histoire déjà faite. Il commet ainsi, selon Sartre, la même erreur que le marxisme : celle de confondre l'histoire en train de se faire et l'histoire déjà faite. Dans les deux cas (malgré la différence des perspectives), l'on adopte le point de vue des générations ou historiens du futur qui regardent le présent comme un passé déjà accompli et impossible à modifier : le passé n'apparaît que comme des possibilités mortes et comme des significations à interpréter sans possibilité d'action[181]. Ainsi, pour les marxistes, les souffrances présentes et les sacrifices sont toujours interprétés et compris à partir de l'avenir ou de la fin de l'histoire[182] – de sorte qu'une théodicée marxiste remplace désormais la théodicée chrétienne[183]. En cherchant à regarder le présent du point de vue de l'avenir, ces deux conceptions de l'histoire refusent le point de vue de l'action historique présente, l'un au profit du relativisme épistémologique, l'autre au profit d'une conception dogmatique de l'histoire.

Contre ce point de vue de l'avenir qui peut inhiber l'action historique[184], Sartre entend mettre en avant une autre expérience de l'historicité, qui restitue à l'action présente son caractère d'absolu :

> La guerre et l'Occupation, en nous précipitant dans un monde en fusion, nous ont fait, par force, redécouvrir l'absolu au sein de la relativité même[185].

L'action présente est en effet un absolu irréductible, et une juste conception de l'histoire doit rendre compte de cette teneur particulière de l'histoire en train de se faire. Comme l'écrit Sartre, « Nous n'étions pas du côté de l'histoire faite ; nous étions, je l'ai dit, *situés* de telle sorte que chaque minute vécue nous apparaissait comme irréductible »[186]. Le seul véritable absolu pour Sartre, c'est cette action historique présente de l'individu[187]. La découverte fondamentale de l'historicité pour Sartre est

---

[181] Ainsi Sartre écrit-il à propos d'Aron : « Il était quinquagénaire pour tout mais ça ne faisait pas un seul quinquagénaire, il fallait additionner tous ces cinquante ans pour obtenir son âge véritable » (*Lettres au Castor*, t. 2, p. 215).

[182] QL, Partie IV, p. 230.

[183] « Châteaubriant, Oradour, la rue de Saussaies, Tulle, Dachau, Auschwitz, tout nous démontrait que le Mal n'est pas une apparence, que la connaissance par les causes ne le dissipe pas, [...] qu'il ne peut d'aucune façon être tourné, repris, réduit, assimilé à l'humanisme idéaliste, comme cette ombre dont Leibniz écrit qu'elle est nécessaire à l'éclat du jour » (QL, Partie IV, p. 230–231).

[184] Le scepticisme aronien conduit en effet à vivre notre présent en prenant le point de vue de l'avenir. Il en résulte que toute action présente se trouve relativisée – ce qui conduit à inhiber l'action présente. C'est contre une telle approche que Sartre affirme la nécessité d' « écrire pour son époque ».

[185] QL, Partie IV, p. 229.

[186] QL, Partie IV, p. 232.

[187] QL, Partie IV, p. 237.

donc que nous sommes des êtres qui *faisons* l'histoire par nos actions et nos décisions.

Mais comment rendre compte de cette histoire en train de se faire ? Selon Sartre, l'écrivain est mieux placé que l'historien pour saisir un tel phénomène – mais à condition de renouveler les techniques romanesques[188]. En effet, comme le note Sartre : « Notre problème technique est de trouver une orchestration des consciences qui nous permette de rendre la pluridimensionnalité de l'événement »[189]. C'est ce que Sartre tente notamment de mettre en œuvre dans son roman *Le sursis* (deuxième volet des *Chemins de la liberté*), dans lequel il réalise, autour d'un événement unique (les accords de Munich en 1938), ce qu'on peut appeler une phénoménologie concrète de l'histoire. Refusant d'adopter sur l'événement le point de vue omniscient (c'est-à-dire celui faussement objectif de l'historien futur), Sartre restitue le point de vue interne de dizaines de personnes qui constituent autant de perspectives particulières sur ce même événement. Ainsi l'événement historique se révèle comme une multiplicité indéfinie de perspectives, sans point de vue absolu (de survol) qui révélerait la vérité de l'événement et assignerait à chaque perspective sa part de vérité. Pour Sartre, l'enjeu n'est pas purement littéraire : il s'agit d'inventer un moyen pour rendre le caractère absolu de l'histoire en train de se faire[190].

2.2.3 Heidegger et le fondement ontologique de l'historicité.

Sartre ne veut pas limiter sa conception de l'histoire au seul niveau épistémologique qu'il reprend à Aron. C'est, nous semble-t-il, le sens de la dédicace que Sartre inscrit sur l'exemplaire de *L'Être et le Néant* qu'il envoie à son ami en 1944 :

> À mon petit camarade Raymond Aron / Pour l'aider à écrire « contre la mode de l'existentialisme », cette introduction ontologique à l'*Introduction à la philosophie de l'histoire* (écrite après coup comme toute introduction) / avec l'amitié de Jean-Paul Sartre[191].

Si la dédicace se présente comme une boutade, on peut aussi y voir l'expression d'une certaine volonté d'articuler *L'Être et le Néant* à l'*Introduction à la philosophie de l'histoire*. Sartre indique en effet d'une part l'accord qui peut exister entre eux sur la conception de l'histoire, et d'autre part l'intention de fonder ontologiquement les thèses épistémologiques d'Aron.

---

[188] QL, Partie IV, p. 236.

[189] QL, Partie IV, p. 306, note 11.

[190] « Pour nous, le relativisme historique, en posant l'équivalence *a priori* de toutes les subjectivités, rendait à l'événement vivant toute sa valeur et nous ramenait, en littérature, par le subjectivisme absolu au réalisme dogmatique » (QL, Partie IV, p. 239).

[191] « Raymond Aron 1905–1983. Histoire et politique », *Commentaires*, vol. 8, n°28–29, février 1985, p. 181.

Sartre se tourne alors vers Heidegger[192], répétant ainsi dans le champ français ce que Heidegger avait fait avec Dilthey et l'historicisme allemand[193]. Sartre retient des développements de Heidegger sur l'histoire non seulement la réduction de l'historique (objectif) à l'historicité (conférée par la conscience historique)[194], mais surtout la réduction de cette historicité à la temporalité dont elle n'est qu'une « élaboration plus concrète »[195]. Ainsi, dans *L'Être et le Néant*, la temporalisation n'est qu'une saisie abstraite de ce qui, au niveau concret d'une existence singulière, est toujours une historialisation : la réalité-humaine, en se projetant vers ses possibilités, s'inscrit dans un passé auquel elle confère un sens et une structure. C'est pour cette raison que les développements sur l'historialité interviennent dans le chapitre sur la temporalité (Partie II, chap. 2 « La temporalité ») et dans la section intitulée « Mon passé » de la Partie IV[196]. Le fondement ontologique dernier de l'histoire est donc à trouver dans la temporalité singulière de chacun.

La conception de l'histoire de Sartre n'est cependant pas une simple reprise de celle de Heidegger. Il reprend certes les analyses heideggériennes (avec parfois une fidélité étonnante dans le vocabulaire), mais pour leur donner un sens tout à fait étranger aux intentions du philosophe allemand. L'ancrage de l'historicité dans la temporalité conduit ainsi les deux penseurs à insister sur la *responsabilité* historique, mais ils en tirent des exigences éthiques très différentes. Chez Heidegger, l'exigence est d'abord celle d'une « reprise » (ou « répétition ») de ce qui a été donné en « héritage », c'est-à-dire celle d'assumer son « destin ». Ce destin ne correspond pas à n'importe laquelle des possibilités transmises : il ne s'agit que de celles qui sont « choisies »[197] au terme d'un processus au cours duquel celles-ci sont passées au crible de notre conscience de finitude (notre être-pour-la-mort comme temporalité authentique), afin d'éliminer celles qui ne sont que « bon plaisir, facilités, dérobades »[198]. L'historialité authentique consiste donc à réactiver ces possibili-

---

[192] Sartre souligne dans les *CDG* l'importance de Heidegger : « Cette influence m'a paru quelquefois, ces derniers temps, providentielle, puisqu'elle est venue m'enseigner l'authenticité et l'historicité juste au moment où la guerre allait me rendre ces notions indispensables » (*CDG*, Carnet XI, p. 403).

[193] Les paragraphes d'*Être et Temps* qui abordent la question historique se fixent en effet explicitement comme tâche une « appropriation » ou « assimilation » des travaux de Dilthey : « Au fond, il s'agit simplement dans l'analyse qui va suivre de prolonger les recherches de Dilthey et d'en stimuler l'assimilation par la génération actuelle, cette assimilation n'étant encore qu'à l'état de perspective » (*SZ*, §72, trad. Corbin, p. 177). *Cf.* aussi *SZ*, §77, trad. Martineau, p. 397.

[194] C'est l'objet principal du §73, qui met au jour le fait que l'historicité des choses (« l'historique, à titre *secondaire* ») trouve son fondement dans l'historicité du *Dasein* (« l'historique, à titre *primaire* ») (*SZ*, §73, trad. Corbin, p. 184).

[195] « L'interprétation de l'historicité de la réalité-humaine se révèle comme étant simplement, au fond, une élaboration plus concrète de la temporalité » (*SZ*, §74, trad. Corbin, p. 186).

[196] *EN*, Partie IV, chap. 1, II, B, p. 577–585/p. 541–549.

[197] « La réalité-humaine *se transmet* elle-même à elle-même, dans une possibilité dont elle hérite, mais que pourtant elle choisit » (*SZ*, §74, trad. Corbin, p. 188).

[198] *SZ*, §74, trad. Corbin, p. 188.

tés transmises par le passé, pour en assurer la continuité[199] dans un rapport de « fidélité »[200]. Bien qu'Heidegger présente l'avenir comme la dimension fondamentale de la temporalisation (et donc de l'historialisation), l'avenir semble donc dominé par l'exigence de répétition d'une possibilité héritée du passé.

Pour Sartre, en revanche, la réduction de l'histoire à l'historicité le conduit à insister sur le pouvoir créateur du sujet humain : les possibilités ne sont pas héritées mais *inventées* par le sujet. Lorsque Sartre reprend, par exemple, l'idée heideggérienne que le projet vers l'avenir définit ce qu'on reprend au passé[201], c'est avant tout pour insister sur la possibilité permanente de se libérer du « poids » du passé[202]. Alors que Heidegger pense l'historicité comme une dialectique entre possibilités héritées et projet de reprise dans l'avenir, Sartre met quant à lui l'accent sur le rapport entre le présent et l'avenir, en minimisant l'importance du passé. L'exigence éthique est d'abord celle de répondre au défi du présent et d'inventer des possibles pour améliorer l'avenir. L'histoire est donc pour Sartre centrée, non pas sur la traditionnalité, mais sur l'histoire à faire : la responsabilité du sujet renvoie donc à sa liberté et à sa capacité d'invention. C'est pour cette raison que Sartre affirme la nécessité de se libérer du double poids du passé (nécessité de répétition) et de l'avenir (comme peur de se trouver devant le tribunal de l'avenir), et d'écrire ou d'agir pour le présent.

De la même manière, la mort ne joue pas le même rôle dans la conception de l'histoire chez Heidegger et chez Sartre. Chez Heidegger l'épreuve de la mort libère les possibilités propres du *Dasein* : c'est par la mort que je découvre l'historialité authentique. Chez Sartre, en revanche, notre mort ne nous révèle aucune possibilité authentique[203]. Du point de vue de notre historialisation, la mort est principalement celle des autres : s'historialiser, c'est choisir ses morts – formule qui à bien des égards se rapproche de celle de Heidegger (« la réalité-humaine se chois[it] ses héros »[204]), mais qui, ici encore, a un tout autre sens que chez Heidegger. Il ne s'agit pas de répéter les possibles de ces héros (du passé vers le présent), mais seulement d'insister sur le fait que les impératifs de l'action présente conduisent à se retrouver des prédécesseurs (du présent vers le passé)[205].

---

[199] Selon Heidegger, il ne s'agit pas d'une simple restauration à l'identique du passé, mais d'une « réplique (*Erwiderung*) » (*SZ*, §74, trad. Corbin, p. 191), qui est à la fois reprise et révocation par-delà l'opposition entre traditionalisme et progressisme (*cf.* J. Greisch, *Ontologie et temporalité. Esquisse d'une interprétation intégrale de* Sein und Zeit, Paris, PUF, 1994 p. 368).

[200] *SZ*, §75, trad. Corbin, p. 199

[201] Comme Heidegger, Sartre affirme ainsi que le choix historique des sociétés réside dans le fait qu'elles « *reprennent* [leur passé] à titre de *monument* » (*EN*, Partie IV, chap. 1, II, B, p. 581/p. 545).

[202] En effet, si l'on choisit d'agir autrement, d'autres éléments seront « repris » à titre de « monument » (*cf. EN*, Partie IV, chap. 1, II, B, p. 581).

[203] *EN*, Partie IV, chap. 1, II, E « Ma mort », p. 615–633/p. 576–592.

[204] *SZ*, §74, trad. Corbin, p. 190.

[205] On pourrait certes faire appel au célèbre texte « La république du silence », qui semble être, à bien des égards, une réécriture du thème heideggérien de la mort comme révélateur de la décision authentique (« La république du silence », p. 11–12). Mais chez Sartre la prise de conscience de notre être-pour-la-mort n'est qu'un moyen pour accéder à ce qui est la vérité fondamentale : notre

2.2.4 Face à la conception marxiste de l'histoire.

Comme pour les analyses sociologiques, la position de Sartre consiste à accepter la plupart des formules marxistes sur l'histoire, tout en essayant de leur donner un fondement existentiel. Sartre reprend ainsi les grandes lignes de l'histoire marxiste (notamment sa périodisation entre féodalisme et capitalisme), en portant une attention particulière aux XVIIIe et XIXe siècles[206]. Mais ce qui intéresse surtout Sartre, c'est de comprendre les processus particuliers de subjectivation à l'œuvre aux différentes époques de l'histoire. Dans *L'Être et le Néant*, Sartre aborde ainsi, dans sa discussion de l'appartenance sociale, le caractère historiquement situé des techniques collectives d'appropriation. L'existence de techniques collectives d'appropriation dominant à une certaine époque, conduit en effet les individus qui les reprennent à jeter un même éclairage sur le monde – éclairage qui définit la « conception du monde » de cette époque[207]. Sartre se propose alors de refonder existentiellement la notion marxiste de « mode de production » (Sartre n'utilise pas le terme mais se réfère à la « féodalité » et au « capitalisme »). La « féodalité » n'a donc pas d'existence en soi, mais désigne seulement un « rapport technique d'homme à homme »[208], c'est-à-dire une technique qui est reprise par les individus dans leurs projets pour s'approprier le monde[209]. Sartre considère qu'il ne tombe pas pour autant dans le « nominalisme historique », qui ferait de la féodalité la simple « somme des relations de vassaux à suzerain »[210] : la féodalité est la « structure abstraite de ces relations »[211]. Contre une certaine conception marxiste de l'histoire qui pose la primauté du mode de production comme entité fondamentale dont les individus particuliers sont le simple produit, Sartre affirme au contraire que l'histoire n'est faite que de projets d'individus qui reprennent certaines techniques d'appro-

---

liberté. Parce que nous pouvons toujours *choisir* la mort (du moins le risque de la mort) plutôt que toutes les possibilités qui nous sont offertes dans la situation, c'est que la situation ne nous détermine jamais à agir de telle ou telle manière, et donc que nous sommes toujours libres quelle que soit la situation.

[206] *Cf.* PTM, *SII*, p. 16–19 ; QL, partie III, p. 121–185. La Révolution française est ainsi vue comme une révolution « bourgeoise ». Elle constitue à la fois le point d'aboutissement de la lutte des classes entre l'aristocratie et la bourgeoisie, et le point de départ d'un renversement du rôle de la bourgeoisie : classe « montante » et « révolutionnaire » au XVIIIe siècle, celle-ci se transforme, en accédant au pouvoir, en une classe particulière qui veut instaurer sa propre domination et préserver le nouvel ordre social.

[207] « C'est en se choisissant et en s'historialisant dans le monde que le Pour-soi historialise le monde lui-même et fait qu'il soit *daté* par ses techniques » (*EN*, Partie IV, chap. 1, II, D, p. 604/p. 566).

[208] *EN*, Partie IV, chap. 1, II, D, p. 606/p. 568.

[209] « La féodalité comme rapport technique d'homme à homme n'existe pas, elle n'est qu'un pur abstrait, soutenu et dépassé par les mille projets individuels de tel homme lige par rapport à son seigneur » (*EN*, Partie IV, chap. 1, II, D, p. 606/p. 568).

[210] *EN*, Partie IV, chap. 1, II, D, p. 606/p. 568.

[211] « Cette technique existe nécessairement et complètement dans chaque conduite individuelle et on peut la mettre à jour en chaque cas. Mais elle n'y est que pour être dépassée » (*EN*, Partie IV, chap. 1, II, D, p. 606/p. 568).

priation du monde disponibles – et que ce sont ces techniques d'appropriation partagées qui fondent véritablement la notion de mode de production.

Comment Sartre envisage-t-il cependant la logique historique, c'est-à-dire le mouvement de passage d'un moment historique à un autre ? Le texte le plus explicite à cet égard est « Matérialisme et Révolution », lorsque Sartre esquisse les grandes lignes de la conception de l'histoire d'une authentique philosophie de la Révolution[212]. Or en insistant sur la responsabilité maximale de l'action présente, Sartre semble supprimer toute idée de logique historique autonome : l'issue historique ne serait que le résultat des choix libres des individus. Sartre radicalise encore la conception merleau-pontyenne de l'histoire marxiste, qui en fait pourtant un mélange de contingence et de raison en citant la formule de R. Luxemburg, « socialisme ou barbarie »[213]. Sartre quant à lui refuse l'idée même qu'il y ait deux possibilités pré-définies dans l'histoire (soit le socialisme, soit la barbarie) : rien n'est écrit d'avance et l'histoire est à inventer au présent[214]. Le révolutionnaire ne réclame, selon lui, que « la possibilité pour l'homme d'inventer sa propre loi »[215]. Or si Sartre insiste tant sur cette contingence, c'est qu'il veut mettre en lumière l'affirmation de la liberté que contient l'attitude révolutionnaire :

> Et, en ce sens, cette conquête âpre et lente du socialisme n'est pas autre chose que l'affirmation, dans et par l'histoire, de la liberté humaine. Et précisément parce que l'homme est libre, le triomphe du socialisme n'est pas assuré du tout. Il n'est pas au bout de la route, à la manière d'une borne ; mais il est *le* projet humain. Il sera ce que les hommes le feront[216]

Il s'agit également pour lui de rappeler les révolutionnaires (communistes ou non) à leurs responsabilités. Ces derniers sont en effet responsables, par leur manière de militer et de réaliser la révolution, du visage que prendra la société post-révolutionnaire[217]. Leur responsabilité n'est pas seulement à l'égard du présent, mais également face à l'avenir : ce qu'ils font aujourd'hui conditionne ce qui adviendra.

---

[212] M&R, *SIII*, Partie II, p. 163.

[213] *Cf. infra*, Partie I, chap. 3.

[214] « Sans doute les marxistes intelligents admettent une certaine contingence de l'histoire : mais c'est seulement pour dire que, si le socialisme échoue, l'humanité sombre dans la barbarie. En un mot, si les forces constructives doivent triompher, le déterminisme historique leur assigne un seul chemin. Mais il peut y avoir bien des barbaries et bien des socialismes, peut-être même un socialisme barbare » (M&R, *SIII*, p. 163).

[215] « Il ne pense pas au fond de lui-même – du moins tant qu'il n'est pas mystifié – que le socialisme l'attend au coin de l'histoire, comme un brigand avec une trique au coin d'un bois. Il pense qu'il *fait* le socialisme, et comme il a secoué tous les droits et les a précipités par terre, il ne lui reconnaît d'autre titre à l'existence que le *fait* que la classe révolutionnaire l'invente, le veut et le construira » (M&R, *SIII*, p. 163).

[216] M&R, *SIII*, p. 163.

[217] « [Le révolutionnaire] ne se sent pas seulement responsable de l'avènement en général d'une république socialiste, mais encore de la nature particulière de ce socialisme » (M&R, *SIII*, p. 163).

2.2.5 Phénoménologie et histoire : le défi sceptique à la philosophie de l'histoire.

La conception relativiste de l'histoire, telle qu'elle est élaborée par Sartre à partir des travaux d'Aron et de Heidegger, permet de saisir les enjeux du rapport entre phénoménologie et marxisme. La phénoménologie, tant qu'elle part de la conscience individuelle pour dégager la manière dont la conscience fait paraître le monde, ne peut en effet qu'adopter une conception subjectiviste de l'histoire, c'est-à-dire une conception qui réduit l'histoire à la manière dont les individus s'inscrivent dans l'histoire et se la transmettent. Réduite alors à l'historicité, l'histoire n'a pas de logique ou de rationalité propre : la logique « historique » n'est rien d'autre que le rapport des individus présents au passé de la collectivité dont ils estiment faire partie. La phénoménologie ne peut alors que s'opposer à la conception marxiste de l'histoire, qui cherche au contraire à mettre au jour une logique propre de l'histoire qui dépasse les différentes appropriations subjectives (et même les conditionne). Pour le marxisme, il y a bien un « sens objectif » de l'histoire, irréductible à l'historicité ou à la traditionnalité. Mais penser une telle logique historique implique de remettre en cause certains des principes de la phénoménologie, et de lui faire subir une transformation au contact du marxisme.

La conception relativiste de l'histoire que développe Sartre, mais qui très vite s'incarne surtout dans la personne de R. Aron, constitue dans l'après-guerre un véritable défi pour les philosophes qui cherchent à articuler phénoménologie et marxisme[218]. Une telle conception représente en effet la philosophie spontanée de l'histoire vers laquelle ils ont été conduits dans les années trente (B. Groethuysen considère que « les livres d'Aron représentent le *pathos* de la nouvelle génération »[219]) et dont ils cherchent désespérément à se dégager. Ainsi que ce soit le Merleau-Ponty des *Aventures de la dialectique* (qui ouvre son texte sur M. Weber et l'affirmation d'un relativisme historique[220]), ou encore le Sartre de la *Critique de la Raison dialectique* (qui part de la pluralité des *praxis* individuelles pour interroger ensuite la possibilité de leur unification en une histoire qui a un sens), le point de départ se situe toujours dans un scepticisme historique qu'il s'agit ensuite de dépasser. L'attrait qu'exerce sur eux le marxisme vient notamment du fait qu'il offre une possibilité de sortir de ce scepticisme.

Dans l'immédiat après-guerre, Sartre pense cependant qu'il est possible d'échapper au relativisme sans sortir du cadre phénoménologique d'Aron et d'Heidegger, en affirmant l'absoluité de l'action dans le présent. Ainsi peut-il considérer que la

---

[218] Sur ce point, voir notre article « Dépasser le relativisme historique : Sartre et Merleau-Ponty face à Aron », *Études sartriennes*, n°23, 2019.

[219] B. Groethuysen, « Une philosophie critique de l'histoire » (1939), *Autres portraits*, Paris, Gallimard, 1995, p. 243 (*cf.* aussi Aron, *Mémoires*, chap. 5, p. 129). Cette génération qui a grandi dans l'ombre de la Première Guerre mondiale et de l'effondrement catastrophique de tous les optimismes dogmatiques hérités du xixᵉ siècle, semble naturellement portée vers une telle philosophie constructiviste et relativiste, méfiante envers l'idée de progrès et doutant très sérieusement qu'il y ait même un sens de l'histoire.

[220] *AD*, chap. 1 « La crise de l'entendement », p. 17–45.

conception existentialiste du social et de l'histoire est supérieure à ce que propose le marxisme sous le terme de « matérialisme historique ». Certes, il ne refuse pas les grandes caractérisations marxistes (les classes sociales, les grandes époques historiques), mais s'efforce, au moyen de la méthode phénoménologique et des concepts existentiels, de leur donner un fondement qu'il estime philosophiquement solide.

3 SITUATION ET ENGAGEMENT. EXISTENTIALISME ET POLITIQUE MARXISTE.

> « Ce sont ces notions neuves de « situation » et d'« être-dans-le-monde » dont le révolutionnaire réclame concrètement, par tout son comportement, l'élucidation »
> (Sartre, *Matérialisme et révolution*, p. 163).

> « La notion essentielle de Sartre est celle de *situation*. La *situation* n'est pas pour Sartre un concept parmi d'autres, mais l'élément qui transforme tout et sans lequel les concepts n'auraient ni sens ni structure »
> (G. Deleuze, texte inédit[221]).

Sartre sait que le marxisme ne peut être réduit ni à une philosophie (le « matérialisme dialectique »), ni à une conception de l'histoire et de la société (le « matérialisme historique ») : il s'agit avant tout d'une pensée qui se donne pour tâche de transformer le monde, c'est-à-dire d'une pensée immédiatement articulée à l'action politique révolutionnaire. L'existentialisme ne peut donc se contenter de faire la preuve de sa supériorité à l'égard du marxisme dans les champs de la philosophie et des sciences humaines ; il lui faut encore montrer qu'il peut également investir le champ proprement politique et fournir des outils conceptuels à même de guider et de fonder une véritable politique révolutionnaire

L'opération n'a rien d'évident. L'existentialisme, tel qu'il se présente dans *L'Être et le Néant*, ne semble pas nécessairement en mesure de prendre en charge les questions politiques. Ainsi Sartre conclut-il *L'Être et le Néant* en affirmant que « toutes les activités humaines sont équivalentes » :

> Ainsi revient-il au même de s'enivrer solitairement ou de conduire les peuples. Si l'une de ces activités l'emporte sur l'autre, ce ne sera pas à cause de son but réel, mais à cause du degré de conscience qu'elle possède de son but idéal ; et, dans ce cas, il arrivera que le quiétisme de l'ivrogne solitaire l'emportera sur l'agitation vaine du conducteur de peuples[222].

L'Être et le Néant ne semble en effet pas en mesure de proposer autre chose qu'un relativisme moral et politique assorti de l'exigence éthique d'authenticité dans ses choix. Dans *Existentialisme ou marxisme ?*, G. Lukács insiste quant à lui sur la

---

[221] Cité dans J. Colombel, *Sartre ou le Parti de vivre* Paris, Grasset, 1981, p. 17. Voir aussi J. Colombel, *Jean-Paul Sartre. Un homme en situation*, Paris, Libraire Générale Française, 1985, p. 12–13.
[222] *EN*, Conclusion, p. 721–722/p. 675.

contradiction fondamentale de l'entreprise politique de Sartre à Libération, « contradiction entre les fondements philosophiques et les postulats éthiques » de l'existentialisme, qui placerait Sartre devant l'obligation « d'abandonner soit les fondements heideggériens, soit l'édifice progressiste et libéral, construit sur ceux-ci »[223].

Pourtant Sartre ne veut abandonner ni l'un ni l'autre. Ainsi s'efforce-t-il, à partir de la Libération, de transformer certains des concepts centraux de sa philosophie afin de leur permettre d'investir l'action politique. C'est ce qu'il fait en particulier avec ceux de « situation » et d'« engagement » : ces concepts, qui ont d'abord un sens ontologique et individuel, sont progressivement modifiés de manière à prendre une signification politique.

3.1 Le devenir politique de la notion de situation.

Au point de départ, rien ne prédestinait le concept de situation à devenir le concept fondamental de la pensée politique sartrienne. S'il trouve son origine chez Sartre dans une tentative de synthèse entre phénoménologie et psychologie pour penser la singularité du rapport d'un individu au monde, Sartre lui donne un sens d'abord existentiel (dans *L'Être et le Néant*) puis politique dans l'immédiat après-guerre[224]. Le concept permet alors de faire droit non seulement à l'inscription sociale et historique de l'individu, mais aussi à la manière dont cet individu se positionne et agit par rapport à cette situation – de sorte que prise de conscience de la situation et prise de position politique se retrouvent étroitement liées.

L'élaboration philosophique la plus approfondie de la notion de situation se trouve dans la quatrième partie de *L'Être et le Néant*[225]. La situation est définie comme une totalité synthétique composée à la fois d'un apport du côté du monde (le *datum*, le donné brut) et du côté du sujet (le choix de soi-même qu'est notre projet)[226] ; mais ce sur quoi Sartre insiste dans ce passage est que la situation « ne saurait être dite ni objective ni subjective »[227]. Le « donné » n'est pas, comme on a souvent tendance à le dire[228], un pur être informe qui peut recevoir n'importe quelle signification de la part d'un sujet purement actif et donateur de sens : « la situation

---

[223] G. Lukács, *Existentialisme ou marxisme ?*, Paris, Nagel, 1961 [1re éd. 1948], chap. 3, II, p. 128.

[224] Sur la formation du concept de situation, voir « Lettre de Jean-Paul Sartre à Gabriel Marcel », *Revue de la BNF*, n°48, 2014/3, p. 62–63 et G. Cormann, J. Englebert, « Des situations-limites au dépassement de la situation. Phénoménologie d'un concept sartrien », *Sartre Studies International*, vol. 22, n°1, 2016, p. 99–116.

[225] « Liberté et facticité : la situation », *EN*, Partie IV, chap. 1, II, p. 561–638/p. 526–598. L'analyse thématique de la notion se trouve principalement dans les passages introductif (p. 561–570/p. 526–534) et conclusif (p. 633–638/p. 593–598).

[226] « Nous appellerons *situation* la contingence de la liberté dans le *plenum* d'être du monde en tant que ce *datum*, qui n'est là que *pour ne pas contraindre* la liberté, ne se révèle à cette liberté que comme *déjà éclairé* par la fin qu'elle choisit » (*EN*, Partie IV, chap. 1, II, p. 568/p. 532–533).

[227] *EN*, Partie IV, chap. 1, II, p. 633/p. 593.

[228] C'est en particulier la lecture de Merleau-Ponty.

est libre coordination et libre qualification d'un donné brut qui ne se laisse pas qualifier n'importe comment »[229]. Et de même que le « donné » pré-esquisse des sens possibles et des sens impossibles, le sujet n'est pas un pur créateur de sens, mais celui qui fait paraître le sens même du monde :

> La situation ne saurait être *subjective* [...] : elle est *les choses elles-mêmes* [...] ; car mon surgissement dans le monde comme pure néantisation d'être n'a d'autre effet que de faire qu'*il y ait* des choses et n'y ajoute *rien*[230].

Certes le sujet fait paraître ces choses mêmes sous un certain éclairage, c'est-à-dire à partir de son projet singulier, mais ce projet n'ajoute rien à l'être : il ne fait que révéler un « *quid* insaisissable », un quelque chose du monde lui-même qui, sans ce projet, ne se serait jamais manifesté[231]. Il en résulte que cette totalité synthétique est *indécomposable* ou *inanalysable*, c'est-à-dire qu'il est impossible de déterminer la part qui vient du monde et celle qui vient du sujet, les significations que le sujet révèle et celles qu'il projette[232]. On sait qu'il y a nécessairement une dimension subjective de l'éclairage, mais il est impossible de déterminer dans quelle mesure l'on ne fait qu'éclairer une signification objective ou bien si l'on transforme la signification de ce qui est à la lumière de ses propres fins. Il y a aura donc toujours, au cœur de toute analyse de situation, de l'indécidable et de l'ambiguïté[233].

Au moment de la Libération, Sartre cherche à donner un prolongement *politique* au concept de situation[234] – ce qui lui permettra, à partir de 1947, de rassembler ses divers textes politiques, philosophiques et esthétiques sous le titre de *Situations*[235].

---

[229] *EN*, Partie IV, chap. 1, II, p. 568/p. 533.

[230] *EN*, Partie IV, chap. 1, II, p. 633/p. 593.

[231] « Le donné en soi comme *résistance* ou comme *aide* ne se révèle qu'à la lumière de la liberté pro-jetante. Mais la liberté pro-jetante organise un éclairage tel que l'en-soi s'y découvre *comme il est*, c'est-à-dire résistant ou propice, étant bien entendu que la résistance du donné n'est pas directement recevable comme qualité en-soi du donné mais seulement comme indication, à travers un libre éclairage et une libre réfraction, d'un *quid insaisissable* » (*EN*, Partie IV, chap. 1, II, p. 568–569/p. 533).

[232] « La *situation*, produit commun de la contingence de l'en-soi et de la liberté, est un phénomène ambigu dans lequel il est impossible au pour-soi de discerner l'apport de la liberté et de l'existant brut » (*EN*, Partie IV, chap. 1, II, p. 568/p. 533).

[233] Et c'est pour cette raison que Sartre insiste tant par la suite sur la nécessité pour celui qui analyse une situation d'analyser toujours sa propre situation (d'intellectuel, etc.). Par ce travail d'auto-analyse, il arrive à mieux discerner ce qui vient de lui et ce qui vient du monde (*Les mots* sont pour Sartre une telle tentative). Cependant, ce travail d'auto-analyse est lui-même situé (et non pas effectué par un spectateur désintéressé) de sorte qu'il y aura toujours de l'indécidable. *Cf. Plaidoyer pour les intellectuels* (*SVIII*, p. 375–455).

[234] Sans qu'il soit possible d'établir l'influence exacte de leurs textes, rappelons que C. Péguy (*Situations*, Paris, Gallimard, 1940) et que P. Nizan dans *Les chiens de garde* (le chapitre IV a pour titre « Situation des philosophes », *op. cit.*, p. 43–116) avaient déjà fait un usage politique de la notion de situation.

[235] Dix volumes de « Situations » paraîtront entre 1948 et 1976 : *Situations, I. Critiques littéraires* (1947), *Situations, II. Littérature et engagement* (1949), *Situations, III. Lendemains de guerre* (1949), *Situations, IV. Portraits* (1964), *Situations, V. Colonialisme et néo-colonialisme* (1964), *Situations, VI. Problèmes du marxisme, 1* (1964), *Situations, VII. Problèmes du marxisme, 2*

Le concept de situation tend alors de plus en plus, à désigner les circonstances objectives, en particulier sociales et historiques, dans lesquelles sont placés les individus (c'est-à-dire ce que Sartre désigne dans *L'Être et le Néant* comme la facticité historique et sociale, ou les conditions du choix des individus), et se rapproche progressivement du concept de situation qu'on peut trouver dans le marxisme. Sartre distingue ainsi la « situation commune »[236] caractérisant un ensemble d'individus (les Français sous l'Occupation ou au moment de la Libération, les noirs aux États-Unis, les juifs dans la société française, etc.) de la manière singulière dont chacun se choisit dans cette situation commune[237]. Cela permet à Sartre d'insister davantage sur les conditions du choix des individus, et donc sur les contraintes que les autres exercent sur ce choix. Mais tout en faisant droit à l'inscription sociale et historique de tout individu, c'est-à-dire au fait que l'on ne choisit pas la position sociale et historique qu'on occupe (ce sur quoi insiste le marxisme), Sartre peut aussi montrer que l'individu garde une certaine marge de liberté : il choisit la manière dont se fait cette inscription sociale et historique. Ainsi, tout individu est bien *situé* socialement et historiquement (comme le veut le marxisme), mais il garde la liberté de *se situer* par rapport à cette situation.

La situation joue alors une double fonction, descriptive et stratégique. La fonction descriptive renvoie à la volonté de rendre visible la « situation commune » de telle ou telle catégorie de personnes. En effet, contrairement au marxisme de l'époque qui s'intéresse presque exclusivement (dans sa propagande) à la situation des ouvriers (comme type unique de l'opprimé), il y a chez Sartre la volonté de pluraliser la notion de situation de manière à mettre en lumière des situations sociales qui semblent périphériques par rapport à la contradiction économique entre Capital et Travail. Aussi s'intéresse-t-il à la situation des éléments marginaux qui ne s'intègrent pas aux groupes sociaux, à celle des minorités opprimées (juifs, noirs – dans les colonies ou aux Etats-Unis), mais aussi aux situations particulières des écrivains ou des jeunes bourgeois qui rejoignent le mouvement révolutionnaire[238]. Cette notion s'impose rapidement comme l'une des plus importantes au niveau des *Temps Modernes* et participe alors grandement à faire de la revue le lieu d'expression privilégiée de tous les combats considérés comme « minoritaires » (lutte anticoloniale, lutte contre le racisme ou l'antisémitisme ; textes sur la condition des homosexuels, etc.). Il s'agit à chaque fois de mettre en lumière la condition qui est faite à une certaine catégorie d'individus par le comportement de tous et de montrer la manière dont ces individus sont conduits à assumer cette condition. Cette description permet ainsi de révéler la responsabilité de tous dans cette situation.

(1965), *Situations, VIII. Autour de 68* (1972), *Situations, IX. Mélanges* (1972), *Situations, X. Politique et autobiographie* (1976).

[236] *Cf.* QL, Partie IV, p. 195 ; *RQJ*, Partie III, p. 72.

[237] Ainsi, dans QL, après avoir décrit la « situation commune » des écrivains français (« les plus bourgeois du monde »), Sartre affirme : « Tels nous sommes. […] Et différant seulement les uns des autres par la manière dont nous assumons chacun cette situation commune » (QL, *SII*, p. 195).

[238] Il faudrait également ajouter la situation des homosexuels ou la question de l'avortement, qui sont présentées dans l'*Âge de raison*.

Mais la situation joue également un rôle stratégique : il s'agit de mettre en lumière les possibilités objectives qu'offre une certaine situation pour permettre aux acteurs de choisir en toute connaissance de cause et d'assumer ce choix dans toutes ses conséquences. Ainsi les acteurs peuvent-ils évaluer les possibilités d'intervention efficace dans une situation particulière. En effet, intervenir de manière politiquement efficace, selon Sartre, ce n'est pas agir directement sur des individus, mais essayer de transformer les conditions à partir desquels ils constituent leur situation et se choisissent[239]. Il faut agir sur la généralité de la situation pour tenter de changer la situation commune.

L'usage politique de la notion de situation révèle cependant la tension qui existe entre sa théorisation initialement relativiste et le caractère absolu des prises de position morales et politiques. Dans *L'Être et le Néant*, Sartre affirme en effet explicitement qu'il n'y a pas de « situation privilégiée » du point de vue de la liberté : contrainte et liberté sont présentes au même degré dans chaque situation[240]. Ainsi Sartre peut-il dire non seulement que l'esclave est ontologiquement aussi libre que son maître[241] mais aussi qu'il n'y aucun critère absolu à partir duquel il est possible de hiérarchiser les deux situations. Chacun constitue sa propre situation à partir de ses propres choix et propose sa propre hiérarchisation ; mais il est impossible de juger de l'extérieur de la supériorité de telle perspective sur une autre : il n'y a qu'un affrontement entre des perspectives incommensurables[242]. Il n'y a aucune raison de choisir le point de vue de l'esclave plutôt que celui du maître, le point de vue de celui qui subit le racisme et l'antisémitisme plutôt que celui du raciste et de l'antisémite. *L'Être et le Néant* semble donc conduire au relativisme moral et politique, pour qui la prise de position relève d'un choix injustifiable.

Mais dès la Libération, Sartre, tout en continuant d'affirmer l'absence d'un tel point de vue absolu, développe l'idée selon laquelle il y a une supériorité épistémologique et axiologique d'un certain point de vue dans chaque situation : celui des plus opprimés et défavorisés. Comme l'écrit Beauvoir, Sartre « pensait déjà ce qu'il a exprimé plus tard : le vrai point de vue sur les choses est celui du plus déshérité »[243]. Ainsi, en tant qu'intellectuel petit-bourgeois, il est nécessaire d'être conscient de son propre point de vue partiel et situé sur la société, pour tenter de se décentrer, c'est-à-dire de voir la société, non pas de son point de vue, mais de celui des opprimés et défavorisés. C'est ce que Sartre montre dans la phénoménologie du

---

[239] *RQJ*, Partie IV, p. 158.

[240] « Il n'y a donc pas de situation privilégiée ; nous entendrons par là qu'il n'est pas de situation où le *donné* étoufferait sous son poids la liberté qui le constitue comme tel – ni, réciproquement, de situation où le pour-soi serait *plus libre* que dans d'autres » (*EN*, Partie IV, chap. 1, II, p. 634/p. 594).

[241] *EN*, Partie IV, chap. 1, II, p. 634–635/p. 594–595.

[242] Ainsi, « la situation de l'esclave est *incomparable* avec celle du maître » (*EN*, Partie IV, chap. 1, II, p. 635/p. 595). « Il n'y a aucun point de vue absolu duquel on puisse se placer pour comparer des situations différentes » (p. 635/p. 595).

[243] S. de Beauvoir, *FC*, t. 1, p. 18. Comme il le dira dans le *Plaidoyer pour les intellectuels*, l'intellectuel « n'a qu'un moyen de comprendre la société où il vit : c'est de prendre le point de vue des plus défavorisés » (*SVIII*, p. 413).

militant révolutionnaire de « Matérialisme et révolution » : le point de vue relatif au prolétariat nous révèle la vérité sur la condition humaine, à savoir la contingence et l'absence de droits à l'existence. Ainsi, que ce soit dans les *Réflexions sur la question juive*, ou dans ses analyses sur la condition des noirs, il s'agit toujours de décentrer le regard, et donc le point de vue petit-bourgeois, pour révéler le monde à partir d'une autre situation.

3.2 De l'engagement ontologique à l'engagement politique de l'écrivain.

> « Un homme, c'est toute la terre. Il est présent partout, il agit partout, il est responsable de tout et c'est en tout lieu, à Paris, à Potsdam, à Vladivostok, que son destin se joue »
> (Sartre, « Présentation des *Temps Modernes*, p. 21).

La question politique chez Sartre est souvent immédiatement reliée à celle de l'engagement et aux différentes prises de positions politiques qu'il a pu prendre au fil de son parcours intellectuel. Cependant, avant de renvoyer à une exigence politique ou sociale (la nécessité de s'engager), l'engagement est une notion fortement liée à celle de situation, et désigne un fait de notre condition. Pour comprendre la politique sartrienne de l'après-guerre et sa relation au marxisme, nous devons préciser sa conception de l'engagement. Ici encore, Sartre reprend ce qu'il estime important dans le marxisme (l'engagement politique comme la prise de conscience de sa situation sociale), mais en montrant que le mécanisme d'engagement est bien plus complexe que celui que décrit le marxisme de l'époque. Il y a, en effet, deux sens de l'engagement chez Sartre, dont il faut mettre en lumière les différences (quoiqu'ils soient fortement articulés). Comme la notion de situation, celle d'engagement passe d'un sens ontologique et individuel à un sens proprement politique et social.

3.2.1 Engagement implicite de l'individu et responsabilité de l'être-en-situation.

L'engagement a d'abord pour Sartre un sens *ontologique*. Il renvoie au *fait* que l'individu ne peut être isolé du monde dans lequel il existe[244] : être (ou exister) c'est se rapporter à un monde, c'est-à-dire être *engagé* dans le monde. Mais ce monde n'existe pas indépendamment de lui : l'engagement est donc fondamentalement « choix » libre de la manière dont apparaît le monde. Si Sartre va parfois jusqu'à

---

[244] « Le concret ne saurait être que la totalité synthétique dont la conscience comme le phénomène ne constituent que des moments. Le concret, c'est l'homme dans le monde avec cette union spécifique de l'homme au monde que Heidegger, par exemple, nomme "être-dans-le-monde" » (*EN*, Partie I, chap. 1, I, p. 37–38/p. 37–38). Sartre traduit ici « *In-der-Welt-sein* » (que Martineau traduit par « être-au-monde »).

présenter le sujet comme auteur ou créateur du monde[245], ce ne sont pas les choses elles-mêmes qu'il crée, mais seulement l'éclairage sous lequel elles paraissent (ou ne paraissent pas) pour former un monde.

Or cet engagement ontologique fonde, selon Sartre, la responsabilité du sujet vis-à-vis du monde[246] : il doit en effet « répondre » de ce qu'il choisit de mettre en lumière et de ce qu'il choisit de laisser dans l'ombre. Cette « responsabilité absolue »[247] a une double conséquence. Tout d'abord, rien de ce qui lui arrive ne vient de l'extériorité pure : tout événement est toujours éclairé, réassumé par le sujet dans son projet[248]. Ainsi Sartre peut-il affirmer que chacun est responsable de la guerre dans laquelle il est engagé : dans la mesure où il est toujours possible de se suicider ou de déserter, accepter d'être mobilisé (et donc choisir la mobilisation plutôt que les autres possibilités), c'est choisir les conséquences de la mobilisation (par exemple, l'ensemble des actes violents qui seront exigés du soldat)[249].

L'engagement ontologique du sujet a également une seconde conséquence. Je suis non seulement responsable du monde, mais aussi des autres individus du monde : « la responsabilité du pour-soi s'étend au monde entier comme monde-peuplé »[250]. Il faut éclairer cette formule à partir des analyses de Sartre qui révèlent l'importance du rapport à autrui dans la constitution du soi. Dans ses *Réflexions sur la question juive*, il montre ainsi que la « situation commune » des juifs se caractérise en ceci que ces derniers doivent se choisir dans un monde où ils se sentent en permanence désignés (ou désignables) comme « juifs » (que ce soit pour être stigmatisés, comme c'est souvent le cas, ou pour être valorisés). L'étoile jaune, dit-il, n'est que la situation quotidienne infligée à la minorité en temps normal en tant qu'elle a été poussée à la limite extrême[251]. Sartre met ainsi en lumière la responsabilité de toute la communauté nationale dans la situation commune qui est faite aux juifs, c'est-à-dire les conditions à partir desquels les juifs peuvent « se

---

[245] Ainsi Sartre affirme-t-il, dans un texte sur Descartes, que « Le monde n'est rien que la création d'une liberté qui le conserve indéfiniment » (« La liberté cartésienne », *SI*, p. 307).

[246] C'est ce qu'il développe notamment dans l'*EN*, Partie IV, chap. 1, III, p. 638–642/p/598–601.

[247] *EN*, Partie IV, chap. 1, III, p. 639/p. 598.

[248] « Tout ce qui m'arrive est *mien* » (*EN*, Partie IV, chap. 1, III, p. 639/p. 598).

[249] Sartre reprend même une formule de J. Romains dans *Les hommes de bonne volonté* : « À la guerre, il n'y a pas de victimes innocentes » : « Si donc j'ai préféré la guerre à la mort ou au déshonneur, tout se passe comme si je portais l'entière responsabilité de cette guerre » (*EN*, Partie IV, chap. 1, III, p. 640/p. 599). Sartre pense ici uniquement aux militaires, et non aux victimes innocentes que peuvent être les civils.

[250] *EN*, Partie IV, chap. 1, III, p. 642/p. 601.

[251] « On s'est indigné avec raison de l'immonde "étoile jaune" que le gouvernement allemand imposait aux Juifs. Ce qui paraissait insupportable c'est qu'on *désignât* le Juif à l'attention, c'est qu'on l'obligeât à se sentir perpétuellement Juif sous les yeux des autres. [...] Comment n'a-t-on pas vu que l'ordonnance nazie n'avait fait que pousser à l'extrême une situation de fait dont nous nous accommodions fort bien auparavant » (*RQJ*, Partie III, p. 82 et p. 84).

faire » juifs à une époque donnée[252]. Même si *nous*[253] ne sommes pas antisémites, nous sommes responsables de la situation qui est faite aux juifs. La responsabilité absolue de l'individu ne concerne donc pas seulement son face-à-face avec le monde, mais aussi le fait d'avoir à répondre du destin des individus dans ce monde que l'on accepte d'éclairer d'une certaine manière.

Cette responsabilité absolue, qui est la vérité de l'engagement ontologique du sujet, n'est pas pour autant explicitement connue par le sujet[254]. La plupart du temps, cette idée, qui « hante » toute conscience, n'est pas saisie thématiquement, et l'angoisse devant cette responsabilité est masquée par les conduites de mauvaise foi[255]. C'est ce que Sartre rappelle en répondant aux critiques d'Étiemble :

> il leur suffit d'obscurcir leur lanterne, de voir les tenants sans les aboutissants ou l'inverse, de refuser la solidarité avec leurs pareils, de se réfugier dans l'esprit de sérieux, […] de se persuader, s'ils sont d'une classe d'oppresseurs, qu'on échappe à sa classe par la grandeur des sentiments et, s'ils sont parmi les opprimés, de se dissimuler leur complicité avec les oppresseurs en soutenant qu'on peut rester libre dans ses chaines si l'on a du goût pour la vie intérieure[256].

Ainsi, pour se masquer sa responsabilité, rétrécit-on son champ de vision, selon une logique identique à celle que Sartre mettait en lumière dans *L'Être et le Néant* à propos de la mauvaise foi qui, en tant que foi, choisit de ne pas trop mettre à l'épreuve ses propres convictions[257]. La conscience de l'engagement ontologique est toujours limitée et restreinte en tant qu'elle refuse d'assumer sa responsabilité. Or c'est dans cette attitude d'acceptation du monde et de dénégation de sa responsabilité qu'on trouve le fondement du consentement à la violence, à l'oppression et à l'exploitation.

Ainsi Sartre procède-t-il à un décloisonnement et une extension considérable du domaine de la politique : la politique ne renvoie plus au champ relativement clos et institutionnalisé où se joue la conquête électorale du pouvoir, mais caractérise une dimension nécessaire de toutes nos actions et de toutes nos paroles – de sorte que pour Sartre nous sommes tous toujours déjà engagés politiquement par notre simple manière d'être au monde.

---

[252] C'est en ce sens que Sartre affirme que l'antisémite « crée » le juif : non pas au sens où il n'y aurait pas de juifs sans antisémites, mais où l'antisémite crée une certaine figure du juif (celle du juif qui doit se choisir dans un monde où il y a des antisémites).

[253] Ce « nous » d'inclusion est l'un des traits stylistiques importants des textes sartriens sur la situation faite aux minorités (juifs, noirs, etc.) et signe le refus de se situer en extériorité par rapport à la communauté responsable de la situation faite à ces minorités.

[254] « Si tout homme est embarqué cela ne veut point dire qu'il en ait pleine conscience ; la plupart passent leur temps à se dissimuler leur engagement » (QL, Partie III, p. 117).

[255] *EN*, Partie IV, chap. 1, III, p. 642/p. 601.

[256] QL, Partie III, p. 117.

[257] « La mauvaise foi dans son projet primitif, et dès son surgissement, décide de la nature exacte de ses exigences, elle se dessine tout entière dans la résolution qu'elle prend de *ne pas trop demander*, de se tenir pour satisfaite quand elle sera mal persuadée, de forcer par décision ses adhésions à des vérités incertaines » (*EN*, Partie I, chap. 2, III, p. 109/p. 103).

3.2.2 Engagement explicite : de la prise de position à l'engagement de l'écrivain.

Dès *L'Être et le Néant*, l'objectif éthique puis politique de Sartre sera de susciter une prise de conscience de cet engagement ontologique, c'est-à-dire de provoquer un changement d'attitude (ou une « conversion ») par rapport au monde. L'attitude « authentique » consiste à assumer explicitement son être-en-situation, et donc la responsabilité absolue de chacun devant le monde et les autres.

> Puisque nous agissons sur notre temps par notre existence même, nous décidons que cette action sera volontaire[258].

L'engagement explicite sera la manière dont l'individu prend explicitement position par rapport à son engagement implicite dans le monde.

Cependant, si tout individu doit assumer de manière explicite son engagement dans le monde, « l'écrivain » (plutôt que « l'intellectuel », terme qu'il emploiera par la suite) doit assumer cette exigence au plus haut degré. En effet, comme Sartre le montre dans *Qu'est-ce que la littérature ?*, la prose, en tant qu'elle dévoile le monde, est toujours choix d'éclairer un certain aspect du monde (et donc de laisser d'autres aspects dans l'ombre) : l'écrivain de prose est donc responsable de ce qu'il révèle du monde – et se trouve, quoiqu'il choisisse d'évoquer, engagé[259]. Mais la responsabilité de l'écrivain est plus grande en ceci qu'elle ne l'engage pas seulement personnellement : écrire c'est toujours écrire pour autrui, c'est-à-dire présenter un certain aspect du monde pour que le lecteur en réponde. L'écrivain est celui qui décrit une certaine situation à son lecteur de manière à ce que ce lecteur ne puisse pas l'ignorer, et qu'il assume sa responsabilité absolue face à cette situation[260]. Telle est donc la « fonction sociale »[261] de l'écrivain : placer le lecteur en face de sa situation de telle manière qu'il soit contraint d'assumer en toute lucidité ses choix.

En cela, l'engagement proprement littéraire, celui de l'écrivain se distingue d'autres formes d'engagement. Il se distingue d'abord de l'engagement militant qui transforme l'écriture en propagande – et qui, partant, subordonne entièrement le champ littéraire aux normes du champ politique. En effet, dans la propagande, il s'agit de tenter d'agir directement (par divers moyens) sur la conscience d'autrui pour l'amener à adopter des idées, des arguments. L'engagement littéraire consiste au contraire à tenter de placer la liberté du lecteur devant le vertige d'elle-même, c'est-à-dire devant la nécessité de prendre position face à une situation. Sartre refuse de transformer la littérature en une littérature à thèse, que ce soit en la mettant au

---

[258] PTM, *SII*, p. 13.

[259] « Se taire ce n'est pas être muet, c'est refuser de parler, donc parler encore. Si donc l'écrivain a choisi de se taire sur un aspect quelconque du monde, ou, selon une locution qui dit bien ce qu'elle veut dire, de le *passer sous silence*, on est en droit de lui poser une troisième question : pourquoi as-tu parlé de ceci plutôt que de cela et – puisque tu parles pour changer – pourquoi veux-tu changer ceci plutôt que cela ? » (QL, Partie I, p. 71).

[260] « La fonction de l'écrivain est de faire en sorte que nul ne puisse ignorer le monde et que nul ne s'en puisse dire innocent » (QL, Partie I, p. 71).

[261] QL, Partie III, p. 118. Voir aussi PTM, *SII*, p. 16.

service d'un parti (comme le demandent les communistes) ou au service de valeurs universelles (comme l'exige J. Benda[262]). Pour Sartre il est nécessaire d'écrire pour ses contemporains et pour qu'ils prennent position au présent. L'écrivain engagé, c'est-à-dire celui qui assume le fait que toute littérature est toujours déjà engagée, rejettera le double écueil de la propagande et des valeurs éternelles, pour s'engager dans la lutte présente et tenter d'éclairer ses contemporains. Le projet de fondation de la revue *Les Temps Modernes* s'articule à cette conception de l'écrivain engagé, et c'est sur ce point que Sartre insiste dans la « Présentation des *Temps Modernes* » du premier numéro de la revue : il s'agit de refuser toute appartenance à des partis et d'en appeler aux libertés pour qu'elles assument leur situation.

L'écrivain engagé a donc une fonction sociale de première importance pour Sartre à cette époque. Il joue pour Sartre un rôle analogue à celui du Parti communiste pour la conception marxiste de la conscience de classe. Dans cette dernière, c'est le Parti qui permet en effet à l'individu d'une classe sociale, de prendre conscience de son appartenance de classe : le Parti est donc un médiateur entre la classe en soi et la classe pour soi. Or pour Sartre, c'est l'écrivain, et peut-être plus largement une revue comme *Les Temps Modernes*, qui est le meilleur médiateur pour la prise de conscience. C'est ce qu'il affirme dans sa présentation de l'écrivain engagé :

> Je dirai qu'un écrivain est engagé lorsqu'il tâche à prendre la conscience la plus lucide et la plus entière d'être embarqué, c'est-à-dire lorsqu'il fait passer pour lui et pour les autres l'engagement de la spontanéité immédiate au réfléchi. L'écrivain est médiateur par excellence et son engagement c'est la médiation[263].

Mais à la différence du Parti qui n'est médiateur que pour une classe sociale, l'écrivain engagé est médiateur pour l'ensemble des individus d'une société. Il s'agit à chaque fois de faire en sorte que le lecteur abandonne un rapport irréfléchi et spontané au monde pour adopter une position thématique et réflexive.

Pour provoquer un tel changement d'attitude, l'écrivain doit faire en sorte que, selon la conception sartrienne de la conscience, celui qui est sujet et s'oublie dans le monde revienne à soi et se saisisse comme objet. Il faut faire en sorte qu'une société, qu'un groupe social, se sente vu, et prenne ainsi conscience de sa responsabilité.

> Si la société se voit et surtout si elle se voit *vue*, il y a, par le fait même, contestation des valeurs établies et du régime : l'écrivain lui présente son image, il la somme de l'assumer ou de se changer. Et, de toute façon, elle change ; elle perd l'équilibre que lui donnait l'ignorance, elle oscille entre la honte et le cynisme, elle pratique la mauvaise foi ; ainsi l'écrivain donne à la société *une conscience malheureuse*[264].

---

[262] *Cf.* J. Benda, *La trahison des clercs*, Paris, Grasset, 1927.
[263] QL, Partie III, p. 117.
[264] QL, Partie III, p. 121–122.

Ainsi, Sartre déploie ce qu'on pourrait appeler une « écriture de la honte », notamment lorsqu'il s'agit de révéler la situation des minorités (juifs, noirs, etc.) ou des actes commis par la nation française (guerres coloniales, etc.)[265].

*
* *

À la Libération, la figure de Sartre domine le champ intellectuel. Cela tient sans doute à ce que Beauvoir appelle un « remarquable accord entre ce qu'il apportait au public et ce que celui-ci réclamait »[266]. Sartre offrait en effet à une certaine jeunesse intellectuelle radicalisée par les aspirations révolutionnaires de la Résistance une pensée qui permettait à celle-ci de s'engager pleinement dans les combats de l'époque tout en maintenant une exigence philosophique et intellectuelle à laquelle elle aurait dû renoncer en entrant au Parti communiste. Avec l'existentialisme, cette jeunesse pouvait satisfaire non seulement son goût philosophique, mais aussi son aspiration à comprendre et transformer le monde. Cependant, cet « accord » entre Sartre et son public était en partie fondé, comme le précise Beauvoir, sur un malentendu[267] qui ne résistera pas aux affrontements de la Guerre froide.

Le Parti communiste toutefois a immédiatement perçu la menace que constituait l'existentialisme et Sartre – ce qui explique la violence des attaques que les intellectuels communistes lui adressent. En effet, l'existentialisme sartrien se présente en 1945 comme bien plus qu'une simple philosophie et sa rivalité avec le marxisme est bien plus qu'une lutte pour la conquête du seul champ philosophique. L'ambition de Sartre est de faire de l'existentialisme, au moyen notamment des *Temps Modernes*, le langage conceptuel dominant non seulement dans le champ intellectuel, mais également, à partir de lui, dans les champs de la philosophie, des sciences (humaines) et de la politique. Intervenant sur l'ensemble de ces fronts, Sartre cherche à montrer à chaque fois la supériorité de l'existentialisme par rapport au marxisme, et à imposer ainsi l'existentialisme comme philosophie de la révolution.

Cette assurance tranche avec l'attitude qu'adopte Sartre à partir de 1948, lorsque se dissipent les illusions de la Libération et sa confiance en la synthèse qu'il propose

---

[265] Cette pratique se voit de manière emblématique au début d' « Orphée noir » : « Qu'est-ce donc que vous espériez, quand vous ôtiez le bâillon qui fermait ces bouches noires ? Qu'elles allaient entonner vos louanges ? Ces têtes que nos pères avaient courbées jusqu'à terre par la force, pensiez-vous, quand elles se relèveraient, lire l'adoration dans leurs yeux ? Voici des hommes debout qui nous regardent et je vous souhaite de ressentir comme moi le saisissement d'être vus. Car le blanc a joui trois mille ans du privilège de voir sans qu'on le voie ; il est regard pur, la lumière de ses yeux tirait toute chose de l'ombre natale, la blancheur de sa peau c'était un regard encore, de la lumière condensée. L'homme blanc, blanc parce qu'il était homme, blanc comme jour, blanc comme la vérité, blanc comme la vertu, éclairait la création comme une torche, dévoilait l'essence secrète et blanche des êtres. Aujourd'hui ces hommes noirs nous regardent et notre regard rentre dans nos yeux ; des torches noires, à leur tour, éclairent le monde et nos têtes blanches ne sont plus que de petits lampions balancés par le vent » (ON, *SIII*, p. 169).

[266] S. de Beauvoir, *FC*, t. 1, p. 62.

[267] « Le succès de Sartre fut aussi ambigu que volumineux, gonflé par cette ambiguïté même » (S. de Beauvoir, *FC*, t. 1, p. 62).

dans l'immédiat après-guerre. Dès la Libération, Sartre se heurte aux difficultés que pose cette perspective. Les débats intenses sur l'existentialisme et le marxisme lui font prendre conscience qu'il ne peut se contenter de disqualifier le marxisme sans vraiment le connaître. Ainsi, avec le début de la Guerre froide et le durcissement des antagonismes au sein du champ intellectuel, il est conduit à remettre en question à la fois la pensée existentialiste de 1945 et la manière dont il envisage l'engagement intellectuel. Cette « crise de l'existentialisme » le conduit, en quelques années, à abandonner l'ensemble des projets philosophiques (*Cahiers pour une morale*) et littéraires (*Les chemins de la liberté*) de l'immédiat après-guerre, et à repenser son rapport au marxisme. Il lui apparaît alors que son rapport au marxisme ne peut plus se contenter d'être seulement externe, mais doit être interne, et qu'il doit se laisser transformer par cette pensée.

Chapitre 2
Trần Đức Thảo et la révision du marxisme par la phénoménologie.

Vers un marxisme phénoménologique (1942–1947)

> « *Merleau-Ponty insistait sur l'importance décisive d'Erfahrung und Urteil et de la Krisis pour l'orientation de la phénoménologie des essences vers une théorie de la temporalisation dans une histoire créatrices de formes. À la lumière de l'expérience de la guerre, on sentait progressivement qu'une telle tendance se réaliserait dans la conception marxiste* »
>
> (Trần Đức Thảo, *La formation de l'homme*, Préface, p. 7).

Trần Đức Thảo ne pouvait que se sentir en porte-à-faux par rapport à l'enthousiasme de la Libération. Si le Vietnam a proclamé son indépendance le 2 septembre 1945, la France Libre du général De Gaulle s'apprête à envoyer un corps expéditionnaire pour reconquérir l'Indochine. Trần Đức Thảo, qui devient à partir de la fin 1944 l'une des figures de tout premier plan du mouvement indochinois en France, est même incarcéré pendant plusieurs mois à l'automne 1945 pour son engagement anticolonial. Pour lui, le combat de libération ne fait que commencer en 1945.

Sur le plan philosophique, Trần Đức Thảo manifeste alors la volonté explicite d'articuler deux dimensions de son existence qui paraissaient jusqu'alors distinctes. Avant 1945, il semble établir une stricte séparation entre son activité philosophique, principalement consacrée à l'étude de la phénoménologie de Husserl, et son engagement anticolonial dans les milieux marxistes révolutionnaires (trotskistes). À partir de la fin de la guerre, et certainement sous l'influence de Merleau-Ponty dont il est alors très proche, il tente de produire une synthèse entre phénoménologie et marxisme. Comme Merleau-Ponty (mais contrairement à Sartre), Trần Đức Thảo est convaincu de la nécessité de prendre au sérieux le marxisme sur un plan non pas seulement politique, mais aussi philosophique. S'il reconnaît qu'il est nécessaire de dépasser une certaine orthodoxie marxiste, la phénoménologie, même dans sa version existentialiste, ne constitue pas à ses yeux un substitut adéquat. Selon lui, il convient plutôt, dans un double geste, de réviser le marxisme grâce aux apports de la phénoménologie, et la phénoménologie grâce aux apports du marxisme. Trần

Đức Thảo cherche ainsi à élaborer une synthèse entre marxisme et phénoménologie qui intègre de manière équilibrée les deux traditions de pensée, et à proposer ce que l'on pourrait appeler un *marxisme phénoménologique*[1].

Si les élaborations philosophiques de Trần Đức Thảo n'ont pas à cette époque l'ampleur et la profondeur de celles des philosophes déjà confirmés que sont Sartre et Merleau-Ponty (Trần Đức Thảo n'a que vingt-six ans lors de la Libération de Paris), elles sont cependant d'une part représentatives de ce que pouvaient être les orientations philosophiques et politiques des jeunes intellectuels et philosophes de sa génération, et d'autre part exceptionnelles par la vigueur des décisions philosophiques qu'elles contiennent déjà et par la connaissance presque inégalée (à l'époque) de l'œuvre de Husserl dont elles témoignent.

Trần Đức Thảo est en effet, à la Libération, l'un des meilleurs connaisseurs de l'œuvre de Husserl en France. Si les ouvrages phénoménologiques du Sartre des années 1930 marquent un tournant décisif dans l'histoire de la phénoménologie en France en tant qu'ils donnent une importance primordiale à Husserl (alors qu'auparavant Scheler ou Heidegger suscitaient principalement l'intérêt des philosophes en France)[2], Sartre ne connait Husserl qu'à travers ses ouvrages publiés, et ne s'intéressera vraisemblablement jamais aux inédits. Trần Đức Thảo a, en revanche, une maîtrise bien plus complète de l'ensemble de l'œuvre du fondateur de la phénoménologie, puisqu'il a également étudié ses textes tardifs (*Expérience et jugement*, Parties I et II de la *Krisis*), les premières transcriptions de ses manuscrits inédits (Partie III de la *Krisis*, *Idée de phénoménologie*, ensemble d'inédits du Groupe C sur la temporalité[3]), et même des travaux inédits de son ancien assistant E. Fink (notamment la *Sixième Méditation cartésienne*). Quant à Merleau-Ponty, il a certes lu et médité les mêmes œuvres que Trần Đức Thảo, mais sa connaissance de Husserl est cependant sans doute moins rigoureuse et historique que celle de Trần Đức Thảo dans la mesure où il lit davantage Husserl en vue de s'approprier des idées pour développer sa propre pensée. Par ailleurs, contrairement à Sartre, à Merleau-Ponty et à une grande partie du champ philosophique français, Trần Đức Thảo maintient (comme les Allemands[4]), une distinction entre la phénoménologie proprement dite (qui correspond principalement à l'entreprise de Husserl et à son prolongement chez E. Fink) et l'existentialisme (qui renvoie aux œuvres de Heidegger et de Sartre). Si l'existentialisme reprend certains éléments de la méthode phénoménologique, il est d'après Trần Đức Thảo davantage orienté vers l'action dans le monde,

---

[1] Sur cette caractérisation, voir *supra*, Partie I, Introduction.

[2] Sur ce point, voir H. Spiegelberg, *The Phenomenological Movement. A Historical Introduction*, 3ᵉ éd. The Hague, Boston, London, Nijhoff, 1982 [1ʳᵉ éd. 1960], p. 433 et p. 528.

[3] Dans les dernières années de sa vie, Husserl a demandé à ses deux assistants E. Fink et L. Landgrebe de classer ses manuscrits inédits. Ces derniers ont ainsi été répartis de manière thématique en six grands groupes (de A à F) – classement encore en vigueur aujourd'hui pour l'organisation du *Nachlass* (et qui a simplement été prolongé avec l'ajout de nouveaux groupes, de K à X). Le groupe C a pour titre « *Zeitkonstitution als formale Konstitution* » [La constitution du temps en tant que constitution formelle].

[4] *Cf.* H. Spiegelberg, *op. cit.*, p. 438–439.

alors que la phénoménologie se situe plutôt à un niveau épistémologique. Bien que ses références à l'existentialisme soient souvent très allusives, Trần Đức Thảo semble le connaître non seulement à travers Sartre (dont il a lu avec enthousiasme *L'Être et le Néant* durant l'été 1943[5]), mais également à travers Heidegger (dont sa connaissance ne se limite pas aux passages d'*Être et Temps* traduits par Corbin). Il prendra cependant progressivement de la distance par rapport à l'existentialisme, qu'il finira par disqualifier entièrement dans *Phénoménologie et matérialisme dialectique*. Ainsi, alors que Merleau-Ponty et Sartre tentent d'articuler le marxisme et l'existentialisme (qui est déjà une transformation de la phénoménologie husserlienne[6]), Trần Đức Thảo privilégie quant à lui la synthèse entre le marxisme et la phénoménologie dans sa formulation husserlienne.

La connaissance que Trần Đức Thảo a alors de Marx et de la tradition marxiste semble quant à elle bien inférieure à celle qu'il a de Husserl. Il connaît les formules classiques du marxisme diffusées dans le mouvement ouvrier (notamment à travers le *Manifeste du parti communiste* et différentes brochures militantes), certains des textes philosophiques du jeune Marx, en particulier les *Manuscrits de 1844* (dont il est l'un des premiers en France à proposer une lecture philosophique), et il a certainement lu les *Morceaux choisis* de Marx traduits par N. Guterman et H. Lefebvre[7] – mais dans l'ensemble sa connaissance de l'œuvre de Marx (et d'Engels) reste relativement limitée. Par ailleurs, bien qu'il ne cite jamais explicitement *Histoire et conscience de classe* de Lukács, il l'a vraisemblablement lu et le connaît grâce à l'exemplaire qui circule alors parmi les jeunes philosophes marxistes de son entourage[8]. Toutefois, contrairement à Merleau-Ponty, on ne trouve aucune référence au marxisme politique (Lénine, Luxemburg ou Trotski), qui, de manière générale, ne semble jamais l'avoir beaucoup intéressé. Ainsi, bien qu'attiré par le marxisme et souhaitant sincèrement l'articuler à la phénoménologie, Trần Đức Thảo est très loin maîtriser à cette époque la pensée marxiste – et en cela il se rapproche davantage de Sartre que de Merleau-Ponty.

Dans ce chapitre, nous nous proposons de reconstruire la synthèse entre marxisme et phénoménologie que cherche à élaborer Trần Đức Thảo dans l'immédiat après-guerre – tentative esquissée dans plusieurs textes de cette époque, mais qui ne recevra jamais une forme achevée, avant la réorientation de ses recherches vers 1948.

---

[5] Ainsi écrit-il à H. L. Van Breda à l'automne 1943 : « Vous avez sans doute lu le livre récent de J. P. Sartre "L'Être et le Néant". Il me semble bien injuste pour les auteurs dont il s'inspire continuellement ! Mais c'est sans doute ce qu'on a écrit de mieux en français depuis longtemps » (Lettre à H. L. Van Breda, 13 novembre 1943). Voir aussi le témoignage de J.-F. Revel (J.-F. Revel, *Mémoires. Le voleur dans la maison vide*, Paris, Plon, 1997, p. 101). Trần Đức Thảo assiste à une conférence que donne Sartre à l'ENS à la fin de la guerre (*cf.* S. Israël, *Les études et la guerre. Les normaliens dans la tourmente (1939–1945)*, Paris, Éditions de la Rue d'Ulm, 2005, p. 247-248).
[6] *Cf. supra*, Introduction générale.
[7] K. Marx, *Morceaux choisis*, Paris, Gallimard, 1934.
[8] Sur ce point, voir Merleau-Ponty, Lettre à Lukács, 24 mai 1946 (Archives Lukács, Budapest).

1 Genèse de l'intention philosophique de Trần Đức Thảo.

« J'ai l'intention de faire ma thèse dogmatique où j'essayerai de réaliser le point de vue de Fink d'une "*Phänomenologie der Phänomenologie*". Mais une telle réalisation exige, à mon avis, des concepts entièrement nouveaux et une méthode qui dépasse tout à fait la méthode strictement phénoménologique »
(Trần Đức Thảo, Lettre à H. L. Van Breda, 27 septembre 1943).

Le projet d'articulation entre marxisme et phénoménologie dans lequel se lance Trần Đức Thảo à la Libération est le point d'aboutissement de son évolution intellectuelle et personnelle depuis son arrivée en France en 1936. Rapidement séduit par la phénoménologie husserlienne[9] (qu'il découvre en 1940 à Clermont-Ferrand sur les conseils de J. Cavaillès[10]), Trần Đức Thảo y voit cependant dès le départ un projet philosophique inachevé, appelant à être prolongé. Ce prolongement se transforme assez rapidement en besoin de dépassement de l'entreprise husserlienne – et cela avant même que Trần Đức Thảo ne rencontre véritablement la pensée marxiste. Ce n'est en effet que dans un second temps, et sous l'influence conjointe du milieu philosophique normalien profondément philomarxiste autour de Merleau-Ponty, et des militants marxistes anticoloniaux, qu'il acquiert la conviction que le marxisme représente une pensée à même de réaliser les promesses de la phénoménologie. Trần Đức Thảo joue alors un rôle décisif pour placer la question du rapport entre phénoménologie et marxisme au centre du débat philosophique, à la fois par l'importance qu'il a dans la réception de la phénoménologie husserlienne en France et par son aura auprès des jeunes intellectuels. C'est ce mouvement d'ensemble que nous voudrions reconstruire à partir des éléments fragmentaires qui nous sont parvenus[11].

1.1 *Trần Đức Thảo et l'introduction de la phénoménologie en France.*

Trần Đức Thảo est avec Merleau-Ponty l'un des principaux protagonistes de la seconde phase de la réception de la phénoménologie en France – phase qui se caractérise d'un point de vue institutionnel, par la constitution de la phénoménologie husserlienne en objet d'étude universitaire légitime, et d'un point de vue

---

[9] Avant de découvrir la phénoménologie, Trần Đức Thảo est d'abord fortement attiré par la philosophie de Spinoza : « Avant d'aborder la philosophie contemporaine, j'étais un spinoziste convaincu » (Lettre à A. Kojève, 30 octobre 1948, dans *Genèse*, n°2, 1990, p. 137). Dans l'immédiat après-guerre, un *Spinoza* de Trần Đức Thảo est d'ailleurs annoncé aux Éditions de la Cité universelle.
[10] *Cf.* NB, p. 144 et *FH*, Préface, p. 7.
[11] Si nous nous étendons peut-être un peu longuement sur des éléments biographiques, c'est parce qu'aucune étude d'ensemble n'existe sur Trần Đức Thảo, et que les informations disponibles ne sont pas toujours fiables.

1 Genèse de l'intention philosophique de Trần Đức Thảo.

interprétatif, par la priorité accordée aux œuvres tardives et aux inédits du philosophe allemand. Lorsque Trần Đức Thảo intègre l'École normale supérieure en 1939, la philosophie de Husserl est en effet encore très peu présente dans l'université française. Le mémoire de Diplôme d'études supérieures (DES) qu'il consacre en 1941–1942 à *La méthode dans la phénoménologie de Husserl* fait alors date dans l'histoire de la réception de Husserl en France. Ce travail universitaire, qui reçoit les éloges de Jean Cavaillès[12], s'impose même immédiatement comme le meilleur commentaire de l'œuvre de Husserl et circule sous forme ronéotypée parmi les normaliens[13]. Son influence sur le milieu philosophique normalien est décisive. D'après le témoignage de J.-F. Revel, Trần Đức Thảo fait en effet figure d'« oracle philosophique » auprès de ses camarades :

> Les normaliens avaient hissé [Thao] au rang de demi-dieu de la pensée, comme ils firent vingt-cinq ans plus tard pour Althusser[14].

Le charisme de Trần Đức Thảo ainsi que la force philosophique de son mémoire marquent alors plusieurs générations de normaliens et contribuent à orienter leur intérêt vers la phénoménologie de Husserl (et, par leur entremise, celui de l'ensemble du champ philosophique). Ce travail d'introduction de la phénoménologie se poursuit ensuite dans l'après-guerre lorsque le jeune philosophe vietnamien est sollicité pour donner, parallèlement à J.-T. Desanti, des cours sur Husserl et la phénoménologie à l'École normale supérieure[15].

---

[12] « M. Thao a lu toute l'œuvre publiée de Husserl, quelques inédits, l'essentiel des commentaires. *Son travail constitue lui-même une des meilleures études françaises sur Husserl* et dépasse nettement le niveau du diplôme ordinaire. Il révèle des connaissances nombreuses et une réflexion philosophique pénétrante » (J. Cavaillès, Procès-verbal de la soutenance de mémoire de Trần Đức Thảo, Archives nationales, 61 AJ 191). Cavaillès évoque également le mémoire de Trần Đức Thảo dans une lettre à L. Brunschvicg (citée dans G. Ferrières, *Jean Cavaillès. Philosophie et combattant (1903–1933)*, Paris, PUF, 1950, p. 169. Nous n'avons pas pu retrouver l'original de cette lettre dans les fonds d'archives Cavaillès).

[13] *Cf.* les témoignages recueillis par S. Israël auprès de plusieurs philosophes normaliens de l'époque (S. Israël, *op. cit.*, p. 85 ; ainsi que les annexes de son mémoire de DEA déposé à la bibliothèque de l'ENS), et le témoignage de L. Althusser (*L'avenir dure longtemps. Suivi de Les Faits*, Paris, Éditions Stock/IMEC, 1994, p. 199).

[14] J.-F. Revel, *op. cit.*, p. 101–102. Ce témoignage est confirmé par H. L. Van Breda : « À la Normale [...] il avait le renom d'être prodigieusement doué, et il était hautement respecté pour sa valeur philosophique » (H. L. Van Breda, Lettre à D. Moreno, 26 mai 1972 – « Archives des Archives », université de Louvain). Un rapport de la Préfecture de Police du 8 octobre 1945 mentionne également qu'il est « considéré dans les milieux universitaires comme l'un des plus brillants sujets de la génération actuelle » (Archives de la Préfecture de Police, « Dossier Tran Duc Thao », 1W-765).

[15] Toute la génération de philosophes de l'immédiat après-guerre sera formée à la phénoménologie par ces cours. Althusser parle à plusieurs reprises de ces cours dans ses mémoires (*cf.* L. Althusser, *op. cit.*, p. 139, p. 203, p. 362) et on en retrouve des traces dans des notes de cours conservées à l'IMEC (ALT2 A56-09, p. 1–19). Lucien Sève, qui intègre l'ENS en 1945, suit les cours de Trần Đức Thảo et consacre son mémoire de DES en 1948 au « Problème du moi dans la *Doctrine de la science* de Fichte et dans la phénoménologie de Husserl » – problématique qui semble fortement influencée par la lecture de Trần Đức Thảo (*cf.* L. Sève, *Penser avec Marx aujourd'hui. T1 : Marx et nous*, Paris, La Dispute, 2004, p. 255 ; *T3 : La philosophie*, Paris, La Dispute, 2014, p. 164–165).

L'importance de Trần Đức Thảo dans l'histoire de phénoménologie française tient aussi à son rôle dans l'élaboration et la diffusion d'une interprétation nouvelle de Husserl. Cette interprétation se distingue de celle des années trente (centrée sur l'œuvre publiée et les *Ideen I* en particulier) en raison du privilège herméneutique qu'elle accorde aux œuvres tardives (*Expérience et jugement*, Parties I et II de la *Krisis*) et, peut-être plus encore, aux manuscrits inédits conservés aux Archives-Husserl de Louvain[16] – textes dans lesquels se trouvent des analyses (de la *Lebenswelt*, de la temporalité) qui jettent un tout autre éclairage sur le projet philosophique de Husserl. Merleau-Ponty, qui est le premier chercheur étranger à s'intéresser aux inédits et à venir les consulter à Louvain (en avril 1939)[17], incite Trần Đức Thảo, dès leur rencontre en 1941, à prêter une attention toute particulière à ces textes où se trouve, selon lui, l'essentiel de la pensée de Husserl[18]. Ces orientations herméneutiques forment le cadre général des travaux et cours de Trần Đức Thảo sur Husserl. Sa rigueur dans l'analyse, le commentaire et la traduction assure ensuite la diffusion de cette nouvelle interprétation de Husserl que Merleau-Ponty ne fait que suggérer dans ses propres textes[19].

La contribution de Trần Đức Thảo n'est pas seulement théorique, mais également pratique – comme nous pouvons le voir à travers la correspondance que H. L. Van Breda (responsable des Archives-Husserl de Louvain) échange entre 1939 et 1946 avec des jeunes philosophes qui s'intéressent alors à la phénoménologie (Cavaillès, Merleau-Ponty et Trần Đức Thảo)[20]. L'un des facteurs qui contribue grandement à ancrer cette interprétation dans le champ philosophique français est la présence en France à partir du printemps 1944 de plusieurs milliers de pages de transcriptions des inédits de Husserl – transcriptions qui ont été transportées clandestinement par Trần Đức Thảo entre Louvain et Paris et qu'il conserve à son domicile[21]. Les contacts entre la France et la Belgique, initiés par la visite de Merleau-Ponty en avril 1939, sont interrompus par la guerre, et ne reprennent qu'en 1942 à

---

[16] Sur ce point, voir *supra*, Introduction générale.

[17] H. L. Van Breda, « Maurice Merleau-Ponty et les Archives-Husserl à Louvain », *RMM*, n°4, octobre-décembre 1962, p. 412.

[18] « La philosophie de Husserl est presque entièrement contenue dans les inédits » (Lettre à H. L. Van Breda, 1er juin 1942). Sur la lecture merleau-pontyenne de Husserl, voir *infra*, Partie I, chap. 3.

[19] R. Schérer se souvient d'avoir participé vers la fin de la guerre à des groupes de lecture informels organisés par Trần Đức Thảo, où celui-ci présentait et traduisait des textes inédits de Husserl (Entretien avec R. Schérer, 17 juillet 2017). Trần Đức Thảo entreprend également un travail de traduction, dont on trouve des échantillons dans *PMD*. En 1946 il propose à Vrin de traduire *Les leçons pour une phénoménologie de la conscience intime du temps* de Husserl (*cf*. H. Gouhier, Lettre à H. L. Van Breda, 12 avril 1946).

[20] Cette correspondance est conservée aux « Archives des Archives » (Bibliothèque de l'université de Louvain) et fera bientôt l'objet d'une publication.

[21] Pour les détails de ces échanges et les rôles qu'y jouent Trần Đức Thảo et Merleau-Ponty, voir leur correspondance avec Van Breda, ainsi que H. L. Van Breda, *op. cit*. et J.-F. Courtine, « Tran Duc Thao et la protofondation des archives Husserl de Paris », dans J. Benoist et M. Espagne (dir.), *L'itinéraire de Trần Đức Thảo. Phénoménologie et transferts culturels*, Paris, Armand Colin, 2013, p. 13–24.

l'initiative de Trần Đức Thảo[22]. Trần Đức Thảo se rend enfin à Louvain pour deux séjours de trois semaines entre le 20 janvier et le 10 avril 1944. C'est à cette occasion qu'il lit les inédits de Husserl[23], et rapporte les transcriptions à Paris[24] (notamment le texte allemand des *Méditations cartésiennes*, la troisième partie inédite de la *Krisis*, le manuscrit F I 17 de l' « Idée de la phénoménologie et sa méthode », ainsi que 870 pages des textes du groupe C sur la temporalité[25]). C'est donc grâce au volontarisme et à l'audace de Trần Đức Thảo que les intellectuels français ont pu, entre 1944 et 1948, avoir à leur disposition des milliers de pages d'inédits de Husserl et ainsi développer une interprétation de la phénoménologie husserlienne centrée sur ces textes.

1.2 De l'expérience de colonisé au marxisme.

L'intense activité autour de l'œuvre de Husserl pendant les années d'Occupation vient sans doute confirmer l'image que certains de ses condisciples de l'ENS ont de lui à l'époque, celle d'un « pur philosophe » détaché de toute préoccupation politique (vision de J.-F. Revel[26], que reprend S. Israël[27]). D'autres témoignages montrent cependant que son engagement anticolonial et son rapport au marxisme sont bien plus précoces. Trần Đức Thảo est en effet profondément marqué par sa situation de colonisé.

---

[22] Trần Đức Thảo écrit à H. L. Van Breda au début de l'année 1942 en vue d'organiser un voyage aux Archives dans le cadre de la préparation de son diplôme – voyage qu'il ne pourra pas réaliser cette année-là. Il s'ensuit que son mémoire de 1942 ne pouvait pas contenir d'analyses personnelles de ces inédits (qu'il ne pouvait connaître qu'indirectement grâce à Merleau-Ponty).

[23] Pour la liste les manuscrits consultés par Trần Đức Thảo à Louvain, voir la note biobibliographique de R. Tomassini (*PMD*, trad. it., p. 277–282, note p. 278–279).

[24] Le 15 février 1944, il revient une première fois à Paris en transportant clandestinement plus de 3000 pages de transcriptions d'inédits. Malheureusement, R. Le Senne ainsi que tous les autres enseignants titulaires de la Sorbonne refusent d'accueillir les documents : Trần Đức Thảo est alors contrait de refaire le trajet vers Louvain avec l'ensemble des manuscrits. Trần Đức Thảo décide alors, avec Merleau-Ponty, de demander que les Archives Husserl leur confient à tous les deux les transcriptions à titre personnel. Trần Đức Thảo peut ainsi revenir à Paris le 10 avril avec plus de 2100 pages de transcriptions qu'il conserve chez lui jusqu'en décembre 1946 (et certaines jusqu'en 1948).

[25] Une liste complète des transcriptions qui lui sont confiées est conservée aux « Archives des Archives » (Bibliothèque de l'université de Louvain).

[26] Dans ses mémoires, J.-F. Revel, qui intègre l'ENS en 1943 et se lie d'amitié avec Trần Đức Thảo, témoigne du caractère apolitique de Trần Đức Thảo pendant la guerre et de son indifférence par rapport au marxisme : « Pendant la guerre, à l'École, il était indifférent au marxisme et à la politique. Il ne devait même pas connaître très bien Marx dont, en tout cas, il ne me parla jamais » (J.-F. Revel, *op. cit.*, p. 102).

[27] S. Israël, *op. cit.*, p. 85 et p. 136–137.

Le parcours initial[28] de Trần Đức Thảo se présente comme un matériau rêvé pour justifier « l'œuvre positive » de la colonisation française. Ce fils d'un petit fonctionnaire des postes devient un brillant élève au lycée français Albert Sarraut de Hanoï : second accessit de philosophie au concours général, il est reçu au baccalauréat français en 1935. C'est ce qui lui permet d'obtenir en 1936 une bourse du gouvernement général d'Indochine pour aller en France préparer le concours de l'École normale supérieure. Après être passé par les classes préparatoires des lycées Louis-le-Grand et Henri IV, il intègre l'ENS en 1939 avant de passer brillamment l'agrégation en 1943. Mais sous ce *cursus honorum* idéal, on ne peut que deviner les déchirements de son expérience de colonisé – expérience qui a un rôle déterminant dans son cheminement vers le marxisme. Tout d'abord, il faut rappeler que l'accès des Vietnamiens à l'enseignement français reste une exception – et à toutes les étapes du parcours, on ne cesse de lui rappeler son statut de colonisé. Lorsqu'il est reçu 2e au concours de l'ENS, c'est en tant que « protégé français » et avec la mention « numéro bis »[29] (ce qui implique qu'il y aurait un *vrai* deuxième). Lorsqu'il devient le premier vietnamien reçu à l'agrégation de philosophie, il reçoit la mention « hors rang » (bien qu'il soit classé premier ex-aequo avec J. Vuillemin), ce qui exclut toute candidature à un poste dans l'enseignement en France métropolitaine. Mais en outre, ses succès eux-mêmes sont utilisés par la propagande colonialiste pour *justifier* la grandeur de l'œuvre française. Qu'a-t-il pensé lorsqu'il a lu en juillet 1939 dans un article relatant son intégration de l'ENS la conclusion suivante :

> Ce brillant résultat enlevé par un jeune étudiant, enfant de notre Empire, n'est-il pas une éclatante preuve du génie colonisateur de notre pays et de l'effort qu'il fait pour communiquer sa culture à ses fils d'adoption[30] ?

En septembre 1943, dans *L'Écho annamite* (« Organe de défense des intérêts franco-annamites »), l'annonce de son succès à l'agrégation est surtout l'occasion d'insister sur la générosité de la France à son égard, et de l'inviter à participer à la collaboration coloniale[31]. Ce sont ces expériences qui participent à la constitution de

---

[28] Pour les informations biographiques nous suivons deux textes autobiographiques de Trần Đức Thảo (« Note biographique » [NB] de 1984, publiée dans *LTM* en 1993, et la préface de la *FH* de 1986), ainsi que l'étude de D. Hémery « Trần Đức Thảo. Itinéraire I. Premier exil » (J. Benoist et M. Espagne (dir), *op. cit.* p. 47–59) et Tran Vinh Thao, *Les Compagnons de route de Ho Chi Minh. Histoire d'un engagement intellectuel au Viêt-nam*, Paris, Karthala, 2004.

[29] S. Israël, *op. cit.*, p. 84. *Cf.* Archives nationales, 61 AJ 174.

[30] « Un jeune Tonkinois reçu troisième à Normale supérieure », *Le Journal*, Paris, le 23 juillet 1939, p. 4.

[31] « Le brillant succès de M. Tran Duc Thao n'a pas trompé les espoirs mis en lui par les siens, par ses professeurs et par le Gouvernement général de l'Indochine. L'élite intellectuelle annamite, formée à l'école française, compte une nouvelle unité de choix, et la collaboration franco-annamite, un nouvel artisan. À mesure que les fils d'Annam accèdent ainsi aux plus hauts degrés de la culture française, le champ de la collaboration s'élargit : Français et Indochinois assumeront désormais dans l'œuvre commune la tâche qui correspond à leurs capacités et ils auront la place qui revient à leurs mérites. Signalons enfin le geste de M. le Secrétaire d'État à la Marine et aux Colonies, qui a accordé à M. Thao une récompense de 10 000 frs. Ce geste a démontré la sollicitude manifestée par le Gouvernement du Maréchal à l'égard des Indochinois qui vivent actuellement en France

ces « monstres » (selon sa propre expression) qui forment la dite « élite intellectuelle » issue des colonies. En effet, comme le montre Trần Đức Thảo, ces individus sont, de par leur situation, tiraillés entre une double fidélité : fidélité d'une part envers la France en raison de leur formation scolaire et de leur appartenance à la culture française[32], et d'autre part envers leur peuple d'origine[33]. J. Havet, ami et condisciple de Trần Đức Thảo, confirme cette idée en livrant un témoignage sur la précocité du sentiment anticolonial de Trần Đức Thảo :

> C'est [...] au cours de ma première année de khâgne [1937–38] que j'ai eu la chance de faire la connaissance de l'étonnant Trần Đức Thảo, déjà en pleine rébellion anticolonialiste (ce qui ne manque pas d'achever de m'ouvrir les yeux), et pour qui, à ce qu'il m'a plus tard confié, j'incarnais « l'occident », auquel il était rivé par un singulier complexe de fascination et de détestation[34].

Ce témoignage signale bien la situation impossible dans laquelle se trouve cette « élite intellectuelle des colonies » dont fait partie Trần Đức Thảo et les sentiments ambivalents (de fascination et de détestation) qu'elle a pour la France.

Nous ne disposons pas de document permettant de dater le passage de la « rébellion anticolonialiste » à l'engagement politique anticolonial. Trần Đức Thảo a certainement dû être marqué par l'agitation anticoloniale importante qui a lieu dans les années trente au Vietnam[35], puis, en arrivant à Paris, par le milieu anticolonial parisien[36], et enfin très probablement par l'engagement résistant de J. Cavaillès[37] ou de

---

séparés de leurs familles » (« M. Tran duc Thao agrégé en Philosophie », *L'Écho annamite*, le 23 septembre 1943, p. 2).

[32] Dans « Sur l'Indochine », Trần Đức Thảo décrit la situation de cette « élite » intellectuelle : « Membre inférieur [de la communauté française] qui, par une faveur spéciale, a été traité comme un membre supérieur et qui doit donc une profonde reconnaissance à l'autorité qui régit la communauté [...], au lieu de l'exploiter, on l'a fait profiter au contraire des bénéfices de l'exploitation. Par une faveur du pouvoir, il a été élevé de la classe dominée à la classe dominante ; il en est désormais un membre, et prétendre repasser du côté des exploités, c'est commettre une *trahison* » (« Sur l'Indochine », *LTM*, n°5, février 1946, p. 896–897).

[33] À la suite du passage cité dans la note précédente, Trần Đức Thảo affirme : « Mais l'Annamite, dans son horizon propre, ne peut se considérer que comme un citoyen du Viet-Nam. [...] Abandonner les siens pour un avantage personnel, c'est là la définition même du concept de trahison » (*ibid.*, p. 897).

[34] J. Havet, « De la khâgne comme formation et comme viatique : un *Bildungsroman* » [version inédite], p. 8 (ce passage n'est pas repris dans la version publiée : « De la Khâgne, et de ce qui s'ensuite. Esquisse d'un "Bildungsroman" personnel », dans M. Garrigou (dir.), *Khâgne... et après. Lycée Louis le Grand 1934–1939*, Toulouse, Arts et formes, 1997, p. 157–197).

[35] Sur ce point voir notamment P. Brocheux et D. Hémery, *Indochine. La colonisation ambiguë (1858–1954)*, Paris, La Découverte, 1994, chap. 7 « Résistances, nationalismes, mouvements sociaux (1900–1939) », p. 275–324.

[36] Pendant l'entre-deux-guerres, Paris fait en effet figure de capitale mondiale de l'anticolonialisme. Sur cette question, voir notamment M. Goebel, *Paris, capitale du tiers monde. Comment est née la révolution anticoloniale (1919–1939)*, Paris, La Découverte, 2017.

[37] J. Cavaillès est arrêté en août 1943 (il sera exécuté en février 1944) alors qu'il participe avec Trần Đức Thảo à la tentative de dépôt de manuscrits de Husserl en France. Nous n'avons pas de témoignage sur l'influence de l'engagement de Cavaillès sur Trần Đức Thảo.

S. Piobetta[38]. Une note des Renseignements généraux signale que « dès 1940, il a attiré l'attention pour son activité dans les milieux indochinois anti-français », lorsqu'il est notamment « désigné comme secrétaire de l'Association des Annamites de France » (fondée en mars 1940)[39]. Début 1944, on trouve les premières traces d'une activité militante anticoloniale[40] : avec des militants révolutionnaires trotskistes du « Groupe bolchevik-léniniste » (GBL), il fait de la propagande dans les camps de travailleurs vietnamiens[41], et s'affirme progressivement, durant l'année 1944, comme l'une des principales figures du mouvement anticolonial indochinois en France[42]. Dès lors, il fait l'objet d'une surveillance, et les rapports s'alarment régulièrement de l'influence qu'a la personnalité très charismatique de Trần Đức Thảo sur ses compatriotes[43]. Ainsi, dans une note que le Préfet de Police adresse au Ministère de l'Intérieur et au Ministère des Colonies, il est décrit de la manière suivante :

> Il s'est fait remarquer au cours de ses études, outre par ses qualités intellectuelles, par sa tenue morale toujours impeccable. Ce philosophe de très grande valeur est en effet, doublé d'un saint, il a continué à mener à Paris, et ce malgré les difficultés les plus invraisemblables qu'il a rencontrées, une vie de moine portant ses scrupules jusqu'à continuer à se nourrir à la manière de ses ancêtres, à se vêtir comme eux, à faire ses prières ainsi que sa religion le lui imposait. De là le prestige considérable qu'il a acquis dans les milieux indochinois de Paris porté peut-être plus à admirer le moine que le philosophe[44].

En tant que responsable des affaires politiques de la Délégation Générale des Indochinois de France, il prend en septembre 1945 publiquement parti en faveur de Ho Chi Minh (qui vient de déclarer l'indépendance du Vietnam) et de la lutte armée

---

[38] Stéphane Piobetta (1913–1944) est agrégé-répétiteur à l'ENS entre octobre 1941 et juillet 1943, moment où, sur le point d'être arrêté, il fuit la France pour rejoindre les Forces française combattantes en Afrique du nord, avant de mourir au combat en mai 1944 lors de la bataille Garigliano. Il est responsable de la préparation à l'agrégation en 1942–43 lorsque Trần Đức Thảo se présente au concours.

[39] Note du 22 décembre 1949, Archives des Renseignements Généraux, Dossier Tran Duc Thao (316 838).

[40] Dans les années trente, l'opposition à la France prend deux formes, nationaliste ou communiste. Il est possible qu'il ait été, dans un premier temps, tenté par le nationalisme anticolonial (S. Israël cite quelques témoignages allant dans ce sens, op. cit., p. 136–137), mais il semble assez vite s'orienter vers l'engagement anticolonial marxiste, en raison notamment de la vocation universaliste de ce dernier. En effet, comme il l'écrit en 1946, « [en] donnant son sens précis à l'exploitation coloniale, [le communisme] débarrassait le sentiment national de tout reste de xénophobie » (« Sur l'Indochine », p. 890).

[41] Les ONS (« ouvriers non spécialisés ») sont des Vietnamiens réquisitionnés en 1939 et envoyés en métropole pour aider à l'effort de guerre. Après la défaite, ils sont laissés dans des camps.

[42] Pour plus de détails sur ces épisodes, voir D. Hémery, « Trần Đức Thảo. Itinéraire I. Premier exil », op. cit. et A. Feron, « Qui est Trần Đức Thảo ? Vie et œuvre d'un philosophe vietnamien », Contretemps-web(https://www.contretemps.eu/qui-est-tran-duc-thao-vie-et-oeuvre-dun-philosophe-vietnamien/).

[43] Cf. par exemple la Note du 20 novembre 1947 (Archives des Renseignements Généraux, Dossier Tran Duc Thao).

[44] Rapport sur la personnalité et l'activité de Tran Duc Thao (8 octobre 1945), Archives de la Préfecture de Police, Dossier Tran Duc Thao, 1W-765.

en cas d'expédition française pour reconquérir l'Indochine[45]. Arrêté le 5 octobre avec cinquante-cinq de ses compatriotes pour « atteinte à la sûreté extérieure de l'État et tentative de séparatisme », il assume alors devant ses interrogateurs l'entière responsabilité des activités politiques de la Délégation : ses compatriotes seront ainsi tous relâchés au bout de quelques semaines, tandis qu'il restera lui-même incarcéré à la prison de la Santé jusqu'au 16 décembre[46]. À sa libération, il continue ses activités militantes, mais il prend peu à peu ses distances avec les trotskistes et se rallie aux positions du Viet-Minh de Ho Chi Minh[47] – convaincu par sa stratégie d'union nationale entre les classes contre la colonisation. C'est seulement alors qu'il se rapproche du Parti communiste français[48].

L'engagement anticolonial joue un rôle décisif dans l'adhésion politique de Trần Đức Thảo au marxisme. Son rapprochement philosophique avec le marxisme vient quant à lui d'une double source. Le climat intellectuel des milieux normaliens, en particulier autour de Merleau-Ponty, constitue tout d'abord un facteur déterminant qui oriente l'intérêt de Trần Đức Thảo vers le marxisme. Merleau-Ponty, en tant qu'agrégé-répétiteur à l'ENS, incite en effet les jeunes philosophes qui gravitent autour de lui (J.-T. Desanti, F. Cuzin, P. Hervé, Y. Picard, S. Devouassoux, Trần Đức Thảo, etc.) à s'intéresser à la phénoménologie husserlienne, mais à ne pas s'en contenter. Cette « génération montante » (selon la formule de Trần Đức Thảo[49]) doit également s'approprier les deux autres grands philosophes allemands, qui n'ont pas encore pleinement fait leur entrée dans l'université française : Hegel et Marx. Dans un texte autobiographique de 1984, Trần Đức Thảo raconte la manière dont Merleau-Ponty suggérait un programme théorique à cette nouvelle génération :

> J'avais fait la connaissance de Merleau-Ponty, en 1941 à la rue d'Ulm, où il était revenu pour sa dernière année de caïmanat. Il nous lisait des extraits de sa thèse en préparation sur la Phénoménologie de la perception, et disait souvent que tout cela finira [sic] par une synthèse de Husserl, Hegel et Marx[50].

Si l'influence hégélienne sur Trần Đức Thảo est précoce et imprègne déjà le mémoire de 1942[51], il est cependant difficile de savoir à quel moment il commence à lire et étudier les textes marxistes.

---

[45] Lors d'une conférence de presse en septembre 1945, on lui demande comment sera accueilli le corps expéditionnaire français, et il répond : « À coups de fusil ! »

[46] Pendant tout l'automne 1945, il y a une intense mobilisation notamment à l'École normale supérieure afin d'obtenir sa Libération. L' « affaire Trần Đức Thảo » ne fera qu'accroître son prestige auprès des normaliens, qui parviendront à le faire inviter dès le mois de février 1946 pour des conférences sur Husserl. Sur cet épisode, voir Y. M. Boutang, *Louis Althusser, une biographie. La formation du mythe*, Paris, Grasset, 1992, vol. 2, p. 211.

[47] Une rencontre avec Ho Chi Minh à l'occasion de la conférence de Fontainebleau (juillet-août 1946) aurait notamment été décisive.

[48] Ainsi, fin 1947, en répondant à une enquête de R. Stéphane, il peut déclarer : « Défendre le marxisme, ne fût-ce que sur le plan théorique, c'est *ipso facto*, soutenir le parti communiste » (QC, p. 277).

[49] H. L. Van Breda, art. cit., p. 423.

[50] *FH*, Préface, p. 6.

[51] Trần Đức Thảo rapporte que c'est Cavaillès qui l'a poussé à lire Hegel dès 1940. Cavaillès quant

La deuxième influence qui le pousse vers le marxisme vient des intellectuels marxistes qu'il rencontre dans les milieux politiques anticoloniaux. C'est dans ce cadre qu'il fait notamment la connaissance de P. Naville et de D. Guérin – rencontres qui stimulent certainement son intérêt naissant pour le marxisme. On dispose de peu d'informations sur son rapport à Naville, mais on peut penser que ce dernier a pu présenter à Trần Đức Thảo une autre conception du marxisme, assez différente de l'existentialisme marxiste de Merleau-Ponty, et qui a peut-être joué un certain rôle dans l'évolution ultérieure de Trần Đức Thảo. Naville se revendique en effet du « matérialisme dialectique », affirme la nécessité de fonder une psychologie marxiste (qui doit s'appuyer, selon lui, sur le behaviourisme), et s'intéresse en particulier à la *Dialectique de la nature*, dont il sera le premier éditeur français[52]. La rencontre avec Naville et les échanges intellectuels auxquels elle donne lieu sont certainement à l'origine de l'intervention de Trần Đức Thảo lors du débat sur les rapports entre marxisme et phénoménologie lancé par *La revue internationale* (dont Naville est l'un des directeurs)[53] au premier semestre 1946. C'est à cette occasion que Trần Đức Thảo publie son premier texte philosophique : « Marxisme et phénoménologie »[54].

1.3 De la « Phénoménologie de la phénoménologie » à la synthèse entre marxisme et phénoménologie.

Comment ce double ancrage théorique vient-il toutefois s'articuler en un projet philosophique cohérent ? Certains ont considéré ce projet comme une tentative artificielle de faire tenir ensemble une adhésion *philosophique* à la phénoménologie et une adhésion *politique* au marxisme (voire même la soumission servile de Trần Đức Thảo aux exigences politiques communistes[55]). Les divers documents dont nous disposons (en particulier sa correspondance avec H. L. Van Breda entre 1942 et 1946) suggèrent une autre interprétation, à savoir que le rapport critique de Trần Đức Thảo à l'égard de la phénoménologie *précède* son adhésion politique et philosophique au marxisme. Il acquiert en effet très tôt la conviction que l'inachèvement

---

à lui note le caractère hégélien du mémoire de 1942.

[52] Dès le premier numéro de *La revue internationale*, il publie en effet une traduction de l'Introduction de la *Dialectique de la nature* (n°1, décembre 1945). En 1950, il fera paraître la première édition française de la *Dialectique de la nature* (trad. D. Naville, Paris, Librairie Marcel Rivière et Cie, 1950), précédée d'une très longue préface et d'une introduction.

[53] Sur *La revue internationale*, voir *supra* Partie I, Introduction.

[54] M&P, *La revue internationale*, n°2, janvier-février 1946, p. 168–174.

[55] C'est ce que soutient J.-F. Revel. Parmi les nombreuses confusions, imprécisions et interprétations très personnelles et orientées des faits (tout en livrant parfois des informations utiles), il affirme, sans le moindre fondement, que c'est le « Parti communiste vietnamien [qui] le contraignit à réécrire son mémoire de diplôme d'études supérieures, *La méthode phénoménologique chez Husserl*. Il lui enjoignit de prouver que Husserl conduisait à Marx, ânerie dont seul Hô Chi Minh était capable, de même que le sinistre Nguyen Khac Vien » (J.-F. Revel, *op. cit.*, p. 106–107).

1 Genèse de l'intention philosophique de Trần Đức Thảo.

de l'entreprise phénoménologique est insurmontable si l'on s'en tient à la seule perspective phénoménologique : le seul moyen de réaliser la phénoménologie est alors de puiser des concepts et des méthodes dans d'autres pensées, et d'intégrer les analyses phénoménologiques dans un cadre plus englobant. C'est ce qu'il explique dans la Préface de *Phénoménologie et matérialisme dialectique* :

> Dès le début de nos recherches sur Husserl, dans un travail rédigé en 1942 […], nous avions deviné la contradiction [interne de l'entreprise phénoménologique] […] : mais nous pensions pouvoir la résoudre par un simple élargissement de perspectives, qui resterait fidèle à l'essentiel de l'inspiration phénoménologique[56].

Ce n'est qu'ensuite, dans un second temps, qu'il se persuade que le marxisme permet d'offrir cet « élargissement de perspective » et peut donc jouer le rôle de « relève » de la phénoménologie.

1.3.1 Réécrire le mémoire de 1942.

La publication de *Phénoménologie et matérialisme dialectique* en 1951 est le résultat de près de dix ans de réécriture de son mémoire de 1942[57]. Pour mesurer le travail de transformation, et donc l'évolution théorique de Trần Đức Thảo sur cette période, il faudrait pouvoir comparer le texte de 1951 avec celui de 1942. Celui-ci n'ayant malheureusement pas été retrouvé, nous sommes contraints de nous appuyer sur le procès-verbal de soutenance rédigé par Cavaillès, la correspondance avec H. L. Van Breda, ainsi que quelques témoignages[58]. En 1942, après la soutenance, Cavaillès propose en effet à Trần Đức Thảo de compléter son mémoire en vue d'une publication, en y intégrant l'étude des manuscrits inédits de Louvain[59]. Trần Đức Thảo ne

---

[56] *PMD*, Préface, p. 6.
[57] Dans la Préface de *PMD*, Trần Đức Thảo indique que seul le premier chapitre du mémoire de 1942 est repris dans l'ouvrage de 1951 (*PMD*, Préface, p. 6).
[58] Le témoignage de J.-F. Revel permet de confirmer la différence entre les deux versions du texte. Bien que son interprétation du sens de l'évolution de Trần Đức Thảo entre 1942 et 1951 soit fortement contestable, il n'en reste pas moins que son témoignage montre l'ampleur de la réécriture à laquelle a donné lieu le livre de 1951 : « En 1943, j'avais lu en manuscrit le mémoire de diplôme de Thao. Quand je rentrai du Mexique à la fin de 1952, j'appris que ce mémoire avait été publié l'année précédente sous le titre, fort alarmant déjà par lui-même, de *Phénoménologie et matérialisme dialectique*, par de curieuses "Éditions Minh-Tan", rue Guénégaud, où je me précipitai pour l'acheter. Quelle déconvenue ! Sous le bitume marxiste, rien n'avait survécu de la cristalline limpidité de l'argumentation, de l'élégante solidité du style, de la rigoureuse probité de l'analyse historique, toutes qualités qui, à la lecture de la première version, écrite en 1941–42, m'avaient donné un si haut sentiment de sécurité intellectuelle et un si vif plaisir logique. Contraint de charger sur ses épaules le poids accablant du matérialisme dialectique, Thao était devenu à la fois précieux et plat, compliqué et simpliste, pesant et superficiel, pointilleux et inexact » (J.-F. Revel, *op. cit.*, p. 107).
[59] « Thao m'a fait un excellent mémoire sur Husserl […] et, comme on lui offrait l'accès aux quelque quinze mille feuillets du fonds inédit, et qu'il ne manque pas de courage, je lui ai conseillé d'approfondir un peu pendant ces vacances. On pourrait publier la chose… s'il y a du papier » (Lettre de J. Cavaillès à L. Brunschvicg, cité dans G. Ferrières, *op. cit.*, p. 169).

s'y mettra qu'en 1943–44, lorsqu'il obtient l'autorisation de faire une quatrième année d'ENS pour préparer un projet de thèse[60] – thèse qui doit prolonger et approfondir son premier travail sur Husserl. C'est dans cette perspective qu'il se rend à Louvain dans les premiers mois de 1944, et qu'il prend contact, dès son retour, avec E. Bréhier pour que celui-ci dirige sa thèse[61]. La découverte des manuscrits lui fait toutefois prendre conscience de l'importance des remaniements à apporter à son travail de 1942, et de la nécessité d'y intégrer l'analyse de textes qui ont suscité son intérêt lors de son séjour à Louvain : les inédits de Husserl sur le temps, et notamment ceux sur le Présent vivant (*lebendige Gegenwart*)[62]. C'est au printemps 1944 qu'il rédige alors l'essentiel de ce qui deviendra la première partie de *Phénoménologie et matérialisme dialectique*[63] – ouvrage qui devait paraître chez Vrin[64].

La rédaction subit un coup d'arrêt à l'été 1944, à mesure que l'engagement de Trần Đức Thảo dans ses activités politiques anticoloniales prend de l'ampleur. Sa correspondance avec H. L. Van Breda nous permet de suivre mois par mois les retards successifs dans l'écriture ainsi que les différentes étapes de son évolution intellectuelle sur cette période. En avril 1945, il rapporte ainsi à H. L. Van Breda qu'il n'a pu présenter à E. Bréhier que la « première partie » de son travail sur Husserl[65], avant d'avouer, fin juin 1945, que le livre est loin d'être achevé :

> Comme vous vous le rappelez sans doute le livre que je prépare – qui est un remaniement de mon diplôme – a été promis depuis longtemps […]. J'éprouve des difficultés considérables à finir ce travail sur Husserl, étant constamment distrait par d'autres préoccupations. Contrairement à ce que je vous ai annoncé, il n'est pas encore fini, j'en suis toujours à la

---

[60] S. Israël, *op. cit.*, p. 85 ; J.-F. Revel, *op. cit.* p. 102.

[61] Lettre à H. L. Van Breda, 5 mai 1944.

[62] « Je me suis remis à mon diplôme. Il y a beaucoup de choses à revoir, et je veux y introduire la *lebendige Gegenwart*, si du moins j'arrive, comme je l'espère, à une interprétation satisfaisante. J'espère que ce travail sera prêt d'ici à la fin de l'année » (Lettre à H. L. Van Breda, 19 juin 1944). Ainsi, à ce moment-là, il n'a pas encore formulé l'interprétation dialectique du Présent vivant qu'on trouve dans *Phénoménologie et matérialisme dialectique*.

[63] Une partie de ce travail de rédaction de 1944 a été publié en 1950 sous le titre « Les origines de la réduction phénoménologique chez Husserl » (*Deucalion*, n°3, 1950, p. 128–142 – texte qui se retrouve presque à l'identique dans *PMD*, Partie I, chap. 2, §6, p. 51–65). Ce texte met à profit les inédits que Trần Đức Thảo a apportés à Paris en avril 1944, en particulier les manuscrits des leçons de 1907 à Göttingen (publiées ensuite sous le titre *L'idée de la phénoménologie*) ainsi que ceux des leçons de 1909 (« L'idée de phénoménologie et sa méthode »). Le texte de Trần Đức Thảo est suivi d'une « Note » datée d'octobre 1949, qui précise que « Le texte que l'on vient de lire est tiré d'un essai de 1944 sur la Phénoménologie d'Edmund Husserl, envisagée d'un point de vue purement historique », et annonce un « prochain ouvrage » en dessinant les grands axes de *Phénoménologie et matérialisme dialectique*.

[64] Lettre à H. L. Van Breda, 28 juin 1945. *Cf.* Note d'H. Gouhier sur Trần Đức Thảo, avril 1944, Archives nationales, 61 AJ 191.

[65] « Je n'ai presque pas pu m'occuper de philosophie depuis la libération. J'ai été pris par une activité que je considère comme un devoir et qui n'a aucun rapport avec la spéculation. […] Le résultat en a été que je n'ai pu présenter à Bréhier que tout récemment la première partie de la nouvelle rédaction de mon travail sur Husserl » (Lettre à H. L. Van Breda, 12 avril 1945). Rien n'indique que les parties dont parle Trần Đức Thảo correspondent aux chapitres de la première partie de *PMD*.

deuxième partie et attends l'inspiration pour passer à la troisième, je regrette de plus en plus de n'avoir pas publié mon diplôme il a trois ans[66]...

Ces retards ne s'expliquent toutefois pas seulement par ses activités politiques, mais également par des difficultés proprement philosophiques. En avril 1945, Trần Đức Thảo confie à H. L. Van Breda qu'après la publication de son ouvrage, il n'envisage pas de continuer à travailler sur Husserl[67], et lui précise, en juin 1945, l'orientation nouvelle qu'il souhaite donner à ses recherches :

> Si je dois écrire encore sur Husserl, je réserverai ma prochaine production pour votre collection. Je ne peux pour le moment m'engager à rien de précis, la direction de mes réflexions ayant considérablement changé. Je pense soit à ce livre que j'envisageais sur l'*Einfühlung* (d'un point de vue dogmatique), soit à des recherches de sociologie[68].

Malgré cette prise de distance à l'égard du commentaire de Husserl, Trần Đức Thảo tient cependant H. L. Van Breda au courant de ses recherches. En mars 1946, Trần Đức Thảo lui annonce la parution (en février 1946) de ses deux premiers articles : « Sur l'Indochine » dans *Les Temps Modernes* (qu'il présente comme « un essai d'application de la méthode phénoménologique à un problème concret »[69]) et « Marxisme et phénoménologie » dans *La revue internationale* (dont il envoie un exemplaire à son correspondant)[70]. Trần Đức Thảo n'abandonne pas pour autant l'ouvrage sur Husserl : en janvier 1946 il confie le manuscrit à H. L. Van Breda (lors d'un séjour de ce dernier à Paris) et espère le terminer au printemps 1946[71].

À la Libération, Trần Đức Thảo paraît donc hésiter sur l'orientation qu'il souhaite donner à son travail philosophique : il semble tiraillé entre la volonté d'achever le travail sur Husserl, et la tentation d'une sortie de la philosophie (soit vers d'autres disciplines, soit vers la politique) – ce qui contribue à différer l'achèvement de la réécriture du mémoire, mais qui alimente la fascination de ses contemporains pour ce texte légendaire qui circule de main en main.

---

[66] Lettre à H. L. Van Breda, 28 juin 1945.
[67] Lettre à H. L. Van Breda, 12 avril 1945.
[68] Lettre à H. L. Van Breda, 28 juin 1945.
[69] Lettre à H. L. Van Breda, 13 mars 1946.
[70] Lettre à H. L. Van Breda, 16 mars 1946. H. L. Van Breda lui répond de manière élogieuse : « Dès maintenant je veux vous dire que les deux rédactions m'ont vivement intéressé, et que j'admire le talent exceptionnel avec lequel vous vous attaquez aux problèmes les plus difficiles et les plus brûlants. La lecture de vos deux travaux a encore augmenté mon estime pour vous. Je tiens à vous féliciter de la manière remarquable dont vous voyez le problème colonial tel qu'il se présente chez vous » (Lettre à Trần Đức Thảo, 22 avril 1946).
[71] Lettre à H. L. Van Breda, 16 mars 1946. Dans sa lettre du 22 avril 1946, H. L. Van Breda promet à Trần Đức Thảo de lui envoyer des commentaires précis sur son manuscrit. Malheureusement, la correspondance conservée entre les deux s'arrête avec cette lettre.

1.3.2 Réaliser une « Phénoménologie de la phénoménologie ».

La correspondance de Trần Đức Thảo avec H. L. Van Breda, et notamment son étonnante lettre du 27 septembre 1943 (où le jeune homme esquisse en quelques lignes l'orientation de ses recherches théoriques des dix années à venir), nous révèle le caractère immédiatement critique de son rapport à la phénoménologie. Il y exprime déjà (avant même le projet explicite d'articuler marxisme et phénoménologie) une insatisfaction à l'égard des formulations husserliennes de la phénoménologie, et la volonté de prolonger, voire de dépasser, ces dernières. Dans cette lettre de septembre 1943, Trần Đức Thảo présente en effet son travail de thèse à venir comme une tentative de « réalisation » du projet finkien d'une « Phénoménologie de la phénoménologie »[72] – réalisation qu'il n'est pourtant pas possible, selon lui, d'accomplir dans un cadre strictement phénoménologique.

Le projet théorique de Trần Đức Thảo s'ancre donc d'abord dans une reprise critique de la « Phénoménologie de la phénoménologie » proposée par E. Fink dans la *Sixième médiation cartésienne*. Si le mémoire de 1942 porte déjà l'influence d'E. Fink[73], la découverte de la *Sixième médiation cartésienne* durant l'été 1943 est décisive. Ce texte inédit, que Trần Đức Thảo vient consulter auprès de G. Berger à Marseille[74] (très certainement sur les conseils de Merleau-Ponty[75]) a pour ambition de prolonger les *Méditations cartésiennes* de Husserl, en alliant une fidélité à l'entreprise du fondateur de la phénoménologie et une critique de certaines de ses orientations[76]. Dans les années trente, en tant qu'assistant puis collaborateur de Husserl, E. Fink travaille en effet sur une présentation systématique de la phénoménologie qui viendrait couronner tout l'édifice husserlien. Dans la *Sixième médiation cartésienne*, Fink tente ainsi d'esquisser une « théorie transcendantale de la méthode » (ou « Phénoménologie de la phénoménologie ») qui doit permettre de ressaisir phénoménologiquement le « sujet phénoménologique » (ou « spectateur phénoménologisant »), c'est-à-dire le sujet actif dans toutes les méditations précédentes, celui qui effectue la réduction du sujet empirique comme la mise au jour du sujet transcendantal (et donc ne se confond ni avec l'un ni avec l'autre). Celui-ci n'a en effet pas été thématisé par Husserl dans son texte :

> Si, en parcourant la théorie des éléments, nous avons bien acquis une compréhension phénoménologique de la subjectivité transcendantale formatrice du monde, nous ne parvenons

---

[72] Lettre à H. L. Van Breda, 27 septembre 1943.

[73] « Thao m'a fait un excellent mémoire sur Husserl, un Husserl un peu hégélianisé – ou finkisé » (cité dans G. Ferrières, *op. cit.*, p. 169). Le mémoire devait notamment s'appuyer sur les deux articles classiques de Fink sur Husserl : « La philosophie phénoménologique d'Edmund Husserl face à la critique contemporaine » et « Le problème de la phénoménologie d'Edmund Husserl » (E. Fink, *De la phénoménologie*, Paris, Éditions de Minuit, 1974, p. 95–175 et p. 199–242).

[74] *Cf. supra*, Introduction générale.

[75] Dans sa lettre du 1er octobre 1942 à H. L. Van Breda, Merleau-Ponty raconte qu'il a lu, grâce à G. Berger, la *Sixième médiation cartésienne* durant l'été 1942 à Aix-en-Provence (Lettre à H. L. Van Breda, 1er octobre 1942 ; *cf.* H. L. Van Breda, art. cit., p. 421–422).

[76] Sur Fink et ses rapports avec Husserl, voir R. Bruzina, *Edmund Husserl and Eugen Fink : Beginnings and Ends in Phenomenology, 1928–1938*, New Haven, Yale University Press, 2004.

1 Genèse de l'intention philosophique de Trần Đức Thảo.

pas, à la lumière de cette compréhension, à concevoir le « spectateur phénoménologisant », bien que ce dernier ne se tienne pas à l'extérieur de la vie transcendantale. Il reste donc dans le champ de la « transcendantalité » quelque chose d'encore *non-conçu*, à savoir le « *spectateur* » phénoménologique théorisant. *Le thème de la théorie transcendantale de la méthode*, qui est par là même la science phénoménologique de l'activité phénoménologisante, la phénoménologie de la phénoménologie, *n'est précisément rien d'autre que ce spectateur*[77].

L'enjeu est donc pour la phénoménologie de faire retour sur elle-même pour tenter de comprendre sa propre condition de possibilité et d'élaborer des concepts au moyen desquels elle peut rendre raison d'elle-même.

Tout en se revendiquant ouvertement du projet finkien de mise au jour des conditions de possibilité de la phénoménologie elle-même, Trần Đức Thảo estime cependant que cette entreprise, si elle est menée rigoureusement, ne peut que conduire à déborder (ou dépasser) le cadre de la phénoménologie. En effet, si, comme pour Fink, il s'agit bien de prendre la phénoménologie comme « l'objet de l'étude », Trần Đức Thảo se sépare de l'ancien assistant de Husserl en ceci qu'il juge que la phénoménologie n'est pas en mesure de se thématiser elle-même : une « Phénoménologie de la phénoménologie » n'est pas réalisable avec les seuls outils conceptuels et méthodologiques de la phénoménologie. Pour donner un statut au « sujet phénoménologisant » et réaliser une compréhension de la phénoménologie, il est donc nécessaire de dépasser cette dernière et d'élaborer non seulement des « concepts entièrement nouveaux » mais également une « méthode qui dépasse tout à fait la méthode strictement phénoménologique »[78]. L' « authenticité » de la phénoménologie réside alors tout entière dans son échec, c'est-à-dire dans le fait que sa propre rigueur philosophique la conduit à prendre conscience de son incapacité à se comprendre elle-même et la porte de ce fait au-delà d'elle-même[79]. Ce qu'esquisse Trần Đức Thảo en septembre 1943, c'est donc déjà l'idée d'une dialectique immanente au développement de la phénoménologie, qui conduit celle-ci à son propre dépassement.

La question reste cependant de savoir à quels concepts et à quelle méthode Trần Đức Thảo songe en 1943. Considère-t-il déjà que le marxisme peut réaliser cette « phénoménologie de la phénoménologie » ? Ce ne serait alors que pour des raisons de censure qu'il ne donne pas de contenu précis à ses affirmations (c'est en effet dans cette même lettre que, pour des raisons de censure, il utilise le nom de code « Saint Thomas » pour désigner Husserl). Mais peut-être envisage-t-il plutôt une phénoménologie (au sens hégélien) de la phénoménologie, dont on trouve certaines des traces dans la première partie de *Phénoménologie et matérialisme dialectique*[80] ? Ou bien ne fait-il que formuler une exigence sans savoir quelle sera la

---

[77] E. Fink, *Sixième méditation cartésienne. L'idée d'une théorie transcendantale de la méthode*, Grenoble, Jérôme Millon, 1994, §2, p. 64.
[78] Lettre à H. L. Van Breda, 27 septembre 1943.
[79] « C'est la phénoménologie qui est l'objet de l'étude en question et son incapacité à se thématiser elle-même n'est que le signe de son authenticité » (Lettre à H. L. Van Breda, 27 septembre 1943).
[80] C'est ce qu'il semble suggérer dans sa « Note biographique » de 1984 (NB, p. 144–145).

pensée qui doit prendre la relève ? Quoi qu'il en soit, en 1946 Trần Đức Thảo a déjà opté pour la première hypothèse, et propose une première formulation d'un marxisme phénoménologique, qui prétend réaliser cette compréhension de la phénoménologie. C'est vers cette synthèse, telle qu'elle s'expose dans les textes de l'après-guerre, que nous allons maintenant nous tourner.

2 Critique du marxisme et de la phénoménologie.

Si dans l'immédiat après-guerre, Trần Đức Thảo cherche à produire une synthèse entre marxisme et phénoménologie, il estime cependant que pour y parvenir il est impossible de prendre chacune des deux pensées en l'état : il est en effet nécessaire d'effectuer sur chacune d'elles une opération herméneutique particulière afin de dégager un point où elles peuvent se rencontrer. Cette opération peut être résumée en quatre thèses fondamentales. Premièrement, la synthèse est possible parce que les deux courants de pensée partagent une même intuition originelle. Deuxièmement, cette intuition originelle n'est que très imparfaitement traduite dans les formulations théoriques effectives de chacun des courants. Troisièmement, chaque doctrine déforme l'intuition originelle dans un sens contraire, de sorte que chacune saisit ce que l'autre néglige. Quatrièmement, pour que chaque courant puisse rendre de manière adéquate le contenu de son intuition originelle, il est nécessaire de le compléter par ce qui a été thématisé par l'autre. Ainsi, en complétant la phénoménologie par le marxisme et le marxisme par la phénoménologie, il devient possible d'élaborer la philosophie totale qui est exigée par la situation.

Cette tentative de synthèse théorique se déploie dans les quelques textes que Trần Đức Thảo publie dans l'immédiat après-guerre. Nous nous intéresserons en particulier aux trois contributions théoriques les plus importantes : « Marxisme et phénoménologie » (février 1946), « Sur l'Indochine » (février 1946), « Questions du communisme »[81] (fin 1947). Nous ferons toutefois également référence à l'article « Existentialisme et matérialisme dialectique » (publié en 1949 mais qui a certainement été rédigé plus tôt[82]), ainsi qu'à la première partie de *Phénoménologie et matérialisme dialectique* (dont nous venons de voir que plusieurs passages ont été écrits entre 1944 et 1946).

---

[81] « Questions du communisme. Réponse de Trần Đức Thảo à une enquête de R. Stéphane » [QC], *Confluences*, n°18–20, 1947, p. 276–287.

[82] Dans sa « Note biographique », Trần Đức Thảo date cet article de « 1947 (ou début 1948) » (NB, p. 148–149). Par ailleurs, dans le numéro de *Confluences* « Questions du communisme », la bibliographie de la fin du volume annonce la parution prochaine dans la revue allemande *Wort und Tat* d'un article de Trần Đức Thảo intitulé « Sens de l'existence et lutte des classes » (*op. cit.*, p. 336). L'article n'est jamais paru, mais il est fort possible qu'il s'agisse du titre primitif de l'article de 1949.

2.1 Le sens authentique du marxisme et de la phénoménologie.

« La signification authentique d'une idée se révèle au moment même de sa découverte, où le souci de cohérence conceptuelle n'a pas encore masqué l'inspiration vécue »
(Trần Đức Thảo, « Les origines de la réduction phénoménologique chez Husserl », p. 132).

Dans « Marxisme et phénoménologie », Trần Đức Thảo s'efforce d'abord de dégager le sol commun qui rend possible la synthèse entre marxisme et phénoménologie. Trần Đức Thảo s'appuie pour cela sur une méthode herméneutique, qui consiste à remonter des formulations théoriques de telle ou telle idée ou doctrine à ce qu'il appelle le « sens originel » ou « authentique ». Ce sens authentique réside, selon lui, dans le sens qu'elle avait pour son inventeur au moment de sa création originelle. Une telle approche, bien qu'elle ait peut-être des accents bergsoniens[83], s'ancre plutôt, pour Trần Đức Thảo, dans sa lecture de Husserl. Husserl insiste en effet, surtout à partir des années trente, sur le fait qu'aucune idéalité (concept, jugement prédicatif, conception de la nature ou de l'espace, valeur, etc.) ne peut fonder sa propre signification (son évidence étant seulement « médiate ») : toute idéalité trouve en réalité son fondement dans l'évidence immédiate d'une « expérience antéprédicative », laquelle ouvre sur ce que Husserl appelle le « monde de la vie » (*Lebenswelt*)[84]. Ainsi, pour comprendre le sens authentique d'une idéalité, il est nécessaire de ressaisir le sens du mouvement par lequel l'idéalité a été instituée sur le fondement de cette expérience antéprédicative. C'est sur ce cadre théorique que s'appuie Trần Đức Thảo lorsqu'il analyse une doctrine philosophique : il s'agit de reconduire cette dernière à l'expérience du monde de la vie à partir de laquelle le penseur l'a originellement créée. La *vérité* d'une doctrine réside alors dans le geste empirique à partir duquel est instituée cette signification, dont la valeur dépasse pourtant son moment empirique de création (et qui peut donc être reprise par d'autres). Et ce que Trần Đức Thảo appelle *l'authenticité* (qu'il ne faut pas confondre avec le sens moral ou le sens existentialiste du terme) désigne l'idéalité en tant qu'elle est pensée à partir de son fondement dans le monde de la vie (que ce soit au moment de sa création originelle ou lors de sa réactivation ultérieure), c'est-à-dire, en langage husserlien, l'idéalité en tant qu'elle fait l'objet d'une évidence pleine et qu'elle est donnée « en chair et en os »[85]. Il en résulte que pour Trần Đức Thảo, le moment de la création ou de l'institution première, du surgissement originel d'une idée ou d'une chose, est décisif et constitue le lieu privilégié où se dévoile son sens authentique.

---

[83] Trần Đức Thảo ne cite jamais Bergson, bien que ce soit un auteur qu'il a certainement dû lire dans son parcours scolaire. Il reste cependant qu'on retrouve, à plusieurs reprises, dans sa pensée des éléments qui évoquent la philosophie de Bergson.

[84] *Cf.* notamment E. Husserl, *Expérience et jugement*, Paris, PUF, 1970, Introduction, §1–14, p. 11–80.

[85] Sur ce point, voir *PMD*, I, chap. 3, en particulier le §18 « La description phénoménologique comme critique de l'authenticité : constitution statique et constitution génétique », p. 164–179.

Cette méthode herméneutique amène Trần Đức Thảo à accorder une importance toute particulière, dans sa lecture de la phénoménologie et du marxisme, au moment originaire et fondateur de chacune de ces deux pensées. Or selon lui, lorsqu'on revient en deçà des différentes formulations théoriques auxquelles ces pensées ont donné lieu et qu'on retrouve leur sens originaire, on découvre alors une communauté d'inspiration. Trần Đức Thảo se livre à une opération herméneutique similaire dans son texte sur « Les origines de la réduction phénoménologique chez Husserl », lorsqu'il tente d'élucider les rapports que la phénoménologie entretient avec le cartésianisme et le criticisme kantien. Ces deux philosophies ne sont ni purement juxtaposées ni simplement répétées à l'identique dans la phénoménologie husserlienne[86], laquelle en est en réalité

> Une *réactivation* radicalement originale où se *réeffectuent*, en leur sens authentique, la problématique kantienne et le *cogito* cartésien. Dans cette « *répétition* », le criticisme et le cartésianisme dévoilent leur identité profonde en se révélant dans leur *vérité*[87].

La phénoménologie dépasse donc Descartes et Kant justement parce qu'elle est en mesure de revenir au sens authentique du cartésianisme et du criticisme, et cela contre les formulations théoriques inadéquates auxquelles ces pensées ont donné lieu dans l'œuvre des deux auteurs – formulations qui donnent l'apparence d'une opposition entre les deux doctrines, alors que, dans leur vérité profonde, elles se rejoignent[88]. La synthèse entre phénoménologie et marxisme que recherche Trần Đức Thảo consiste à retrouver entre ces deux pensées le même lien que celui qu'il trouve, au sein de la phénoménologie, entre cartésianisme et criticisme : il s'agit de « réactiver » ou de « réeffectuer » le marxisme et la phénoménologie dans leur sens authentique, ce qui permet de mettre en lumière à la fois leur « profonde identité », et la différence entre ce sens véritable et les formulations existantes de ces deux pensées.

Le sens authentique du marxisme se découvre ainsi, selon Trần Đức Thảo, dans le geste créateur original du jeune Marx, tel qu'on le trouve en particulier dans les *Manuscrits de 1844*. C'est en effet dans les écrits de jeunesse que réside, selon lui, la clé pour comprendre l'ensemble de pensée de Marx, et notamment les œuvres économiques tardives, dont le sens authentique n'apparaît que lorsqu'elles sont ressaisies à partir de leur fondement original (et cela contrairement aux interprétations dites « vulgaires » du marxisme qui lisent ces textes tardifs sans les rapporter au

---

[86] « Husserl n'a pas simplement reproduit, en les juxtaposant, le mouvement cartésien et le mouvement kantien. Si la réduction y trouve incontestablement ses origines historiques, elle n'en comporte pas moins une signification propre qui éclairera, à son tour, l'œuvre même de Descartes et celle de Kant » (ORPH, p. 132 ; *cf.* PMD, chap. 2, §6, p. 55).

[87] ORPH, p. 138 ; ce passage ne se retrouve pas dans *PMD*.

[88] Dans l'interprétation qu'il propose de la philosophie kantienne selon sa « signification originelle » (*PMD*, Partie I, chap. 2, §12, p. 115–125), Trần Đức Thảo montre ainsi que ce qui était réellement visé par Kant était l'expérience transcendantale, qui ne sera que thématisée par la phénoménologie (de sorte que la phénoménologie se révèle être la réalisation de la vérité du kantisme). Dans le kantisme, en revanche, « cette inspiration ne se traduit dans le système que sous une forme négative et contradictoire » (*ibid.*, p. 125).

geste originaire du jeune Marx). Ce sens authentique serait la réalisation de l' « homme total »[89] au sein d'une société communiste, ou encore, selon la reformulation de Trần Đức Thảo, la « véritable appropriation » par l'homme de son « expérience totale ». Or selon Trần Đức Thảo, cette exigence constitue également le sens authentique de la phénoménologie. Cette dernière trouverait en effet elle aussi son sens originel dans l'un des premiers écrits de Husserl : le « mot d'ordre fameux : *zu den Sachen selbst* : revenir aux choses mêmes ! » des *Recherches logiques*[90]. Il s'agit ici encore de revenir à une « expérience totale » pour tenter de se la « réapproprier »[91]. Ce mot d'ordre du jeune Husserl permet alors de rendre intelligible l'ensemble de l'œuvre de Husserl et notamment la dynamique de son évolution théorique (Husserl se serait efforcé pendant toute son existence de rejoindre ces choses mêmes, qui pourtant lui échapperaient sans cesse – ne parvenant jamais à sortir de l'idéalisme qu'il a cependant toujours voulu dépasser).

Quel sens doit-on cependant donner à cette « expérience totale » qui doit être « réappropriée », et qui constituerait le sens authentique à la fois du marxisme et de la phénoménologie ? Trần Đức Thảo met au jour, du côté de la phénoménologie comme de celui du marxisme, un même mouvement de pensée, dont on peut dégager les trois grands moments : en partant d'une même conception ontologique (qui se donne dans l'expérience totale), chacun reconnaît que celle-ci est méconnue ou aliénée, et qu'elle exige donc d'être redécouverte ou réappropriée.

Selon Trần Đức Thảo, le marxisme et la phénoménologie partagent, à un premier niveau, une même position *ontologique*. Ils donnent tout d'abord une extension maximale à la notion de « réel » (ou d' « être »), et élaborent des ontologies fondamentalement non réductionnistes[92]. Le marxisme et la phénoménologie se retrouvent en effet dans un même refus de réduire le réel à la seule objectivité physique. Du côté de la phénoménologie, Trần Đức Thảo met en lumière le fait que dès les *Recherches logiques* Husserl élargit au maximum la notion d'objet pour y inclure l'ensemble des objets qui sont *pour* la conscience :

> La démarche décisive [de la phénoménologie] fut la réforme de la notion d'objet qui, limitée dans la réflexion traditionnelle à l'objet *pensé* de la physique, reçut une extension

---

[89] Cette problématique de « l'homme total » apparaît en particulier dans le troisième cahier des *Manuscrits de 1844* (MEGA² I/2, p. 391–398, trad. F. Fischbach, p. 148–155). Cette problématique a notamment été introduite dans le débat marxiste français par H. Lefebvre dans *Le matérialisme dialectique* (Paris, PUF, 1971 [1re éd. 1939] ; *cf.* la section « L'homme total » à la fin de l'ouvrage, p. 145–164).

[90] M&P, §3, p. 168. On retrouve, au tout début de *PMD*, cette même évocation de la formule husserlienne comme révélateur du sens authentique de son entreprise (*PMD*, I, p. 23). La formule se trouve dans E. Husserl, *Recherches logiques. T.2 Recherches pour la phénoménologie et la théorie de la connaissance*, Paris, PUF, 1961, Introduction, §2, p. 6.

[91] M&P, §3–4, p. 168–169.

[92] *Cf.* début de *PMD* : « La phénoménologie a commencé par une ontologie. [...] Il [Husserl] visait à rétablir le concept de l'*être* dans toute sa dignité, et l'enthousiasme qui accueillit le premier tome des *Logische Untersuchungen* démontrait qu'il y allait également de l'*authenticité* de l'existence humaine » (*PMD*, Partie I, chap. 1, §1, p. 23).

radicale : le réel sera pris désormais dans la plénitude de son sens, physique, moral, esthétique, religieux, tel qu'il *existe* pour moi[93].

La phénoménologie révèle donc le réel dans toute sa richesse et sa diversité, c'est-à-dire comme l'ensemble de ce qui se donne dans l'« expérience totale » que nous faisons du monde :

> Aucun [sens] ne doit être nié ou rejeté comme « subjectif », car le monde réel ne peut être que *ce monde* qui s'offre à moi, avec tout le sens qu'il a pour moi, pendant que je vis en lui[94].

Ce geste fondamental de la phénoménologie est généralement considéré comme ce qui la rend incompatible avec le marxisme, puisque celui-ci serait une forme de réductionnisme. C'est précisément ce que conteste Trần Đức Thảo. Ce ne serait vrai que du « marxisme vulgaire », qui définit en effet « l'être comme pure matérialité abstraite »[95]. Le marxisme dans son sens authentique quant à lui procède au contraire au même élargissement radical de la notion d'objet que la phénoménologie :

> Le réel, c'est ce monde plein de sens dans lequel nous vivons et qui n'a justement son sens que par notre vie même [...]. Le matérialisme historique se référait, du moins à son origine, à une *expérience totale* où le monde se donne à nous avec cette plénitude de sens humain, avec laquelle il existe *pour nous*, pendant que nous vivons *en lui*[96].

Trần Đức Thảo, qui reprend ici presque à l'identique la formule utilisée pour décrire l'expérience totale visée par la phénoménologie, fait certainement référence à la première des *Thèses sur Feuerbach*. Dans ce texte, Marx s'oppose en effet explicitement à « tous les matérialismes [pour qui] l'objet, la réalité effective, la sensibilité, n'est saisi que sous la forme de *l'objet ou de l'intuition* », en affirmant la nécessité de concevoir ce « réel » comme « *activité sensiblement humaine*, comme pratique, [...] de façon subjective »[97]. Le marxisme partagerait ainsi avec la phénoménologie une même volonté ontologique de comprendre le réel, non pas en un sens matérialiste réductionniste, mais en un sens élargi qui intègre la dimension subjective et l'ensemble du domaine « spirituel » pour constituer ce que Trần Đức Thảo désigne comme « l'expérience totale ».

La phénoménologie et le marxisme partagent également, selon Trần Đức Thảo, un deuxième geste ontologique fondamental. Ils affirment tous les deux que le réel doit être compris, non pas de manière immuable et statique, mais comme le produit d'une activité humaine. Du côté du marxisme, si l'existence d'une telle l'idée n'est guère contestable, l'originalité de la lecture de Trần Đức Thảo (pour l'époque) tient

---

[93] EMD, §4, p. 319. Trần Đức Thảo poursuit en soulignant le caractère anticartésien de la démarche phénoménologique : « Rejetant résolument la critique cartésienne des "qualités secondes", qui aboutissait à un appauvrissement extraordinaire du domaine philosophique, le phénoménologue considéra comme réel tout ce qui présente un *sens d'être* et en fera l'objet d'une description positive ». La même idée est exprimée de manière plus ramassée dans M&P, §3–4, p. 168–169.

[94] EMD, §4, p. 319.

[95] M&P, §3, p. 168.

[96] M&P, §2, p. 168.

[97] K. Marx, *TF*, Thèse 1, trad. G. Labica, p. 19.

2 Critique du marxisme et de la phénoménologie.

à ce qu'elle insiste sur le fait que cette activité ne doit pas être comprise de manière réductionniste (et renvoyer à la seule activité économique productive), mais doit inclure l'activité humaine prise dans son sens le plus général.

> La réalité, c'est cela même que nous *produisons*, non pas uniquement sur le plan proprement physique, mais au sens le plus général, qui englobe toute activité humaine, y compris les activité dites « spirituelles »[98].

Trần Đức Thảo s'appuie sur le Troisième cahier des *Manuscrits de 1844* pour affirmer que, pour Marx, dans son sens authentique, *toute* activité humaine est productrice de la réalité, elle-même prise en son sens le plus large. Dans ces passages qui portent la marque de l'influence de Feuerbach, Marx insiste sur la double dimension de l'activité humaine, d'une part comme *productrice* d'un monde humain (d'une « nature *humanisée* »[99]), mais d'autre part comme ce qui *fait paraître* ce monde dans son aspect humain (dimension qu'on peut désigner comme « transcendantale »). Pour mettre en lumière l'existence de cette deuxième dimension (souvent négligée par les marxistes), Trần Đức Thảo cite notamment le passage où Marx affirme que

> La plus belle musique n'a *pas de sens* pour l'oreille non musicale, n'est pas un objet, parce que mon objet ne peut être que la manifestation d'une des forces de mon être[100].

C'est donc seulement par mon activité propre (la mise en œuvre des « forces de mon être ») que le monde non seulement peut apparaître (« être objet »), mais apparaître avec une signification humaine (avoir un « sens » musical). En s'appuyant sur ces analyses, Trần Đức Thảo peut alors montrer qu'on retrouve ce même geste d'élargissement du sens de l'activité humaine du côté de la phénoménologie. Trần Đức Thảo rappelle en effet que le sens de la réduction phénoménologique consiste à mettre en lumière le fait que le monde, qui apparaît dans l'attitude naturelle comme indépendant et immuable, est en fait relatif à notre conscience, c'est-à-dire à notre activité de sujet transcendantal qui constitue le sens du monde. C'est donc « dans l'existence effectivement vécue [que réside] la source dernière où l'être puise son sens »[101]. Or de manière symétrique et inverse à l'opération qu'il a effectuée sur le marxisme (en révélant la dimension « transcendantale » de l'activité pour Marx), Trần Đức Thảo tente de montrer que l'activité transcendantale thématisée par la phénoménologie comprend également une dimension matérielle et praxique. Ainsi refuse-t-il de réduire la notion husserlienne de « *Leistung* » à sa dimension purement idéaliste et transcendantale (comme « prestation »), mais veut lui donner toute sa dimension d'effectuation et de production (en un sens à la fois phénoménologique et matériel)[102]. Trần Đức Thảo peut ainsi dire que la phénoménologie, dans

---

[98] M&P, §2, p. 168.
[99] K. Marx, *M44*, Cahier III, MEGA², I/2, p. 394 ; trad. F. Fischbach, p. 151.
[100] M&P, §2, p. 168 (il cite la traduction Molitor). *Cf.* K. Marx, *M44*, Cahier III, MEGA², I/2, p. 394 ; trad. F. Fischbach, p. 151 : « pour l'oreille non-musicale, la musique la plus belle *n'a pas* de sens, *n'est pas* un objet, parce que mon objet ne peut être que la confirmation de l'une de mes forces essentielles ».
[101] M&P, §4, p. 169.
[102] Trần Đức Thảo s'appuie certainement sur des passages d'*Expérience et jugement* : « Cet horizon

son sens authentique, vise la même *praxis* élargie que le marxisme (lui aussi pris dans son sens authentique) et que c'est cette activité qui est constitutive de la réalité.

Mais au-delà de cette ontologie commune, la phénoménologie et le marxisme partagent, selon Trần Đức Thảo, à un second niveau, un même diagnostic quant à la méconnaissance dont est victime cette conception de la réalité. Cette dernière n'est en effet reconnue ni dans les représentations courantes, ni dans les philosophies dominantes. La réalité est en effet le plus souvent conçue comme quelque chose d'indépendant et d'étranger aux êtres humains. Ainsi Trần Đức Thảo peut-il souligner que le marxisme et la phénoménologie mettent tous les deux en lumière une situation d'« aliénation » dans laquelle se trouvent les êtres humains : ces derniers ne sont en effet pas en mesure de se rapporter au monde comme étant le leur. Dans la phénoménologie, cet état d'aliénation est appelé « attitude naturelle » : cette attitude immédiate et non interrogée (« naïve »), qui consiste à voir le monde comme toujours déjà là, comme une réalité qui existe indépendamment de la conscience[103], ne reconnaît pas la réalité dans son sens élargi, c'est-à-dire à la fois dans sa dimension « subjective » et dans son caractère constitué par l'activité humaine. Pour faire ressortir la proximité entre phénoménologie et marxisme, Trần Đức Thảo cherche alors à reformuler les analyses phénoménologiques de la dissimulation dans le vocabulaire marxiste (et hégélien) de l'aliénation[104]. Dans son interprétation de l'idée marxiste d'aliénation, Trần Đức Thảo s'appuie en particulier sur le Troisième cahier des *Manuscrits de 1844*[105] où Marx montre que l'aliénation n'a pas seulement une dimension objective d'exploitation, mais rejaillit sur l'ensemble de l'existence, dans ses dimensions les plus « subjectives ». Dans ces passages, Marx insiste ainsi sur le fait qu'il y a, dans le monde moderne, une « pure et simple aliénation de *tous* les sens »[106], c'est-à-dire un appauvrissement fondamental de la capacité à sentir et percevoir le monde dans sa richesse et sa diversité. En effet, le seul rapport au monde qui demeure se fait sous la forme du « sens de l'*avoir* »[107] où n'existe pour

---

du monde est assurément tel qu'il n'est pas déterminé seulement par les aspects familiers de l'étant qui ont leur origine dans la pratique de la connaissance, mais aussi et avant tout par ce qui dérive de la pratique de la vie quotidienne et de l'activité matérielle. [...] *Toute* conduite mondaine, l'activité pratique aussi bien que l'activité de pure connaissance, est fondée dans l'expérience en *ce même* sens » (E. Husserl, *EJ*, *op. cit.*, §12, p. 61).

[103] *Cf.* E. Husserl, *Ideen I*, Section II, chap. 1, §30–31– le §30 pour la formulation (peu développée) de la thèse générale de l'attitude naturelle, et le §31 pour le caractère implicite et non thématique de cette « thèse ».

[104] Ainsi écrit-il que « les significations [sont] cachées – "aliénées" – dans le vie naïve » (M&P, §4, p. 169).

[105] Trần Đức Thảo fait uniquement référence aux analyses de l'aliénation du Troisième cahier des *Manuscrits de 1844*, et non aux désormais célèbres analyses de la fin du Premier cahier. La seule édition française existante à l'époque n'inclut pas ce Premier cahier. Sur ce point, voir *supra*, Introduction générale.

[106] K. Marx, *M44*, MEGA², I/2, p. 392 ; trad. F. Fischbach, p. 149.

[107] *Ibid.*

nous que ce qui peut être « utilisé »[108]. Ce que nous ne pouvons posséder apparaît alors comme *étranger*. Dans le monde moderne, les êtres humains sont donc aliénés en ceci qu'ils ne sont pas en mesure de reconnaître les produits du travail humain comme leurs, c'est-à-dire comme des extériorisations et des expressions d'eux-mêmes, et ne les voient que comme des forces étrangères qui les dominent. L' « attitude naturelle » et l' « aliénation » désignent ainsi pour le marxisme comme pour la phénoménologie une même incapacité à reconnaître le monde dans sa dimension subjective et comme le produit de l'activité humaine, c'est-à-dire une même incapacité de se reconnaître soi-même dans l'extériorité.

Enfin, à un troisième niveau, tant du côté du marxisme que de celui de la phénoménologie, on trouve, selon Trần Đức Thảo, une même volonté de dépasser cette situation d'aliénation. Les deux pensées se donnent en effet pour tâche à la fois théorique et pratique une « réappropriation » de ce monde qui se présente comme étranger – réappropriation qui n'est possible qu'en effectuant une rupture fondamentale par rapport à l'ordre du monde actuel. Pour la phénoménologie, cette « réappropriation » prend la forme de la réduction phénoménologique, qui, en suspendant la thèse naturelle, vient briser le rapport « aliéné » au monde. Ce monde, qui semblait extérieur et étranger, apparaît alors tel qu'il est véritablement, à savoir comme mien, c'est-à-dire comme « phénomène de monde » relatif à une conscience absolue donatrice de sens[109]. Toutefois, cette « réappropriation » phénoménologique du monde ne fait qu'effectuer, selon Trần Đức Thảo, « sur le plan individuel et théorique »[110] ce que le marxisme cherche à réaliser à un niveau social et collectif. En suivant de près les formules du Troisème cahier des *Manuscrits de 1844* décrivant « l'homme total » du « communisme achevé »[111], Trần Đức Thảo affirme que pour Marx, le communisme authentique est une « véritable *appropriation* » à l'issue de laquelle « les biens créés par la communauté sont éprouvés par les individus comme des objectivations d'eux-mêmes », c'est-à-dire à l'issue de laquelle l'être humain peut « jouir de son œuvre, en y reconnaissant son être propre »[112]. Les produits de l'activité humaine ne s'opposent plus aux individus comme quelque chose d'étranger : ils sont désormais ce par quoi ces individus prennent conscience du fait qu'ils participent à la construction d'un monde humain par l'ensemble de leurs facultés (c'est-à-dire non seulement par leur travail, mais aussi par l'ensemble de leurs rapports possibles au monde[113]). Ainsi ces individus se découvrent-ils dans la totalité de

---

[108] *Ibid.*
[109] *Cf.* E. Husserl, *Ideen I*, Section II, chap. 3, en particulier §49.
[110] M&P, §4, p. 169.
[111] K. Marx, *M44*, Cahier III, MEGA², I/2, p. 392–397 ; trad. F. Fischbach, p. 149–154.
[112] M&P, §1, p. 168.
[113] « C'est seulement par la richesse, objectivement déployée, de l'être de l'homme que, pour une part, sont formés, et pour une autre part, sont engendrés la richesse de la sensibilité *humaine* subjective, une oreille musicale, un œil pour la beauté de la forme, bref, des *sens* capables de jouissances humaines, des sens qui se confirment en tant que forces essentielles *humaines*. Car ce ne sont pas seulement les 5 sens, mais aussi les sens que l'on appelle spirituels, les sens pratiques (la volonté, l'amour, etc.), en un mot : c'est le sens *humain* ([ou] l'humanité des sens) qui n'est engendré que par l'existence de *son* objet, par la nature *humanisée* » (K. Marx, *M44*, Cahier III, MEGA²,

leur être et réalisent « l'homme total ». Mais cette sortie de l'aliénation est également ce que Marx désigne comme « l'*émancipation* complète de tous les sens et de toutes les qualités humaines »[114]. Le marxisme comme la phénoménologie se proposent donc, à partir de leur intuition commune de ce qu'est la réalité, de tout mettre en œuvre pour dépasser une situation de non-reconnaissance et permettre à l'être humain de se réapproprier le monde dans toute sa richesse.

2.2 Limites du marxisme et de la phénoménologie.

La mise en lumière de ce point de rencontre originel entre marxisme et phénoménologie ne conduit pas pour autant Trần Đức Thảo à nier les différences et même l'opposition entre les deux courants. Il estime toutefois que celles-ci tiennent au fait que, de chaque côté, l'inspiration authentique ne se retrouve que très partiellement traduite dans les formulations théoriques effectives de chaque courant. De là vient, selon Trần Đức Thảo, leur caractère réducteur ainsi que leurs limites théoriques et pratiques. Cependant, chaque pensée simplifie et réduit, selon lui, le sens authentique partagé *dans un sens opposé et contraire* – expliquant par là leur apparente opposition, et la possibilité (et même la nécessité) de compléter l'une par l'autre pour retrouver pleinement l'inspiration originelle.

2.2.1 Limites théoriques et pratiques de la phénoménologie.

La principale limite *théorique* de la phénoménologie réside, selon Trần Đức Thảo, dans son incapacité à saisir la « signification objective de [l']existence »[115]. L'expérience totale comporte en effet une double dimension : d'une part le monde existe *pour* nous (par notre propre activité), d'autre part nous existons *dans* le monde (avec une dimension objective qui constitue notre appartenance au monde matériel, social et historique). La phénoménologie n'est toutefois pas encore parvenue à proposer un cadre théorique qui fasse droit à cette double dimension : alors que ses analyses ont remarquablement mis en lumière la manière dont le sens de l'être trouvait sa source dans l'activité transcendantale, la seconde dimension de l'expérience totale a en revanche été négligée. Or l'existence humaine a une dimension non seulement constituante, mais également constituée. Il en résulte que la phénoménologie (pas plus que l'existentialisme) n'est pas, selon Trần Đức Thảo, en mesure de sortir du dualisme et reconduit finalement, à un autre niveau, la distinction cartésienne absolue entre deux sens irréductibles de l'être sans pouvoir comprendre leur

---

I/2, p. 394 ; trad. F. Fischbach, p. 151).
[114] K. Marx, *M44*, Cahier III, MEGA², I/2, p. 393 ; trad. F. Fischbach, p. 150.
[115] M&P, §4, p. 169.

2 Critique du marxisme et de la phénoménologie.

relation[116]. Ce dualisme s'avère pourtant instable et se transforme alors en un idéalisme : une fois que la « conscience » et la « réalité naturelle » sont radicalement distinguées dans leur sens d'être[117], la phénoménologie (comme l'existentialisme), dans une volonté de surmonter ce dualisme, en vient à concevoir la réalité comme non seulement relative à la conscience mais dépendante d'elle[118]. Il est dès lors impossible de comprendre comment le sujet concret historique est conditionné par une situation matérielle, économique, sociale et historique, et encore moins comment cette inscription matérielle peut être la condition de possibilité de sa capacité à être producteur du monde. Or toutes ces conséquences théoriques sont, selon Trần Đức Thảo, très éloignées de ce que doit donner une « analyse phénoménologique fidèle »[119] qui chercherait à rendre compte de l'expérience totale.

Cette limite théorique met en échec le projet d'auto-compréhension, et donc d'auto-fondation de la phénoménologie. En distinguant en effet aussi radicalement la conscience phénoménologique de son inscription mondaine et historique (c'est-à-dire de sa dimension objective), il devient en effet difficile de saisir l'émergence même de la phénoménologie. Celle-ci apparaît comme un saut brusque et absolument immotivé vers une attitude de conscience radicalement étrangère à celle que l'on a au quotidien, c'est-à-dire comme une « conversion »[120]. Or étant donné que la réduction se présente comme l'acte révolutionnaire On aboutit ainsi à ce paradoxe que l'existence du moi, bien que posée désormais comme existence réelle, continue de s'opposer au monde et de se refuser à entacher sa notion d'aucun prédicat mondain par lequel la conscience se réapproprie son expérience totale, et que l'enjeu de la philosophie est de susciter cette nouvelle

---

[116] Malgré sa prétention affichée de dépasser le dualisme, l'existentialisme reconduit, selon Trần Đức Thảo, à la position husserlienne : « L'existentialisme n'était, en effet, que l'héritier de la philosophie transcendantale, qui accédait avec Husserl au plan du concret, et pas plus que la "conscience constituante", selon un raisonnement classique, ne pouvait s'expliquer par l'objet "constitué" qui la présuppose, le *Dasein*, dont la transcendance fonde l'être du monde, ne pouvait admettre dans sa définition la moindre détermination objective. L'homme n'existe pas à la manière d'une pierre, non simplement par différence spécifique, mais pour cette raison plus profonde que, tout le sens de l'objectivité trouvant son fondement en moi, je ne peux moi-même m'expliquer comme objet […]. On aboutit ainsi à ce paradoxe que l'existence du moi, bien que posée désormais comme existence réelle, continue de s'opposer au monde et de se refuser à entacher sa notion d'aucun prédicat mondain : l'homme n'est pas partie du monde » (EMD, §7, p. 320). l'homme n'est pas partie du monde » (EMD, §7, p. 320).

[117] *Cf.* E. Husserl, *Ideen I*, Section II, chap. 2 « La conscience et la réalité naturelle », §33–46.

[118] *Cf.* E. Husserl, *Ideen*, Section II, chap. 3 « La région de la conscience pure », en particulier le §49 qui affirme la relativité de la réalité naturelle par rapport à la conscience comme absolu. Dans son article de 1949, à la suite de l'extrait que nous avons cité, Trần Đức Thảo précise ce passage du dualisme à l'idéalisme dans l'existentialisme : « l'homme n'est pas partie du monde, mais le monde est bien plutôt un moment de l'existence humaine, en tant que le *Dasein* est *être-dans-le-monde* » (EMD, §7, p. 320).

[119] « Une analyse phénoménologique fidèle donnerait en fait des résultats très différents des assertions de la théorie » (EMD, §13, p. 322).

[120] Cette difficulté avait été identifiée par E. Fink dans ses articles des années trente sur la phénoménologie de Husserl (*cf.* notamment E. Fink, « La philosophie phénoménologique de Husserl face à la critique contemporaine », *op. cit.*, p. 128–159).

attitude, il est dès lors nécessaire de comprendre comment cette nouvelle attitude peut surgir à partir de l'attitude naturelle, c'est-à-dire comment il est possible, à partir d'un état d'aliénation, de sortir de l'aliénation. Cette difficulté met ainsi en échec le projet d'une « phénoménologie de la phénoménologie » : parce que la phénoménologie ne parvient à décrire qu'une seule dimension de l'existence (la dimension transcendantale ou constituante), elle n'a pas les outils conceptuels et méthodologiques pour comprendre sa propre genèse à partir du monde. Pour saisir cette dernière, il faut en effet être en mesure de comprendre l'autre dimension de l'existence (la dimension objective), qui fait de la conscience un produit du monde. C'est pourtant ce que la phénoménologie husserlienne ne parvient pas à faire, et ce qui constitue donc sa limite fondamentale[121].

La source de cette limite théorique se trouve justement, selon Trần Đức Thảo, dans la dimension constituée et mondaine du sujet phénoménologique, c'est-à-dire son ancrage sociologique : il s'agit d'une philosophie *bourgeoise*. Ce sont les présupposés idéologiques non interrogés de la classe bourgeoise qui conduisent, selon Trần Đức Thảo, la phénoménologie à concevoir le mouvement de réappropriation de l'expérience totale uniquement « sur un plan individuel et théorique, par un retour à la conscience de soi »[122]. Husserl ne conçoit le processus de réappropriation que comme une activité purement théorique de prise de conscience de ce qui est toujours déjà là. Il n'interroge pas le lien entre la situation d'aliénation et certaines conditions sociales et historiques (qui rendent peut-être impossible la prise de conscience)[123], et ne se demande donc jamais si la sortie de l'aliénation ne devrait pas comporter, non pas seulement une mise au jour des fondements du monde, mais aussi sa transformation. Or c'est précisément parce que le processus est envisagé comme une démarche avant tout théorique que le sujet qui effectue cette réappropriation peut être conçu comme une conscience individuelle. Mais si c'est en revanche le réel lui-même qu'il s'agit de changer, l'action doit nécessairement être collective. L'existentialisme, quant à lui, s'il a le mérite d'insister davantage sur l'action, repose toutefois sur les mêmes présupposés individualistes que la phénoménologie husserlienne, et ne pense cette action que comme héroïsme individuel et non comme action collective[124]. Ainsi Trần Đức Thảo peut-il affirmer que « l'absence de passage à une pratique cohérente dénonce [la phénoménologie] comme philosophie *bourgeoise* »[125] : elle ne permet donc pas de penser les conditions d'une véritable réappropriation de l'expérience totale.

---

[121] Cette limite ne trouve toutefois pas son origine dans le sens authentique de la phénoménologie, puisque celui-ci vise l'expérience totale.

[122] M&P, §4, p. 169.

[123] Dans la Préface de *PMD*, Trần Đức Thảo montre comment l'évolution de Husserl le conduit dans cette direction, sans pourtant être en mesure d'aller au bout de sa démarche en raison de ses présupposés liés à sa situation sociale. Sur ce point, voir *infra*, Partie II, chap. 4.

[124] « Sous sa forme existentialiste, la phénoménologie n'est encore qu'un appel du sentiment de l'action, plutôt qu'un guide pour une action effective » (M&P, §4, p. 169).

[125] M&P, §4, p. 169.

2.2.2 Limites théoriques et pratiques du marxisme.

Le marxisme n'est cependant guère plus satisfaisant que la phénoménologie. Le marxisme (tel qu'il se trouve formulé dans les textes classiques) butte tout d'abord sur une difficulté *théorique* fondamentale, celle de saisir la réalité propre des phénomènes dit superstructurels (les institutions politiques et juridiques, mais aussi l'art, la religion, la science ou la philosophie ainsi que l'ensemble des états de conscience). Il est vrai, certes, que le marxisme dans son sens authentique a pour ambition de rendre raison de l'ensemble de la réalité (à la fois matérielle et spirituelle), et cela en faisant droit non seulement à l'analyse des infrastructures, mais aussi à celle des superstructures. Trần Đức Thảo rappelle que cette ambition, tout particulièrement visible dans les *Manuscrits de 1844*, est également au cœur de la conception marxiste de l'histoire[126]. L'affirmation inaugurale du *Manifeste du parti communiste* d'après laquelle « l'histoire de toute société jusqu'à nos jours est l'histoire de lutte des classes »[127] n'est en effet, selon lui, pas compatible avec la conception déterministe du marxisme, qui affirme que l'histoire n'est que le développement autonome des forces économiques. Une telle formule insiste au contraire sur l'importance de luttes entre de forces sociales conscientes, dont l'issue n'a rien de nécessaire ; l'idée même d'une organisation consciente en vue de la révolution suppose que les structures politiques et juridiques ne soient pas simplement le reflet du développement économique. Ainsi, pour la pensée marxiste authentique, « l'autonomie des superstructures est aussi essentielle à la compréhension de l'histoire que le mouvement des forces productives »[128]. Faute de la reconnaissance d'une certaine autonomie des superstructures, le marxisme n'est plus en mesure de rendre raison, d'une part, du mouvement de l'histoire, et d'autre part de son propre projet politique révolutionnaire. Cependant, tout en affirmant cette autonomie des superstructures, le marxisme soutient par ailleurs le caractère fondamental du conditionnement de la société par l'infrastructure économique. Le défi théorique qu'affronte le marxisme est donc de proposer une théorie qui puisse rendre intelligible à la fois la primauté de l'économique (des infrastructures) et l'autonomie des superstructures[129]. Or pour Trần Đức Thảo, le marxisme non seulement n'a pas réussi à résoudre cette difficulté, mais l'a même en grande partie esquivée en construisant une conception réductionniste. En renforçant encore le caractère déterministe et réductionniste de

---

[126] M&P, §5, p. 169.

[127] K. Marx et F. Engels, *MPC*, chap. 1, p. 73.

[128] M&P, §5, p. 169.

[129] La question du rapport entre « superstructures » et « infrastructures » est un débat central au sein de la tradition marxiste. Il trouve sa source dans le paradoxe entre les formules éclatantes de Marx à ce sujet dans la « Préface de 1859 » et le peu de développements théoriques qu'il y consacre par ailleurs. Après la mort de Marx, Engels tente de clarifier cette question dans ses célèbres lettres aux dirigeants de la social-démocratie allemande (*cf.* F. Engels, *LF*, p. 148–191). Une grande partie des recherches théoriques marxistes du XXe siècle, et notamment de ce que P. Anderson appelle le « marxisme occidental », est ensuite consacrée à l'élucidation de cette question (*cf.* P. Anderson, *Sur le marxisme occidental*, Paris, Maspero, 1977, chap. 4, p. 105–131).

certaines formules de la célèbre « Préface de 1859 »[130] de Marx, les marxistes ont en effet élaboré une théorie d'après laquelle « les superstructures sont considérées comme de simples illusions, reflétant sur le plan idéologique les rapports "réels" »[131]. Un tel réductionnisme a conduit le marxisme à négliger dans ses analyses le domaine des superstructures. Face aux phénomènes que sont la religion, l'art et la littérature, la philosophie, les sciences, le droit et l'État, ou encore le nationalisme, etc., un tel marxisme est généralement contraint de choisir entre deux options tout aussi insatisfaisantes: s'abstenir entièrement de dire quoi ce soit, ou bien proposer une analyse caricaturalement réductionniste. Ainsi trahit-il son impuissance théorique à rendre compte de l'expérience totale. Il est par conséquent absolument nécessaire, selon Trần Đức Thảo, de sortir le marxisme de cette impasse théorique et de lui permettre de comprendre les phénomènes superstructurels.

Cette impuissance théorique du marxisme est d'autant plus grave qu'elle n'est pas sans conséquences au niveau *pratique*. L'existence humaine se déroule en effet presque exclusivement dans le domaine des superstructures, et c'est seulement à ce niveau (qui est celui de la conscience) qu'on trouve les motivations qui poussent les individus à agir de telle ou telle manière. Or dans sa réflexion politique et stratégique, le marxisme réductionniste n'est pas en mesure de prendre en compte ces phénomènes, pourtant déterminants. C'est notamment le cas du facteur national, auquel Trần Đức Thảo est rendu tout particulièrement sensible en raison de sa situation de colonisé engagé dans un mouvement de libération nationale. Dans un article de juin 1947, il critique ainsi de manière virulente les analyses de Cl. Lefort sur la situation indochinoise[132]. Il lui reproche une analyse marxiste caricaturale et abstraite qui plaque des schémas explicatifs réducteurs sur la réalité vietnamienne, ce qui le rend incapable de comprendre la nécessité d'une stratégie d'union entre les classes au nom de la lutte de libération nationale.

Cette carence théorique entraîne d'autre part une difficulté, pour le marxisme, à prendre la mesure d'un changement sociologique affectant ce que Trần Đức Thảo appelle la « classe objectivement révolutionnaire »[133]. Cette formule, qui vient très certainement d'*Histoire et conscience de classe* de Lukács, désigne l'ensemble des individus qui, en raison de leur situation objective dans une société historique donnée, ont objectivement intérêt au renversement et à la transformation de cette société. Cette situation objective définit pour les individus appartenant à cette classe leur « conscience de classe possible » (c'est-à-dire la conscience qu'ils auraient et les intérêts qu'ils poursuivraient, s'ils étaient parfaitement conscients de leur situation objective), qu'il faut distinguer de leur « conscience empirique » (qui méconnaît le plus souvent la situation objective – les individus pouvant ainsi adhérer à des positions qui sont contraires à leurs propres intérêts). Or selon Trần Đức Thảo, alors

---

[130] K. Marx *Contrib.*, Avant-propos, p. 61–65.

[131] M&P, §5, p. 169.

[132] « Sur l'interprétation trotzkyste des événements d'Indochine », *LTM*, n°21, juin 1947, p. 1697–1705. Il s'agit d'une critique de l'article de Cl. Lefort « Les pays coloniaux. Analyse structurelle et stratégie révolutionnaire », *LTM*, n°18, mars 1947, p. 1068–1094.

[133] M&P, §16, p. 173.

qu'au XIXᵉ siècle la classe objectivement révolutionnaire était principalement composée de travailleurs prolétaires, à partir de la fin du XIXᵉ siècle et de la seconde révolution industrielle, il s'est produit des transformations sociologiques importantes. Il y aurait eu, d'une part, un certain embourgeoisement des prolétaires qui les a conduits à accorder davantage d'importance au domaine des superstructures dans leur existence, et d'autre part une prolétarisation des classes petite-bourgeoises et notamment intellectuelles. Or l'activité de ces dernières se déroulant presque exclusivement dans les superstructures, elles sont, pour la plupart, très hostiles au fait de voir les superstructures dépréciées : elles n'accepteront donc pas le marxisme tant qu'il ne sera pas en mesure de penser ces phénomènes d'une manière satisfaisante[134]. C'est ce que Trần Đức Thảo remarque autour de lui dans la jeune génération intellectuelle qui, bien qu'attirée par le marxisme, refuse de franchir le pas et d'y adhérer pleinement en raison de ce qu'ils perçoivent comme une forme de simplisme théorique[135]. Cette incapacité du marxisme à s'adresser aux intellectuels a même eu, selon Trần Đức Thảo, des conséquences historiques encore plus graves. Selon lui, l'un des facteurs d'échec des révolutions européennes depuis 1917 tient au fait que les intellectuels, et plus largement les classes petites-bourgeoises, non seulement n'ont pas adhéré au mouvement révolutionnaire mais ont même parfois rallié les mouvements contre-révolutionnaires[136]. C'est cette même difficulté que Trần Đức Thảo tente de dépasser au sein du mouvement national vietnamien et qu'il considère comme l'un des enjeux fondamentaux du marxisme. Pour toutes ces raisons, Trần Đức Thảo affirme donc qu' « une révision s'impose, par les nécessités mêmes de la pratique »[137].

3 Vers un marxisme phénoménologique.

« Le développement du marxisme doit lui permettre de rejoindre, de manière strictement rationnelle, le contenu concret de la subjectivité singulière »
(Trần Đức Thảo, « Questions du communisme », p. 286–287).

---

[134] Dans la critique qu'il adresse à Trần Đức Thảo dans l'un des numéros suivants de *La revue internationale*, P. Naville s'attaque en particulier à ce point et n'y voit qu'une nouvelle résurgence du « révisionnisme ». S'il souligne la proximité entre ces positions et celles défendues par Merleau-Ponty et reconnaît à celles-ci le mérite d'avoir posé « le problème crucial de la stratégie des luttes des classes », il refuse cependant à la fois leur constat de départ et leur conclusion politique (*cf.* P. Naville, « Marx ou Husserl (II), *RI*, n°5, mai 1946, p. 447–450 pour la critique de Trần Đức Thảo).

[135] *Cf. supra*, Introduction générale.

[136] « Les besoins intellectuels [des petits bourgeois prolétarisés] ne peuvent plus être satisfaits par le marxisme sous sa forme orthodoxe. La dépréciation systématique de l'idéologie comme telle leur laisse la nostalgie des valeurs de la tradition. De là cette trahison constante des cadres petits-bourgeois, aux moments décisifs de l'action, qui entraîna l'échec des révolutions européennes » (M&P, §16, p. 173).

[137] M&P, §17, p. 173.

On comprend désormais mieux sur quelle base Trần Đức Thảo pense pouvoir réaliser une synthèse entre marxisme et phénoménologie. L'inspiration originelle commune n'ayant été, de chaque côté, que partiellement traduite dans les formulations théoriques effectives, marxisme et phénoménologie se font face comme deux pensées abstraites qui ne saisissent chacune qu'un aspect de l'« expérience totale ». Le dualisme qui reparaît de chaque côté (entre infrastructures et superstructures pour le marxisme, entre conscience et réalité objective pour la phénoménologie) renvoie à une même incapacité à penser une médiation entre ces deux dimensions de l'être.

Cette médiation, Trần Đức Thảo pense la trouver dans la théorie husserlienne de la genèse des idéalités. C'est par elle qu'il cherche à mettre en œuvre une « révision radicale de la doctrine [marxiste], dans son contenu orthodoxe »[138], ou encore un « "enrichissement" du marxisme, sur le double plan doctrinal et pratique »[139]. La phénoménologie génétique du Husserl des années trente, dans la mesure où elle est articulée à l'analyse marxiste des infrastructures, fournit en effet une base pour élaborer une conception non réductionniste du rapport entre infrastructures et superstructures. En effet, comme l'écrit Trần Đức Thảo, une révision du marxisme

> Peut profiter des nombreuses recherches de l'école phénoménologique, qui, bien qu'elles n'aient donné que des esquisses trop générales, présentent le mérite de constituer les premières explorations systématiques dans le monde de la vie vécue. En s'attachant à comprendre, dans un esprit de soumission au *donné*, la valeur des objets « idéaux », la phénoménologie a su les rapporter à leurs racines temporelles, sans pour cela les déprécier[140].

La phénoménologie a le mérite de proposer un cadre théorique qui permet à la fois une compréhension génétique de l'ensemble des phénomènes superstructurels (c'est-à-dire qui les comprend comme des produits qui dérivent de phénomènes plus fondamentaux, ou infrastructurels, et qui se fondent sur eux), mais cela sans pour autant les transformer en de purs épiphénomènes sans consistance. La phénoménologie parvient ainsi à tenir ensemble, d'une part la mise en lumière de l'origine des objets idéaux dans une activité productive (constituante), et d'autre part l'irréductibilité du sens créé (ou de la valeur de l'objet idéal) à sa seule genèse. Elle peut donc donner au marxisme des outils théoriques pour penser la médiation entre l'analyse des conditions économiques et les diverses manifestations superstructurelles (conscience, art, religion, philosophie, science, etc.).

Cependant, Trần Đức Thảo y insiste, cette « reprise » du marxisme « ne serait pas une infidélité, mais simplement un retour à l'inspiration originelle »[141]. La phénoménologie génétique permet en effet au marxisme d'aller au-delà de l' « immédiateté » de ses « premiers essais » de théorisation[142], élaborés à la hâte par ses

---

[138] M&P, §11, p. 171.

[139] QC, §16, p. 286.

[140] M&P, §18, p. 173.

[141] M&P, §11, p. 171. Voir aussi les formules du début du §18, p. 173.

[142] QC, §14, p. 285–286.

fondateurs pour répondre aux besoins pratiques immédiats du prolétariat et à partir de l'expérience de la seule classe ouvrière[143]. La prolétarisation de la petite bourgeoisie intellectuelle, qui conduit celle-ci à rejoindre la classe ouvrière dans sa lutte, permet d'intégrer au marxisme son expérience et ses outils culturels. Un tel « développement du marxisme » lui permet alors de faire droit, dans son cadre conceptuel, au « contenu concret de la subjectivité singulière »[144], tout en opérant une « transformation dialectique – par suppression, conservation et sublimation – des valeurs traditionnelles en valeurs révolutionnaires »[145]. On aboutit ainsi à une véritable synthèse théorique qui dépasse et intègre les théorisations partielles proposées jusqu'alors par la phénoménologie et le marxisme.

3.1 Genèse des superstructures. Marxisme et phénoménologie génétique.

Grâce à l'apport conceptuel de la phénoménologie génétique de Husserl, le marxisme est en mesure, selon Trần Đức Thảo, de proposer une conception à même d'introduire les médiations suffisantes pour rendre compte du rapport entre infrastructures et superstructures. Trần Đức Thảo mobilise ainsi les analyses de Husserl pour théoriser ce que Marx ne fait qu'indiquer dans *L'idéologie allemande*, à savoir le fait que, d'une part, « ce sont les hommes qui sont les producteurs de leurs représentations », et que, d'autre part, ces « hommes effectifs, qui agissent » sont « conditionnés par un développement déterminé de leurs forces productives et du commerce qui leur correspond »[146].

Le point de départ du travail de synthèse de Trần Đức Thảo se situe dans la « structure économique » telle qu'elle est définie classiquement par le marxisme, à savoir comme degré de « développement des *forces productives* », c'est-à-dire comme l'articulation de rapports de production avec un certain état des techniques productives[147]. Cette structure économique constitue le cadre général dans lequel se déroule l'action des individus : agir dans telle société à telle époque donnée, c'est nécessairement agir en fonction de ces « conditions matérielles de l'existence »[148]. En effet, comme l'écrit Trần Đức Thảo, « l'activité humaine s'organise spontanément en fonction de la situation matérielle »[149]. Ainsi, les conditions économiques « délimitent » l'activité des individus ou définissent son « allure générale »[150]. Ce

---

[143] *Cf.* QC, §14, p. 285–286 et EMD, §1, p. 317.
[144] QC, §16, p. 286–287.
[145] QC, §7, p. 280.
[146] K. Marx et F. Engels, *IA*, chap. 1, Fragment I/5-9, p. 299.
[147] EMD, §19, p. 325. Trần Đức Thảo se réfère notamment aux formules de la « Préface de 1859 » de Marx.
[148] EMD, §19, p. 325.
[149] EMD, §19, p. 325.
[150] M&P, §7, p. 169–170.

« moment de la matérialité », que Trần Đức Thảo appelle en 1949 l' « *infrastructure de la vie humaine* », constitue selon lui le « fondement dernier de tous les sens proprement humains »[151], c'est-à-dire de l'ensemble des significations qui apparaissent aux êtres humains.

Cette existence concrète des individus dans des conditions particulières correspond à ce que Husserl désigne comme le « monde de la vie » (*Lebenswelt*), c'est-à-dire le monde immédiat dans lequel vivent spontanément les individus d'une époque, et qui forme l'horizon général du sens de toutes leurs intuitions[152]. Cette existence se caractérise tout d'abord par sa dimension *antéprédicative*, c'est-à-dire immédiate, sensible et antérieure à tout jugement explicite[153]. Ainsi, en deçà de la conscience constituante thématisée par la phénoménologie transcendantale, Trần Đức Thảo met en lumière (comme Merleau-Ponty) l'existence d'une proto-constitution passive par laquelle le monde apparaît immédiatement doté d'une certaine signification. Or parce que cette proto-constitution est indissociable de la *praxis* des individus dans certaines conditions économiques, ces dernières structurent la manière dont le monde apparaît spontanément aux individus. En second lieu, ce « monde de la vie » se caractérise par ceci qu'il contient déjà implicitement toute la richesse des rapports humains au monde : des valeurs morales ou esthétiques, un imaginaire, des normes juridiques, des dimensions religieuses. En effet, l' « expérience de la vie » contient toujours des « intuitions morales, juridiques, esthétiques, religieuses » non thématisées, d'où surgit « à l'état évanescent, *préconstitué*, dans la vie quotidienne »[154], un ensemble de significations. C'est ce monde de la vie qui constitue selon Trần Đức Thảo la véritable « infrastructure » de l'existence humaine et c'est sur son fondement que s'élève l'ensemble des superstructures[155].

Les superstructures sont en effet des créations humaines qui viennent fixer en des entités stables (mots, concepts, idées, doctrines, rites, normes juridiques, institutions, etc.) ces significations implicites de la vie quotidienne. C'est à ce niveau que se situe le caractère proprement *actif* du sujet : à partir de ce qui était latent dans le monde de la vie, il y a une « production intentionnelle (*intentionale Leistung*) »[156].

---

[151] EMD, §18, p. 325.

[152] « Le monde dans lequel nous vivons [...] nous est toujours déjà comme imprégné par les activités logiques qui y ont déposé leurs résultats ; il ne nous est jamais donné que comme un monde que nous-mêmes ou d'autres, desquels nous recevons un capital d'expériences par la participation, l'éducation, la tradition, nous avons déjà aménagé logiquement par des jugements, des connaissances » (E. Husserl, *EJ*, Introduction, §10, p. 48). La dimension culturelle et historique du « monde de la vie » est notamment analysée dans la *Krisis* (*cf.* notamment E. Husserl, *Krisis*, §9, h, « Le monde de la vie comme le fondement de sens oublié de la science de la nature », trad. fr. p. 57–62).

[153] Sur la « théorie de l'expérience antéprédicative » de Husserl, voir notamment E. Husserl, *EJ*, Introduction, §6–10, p. 30–54, et Section I « L'expérience anté-prédicative (réceptive) », p. 83–233.

[154] EMD, §17, p. 324–325. Sur ce point chez Husserl, voir notamment *EJ*, Introduction, §12, p. 61–62.

[155] M&P, §7, p. 170.

[156] *Cf. PMD*, Partie I, chap. 3, en particulier le §15 « L'évidence comme production intentionnelle (*intentionale Leistung*) », p. 140–151.

3 Vers un marxisme phénoménologique.

Cependant, il ne s'agit pas d'un pur commencement ou d'une création absolue, mais plutôt de la « réeffectuation » ou réactivation des significations objectives déjà préconstituées[157]. Or le sens d'un objet « superstructurel » ne peut être pleinement saisi que si l'on retrouve le sens de l'activité productive première qui, à partir d'une certaine expérience du monde, a engendré telle forme d'idéalité. C'est ce que Trần Đức Thảo précise en évoquant le rapport entre les intuitions spontanées et les disciplines constituées :

> La morale, le droit, l'art, la religion n'ont de sens que parce que la vie humaine comporte, dans son mouvement spontané, des significations morales, juridiques, esthétiques, religieuses. Tout le rôle des disciplines *constituées* est d'exprimer de manière stable et précise les sens qui surgissent à l'état évanescent, *préconstitué*, dans la vie quotidienne, et toute leur vérité est de renvoyer à ces sens vécus. Les systèmes de la morale et du droit, les créations de l'art, les dogmes et les rites de la religion ne font qu'expliciter en des réalisations permanentes les intuitions morales, juridiques, esthétiques, religieuses qui se présentent dans l'expérience de la vie[158].

Toute signification superstructurelle n'est intelligible que par un mouvement de retour sur sa genèse et d'élucidation de la signification qu'elle avait au moment de sa production[159].

Les superstructures n'ont donc de signification et de valeur qu'en tant qu'elles s'ancrent dans l'expérience de la vie des individus. Trần Đức Thảo suit de près ce qu'il considère comme le cœur de la doctrine husserlienne, à savoir l'idée selon laquelle toute idéalité doit trouver son fondement dans une expérience ou intuition immédiate fondatrice. Ainsi, dans la première partie de *Phénoménologie et matérialisme dialectique*, Trần Đức Thảo affirme que les prémisses de la phénoménologie génétique se trouvent déjà dans les *Recherches logiques*, avec la distinction que fait Husserl entre d'une part l'« intuition sensible », qui ne se fonde que sur elle-même et son rapport « simple » et immédiat à son objet (rapport antérieur à toute prédication, et donc « antéprédicatif »), et d'autre part l'« intuition catégorielle », qui renvoie aux objets non sensibles visés dans la prédication, et qui ne peut se fonder elle-même mais doit toujours se rapporter à une « intuition sensible » fondatrice. Les intuitions sensibles constituent la structure fondamentale de notre expérience du monde, et c'est seulement sur leur fondement que peuvent s'ériger les couches de significations « supra- » ou « sur- » sensibles (ou idéelles)[160] – qu'on peut ainsi

---

[157] « L'acte créateur du jugement ne consiste qu'à réeffectuer, de manière explicite, un rapport apparu originairement, sous une forme passive, dans le mouvement de l'activité sensible. Toute sa *vérité* consiste en une telle *reprise*, toujours renouvelée, où le réel se constitue dans son *être véritable* » (*PMD*, I, chap. 3, §20, p. 203). Cf. *PMD*, I, chap. 3, §20, p. 205.

[158] EMD, §17, p. 324–325.

[159] C'est ce que Trần Đức Thảo explique à propos des théories scientifiques et philosophiques : « Tout le *sens* de la théorie résid[e] dans la pratique […]. Dans la *vérification se fait la vérité* et les propositions de la science doivent se vérifier dans le *monde de la vie*, non pas simplement pour se garantir contre un risque d'erreur, inhérent à la faiblesse humaine, mais parce que la notion même de vérité renvoie aux évidences qui jaillissent de la pratique : cela est vrai qui est vécu authentiquement dans l'activité réelle » (EMD, §16, p. 324).

[160] *PMD*, Partie I, chap. 2, §5, p. 44–49.

désigner comme des « superstructures »[161]. Ce motif est, selon Trần Đức Thảo, présent tout au long de l'œuvre de Husserl (sous le titre de « Problèmes de la raison »[162]), mais trouve sa thématisation la plus poussée dans les textes rassemblés dans *Expérience et jugement*[163]. Les différentes significations « superstructurelles » (idées, théories, valeurs, etc.), ne peuvent pas être comprises en elles-mêmes et coupées de l'intuition antéprédicative du monde qui leur donne leur sens. Ce n'est donc qu'en rapportant ces significations à leur fondement sensible antéprédicatif qu'on peut les rendre intelligibles.

La phénoménologie génétique fournit ainsi au marxisme des concepts pour élaborer une théorie des « idéologies », qui est présente implicitement dans différents textes marxistes (et en particulier dans *L'idéologie allemande*), mais qui ne fait jamais l'objet d'un traitement thématique[164]. Il devient ainsi possible de distinguer conceptuellement entre un niveau idéologique immédiat et non thématique (l'idéologie en tant qu'elle infuse la vie quotidienne – ce que Marx appelle le « langage de la vie effective ») et les idéologies formulées dans des théories ou des prises de position explicites (que Marx désigne comme les « représentations » et l'ensemble de la « production spirituelle »)[165].

Trần Đức Thảo montre la fécondité d'une telle approche en proposant, dans « Marxisme et phénoménologie », une interprétation originale de la célèbre analyse que Marx fait de l'art grec à la fin de l'*Introduction de 1857*[166]. Il montre d'une part qu'il est impossible de comprendre l'art grec de manière réductionniste et d'autre part que le fait de ressaisir les analyses de Marx dans un « langage phénoménologique »[167] permet de révéler toute leur richesse et leur sens véritable. Contrairement au marxisme vulgaire, Marx n'affirme jamais que l'art grec est un simple reflet du mode de production esclavagiste de la Grèce antique. Il le présente, au contraire, comme une « construction s'édifiant sur une activité esthétique spontanée »[168], c'est-à-dire comme une production idéale qui s'appuie sur une expérience sensible

---

[161] Dans *EJ* et dans la *Krisis* Husserl parle de « vêtement d'idées [*Kleid von Ideen, Ideenkleid*] » (*EJ*, §10, p. 42–43 ; trad. fr. p. 52 ; *Krisis*, §9, p. 52 ; trad. fr. p. 60) ou de « superstructures [*Überlagerungen*] du monde de notre expérience » (*EJ*, §13, §59 ; trad. fr. p. 68).

[162] *PMD*, Partie I, chap. 3 « Les problèmes de la raison », p. 126–213.

[163] *PMD*, Partie I, chap. 3, §20, p. 197. Husserl montre « que les idéalités constituées dans le jugement renvoient irréductiblement aux réalités qui se présentent dans la perception sensible. La vérité des formes prédicatives se fonde dès lors sur le mouvement de l'expérience antéprédicative » (*PMD*, Partie I, chap. 3, p. 197).

[164] Le concept d'idéologie est en effet paradoxalement (compte tenu de son succès ultérieur dans la tradition marxiste) assez peu thématisé par Marx (en dehors quelques passages de *L'idéologie allemande*). Les questions qu'il soulève sont néanmoins prises en charge et réélaborées avec le concept de fétichisme, qui joue un rôle clé dans *Le Capital*.

[165] Le passage en question se trouve dans la partie de *L'idéologie allemande* publiée par Costes en 1937 et qui figure à la suite des *Manuscrits de 1844* (*Œuvres philosophiques*, VI, 1937, p. 156–157). *Cf.* K. Marx et F. Engels, *IA*, chap. 1, Fragment I/5-9, p. 299.

[166] M&P, §6–10, p. 169–171.

[167] M&P, §7, p. 169.

[168] M&P, §6, p. 169.

immédiate antéprédicative, laquelle est la manière dont la « fantaisie populaire » « façonne » « la nature et la société » « d'une manière inconsciemment artistique »[169]. Or cela correspond à ce que Trần Đức Thảo avait appelé l'« expérience totale » de cette époque historique :

> La beauté de l'art grec se réfère à cette manière propre à la société grecque de sentir le monde, sur le mode esthétique, dans son activité artistique inconsciente. Dans cette *expérience esthétique*, le beau se révèle comme la seule manière dont il puisse se révéler, étant donné les conditions matérielles de l'existence des Grecs[170].

C'est cette expérience totale, cette existence concrète historique, qui forme selon Trần Đức Thảo la véritable infrastructure :

> L'infrastructure sur laquelle cet édifice s'est élevé n'est pas à proprement parler l'infrastructure économique, mais bien ce monde esthétique spontanément constitué par l'imagination grec[171].

Ainsi, pour comprendre l'art grec, il faut le rapporter, non pas immédiatement au mode de production esclavagiste (qui « expliquerait » tout), mais à la manière propre que les Grecs anciens avaient de faire spontanément l'expérience du monde. C'est alors qu'on peut comprendre ce que Marx appelle la « valeur éternelle » de l'art grec : il s'agit de ce qui, dans cette production culturelle, a encore du sens pour nous, c'est-à-dire de ce dont on peut répéter ou réactiver le sens à partir de notre propre existence historique concrète. La valeur et le sens des objets culturels, loin d'être en contradiction avec leur historicité, ne prennent leur véritable signification qu'à travers elle.

Les analyses husserliennes de la genèse des idéalités permettent ainsi de formuler de manière théoriquement rigoureuse ce qui est présent dans le marxisme sans être explicitement exposé, à savoir l'articulation entre un niveau fondamental et infrastructurel (la *praxis* antéprédicative accompagnée d'une intuition spontanée et non thématique du monde) et des niveaux « superstructurels » dérivés (les idéalités produites). La phénoménologie génétique donne au marxisme la possibilité de tenir ensemble une compréhension précise de la genèse des superstructures à partir d'un fondement infrastructurel, tout en faisant droit à la consistance propre de ces superstructures, qui les rend irréductibles à leur fondement.

3.2 *Histoire et lutte des classes. Existence et superstructures.*

À partir de ce cadre théorique, Trần Đức Thảo peut s'essayer à une reformulation de la théorie marxiste de l'histoire, qui rende raison la fois de l'importance du développement économique et de la lutte des classes. La dynamique historique tient tout entière selon Trần Đức Thảo dans les propriétés spécifiques et les temporalités

---

[169] K. Marx, « Introduction de 1857 », *Contrib.*, p. 57.
[170] M&P, §7, p. 170.
[171] M&P, §7, p. 170.

différenciées que présentent les infrastructures (économiques et existentielles) et les superstructures. En effet, les infrastructures économiques et existentielles sont solidaires en ceci que tout changement au niveau des conditions matérielles d'existence se traduit aussitôt dans une transformation corrélative de l'action des individus, et donc au niveau du « monde de la vie ». En revanche, les idéalités et les superstructures ont quant à elles une autonomie relative par rapport aux infrastructures en ceci qu'elles ont une inertie et une permanence propres qui font qu'elles persistent même lorsque le monde de la vie à partir duquel elles ont été créées est modifié.

Il en résulte que par le changement des infrastructures, les superstructures perdent leur fondement et peuvent apparaître comme dépourvues de sens aux individus : ces dernières ne sont en effet plus en mesure de réactiver le sens authentique à partir de leur expérience antéprédicative. Trần Đức Thảo peut alors affirmer que le développement des forces productives ne cesse de saper le fondement des superstructures et d'exiger la constitution de nouvelles superstructures. Ainsi

> Le mouvement de l'histoire n'est que le devenir d'une telle constitution, en tant que le développement des forces productives fait apparaître de nouveaux rapports de production, qui s'expriment dans de nouveaux systèmes de valeurs et refoulent impitoyablement les formes qui appartiennent au passé[172].

Trần Đức Thảo illustre ce processus à travers deux analyses historiques des effets du passage du féodalisme au capitalisme : les transformations religieuses (la réforme protestante et les guerres de religions)[173] et la disparition des « valeurs chevaleresques » (et l'émergence corrélative d'une nouvelle éthique capitaliste)[174]. Dans les deux cas, il montre que les superstructures religieuses ou éthiques du Moyen Âge trouvent leur fondement dans la situation matérielle de « désordre universel » qui a suivi la dissolution du monde antique. Or les nouvelles conditions matérielles créées par le développement de l'économie capitaliste transforment ce monde de la vie « féodal » : il n'est alors plus possible de donner sens aux anciennes superstructures. Celles-ci apparaissent « vides » en comparaison des nouvelles valeurs bourgeoises (travail, épargne, etc.) et de la nouvelle religion (Réforme protestante), qui peuvent quant à elles se fonder sur l'expérience éthique et l'expérience religieuse du monde moderne.

La lutte des classes dans l'histoire consiste donc, pour Trần Đức Thảo (qui suit sur ce point l'orthodoxe marxiste), en l'affrontement entre une ancienne classe dirigeante dont les valeurs et superstructures se fondent sur des conditions économiques qui sont en train de disparaître, et une nouvelle « classe montante », qui affirme de nouvelles valeurs et cherche à créer de nouvelles superstructures sur le fondement de nouvelles conditions économiques en train de se généraliser. Ce ne sont pas seulement des intérêts de classe qui s'opposent, mais surtout des modes d'existence radicalement contraires (c'est-à-dire des idées, des valeurs, des systèmes

---

[172] EMD, §23, p. 327.
[173] M&P, §12–14, p. 171–172.
[174] EMD, §20–21, p. 325–326.

philosophiques, des visions du monde, des religiosités, etc.). C'est sur ce plan que se déroule l'histoire :

> Chaque mode d'existence, reposant sur un moment de la vie économique, définit une *classe sociale*, et la lutte des classes, prise dans son sens total, est cette dialectique par laquelle les existences qui se constituent dans l'actualité de la vie présente, suppriment celles qui ne se fondent plus sur aucune réalité effective[175].

En effet, comme l'écrit Trần Đức Thảo à propos de la naissance de la classe bourgeoise, « la classe nouvelle s'affirmait comme *un mode nouveau de l'existence*. […] Son triomphe sur l'ordre féodal fut le triomphe d'une *existence* sur une *autre existence* »[176].

Trần Đức Thảo peut alors mobiliser cette conception de l'histoire pour comprendre le monde contemporain, et en particulier pour rendre intelligible le conflit naissant entre les Français et les Indochinois. Dans « Sur l'Indochine », qu'il présente à H. L. Van Breda comme « un essai d'application de la méthode phénoménologique à un problème concret »[177], Trần Đức Thảo cherche ainsi à mettre au jour les racines du différend entre Vietnamiens et Français. La Guerre d'Indochine n'a pas encore commencé, mais les positions semblent inconciliables entre les Français qui veulent réintégrer l'Indochine dans l'Empire français, et les Vietnamiens qui affirment leur volonté d'indépendance. En analysant la manière dont les structures économiques et sociales de la colonisation conduisent les Français et les Vietnamiens à avoir des expériences ou intuitions spontanées du monde entièrement différentes (chacun vivant dans deux horizons existentiels contraires), Trần Đức Thảo montre l'origine de la succession de malentendus (chacun interprétant autrement les mêmes mots ou événements) qui rend presque impossible la communication entre les deux partis :

> L'opposition est radicale, fondée sur le mode d'existence, sur deux manières de vivre et de comprendre le monde. Il ne s'agit pas de discuter sur tel ou tel fait particulier. La discussion elle-même ne servirait à rien, puisque chaque fait s'interprète, *se perçoit*, de manière différente. […] Le dialogue est un perpétuel quiproquo, un malentendu total et sans remède. L'opposition est antérieure au discours, aux sources même de l'existence, là où se détermine, d'ores et déjà, le sens possible des mots[178].

Toute tentative de conciliation est vouée à l'échec, car comme il l'écrit plus loin « la lutte qui se poursuit à l'heure actuelle ne peut se comprendre que comme

---

[175] EMD, §23, p. 327.
[176] EMD, §21, p. 326.
[177] Lettre à H. L. Van Breda, 13 mars 1946.
[178] « Sur l'Indochine », p. 885–886. Cependant, l'inscription historique et sociale de l'existence concrète ne revient pas à affirmer un relativisme ou un différentialisme absolu. De la même manière que l'art grec a encore du sens pour nous qui vivons dans un tout autre monde historique et social, la conflictualité se fait toujours sur le fond d'un horizon d'humanité et d'universalité qui fait que tous les êtres humains sont, selon un jeu de mot qu'affectionnait Trần Đức Thảo, des « ego-égaux transcendantaux » (*cf.* L. Althusser, *op. cit.*, p. 201 et p. 362).

l'*agression* d'une existence sur une autre existence »[179]. C'est ce que viendra confirmer le début de la guerre d'Indochine à la fin de l'année 1946.

3.3 Authenticité et engagement.

Cependant, pour développer le marxisme de manière à « rejoindre […] le contenu concret de la conscience singulière »[180], Trần Đức Thảo doit encore définir le rapport de l'individu à sa classe sociale, et donc la manière dont celui-ci s'inscrit dans la lutte des classes. Pour cela, il affirme tout d'abord, contre les approches phénoménologiques et existentialistes qui restent prisonnières du dualisme, que non seulement les dimensions transcendantale et objective de l'individu sont indissociables, mais encore que l'être objectif de l'individu préexiste à la conscience de son appartenance. En second lieu, il met en lumière, contre un certain marxisme réductionniste, d'une part l'importance des superstructures et d'autre part le caractère éthique ou moral de la prise de conscience de l'appartenance sociale. Cela le conduit à refonder à partir du marxisme les notions existentialistes de projet, d'engagement et d'authenticité.

Ainsi Trần Đức Thảo remet-il en cause le postulat de la dichotomie stricte entre être et devoir-être – postulat repris par l'existentialisme pour montrer que toutes les valeurs sont posées par le sujet. Trần Đức Thảo affirme au contraire qu'une « analyse phénoménologique fidèle » doit être en mesure de comprendre l'articulation entre la conscience et son être objectif, entre l'être et le devoir-être (qu'il est impossible de situer hors du monde dans un pur choix libre du sujet). Pour cela, il s'appuie très vraisemblablement sur le Lukács d'*Histoire et conscience de classe* (bien qu'il ne le cite pas) pour affirmer la nécessité de dépasser l'opposition entre être et devoir-être et de dégager le devoir-être de l'être. En effet, l'authenticité du projet d'existence ne se trouve pas, comme c'est le cas dans l'existentialisme, dans le fait d'assumer notre liberté de choix (et donc dans la prise de conscience du fait que nous sommes les créateurs de nos propres valeurs), mais réside au contraire dans le fait de prendre conscience que notre existence a *déjà* un certain sens objectif :

> Le « donné » n'est pas un simple ensemble de déterminations passives, mais porte, immanent à son être-réalisé, un sens de devoir-être dont l'accomplissement définit le concept d'authenticité[181].

Il s'agit donc pour chacun de comprendre son propre sens objectif, de manière à pouvoir dégager le projet qui est déjà préfiguré :

> Le *projet* de l'existence ne se dessine pas dans un choix arbitraire, mais toujours sur le fondement d'une connaissance qu'il est de notre devoir de rendre aussi claire que possible,

---

[179] « Sur l'Indochine », p. 898.
[180] QC, p. 286–287.
[181] M&P, §18, p. 173.

afin que le sens que nous assumons par notre vie soit ce sens même qu'elle avait d'ores et déjà et que c'est justement notre « tâche historique » d'accomplir[182].

Trần Đức Thảo rejette tout autant le projet au sens sartrien que le projet au sens heideggérien. En effet, contre Sartre, il affirme que le projet n'est pas choisi de manière individuelle et libre, mais que « la destinée [est] préfigurée dans sa situation objective ». Il semble alors se rapprocher plutôt de la position heideggérienne. C'est le cas notamment dans « Sur l'Indochine » (bien qu'il ne cite pas Heidegger) lorsqu'il analyse la constitution successive des différentes générations d'intellectuelles vietnamiens depuis la colonisation. Il montre ainsi que la génération des années trente reprend à la première génération son hostilité absolue à la colonisation et à la seconde son projet modernisateur (mais sans collaboration avec la puissance coloniale) :

> La nouvelle société annamite avait assumé, de manière définitive, la tâche léguée par le passé, et qui s'imposait par les exigences de la situation présente[183].

Mais, malgré de telles formules qui évoquent Heidegger, le projet authentique ne peut se comprendre dans un simple rapport de reprise fidèle ou infidèle des projets des générations précédentes. Le projet authentique, comme il l'écrit dans « Marxisme et phénoménologie », n'est que le « projet de sa déréliction »[184] (*Geworfenheit*), c'est-à-dire celui de l'assomption du devoir-être qui réside dans son être objectif. C'est également dans ce sens qu'il analyse en 1947 l'engagement communiste : si, selon lui, la « socialisation des moyens de production [...] s'impose comme la *tâche authentique* de notre époque » c'est parce que « l'exigence même [...] jaillit de la situation actuelle, [...] qui seul peut donner à la vie un sens et une valeur ». Cela lui permet alors de préciser le sens de la notion de projet sur laquelle il s'appuie :

> On pourrait parler d'un « projet existentiel », à condition évidemment de préciser qu'il ne s'agit pas d'un projet librement choisi, mais des exigences qui naissent *nécessairement* des conditions économiques et sociales, comme *conditions de l'existence*. Les déterminations objectives de la vie humaine, dans une société donnée, assignent, par une dialectique nécessaire, un sens à cette vie, ce par quoi elle prend valeur d'humanité[185].

L'authenticité du projet dépend donc de la possibilité d'inscrire ce projet dans l'expérience antéprédicative de l'individu.

Cependant, en raison de la relative autonomie des superstructures par rapport à l'infrastructure existentielle, les individus peuvent adhérer à des idées, des valeurs, des religions, qui peuvent être entièrement dépassées historiquement (c'est-à-dire dont le monde de la vie a disparu) ou qui ne correspondent pas à leur expérience

---

[182] M&P, §18, p. 173.

[183] « Sur l'Indochine », p. 891

[184] M&P, §18, p. 173.

[185] QC, p. 277–278. Dans ce texte, on sent que Trần Đức Thảo s'est déjà rapproché du Parti communiste et qu'il adopte une partie importante de son langage. Mais son analyse proprement dite reste tout à fait dans la continuité des textes de 1946, par son inspiration phénoménologique et existentielle. Ce n'est que vers 1948 qu'on sent véritablement un changement d'inspiration.

antéprédicative, mais à celle d'une autre classe ou d'un autre groupe social[186]. Dans ces deux cas, Trần Đức Thảo affirme alors que le projet d'existence des individus est inauthentique. Toutefois, il montre que cette inauthenticité est surtout possible en période de calme social. Au contraire, dans des situations où l'être objectif des individus est menacé, ces derniers prennent conscience de leur appartenance et de l' « obligation morale »[187] qu'ils ont de la défendre :

> Aux moments décisifs de mon existence, je m'aperçois que ma vie était conditionnée par un certain milieu, certaines structures sociales et une certaine organisation matérielle, qu'elle n'avait de sens que dans ces conditions et que je dois les défendre si je veux lui garder un sens. Je ne me suis pas choisi comme citoyen de telle nation ou membre de telle classe, mais j'appartiens, d'ores et déjà, à cette nation ou à cette classe par toute l'histoire de ma vie passée et il se découvre subitement à ma conscience que tout ce à quoi je tiens, et qui donne à ma vie un sens et une valeur n'existe que dans l'horizon de ce système, et s'anéantirait si devait disparaître cette nation ou cette classe[188].

En effet, dans la mesure où l'ensemble des superstructures de l'existence d'un individu dépend de son expérience antéprédicative, laquelle dépend à son tour des conditions objectives et matérielles, l'individu prend conscience du fait que si ces conditions objectives sont supprimées, ce sont les fondements mêmes de tout ce à quoi il croit (valeurs, idées, etc.) qui vont disparaître.

L'injonction à l'engagement prend alors un tout autre sens que dans l'existentialisme. Il s'agit de l'obligation de défendre le sens de son existence, en tant que celui-ci a un fondement objectif. Et cela jusqu'au *sacrifice* – idée qui revient assez souvent dans les textes de Trần Đức Thảo (et qui provient peut-être des romans de Malraux). Ces analyses ont une importance tout particulière pour Trần Đức Thảo en raison de sa propre situation d'intellectuel colonisé. En effet, comme il le montre dans « Sur l'Indochine », l'intellectuel issu de la colonisation est écartelé par des exigences contradictoires (liées à sa formation intellectuelle française et à la situation objective de colonisé). Par cette analyse du sens objectif de l'existence, Trần Đức Thảo peut exiger que les intellectuels vietnamiens rallient le mouvement de libération nationale. Ceux-ci doivent, selon lui, assumer le projet d'existence objectif qui les porte à lutter pour l'indépendance nationale.

*
* *

Dans ce chapitre, nous avons tenté de reconstruire la manière dont Trần Đức Thảo a cherché, pendant les années de l'immédiat après-guerre, à réaliser une synthèse entre marxisme et phénoménologie. Si, comme nous allons le voir, cette synthèse ressemble par bien des points à celle que propose au même moment Merleau-Ponty (et s'en inspire certainement), elle s'en distingue cependant par son

---

[186] Dans « Sur l'Indochine », Trần Đức Thảo décrit ainsi les Vietnamiens qui collaborent avec la France au lieu de se rallier au projet authentique de libération nationale.
[187] EMD, §24, p. 328.
[188] EMD, §13, p. 322.

3 Vers un marxisme phénoménologique.

travail précis sur le texte husserlien lui-même (en particulier sur *Expérience et jugement* et sur la *Krisis*) et par sa volonté d'expliciter l'articulation entre la « théorie de l'expérience antéprédicative » du dernier Husserl et les analyses du jeune Marx. Cette synthèse apparaît toutefois moins ambitieuse et systématique que celles que proposent à cette même époque les philosophes déjà confirmés que sont Sartre et Merleau-Ponty : cela tient d'une part à son caractère seulement inchoatif (il s'agit en effet des tout premiers textes d'un très jeune philosophe), mais aussi au statut relativement classique qui est encore accordé à la philosophie. Ses interventions dans le champ intellectuel restent en effet fortement marquées par le discours philosophique, qui ne subit pas véritablement de transformation au contact de la politique et des sciences (mais sont au contraire réinterprétées philosophiquement)[189]. Il reste ainsi chez lui un écart important entre ses interventions intellectuelles d'une part, et son activité politique de dirigeant de premier plan du mouvement indépendantiste vietnamien en France d'autre part. Le marxisme phénoménologique qu'il élabore dans l'immédiat après-guerre ne lui fournit donc pas une « syntaxe commune » à même d'unifier les pratiques et discours à l'œuvre dans le champ intellectuel et le champ du militantisme politique. C'est certainement l'un des facteurs qui le conduiront bientôt à abandonner le cadre conceptuel du marxisme phénoménologique au profit du matérialisme dialectique.

L'élément décisif du marxisme phénoménologique de Trần Đức Thảo réside en effet alors dans la phénoménologie génétique de Husserl, qu'il découvre grâce à Merleau-Ponty et à ses échanges avec les Archives-Husserl de Louvain : il pense trouver en celle-ci la médiation théorique fondamentale pour surmonter les difficultés de la phénoménologie et du marxisme dans leurs formulations classiques – difficultés qui viennent de leur incapacité à dépasser le dualisme (dualisme entre infrastructures et superstructures pour l'un, entre conscience et réalité pour l'autre). Par ce travail de synthèse Trần Đức Thảo veut participer au « développement du marxisme » et réaliser pour celui-ci « un progrès comparable à celui qui a permis de passer de l'algèbre ordinaire au calcul infinitésimal »[190]. En effet, jusqu'à présent le marxisme n'a su que proposer une analyse générale des infrastructures (économiques et sociales) : il n'est cependant pas en mesure d'articuler d'une manière satisfaisante ces dernières aux superstructures et au « contenu concret de la subjectivité »[191]. La phénoménologie, en revanche, par son analyse génétique de la constitution des idéalités, fournit au marxisme, selon Trần Đức Thảo, des outils théoriques pour comprendre à la fois la dépendance des superstructures par rapport aux infrastructures (non seulement d'un point de vue génétique mais également du point de vue de leur signification), mais également leur autonomie relative. Cette dernière

---

[189] Trần Đức Thảo évoque peu les sciences à cette époque, mais lorsqu'il le fait, sa conception correspond à peu près celle du dernier Husserl. Quant à la politique, la situation est plus ambiguë : la logique propre de la politique anticoloniale a indéniablement un effet sur lui, mais dans un premier temps elle est reformulée en termes existentiels (dans « Sur l'Indochine »), puis tout à fait dissociée de son travail théorique (dans ses articles de 1947 sur la situation indochinoise).

[190] QC, p. 286.

[191] QC, p. 286–287.

permet en effet de donner sens aux luttes effectives des individus dans l'histoire, et de mettre en lumière les raisons pour lesquelles le combat social n'est pas un phénomène purement mécanique mais une obligation morale qui s'ancre pourtant dans l'être objectif de chacun.

Cependant, l'une des difficultés que rencontre ce marxisme phénoménologique (et qui participe également au changement de direction des travaux de Trần Đức Thảo dans les années suivantes) réside dans le fait qu'il ne parvient pas à expliciter de manière précise le mode de détermination qui existe entre les infrastructures économiques et l'« infrastructure existentielle », c'est-à-dire le sens même du mouvement de reprise de l'être objectif par la conscience spontanée. Si Trần Đức Thảo rejette la causalité mécanique, les formules peu précises comme celles de « limitation », de « reprise », ou d'« allure générale [...] dessinée par certaines conditions » (formules qui se rapprochent fortement de celles qu'emploie également Merleau-Ponty à cette époque), trahissent la difficulté qu'il a à théoriser le sens du conditionnement économique et social de l'individu. En effet, si la phénoménologie husserlienne articulée à certaines formules de Marx lui permet de proposer une théorie de ce qu'on pourrait appeler l'*idéalisation secondaire*, c'est-à-dire une genèse des idéalités et des idéologies à partir de l'activité antéprédicative, il manque encore d'une théorie de l'*idéalisation primaire*, c'est-à-dire du processus de genèse de l'être conscient à partir de l'être objectif non conscient. C'est cette question qui sera, à partir de 1948, au cœur de la nouvelle orientation qu'il donne à ses recherches : par une compréhension plus approfondie de la temporalité originaire et de sa reformulation dans un langage dialectique, il s'agira alors de proposer un cadre théorique permettant de rendre compte de cette idéalisation primaire. Cette idéalisation fondamentale ne pourra cependant pas être l'œuvre de la conscience, puisqu'il s'agit précisément de l'idéalisation qui constitue cette dernière : il lui faudra donc, penser une constitution dialectique de la conscience à partir de la non-conscience, c'est-à-dire une dialectique naturelle qui précède et fonde la dialectique de la conscience. Toutes ces recherches trouveront une première formulation dans la seconde partie de *Phénoménologie et matérialisme dialectique*.

Chapitre 3
Merleau-Ponty et le « scénario marxiste ».

Esquisse d'un existentialisme marxiste (1944–1948)

> « Il y a dans les religions archaïques, des personnages sacrés qui exercent la fonction de lieur : il faut que tout s'attache et se noue par eux. Politiquement, Merleau-Ponty a joué leur rôle. […] L'ambiguïté de son marxisme euristique [sic] dont il disait à la fois que cela ne pouvait suffire et que nous n'avons rien d'autre ; je crois qu'elle a favorisé des rencontres, des discussions qui ne s'arrêteront pas. Ainsi a-t-il, pour sa part, fait l'histoire de l'après-guerre autant que peut la faire un intellectuel »
> (Sartre, « Merleau-Ponty vivant », p. 243).

> « J'avais fait la connaissance de Merleau-Ponty, en 1941 à la rue d'Ulm, où il était revenu pour sa dernière année de caïmanat. Il nous lisait des extraits de sa thèse en préparation sur la Phénoménologie de la perception, et disait souvent que tout cela finira par une synthèse de Husserl, Hegel et Marx »
> (Trần Đức Thảo, La formation de l'homme, Préface, p. 6).

> « Qu'il s'agisse des choses ou des situations historiques, la philosophie n'a pas d'autre fonction que de nous rapprendre à les voir bien, et il est vrai de dire qu'elle se réalise en se détruisant comme philosophie séparée »
> (Merleau-Ponty, Phénoménologie de perception, p. 520).

Si la synthèse entre marxisme et phénoménologie devient à la Libération une question centrale dans le champ philosophique en France, cela tient en grande partie à Merleau-Ponty. Dans les années trente, alors que non seulement leur articulation n'est pas à l'ordre du jour, mais que ces courants de pensée sont presque entièrement absents du champ universitaire et intellectuel, Merleau-Ponty œuvre en effet de manière souterraine, aux divers postes d'enseignant qu'il occupe[1], pour former

---

[1] Agrégé-répétiteur de philosophie à l'ENS de 1935 à 1940, Merleau-Ponty est ensuite professeur au Lycée Carnot (1940–1944), puis au Lycée Condorcet (1944–45), avant d'être nommé maître de conférences à l'Université de Lyon (1945–49) tout en étant « chargé de cours complémentaires » à l'ENS (1946–49).

des nouvelles générations qui viendront à maturité en 1945. Il incite les jeunes étudiants et étudiantes qu'il côtoie à s'intéresser à la phénoménologie ainsi qu'au marxisme, à la fois par des conseils directs et par le contenu de ses cours. Merleau-Ponty joue ainsi un rôle essentiel dans l'introduction et la légitimation théorique et institutionnelle de la phénoménologie et du marxisme dans l'université française[2], et plus largement dans le champ intellectuel et philosophique.

Mais la contribution principale de Merleau-Ponty réside sans doute dans le fait qu'il propose à l'époque la synthèse la plus aboutie entre les deux courants de pensée. À la Libération, le marxisme devient en effet explicitement, et pour plusieurs années, l'interlocuteur théorique privilégié auquel Merleau-Ponty cherche à se confronter afin d'élaborer sa propre pensée. Son intérêt pour le marxisme est tout d'abord *régional*. Merleau-Ponty veut prolonger la phénoménologie existentielle de ses deux thèses (*La structure du comportement* et *Phénoménologie de la perception*), orientée sur le « monde vécu » (comme sol sur lequel se construisent les idéalités), en se tournant désormais vers le domaine des idéalités et des significations « superstructurelles »[3] : la société, l'histoire, la politique. Le marxisme joue ainsi pour la « région » de la culture un rôle théorique analogue à celui de la psychologie sous ses différentes formes pour le « monde vécu ».

L'importance que prend le marxisme pour Merleau-Ponty dépasse toutefois largement cette valeur régionale, et réside peut-être avant tout dans la conception renouvelée qu'il propose de la philosophie. En effet, plus encore qu'une nouvelle philosophie, c'est une nouvelle manière de faire de la philosophie que cherche à élaborer Merleau-Ponty. Durant l'immédiat après-guerre il fait ainsi sienne une formule du jeune Marx, qui lui sert de mot d'ordre : « On ne peut pas réaliser la philosophie sans l'abolir ; on ne peut pas abolir la philosophie sans la réaliser »[4]. Pour Marx, « sortir de la philosophie » veut dire abandonner le discours renfermé sur lui-même du milieu jeune hégélien et s'ouvrir à la fois aux savoirs positifs (l'histoire et l'économie) et à la politique (qui n'accepte pas le monde tel qu'il est et cherche à le transformer). En même temps, les savoirs positifs et la politique doivent eux-mêmes faire l'objet d'une *critique* au cours de laquelle ils sont profondément transformés grâce à l'apport de la conceptualité philosophique. C'est ce projet que Merleau-Ponty reprend à son compte : la philosophie ne peut se réaliser qu'en

---

[2] En témoigne notamment son intervention en mai 1938 lors d'une séance de la Société française de philosophie consacrée à l'agrégation : « Il serait indiqué de faire, dans les programmes, une place qu'ils n'ont pas aux philosophes post-kantiens, à Hegel et à sa postérité : Marx, Nietzsche ou même Husserl » (« L'agrégation de philosophie », *P1*, p. 58).

[3] Dans ses *Entretiens avec Charbonnier*, après avoir rappelé le « contour général » de ses premiers essais philosophiques, il dit avoir été « conduit depuis à d'autres recherches philosophiques orientées de la même façon, mais s'adressant cette fois à ce qui est au-dessus du niveau perceptif, au-dessus du niveau de la simple perception » (*EntCharb*, p. 427).

[4] La formule se trouve dans l'Introduction à la *Contribution à la critique de la philosophie du droit de Hegel* (K. Marx, *CCPDH*, Introduction, p. 290–291). Chez Merleau-Ponty on la retrouve, par exemple, dans les dernières lignes de la *PhP* (p. 520), dans « La querelle de l'existentialisme (*SNS*, p. 97), ou dans « Marxisme et philosophie » (*SNS*, p. 161–162), ainsi que dans des notes de travail (inédites) sur *L'idéologie allemande*.

sortant d'elle-même et en se confrontant à ce qui n'est pas elle, à savoir le monde lui-même et les autres pratiques et discours qui portent sur le monde (et en premier lieu les savoirs positifs et la politique[5]). En effet, bien plus que Trần Đức Thảo et même que Sartre, Merleau-Ponty affirme la nécessité d'un dépaysement fondamental de la philosophie au contact de ces « langues étrangères » que sont pour elle les sciences et la politique. Pour reprendre les formules de J.-T. Desanti qui nous servent de fil conducteur, la « syntaxe commune » que Merleau-Ponty cherche à élaborer et qui doit rendre commensurables la philosophie et ces autres domaines, ne peut être de nature strictement philosophique, mais implique le dépassement de la philosophie vers une pensée plus englobante. C'est précisément ce que doit rendre possible la synthèse entre phénoménologie existentielle et marxisme.

L'attrait du marxisme pour Merleau-Ponty tient au fait qu'il y trouve une pensée authentiquement dialectique, c'est-à-dire une pensée qui cherche à surmonter les antinomies dans lesquelles ne cesse de tomber la pensée classique. En effet, sur un problème donné, qu'il soit théorique ou pratique, le marxisme commence par montrer que les réponses classiques se partagent en deux perspectives qui se donnent comme contradictoires, mais qui, en fait, sont simplement deux vues partielles sur une même réalité (la réalité est seulement « redoublée » en deux aspects différents). L'analyse dégage alors le présupposé commun qui vient structurer cette antinomie, et indique la voie à suivre pour dépasser leur apparente opposition et intégrer les acquis des deux positions dans une compréhension plus englobante et synthétique. Ce mode de raisonnement dialectique, généralisé dans ce que Merleau-Ponty appelle le « marxisme classique » (et cela tant chez Marx ou Lukács que chez Lénine ou Trotski), non seulement converge fortement avec le mode d'exposition propre de la pensée de Merleau-Ponty, mais a peut-être exercé une influence directe sur le philosophe français.

L'idée que nous allons défendre est que la pensée de Merleau-Ponty dans l'immédiat après-guerre est dominée par ce que nous appellerons un *scénario marxiste*. La notion de « scénario » est employée par E. de Saint Aubert pour désigner la manière dont Merleau-Ponty lit et s'approprie divers penseurs[6]. Merleau-Ponty expose en effet rarement sa pensée en son propre nom, mais semble toujours avoir besoin d'une autre pensée dont il épouse pleinement les contours jusqu'à se fondre presque entièrement en elle. Cette pensée, présentée comme celle d'un autre, est toutefois toujours déjà interprétée et reformulée à partir des problématiques de Merleau-Ponty, de telle sorte que loin de s'y aliéner, il ne fait que se retrouver lui-même au cœur de l'autre. La notion de « scénario » caractérise donc à la fois l'investissement puissant dont fait l'objet la pensée de l'autre, et la manière dont cette pensée est toujours déformée (voire même « caricaturée ») par Merleau-Ponty selon

---

[5] Il faudrait également inclure le domaine de l'art, même si celui-ci prendra de l'importance surtout à partir de 1948–49 (*cf. infra*, Partie II, chap. 5).
[6] Sur la notion de scénario, voir E. de Saint Aubert, *Du lien des êtres aux éléments de l'être. Merleau-Ponty au tournant des années 1945–1951*, Paris, Vrin, 2004, p. 29 ; et *Le scénario cartésien. Recherches sur la formation et la cohérence de l'intention philosophique de Merleau-Ponty*, Paris, Vrin, 2005, p. 21.

ses propres besoins philosophiques. Or il nous semble que le marxisme fait l'objet d'un tel investissement dans l'immédiat après-guerre : Merleau-Ponty tente en effet de fondre sa propre pensée dans le mouvement du marxisme, dans l'espoir de résoudre l'ensemble des antinomies théoriques et pratiques de la pensée philosophique traditionnelle.

L'objet de ce chapitre est de montrer que le rapport entre phénoménologie et marxisme joue un rôle fondamental dans l'élaboration philosophique de Merleau-Ponty durant les années quarante. Jusqu'à présent, les textes dits « politiques » (*Sens et non-sens*, *Humanisme et terreur*) ont été isolés des textes dits « philosophiques » (*La structure du comportement*, *Phénoménologie de la perception*) et lus séparément. Nous voudrions au contraire insister sur l'impossibilité de dissocier ces deux types de textes et ressaisir l'ensemble des écrits des années quarante comme le produit d'un même projet philosophique – projet dont les fondements sont exposés dans les deux travaux de thèse de Merleau-Ponty, mais dont les textes historiques et politiques de l'après-guerre se veulent à la fois le prolongement et le dépassement.

1 Genèse du « scénario marxiste » de Merleau-Ponty.

> « Il [Merleau-Ponty] avait entrepris [...] un vaste travail de confrontation : il donnait à ronger nos concepts abstraits au marxisme qui se changeait en lui-même dès qu'il les avait assimilés »
>
> (Sartre, « Merleau-Ponty vivant », p. 220–221).

Si les références à Marx et au marxisme sont omniprésentes dans les écrits de Merleau-Ponty de l'immédiat après-guerre (1944–48)[7], son intérêt pour le marxisme ne date pas de cette conjoncture historique et intellectuelle, et s'ancre dans un processus au long cours. Merleau-Ponty se distingue ainsi de Sartre ou de Trần Đức Thảo, en ceci que, contrairement à ces derniers, il ne se trouve pas contraint d'articuler le marxisme à des positions philosophiques déjà pleinement constituées (phénoménologie existentielle pour l'un, phénoménologie génétique de Husserl pour l'autre). Pour Merleau-Ponty, la découverte du marxisme et de la phénoménologie se fait en effet de manière conjointe, et son projet philosophique est lui-même déjà imprégné par le marxisme[8].

---

[7] À partir de la publication de la *PhP* et pendant plusieurs années, la référence à Marx et au marxisme est omniprésente chez Merleau-Ponty. La plus grande partie des textes de la période 1945–48 évoque indirectement sinon directement le marxisme. Outre la « Note sur l'interprétation existentielle du matérialisme dialectique » (*PhP*, p. 199–202), il y a l'ensemble des textes qui sont rassemblés dans *Humanisme et Terreur*, *Sens et non-sens* et *Parcours 1935–1951*, ainsi qu'un très grand nombre de notes inédites (notes de travail ou notes pour des conférences). D'après le sommaire de la transcription de K. Whiteside, on peut dénombrer 187 pages (*cf.* K. Whiteside, *Merleau-Ponty and the Foundation of an Existential Politics*, Princeton, New Jersey, Princeton University Press, 1988, p. 312–314).

[8] Ainsi Sartre rapporte-t-il même : « De quelques entretiens que nous eûmes plus tard j'ai gardé le sentiment qu'il avait été, avant 1939, plus proche du marxisme qu'il ne fut jamais depuis » (MPV, *SIV*, p. 204).

1.1 La découverte conjointe du marxisme et de la phénoménologie.

1.1.1 La formation du marxisme de Merleau-Ponty : à la recherche du « point sublime ».

Le marxisme de Merleau-Ponty prend forme vers la fin des années trente, au premier point d'aboutissement d'une trajectoire qui le voit, sous la pression des événements politiques et sociaux de l'époque, passer du catholicisme traditionaliste à une forte proximité avec les milieux communistes. Ce parcours, qui noue étroitement histoire personnelle et histoire politique, permet de comprendre la spécificité de ce que Merleau-Ponty cherche dans le marxisme[9]. En effet, comme Sartre l'a montré dans « Merleau-Ponty vivant », la disposition fondamentale de Merleau-Ponty, qu'on peut retrouver à tous les niveaux de son expérience, réside sans doute dans le sentiment de séparation d'avec un état originel d'intégration et de complétude, et le désir profond (plus que l'espoir) de reconstituer cette totalité perdue[10]. Cette disposition a pu immédiatement s'articuler à l'expérience historique et politique de son milieu et de sa génération, celle d'un sentiment de « crise » provoqué par l'époque moderne, qui vient détruire et briser le monde pré-moderne fortement intégré[11] : la modernité produit une société d'individus dispersés et atomisés et institue une scission entre l'individu et la société. Cette scission se retrouve au niveau théorique dans une série de dualismes (en particulier celui du sujet et de l'objet) que la pensée moderne ne semble pas en mesure de dépasser.

Le parcours politique et intellectuel de Merleau-Ponty, qui peut être lu comme une série de reconfigurations et de réinvestissements de cette disposition, consistera à affronter cet état de scission généralisée, et à chercher une voie pour surmonter ce que Lukács appelle les « antinomies de la pensée bourgeoise »[12]. Il s'agit de tenter de reconstituer la totalité déchirée en s'efforçant de trouver un point de synthèse ou de réconciliation entre les contraires. Dans un premier temps, Merleau-Ponty semble avoir été tenté par une restauration réactionnaire ou antimoderne de la totalité, comme en témoigne sa proximité avec l'extrême droite catholique et nationaliste de l'*Action française* à la toute fin des années vingt[13]. Mais à partir du début des années trente, comme il l'écrit dans la Préface de *Signes*, il apprend avec d'autres de sa génération « que rien ne pouvait leur rendre la totalité dont ils avaient la

---

[9] Sartre et Trần Đức Thảo sont ainsi conduits vers le marxisme par d'autres expériences historiques et personnelles.
[10] MPV, *SIV*, p. 205.
[11] Voir à ce sujet les essais de Péguy, qui ont tant marqué cette génération.
[12] G. Lukács, *HCC*, « Les antinomies de la pensée bourgeoise », p. 142–188.
[13] Comme l'indique discrètement Merleau-Ponty dans « Autour du marxisme » (*SNS*, p. 124). Cette proximité, qui n'ira jamais jusqu'à un engagement explicite, est confirmée par les témoignages de M. de Gandillac (*Un siècle traversé. Souvenirs de neuf décennies*, Paris, Albin Michel, Paris, 1998, p. 109–110) et de Cl. Lefort (*cf.* K. Whiteside, *op. cit.*, p. 18–20, qui cite son discours de distribution des prix au Lycée de Beauvais de 1932, dans lequel Merleau-Ponty met en garde les élèves à la fois contre la philosophie allemande et contre les mouvements révolutionnaires).

nostalgie »[14]. En effet, la totalité n'est pas à restaurer mais à inventer : le dépassement de la scission moderne doit se faire vers une autre société où se réaliserait la réconciliation universelle[15]. Merleau-Ponty s'oriente alors vers le catholicisme de gauche de la revue *Esprit*[16], avant de perdre définitivement la foi[17], et de se rapprocher du mouvement communiste[18]. Dans un article de 1945 sur l'essayiste d'extrême droite T. Maulnier[19], il médite sur cette évolution en essayant de comprendre à la fois les raisons d'une certaine proximité entre marxisme et fascisme, et la distance infinie qui les sépare, et cela pour élucider la tentation fasciste des individus de son milieu[20] et pour montrer que le marxisme constitue la véritable solution à leurs problèmes[21].

L'intérêt de Merleau-Ponty pour le marxisme est donc dès le départ indissociablement théorique et pratique, et se présente comme un projet de dépassement philosophique, politique et historique des antinomies du monde moderne. Le marxisme constitue une voie pour rejoindre ce que Merleau-Ponty désigne (en reprenant une

---

[14] *Signes*, Préface, p. 45.

[15] Un tel parcours de l'extrême droite à l'extrême gauche est très loin d'être singulier parmi cette génération, comme en témoignent, par exemple, les trajectoires de Nizan ou d'Althusser. Voir aussi le parcours de Lukács dans M. Löwy, *L'évolution politique de Lukács 1909–1929. Contribution à une sociologie de l'intelligentsia révolutionnaire*, Paris, PUF, 1976.

[16] *Cf.* FBF, *SNS*, p. 209. Voir aussi son article de 1936 « Christianisme et ressentiment », dans lequel il s'efforce de montrer que la religion bien comprise peut jouer un autre rôle qu'idéologique (*P1*, p. 26). Sur la proximité de Merleau-Ponty avec la revue *Esprit*, voir T. Geraets, *Vers une nouvelle philosophie transcendantale. La genèse de la philosophie de Maurice Merleau-Ponty jusqu'à la* Phénoménologie de la perception, La Haye, Martinus Nijhoff, 1971, p. 24–27 et K. Whiteside, *op. cit.*, p. 25–26.

[17] L'attitude du clergé face la répression des révoltes ouvrières de février 1934 en Autriche semble avoir joué un rôle déterminant (*cf.* FBF, *SNS*, p. 209).

[18] En 1939, sur l'invitation de P. Nizan, il se rend même en Corse chez L. Casanova, qui était à l'époque le secrétaire personnel de M. Thorez (*cf.* K. Whiteside, *op. cit.*, p. 31 et *Signes*, Préface, p. 54). Sartre a su montrer l'attrait du Parti communiste pour Merleau-Ponty : « Un flirt s'ébaucha : Merleau-Ponty voyait souvent Courtade, Hervé, Desanti ; son traditionalisme se plaisait en leur compagnie : le Parti communiste, après tout, c'est une tradition. Il préférait ses rites, sa pensée durcie, recuite par vingt-cinq ans d'Histoire aux spéculations des sans-partis » (MPV, *SIV*, p. 199 ; *cf.* aussi p. 205).

[19] Thierry Maulnier (1908–1988), pseudonyme de Jacques Talagrand, est un journaliste et essayiste d'extrême droite (membre de l'Action française). Il a pu connaître Merleau-Ponty à l'ENS (qu'il intègre en 1928).

[20] « Le problème de Thierry Maulnier, c'est le problème de la droite intellectuelle française, et ce problème-là, les hommes de trente-cinq ans le sentent d'autant mieux que d'une façon ou d'une autre il a été leur à quelque moment. Vers 1930, l'*Action française* a disposé chez les étudiants d'un crédit dont les jeunes gens d'aujourd'hui ne peuvent se faire une idée et dont il faudrait rechercher les raisons » (« Autour du marxisme », *SNS*, p. 124).

[21] « Sa *vraie* conclusion, qu'il n'a pas écrite et qu'il écrira peut-être un jour, Thierry Maulnier la trouverait dans ce marxisme sans illusions, tout expérimental et volontaire, auquel il s'est voué à son insu » (« Autour du marxisme », *SNS*, p. 150).

expression d'A. Breton) comme le « point sublime » où toutes les « vieilles antinomies » cessent d'être « perçues contradictoirement »[22] :

> La révolution c'était le *point sublime* où le réel et les valeurs, le sujet et l'objet, le jugement et la discipline, l'individu et la totalité, le présent et l'avenir, au lieu d'entrer en collision, devaient peu à peu entrer en connivence[23].

Ce qui motive l'investissement de Merleau-Ponty, ce n'est donc pas tant le marxisme comme puissance de négation (ce qui sera le cas chez Sartre) que le marxisme comme possibilité concrète d'une synthèse effective, c'est-à-dire bien moins la révolution comme négation du monde ancien que le communisme comme établissement d'un monde nouveau réconcilié avec lui-même[24].

C'est cette approche du marxisme qui oriente ses lectures dans le *corpus* marxiste. S'il ne semble, par exemple, jamais s'être beaucoup intéressé au *Capital* et au projet de critique de l'économie politique, il accorde en revanche un intérêt tout particulier aux œuvres du Marx « romantique révolutionnaire »[25] d'avant 1848. À la suite de Hegel, Marx cherche alors à surmonter la scission du monde moderne, à la fois au niveau théorique (en dépassant matérialisme et idéalisme, sujet et objet, activité et passivité, société et individu, etc.) et à un niveau pratique (dans une société communiste où l'homme est effectivement réconcilié avec l'homme). Merleau-Ponty privilégie ainsi les textes « philosophiques » du jeune Marx (en particulier l'*Introduction à la critique de la philosophie du droit de Hegel*, les *Manuscrits de 1844*, les *Thèses sur Feuerbach*, et *L'idéologie allemande*), qui sont publiés puis traduits au cours des années trente, et qui suscitent un intérêt grandissant à la fois dans les milieux catholiques de gauche[26] et parmi les philosophes proches du Parti communiste. En effet, contre l'économicisme et le réductionnisme alors dominants tant chez les socialistes que chez les communistes, ces textes révèlent un Marx fortement marqué par Hegel – que Merleau-Ponty découvre à cette même époque en fréquentant (à partir de 1935) le séminaire d'A. Kojève sur la

---

[22] « Il s'agissait, il s'agit encore d'éprouver par tous les moyens et de faire reconnaître à tout prix le caractère factice des vieilles antinomies [...]. Tout porte à croire qu'il existe un certain point de l'esprit d'où la vie et la mort, le réel et l'imaginaire, le passé et le futur, le communicable et l'incommunicable, le haut et le bas cessent d'être perçus contradictoirement. C'est en vain qu'on chercherait à l'activité surréaliste un autre mobile que l'espoir de détermination de ce point » (A. Breton, *Second manifeste du surréalisme* (1930), *Œuvres complètes*, p. 781). Sur cette formule chez Merleau-Ponty, voir E. de Saint Aubert, *Du lien des êtres aux éléments de l'être, op. cit.*, p. 225–233.

[23] *AD*, p. 14. Voir aussi les *EntCharb*, p. 234.

[24] Et la question qu'il ne cessera de poser au marxisme tout au long de sa vie sera celle de savoir s'il est en mesure de réaliser effectivement une telle réconciliation. Sur sa discussion du point sublime dans les *AD*, voir *infra*, Partie III, chap. 7.

[25] *Cf.* M. Löwy, *La théorie de la révolution chez le jeune Marx*, Paris, Éditions sociales, 1997.

[26] C'est très certainement au contact des milieux catholiques de gauche que Merleau-Ponty fait ses premières lectures de Marx. L'œuvre du jeune Marx, interprétée dans un sens humaniste, fait alors l'objet d'une attention toute particulière dans ces milieux, où M. Moré joue notamment un rôle de premier plan (*cf.* T. Geraets, *op. cit.*, p. 25 et 27, et surtout K. Whiteside, *op. cit.*, p. 30 et p. 42–44).

Phénoménologie de l'Esprit. Merleau-Ponty considère en effet que ces textes livrent le fondement philosophique des œuvres de maturité[27].

Toutefois, l'une des originalités du marxisme de Merleau-Ponty (qui le distingue notamment des lectures de Marx au sein des milieux catholiques) est l'importance positive qu'il accorde d'une part aux textes politiques de Marx (en particulier le *Manifeste du parti communiste* et le *Dix-huit Brumaire de Louis Bonaparte*), et d'autre part au développement du marxisme après Marx, et en particulier à la pratique politique marxiste. Ce que Merleau-Ponty appelle le « marxisme classique » ne se réduit pas à la seule œuvre de Marx : il y inclut non seulement les théoriciens marxistes autres que Marx (notamment Lukács), mais surtout ceux qu'il appelle les « marxistes praticiens »[28], c'est-à-dire les dirigeants politiques marxistes (Lénine, Trotski, Boukharine, Luxemburg, etc.). Ces derniers représentent le marxisme dans sa réalité effective, c'est-à-dire comme point de jonction entre la théorie et la pratique. Plus encore qu'à leurs textes, c'est à leur pratique qu'il s'intéresse : de même que la pratique des grands artistes mobilise de manière souvent implicite une certaine conception de ce qu'est l'art, les grands praticiens marxistes nous apprennent ce que doit être la politique au sens marxiste. C'est pour cette raison qu'il nous semble important de parler de scénario *marxiste*, plutôt que de scénario « Marx » ou « marxien ».

Le marxisme de Merleau-Ponty se trouve de ce fait en très forte affinité avec celui de G. Lukács. C'est en effet chez le philosophe hongrois que Merleau-Ponty trouve la tentative de synthèse la plus poussée de l'ensemble de ces dimensions du marxisme. Il est difficile de dater sa découverte de Lukács, dont l'œuvre n'était ni traduite ni même connue à l'époque en France[29]. Elle s'est certainement faite à la fin des années trente ou au début de la guerre, probablement par médiation de B. Groethuysen[30] ou de G. Szekeres, philosophe hongrois et ami de Lukács, dont Merleau-Ponty est à l'époque proche[31]. Quoi qu'il en soit, la lecture d'*Histoire et*

---

[27] En cela il est certainement tributaire, comme l'ensemble de sa génération, du choix éditorial des Éditions Costes de diviser l'œuvre de Marx en trois grandes rubriques : « Philosophie » (qui comprend presque exclusivement les œuvres du jeune Marx), « Politique » et « Économie ».

[28] « L'esprit européen », *P1*, p. 83.

[29] Sur la réception de Lukács en France, voir A. Bouffard et A. Feron, « Marxisme orthodoxe ou marxisme occidental ? La réception de Lukács en France dans les années 1940 et 1950 », *Actuel Marx* (à paraître).

[30] Bernard Groethuysen (1880–1946), philosophe né en Allemagne qui a été l'élève de Simmel et de Dilthey à Berlin (où il rencontre Lukács), joue un rôle souterrain décisif dans l'entre-deux-guerres (notamment par ses activités chez Gallimard) dans l'importation et la diffusion en France de la littérature et de la philosophie allemandes. C'est par lui qu'un grand nombre des jeunes intellectuels entendent pour la première fois le nom de Lukács.

[31] Georges Szekeres (1914–1973) est un philosophe, résistant et communiste hongrois. Il arrive à Paris en 1933 et suit des études de philosophie à la Sorbonne, où il se lie avec les étudiants communistes (notamment P. Hervé). Il est alors très proche de l'ensemble des philosophes marxistes (J.-T. Desanti, P. Hervé, P. Nizan, P. Courtade, E. Morin, etc.). Très influencé par la pensée de Lukács, il insiste auprès de ses amis sur l'importance à la fois de Lukács et de Hegel. Sur sa trajectoire, voir V. Varsa Szekeres, *Salamandre. Une vie confrontée à la Gestapo française et à la police politique hongroise* (Paris, L'Harmattan, 2017) ainsi que D. Desanti, *Ce que le siècle m'a dit. Mémoires* (2e éd Paris, Hachette, 2009, p. 604–606).

conscience de classe, « cet essai allègre et vigoureux, où revivent la jeunesse de la révolution et celle du marxisme »[32], semble avoir constitué un véritable événement pour lui, et Lukács incarnera toujours pour lui le meilleur des possibilités du marxisme contemporain. Merleau-Ponty décide même, sur les conseils de Szekeres, d'écrire à Lukács en mai 1946. Dans cette lettre[33], il confie notamment à Lukács qu'il serait « extrêmement utile aux marxistes français de connaître [ses] travaux » : ces derniers pourraient en effet faire contrepoids à la réticence des Français à l'égard de « toute pensée véritablement dialectique ». La pensée de Lukács, par l'usage qu'elle fait de la « vraie méthode marxiste », semble aussi pouvoir l'aider dans ses propres recherches et répondre à son « besoin d'une élaboration théorique des rapports de l'interne et de l'externe ». Les deux philosophes se rencontrent ensuite en septembre 1946 lors des Rencontres internationales de Genève, et Merleau-Ponty semble avoir gardé une forte impression du philosophe hongrois[34]. La proximité de leurs approches philosophiques, les espoirs qu'ils placent dans la révolution, ainsi que leurs références communes (à Marx et à Lénine), font que Merleau-Ponty semble bien s'être reconnu pendant plusieurs années dans l'œuvre de Lukács : il fait certainement partie de ceux pour qui elle a été « un moment la bible de ce qu'on appelait le communisme occidental »[35]. Pour toutes ces raisons, il nous semble donc possible de caractériser son marxisme de l'immédiat après-guerre comme un marxisme *lukácsien*.

1.1.2 La formation phénoménologique de Merleau-Ponty.

C'est au cours de ces mêmes années que Merleau-Ponty rencontre la phénoménologie. Sans revenir sur le détail de cette découverte[36], nous souhaitons néanmoins insister sur la manière dont elle se fait à partir du même désir de trouver un moyen de dépasser les antinomies de la philosophie classique. Dans ses *Entretiens avec Charbonnier*, Merleau-Ponty explique que ses recherches personnelles ont toujours été animées par la volonté de dépasser le dualisme dominant de la philosophie de ses maîtres et de trouver les moyens de penser l'union ou la jonction entre ce qu'on tient pour absolument dissocié (en particulier à partir du problème du rapport entre l'âme et le corps)[37]. Il s'agit ici encore de tenter d'identifier le « point sublime » où

---

[32] *AD*, chap. 2, p. 84.
[33] Lettre à Lukács, 24 mai 1946. La lettre est conservée aux Archives Lukács (Budapest).
[34] *Cf. L'esprit européen* (Neuchâtel, Éditions de la Baconnière, 1947), où sont rassemblées les transcriptions des interventions et des débats qui ont eu lieu pendant les Rencontres internationales de Genève de septembre 1946. En avril 1947, Merleau-Ponty publie dans *LTM* un compte-rendu des Rencontres internationales, et insiste en particulier sur l' « esprit de premier ordre » qu'est pour lui Lukács (« Pour les Rencontres internationales », *P1*, p. 89–95).
[35] *AD*, Préface, p. 14.
[36] Sur ce point, voir notamment T. Geraets, *op. cit.*, chap. 1, et T. Toadvine, « Merleau-Ponty's Reading of Husserl: A Chronological Overview », dans T. Toadvine, L. Embree (dir.), *Merleau-Ponty's Reading of Husserl*, Dordrecht, Springer, 2002, p. 227–286.
[37] *EntCharb*, p. 421–422.

les contradictions sont résorbées – point sublime que Merleau-Ponty cherche dans des concepts qui neutralisent les oppositions classiques sur une question donnée[38].

Merleau-Ponty privilégie de ce fait, dans l'œuvre de Husserl, l'ensemble des textes qui l'aident dans ses recherches. Durant les années trente, bien qu'intégrant les œuvres publiées de Husserl dans son travail de thèse sur la perception, il ne semble pas accorder une importance de premier plan à la phénoménologie (il lui accorde en tout cas une bien moindre importance qu'à la psychologie de la forme) – la considérant comme une forme de philosophie « transcendantale » (au sens criticiste) qu'il a précisément le désir de dépasser. La situation change cependant, d'une part avec la rencontre d'A. Gurwitsch (dont il suit les conférences et corrige les textes)[39], et d'autre part, comme le montre T. Geraets, avec la publication en janvier 1939 du numéro de la *Revue internationale de philosophie* consacré à Husserl : la découverte de l'existence des manuscrits inédits du philosophe, l'incite en effet à se rendre presque immédiatement (en avril 1939) à Louvain pour consulter les manuscrits en question[40], et il devient l'un des principaux protagonistes de la tentative de constitution d'un dépôt parisien des Archives Husserl[41]. Son enthousiasme est tel qu'en juin 1942 il propose même à H. L. Van Breda de se charger de créer un « centre d'études husserliennes » à Paris, qu'il envisage d'organiser « autour d'un travail précis de traduction et de publication » des manuscrits inédits[42]. Ces textes inédits (notamment ceux des Groupes C et D), mais plus largement l'ensemble des écrits de la dernière période de Husserl (*Expérience et jugement*, la *Krisis*, *Ideen II*, etc.), constituent en effet pour lui une clef pour réinterpréter l'ensemble de l'œuvre de Husserl[43]. Comme il l'écrit à H. L. Van Breda, « la philosophie de Husserl est presque entièrement contenue dans les inédits »[44].

Sa lecture de Husserl, orientée par ses propres problématiques, fait subir à la phénoménologie une transformation à la fois sur le versant objectif et sur le versant subjectif de la corrélation. Tout d'abord sur le versant de l'objet, la phénoménologie

---

[38] Ainsi, dans la *SC*, les concepts de « structure » ou de « comportement » neutralisent l'opposition entre le psychique et le physiologique (*SC*, p. 2), et dans la *PhP*, ceux de « perception », de « forme » ou de « corps » permettent de dépasser l'antinomie cartésienne entre conscience pure et matière inerte (*cf. EntCharb*, p. 422–427).

[39] A. Gurwitsch joue un rôle sans doute décisif dans la formation phénoménologique de Merleau-Ponty, en insistant notamment sur la fécondité des rapprochements possibles entre phénoménologie husserlienne et psychologie de la forme. Sur ce point, voir A. Gurwitsch, *Esquisse de la phénoménologie constitutive*, Paris, Vrin, 2002, en particulier l'Introduction de L. Embree (p. 13–52).

[40] Sur son séjour aux Archives de Louvain en avril 1939, voir H. L. Van Breda, « Maurice Merleau-Ponty et les Archives-Husserl à Louvain », *Revue de métaphysique et de morale*, octobre-décembre 1962, n°4, p. 410–430 ; *cf.* Lettre à H. L. Van Breda, 20 mars 1939.

[41] Sur ce point, voir *supra*, Introduction générale et Partie I, chap. 2.

[42] Lettre (pneumatique) à H. L. Van Breda, 1er juin 1942.

[43] *Cf.* par exemple l'interprétation que Merleau-Ponty donne du mot d'ordre de « retour aux choses mêmes » à partir de la dernière philosophie de Husserl (*PhP*, Avant-propos, p. II-V). *Cf.* aussi le témoignage de Trần Đức Thảo (*FH*, Préface, p. 6).

[44] Lettre (pneumatique) à H. L. Van Breda, 1er juin 1942.

husserlienne est dès le départ (et notamment sous l'influence d'A. Gurwitsch) repensée à partir du concept de *Gestalt* et des analyses de la psychologie de la forme[45]. L'objet compris en tant que *Gestalt* (c'est-à-dire comme forme, structure ou configuration[46]) se présente alors comme une entité qui n'est ni purement objective ni purement subjective et constitue une sorte de « point sublime » qui permet de dépasser l'antinomie entre réalisme et idéalisme. Si la forme est bien un « objet de perception »[47] dont le sens ne peut être pleinement fixé que par ce qu'il appelle dans la *Phénoménologie de la perception* une « *Sinngebung* [donation de sens] décisoire »[48], cette signification n'est pas pour autant projetée par la conscience sur un en-soi dépourvu de signification : du sens s'esquisse du côté du monde, et la « *Sinngebung* centrifuge » de la conscience ne fait que reprendre une « *Sinngebung* centripète » venant du monde lui-même[49]. L'infléchissement gestaltiste que Merleau-Ponty donne à la phénoménologie parvient ainsi à dépasser à la fois l'idéalisme husserlien et le réalisme des psychologues de la forme, pour repenser le statut de l'objet.

Mais au tournant gestaltiste du côté de l'objet répond, du côté du sujet, ce que nous pourrions appeler un tournant *existentiel*. Sous l'influence des approches phénoménologiques de Fink[50], de Heidegger[51] et de Sartre[52], Merleau-Ponty cherche à décentrer le point d'attention de l'analyse phénoménologique vers une couche plus fondamentale de l'intentionnalité que celle qui se manifeste dans la conscience thé-

---

[45] F. Colonna pour sa part estime que l'influence de la psychologie de la forme est telle sur Merleau-Ponty que c'est à partir de celle-ci qu'il faut comprendre la spécificité de son ancrage phénoménologique (et non à partir de Husserl, dont l'influence serait finalement relativement secondaire). Ainsi caractérise-t-il la philosophie de Merleau-Ponty comme une « phénoménologie gestaltiste » de « souche non husserlienne ». *Cf.* F. Colonna, *Merleau-Ponty et le renouvellement de la métaphysique*, Paris, Hermann, 2014, Introduction, p. 67–122.

[46] Merleau-Ponty ne fait pas de distinction conceptuelle entre ces différents termes, qu'il utilise tous pour traduire l'allemand *Gestalt*.

[47] *SC*, chap. 3, *passim*.

[48] *PhP*, Partie III, chap. 3, p. 503.

[49] *PhP*, Partie III, chap. 3, p. 501.

[50] Les travaux de Fink sont considérés à l'époque comme une expression fidèle de la pensée de Husserl (non exprimée dans ses textes publiés), et ils marquent durablement la réception française de Husserl. La lecture de la *Sixième méditation* de Fink jouera en particulier un rôle important : « J'ai pu à Marseille consulter auprès de G. Berger la VIe Méditation, je l'ai lue dans la tranquillité de la petite ville universitaire d'Aix-en-Provence, et cette lecture augmente encore ma curiosité » (Lettre à H. L. Van Breda, 1er octobre 1942). Sur le rapport de Merleau-Ponty à Fink, voir notamment R. Bruzina « Eugen Fink and Maurice Merleau-Ponty : The Philosophical Lineage in Phenomenology », dans T. Toadvine, L. Embree (dir.), *op. cit.*, p. 173–200.

[51] Qu'il lit notamment avec le commentaire de De Waehlens (*cf.* Lettre à H. L. Van Breda, 1er octobre 1942). Il considère alors Heidegger comme un prolongement de la dernière philosophie de Husserl (voir notamment *PhP*, Avant-propos, note p. I et p. IX).

[52] D'après Merleau-Ponty, c'est Sartre qui, à son retour de Berlin, l'initie à la phénoménologie (« La philosophie de l'existence », *P2*, p. 257), et lui conseille de lire Fink (Lettre à Fink, 20 janvier 1951, citée par R. Bruzina, art. cit., note p. 174). L'*EN* marque ensuite profondément sa pensée, moins peut-être par ses thèses explicites que par certaines de ses analyses ou descriptions phénoménologiques.

tique. Cette intentionnalité, que Merleau-Ponty met au jour au niveau du corps propre, doit, comme le concept de *Gestalt* du côté de l'objet, neutraliser les conceptions classiques du sujet et mettre au jour le point de jonction entre l'objectivité et la subjectivité. S'il la qualifie parfois, à la suite de Fink, d'« opérante »[53], c'est cette intentionnalité que Merleau-Ponty appelle le plus souvent *existence*. Ainsi peut-il caractériser la phénoménologie dans son sens authentique comme une « philosophie existentielle »[54].

1.2 L'appropriation merleau-pontyienne de Marx et de Husserl.

1.2.1 La méthode herméneutique de Merleau-Ponty.

La lecture que Merleau-Ponty propose de la phénoménologie et du marxisme, nous le voyons déjà, est immédiatement prise dans ses propres préoccupations philosophiques et ne prétend nullement être une restitution fidèle de la lettre des écrits[55]. Sa méthode de lecture des textes philosophiques se réclame de Husserl et se veut « intentionnelle » : il s'agit pour lui de ressaisir l'intuition fondamentale à l'œuvre dans l'ensemble des écrits d'un auteur et de son développement. Cette intuition toutefois non seulement n'a pas toujours été formulée explicitement par l'auteur, mais a bien souvent été méconnue par ce dernier. Il en résulte que certains des énoncés de l'auteur lui-même ainsi que ses orientations de recherche peuvent s'opposer à cette intuition fondamentale. Le travail philosophique de Merleau-Ponty consiste alors à faire le partage, dans le corpus d'un auteur, entre la « lettre » des textes et leur « esprit », entre ce qui est essentiel et ce qui est contingent, entre « ce que notre auteur *a dit* et ce que, selon nous, il aurait dû dire »[56], et à trouver la formulation conceptuelle la plus adéquate de cette intention fondamentale[57] – et ainsi, pour

---

[53] *PhP*, Avant-propos, p. XIII ; Partie III, chap. 2, p. 478.

[54] *PhP*, Avant-propos, p. IX.

[55] *Cf.* le témoignage de X. Tilliette sur sa lecture des auteurs philosophiques : « En réalité il ne s'employait pas à un défrichage minutieux, mais il repérait des passages, des formules, qui électrisaient sa propre méditation. Il n'était pas, il ne voulait pas être un scoliaste ni même un historien de la philosophie. Il a abordé Husserl avec des arrière-pensées, sachant par divination ce qu'il allait y trouver, comme il a lu les autres […]. Sa lecture était sélective, et néanmoins attentive. Lorsqu'un texte l'avait frappé, il prenait la plume, il rédigeait une sorte de libre commentaire, greffait sa pensée sur celle d'autrui et lui imprimait sa marque » (X. Tilliette, *Merleau-Ponty ou la mesure de l'homme*, Paris, Éditions Seghers, 1970, p. 21).

[56] SHP, *P2*, p. 54.

[57] Merleau-Ponty présente explicitement cette méthode de lecture au début de son cours de 1950–51 « Les sciences de l'homme et la phénoménologie » : « Nous n'exposons pas les idées des phénoménologues selon les textes seulement, mais selon l'*intention*. Il s'agit ici non pas de l'histoire empirique […], mais de cette "histoire intentionnelle" (comme Husserl dit lui-même), qui, étant donné un ensemble de textes et de travaux, essaie de discerner le sens et le sens *légitime* de ces travaux » (SHP, *P2*, p. 53 et *Sorb*, p. 399).

1 Genèse du « scénario marxiste » de Merleau-Ponty.

reprendre une expression qu'il affectionne particulièrement, « amener à l'expression pure de son propre sens » « l'expérience muette encore »[58].

L'une des raisons pour lesquelles un auteur ne parvient pas à une expression adéquate de son intention tient au fait qu'il ne dispose pas toujours d'un langage conceptuel à même de ressaisir cette expérience. En effet, comme Merleau-Ponty l'écrit dans l'Avant-propos de la *Phénoménologie de la perception*, ce sont les « idéalités » qui permettent de « connaître et conquérir » ce qui se donne dans l'intuition muette[59]. Or un auteur doit toujours faire avec les moyens du bord, c'est-à-dire un certain état de la conceptualité philosophique, laquelle n'est pas toujours en mesure de rendre ce qu'il cherche à penser ou exprimer. Le travail de reformulation conceptuelle qu'effectue Merleau-Ponty se veut donc d'une certaine manière plus fidèle à ces auteurs que leurs propres écrits, dans la mesure où il pense avoir à sa disposition un langage philosophique qui peut rendre plus adéquatement leurs intentions profondes[60].

1.2.2 La reformulation existentialo-gestaltiste du marxisme et de la phénoménologie.

La mise en relation de la phénoménologie et du marxisme est rendue possible par ce travail de reformulation de chacune de ces pensées à partir d'un même langage conceptuel élaboré dans *La structure du comportement* et dans la *Phénoménologie de la perception*. Ce langage conceptuel, qu'on peut qualifier d'« existentialo-gestaltiste », permet de saisir et de fixer ce que chacune de ces traditions a, selon Merleau-Ponty, découvert de plus valable.

La phénoménologie telle que la comprend Merleau-Ponty ne correspond en effet nullement à la lettre des écrits de Husserl. Comme il l'affirme dès le début de l'Avant-propos de la *Phénoménologie de la perception*, les différentes définitions husserliennes de la phénoménologie semblent incompatibles entre elles, et la contradiction a sa source dans « la philosophie de Husserl lui-même »[61]. Ainsi, contre l'interprétation erronée que Husserl donne de la phénoménologie comme « idéalisme transcendantal », il s'agit pour Merleau-Ponty de montrer que la vérité de la phénoménologie est d'être une « philosophie existentielle »[62]. D'après Merleau-Ponty, ce n'est que « dans la dernière période que Husserl lui-même a pris

---

[58] Cette citation de Husserl, tirée des *Méditations cartésiennes* (*MC*, p. 33) et que Merleau-Ponty a inscrit en exergue de son exemplaire, constitue l'un des mots d'ordres qu'il ne cessera de reprendre.

[59] *PhP*, Avant-propos, p. IX-X.

[60] La méthode herméneutique de Merleau-Ponty se rapproche à bien des égards de celle que nous avons trouvée chez Trần Đức Thảo (et cela notamment par leur référence commune au dernier Husserl). La différence principale entre ces méthodes tient cependant à ce que celle de Trần Đức Thảo est archéologique alors que celle de Merleau-Ponty est téléologique : chez Trần Đức Thảo, l'authenticité de l'inspiration vient de sa reconduction à sa création originaire à partir du monde de la vie, alors que Merleau-Ponty la renvoie à un *telos* ou une idée qui est sans cesse recherchée.

[61] *PhP*, Avant-propos, p. I-II.

[62] *PhP*, Avant-propos, p. IX.

pleinement conscience de ce que voulait dire le retour au phénomène »[63]. Et, même durant cette dernière période, que Merleau-Ponty qualifie « d'existentialiste »[64], cette prise de conscience n'a été que très partielle : elle ne peut être repérée que comme une « direction » de pensée vers laquelle Husserl « va de plus en plus »[65]. L'objet de l'Avant-propos de la *Phénoménologie de la perception* (écrit en dernier[66]) est de faire ressortir le « vrai sens » de la phénoménologie comprise comme un « mouvement » de pensée qui dépasse la lettre des énoncés husserliens[67]. Pour cela, Merleau-Ponty s'efforce de reformuler l'ensemble des grands thèmes et mots d'ordre de la phénoménologie (le « retour aux choses mêmes », la réduction phénoménologique, la recherche des essences, l'intentionnalité, la rationalité) dans une conceptualité existentialiste qu'il estime être seule à même de révéler leur véritable signification.

Merleau-Ponty procède de la même manière avec l'existentialisme sartrien. Il s'efforce de dégager ce qu'il estime être le noyau fondamental de la pensée de Sartre et réinterprète les énoncés sartriens à partir de ses propres positions philosophiques. Ainsi, dans « La querelle de l'existentialisme » ou dans le dernier chapitre de la *Phénoménologie de la perception* sur la liberté, il reprend les positions sartriennes et tente de les reformuler dans une conceptualité qu'il estime plus adéquate. Il ne s'agit donc pas pour lui d'atténuer ou de masquer les différences (dont il est conscient tout autant que Sartre), mais de tenter d'infléchir la pensée de Sartre. Il sait en effet que la pensée de Sartre est alors en développement et nullement arrêtée, et qu'une telle reformulation de sa pensée pourrait le faire évoluer dans son sens[68].

Le marxisme de Merleau-Ponty fait l'objet de cette même opération de reformulation existentialo-gestaltiste. En effet, le marxisme, encore plus que la phénoménologie, se caractérise en ceci qu'il a méconnu son véritable sens. C'est ce qu'explique Merleau-Ponty dans sa longue « Note sur l'interprétation existentielle du

---

[63] *PhP*, Introduction, chap. 4, p. 61. Merleau-Ponty reprend une tripartition classique de l'œuvre de Husserl : une période « logiciste », suivie d'une période transcendantale de transition (jusque vers 1930), et enfin la période « existentialiste ». Il comprend la logique de cette évolution comme celle d'une « remise en question » permanente de lui-même. (*cf*. M&P, *SNS*, p. 164).

[64] *PhP*, Partie II, chap. 2, note p. 317.

[65] *PhP*, Partie II, chap. 4, note p. 419.

[66] L. Brunschvicg lui avait en effet demandé d'expliciter le sens qu'il donnait à la phénoménologie. C'est à ce moment qu'il rajoute aussi une grande partie des notes de l'ouvrage (qui sont souvent bien plus explicites au sujet de la phénoménologie que le corps du texte). Ces diverses précisions ont pu bénéficier de la lecture des inédits de Husserl apportés à Paris par Trần Đức Thảo en avril 1944.

[67] *PhP*, Avant-propos, p. II.

[68] C'est ce que l'on peut lire dans sa correspondance avec A. De Waehlens : « Entièrement d'accord avec vous sur *L'existentialisme est-il un humanisme ?* J'ai dit mon sentiment à Sartre qui, jusqu'ici, se refuse à désavouer cet écrit (désaveu moral, bien entendu). Mais je pense que ses idées mûrissent. Il disait l'autre jour, avant de partir pour la Suisse, qu'il commençait à voir poindre une philosophie de l'histoire » (Lettre à A. De Waehlens, 26 mai 1946, Archives-Husserl de Louvain-la-Neuve, E21) ; « Vous pensez certainement comme moi qu'il faut éviter tout ce qui pourrait apparaître comme une critique hostile, quand il s'agit de Sartre. Quand vous aimez bien, et qu'il s'agit d'une pensée aussi peu fermée que la sienne » (Lettre à A. de Waehlens, 17 septembre 1949, Archives-Husserl de Louvain-la-Neuve, E26).

1 Genèse du « scénario marxiste » de Merleau-Ponty.   123

matérialisme dialectique » dans la *Phénoménologie de la perception*[69]. La difficulté est, comme dans le cas de psychanalyse, de trouver un langage qui soit à la mesure de ce qu'a découvert de marxisme :

> Pas plus que de la psychanalyse on ne peut se débarrasser du matérialisme historique en condamnant les conceptions « réductrices » et la pensée causale au nom d'une méthode descriptive et phénoménologique, car pas plus qu'elle il n'est lié aux formulations « causales » qu'on a pu en donner et comme elle *il pourrait être exposé dans un autre langage*[70].

Ainsi, Merleau-Ponty distingue dans le marxisme les différentes formulations réductionnistes, qui sont contingentes et inessentielles, de sa véritable signification, qui consiste à penser la totalité de manière non réductionniste en dépassant tous les dualismes :

> On présente souvent le marxisme comme une *réduction* des phénomènes culturels aux phénomènes économiques ou comme une réduction de l'histoire aux *conflits d'intérêt*. [...] ces interprétations et ces formules restent inégales au marxisme et en laissent peut-être échapper l'intuition centrale[71].

Ainsi, dans des notes de travail (inédites) sur *L'idéologie allemande*, Merleau-Ponty établit-il un classement entre des « formules existentielles » (« production des moyens de subsistance et production spirituelle », « monter de la terre au ciel », « la conscience est conscience de la pratique existante », etc.) et des « formules réductrices » (« pas d'histoire des idéologies », « l'histoire des idéologies tissée d'absurdités », etc.)[72]. Pour révéler « la grandeur du marxisme », sa « pensée principale », il est donc nécessaire, selon Merleau-Ponty, de « dégager le marxisme des équivoques [...] de ses formules »[73], et d'effectuer ce qu'il désigne comme une « traduction du matérialisme historique »[74]. Ce travail de reformulation est initié dans la « Note » de la *Phénoménologie de la perception*, et ensuite poursuivi, comme nous le verrons, tout au long de l'après-guerre.

1.3 La « vérité première » du marxisme et le scénario marxiste.

À partir de la Libération, on remarque une transformation importante de l'équilibre entre les deux pensées chez Merleau-Ponty. Jusqu'en 1945, le marxisme joue certes chez lui un rôle important, mais les références au marxisme restent toutefois discrètes ou implicites, et c'est la phénoménologie qui se présente comme l'élément

---

[69] *PhP*, Partie I, chap. 5, p. 199–202.
[70] *PhP*, Partie I, chap. 5, p. 199 (c'est nous qui soulignons). Cette « Note » intervient à la fin du chapitre « Le corps comme être sexué », dans lequel il propose une reformulation existentielle de la psychanalyse.
[71] « Autour du marxisme », *SNS*, p. 130.
[72] Inédits Whiteside, feuillet 169 (transcription C. Dodeman).
[73] « Autour du marxisme », *SNS*, p. 131–132.
[74] *PhP*, Partie I, chap. 5, p. 200.

théorique déterminant de sa philosophie (phénoménologie plutôt gestaltiste dans *La structure du comportement* et plutôt existentialiste dans la *Phénoménologie de la perception*). À partir de 1945, les rapports s'inversent : le marxisme devient sa référence théorique primordiale (la plus grande partie des textes de la période 1945–48 évoquant directement sinon indirectement le marxisme), alors que les références à Husserl et à la phénoménologie disparaissent presque entièrement[75].

Merleau-Ponty est revenu en 1960, dans la Préface de *Signes*, sur l'importance qu'a pour lui le marxisme à cette époque. Dans ce texte, qui fait le bilan de l'expérience politique des années quarante et cinquante, Merleau-Ponty affirme que celle-ci a transformé le rapport qu'on pouvait avoir avec le marxisme. Si ce dernier garde une indéniable « valeur heuristique », il n'est cependant « certainement plus vrai *dans le sens où il se croyait vrai* », de sorte qu'il appartient désormais à « un ordre de la *vérité seconde* »[76] qui ferait de Marx un « classique »[77]. En creux de ces lignes qui affirment la nécessité d'instituer un autre type de lecture de Marx (lire Marx *en philosophe*, c'est-à-dire comme on lit Descartes ou Hegel[78]), il nous semble que Merleau-Ponty dit quelque chose sur la manière dont il se rapportait à Marx *avant* ces événements historiques. Si Marx n'est *plus qu'*une philosophie, *qu'*un classique, s'il est entré dans l'ordre de la vérité seconde, c'est qu'auparavant, il était *bien plus* qu'une philosophie, *plus* qu'un classique, et qu'il était peut-être de l'ordre d'une « vérité première ». Si l'histoire a ramené Marx au même niveau qu'un Descartes, c'est qu'auparavant il était *plus* qu'un Descartes.

C'est ce rapport à Marx que nous proposons de désigner comme le *scénario marxiste* de Merleau-Ponty. Le marxisme en tant que « vérité première » est en effet pour Merleau-Ponty l'exigence d'élaborer, plus encore qu'une nouvelle philosophie, une nouvelle manière de faire de la philosophie. Si le marxisme représente bien plus qu'une philosophie, c'est qu'il s'agit de la première pensée qui pose aussi explicitement l'exigence pour la philosophie de *sortir* d'elle-même, et de dépasser la séparation, voire l'opposition, qui existe entre philosophie et non-philosophie (la politique, les sciences, mais aussi tout simplement l'existence quotidienne), entre théorie et pratique[79]. Il s'agit donc non seulement de dépasser les antinomies théoriques de l'humanité et de comprendre enfin le monde, mais aussi de dépasser ses antinomies pratiques par la transformation du monde. C'est à ce double dépassement que nous allons maintenant nous intéresser.

---

[75] T. Toadvine relève quatre références à Husserl entre 1945 et 1950 (deux dans des textes publiés et deux dans des cours). *Cf.* T. Toadvine, art. cit., p. 245–247.

[76] *Signes*, Préface, p. 19.

[77] *Signes*, Préface, p. 21–22.

[78] Sur le sens de ce changement de perspective, voir *infra*, Partie III, chap. 7.

[79] E. de Saint Aubert a mis en lumière le thème de la « non-philosophie » (E. de Saint Aubert, *Vers une ontologie indirecte. Sources et enjeux de l'appel à l'ontologie chez Merleau-Ponty*, Paris, Vrin, 2006, p. 61–69), mais y voit plutôt l'influence de G. Marcel, et semble passer, à notre avis, à côté de l'importance que joue la pensée de Marx dans l'élaboration de ce thème. Il mentionne certes la formule de Marx (p. 66), mais pour rappeler presque immédiatement la critique que Merleau-Ponty en fera par la suite.

2 LES ANTINOMIES THÉORIQUES ET LEUR DÉPASSEMENT.

« Dans le marxisme de Marx, l'alternative du subjectif et de l'objectif est dépassée »
(Merleau-Ponty, *Humanisme et terreur*, p. 108).

Dans l'essai central d'*Histoire et conscience de classe*, G. Lukács expose ce qu'il appelle les « antinomies de la pensée bourgeoises »[80], lesquelles reconduisent finalement toutes à l'impossibilité dans laquelle se trouve la philosophie classique de surmonter la dualité entre le sujet et l'objet. La phénoménologie, loin de dépasser cette antinomie, semble bien plutôt la radicaliser comme en témoigne l'insistance avec laquelle Husserl, Heidegger et Sartre cherchent à mettre en lumière une différence absolue entre les pôles subjectif et objectif de la corrélation (en opposant conscience et réalité, existential et catégorial, pour-soi et en-soi, etc.). Le marxisme se présente en revanche pour Merleau-Ponty (de même que pour Lukács) comme une pensée qui non seulement cherche à dépasser cette antinomie (en cela elle est héritière de l'hégélianisme), mais y parvient effectivement (contrairement à Hegel, qui resterait prisonnier de l'idéalisme). Merleau-Ponty ne cesse d'y insister : le marxisme, en transformant à la fois les conceptions du « sujet » et de « l'objet », se donne les moyens de dépasser l'antinomie traditionnelle entre deux modes d'être radicalement distincts[81].

Marx aborde explicitement ce problème à ce moment charnière de sa propre évolution intellectuelle que sont les *Thèses sur Feuerbach*. Dans ces notes de travail, Marx formule pour lui-même de manière très resserrée et concise les grandes directions de la nouvelle conception de la réalité qu'il cherche à élaborer – l'enjeu principal étant la définition d'un « nouveau matérialisme » qui dépasse l'ensemble des dualismes de la pensée classique. Chaque thèse reproduit un même mouvement, où Marx montre que face à une réalité donnée, la pensée classique est incapable (en raison d'un défaut conceptuel) de la saisir dans son unité, et partant est conduite à la scinder en deux, ou à la redoubler en deux plans différents (objet et sujet, activité et passivité, conditionnant et conditionné, Ciel et Terre, essence et individu concret, rapport et individu, etc.). Ce procédé de la *Verdopplung* (duplication, dédoublement), qui constitue selon G. Labica une « matrice explicative » dont Marx « use et abuse », apparaît tout particulièrement dans les *Thèses*[82], et témoigne de la volonté qu'a Marx de dépasser cette antinomie et d'élaborer une pensée qui permette de saisir la réalité en question de manière unitaire. Cependant, à part les fulgurances de

---

[80] G. Lukács, *HCC*, « Les antinomies de la pensée bourgeoise », p. 142–188.

[81] « La thèse centrale du marxisme [est] l'identité du subjectif et de l'objectif » (*HT*, Partie II, chap. 1, p. 246).

[82] « La *Verdopplung* est symptomatique d'un procédé d'exposition cher à Marx, avant comme après notre texte. Ce procédé consiste à produire, selon un autre mot familier, les *Spaltungen*, scissions, césures qui traduisent soit l'incapacité à comprendre la structure du réel et les rapports internes qui l'organisent, soit à les occulter grâce à des systèmes de mystification » (G. Labica, *Karl Marx. Les Thèses sur Feuerbach*, Paris, PUF, 1987, p. 47–48). Voir plus généralement les chapitres 3 et 4 qui ont pour titre « Le procès de redoublement », et qui analysent le déploiement de ce procédé dans les *Thèses*.

Marx dans ces notes de travail du printemps 1845 et certaines indications rapides dans ses autres œuvres, la réforme complète de la conception du sujet et de l'objet promise n'est jamais exposée thématiquement par Marx et reste en grande partie implicite. L'un des enjeux de la reformulation « existentialo-gestaltiste » du marxisme que propose Merleau-Ponty est donc de donner sa pleine élaboration philosophique à ce que Marx n'a fait qu'esquisser.

Nous allons voir comment Merleau-Ponty cherche à surmonter, de chaque côté de la corrélation, l'antinomie entre le subjectif et l'objectif : la reformulation philosophique du marxisme lui permet ainsi de rejoindre une phénoménologie doublement transformée par les concepts d'*existence* et de *forme*. Il nous restera alors à nous demander si Merleau-Ponty ne maintient toutefois pas une forme de dualisme entre les deux pôles, comme en témoigne sa position ambiguë dans les discussions sur le rapport entre nature et humanité.

2.1 Les antinomies du sujet. Praxis et existence.

> « Le "matérialisme" marxiste ne serait rigoureusement défini et défendu contre les retours offensifs du mécanisme que si Marx avait développé sa théorie de la praxis ou de l'existence sociale comme milieu concret de l'histoire, à égale distance de l'idéalisme et du matérialisme métaphysique »
>
> (Merleau-Ponty, « Marxisme et philosophie », p. 160).

La notion marxiste de *praxis* apparaît fondamentale pour saisir la manière dont Merleau-Ponty cherche à surmonter les différentes antinomies qui entravent la compréhension du sujet. Cette notion, que Marx élabore principalement dans les *Thèses sur Feuerbach*, vise à dépasser le dédoublement du « sujet » en une dimension active (purement spirituelle ou subjective) et une dimension passive (purement corporelle ou objective), pour le penser comme un tout unifié, ou encore, comme l'écrit Marx, comme « activité *objective* »[83]. Merleau-Ponty reprend cette notion et la retravaille philosophiquement à partir de celle d'*existence* – notion qu'il mobilise au même moment pour transformer la conception phénoménologique du sujet.

2.1.1 La *praxis* comme dépassement de l'antinomie du sujet et de l'objet.

La notion de *praxis* permet à Merleau-Ponty de renvoyer dos à dos d'une part le réductionnisme mécanique qui ressurgit dans le marxisme français (par exemple dans la tentative de P. Naville d'articuler le marxisme à une psychologie behaviouriste[84]) et soviétique (dans la réflexologie de Pavlov), et d'autre part la plus grande

---

[83] K. Marx, *TF*, Thèse 1, trad. Labica, p. 19–20.

[84] *Cf.* P. Naville, *La psychologie, science du comportement. Le behaviourisme de Watson* (Paris, Gallimard, 1942) et *Psychologie, marxisme, matérialisme. Essais critique*, Paris, Librairie Marcel Rivière et Cie, 1948 [1re éd. 1946].

partie de la phénoménologie qui cherche à saisir la conscience comme radicalement distincte de son inscription matérielle dans le corps (chez Husserl, Heidegger, et même Sartre).

Contre le réductionnisme marxiste, Merleau-Ponty met en lumière l'irréductibilité de la *praxis* au comportement tel qu'il est compris par le behaviourisme ou la réflexologie. Dans *La structure du comportement*, il s'appuie sur les résultats de la psychologie de la forme (et en particulier sur K. Goldstein[85]) pour montrer que dès le niveau animal, le comportement doit être compris comme *praxis*, c'est-à-dire non pas comme une simple réaction à des *stimuli* extérieurs, mais comme un rapport actif à un milieu (rapport actif qui conditionne ce que le vivant peut recevoir du milieu). Irréductible aux explications mécanistes[86], le comportement du vivant doit être compris comme une « dialectique propre de l'organisme et du milieu »[87] – dialectique qui lie indissociablement action et perception et qui se situe ainsi par-delà l'opposition entre l'objectif et le subjectif[88]. Or ce qui vaut au niveau du comportement animal, vaut *a fortiori* pour celui de l'être humain, et invalide de ce fait l'application du programme réductionniste à la compréhension de l'homme. Ainsi, Merleau-Ponty ne cesse de rappeler aux réductionnistes le caractère *pratique* du matérialisme dont se réclame Marx[89]. Cette notion de *praxis* reçoit une caractérisation positive dans le développement que Merleau-Ponty consacre à la structure du comportement humain[90]. Bien qu'il ne cite pas expressément Marx (n'oublions pas que l'ouvrage est publié en 1942 sous occupation allemande), Merleau-Ponty semble bien se référer à sa conception de la *praxis*. La structure propre du comportement humain est caractérisée comme « travail »[91], c'est-à-dire comme « ensemble des activités par lesquelles l'homme transforme la nature physique et vivante »[92]. Or cette « dialectique humaine » est, comme chez Marx, un phénomène « ambigu », en ceci qu'elle est d'une part la reprise de « structures sociales et culturelles », et d'autre part une activité par laquelle ces structures sont « niées » et « dépassées » (Merleau-Ponty donne même l'exemple de l'acte révolutionnaire)[93]. Les marxistes réductionnistes quant à eux négligent entièrement le deuxième aspect de la dialec-

---

[85] K. Goldstein, *La structure de l'organisme*, Paris, Gallimard, 1983 [1re éd. 1953].

[86] Tel est l'acquis critique principal des deux premiers chapitres.

[87] *SC*, chap. 3, p. 163 et p. 174–175. On peut se demander si la notion de structure du comportement, définie comme « *a priori* matériel » d'une espèce, n'est pas une tentative d'élaboration de la notion de *Gattungswesen* [être générique] des *Manuscrits de 1844*.

[88] *SC*, chap. 3, p. 175–176.

[89] « Marx a souvent appelé son matérialisme un "matérialisme pratique". [...] Il n'est pas question d'une matière nue, extérieure à l'homme, et par laquelle le comportement de l'homme s'expliquerait » (M&P, *SNS*, p. 158–159).

[90] *SC*, chap. 3, p. 174–198.

[91] *SC*, chap. 3, p. 176. Dans ce passage, le terme de travail est caractérisé comme « hégélien », mais renvoie bien plus à Marx qu'à Hegel, ou du moins à un Hegel compris à travers Marx (comme le fait Kojève).

[92] *SC*, chap. 3, p. 176.

[93] *SC*, chap. 3, p. 190. Voir chez Marx, la troisième des *Thèses sur Feuerbach* où la *praxis* est définie comme conditionnée par les circonstances et comme capacité d'auto-transformation.

tique humaine et ne sont, de ce fait, même pas capables de rendre raison de leur propre activité révolutionnaire. Ainsi, dans *La structure du comportement*, la présence implicite de la notion de *praxis*, articulée à celle de « structure du comportement », permet à Merleau-Ponty de dépasser les alternatives classiques entre activité et passivité, subjectivité et objectivité, intérieur et extérieur, psychique et physique, et ainsi de renvoyer dos à dos matérialistes et idéalistes[94].

Si *La structure du comportement* rejoint la notion marxiste de *praxis* à partir d'une critique du réductionnisme scientiste, la *Phénoménologie de la perception* quant à elle semble retrouver cette même notion à partir d'un point de départ opposé, à savoir celui d'une critique de la philosophie « transcendantale » (qui pose une distinction absolue entre la conscience et son inscription mondaine à travers un corps). L'un des objectifs de Merleau-Ponty dans cet ouvrage est en effet de s'opposer aux tentations acosmiques de la philosophie (et notamment de la phénoménologie) et d'effectuer ce qu'on pourrait appeler une *rematérialisation de l'intentionnalité*. En retrouvant la notion de *praxis* à partir de celle d'intentionnalité, il s'agit de révéler le véritable sens à la fois de la *praxis* marxiste et de l'intentionnalité phénoménologique. L'effort constant de Merleau-Ponty est en effet, comme nous l'avons vu, de montrer que l'intentionnalité thétique (ou intentionnalité d'acte) thématisée par la phénoménologie transcendantale est un point de vue superficiel qui n'atteint pas l'intentionnalité fondamentale. Cette dernière est désignée par Merleau-Ponty au travers d'une série d'expressions (« intentionnalité motrice », « arc intentionnel », « mouvement d'existence », « intentionnalité opérante », etc.), qui, bien que témoignant d'une certaine incertitude au niveau de la fixation conceptuelle[95], indiquent cependant une volonté de lier cette intentionnalité au corps et au mouvement. Or cette intentionnalité plus fondamentale ne renvoie pas au seul désir (aspect qui a été bien mis en lumière par les commentateurs), mais également à la *praxis*, comme en témoigne le fait que le chapitre « Le corps comme être sexué » soit immédiatement suivi de la longue « Note sur l'interprétation existentialiste du matérialisme historique », qui vient nuancer le sens exclusivement « érotique » qu'on pourrait donner à cette intentionnalité. Dans cette « Note », Merleau-Ponty affirme que le « sujet » qu'a en vue le marxisme et qui est désigné par la notion de *praxis*

> N'est pas seulement le sujet économique, l'homme en tant que facteur de production, mais plus généralement le sujet vivant, l'homme en tant que productivité, en tant qu'il veut donner forme à sa vie, qu'il aime, qu'il hait, qu'il crée ou ne crée pas des œuvres d'art, qu'il a des enfants ou n'en a pas[96].

L'intentionnalité fondamentale constitue ainsi la médiation par laquelle les représentations de l'individu reçoivent leur inscription sociale et historique. La *praxis* marxiste permet de mettre en lumière le fait que l'activité qui caractérise le sujet

---

[94] « À partir du moment où le comportement est pris "dans son unité" et dans son sens humain, ce n'est pas à une réalité matérielle qu'on a affaire et pas davantage d'ailleurs à une réalité psychique, mais à un ensemble significatif ou à une structure qui n'appartient en propre ni au monde extérieur, ni à la vie intérieure » (*SC*, chap. 3, p. 197).
[95] Sur ce point, voir E. de Saint Aubert, *Le scénario cartésien*, *op. cit.*, chap. 5, p. 131–158.
[96] *PhP*, Partie I, chap. 5, p. 200.

n'est réductible ni à un mouvement pur de sa spontanéité (ou de sa liberté), ni à la simple effectuation d'un « *a priori* » biologique ou spécifique, mais qu'il a une dimension sociale.

2.1.2 Au-delà de l'antinomie de l'être social du sujet.

L'être humain se caractérise en ceci que le social n'est pas d'abord ce qui est à l'extérieur de lui, mais ce qui constitue l'étoffe même de son être :

> L'individu est *l'être social*. [...] La société n'est pas pour lui un accident subi, mais une dimension de son être. Il n'est pas dans la société comme un objet est dans une boîte, il l'assume par ce qu'il a de plus intérieur[97].

Nous sommes investis par du sens et des significations que l'on n'a pas constitués. Toute la difficulté consiste cependant à rendre compte conceptuellement de cette dimension sociale de l'individu et de son activité.

En élaborant le concept marxiste de *praxis* au moyen de la notion d'existence, Merleau-Ponty cherche à surmonter ce qu'on pourrait appeler l'antinomie de la dimension sociale du sujet. En effet, d'un côté, la pensée holiste (à laquelle se rattache pour lui une certaine sociologie durkheimienne et le marxisme réductionniste) soumet entièrement l'individu à la société à laquelle il appartient : l'individu est conçu comme essentiellement passif, et sa conscience et son comportement comme des reflets (ou des épiphénomènes) de son être social. De l'autre côté, se dresse la pensée individualiste qui insiste sur l'autonomie (ou la liberté) de la conscience et de l'action de l'individu par rapport à l'être social. Une telle approche, largement défendue par la pensée libérale, joue également un rôle important dans la conception phénoménologique et existentielle du social et de l'être social de l'individu (notamment chez Sartre). Marx quant à lui a donné quelques indications sur la manière dont il faut dépasser théoriquement cette antinomie[98] : ce dépassement serait même, selon Merleau-Ponty, « *pratiqué* dans ses analyses concrètes les plus fortes »[99] (par exemple dans le *Dix-huit Brumaire de Louis Bonaparte*). Merleau-Ponty estime toutefois que ce dernier n'est pas parvenu à lui donner un statut philosophique, c'est-à-dire à le ressaisir dans un langage conceptuel adéquat[100].

---

[97] M&P, *SNS*, p. 156. « Nous sommes dans le monde, mêlés à lui, compromis avec lui. [...] Cette division de l'intérieur et de l'extérieur est abstraite » (« La guerre a eu lieu », *SNS*, p. 179).

[98] Marx affronte cette antinomie au début des années 1840 alors qu'il tente de s'affranchir du milieu jeune hégélien : il s'agit pour lui de rejeter d'une part la « Conscience de soi » individualiste de Bruno Bauer et de Max Stirner, et d'autre part la « Substance » de Feuerbach (voir P. Dardot et C. Laval, *Marx, prénom : Karl*, chap. 2, p. 103–198). C'est, une fois plus, la catégorie de la *praxis* qui permet de dépasser cette antinomie, comme on le voit notamment dans la troisième des *Thèses sur Feuerbach* et ensuite dans *L'idéologie allemande*, lorsque Marx insiste à la fois sur l'inscription sociale de l'activité des individus et sur le fait que cette activité n'est pas un pur reflet des circonstances sociales, et qu'elle se caractérise par une capacité d'auto-transformation.

[99] QE, *SNS*, p. 101.

[100] « Beaucoup de lecteurs se sentent absolument d'accord avec des analyses comme celles du *XVIII Brumaire* par exemple, sans être satisfaits par certaines formules théoriques de Marx lui-

C'est la raison pour laquelle il est nécessaire, selon lui, de dégager le sens véritable de ces analyses en thématisant « la conception nouvelle de la conscience qui en fonde à la fois l'autonomie et la dépendance »[101].

C'est ce que fait Merleau-Ponty en particulier dans le dernier chapitre de la *Phénoménologie de la perception*. Plus encore qu'une critique de la liberté sartrienne, il s'agit pour Merleau-Ponty d'élaborer une conceptualité philosophique à même de ressaisir la double dimension de l'existence sociale de l'individu – et de renvoyer ainsi dos-à-dos les conceptions objectiviste et subjectiviste des classes sociales[102]. Or seule une « méthode vraiment existentielle »[103] est en mesure de ressaisir philosophiquement, grâce à la notion d'existence[104], ce que Marx a bien vu, à savoir le caractère indissociablement subjectif et objectif de l'existence sociale[105]. En s'appuyant notamment sur les analyses de Lukács dans *Histoire et conscience de classe* (dont la présence hante toute la dernière partie de la *Phénoménologie de la perception*), Merleau-Ponty propose, dans le passage central du chapitre[106], un essai de reformulation existentielle de la distinction marxiste entre « classe en soi » et « classe pour soi »[107]. Il commence par montrer, contre la théorie subjectiviste, que l'appartenance de classe est irréductible à la conscience de classe. Alors que la conscience de classe se joue au niveau de l'intentionnalité d'acte, l'appartenance de classe renvoie à cette intentionnalité plus profonde qu'il appelle « existence »[108]. Cependant, cette appartenance ne doit pas pour autant être comprise comme un fait purement objectif et extérieur à l'individu. Sans être connue, elle est « vécue concrè-

---

même et surtout de ses commentateurs » (QE, SNS, p. 101).

[101] QE, SNS, p. 101

[102] « La pensée objective et l'analyse réflexive sont deux aspects de la même erreur, deux manières d'ignorer les phénomènes. La pensée objective déduit la conscience de classe de la condition objective du prolétariat. La réflexion idéaliste réduit la condition du prolétariat à la conscience que le prolétaire en prend. [...] Dans les deux cas on est dans l'abstraction, parce qu'on demeure dans l'alternative de l'en soi et du pour soi » (PhP, Partie III, chap. 3, p. 506).

[103] *PhP*, Partie III, chap. 3, p. 506. Il s'agit en effet d'esquisser la « théorie du social » qui manque dans l'*EN* (*cf.* QE, SNS, p. 99–100). En réalité, comme nous allons le voir, une telle conception se rapproche à bien des égards de celle que propose Sartre dans l'*EN* à partir de la notion maussienne de « techniques du corps ». Voir *supra*, Partie I, chap. 1.

[104] « Ne faut-il pas choisir entre les deux thèses suivantes : ou bien le drame de la coexistence a une signification purement économique, ou bien le drame économique se dissout dans le drame plus général et n'a qu'une signification existentielle, ce qui ramène au spiritualisme ? C'est justement cette alternative que la notion d'existence, si elle est bien comprise, permet de dépasser » (*PhP*, Partie I, chap. 5, p. 200).

[105] *Cf.* QE, SNS, p. 99 et p. 101.

[106] *PhP*, Partie III, chap. 3, p. 501–515.

[107] Cette distinction apparaît chez Marx dans *Misère de la philosophie*, Partie II, 5, p. 177–179.

[108] « Notre rapport au social est, comme notre rapport au monde, plus profond que toute perception expresse ou que tout jugement » (*PhP*, Partie II, chap. 4, p. 415). Pour la critique de la conception subjectiviste ou intellectualiste de la classe, voir *PhP*, Partie III, chap. 3, p. 509–509. Il y critique explicitement le fait qu'en ramenant « l'intentionnalité au cas particulier des actes objectivants, on fait de la condition prolétarienne un objet de pensée », de sorte qu'on « passe à côté de l'intentionnalité véritable qui *est à* son objet plutôt qu'elle ne le pose » et « ne réussit pas à rendre compte de la classe ».

tement » ou « existée »[109] par l'individu, pour qui elle se manifeste comme « atmosphère » (ou « halo de généralité »[110]) à travers laquelle il vit l'ensemble de ses expériences – présence tacite du social que Merleau-Ponty désigne, d'un terme emprunté à G. Politzer, comme le « drame économique et social » que chacun porte en soi et a à « déchiffrer »[111]. C'est donc à partir de notre *praxis* effective, de « nos tâches et de nos gestes »[112], d'un « certain style de vie », que nous portons en nous la société : c'est cette intentionnalité plus profonde qui fait apparaître le monde sous un certain éclairage propre à notre situation dans la société. Or en colorant ainsi notre existence, le social agit sur nous, non pas comme cause, mais comme « motivation » : il s'agit d'un mouvement de « sollicitation »[113] vers telle chose plutôt que telle autre, vers tel groupe d'individus plutôt que tel autre (parce qu'on se sent « du même monde »), vers tel projet politique plutôt que tel autre. Ainsi, notre appartenance de classe pré-esquisse des affinités de classe entre les individus qui partagent un même « style de vie » et qui coexistent dans une même situation[114].

Il est donc déjà possible de parler à ce niveau, et sans que l'appartenance de classe soit devenue pleine conscience de classe, d'une action de classe des individus. En effet, sans que les individus aient une représentation explicite de leur appartenance, ils peuvent être pris par un « projet existentiel ou implicite » de classe[115]. Merleau-Ponty s'appuie sur l'exemple des paysans lors de la Révolution russe de 1917 : bien qu'ils n'aient pas de représentation claire de la révolution à faire, leur appartenance de classe fait qu'ils « se sentent en marche vers un certain carrefour où conduit aussi le chemin des ouvriers de ville », de sorte que

---

[109] Comme l'écrit Merleau-Ponty, « J'existe ouvrier » ou « j'existe bourgeois » (*PhP*, Partie III, chap. 3, p. 506).

[110] *PhP*, Partie III, chap. 3, p. 511.

[111] La notion de « drame », que Merleau-Ponty emprunte explicitement à G. Politzer (*PhP*, Partie I, chap. 5, note p. 194), est en effet l'une des catégories centrales de la « psychologie concrète » que le philosophe hongrois se donne pour tâche d'élaborer à la fin des années vingt (*cf.* G. Politzer, *Critique des fondements de la psychologie*, Paris, PUF, 1974 [1ʳᵉ éd. 1928] et les deux seuls numéros de la *Revue de psychologie concrète*). Cette notion, qui reste en grande partie à l'état de projet (Politzer n'aura jamais vraiment l'occasion de l'élaborer avec précision), semble se rapprocher de celle de « projet » chez Sartre, et désigner la manière dont un individu totalise par son existence une situation objective (*cf.* Politzer, *op. cit.*, Conclusion, p. 247–262). La conversion marxiste de Politzer donne toutefois une « aura » marxiste à cette notion. Merleau-Ponty emploie assez régulièrement la notion de drame, mais dans un sens plus collectif et objectif que Politzer (*cf.* notamment *PhP*, Avant-propos, p. XIV, Partie I, chap. 5, p. 187–202 ; M&P, *SNS*, p. 155 ; *HT*, Partie II, chap. 2, p. 281 ; Lettre à Lukács, 24 mai 1946, p. 2).

[112] *PhP*, Partie III, chap. 3, p. 507.

[113] *PhP*, Partie II, chap. 4, p. 415 et p. 417.

[114] « Mes camarades d'usine ou de moisson, ou les autres fermiers font le même travail que moi dans des conditions analogues, nous coexistons à la même situation et nous nous sentons semblables, non par quelque comparaison, comme si chacun vivait d'abord en soi, mais à partir de nos tâches et de nos gestes » (*PhP*, Partie III, chap. 3, p. 507).

[115] *PhP*, Partie III, chap. 3, p. 508–511. Merleau-Ponty s'oppose ici aux analyses de Sartre, d'après lesquelles on ne devient révolutionnaire qu'en formulant explicitement un projet révolutionnaire (*cf. EN*, Partie IV, chap. 1, I, p. 509–511/478–480).

> La révolution est au bout de leur démarches et dans leurs projets sous la forme d'un « il faut que ça change », que chacun éprouve concrètement dans ses difficultés propres et du fond de ses préjugés particuliers[116].

Ainsi, le caractère collectif de l'action provient du fait qu'un même « drame social et économique » constitue l'atmosphère générale de l'existence d'un ensemble d'individus et les motive à agir dans un certain sens pour résoudre les problèmes qu'il pose. Et c'est la raison pour laquelle Merleau-Ponty peut affirmer que les mouvements populaires ne sont nullement manipulés du dehors par des agitateurs révolutionnaires : si les « mots d'ordre des prétendus meneurs, comme par une harmonie préétablie, sont immédiatement compris et trouvent des complicités partout », c'est « parce qu'ils font cristalliser ce qui est latent dans la vie de tous les producteurs »[117].

Cette appartenance de classe tacite (qui reprend la notion de « conscience possible » de Lukács[118]) devient cependant *conscience de classe* effective lorsqu'elle est saisie explicitement par le sujet. De la même manière que se « découvrir » amoureux, c'est prendre conscience qu'on l'était *déjà* d'une certaine manière, mais de manière irréfléchie[119], la conscience sociale est la découverte explicite de cette appartenance de classe qui était *déjà* là[120]. Mais une telle prise de conscience, précise Merleau-Ponty, est un phénomène rare et n'a lieu que dans des situations exceptionnelles. En période de calme social, l'appartenance de classe reste vécue de manière tacite, et l'individu répond aux sollicitations de sa classe sans en prendre conscience ; une situation de crise sociale pousse, en revanche, l'individu à prendre conscience de cette appartenance :

> Une situation révolutionnaire ou une situation de danger national transforme en prise de position consciente les rapports préconscients avec la classe et avec la nation qui n'étaient jusque-là que vécus, l'engagement tacite devient explicite[121].

Dans de telles situations, la « conscience empirique » rejoint la « conscience possible », et l'individu agit consciemment en tant que membre de sa classe (ou groupe social).

Cependant, l'une des questions que Merleau-Ponty n'aborde pas explicitement dans cette conceptualisation de l'appartenance de classe concerne ce que Lukács

---

[116] *PhP*, Partie III, chap. 3, p. 508.

[117] *PhP*, Partie III, chap. 3, p. 508.

[118] La « conscience possible » est définie par Lukács comme la conscience qu'auraient les individus d'une classe donnée s'ils parvenaient à se ressaisir à partir de leur situation dans la totalité. Elle se distingue de leur « conscience empirique », qui correspond à ce dont ils ont explicitement conscience, et qui n'est qu'une saisie partielle du tout. (*cf.* G. Lukács, *HCC*, p. 72–73).

[119] *PhP*, Partie III, chap. 1, p. 436–437.

[120] « La classe n'est ni constatée, ni décrétée ; comme le *fatum* de l'appareil capitaliste, comme la révolution, avant d'être pensée, elle est vécue à titre de présence obsédante, de possibilité, d'énigme et de mythe » (*PhP*, Partie III, chap. 3, p. 509–510).

[121] *PhP*, Partie II, chap. 4, p. 417. Merleau-Ponty note alors l'effet rétroactif de cette prise de conscience : l'engagement « s'apparaît à lui-même comme antérieur à la décision ».

désigne sous le terme de « fausse conscience »[122], à savoir la conscience d'individus en tant qu'ils ne parviennent pas à saisir leur propre appartenance et sont parfois conduits à agir d'une manière qui va à l'encontre de leurs intérêts de classe. Reformulés en termes merleau-pontyiens, il s'agit de la contradiction possible entre le projet explicite de l'individu et le projet implicite qui se dessine dans son drame social et économique. Or il nous semble que l'analyse que Merleau-Ponty propose dans la *Phénoménologie de la perception* des « sentiments faux »[123] permet de comprendre un tel phénomène dans sa perspective. En effet, si Merleau-Ponty développe longuement l'exemple de l'amour vrai et de l'amour faux, il fait également référence à un phénomène social, à savoir celui d'une conversion[124]. Les faux sentiments, comme l'ensemble des faux projets, sont des sentiments qui trouvent leur source non pas dans l'être tout entier d'un individu, mais dans une partie seulement. Ainsi, comme chez Lukács, la fausse conscience caractérise un projet auquel un individu ne peut pas adhérer avec la totalité de son être[125].

2.2 Les antinomies de l'objet. Gestalt et perspective marxiste.

<blockquote>« La notion de structure ou de totalité [...] est une catégorie fondamentale du marxisme »
(Merleau-Ponty, « Marxisme et philosophie », p. 153).</blockquote>

Merleau-Ponty cherche à dépasser l'opposition entre le subjectif et l'objectif non seulement, comme nous venons de le voir, du côté du sujet, mais également du côté de l'objet. Il s'agit alors de renvoyer dos à dos, d'une part une conception réaliste de l'objet (qu'il trouve dans le marxisme réductionniste de l'époque), pour laquelle l'objet est donné tel qu'il est en lui-même et pour lui-même, et d'autre part une conception idéaliste de l'objet (qu'il trouve dans la philosophie transcendantale de Kant comme celle de Husserl), qui en fait le produit d'une activité constituante du sujet. Le Marx des *Thèses sur Feuerbach* donne à Merleau-Ponty une fois de plus la formule de ce dépassement. Dans la première thèse, Marx interroge en effet cette entité qui se tient devant nous et qu'on appelle tour à tour « objet » (*Gegenstand*), « réalité effective » (*Wirklichkeit*), ou « sensibilité » (*Sinnlichkeit*). Or au lieu de saisir ce phénomène dans toute sa richesse, c'est-à-dire « comme *activité sensiblement humaine*, comme *pratique*, [...] de façon *subjective* », la pensée classique, en raison de ses présupposés philosophiques, n'en saisit qu'un aspect. Le « matérialisme ancien » met au jour la dimension matérielle, mais réduit celle-ci à n'être qu'une pure inertie passive et dépourvue de signification. L'idéalisme (hégélien), quant à lui, y voit à juste titre le résultat d'une activité, mais conçoit celle-ci comme

---

[122] G. Lukács, *HCC*, « La conscience de classe », notamment p. 71–75.

[123] *PhP*, Partie III, chap. 1, p. 433–437.

[124] Il s'agit de la « crise mystique » (vraisemblablement celle de P. Nizan), que Sartre avait déjà utilisée (*EN*, IV, chap. 1, II, B, p. 579/543).

[125] Bien qu'il n'existe aucun élément textuel pour l'établir, il est possible que la théorie lukácsienne de la « fausse conscience » ait inspirée la théorie merleau-pontyienne des « faux sentiments ».

une activité simplement spirituelle. Pour Marx, il s'agit au contraire de saisir l'objet dans sa double dimension, à la fois objective et subjective.

Cependant, comme pour la réélaboration du concept du sujet, l'œuvre de Marx n'offre que très peu de développements de l'intuition qu'il présente dans cette première des *Thèses sur Feuerbach* ; et par moments elle contient même des formulations objectivistes qui sont bien en deçà de cette intuition. C'est la raison pour laquelle Merleau-Ponty affirme la nécessité de reprendre, prolonger, et fixer conceptuellement ce que Marx n'a fait qu'esquisser. Pour cela, Merleau-Ponty peut s'appuyer sur les développements ultérieurs du marxisme : sur *Histoire et conscience de classe* de Lukács, mais également sur l'analyse de situation qui est pratiquée par les dirigeants marxistes (Lénine, Trotski, Boukharine, etc.). En effet, en se donnant explicitement comme *perspectives* stratégiques, de telles analyses prétendent à la fois décrire le plus fidèlement possible leur objet (un certain état de la société ou de l'histoire) tout en reconnaissant leur caractère perspectif, situé, et donc dépendant du sujet[126]. On aurait ainsi affaire à un objet au statut particulier, ni entièrement subjectif et ni entièrement objectif, et toute la difficulté est d'en fixer le sens.

C'est ce que Merleau-Ponty cherche à réaliser au moyen de la notion de *Gestalt*, telle qu'il la théorise dans *La structure du comportement*. C'est cette notion qui lui permet à la fois de ressaisir conceptuellement le sens marxiste de l'objet et de transformer en même temps le sens phénoménologique de l'objet.

2.2.1 L'objet humain et la *Gestalt*.

« Il [a] été réservé à Marx d'introduire la notion de l'*objet humain* que la phénoménologie a reprise et développée »
(Merleau-Ponty, « Marxisme et philosophie », p. 159).

Merleau-Ponty retient du marxisme la volonté, du côté de l'objet, de dépasser l'opposition entre qualités premières et qualités secondes, c'est-à-dire entre une dimension objective et une dimension subjective de l'apparaître. Un tel marxisme, qui n'a rien de commun avec le marxisme réductionniste (comme Merleau-Ponty le rappelle en citant la première des *Thèses sur Feuerbach*[127]), rejoint ainsi la phénoménologie, pour autant que celle-ci a dépassé ses formulations subjectivistes et idéalistes. Il en résulte qu'un marxisme authentique, loin de s'opposer à la phénoménologie, en est une première formulation. C'est ce qu'écrit Merleau-Ponty en 1946, en mettant en avant la notion d' « objet humain » (issue des *Manuscrits de 1844*) :

---

[126] Sur ce point, voir l'intervention de Merleau-Ponty lors d'un débat aux Rencontres internationales de Genève de 1946 (« L'esprit européen », *P1*, p. 82–83).

[127] « À ceux que le mot même de subjectivité fait frémir, rappelons la fameuse phrase de Marx : "Le principal défaut de tout le matérialisme passé [...] est que l'objet, la réalité, le monde sensible n'y sont considérés que sous la forme d'*objet* ou d'intuition, mais non pas en tant qu'activité concrète humaine, en tant que *pratique*, pas de façon subjective" » (QE, *SNS*, p. 98).

2 Les antinomies théoriques et leur dépassement.

> Les philosophies classiques ont dissocié cette notion : la rue, le champ, la maison étaient pour elles des complexes de couleurs en tout point comparables aux objets de la nature et seulement revêtus d'une signification humaine par un jugement secondaire. Marx, en parlant d'objets humains, veut dire que cette signification est adhérente à l'objet tel qu'il se présente dans notre expérience[128].

Dans le passage des *Manuscrits de 1844* que convoque Merleau-Ponty (à la suite de Trần Đức Thảo[129]), Marx montre comment l'émancipation de la propriété privée conduit à l'émancipation des sens humains, c'est-à-dire à la révélation du rapport authentique de l'être humain au monde, à savoir, non pas sous la forme réductrice de l'avoir, mais avec toute la richesse de ses significations humaines. Il en résulte qu'il est impossible de distinguer dans l'objet ce qui serait « subjectif » et « objectif ».

Pour comprendre le sens conceptuel que Merleau-Ponty veut donner à la notion d' « objet humain », il faut la ressaisir à partir de celle de *Gestalt*. En effet, comme il l'écrit dans « La métaphysique sans l'homme », la valeur de cette dernière notion tient au fait qu'elle permet de saisir le statut intermédiaire de l'objet.

> Si nous voulions définir sans préjugé le sens philosophique de la psychologie de la forme, il faudrait dire qu'en révélant la « structure » ou la « forme » comme un ingrédient irréductible de l'être, elle remet en question l'alternative classique de l' « existence comme chose » et de l' « existence comme conscience », elle établit une communication et comme un mélange de l'objectif et du subjectif[130].

En effet, comme il le montre en particulier dans *La structure du comportement*, la *Gestalt* est un tout irréductible à ses éléments : celui-ci ne trouve pas sa source dans une opération du sujet (qui totaliserait les éléments et les subsumerait sous la forme en question), mais s'esquisse à même l'objet (ou encore lui est « prégnante » ou « adhérente »). Et même si le sujet « projette » parfois des formes sur l'objet, il n'aurait pas pu le faire si « quelque chose » du côté de l'objet « ne nous suggérait pas l'inférence »[131]. Mais en même temps, Merleau-Ponty refuse le réalisme naïf des psychologues de la forme. Comme il ne cesse de le répéter dans *La structure du comportement*, « la forme est non pas une réalité physique, mais un objet de perception »[132], et la structure est seulement « supposée » dans la mesure où elle permet de rendre raison du « faisceau de relations » observées[133]. Ainsi, bien que la forme qu'on perçoit à même l'objet corresponde à quelque chose de l'objet lui-même, il

---

[128] M&P, *SNS*, p. 159.

[129] L'article de Merleau-Ponty, qui paraît dans le numéro de juin-juillet 1946 de *La revue internationale*, constitue une défense de Trần Đức Thảo (dont l'article « Phénoménologie et marxisme », publié dans la même revue en février 1946, avait été attaqué par P. Naville), et plus largement une réponse aux différentes critiques adressées au projet d'articuler le marxisme et la phénoménologie.

[130] « La métaphysique dans l'homme », *SNS*, p. 105–106.

[131] *SC*, chap. 3, p. 169. Ainsi « toute théorie de la projection [...] suppose ce qu'elle voudrait expliquer ».

[132] *SC*, chap. 3, p. 155.

[133] *SC*, chap. 3, p. 153.

n'est cependant jamais possible d'établir avec certitude que cette forme ne provient pas de notre perspective sur lui, et ne corresponde donc que très faiblement à ce qu'il est en lui-même. L'objet, en tant que *Gestalt*, a donc un statut ambigu, à la fois objectif (renvoyant à quelque chose de l'objet) et subjectif (c'est le sujet qui le fait apparaître à partir de sa perspective), et désigne le sens même de la réalité.

Marxisme et phénoménologie se rencontrent donc au moyen du concept de *Gestalt*, qui permet de formuler rigoureusement l'idée marxiste d'« objet humain » et d'éviter la conception idéaliste de l'objet présente dans certaines analyses phénoménologiques. C'est cette conception de l'objet qui va nous permettre maintenant de comprendre le statut de la société et de l'histoire pour Merleau-Ponty[134].

2.2.2 L'antinomie de la société : la société entre infrastructures et superstructures.

Si Merleau-Ponty estime que Marx « donne la formule d'une étude concrète des sociétés »[135], c'est parce que sa pensée parvient à surmonter l'antinomie entre conceptions objectiviste et subjectiviste de la société. La difficulté consiste en effet à comprendre ce qui fait l'unité d'une société et l'articulation entre ses différentes sphères (économiques, politiques, culturelles, religieuses, etc.). La conception objectiviste (souvent adoptée par le marxisme de l'époque) affirme que ce sont les rapports économiques et matériels qui sont la vérité de cette structuration sociale (dont les niveaux politique, culturel ou religieux ne sont que des reflets). La conception subjectiviste, quant à elle, repère l'unité du corps social dans un principe « spirituel »[136].

Merleau-Ponty montre que la conception marxiste de la société reformulée à partir du concept de *Gestalt* parvient à dépasser cette antinomie. La notion de *Gestalt* permet en effet de mettre en lumière le fait que la science (comme toute forme de connaissance) ne propose que des schémas abstraits pour penser la réalité, et qu'il ne faut pas confondre le modèle (ou forme) et la réalité qu'il prétend modéliser. C'est en ce sens que Merleau-Ponty ne cesse de répéter que le marxisme propose une « mise en perspective »[137] et que la totalité sociale structurée qu'elle modélise restera toujours un « objet de perception », une « limite » vers laquelle tend la connaissance du social, mais qui n'est pas un « élément du monde »[138].

---

[134] Merleau-Ponty traite généralement la société et l'histoire de manière conjointe, mais par souci de clarté, il nous a semblé nécessaire de les présenter de manière séparée.

[135] *HT*, Préface, p. 40.

[136] La phénoménologie et l'existentialisme penchent plutôt en faveur d'une compréhension spiritualiste ou idéaliste de la société, sous la double influence de Hegel (avec son concept d'Esprit) et de Husserl (avec celui de « figure spirituelle » dans la *Krisis*). Sur les difficultés de la phénoménologie à penser le social, voir *supra*, Partie I, chap. 1.

[137] « Autour du marxisme », *SNS*, p. 132, p. 136, p. 146 ; *cf.* aussi PV, *SNS*, p. 203 ; *HT*, Partie I, chap. 3, p. 187 et p. 193.

[138] *SC*, chap. 3, p. 153.

Toutefois, Merleau-Ponty ne veut pas tomber dans un idéalisme ou scepticisme épistémologique qui ferait de la *Gestalt* une forme projetée arbitrairement sur un ensemble de faits[139]. Nous ne pourrions projeter telle structure dans tel ensemble social si « quelque chose » dans son fonctionnement « ne nous suggérait pas l'inférence »[140]. En effet, dès que le tout social semble fonctionner autrement, la mise en perspective n'est plus adhérente aux faits, et apparaît comme forcée. Une mise en perspective reste donc valable tant qu'elle garde une valeur heuristique et permet de saisir au plus près le fonctionnement de l'ensemble.

Mais la notion de *Gestalt* constitue également pour Merleau-Ponty un paradigme de la totalité, qui permet de poser à nouveau frais le problème marxiste classique du rapport entre les infrastructures et les superstructures. Le présupposé commun aux deux branches de l'antinomie réside en effet dans leur méthode abstraite, qui érige une partie de la totalité sociale (infrastructure ou superstructure) en principe fondamental du tout. Marx nous apprend au contraire, selon Merleau-Ponty, à prendre la société comme une totalité comprenant l'ensemble de ces dimensions[141], et dont chaque élément ne prend sens que replacé dans ce tout (l'économie, le politique ou l'idéologique ne sont que différentes perspectives partielles sur une même réalité). Merleau-Ponty rappelle ainsi aux marxistes de son époque que pour Marx les idéologies et les phénomènes superstructurels, loin d'être de pures apparences sans consistance, sont à placer sur le même plan que l'ensemble des autres sphères de la société[142]. La société se présente alors comme ce qu'Althusser appellera une « totalité expressive »[143], c'est-à-dire une totalité synchronique dont chaque partie est une expression de l'autre et du tout. Merleau-Ponty s'appuie pour cela sur Lukács, qui insiste sur le fait que le cœur de la méthode marxiste se trouve dans la « conception dialectique de la totalité »[144] – méthode dont Merleau-Ponty se réclame explicitement aux Rencontres internationales de Genève en 1946[145].

---

[139] Comme pourraient le faire croire certaines formules de la *SC* détachées du raisonnement d'ensemble : « Les structures reconstituées [...] ne sont pas elles-mêmes des forces réelles qui orienteraient le cours de l'histoire [...]. Mais l'Égypte comme structure économique, sociale, politique, reste un objet de pensée distinct des multiples faits qui l'ont constituée et amenée à l'existence. C'est une idée, une signification commune à un ensemble de faits moléculaires, qu'ils expriment tous et qu'aucun d'eux ne contient toute » (*SC*, chap. 3, p. 154–155).

[140] *SC*, chap. 3, p. 169. L'analyse de Merleau-Ponty dans ce passage porte sur le comportement animal, mais elle a une valeur générale qui dépasse largement le cas évoqué.

[141] « Pour connaître et juger une société, il faut arriver à sa substance profonde, au lien humain dont elle est faite et qui dépend des rapports juridiques sans doute, mais aussi des formes de travail, de la manière d'aimer, de vivre et de mourir » (*HT*, Préface, p. 40–41)

[142] « Les idéologies bourgeoises, qui contaminent toute la société bourgeoise, y compris son prolétariat, ne sont pas des *apparences* : elles mystifient la société bourgeoise et se présentent à elle comme un monde consistant. Elles sont exactement aussi "réelles" que les structures de l'économie capitaliste, avec lesquelles elles forment un seul système » (M&P, *SNS*, p160).

[143] *Cf.* L. Althusser, « Du *Capital* à la philosophie de Marx », *Lire le Capital*, Paris, PUF, 2008 [1re éd. 1965], p. 8–9 ; « « L'objet du *Capital* », chap. IV-V ; « Sur la dialectique matérialiste. De l'inégalité des origines » (*Pour Marx*, Paris, Maspero, 1965, notamment p. 198–224).

[144] *Cf.* G. Lukács, *HCC*, « Qu'est-ce que le marxisme orthodoxe ? ».

[145] « Je voudrais ajouter quelque chose concernant [...] la conférence de M. Lukács l'autre jour,

Cependant, si la société doit être comprise comme une totalité expressive, dans laquelle chaque élément reflète le tout, il ne s'ensuit par pour autant qu'on puisse analyser une société à partir de n'importe quelle perspective. Pour Merleau-Ponty (comme pour Lukács), toutes les mises en perspectives ne sont pas équivalentes : la tâche de l'analyse de la structure sociale est justement de dégager le point de vue privilégié à partir duquel il est possible de saisir la configuration du tout et sa dynamique propre[146]. La totalité sociale est en effet *structurée* et a une *configuration* spécifique à chaque époque. Ainsi, à la suite de Marx, Merleau-Ponty affirme que la dimension économique joue un rôle fondamental dans le tout de la structure sociale.

Pour rendre intelligible cette idée, Merleau-Ponty mobilise à plusieurs reprises une analogie entre le tout social et le sujet vivant total[147] – qu'il essaie notamment de saisir à travers le concept d'incarnation. En effet, à un premier niveau, il montre que dans les deux cas il y a une priorité du tout sur les parties, dont chacune exprime ou incarne le tout à partir d'une certaine perspective : chaque sphère du social exprime le tout social comme chaque geste exprime ou incarne le tout de l'individu[148]. Mais il ajoute que toutes les perspectives sur le tout ne sont pas équivalentes :

> Mais, en même temps, la vie économique est le porteur historique des structures mentales, comme notre corps maintient les traits fondamentaux de notre conduite par-dessous les variations de nos états d'âme[149].

L'importance de l'économie vient non seulement de ce qu'elle assure, comme les fonctions nutritives du corps, la survie du tout, mais également du fait que c'est en elle que l'on trouve les régularités fondamentales de la vie sociale (de la même manière que c'est dans la structure du comportement qu'on trouve les régularités de la vie individuelle).

---

avec lequel je suis d'accord sur la méthode […]. Cette méthode, qui consiste à prendre les événements non pas au simple niveau de l'idéologie, mais sur tous les plans, cette méthode pourrait s'appeler idée de la totalité, ou même idée de l'incarnation » (« L'esprit européen », *P1*, p. 84).

[146] « La pluralité des conditions n'interdit pas de traiter l'une d'elles comme condition principale. C'est ce que font tous les jours les savants » (« Autour du marxisme », *SNS*, p. 132).

[147] Cette analogie entre analyses du corps et de la société n'a rien de fortuit. C'est pour cette raison que la psychanalyse et le marxisme sont presque systématiquement discutés en même temps dans ses divers ouvrages, et que ce qu'il dit de l'un est immédiatement transposable à l'autre.

[148] « La conception du droit, la morale, la religion, la structure économique s'entresignifient dans l'Unité de l'événement social comme les parties du corps s'impliquent l'une l'autre dans l'Unité d'un geste ou comme les motifs "physiologiques", "psychologiques" et "moraux" se nouent dans l'Unité d'une action et il est impossible de réduire la vie interhumaine soit aux relations économiques, soit aux rapports juridiques et moraux pensés par les hommes, comme il est impossible de réduire la vie individuelle soit aux fonctions corporelles, soit à la connaissance que nous avons de cette vie » (*PhP*, Partie I, chap. 5, p. 202) ; « Il est vrai qu'à un moment donné, dans une société donnée, la manière de travailler exprime la structure mentale et morale comme le moindre réflexe d'un corps vivant exprime la manière fondamentale d'être au monde du sujet total » (« Autour du marxisme », *SNS*, p. 131).

[149] « Autour du marxisme », *SNS*, p. 131.

2   Les antinomies théoriques et leur dépassement.

> La vie économique n'est pas un ordre séparé auquel les autres se réduisent, elle représente dans le marxisme l'inertie de la vie humaine, c'est en elle que les conceptions s'inscrivent et se stabilisent. [...] on connaît plus sûrement l'essence d'une société par l'analyse des relations interhumaines figées et généralisées dans la vie économique, que par celle des mouvements d'idées fragiles et fugaces, comme on connaît mieux un homme par sa conduite que par ses pensées[150].

La force du marxisme, que Merleau-Ponty ressaisit ici à partir de son analyse phénoménologique du corps, est donc sa méthode d'analyse de l'ensemble de la totalité sociale à partir de la perspective économique.

Mais concevoir une société comme une totalité structurée permet également à Merleau-Ponty de saisir les configurations différentes que peuvent prendre les rapports entre les différentes sphères. Contre le marxisme vulgaire qui affirme que la totalité sociale est toujours déterminée de manière identique par l'économie, il s'agit pour Merleau-Ponty de mettre en avant la nécessité de ce que Lénine appelle l' « analyse concrète d'une situation concrète »[151], à savoir une analyse spécifique et différenciée de la configuration d'une structure sociale. En période normale, bien que l'économique soit le point d'entrée privilégié de l'analyse du tout social, le rapport entre infrastructures et superstructures peut par exemple être relativement lâche : si le « drame social et économique » de P. Valéry se retrouve certes dans ses poésies, il est cependant réducteur de faire de ces dernières « un simple épisode de l'aliénation économique »[152] ; et cela de la même manière que chez un sujet normal, il est réducteur d'expliquer toutes ses pensées et actions par un complexe psychanalytique. En revanche, le temps de crise se caractérise en ceci que le tout est entièrement dominé par la situation économique ou la maladie :

> C'est seulement à l'approche d'une révolution que l'histoire serre de plus près l'économie, et comme dans la vie individuelle, la maladie assujettit l'homme au rythme vital de son corps, dans une situation révolutionnaire, par exemple dans un mouvement de grève générale, les rapports de production transparaissent, ils sont expressément perçus comme décisifs[153].

Ainsi, selon les situations historiques, la structure sociale prend une configuration différente qui fait que l'une ou l'autre sphère se présente comme « dominante »[154]. Une telle analyse est déterminante au niveau de l'élaboration de la stratégie politique, comme on le verra plus loin.

En reformulant la conception marxiste de la société en termes de structure, Merleau-Ponty permet aussi de mettre en lumière l'historicité intrinsèque du social, et ainsi le lien étroit entre société et histoire. L'une des erreurs du marxisme de son

---

[150] « Autour du marxisme », *SNS*, p. 131.
[151] V. I. Lénine, « Le communisme » (12 juin 1920), *Œuvres complètes*, Paris, Moscou, Éditions sociales et Éditions en langues étrangères, 1963, t. 31, p. 168. Contre le gauchisme de la revue *Le Communisme* (et en particulier le jeune Lukács et Bela Kun), il rappelle « ce qui est la substance même, l'âme vivante du marxisme : l'analyse concrète d'une situation concrète ».
[152] *PhP*, Partie I, chap. 5, p. 201.
[153] *PhP*, Partie I, chap. 5, p. 201.
[154] *PhP*, Partie I, chap. 5, p. 202.

époque est en effet, selon lui, de comprendre la scientificité du marxisme sur le modèle de celle de la physique classique, et de finir par ériger les lois de l'économie en régularités naturelles[155]. La notion de *Gestalt* bien comprise permet au contraire de rappeler que les « lois » dégagées par Marx ne sont que des régularités propres à la structure capitaliste de la société[156], et, tout comme les lois physiques[157], l'un de leurs caractères essentiels est leur *historicité*[158]. N'étant pas un tout autonome par rapport à ses parties, la structure est susceptible de se reconfigurer par le mouvement propre de ses éléments (de même qu'un dessin peut représenter tout autre chose par le simple ajout ou déplacement d'un trait). Ainsi, comme l'écrit Merleau-Ponty :

> Avec la forme s'introduit donc un principe de discontinuité, et sont données les conditions d'un développement par bonds ou crises, d'un événement, d'une histoire[159].

Toutefois si la structure sociale est un ensemble instable, n'importe quel mouvement de ses éléments ne transforme pas pour autant la configuration d'ensemble (de même que l'ajout ou la suppression d'un grand nombre de traits ne modifie pas nécessairement le dessin). Comprendre l'histoire consiste donc à saisir la manière dont une structure peut se reconfigurer en une autre structure.

2.2.3 Le matérialisme historique et le dépassement des antinomies de l'histoire.

> « Le marxisme n'est pas une hypothèse quelconque, remplaçable demain par une autre, c'est le simple énoncé des conditions sans lesquelles il n'y aura pas d'humanité au sens d'une relation réciproque entre les hommes, ni de rationalité dans l'histoire. En ce sens, ce n'est pas une philosophie de l'histoire, c'est la philosophie de l'histoire, et y renoncer, c'est faire une croix sur la Raison historique. Après quoi, il n'y a plus que rêveries ou aventures »
>
> (Merleau-Ponty, *Humanisme et terreur*, p. 266).

Une fois reconnue l'historicité intrinsèque du social, on peut toutefois se demander si le mouvement même de l'histoire (c'est-à-dire le passage d'un certain état du social à un autre) obéit à une logique identifiable. S'agit-il d'un pur enchaînement contingent et arbitraire, ou y a-t-il une logique ou rationalité historique, c'est-à-dire

---

[155] C'est ce qu'il reproche notamment à P. Naville (*cf.* M&P, *SNS*, p. 153–154).

[156] « Une conception marxiste de la société humaine, et en particulier de la société économique, ne peut la soumettre à des lois permanentes comme celles de la physique classique, puisqu'elle la voit en mouvement vers un nouvel arrangement à l'intérieur duquel les lois de l'économie classique ne s'appliqueront plus. Tout l'effort de Marx dans *Le Capital* tend justement à montrer que ces lois fameuses, souvent présentées comme les traits permanents d'une "nature sociale", sont en réalité les attributs (et les masques) d'une certaine "structure sociale", le capitalisme, qui évolue lui-même vers sa destruction » (M&P, *SNS*, p. 153).

[157] Sur ce point, voir M&P, *SNS*, p. 153–154 et *SC*, chap. 3, p. 147–157.

[158] « Une économie politique marxiste ne peut parler de lois qu'à l'intérieur de structures qualitativement distinctes et qui doivent être décrites en termes d'histoire » (M&P, *SNS*, p. 153).

[159] *SC*, chap. 3, p. 148.

y a-t-il, au sens propre, une histoire ? Ou encore, formulé en termes gestaltistes : n'y a-t-il de forme que synchronique, de sorte que l'histoire n'est que le passage arbitraire d'une forme à une autre, ou bien est-ce que l'histoire elle-même peut se comprendre comme *Gestalt*, c'est-à-dire comme totalité structurée, qui permet de rendre raison de la succession des structures synchroniques ?

Sur cette question, il s'agit, une fois de plus, de dépasser deux positions antinomiques. D'une part, il y a la philosophie dogmatique qui pose la rationalité de l'histoire, c'est-à-dire l'enchaînement nécessaire de différents moments historiques indispensables et assurant le développement progressif de l'humanité – conception que Merleau-Ponty peut repérer non seulement dans la philosophie hégélienne[160], mais également dans le matérialisme historique des divers courants se réclamant du marxisme[161] (et notamment dans la « philosophie de Commissaire » de Roubachof[162]), et même dans la conception téléologique de l'histoire qui se dessine chez Husserl dans la *Krisis*[163]. D'autre part, se dresse ce que Merleau-Ponty appelle le « scepticisme historique »[164], pour qui la rationalité que le dogmatisme croit découvrir est en réalité projetée par lui sur le passé (de sorte que l'histoire n'est que rationalisation *a posteriori* de faits passés qui n'ont en eux-mêmes ni logique ni sens). Pour une telle conception (que nous avons vu chez Aron et chez Sartre[165]), les événements passés ne deviennent proprement histoire que par l'opération de la conscience historique (c'est-à-dire du sujet en tant qu'il se rapporte à ces événements). L'enchaînement des formes sociales en tant que tel et en dehors de toute reprise par une conscience historique n'a pas de sens et relève du hasard et de la contingence.

Merleau-Ponty, pour qui ces deux conceptions manquent tout autant l'histoire[166], pense trouver dans la conception marxiste de l'histoire reformulée à partir de sa phénoménologie gestaltiste le moyen de surmonter cette antinomie. En effet, Merleau-Ponty affirme que, pour le marxisme, « l'histoire est une *Gestalt* »[167].

---

[160] C'est ainsi que la philosophie hégélienne de l'histoire est comprise à l'époque.

[161] À partir de la fin du XIXe se constitue, au sein du marxisme, un récit historique selon lequel l'histoire doit nécessairement passer par un certain nombre de stades (les modes de production « esclavagiste », « féodal », « capitaliste », puis « communiste ») – stades qui reprennent les différents moments du développement de l'histoire chez Hegel, mais en leur donnant une caractérisation économique. Cette conception « étapiste » ou évolutionniste de l'histoire s'impose tout autant dans le marxisme de la IIe que de la IIIe Internationale.

[162] *Cf.* notamment *HT*, Partie II, chap. 2, p. 275–284.

[163] Comme le suggère B. Sichère (*Merleau-Ponty ou le corps de la philosophie*, chap. 4, p. 124–127).

[164] PV, *SNS*, p. 204.

[165] Sur la proximité entre la philosophie de l'histoire d'Aron et de Sartre, voir *supra*, Partie I, chap. 1. Sur le débat souterrain entre Aron et Merleau-Ponty sur la question de l'histoire, voir K. Whiteside, « Perspectivism and Historical Objectivity : Maurice Merleau-Ponty's Convert Debate with Raymond Aron », *History and Theory*, mai 1986, vol. 25, n°2, p. 132–151.

[166] « Il n'y aurait pas d'histoire si tout avait un sens et si le développement du monde n'était que la réalisation d'un plan rationnel ; mais il n'y aurait pas davantage d'histoire – ni d'action, ni d'humanité – si tout était absurde, ou si le cours des choses était dominé par quelques faits massifs et immuables, comme l'Empire anglais, la psychologie du "chef" ou de la "foule" » (PV, *SNS*, p. 204).

[167] *HT*, Partie II, chap. 1, p. 237.

Comme la société, l'histoire est une forme ou structure, qui appartient à un ordre propre de phénomènes dont on peut dégager la signification et qui est irréductible à un sens projeté par le sujet[168] : les événements passés ne sont pas des faits atomistiques dépourvus de signification auxquels une conscience historique extérieure imposerait une forme, mais ils s'organisent spontanément devant le regard et suggèrent eux-mêmes une certaine forme. Du sens s'esquisse dans les faits, et une bonne « perception de l'histoire » devra le fixer[169]. Ainsi, contre le scepticisme historique, il s'agit d'affirmer l'irréductibilité de l'histoire à la conscience historique. Si une telle conception a le mérite de montrer que toute histoire est nécessairement une « mise en perspective » et qu'il est impossible d'accéder à un point de vue absolu et purement objectif, elle ne voit pas qu'elle est elle-même une « mise en perspective » et repose en définitive, selon Merleau-Ponty, sur une « philosophie de l'histoire honteuse »[170] ; mais plus grave encore d'un point de vue théorique, elle conclut du caractère perspectiviste de l'histoire à sa relativité. S'il y a certes parfois plusieurs interprétations possibles de l'histoire, toutes les interprétations ne sont cependant pas possibles[171].

Mais parce que la forme qui s'esquisse dans l'histoire ne fait que s'esquisser, il y aura nécessairement toujours un écart entre le sens suggéré par la constellation d'éléments et le sens choisi par la conscience historique (la « *Sinngebung* décisoire »[172]). Cela ne tient pas au fait qu'elle n'a qu'une perspective partielle sur la constellation, mais à ce que, dans l'histoire elle-même, les formes ne sont jamais tout à fait achevées. C'est en cela que réside certainement pour Merleau-Ponty l'apport fondamental du marxisme pour penser l'histoire – apport qui invalide définitivement toute tentative d'histoire dogmatique. Merleau-Ponty retient en effet de Marx l'idée d'un inachèvement fondamental de l'histoire : non seulement l'histoire n'est pas finie, mais la forme de société nouvelle qui s'esquisse dans le présent et vers laquelle on semble se diriger ne se réalisera peut-être jamais. Comme le rappelle Merleau-Ponty en paraphrasant Marx et Luxemburg, « la décomposition du capitalisme peut conduire le monde, non pas à la révolution, mais au chaos [...], comme un accouchement peut se terminer par la mort de la mère et de l'enfant »[173].

---

[168] Comme nous l'avons vu à propos de la critique merleau-pontyienne de la théorie de la projection.

[169] « Le marxisme [...] déchiffre les faits, il leur découvre un sens commun, il obtient ainsi un fil conducteur qui, sans nous dispenser de recommencer l'analyse pour chaque période, nous permet de discerner une orientation des événements. À égale distance d'une philosophie dogmatique de l'histoire qui imposerait aux hommes, par le fer et par le feu, un avenir visionnaire, et d'un terrorisme sans perspectives, il a voulu procurer une *perception de l'histoire* qui fasse apparaître à chaque moment les lignes de force et les vecteurs du présent » (*HT*, Partie I, chap. 3, p. 198).

[170] *PV*, *SNS*, p. 204. Ainsi Merleau-Ponty retourne-t-il le scepticisme aronien contre Aron.

[171] « Notre mise en perspective du passé, si elle n'obtient jamais l'objectivité absolue, n'a jamais le droit d'être arbitraire » (*PhP*, Partie II, chap. 3, p. 513).

[172] *PhP*, Partie III, chap. 3, p. 503.

[173] *QE*, *SNS*, p. 100 (voir aussi, *PV*, *SNS*, p. 202). Merleau-Ponty fait notamment référence à une formule de la fin du premier paragraphe du *Manifeste du parti communiste* où Marx affirme que la lutte des classes à chaque époque « s'est terminée par une transformation révolutionnaire de la

2 Les antinomies théoriques et leur dépassement. 143

Il en résulte que la philosophie de l'histoire doit faire droit à la contingence et que la logique historique doit être comprise comme une synthèse entre raison et contingence :

> Le propre du marxisme est donc d'admettre qu'il y a à la fois une logique de l'histoire et une contingence de l'histoire, que rien n'est absolument fortuit, mais aussi que rien n'est absolument nécessaire[174].

Si une telle lecture non téléologique de la conception marxiste de l'histoire peut surprendre[175], c'est qu'elle s'inscrit en faux par rapport à la lecture dogmatique du marxisme qui a certes souvent été dominante, mais qui ne fait pas justice à l'ensemble des textes de Marx. Merleau-Ponty est ainsi l'un des premiers penseurs à faire ressortir la dimension non téléologique et la contingence au cœur de la logique historique marxiste[176] – et cela en s'appuyant non seulement sur Marx mais aussi sur les marxistes ultérieurs comme Luxemburg, Trotski ou Lénine[177]. Pour penser une telle rationalité non téléologique de l'histoire, Merleau-Ponty convoque, en se réclamant de Trotski, le modèle darwinien de l'évolution naturelle[178]. Ce modèle fait droit à la fois à la possibilité de variations individuelles multiples, mais aussi au processus de sélection *a posteriori* qui fait que certaines formes s'imposent plutôt que d'autres :

---

société tout entière ou par la ruine commune des classes en lutte » (*MPC*, chap. 1, p. 73–74) ; ainsi qu'à la célèbre formule de R. Luxemburg « socialisme ou barbarie » (*cf.* R. Luxemburg, *La crise de la social-démocratie (Brochure de Junius)*, dans *Œuvres complètes*, t. IV, Marseille, Agone & Smolny, 2014, chap. 1, p. 85–86 : « Friedrich Engels a dit un jour que la société bourgeoise était placée devant le dilemme : ou passage au socialisme, ou rechute dans la barbarie »). Sur le sens de ce mot d'ordre, voir M. Löwy, *Dialectique et révolution. Essais de sociologie et d'histoire du marxisme*, Paris, Anthropos, 1973, chap. 6 « La signification méthodologique du mot d'ordre "socialisme ou barbarie" », p. 113–125.

[174] « Autour du marxisme », *SNS*, p. 145–146.

[175] M. Revault d'Allonnes la qualifie de « bien étrange lecture de Marx » (M. Revault d'Allonnes, *Merleau-Ponty. La chair du politique*, Paris, Éditions Michalon, 2001, p. 49).

[176] Il sera ensuite suivi sur cette voie par bien d'autres (M. Vadée, D. Bensaïd, E.P. Thompson), de sorte que Merleau-Ponty s'inscrit dans toute une tradition marxiste alternative. La perspective de Merleau-Ponty peut également être rapprochée de celle de W. Benjamin, dont Merleau-Ponty connaissait les thèses « Sur le concept d'histoire », puisqu'elles ont été publiées pour la première fois en français lorsqu'il était à la rédaction des *Temps Modernes* (W. Benjamin, « Sur le concept d'histoire », *LTM*, n°25, novembre 1947, p. 623–634).

[177] Ainsi en parlant du Lénine de *La maladie infantile du communisme*, Merleau-Ponty affirme : « Il y aurait lieu de prolonger sur le plan théorique les conclusions pratiques qu'il adopte. On pourrait tirer de sa "perception" marxiste des situations une théorie de la contingence en histoire » (« Autour du marxisme », note p. 150).

[178] Merleau-Ponty cite le passage suivant de Trotski : « Tout le processus historique est le prisme de la règle juste vue à travers le fortuit. Si nous nous servons du langage de la biologie, on peut dire que la règle rationnelle de l'histoire se réalise par une sélection naturelle des faits accidentels » (PV, *SNS*, p. 201 ; la citation provient de L. Trotski, *Ma vie*, Paris, Gallimard, 1953, chap. 40, p. 579). L'historien britannique E. P. Thompson aura également recours au modèle darwinien pour élaborer une conception marxiste de l'histoire non téléologique (*cf.* E. P. Thompson, *Misère de la théorie. Contre Althusser et le marxisme antihumaniste*, Paris, Éditions l'Échappée, 2015, chap. IX, p. 135–137).

> Les faits accidentels, c'est-à-dire les faits isolés, ceux qui ne sont pas exigés par la situation totale, s'éliminent eux-mêmes de l'histoire, faute de trouver dans le contexte historique des appuis, des concordances et des complicités, comme les variations congénitales monstrueuses, selon Darwin, s'éliminent d'elles-mêmes faute d'être compatibles avec la vie générale de l'organisme[179].

Merleau-Ponty peut ainsi mettre en lumière l'existence d'une rationalité (qui permet de rendre raison de l'évolution des espèces et de l'histoire), mais d'une rationalité non téléologique (la fin n'est pas prédéfinie), qui donne une place à la contingence et au possible. C'est l'élaboration au sein du marxisme de cette nouvelle forme de rationalité historique qui conduit Merleau-Ponty à affirmer que le marxisme n'est pas *une* philosophie de l'histoire parmi d'autres, mais *la* philosophie de l'histoire.

De cet inachèvement de l'histoire et de la part de contingence irréductible qu'elle contient, il résulte que toute saisie d'un sens historique, toute « mise en perspective » de faits historiques à partir de la forme qu'ils suggèrent, affirmera nécessairement toujours *plus* que ce qui est simplement esquissé ou donné. Si au niveau méthodologique et épistémologique, on peut se contenter de caractériser l'histoire comme une synthèse de rationalité et de contingence, en revanche, quand il s'agit de saisir concrètement le sens de l'histoire, c'est-à-dire de proposer une lecture effective de l'histoire, on est nécessairement conduit à privilégier le sens sur le non-sens, la raison sur la contingence :

> On ne se passe pas de mise en perspective, nous sommes, que nous le voulions ou non, condamnés aux vœux, aux jugements de valeur, et même à la philosophie de l'histoire[180].

Le marxisme n'est donc pas seulement une théorie de l'histoire, mais aussi une certaine lecture ou *perspective sur l'histoire*. Celle-ci dépasse l'ambiguïté du présent vers une certaine figure qui permet d'en fixer le sens :

> Être marxiste […] c'est penser que *l'histoire est une Gestalt*, au sens que les auteurs allemands donnent à ce mot, un processus total en mouvement vers un état d'équilibre, la société sans classe, qui ne peut être atteinte sans l'effort et sans l'action des hommes, mais qui s'indique dans les crises présentes comme résolution de ces crises, comme pouvoir de l'homme sur la nature et réconciliation de l'homme avec l'homme[181].

La violence et les contradictions qui déchirent la société actuelle sont vues comme des éléments de transformation qui conduisent au passage à une société où il n'y aurait plus de violence et où l'être humain serait réconcilié avec lui-même. Le communisme se présente alors comme point final à partir duquel l'histoire peut apparaître, non plus comme un chaos de sang et de larmes, mais comme un mouvement (certes violent) vers une société meilleure. Ainsi, de la même manière que « chacune de nos perceptions est foi, en ce sens qu'elle affirme plus que nous ne savons

---

[179] PV, SNS, p. 201–202. Merleau-Ponty développe également ce même point à la fin de son cours de Sorbonne « Conscience et acquisition du langage » (CAL, *Sorb*, p. 86). Sur cette dernière analyse, voir *infra*, Partie II, chap. 5.

[180] PV, SNS, p. 203–204.

[181] HT, Partie II, chap. 1, p. 237.

à la rigueur, l'objet étant inépuisable et nos connaissance limitées »[182], la lecture marxiste de l'histoire sera « foi », ou pari optimiste sur la possibilité d'une histoire rationnelle : « Le *propre* du marxisme est de nous inviter à faire prévaloir, sans garantie métaphysique, la logique de l'histoire sur la contingence »[183].

Ce qui fait néanmoins que la mise en perspective marxiste n'est pas une simple perspective parmi d'autres (comme l'affirme le scepticisme historique[184]), mais qu'elle est la perspective privilégiée sur l'histoire, tient au fait qu'elle est le point de vue du prolétariat.

> La révolution marxiste [...] est le prolongement et la conclusion logique du présent, mais cette logique de l'histoire n'est selon [un marxiste] pleinement perceptible que dans une certaine situation sociale et pour les prolétaires qui seuls vivent la révolution parce qu'ils ont seuls l'expérience de l'oppression[185].

Merleau-Ponty affirme, en s'appuyant de nouveau sur les analyses de Lukács, que le point de vue du prolétariat a une supériorité épistémologique en ceci qu'il peut avoir une vue sur la totalité[186]. L'importance du prolétariat n'est cependant pas seulement épistémologique, mais également pratique : lui seul est en mesure de réaliser cette histoire rationnelle. La révolution communiste est en effet travaillée par une tension : bien qu'elle ne puisse être réalisée que par une *partie* de la population (les travailleurs, la classe prolétarienne), son but est l'émancipation de *tous* (l'abolition de toutes les classes et la fin des sociétés de classe). La question qui se pose alors est de savoir comment la partie (le particulier) peut être porteuse (ou porteur) de l'universel. C'est à cette question que vient répondre le concept paradoxal de « classe universelle » (partie-tout, particulier-universel). Or pour Merleau-Ponty, le prolétariat est une classe universelle dans la mesure où la « condition prolétarienne » est « tenue pour humaine entre toutes » :

> Si [le marxisme] donne un privilège au prolétariat, c'est parce que, selon la logique interne de sa condition, selon son mode d'existence le moins délibéré, et hors de toute illusion messianique, les prolétaires qui « ne sont pas des dieux » sont et sont seuls en position de réaliser l'humanité. Il reconnaît au prolétariat une mission, mais non providentielle : historique, et cela veut dire que le prolétariat, à considérer son rôle dans la constellation historique donnée, va vers une reconnaissance de l'homme par l'homme[187].

C'est ce double privilège du point de vue du prolétariat (comme point de vue sur la totalité et comme point de vue universel) qui fait de la théorie du prolétariat, selon Merleau-Ponty, la clé de voûte de la lecture marxiste de l'histoire :

---

[182] FBF, *SNS*, p. 217.

[183] QE, *SNS*, p. 101.

[184] C'est également la position défendue par P. Nizan dans *Les chiens de garde* (Marseille, Agone, 2012 [1re éd. 1932]).

[185] *HT*, Partie I, chap. 2, p. 124.

[186] « La supériorité du prolétariat sur la bourgeoisie [...] réside exclusivement en ce qu'il est capable de considérer la société à partir de son centre, comme un tout cohérent » (G. Lukács, *HCC*, p. 94).

[187] *HT*, Partie II, chap. 1, p. 215–216.

> La théorie du prolétariat n'est pas dans le marxisme une annexe ou un appendice. C'est vraiment le centre de la doctrine[188].

L'interprétation merleau-pontyienne de la conception marxiste de l'histoire recouvre ainsi deux niveaux d'analyse différents, que le philosophe ne distingue pas explicitement. Le marxisme désigne tout d'abord pour lui une *théorie de l'histoire* qui dépasse le dogmatisme et le scepticisme en affirmant que la logique historique est une dialectique de rationalité et de contingence. Mais le marxisme renvoie également à une *lecture effective de l'histoire* à partir de la perspective du prolétariat. Il est alors un pari sur le sens de l'histoire qui mise sur le fait que l'histoire s'achèvera finalement sur la prévalence de la rationalité sur la contingence, du sens sur le non-sens. Toute la complexité de la conception que Merleau-Ponty se fait à cette époque de l'histoire tient au fait qu'il essaie de faire tenir ensemble ces deux dimensions.

2.3 *L'antinomie entre nature et humanité.*

Nous venons de voir comment Merleau-Ponty cherche à dépasser les antinomies entre objectivité et subjectivité, à la fois du côté de l'objet et de celui du sujet, en cherchant à aller au-delà d'une certaine phénoménologie et à rejoindre le marxisme reformulé avec les concepts de *Gestalt* et d'existence. La question qui se pose cependant est de savoir si le concept renouvelé d'objet (comme *Gestalt*) et le concept renouvelé de sujet (comme existence ou *praxis*) sont identiques, ou bien s'il reste encore un dualisme entre les deux pôles de la corrélation. Est-ce que l'opposition entre existence (ou *praxis*) et *Gestalt* ne reconduirait pas (certes à un niveau plus raffiné) à la dualité entre conscience et objet, pour-soi et en-soi, c'est-à-dire entre le vécu et le perçu ?

Cette difficulté est manifeste dans les prises de position de Merleau-Ponty dans le débat sur le rapport entre nature et humanité – débat qui se cristallise notamment à l'époque autour de la question de savoir s'il y a une « dialectique de la nature ». En effet, si la thématisation de la *praxis* dépasse la dualité au sein de l'être humain, elle laisse subsister cependant la question de savoir s'il y a dualité entre cette *praxis* et la nature ou matérialité extérieure à l'humanité[189]. Se dessine alors une nouvelle antinomie entre d'une part les partisans du dualisme qui affirment l'existence d'une discontinuité absolue entre la nature et l'humanité (Kojève et Sartre posant même,

---

[188] *HT*, Partie II, chap. 1, p. 217.

[189] Nous retrouvons, par un tout autre biais, la question que pose R. Barbaras : est-ce que le concept de chair n'est qu'une « curiosité psychologique », un cas privilégié et unique où « la distinction du sujet et de l'objet est brouillée » (de sorte qu'il y aurait reconduction d'une dualité entre chair et monde) ou bien y a-t-il un même concept de chair qui permet de penser à la fois mon corps propre et le monde (ce qui correspondrait à une véritable sortie du dualisme) ? (R. Barbaras, « Les trois sens de la chair. Sur une impasse de l'ontologie de Merleau-Ponty », *La vie lacunaire*, Paris, Vrin, 2011, p. 14–16).

comme nous l'avons vu, l'existence d'une « double ontologie »[190]), d'autre part ceux qui proposent une naturalisation complète de l'humanité – naturalisation qui passe, dans les milieux marxistes, par l'affirmation de l'existence d'une « dialectique de la nature » (comme le font les intellectuels communistes, P. Naville, et bientôt Trần Đức Thảo).

L'originalité, mais aussi l'ambiguïté, de la position de Merleau-Ponty tient à ce qu'il refuse à la fois le dualisme et le monisme. Contre le dualisme ontologique, Merleau-Ponty montre, en particulier dans *La structure du comportement*, qu'une véritable compréhension de la nature doit avoir recours à des concepts dialectiques :

> En décrivant l'individu physique ou organique et son entourage, nous avons été amenés à admettre que leurs rapports n'étaient pas mécaniques, mais dialectiques[191].

Déjà au niveau purement physique, il est possible de repérer des totalités, c'est-à-dire des ensembles où « ce qui se passe en chaque point est déterminé par ce qui se passe en tous les autres »[192] : l'existence de telles totalités se révèle absolument indispensable à la compréhension du vivant, lequel se trouve dans un rapport dialectique interne (son corps propre comme totalité) et externe (la totalité qu'il forme avec son milieu)[193]. L'ordre humain quant à lui est certes constitué par de « nouvelles structures » et par une « dialectique », mais ce n'est pas par son caractère dialectique qu'il se distingue des ordres physique et vital (comme l'affirme au contraire Kojève) : le travail humain ne fait qu'inaugurer une « troisième dialectique »[194]. Ainsi, dans *La structure du comportement*, Merleau-Ponty donne parfois au lecteur l'impression que la notion de *praxis* peut se résorber entièrement en celle de « structure du comportement » (c'est-à-dire de *Gestalt*) et qu'il est sur le point d'affirmer l'existence d'une dialectique de la nature, et de prendre donc définitivement position en faveur du monisme.

Merleau-Ponty refuse pourtant de faire ce pas[195], et cela en raison du statut même que le paradigme gestaltiste donne à la notion de totalité (forme ou structure). La forme est en effet, répète-t-il, « non pas une réalité physique, mais un objet de perception »[196]. Les rapports de totalité et les dialectiques que l'on peut mettre au jour sont dépendants de notre perspective (humaine) sur ces réalités : il s'agit d'idéalités, de concepts, de schémas, qui dégagent certaines relations tout en laissant d'autres éléments à l'arrière-plan, et ne sont ainsi en fin de compte qu'une connaissance

---

[190] Sur ce point, voir *supra*, Partie I, chap. 1.

[191] *SC*, chap. 3, p. 174.

[192] *SC*, chap. 3, p. 141–142. Ou encore, un ensemble où « chaque effet local dépend de la fonction qu'il remplit dans l'ensemble, de sa valeur et de sa signification à l'égard de la structure que le système tend à réaliser » (*id.*).

[193] *SC*, chap. 3, p. 157–173.

[194] *SC*, chap. 3, p. 175.

[195] C'est en revanche cette voie que prend Trần Đức Thảo à partir de 1948, en particulier dans *Phénoménologie et matérialisme dialectique*, qui peut être lu comme un prolongement de *La structure du comportement* sur la base théorique d'une compréhension dialectique de la nature.

[196] *SC*, chap. 3, p. 155.

approchée de leur objet, et non l'objet lui-même[197]. Il est donc impossible d'affirmer que ces totalités et ces dialectiques sont « *dans* une nature prise en soi »[198]. C'est ce que Merleau-Ponty rappelle aux marxistes qui, comme P. Naville, posent l'existence d'une dialectique de la nature, en les renvoyant explicitement aux textes de Marx :

> Si [la nature] est dialectique, c'est qu'il s'agit de cette nature perçue par l'homme et inséparable de l'action humaine, dont Marx parle dans les *Thèses sur Feuerbach* et dans *L'idéologie allemande*[199].

Merleau-Ponty maintient donc une distinction entre le « monde naturel » (comme rapport humain à la nature) et la nature elle-même, qu'il caractérise de manière hégélienne comme le règne de l'extériorité :

> Si la nature est la nature, c'est-à-dire extérieure à nous et à elle-même, on ne peut y trouver ni les relations, ni la qualité qui sont nécessaires pour porter une dialectique[200].

Merleau-Ponty semble donc finalement opter pour une dualité entre la *praxis* et la nature, ce qui confirme, par une tout autre voie, la lecture de R. Barbaras selon laquelle la pensée de Merleau-Ponty garde à cette époque un « présupposé dualiste »[201].

On peut mesurer l'embarras de Merleau-Ponty sur cette question en lisant la « Note de la rédaction » qu'il écrit pour présenter le compte-rendu critique que Trần Đức Thảo fait d'*Introduction à la lecture de Hegel* de Kojève (à la demande de Merleau-Ponty). Après s'être demandé si « le mot de "matérialisme", l'idée d'une dialectique "propre" à la nature » étaient les mieux choisis, il écrit :

> Même si nous formulons autrement que lui les conclusions, et parlons d'ambiguïté, quand il parle d'objectivité ou de nature, son exégèse a pour nous la valeur d'un rappel à l'ordre : il ne faut pas affadir la pensée de Hegel, il faut en regarder en face l'énigme centrale, cette déhiscence qui ouvre la nature à l'histoire, mais qui a déjà son analogue à l'intérieur de la nature, et ne s'explique donc pas « par le bas », mais pas davantage « par le haut »[202].

Merleau-Ponty semble affirmer que le passage dialectique (ou ouverture) de la nature à l'histoire est déjà préparé au niveau de la nature (laquelle aurait donc déjà quelque chose de dialectique), mais cela en refusant à la fois l'analyse matérialiste « par le bas » (c'est-à-dire la possibilité d'expliquer le passage par les seuls principes naturels, même dialectiques), et une analyse idéaliste ou téléologique « par le haut » (qui ferait de l'Esprit le principe opérant le passage). Il est alors difficile de savoir s'il propose une simple reformulation philosophiquement plus rigoureuse de la dialectique de la nature (et donc d'une continuité dialectique entre nature et

---

[197] « La forme n'est pas un élément du monde, mais une limite vers laquelle tend la connaissance physique et qu'elle définit elle-même » (*SC*, chap. 3, p. 153).

[198] *SC*, chap. 3, p. 151.

[199] M&P, *SNS*, p. 154. Il cite ensuite plusieurs passages de *L'idéologie allemande*.

[200] M&P, *SNS*, p. 154.

[201] R. Barbaras, *De l'être du phénomène. Sur l'ontologie de Merleau-Ponty*, Grenoble, Jérôme Millon, 2001, chap. 1 « Le dualisme de la *Phénoménologie de la perception* », p. 21–36.

[202] NDLR, « La *Phénoménologie de l'Esprit* et son contenu réel », *LTM*, n°36, sept 1948, p. 492.

humanité), ou bien s'il s'agit d'une simple concession qui marque sa réticence profonde à dépasser véritablement ce dualisme (comme en témoigne l'ambivalence même du terme d' « ambiguïté »). Quoi qu'il en soit, Merleau-Ponty ne cherche pas, ni à cette époque, ni dans les années qui suivent, à éclairer cette difficulté ou ambiguïté fondamentale de sa pensée ; et il ne l'affronte véritablement que dans la deuxième moitié des années cinquante.

3 LES ANTINOMIES PRATIQUES ET LEUR DÉPASSEMENT. PHÉNOMÉNOLOGIE DE LA POLITIQUE MARXISTE.

> « Roubachof n'a aucune idée de cette sagesse marxiste qui règle la connaissance sur la praxis et éclaire la praxis par la connaissance, forme le prolétariat par la discussion théorique et soumet les vues théoriques à l'assentiment du prolétariat organisé. Il ne soupçonne pas cet art marxiste des grands hommes de 1917 qui déchiffre l'histoire à mesure qu'elle se fait et en prolonge les indications par des décisions qui demeurent à égale distance de la folie subjective et de l'*amor fati* »
>
> (Merleau-Ponty, *Humanisme et terreur*, p. 102).

L'intérêt de Merleau-Ponty pour le marxisme se distingue de celui qu'il manifeste pour d'autres courants de pensée (comme la phénoménologie ou la psychologie de la forme) en ceci qu'il est non seulement théorique mais également pratique. Merleau-Ponty est en effet le premier philosophe en France à accorder une importance de premier plan au marxisme en tant que pratique effective de militants et de dirigeants au sein d'organisations politiques en vue d'une transformation du monde[203]. L'originalité du marxisme tient pour lui à ce que celui-ci fait droit à la rationalité propre du domaine politique et propose de ce fait une nouvelle pratique de la politique. Cette dernière permet non seulement de dépasser l'antinomie entre théorie et pratique, mais également les antinomies proprement politiques (entre idéalisme et réalisme, humanisme et violence, entre fins et moyens, conscience individuelle et ligne collective, liberté et discipline, etc.). Or une telle pratique, Merleau-Ponty la trouve chez ceux qu'il désigne comme les « marxistes praticiens », et en particulier les révolutionnaires russes (Lénine, Trotski, Boukharine, etc.). Tout l'enjeu, pour Merleau-Ponty, consiste à ressaisir conceptuellement « l'art marxiste des grands hommes de 1917 »[204].

Pour y parvenir Merleau-Ponty met en œuvre ce qu'on pourrait appeler une *phénoménologie de la pratique politique marxiste*. En effet, alors qu'au niveau théorique Merleau-Ponty s'efforce de reformuler le marxisme à partir de ce qu'il estime être une conceptualité plus rigoureuse, au niveau pratique il s'agit plutôt de

---

[203] Sur ce plan encore, Merleau-Ponty suit les enseignements du Lukács d'*HCC*, qui discute la pratique politique de Lénine, de Luxemburg et de la IIe Internationale.
[204] *HT*, Partie I, chap. 1, p. 102.

comprendre de l'intérieur l'expérience et la pratique marxistes de la politique. Par un travail d'analyse phénoménologique, il s'agit de ressaisir la manière dont le marxisme vit et cherche à dépasser les antinomies pratiques. Merleau-Ponty montre notamment que cette pratique marxiste met en lumière la dimension profondément *perceptive* de l'activité politique, ou plutôt la continuité entre les problèmes pratiques de la politique et ceux qu'on trouve au niveau de la perception. Le travail phénoménologique permet ainsi d'amener l' « art marxiste » de la politique à son expression philosophique rigoureuse.

Cette entreprise n'a toutefois pas un sens purement philosophique (celui de formuler une philosophie politique marxiste), mais aussi et peut-être surtout un but pratique. Bien que Merleau-Ponty n'ait jamais été militant ou dirigeant politique et qu'il n'ait sans doute jamais même eu la tentation d'adhérer à une organisation politique, il souhaite néanmoins donner une dimension politique à son activité, tant par ses écrits que par son rôle de « directeur politique » de la revue *Les Temps Modernes*. En dégageant le sens authentique de la politique marxiste (et plus largement de la philosophie marxiste), Merleau-Ponty cherche à faire ressortir le contraste entre ce qu'il appelle le « marxisme classique » et le marxisme des communistes de l'époque. En effet, en montrant que le marxisme classique dépasse les antinomies de la politique, il révèle à quel point le marxisme contemporain est en régression par rapport au premier et retombe dans les antinomies qu'il devrait avoir dépassées. Merleau-Ponty espère ainsi susciter, parmi les militants et sympathisants communistes, d'abord une prise de conscience de cette déviation, puis une transformation et un redressement de la théorie et de la pratique marxiste. Ainsi espère-t-il que se constitue un mouvement communiste renouvelé (qu'il appelle « communisme occidental ») à même de réaliser les potentialités du marxisme.

3.1 L'humanisme marxiste et le problème de la politique.

« Ce que le marxisme se propose, c'est de résoudre radicalement le problème de la coexistence humaine »

(Merleau-Ponty, *Humanisme et terreur*, p. 205).

La question fondamentale à laquelle doit répondre toute politique est ce que Merleau-Ponty désigne comme le « problème de la coexistence humaine »[205], à savoir le *fait* que les êtres humains ne cessent de s'opposer les uns aux autres, que ce soit sous la forme ouverte du conflit et de la violence, ou sous les formes souvent moins visibles que sont la domination, l'exploitation ou la colonisation. Cette « situation fondamentale » d'antagonisme est une conséquence, selon Merleau-Ponty, d'une « nécessité de la condition humaine », à savoir « que l'homme est un être qui s'investit au dehors, qui a besoin des autres et de la nature pour se réaliser »[206]. C'est en raison de leur dimension d'extériorité (c'est-à-dire le fait qu'ils ont

---

[205] *HT*, Partie II, chap. 1, p. 205.
[206] *HT*, Partie II, chap. 1, p. 204–205.

un corps) et de leur besoin d'extériorisation (et de reconnaissance par d'autres) que les êtres humains ne cessent d'« empiéter » les uns sur les autres – empiétement qui peut aller de la simple gêne mutuelle à la violence extrême.

Pour poser ce problème, il est nécessaire selon Merleau-Ponty de dépasser à la fois une position « réaliste » (qui considère l'antagonisme entre les êtres humains comme indépassable et le pose même parfois en fait anthropologique[207]) et une posture « humaniste » (que Merleau-Ponty désigne aussi selon les textes comme « cartésienne », « kantienne », « libérale », ou « rationnelle »[208]), qui refuse que l'antagonisme soit la loi des relations intersubjectives et définit la politique par le refus de la violence et la recherche d'une réconciliation des hommes. La plus grande partie des textes de Merleau-Ponty de l'immédiat après-guerre (et notamment *Humanisme et terreur*) s'attache à déconstruire cette fausse opposition entre humanisme et violence[209]. L'un des acquis méthodologiques fondamentaux du marxiste consiste en effet, selon Merleau-Ponty, à ne pas prendre au mot les discours et à découvrir les pratiques qui se dissimulent derrière les belles devises « qui figurent au fronton [des] monuments ou dans [l]es textes constitutionnels »[210]. Ces beaux discours humanistes et libéraux dissimulent en effet une violence invisible ou invisibilisée au quotidien[211]. Le pacifisme et la non-violence libérale, loin de constituer un dépassement de l'antagonisme entre les hommes, ne sont qu'une « modalité » de cette conflictualité et ne font que légitimer la violence de l'ordre établi[212]. La séparation que l'humanisme veut instituer entre violence et politique est donc illusoire et recouvre un consentement à un type de violence particulier, la violence conservatrice et quotidienne de la société, contre la violence plus visible de ceux qui veulent changer la société. Le marxisme montre au contraire, selon Merleau-Ponty, qu'une politique sérieuse commence par reconnaître l'antagonisme comme un *fait* des relations intersubjectives telles qu'elles se présentent dans la société.

Le marxisme ne rejoint pas pour autant le réalisme. Contre le réalisme, le marxisme montre en effet que la conflictualité n'est pas un *fait anthropologique indépassable*, mais correspond à une certaine situation sociale et historique dans laquelle les êtres humains sont placés et qui transforme l'empiétement mutuel en conflictualité. La « lutte des consciences » n'est pas la vérité de la nature humaine :

---

[207] Kojève fait de la lutte pour la reconnaissance (et donc de la lutte des consciences) un fait anthropologique indépassable (ou plutôt son dépassement signe la fin de l'humanité). L'analyse de l'intersubjectivité que propose Sartre dans l'*EN* va dans le même sens : la conflictualité entre les êtres humains a un fondement ontologique. Beauvoir quant à elle fait figurer en exergue de son roman *L'invitée* la formule de Hegel « chaque conscience poursuit la mort de l'autre ».

[208] Une telle position politique, qui vise peut-être Alain ou L. Brunschvicg, renvoie plus largement au radical-socialisme de la IIIe République.

[209] Merleau-Ponty avait d'abord pensé donner à l'ouvrage le titre « Humanisme et violence ».

[210] *HT*, Préface, p. 40.

[211] « Dans l'État libéral, la violence [est] mise hors la loi et en effet supprimée dans le commerce des idées, mais maintenue dans la vie effective, sous la forme de la colonisation, du chômage et du salaire » (*HT*, Partie II, chap. 1, p. 205).

[212] « À enseigner la non-violence, on consolide la violence établie, c'est-à-dire un système de production qui rend inévitables la misère et la guerre » (*HT*, Préface, p. 45).

elle n'est que la conséquence d'une certaine situation sociale qui constitue l'empiétement en antagonisme. Pour Merleau-Ponty la situation intersubjective de conflit repose en réalité sur une certaine communication fondamentale entre les êtres humains (l'empiétement est en effet déjà une forme une communication) : en deçà de la conflictualité, il y a un fond d'intersubjectivité et de reconnaissance réciproque[213]. C'est l'existence de cette communication fondamentale qui rend possible le dépassement de la situation de conflictualité, et donc la résolution du problème de la coexistence. Le marxisme est donc à la fois une politique qui reconnaît les antagonismes entre les êtres humains et une politique humaniste, qui cherche à dépasser ces antagonismes vers une société où l'humanité sera réconciliée avec elle-même.

L'humanisme marxiste affirme en effet que la racine de la conflictualité n'est pas dans une nature humaine, mais dans la situation matérielle antagoniste. Mais parce que ces rapports matériels sont défendus par des êtres humains, toute transformation de la situation passe par un affrontement : ce n'est que par la violence que l'on pourra dépasser la violence. Tout humanisme véritable implique donc un certain usage de la violence, et « la tâche essentielle du marxisme sera donc de chercher une violence qui se dépasse vers l'avenir humain »[214] :

> Nous n'avons pas le choix entre la pureté et la violence, mais entre différentes sortes de violence. La violence est notre lot en tant que nous sommes incarnés. […] La violence est la situation de départ commune à tous les régimes. La vie, la discussion et le choix politique n'ont lieu que sur ce fond. Ce qui compte et dont il faut discuter, ce n'est pas la violence, c'est son sens ou son avenir[215].

La véritable opposition n'est donc pas entre humanisme et violence, mais entre deux types de violences : d'une part, la violence conservatrice, qui cherche à maintenir l'humanité dans la situation sociale actuelle (c'est-à-dire une situation qui est violente et engendre la violence), et d'autre part, la violence progressiste, qui vise à transformer la situation sociale et à fonder une société qui mettra fin à la violence[216]. Cette violence humaniste, qui cherche à « résoudre radicalement le problème de la coexistence humaine »[217], est incarnée, d'après le marxisme, par la « violence prolétarienne » :

> Marx croit l'avoir trouvée dans la violence prolétarienne, c'est-à-dire dans le pouvoir de cette classe d'hommes qui, parce qu'ils sont, dans la société présente, expropriés de leur

---

[213] « Ma conscience du conflit n'est possible que par celle d'une relation réciproque et d'une humanité qui nous est commune. Nous ne nous nions l'un l'autre qu'en nous reconnaissant l'un l'autre comme consciences » (« L'existentialisme de Hegel », *SNS*, p. 85). Voir aussi *PhP*, Partie II, chap. 4, p. 408.

[214] *HT*, Préface, p. 45.

[215] *HT*, Partie II, chap. 1, p. 213.

[216] « La révolution assume et dirige une violence que la société bourgeoise tolère dans le chômage et dans la guerre et camoufle sous le nom de fatalité. Mais toutes les révolutions réunies n'ont pas versé plus de sang que les empires. Il n'y a que des violences, et la violence révolutionnaire doit être préférée parce qu'elle a un avenir d'humanisme » (*HT*, Partie II, chap. 1, p. 210–211).

[217] *HT*, Partie II, chap. 1, p. 205.

patrie, de leur travail et de leur propre vie, sont capables de se reconnaître les uns les autres au-delà de toutes les particularités et de fonder une humanité[218].

Le caractère « humaniste » de la violence prolétarienne provient du fait qu'elle ne cherche pas à vaincre son adversaire seulement pour occuper le pouvoir à sa place (comme l'ont fait toutes les révolutions jusqu'à présent), mais pour mettre fin à toute forme de violence et pour constituer un « pouvoir des sans-pouvoir »[219]. C'est pour cette raison que la théorie du prolétariat occupe une telle place dans la manière dont Merleau-Ponty comprend le marxisme[220]. Le problème politique fondamental consiste donc à organiser cette violence (à l'intérieur d'un parti « communiste ») de manière à ce qu'elle puisse réaliser effectivement l'humanisme marxiste.

3.2 Antinomie entre fins et moyens : la politique comme art stratégique.

> « À supposer même qu'il y ait, au sens propre du mot, une science du passé, personne n'a jamais soutenu qu'il y eût une science de l'avenir, et les marxistes sont les derniers à le faire. Il y a des *perspectives*, mais, le mot le dit assez, il ne s'agit là que d'un horizon de probabilités, comparable à celui de notre perception, qui peut, à mesure que nous en approchons et qu'il se convertit en présent, se révéler assez différent de ce que nous attendions »
>
> (Merleau-Ponty, *Humanisme et terreur*, p. 147).

Une fois que le problème politique fondamental a été défini, se pose alors la question des moyens nécessaires pour dépasser la situation de conflit – ce qui constitue le terrain propre de la pratique politique. C'est à ce niveau que se situe sans doute pour Merleau-Ponty la contribution la plus importante du marxisme à l'élucidation du sens de la politique. En ressaisissant cette expérience et pratique de l'intérieur, à travers de ce que nous avons désigné comme une phénoménologie du marxisme politique, Merleau-Ponty cherche à mettre en lumière la spécificité d'une pensée qui fait droit à la rationalité propre de la politique. Penser politiquement, ce n'est pas nécessairement prendre la politique pour *objet*, mais c'est une certaine *manière* de se rapporter au réel, dans laquelle on le saisit et le thématise dans une perspective *stratégique* afin d'agir sur lui et de le transformer – c'est une certaine manière de dépasser l'opposition entre théorie et pratique, savoir et action, philosophie et politique. La politique ne qualifie pas seulement une pensée, mais une *pratique*, au sens de l'articulation entre une manière de saisir le monde et une manière d'agir dans le monde[221]. Et c'est en ce sens que le marxisme est d'abord une *pratique* politique.

---

[218] *HT*, Préface, p. 45.

[219] MH [NM], *Signes*, p. 362. Merleau-Ponty suit les formules du *MPC* (chap. 1, p. 87–88).

[220] « La théorie du prolétariat comme porteur du sens de l'histoire est la face humaniste du marxisme » (*HT*, Partie II, chap. 1, p. 223).

[221] Il s'agit donc bien pour Merleau-Ponty de rendre la politique « pensable », comme l'affirme K. Whiteside (K. Whiteside, *op. cit.*, Introduction, p. 3–12). Cependant, plutôt qu'une entreprise de « fondation » (projet bien peu merleau-pontyien au demeurant), nous y voyons un effort pour mettre au jour ce qui est contenu implicitement dans la pratique politique effective.

3.2.1 Le marxisme comme pensée politique.

Si la pratique politique marxiste peut être caractérisée comme une pratique qui se rapporte au réel dans la perspective de sa transformation effective, il existe alors deux manières de manquer le terrain proprement politique. On peut tout d'abord le manquer par *excès* lorsqu'on pose une perspective de transformation sans prendre en compte les conditions de sa réalisation. Nous avons alors affaire à une pensée séparée du réel, qui n'arrive pas à saisir de médiation entre elle-même et le monde. La critique de cette pensée « hors du monde » ou « acosmique », directement héritée de Hegel, se retrouve chez Marx (dans la critique de « l'utopisme »[222]), chez Lénine (avec la critique du « gauchisme »[223]), et Merleau-Ponty l'élargit encore à ce qu'il appelle la politique « kantienne » ou « cartésienne ». Plutôt qu'une pratique politique, il s'agit d'une posture *morale*. Mais on peut également manquer le terrain politique par *défaut* en ne distinguant pas réalisme et réel : la « politique » n'est alors que la gestion de ce qui empiriquement est en place (les institutions, le régime, la distribution des places et des richesses, etc.), et se confond avec le « gouvernement » de l'existant. Le marxisme permet ainsi de définir une double exigence à remplir pour se situer sur le terrain proprement politique : une *exigence de réalisme* (c'est-à-dire penser les conditions de sa réalisation) et une *exigence révolutionnaire* (c'est-à-dire avoir une véritable perspective de transformation).

La pratique politique se rapporte au monde sous la modalité de cette double exigence, que Merleau-Ponty appelle après Trotski « la dialectique des moyens et des fins »[224]. Chaque situation concrète apparaît depuis cette « perspective », qui rend visible les « médiations » nécessaires pour réaliser dans un avenir proche la perspective de transformation sociale. Il s'agit, à chaque instant, de déterminer ce que Lénine appelle la « ligne juste », celle qui permettra de définir la stratégie la plus adéquate pour réaliser effectivement le projet politique. Cependant, cette « ligne » ne peut jamais être autre chose qu'une *perspective*, c'est-à-dire la saisie d'une situation à partir d'un certain point de vue. Merleau-Ponty, après Lénine, ne cesse d'insister sur ce point : il est impossible de déterminer objectivement et scientifiquement ce qu'est la « ligne juste ». Et c'est la raison pour laquelle les débats stratégiques entre marxistes (à l'intérieur des différents partis, entre les différents partis et les théoriciens, etc.) sont aussi acharnés. Pour Merleau-Ponty, loin d'avoir un caractère contingent et inessentiel, ils renvoient à une tension originaire qui caractérise le champ proprement politique, et qui ne peut se comprendre que lorsque qu'on parvient à ressaisir la pratique politique dans sa *dimension perceptive*.

En effet, cette tension originaire qui caractérise le champ politique et explique la difficulté de déterminer la « ligne juste » a une double dimension, ou plutôt renvoie à une double difficulté, que Merleau-Ponty reformule dans le langage de la phénoménologie gestaltiste de la perception. D'une part, la difficulté de ce que Lénine

---

[222] *Cf.* notamment *MPC*, chap. 3, p. 112–115.
[223] *Cf.* notamment V. I. Lénine, *La maladie infantile du communisme (le « gauchisme »)*, op. cit., t. 31, p. 11–116.
[224] *Cf.* L. Trotski, *Leur morale et la nôtre*, Paris, La Découverte, 2014, p. 89–95.

appelle « l'analyse concrète de situation concrète » rejoint l'indétermination et l'inachèvement de toute expérience perceptive. D'autre part, la difficulté de faire en sorte qu'une stratégie soit adoptée par les agents historiques rejoint l'ambivalence des relations intersubjectives, toujours prises entre communication et empiétement, d'où une difficulté à s'accorder sur une analyse commune du monde. Ainsi, toute détermination d'une « ligne » politique passera nécessairement par une double dialectique : une dialectique *perceptive* entre le sujet et le monde, et une dialectique *intersubjective* entre les différents sujets à propos du monde.

3.2.2 Dialectique perceptive dans l'analyse stratégique.

La première difficulté renvoie à ce que Lénine considère comme « l'âme vivante » du marxisme : « l'analyse concrète d'une situation concrète »[225]. Celle-ci ne se contente pas d'une analyse générale du capitalisme (valant pour toute société capitaliste quelle que soit l'époque), mais cherche à ressaisir la *forme particulière* que prend le capitalisme dans une situation présente donnée. Ce n'est que sur la base d'une telle analyse qu'on peut discuter et élaborer une stratégie politique, c'est-à-dire déterminer quel type d'alliances il faut nouer, quand et où il faut agir, quels mots d'ordre il faut lancer, etc. Merleau-Ponty insiste sur le caractère éminemment perceptif d'une telle analyse, et montre que les difficultés qu'elle rencontre trouvent leur fondement dans l'ambiguïté de tout acte perceptif. Si percevoir c'est saisir une *Gestalt* seulement suggérée par le monde, l'analyse de situation se tiendra dans la même ambiguïté : certaines informations factuelles (la structure économique et sociale, les forces politiques, les déclarations, les événements, etc.) peuvent suggérer telle ou telle analyse, mais la *Gestalt* n'est jamais pleinement donnée. Bien que toutes les analyses ne soient pas possibles ni équivalentes, il reste donc toujours une part d'« indétermination », d'« équivoque » dans la forme qui s'esquisse[226]. C'est pour cette raison que tout acte perceptif, en tant que reconnaissance d'une forme dans le monde, suppose nécessairement d'affirmer *un peu plus* que ce qui m'est présenté[227]. Toutes ces caractéristiques sont démultipliées lorsqu'il s'agit d'un phénomène aussi complexe que la situation politique présente. En effet, comme dans le cas de l'amitié ou de l'amour, on n'a pas seulement affaire à un objet présent et à ses différents sens possibles, mais à une transgression du donné qui doit être également un *pari sur l'avenir* :

> L'histoire nous offre des lignes de faits qu'il s'agit de prolonger vers l'avenir, mais elle ne nous fait pas connaître avec une évidence géométrique la ligne de faits privilégiés qui finalement dessinera notre présent lorsqu'il sera accompli. Davantage : à certains moments du

---

[225] V. I. Lénine, « Le Communisme », *op. cit.*, t. 31, p. 168.

[226] *Cf. PhP*, Introduction, chap. 1, p. 12 ou p. 19 : « Le propre du perçu est d'admettre l'ambiguïté, le "bougé", de se laisser modeler par son contexte ».

[227] « Comme toute autre perception, celle-ci [la perception d'autrui] affirme plus de choses qu'elle n'en saisit [...] C'est à ce prix qu'il y a pour nous des choses et des "autres", non par une illusion, mais par un acte violent qui est la perception même » (*PhP*, Partie II, chapitre IV, p. 415).

> moins, rien n'est arrêté dans les faits, et c'est justement notre abstention ou notre intervention que l'histoire attend pour prendre forme. *Cela ne veut pas dire que nous puissions faire n'importe quoi* : il y a des degrés de vraisemblance qui ne sont pas rien. Mais cela veut dire que, quoi que nous fassions, ce sera dans le risque[228].

S'il est évident que toutes les analyses et les stratégies ne se valent pas, il n'en reste pas moins qu'il n'y a aucun moyen de déterminer infailliblement la bonne ligne : l'irréductible indétermination du présent doit nécessairement être surmontée par ce risque qu'est le pari stratégique. Ainsi Merleau-Ponty montre-t-il dans *Humanisme et terreur* que toutes les stratégies politiques marxistes (la révolution permanente de Trotski, la poursuite de la NEP de Boukharine, la construction du socialisme dans un seul pays de Staline, etc.) constituent nécessairement de tels paris, incertains mais inévitables, qui engagent l'avenir – et c'est en cela que consiste l'essence de la pratique politique. Tous les débats stratégiques qui animent le marxisme trouvent leur source dans cette irréductible tension au cœur de l'analyse d'une situation.

La pratique politique doit s'assumer comme pari dans l'incertitude du présent[229]. C'est ce qui constitue, selon Merleau-Ponty, la valeur exemplaire de la pratique de Lénine, puisque « le marxiste le plus génial reconnaît dans ses propres décisions une possibilité d'erreur, de déviation, de chaos »[230]. Et cela est d'autant plus important que la situation elle-même peut rapidement évoluer dans des directions parfois inattendues. L'analyse de situation doit pouvoir se remettre en question, et opérer des changements tactiques ou stratégiques. Merleau-Ponty porte pour cette raison une attention toute particulière aux discours de Lénine justifiant les divers « détours tactiques » qu'ont dû prendre les révolutionnaires, que ce soit la paix de Brest-Litovsk[231] ou le lancement de la Nouvelle politique économique (NEP)[232].

> Seules les grandes lignes sont certaines, ou plus exactement certaines possibilités sont exclues […]. Mais comment le socialisme passera dans les faits, cela est laissé à une estimation de la conjoncture dont Lénine soulignait la difficulté en disant que le progrès n'est pas droit comme la perspective Nevsky. Cela veut dire non seulement que des détours peuvent s'imposer, mais encore que nous ne *savons* même pas, en commençant une offensive, si elle devra être poursuivie jusqu'au bout ou si au contraire il faudra passer à la retraite stratégique[233].

Au terme de cette analyse de la dialectique *perceptive* à l'œuvre dans la pratique politique, Merleau-Ponty nous permet de soulever un problème important. Pour

---

[228] *HT*, Partie I, chap. 2, p. 159.

[229] Il existe cependant la tentation permanente, dans la pratique politique (comme dans de tout acte perceptif) d'oublier à la fois l'incertitude du donné et « l'acte violent » de définition d'un sens. Par le double geste d'affirmation de la déterminabilité parfaite du monde et de dénégation du caractère *perspectif* de sa propre position, on sort du terrain politique et l'on affirme qu'il y a une « science » de l'organisation des hommes.

[230] PV, *SNS*, p. 201.

[231] PV, *SNS*, p. 198–199.

[232] *HT*, Partie I, chap. 2, p. 138–141 ; Partie II, chap. 1, p. 224–229.

[233] *HT*, Partie I, chap. 2, p. 147–148. La formule de Lénine que cite Merleau-Ponty (et que Lénine reprend lui-même à Tchernychevski) se trouve dans *La maladie infantile du communisme, op. cit.*, t. 31, chap. 8 « Jamais de compromis », p. 67.

arriver à définir une ligne politique juste et parvenir à saisir, dans une situation incertaine, l'action la plus efficace, il faut avoir des qualités d'analyse exceptionnelles, un sens politique rare, une capacité de se remettre en question pour opérer des changements tactiques, etc. : n'y aurait-il pas alors un risque de faire reposer la politique sur un homme providentiel, un grand homme qui *verrait* immédiatement ce qu'il faut faire grâce à son sens politique plus développé ? Ainsi Merleau-Ponty relève-t-il que, d'après Trotski, sans Lénine et son sens politique, jamais la Révolution russe n'aurait eu lieu[234]. Le terrain politique, s'il n'est pas celui de la science, ne risque-t-il pas de devenir celui d'hommes d'exception ? C'est ici qu'intervient la dialectique intersubjective.

3.2.3 Dialectique intersubjective de la conscience de classe.

Il ne suffit pas d'avoir une analyse juste de la situation ou d'avoir vu la stratégie apte à transformer la société : il faut encore être en mesure de *réaliser* ces possibles. La pratique politique reste encore abstraite tant qu'elle ne pose pas la question des agents qui doivent réaliser ces possibles. Or l'originalité de la politique marxiste tient à ce qu'elle fait droit à la logique propre de ceux qui sont les agents de la transformation historique. Celle-ci, d'après le marxisme, ne vient de l'action ni d'un individu ni d'un petit groupe d'individus qui imposerait cette transformation de l'extérieur. C'est ce que nous pourrions appeler l'exigence *démocratique* de la politique marxiste : une ligne ne peut être « juste » que dans la mesure où elle peut être acceptée et appropriée par le plus grand nombre. Une telle exigence est nécessaire tout d'abord du point de vue des *moyens* : les hommes sont le véritable « moteur » de l'histoire, et aucune transformation ne pourra avoir lieu sans eux. Mais elle est surtout fondamentale du point de vue des *fins*. Pour « constituer un pouvoir des sans-pouvoir »[235], ce qui est l'objectif final de la politique révolutionnaire, les individus doivent se réapproprier la capacité de penser politiquement par eux-mêmes, sans avoir besoin de recourir aux procédés traditionnels de délégation du pouvoir. Or cette réappropriation doit faire l'objet d'un long apprentissage, et ne peut être renvoyée aux lendemains de la révolution. Merleau-Ponty ne cesse de le répéter : dans le marxisme, les fins ne peuvent être dissociées des moyens[236]. Si l'on ne respecte pas cette exigence démocratique dans l'élaboration des lignes politiques et dans les décisions stratégiques, la nouvelle société ne fera que répéter la division entre dirigeants et dirigés qui avait cours dans la société antérieure.

Toutefois, dans la mesure où la conscience présente des individus est structurée par la société dans laquelle ils vivent et les idées dominantes de cette société, il y aura nécessairement un *écart* entre la ligne politique définie par l'analyse et la « conscience empirique » des masses. La difficulté consiste à faire tenir ensemble

---

[234] *HT*, Partie I, chap. 3, p. 187.

[235] MH [NM], *Signes*, p. 362.

[236] Merleau-Ponty s'appuie notamment sur les analyses de Trotski dans *Leur morale et la nôtre* (la section intitulée « Interdépendance dialectique de la fin et des moyens », *op. cit.*, p. 89–95).

les trois exigences que nous avons définies (exigence de réalisme, exigence révolutionnaire et exigence démocratique). Lorsque « l'opportunisme » calque son programme « politique » sur l'état *présent* des consciences, il abandonne la perspective révolutionnaire et ne garde que l'exigence de réalisme et l'exigence démocratique. À l'inverse, l'erreur « gauchiste » consiste à fonder la possibilité effective d'une transformation sociale sur l'abandon (au moins provisoire) de l'exigence démocratique[237].

Or il y a entre ces deux positions comme une complicité secrète qui fait qu'elles manquent toutes les deux le terrain propre de la pratique politique : elles réduisent la conscience des hommes à la conscience *présente* et *explicite*. Considérant l'état *présent* des consciences comme immuable, elles en font soit la norme unique de l'action politique (opportunisme), soit un obstacle à contourner (substitutisme). Et cet état présent se réduit aux représentations explicites des hommes. Autrement dit, nous avons affaire à deux conceptions *non dialectiques de la conscience*. À rebours de ces deux conceptions, le marxisme propose, d'après Merleau-Ponty, une conception *dialectique* de la conscience. En distinguant, comme nous l'avons vu, entre l'appartenance de classe et la conscience de classe, le marxisme de Merleau-Ponty se donne les moyens théoriques de dépasser l'alternative entre opportunisme et substitutisme. La « conscience » des individus ne peut se réduire à la conscience présente et explicite : elle comprend nécessairement une dialectique entre conscience implicite et explicite – dialectique qui détermine les possibilités de sa transformation.

Cette conception de l'appartenance de classe rejoint et reformule les analyses de Lénine, et permet de comprendre le rôle du parti politique[238]. En effet, pour Lénine, il faut distinguer, chez les hommes, entre le niveau des représentations explicites, lesquelles sont bien souvent dominées par les idéologies de la société, et ce qu'il appelle « l'instinct » révolutionnaire, qui est non formulé, implicite, et produit par les conditions matérielles de la production capitaliste, en deçà des idéologies explicites[239]. Or l'objectif du parti politique, selon Lénine, est de proposer, d'une part, une théorie explicite qui donne une cohérence à ces exigences implicites, et d'autre part, une stratégie politique qui soit immédiatement appropriable par les masses et permette d'élever le niveau de prise de conscience. Pour expliciter ce rôle, Lénine a recours à une métaphore militaire pour caractériser le parti politique comme *avant-garde*, à savoir comme la première ligne de soldats qui s'avance sur le champ de bataille pour entraîner avec elle le reste de la troupe. Si personne ne prenait l'initia-

---

[237] Dominées par l'idéologie de la société, les masses seraient incapables de reconnaître la justesse des analyses : une transformation sociale ne peut se faire que malgré les consciences, voire contre les consciences (si elles résistent). Un petit groupe ou un grand homme doit donc se *substituer* au grand nombre et agir en leur nom.

[238] *Cf.* notamment *HT*, Partie II, chap. 1, p. 217.

[239] *Cf.* notamment V. I. Lénine, *Quel faire ?* (*op. cit.*, t. 5, chap. 2, p. 380–405), *Deux tactiques de la social-démocratie dans la révolution démocratique* (*op. cit.*, t. 9, chap. 13, p. 101–112), ou encore *La révolution prolétarienne et le renégat Kautsky* (*op. cit.*, t. 28, chap. 7, p. 300–304).

tive (risquée) de s'avancer en premier, en dessinant les perspectives d'action, l'inertie et l'inaction prévaudraient : tout le monde resterait sur place. Mais si l'avant-garde avance trop vite, ne prend pas soin d'expliquer ses actions, de les faire approuver, et d'abandonner celles qui ne sont pas comprises, il se produit alors une solution de continuité entre les deux composantes de l'armée : l'avant-garde s'aventure toute seule et n'a pas la force de vaincre. Ainsi, selon la formule de Lénine qu'aime reprendre Merleau-Ponty, le parti doit être « un pas en avant, mais seulement un »[240]. La difficulté de déterminer une telle ligne est ce que Merleau-Ponty appelle le « problème de la direction révolutionnaire » :

> Un homme comme Lénine l'avait, bien entendu, rencontré sur sa route. Il ne pensait pas qu'il y eût de solution spéculativement parfaite : on ne peut construire une politique ni sur l'opinion de la masse seule, ni sur les décrets du parti ou de ses chefs. Le secret du léninisme était dans la communication qu'il réussit à établir entre la masse et les chefs, entre le prolétariat et sa « conscience »[241].

Ce n'est donc qu'en maintenant un rapport vivant avec ceux qu'il cherche à entraîner, que le parti peut proposer des perspectives qui correspondent à cette vie anonyme sociale des individus, et qui peuvent donc être acceptées par ces individus et reconnues (au moins *a posteriori*) comme ayant toujours déjà été les leurs.

D'une certaine manière, on pourrait dire que le parti cherche à amener cette « expérience muette » à « l'expression pure de son propre sens ». Le travail « politique », consiste à saisir ce qui est là sans être encore formulé, le prolonger, le faire converger avec d'autres éléments, dessiner des perspectives, bref à porter au langage et à l'expression ce qui est implicite dans le mouvement ouvrier. Cette idée est posée explicitement dans une lecture que Merleau-Ponty fait du *Manifeste du parti communiste* en 1948 :

> Notre avenir est déjà choisi et esquissé dans le présent. [...] Cet avenir autre, dont nous ne pouvons rien dire, il se dessine dans la « spontanéité historique » du prolétariat. [...] Le *Manifeste* se place au moment où la conscience ressaisit et élucide une volonté déjà diffuse dans l'existence sociale[242].

Dans la vie anonyme sociale, les individus sont déjà en train de transformer la société sans en prendre explicitement conscience : c'est le sens véritable du « spectre qui hante la société » dont parle Marx. Et le travail philosophique de Marx consiste à ressaisir ce mouvement silencieux, à le porter au langage, à l'aider ainsi à se « manifester ». Le projet communiste n'est donc pas la proposition d'une alternative utopique, mais la formulation explicite du mouvement implicite de débordement de l'état actuel des choses par une activité révolutionnaire qui n'a pas encore pris conscience d'elle-même.

---

[240] *Cf.* par exemple *HT*, Partie I, chap. 3, p. 182–183.

[241] « Autour du marxisme », *SNS*, p. 142.

[242] « Le *Manifeste communiste* a cent ans », *P1*, p. 106.

3.3 La conception léniniste du parti et l'antinomie de l'action collective.

> « Ce qui différencie de toute autre la notion marxiste de Parti, ce qui en fait un phénomène culturel neuf et explique sa place dans la littérature et dans la pensée moderne, c'est justement cette conception d'un échange et d'une communication vitale entre le jugement individuel et la réalité de l'histoire par l'intermédiaire du Parti »
> (Merleau-Ponty, « Foi et bonne foi », p. 219–220).

La troisième antinomie politique concerne la possibilité d'une action authentiquement collective : que veut dire agir et surtout *décider* d'agir en commun ? Comment comprendre qu'une pluralité de volontés devienne une ? Ici encore, il s'agit de dépasser une opposition. La première position affirme que les individus participent immédiatement d'une volonté générale ou collective, de sorte qu'ils pourraient spontanément et sans médiation décider d'une action collective. La position inverse soutient que ces individus ne sont qu'une pluralité vouée à la dispersion, et que l'unique moyen de rassembler l'action est de l'imposer de l'extérieur.

Si Merleau-Ponty accorde une importance toute particulière à la théorie léniniste du parti, c'est parce qu'il y trouve les moyens de surmonter cette antinomie. En effet, contre le spontanéisme, Lénine affirme que la médiation du parti est indispensable : en faisant des campagnes de propagande, en lançant des mots d'ordre, en organisant des réunions et des discussions, le parti permet aux individus de formuler conceptuellement leur expérience vécue muette. Ce n'est donc que par le parti qu'il peut y avoir la formation d'une conscience collective et la possibilité de décider en commun[243]. Mais, contre le substitutisme, Lénine affirme que la ligne politique et les mots d'ordre ne doivent pas être imposés autoritairement et de l'extérieur, mais doivent n'être qu'une schématisation ou une idéalisation de ce que contient « l'instinct » de ces masses. Ainsi, pour Merleau-Ponty la théorie du parti de Lénine est proprement dialectique :

> Le prolétariat et l'appareil se règlent l'un l'autre non au sens d'une démagogie qui annulerait l'appareil, non au sens d'un centralisme absolu qui paralyserait les masses, mais dans la communication vivante des masses et de *leur* parti, de l'histoire en acte et de l'histoire en idée[244].

---

[243] « Lénine disait à peu près que le parti ne doit être ni derrière le prolétariat, ni à côté, qu'il doit être devant, mais d'un pas seulement. Cette phrase fameuse montre bien à quel point il était loin d'une théorie de la révolution par les chefs. Mais elle montre aussi que la direction révolutionnaire a toujours été une direction, et que, si elle devait être suivie par les masses, il lui fallait les précéder » (*HT*, Partie I, chap. 3, p. 182–183).

[244] *HT*, Partie II, chap. 1, p. 217. « Le secret du léninisme était dans la communication qu'il réussit à établir entre la masse et les chefs, entre le prolétariat et sa "conscience". Cela suppose des chefs qui ne s'enferment pas dans un bureau et qui sachent expliquer aux masses ce qu'on leur propose, cela suppose un dialogue et un échange entre les masses qui indiquent à chaque moment l'état de la révolution *effective* et le centre où s'élaborent les *conceptions* et les perspectives révolutionnaires » (*HT*, Partie I, chap. 2, p. 142). Voir aussi MH [NM], *Signes*, p. 362.

3 Les antinomies pratiques et leur dépassement

Ce qui est fondamental, c'est ce lien de « communication vivante » entre la médiation institutionnelle qu'est le parti et les individus.

Or la pratique effective dans les partis communistes et en URSS ne correspond pas à une telle définition de la communication vivante entre les masses et le parti. Le rapport dialectique a été rompu : le parti a pris le pouvoir et impose unilatéralement ses décisions, de sorte qu'on ne peut plus parler de gouvernement ou de pouvoir du prolétariat. Ainsi, dans *Humanisme et terreur*, Merleau-Ponty montre comment la situation russe après la révolution a provoqué peu à peu la rupture de la communication vivante et l'instauration d'un substitutisme bureaucratique[245]. La notion même de dictature *du* prolétariat contient donc une ambiguïté, qui fait qu'elle a tendance à se transformer en une dictature *au nom* du prolétariat, c'est-à-dire à une substitution du parti aux individus[246]. Ainsi Merleau-Ponty cherche-t-il, en rappelant aux communistes la notion authentique de parti chez Lénine, à rendre visible l'évolution des pratiques et la distance qui sépare désormais ces pratiques des principes dont elles se réclament.

Cette antinomie entre le parti et les masses rejoint l'antinomie plus générale de l'action collective (et la tension entre l'universel et le singulier qui s'y joue). En effet, prendre une décision collective implique de renoncer à absolutiser notre point de vue individuel, et de développer par conséquent un certain soupçon à l'égard de ses propres inclinations. Cependant, si l'individu se méfie de son point de vue singulier, comment peut-il reconnaître individuellement la justesse de la ligne collective ? L'individu est ainsi pris dans une antinomie entre ce que Merleau-Ponty appelle « foi » et « bonne foi ». Soit il renonce absolument à son point de vue subjectif et personnel pour se ranger entièrement sur la ligne collective du parti : l'obéissance et la foi se substituent alors à l'esprit critique et aux convictions personnelles. Soit il n'écoute que son sentiment subjectif et n'accepte de penser et d'agir que selon ce qu'il peut lui-même pleinement acquiescer : l'individu se pose en source absolue de savoir et affirme que son point de vue l'emporte sur celui des autres.

Merleau-Ponty analyse cette antinomie dans *Humanisme et Terreur* (il s'agit des « dilemmes de Koestler »), et montre qu'il s'agit d'un faux dilemme. Les deux positions sont intenables et renvoient à un même refus du réel. D'une part l'obéissance aveugle et sectaire est une foi déjà morte, qui refuse de se confronter au réel : le respect de la lettre ne fait que cacher la peur secrète des résultats que provoquerait une comparaison entre la lettre et l'expérience. Mais d'autre part, faire de la « bonne foi » (c'est-à-dire le refus de faire ou de dire quoi que ce soit qu'on ne peut reconnaître personnellement comme vrai) l'unique ligne conduit à l'impossibilité de s'engager hors de soi dans le monde : tout rapport au monde implique une dimension de foi, c'est-à-dire le fait d'aller au-delà de ce qui est donné. La « bonne foi »

---

[245] « Le parti se substituait aux masses et son rôle était plutôt d'expliquer et de justifier devant elles des décisions déjà élaborées que de recueillir leur opinion » (*HT*, Partie I, chap. 3, p 182–183).

[246] Ainsi Merleau-Ponty peut-il se demander « si la dictature *du prolétariat* n'a jamais existé autrement que dans la conscience des dirigeants et chez les militants les plus actifs » (*HT*, Partie I, chap. 3, p. 182)

est donc encore une manière de s'engager dans le monde (mais il s'agit d'un engagement honteux qui ne s'assume pas). L'engagement véritable dépasse au contraire cette opposition :

> L'adhésion, si elle dépasse les raisons, ne doit jamais être contre toute raison. La valeur de l'homme n'est ni dans une sincérité explosive et maniaque, ni dans une foi sans discussion, mais dans la conscience supérieure qui lui permet d'apprécier le moment où il est raisonnable de faire confiance et le moment où il faut questionner – de joindre en lui-même foi et bonne foi, assumant son parti ou son groupe tels qu'ils sont, les yeux ouverts[247].

Le dépassement de cette antinomie s'esquisse, pour Merleau-Ponty, dans l'élaboration de collectifs, et en particulier dans ce « phénomène culturel neuf » qu'est le « parti » au sens marxiste[248]. L'existence de celui qui est militant d'un parti se caractérise par ce que Merleau-Ponty appelle la « *vie avec* le parti ». En effet, le militant dépasse l'antinomie de l'action dictée par la conscience individuelle et de l'action comme pure obéissance passive à une ligne politique. À travers un certain nombre de pratiques communes (la réunion de section, le congrès, etc.) s'effectue un double processus qui fait que, d'une part, il participe activement à l'élaboration de la « ligne » (ainsi la « ligne » ne lui est jamais entièrement extérieure), et d'autre part, il apprend, à travers les discussions et débats, à décentrer sa propre perspective et à s'approprier la ligne élaborée en commun. Le parti doit donc être à la fois alors le lieu de la discussion dans l'élaboration de la ligne politique, et le lieu de l'obéissance une fois que la ligne a été décidée[249].

> Il s'agit donc d'un échange entre le jugement propre et les décisions du parti, d'un va-et-vient, d'une *vie avec* le parti, et non pas d'une obéissance passive. Un parti pris qui n'exclut pas l'examen, une subjectivité qui est objectivité, une confiance qui est vigilance, une foi qui est bonne foi, une liberté qui est engagement[250]

Or c'est cette « cette communication des contraires » qui fait la spécificité du parti théorisé par Lénine et qui doit lui permettre de dépasser les antinomies[251]. Le dépas-

---

[247] FBF, *SNS*, p. 218.

[248] FBF, *SNS*, p. 219–220.

[249] « Lénine sous-entendait quelque chose de ce genre avec la formule du "centralisme démocratique". Il faut qu'il y ait discussion dans le Parti, et cependant il faut qu'il y ait discipline. Il faut que les décisions expriment la volonté des militants et il faut que les militants se tiennent pour engagés par les décisions du parti, même si elles sont contraires à leurs vues personnelles. La révolution est *à la fois* une réalité qui se prépare dans le cours spontané des choses, et une idée qui s'élabore dans l'esprit des individus les plus conscients. Si, après avoir défendu devant le Parti ce qu'il croit être vrai, le communiste n'est pas suivi, c'est que les solutions qu'il propose sont prématurées ou historiquement fausses, puisque le parti et les masses, qui sont la révolution en acte, n'y reconnaissent pas leur vœu. Nul ascétisme ou nul fidéisme ici, nul parti pris contre l'individu, mais plutôt cette idée que l'action politique n'est pas seulement un exercice de l'intelligence et suppose un contact effectif avec l'histoire en train de se faire, que l'adhésion au parti n'est pas un assentiment de l'intelligence seule, mais l'engagement dans l'histoire effective, contrepoids et régulateur de la théorie » (FBF, *SNS*, p. 218–219).

[250] FBF, *SNS*, p. 219.

[251] « Lénine sait parfaitement qu'il y a quelquefois tension entre l'individu et le Parti, entre le jugement et la fidélité. Il pense que ce conflit, qu'il est impossible et qu'il serait malsain d'ignorer, est

sement de l'antinomie entre choix subjectif et obéissance, entre individu libre et individu dominé par le groupe, fait pour Merleau-Ponty toute l'originalité de la conception léniniste du parti.

Ainsi, avant la réconciliation historique des hommes dans une société sans classe, et donc une résolution définitive du problème de la coexistence, le parti permet une première forme de réconciliation qui préfigure cette société future : il s'agit d'un lieu de communication et d'échange, ni purement subjectif, ni purement objectif, ni activité pure ni passivité pure, mais d'élaboration d'un milieu et d'un être communs. Avant la société sans classe qui sera un milieu humain de la coexistence sans antagonisme économique entre les individus, le parti doit être lui-même un premier milieu où se réalise cette résolution des oppositions. Le parti ne doit pas homogénéiser par le haut (imposer une ligne verticale), mais être le lieu d'élaboration d'une ligne, dans un échange constant entre la base et la direction, où chacun est à la fois actif et passif, objectif et subjectif, et où s'instaure une « situation commune », un milieu de communication. Avec le parti, il y a la constitution d'une situation commune où autrui et moi passons l'un dans l'autre – nos entreprises se fondent dans une vie en commun. Le parti apparaît ainsi comme le lieu de création d'un « intermonde », d'un lieu du dialogue permettant de dépasser la conflictualité entre les individus.

La théorie du parti chez Lénine a donc pour Merleau-Ponty une importance décisive, non seulement au niveau de l'analyse proprement politique mais aussi pour penser l'idée d'un collectif dans lequel peuvent se dépasser les oppositions entre le sujet et l'autre, entre le subjectif et l'objectif, entre l'intérieur et l'extérieur, etc. Il est impossible de comprendre son rapport au marxisme sans saisir l'attrait qu'a sur lui une telle théorie.

*
* *

Nous avons voulu montrer dans ce chapitre la place fondamentale qu'occupe le marxisme dans le projet philosophique de Merleau-Ponty. Par la formule de « scénario marxiste », nous avons désigné la volonté qu'a Merleau-Ponty de ne pas seulement chercher à dépasser les antinomies théoriques pour fonder une nouvelle philosophie, mais de proposer une nouvelle manière de faire de la philosophie. La philosophie ne peut en effet se réaliser véritablement qu'en sortant d'elle-même et en se transformant radicalement au contact des savoirs positifs, de l'histoire effective et de la politique. Le travail proprement philosophique de Merleau-Ponty pendant ces années consiste donc à élaborer un cadre conceptuel (ou langage) permettant d'articuler ces différents domaines, et de rendre ainsi commensurables les sciences, la philosophie et la politique. Ce cadre (ou langage), qu'on peut caractériser

---

dépassé par la vie de l'individu dans le parti qui est *son* parti. Si l'individu fait crédit au Parti, contre son opinion propre, c'est parce que le Parti a donné des preuves de sa valeur, parce qu'il est porteur d'une mission historique, parce qu'il représente le prolétariat. L'adhésion n'est jamais sans motifs » (FBF, *SNS*, p. 219).

d' « existentialo-gestaltiste », se constitue à partir des années trente dans une confrontation permanente avec la phénoménologie et le marxisme, dont il est à la fois une reformulation et une transformation.

En ressaisissant le sujet comme *existence*, il s'agit pour Merleau-Ponty de transformer la conception phénoménologique du sujet (focalisée sur la conscience explicite) et de mettre au jour la dimension fondamentalement corporelle et motrice de l'intentionnalité – transformation de l'intentionnalité qui permet à celle-ci de rejoindre la notion marxiste de *praxis* et d'en donner une formulation philosophique rigoureuse. De la même manière, du côté de l'objet, la notion de *Gestalt* transforme en profondeur la conception phénoménologique de l'objet (pensé à partir de la constitution) pour faire droit à son statut intermédiaire, qui le rend dépendant du sujet percevant tout en correspondant à quelque chose de l'objet lui-même. Ce tournant gestaltiste que Merleau-Ponty inflige à la phénoménologie lui permet ici encore de rejoindre le marxisme à travers la notion d'*analyse stratégique* (laquelle cherche à caractériser la situation présente, c'est-à-dire à saisir la forme qui lui correspond le plus adéquatement, et à dessiner les perspectives d'avenir qu'il contient implicitement) et de proposer une formulation conceptuelle précise de ce qui est seulement pratiqué dans le marxisme. Les conceptions marxistes de la société et l'histoire sont ainsi ressaisies par Merleau-Ponty à partir de ce qu'on pourrait appeler un *paradigme gestaltiste*.

Mais le scénario marxiste de Merleau-Ponty comme tentative de dépassement des antinomies du monde moderne ne peut se réaliser par une simple synthèse théorique, et comporte également une dimension pratique. Les antinomies sont en effet l'expression d'un monde lui-même déchiré par les antagonismes et la violence, et leur résolution ne pourra advenir que par une transformation du monde lui-même. Le projet théorique de Merleau-Ponty est donc indissociable de son engagement en faveur de la constitution d'une société nouvelle où auront disparu tous les antagonismes, c'est-à-dire en faveur d'un projet communiste. Tous les efforts pratiques de Merleau-Ponty visent donc, dans les années quarante, à favoriser une telle réalisation rationnelle de l'humanité.

Cependant, Merleau-Ponty s'inquiète du fait que ni le Parti communiste français ni la nouvelle société soviétique ne semblent à la hauteur de cette réalisation rationnelle de l'histoire annoncée par le marxisme classique. Il est vrai qu'il s'agit encore de phénomènes ambigus, dont le sens définitif, comme le remarque M. Surya[252], est loin d'être fixé : seule l'action des hommes au présent décidera de ce qu'ils seront. Face à cette situation, l'attitude de Merleau-Ponty n'est quant à elle pas tout à fait

---

[252] Dans *La révolution rêvée* M. Surya montre que le mouvement communiste au moment de la Libération et jusqu'au début de la Guerre froide se caractérise par son hétérogénéité et la très grande diversité d'attitudes. Si certaines tendances sont déjà entièrement stalinisées et préfigurent la position qui sera dominante à partir de 1948, d'autres cherchent au contraire à maintenir l'esprit d'unité issu de la Résistance, ou à construire une voie française vers le socialisme. À titre d'exemple, on peut citer la déclaration de M. Thorez en novembre 1946 selon laquelle la marche vers le socialisme en France se ferait « par d'autres chemins que celui suivi par les communistes russes » (cité dans M. Surya, *La révolution rêvée. Pour une histoire des intellectuels et des œuvres révolutionnaires. 1944–1956*, Paris, Fayard, 2004, p. 157).

celle de l' « attentisme » passif qu'on lui prête trop souvent (et par lequel il a défini rétrospectivement cette période[253]). Par des discussions, par son travail d'éditorial aux *Temps Modernes*, et par la très grande quantité d'articles qu'il publie durant ces années, il s'agit au contraire pour lui de *faire tout ce qui est en son pouvoir* pour « favoriser, à l'intérieur du parti [communiste] français, les tendances au "communisme occidental" »[254]. Ce « communisme occidental », qu'il désignera plus tard sous le terme de « marxisme occidental », renvoie à la perspective de constituer en France (et plus généralement en Europe de l'Ouest) un mouvement communiste, qui ne soit pas soumis au communisme soviétique, et qui puisse ainsi être à la hauteur du marxisme classique (et dont l'œuvre de Lukács donne la synthèse la plus aboutie). C'est pour cette raison que toutes les interventions de Merleau-Ponty cherchent à mettre en lumière la valeur de ce marxisme classique, à rendre manifeste la différence entre ce marxisme et celui des communistes, incitant par là les communistes et sympathisants à faire du communisme occidental une force politique et historique à même de réaliser l'histoire rationnelle promise par le marxisme[255].

C'est cette stratégie qui est mise en échec à partir de 1947–48 par l'alignement complet, au moment du déclenchement de la Guerre froide, de l'ensemble des Partis communistes occidentaux sur les positions théoriques et pratiques de l'Union soviétique. L'espoir d'un « communisme occidental » aura vécu et Merleau-Ponty sera alors contraint de repenser son rapport au marxisme.

---

[253] Dans *Les aventures de la dialectique*, il définit ses positions de l'immédiat après-guerre comme celles d'une « attitude attentisme marxiste » (*AD*, Épilogue, p. 315–317). Quelques années plus tard, dans ses *Entretiens avec Charbonnier*, il proposera même une nouvelle interprétation de cette époque : elle se caractériserait cette fois par un simple « désir de comprendre » ses amis communistes, dont la conclusion serait de rallier les positions du « parti radical » (*EntCharb*, p. 198–199). Ces interprétations rétrospectives nous semblent en décalage par rapport à ses positions de l'époque.

[254] « L'adversaire est complice », *P1*, p. 141. C'est tout le sens de la lettre qu'il écrit à Lukács en 1946.

[255] C'est ce qu'il dit dans la conclusion d'*Humanisme et terreur* : « *Notre rôle n'est peut-être pas très important. Mais il ne faut pas en sortir.* Efficace ou non, il est de rendre claire la situation idéologique, de souligner, par-delà les paradoxes et les contingences de l'histoire présente, les vrais termes du problème humain, de rappeler les marxistes à leur inspiration humaniste, de rappeler aux démocraties leur hypocrisie fondamentale, et de maintenir intactes, contre les propagandes, les chances que l'histoire peut avoir encore de redevenir claire » (*HT*, Conclusion, p. 289–299).

Partie II
Genèse et structure

Crise de l'existentialisme marxiste et nouveaux paradigmes (1948-1954)

« Le volontarisme s'est fracassé contre le mur de la Guerre froide. Il est difficile de donner une idée du coup d'arrêt brutal et écœurant qui s'est produit entre 1945 et 1948. [...] En Occident, nos têtes furent projetées contre le pare-brise de la société capitaliste, et cette vitre avait tout l'air *d'une structure*. « L'Histoire », si soumise à la volonté héroïque en 1943 et 1944, semblait s'être figée en un instant en deux structures antagonistes monstrueuses, chacune d'elles ne laissant subsister, dans sa zone d'influence, que la plus étroite marge de manœuvre. Pendant deux décennies, toute tentative de créer un mouvement indépendant progressiste dans les deux zones [...] a été écrasée avec une brutalité qui a confirmé le paradigme de la stase structurale »
(E. P. Thompson, *Misère de la théorie*, p. 152).

« PHÉNOMÉNOLOGIE. [...] Théorie idéaliste subjective réactionnaire, fondée par le philosophe allemand Husserl (1859-1938), en vogue dans la philosophie bourgeoise à l'époque de l'impérialisme. [...] Le but principal de cette philosophie décadente est d'embrouiller la raison humaine, de la détourner des problèmes brûlants de la vie et de la science, des méthodes judicieuses et fécondes de la pensée théorique »
(Article du *Petit dictionnaire philosophique*, Moscou, Éditions en Langues Étrangères, 1955, p. 458-459).

« Après la liquidation du fascisme, il fallait choisir entre l'existentialisme et le marxisme. Ni Sartre, ni Merleau-Ponty n'ont pu s'y décider, ou plutôt ils avaient déjà opté pour l'existentialisme »
(Trần Đức Thảo, *La formation de l'homme*, Préface, p. 6).

Tous les acteurs de l'époque témoignent de la rapidité et de la brutalité du changement que provoque vers 1947-48 le début de la Guerre froide[1]. L'espoir syncrétique de refondation qui anime la Libération fait alors place aux affrontements violents entre deux camps antagonistes : toute tentative de conciliation, de

---
[1] « En 1948-49, vint la coupure, avec une extraordinaire brutalité. Ce fut un stupéfiant changement d'atmosphère, dont ceux qui l'ont vécu s'étonnent encore en se demandant comment ils l'ont supporté » (H. Lefebvre, « Le marxisme et la pensée française », *LTM*, n°137-138, juillet-août 1957, p. 117).

« troisième voie » de synthèse ou de dépassement est vouée à l'échec. L'année 1947 apparaît en effet rétrospectivement[2] comme « celle de la grande scission »[3]. Scission au niveau international : au discours de Truman annonçant le Plan Marshall et la politique d'endiguement du communisme répond quelques mois plus tard le rapport Jdanov, qui proclame que le monde est divisé en deux camps (celui de « l'impérialisme et de la guerre » et celui « du socialisme et de la paix »). Les années suivantes sont alors rythmées par un processus d'accroissement continuel des tensions entre les deux blocs (avec la guerre civile en Grèce, le coup de Prague, le blocus de Berlin, la Révolution chinoise et la guerre de Corée) – processus qui atteint certainement son sommet au moment où l'acquisition par l'Union soviétique de la bombe nucléaire ouvre la perspective d'une troisième guerre qui détruirait l'humanité. Mais les scissions ont également lieu au sein de chaque bloc : à la condamnation de Tito par la Kominform en 1948 et aux campagnes anti-titistes dans le bloc de l'Est (jusqu'aux grands procès de 1948–49), vient répondre le déchaînement du maccarthysme aux États-Unis. Toutes ces divisions se retrouvent dans la France de 1947 : le retrait des communistes du gouvernement (4 mai 1947) initie un processus de scission qui touche les mouvements de gauche à tous les niveaux (partis, syndicats, revues, journaux, etc.). Le temps des troisièmes voies (dites « neutralistes ») a vécu[4] : place désormais au retour des anciens clivages et aux alternatives strictes (ou bien… ou bien…)[5].

Ce changement d'atmosphère affecte immédiatement le champ intellectuel. L'époque n'est plus au dialogue : à l'anticommunisme agressif des uns répond le durcissement idéologique des autres[6]. Le champ intellectuel perd une grande partie de son autonomie et n'obéit plus qu'à la logique binaire de l'affrontement politique entre les deux blocs. Côté communiste, il s'agit de détacher les intellectuels philocommunistes, ces « travailleurs du front idéologique » (selon la formule d'A. Jdanov), des synthèses éclectiques de l'après-guerre (et de l'idée d'un « communisme occidental ») pour les aligner sur les positions soviétiques[7]. Aussi lance-

---

[2] Les acteurs de l'époque en effet mettent souvent plusieurs années à reconnaître la nouvelle situation historique et politique – cherchant parfois désespérément à prolonger ou préserver ce qu'ils appellent l' « esprit » de la Résistance et de la Libération.

[3] J.-T. Desanti, « Préface », dans B. Sichère, *Merleau-Ponty ou le corps de la philosophie*, Paris, Grasset, 1982, p. 10. D. Desanti a quant à elle consacré un ouvrage à l'année 1947 (D. Desanti, *L'année où le monde a tremblé*, Paris, Albin Michel, 1976).

[4] Ainsi E. Vittorini déclare-t-il : « Il n'y a plus de troisième parti dans le monde » (interview dans *Les Lettres françaises*, n°152, 27 juin 1947). Beauvoir va dans le même sens : « Les tentatives neutralistes avaient tourné court. […] Entre les deux blocs, il n'y avait définitivement pas de troisième voie. Et le choix restait impossible » (S. de Beauvoir, *FC*, t. 1, p. 275). *Cf.* aussi MPV, *SIV*, p. 222–225.

[5] « Oui, cela a été le moment de grandes ruptures. En 1948, ou bien on restait ou bien on s'en allait » (J.-T. Desanti, *La liberté nous aime encore*, Paris, Odile Jacob, Paris, 2004, p. 132). Les titres des ouvrages publiés à l'époque sont symptomatiques du climat intellectuel : Cl. Aveline, J. Cassou, A. Chanson, *et alii*, *L'heure du choix* (Paris, Éditions de Minuit, 1947) et R. Aron, *Le grand schisme* (Paris, Gallimard, 1948).

[6] Sur la virulence du nouveau climat idéologique, voir M. Surya, *op. cit.*, X, 2 « Troisième voie ? », p. 321–340.

[7] Sur l'importation du jdanovisme en France, voir M. Surya, *op. cit.*, VI, 1 « Les Smertiachkine »,

t-on des offensives sur tous les « fronts idéologiques » avec pour objectif de créer dans chaque domaine un clivage absolu : « science bourgeoise » contre « science prolétarienne »[8], « idéalisme métaphysique » contre « matérialisme »[9], mystification artistique contre réalisme socialiste, biologie du « moine Mendel » contre celle de Lyssenko[10], etc. Beaucoup des jeunes intellectuels proches de Sartre, et surtout de Merleau-Ponty, suivent le mouvement et se radicalisent (notamment ceux d'*Action* : P. Hervé, P. Courtade, M. Duras, D. Mascolo, E. Morin, J.-T. Desanti, etc.)[11]. Une nouvelle revue est même créée en décembre 1948 pour répondre « aux besoins accrus de la bataille idéologique » : *La Nouvelle critique* (« Revue du marxisme militant »). L'existentialisme (au sens large) est l'une des principales cibles des communistes : d'abord à Wroclaw au « Congrès mondial des intellectuels pour la défense de la paix » (août 1948) où A. Fadeïev traite Sartre de « hyène dactylographe » et de « chacal muni d'un stylo »[12], puis ensuite dans d'innombrables articles et ouvrages polémiques dans l'ensemble de la presse communiste[13].

Une telle restructuration du champ intellectuel ne peut qu'avoir un effet sur nos trois auteurs et sur les synthèses entre phénoménologie et marxisme que ceux-ci proposent depuis la fin de la guerre. Dénoncés comme communistes par la droite et

---

p. 173-181. En 1949, L. Casanova publie *Le Parti communiste, les intellectuels et la nation* (Paris, Éditions sociales, 1949), qui définit le rôle des intellectuels communistes.

[8] J.-T. Desanti, « Science bourgeoise et science prolétarienne », *NC*, n°8, juillet-août 1949 (repris dans J.-T. Desanti, *La pensée captive, Articles de* La Nouvelle Critique *(1948-1956)*, Paris, PUF, 2008, p. 101-133. Sur les circonstances de rédaction de ce texte, voir notamment « Un témoin : Jean Toussaint Desanti », dans D. Desanti, *Les staliniens (1944-1956). Une expérience politique*, Paris, Fayard, 1975, p. 361-369.

[9] Ainsi, dans les *Principes élémentaires de philosophie* de G. Politzer (publiés à titre posthume en 1946), l'histoire de la philosophie est présentée comme une gigantomachie entre idéalisme et matérialisme. En novembre 1947, la revue *Europe* publie le discours de Jdanov « Sur l'histoire de la philosophie », qui fixe la conception stalinienne de la pratique philosophique. Pour un aperçu de la production philosophique marxiste pendant ces années, voir M. Kelly, *Modern French Marxism*, Oxford, Basil Blackwell, 1982, chap. 4 « Cold War », p. 70-94.

[10] En août 1948, le congrès de l'Académie des sciences de l'URSS, marque le triomphe du lyssenkisme (néolamarckien) sur les néo-mandéliens (qui défendent les variations génétiques aléatoires) – et cela grâce à l'appui décisif de Staline et *contre* les positions de la majorité des biologistes soviétiques. À partir de ce moment, le lyssenkisme devient « science prolétarienne » et tous les savants communistes sont sommés de l'adopter. Sur cette histoire et les fortes résistances de nombreux biologistes communistes (comme M. Prenant), voir notamment J. et D. Kotek, *L'affaire Lyssenko*, Bruxelles, Complexe, 1986.

[11] *Cf.* M. Surya, *op. cit.*, VI, 2 « Une roue, une petite vis », p. 183-188.

[12] Sur le Congrès, voir le témoignage de D. Desanti, *op. cit.*, chap. 6 « L'offensive de paix », p. 94-124. Le *Petit dictionnaire philosophique* de l'Académie des sciences de Moscou propose la définition suivante à l'entrée « existentialisme » : « Courant philosophique décadent de nos jours, variété de l'idéalisme subjectif, destiné essentiellement à démoraliser la conscience sociale, à combattre les organisations révolutionnaires du prolétariat » (*op. cit.*, p. 198-199).

[13] Un simple relevé des titres des articles contre l'existentialisme donne le ton de l'offensive : « L'existentialisme dénoncé » (J.-T. Desanti), « Le désert de M. Sartre » (V. Leduc), « L'existentialisme n'est pas un humanisme » (J. Kanapa), « L'existentialisme, philosophie antidémocratique » (C. Angrand), « C'est Sartre qui a les mains sales » (P. Gaillard), « Jean-Paul Sartre ou le trafiquant des lettres » (M. Mouillaud), « Les mains sales ? Un nouveau "Juif Süss" » (J. Kanapa), etc.

comme bourgeois et impérialistes par les communistes, leur positionnement politique se révèle intenable et leurs propositions théoriques inaudibles. Comme le constate déjà Sartre dans *Qu'est-ce que la littérature ?*, ils n'ont plus de public et ont ainsi l'impression de parler dans une langue étrangère, inintelligible pour ceux à qui ils veulent pourtant s'adresser. Mais la situation est plus grave encore : ils découvrent alors que le problème ne réside pas seulement dans la situation historique et politique, mais dans leur cadre théorique lui-même, qui révèle ses faiblesses et ses limites. Celui-ci ne leur fournit pas en effet des outils théoriques en mesure de rendre intelligibles ces transformations du monde contemporain. La synthèse entre marxisme et phénoménologie que chacun élabore patiemment depuis le début des années quarante se montre soudain impuissante face aux nouveaux problèmes que pose l'époque – chacun faisant alors l'expérience de l'insuffisance de ses premières élaborations.

Cette épreuve est toutefois vécue différemment par les trois auteurs. Pour Trần Đức Thảo, la transition se fait assez facilement – sans doute parce qu'en raison de la différence de génération, il était moins investi que ses deux aînés dans le paradigme théorique élaboré à la Libération. Pour Merleau-Ponty et pour Sartre, les années 1948–1953 sont en revanche des années de profonde remise en question, et même de crise : le dépassement des perspectives de 1945 se révèle beaucoup plus long et douloureux. Cette période a en réalité pour eux une dimension paradoxale : d'une part, ils font l'expérience de leur impuissance à surmonter entièrement la crise qu'ils traversent, et d'autre part ils renouvellent en profondeur leurs perspectives théoriques, explorant certaines voies inédites qu'ils continueront à approfondir jusqu'à la fin des années cinquante. C'est donc au moyen de nouveaux paradigmes que nos trois auteurs cherchent, pendant ces années de Guerre froide, à repenser la manière dont ils articulent le marxisme et la phénoménologie.

Ces années voient en effet apparaître de nouveaux thèmes et de nouveaux problèmes, auxquels nos trois auteurs cherchent à se confronter. Se dessine alors ce que J. Derrida appelle la « carte philosophique et *politique* à partir de laquelle, dans la France des années 50, un étudiant en philosophie cherchait à s'orienter »[14]. Au problème de fonder la philosophie de la Révolution, qui semblait dominer la période précédente, succède désormais celui de la *genèse des structures*. Le problème, ici encore, n'est pas détaché de la nouvelle situation historique et politique. Ce lien a notamment été mis en lumière par l'historien E. P. Thompson : ce dernier montre que l' « expérience historique » de l'après-guerre provoque de profondes transformations des manières d'appréhender la réalité, et précipite l'adoption de ce qu'il appelle un nouveau « langage » ou « vocabulaire » au niveau de l'analyse sociale et politique. Selon lui en effet « le vocabulaire du structuralisme est issu du "sens commun", de ce que l'on avait sous les yeux, des trois décennies de stase de la Guerre froide »[15]. Cependant, les structures ne sont pas interrogées de la même manière en 1948 et en 1965 : si dans les années soixante le structuralisme s'intéresse prioritairement au mode de *fonctionnement* des structures (et cherche à en

---

[14] J. Derrida, *Le problème de la genèse dans la philosophie de Husserl*, Paris, PUF, 1990, p. VIII.

[15] E. P. Thompson, *Misère de la théorie. Contre Althusser et le marxisme antihumaniste*, Paris, Éditions l'Échappée, 2015, p. 153–154.

dégager la rationalité propre), à la fin des années quarante, on s'intéresse au contraire au mode de *formation* des structures. Les structures sont ainsi saisies du point de vue de la condition de possibilité de leur existence, c'est-à-dire à partir du processus de leur constitution, ou encore de leur *genèse*. Ainsi, la formule qui nous semble caractériser cette séquence intellectuelle est celle de « Genèse et structure » – formule introduite dans le champ intellectuel par le commentaire de la *Phénoménologie de l'Esprit* que J. Hyppolite publie en 1946[16], et qui devient rapidement l'un des schèmes de pensée les plus caractéristiques de cette époque[17].

Cette genèse des structures n'est cependant pas conçue comme un phénomène purement objectif, mais à partir de la pratique, ou *praxis*, humaine – concept d'origine marxiste, que nous avons déjà trouvé chez Merleau-Ponty, et qui connaît une fortune toute particulière à partir de cette époque[18]. Ce concept permet en effet de proposer une approche renouvelée de l'action faisant droit à la fois au conditionnement de l'action par les structures et à la production des structures par l'activité humaine. Le fait massif auquel s'affronte la pensée des trois auteurs est l'existence de structures (biologiques, psychologiques, sociales, historiques) qui conditionnent et transforment l'action effective des êtres humains. Ces structures sont notamment mises en lumière, dans ces années, par le développement important des sciences humaines (linguistique, psychologie du développement, psychanalyse, anthropologie, sociologie, histoire, etc.) – développement qui se fait souvent au contact du marxisme. L'objectif, pour nos auteurs, est alors de penser conceptuellement ces « structures » et de parvenir à reformuler les découvertes « structurelles » les plus récentes dans le domaine des sciences de manière à ce qu'elles puissent être articulées à l'action politique, qui se doit quant à elle de prendre en compte l'existence des structures, mais dans la perspective de leur possible transformation[19].

---

[16] J. Hyppolite, *Genèse et structure de la « Phénoménologie de l'Esprit » de Hegel*, Paris, Éditions Montaigne, 1946. Sur l'influence de cette formule dans les années cinquante et soixante, voir notamment G. Bianco, « Jean Hyppolite, intellectuel-constellation », dans G. Bianco (dir.), *Jean Hyppolite. Entre structure et existence*, Paris, Éditions de la Rue d'Ulm, 2013, note p. 23–24.

[17] On retrouve en effet ce schème de pensée chez la plupart des intellectuels de cette époque (J. Piaget, L. Goldmann, et même Cl. Lévi-Strauss), et ensuite jusqu'à la fin des années cinquante lorsqu'est organisé en 1959 un colloque de Cerisy sur le thème « Genèse et structure » (*cf.* M. de Gandillac, L. Goldmann et J. Piaget (dir.), *Entretiens sur les notions de genèse et structure*, Paris, Hermann, 2011 [1re éd. 1965]). Les travaux universitaires et notamment ceux de normaliens (qui s'inscrivent particulièrement bien dans les problématiques à la mode) ont à cet égard valeur de symptôme. Le mémoire de J. Derrida, *Le problème de la genèse dans la philosophie de Husserl* (1953–54), *op. cit.*, reprend ainsi les principaux thèmes de l'époque (genèse, structure, dialectique, etc.) et se réclame même d'une « philosophie de la genèse ». M. Foucault quant à lui donne à sa thèse complémentaire le titre de *Genèse et structure de l'anthropologie de Kant* (thèse soutenue en 1961).

[18] Comme le remarque F. Fischbach, la fortune particulière du concept de *praxis* dans la philosophie marxiste française, et qui est sans commune mesure avec sa place relativement restreinte dans les textes de Marx, provient peut-être du choix qui a été fait de *ne pas traduire* ce terme courant de la langue allemande (F. Fischbach, *Philosophies de Marx*, Paris, Vrin, 2015, p. 27–28).

[19] Dès lors, on ne sera pas surpris de l'intérêt privilégié que chacun des auteurs accorde, durant ces années, au thème de l'enfance – et cela non pas seulement en raison du rôle que joue J. Piaget dans la popularisation de la problématique génétique. L'enfance est, en effet, un moment génétique privilégié, puisque chaque génération doit nécessairement répéter la genèse de toutes les structures

Or Sartre, Merleau-Ponty et Trần Đức Thảo ont la conviction que le seul moyen de rendre intelligible l'ensemble de ces phénomènes est d'élaborer un cadre théorique original (qui se rapproche fortement de ce que L. Goldmann et J. Piaget appellent le « structuralisme génétique »[20]), dont les fondements théoriques doivent être puisés dans une confrontation entre phénoménologie et marxisme. Chacun des trois revisite à cet effet les deux courants de pensée afin d'y trouver des outils conceptuels à même de contribuer à cette synthèse. Ils en viennent alors, grâce à leurs nouvelles approches, à mettre en lumière des concepts et parties du *corpus* des deux traditions de pensée qui n'avaient pas encore attiré l'attention. Ainsi, de la même manière que le concept marxiste de *praxis* se diffuse à l'époque largement dans le champ intellectuel, la phénoménologie génétique de Husserl connaît, sous l'impulsion de Merleau-Ponty et peut-être plus encore de Trần Đức Thảo, un succès important auprès des jeunes générations intellectuelles, et s'impose comme le point d'entrée privilégié dans l'œuvre de Husserl. C'est donc maintenant pour rendre raison du processus de genèse des structures que chacun des trois auteurs s'essaie à proposer de nouvelles « syntaxes » articulant marxisme et phénoménologie d'une manière originale.

L'objet de cette partie est donc de présenter ces trois philosophes aux prises avec la nouvelle situation créée par la Guerre froide en montrant la manière dont ils prennent conscience de l'insuffisance de leurs élaborations de 1945 et cherchent de nouvelles voies. Pour Sartre et Merleau-Ponty, cette période est donc placée sous le signe de la crise, ni l'un ni l'autre ne parvenant à trouver une synthèse tout à fait satisfaisante (Sartre encore moins que Merleau-Ponty). C'est en revanche Trần Đức Thảo qui, dans son ouvrage majeur *Phénoménologie et matérialisme dialectique*, propose une tentative de synthèse entre phénoménologie et marxisme qui condense l'ensemble des enjeux théoriques et pratiques de cette période.

---

qui organisent l'existence humaine : l'enfance est non seulement le moment de constitution des structures biologiques et psychologiques, mais également celui de l'intériorisation des structures sociales et historiques. Dans le processus de formation et d'éducation, structure et individu, synchronie et diachronie se rejoignent dans un processus de type dialectique qu'il s'agit pour les trois auteurs d'élucider.

[20] *Cf.* notamment L. Goldmann, « Genèse et structure », dans M. de Gandillac, L. Goldmann et J. Piaget (dir.), *op. cit.*, p. 7–22 (repris dans L. Goldmann, *Marxisme et sciences humaines*, Paris, Gallimard, 1970, p. 17–30).

Chapitre 4
Trần Đức Thảo et la genèse matérialiste dialectique du transcendantal (1948–1952)

> « *Le temps est venu pour [la pensée marxiste] de tourner les dernières philosophies bourgeoises, de les interpréter, d'en briser la coquille, de s'en incorporer la substance. Qu'attend-t-elle ? Le seul, en France, qui ait tenté de combattre l'adversaire sur son propre terrain, c'est Tran Duc Tao [sic]* »
>
> (Sartre, « Le réformisme et les fétiches », p. 111).

Phénoménologie et matérialisme dialectique (1951) de Trần Đức Thảo constitue l'ouvrage emblématique de ce que nous avons identifié comme un deuxième grand moment d'articulation entre marxisme et phénoménologie dans l'après-guerre en France. Trần Đức Thảo incarne de ce fait les « espoirs » d'une jeune génération intellectuelle des années cinquante, qui trouve dans *Phénoménologie et matérialisme dialectique* une formulation des problèmes philosophiques auxquels elle cherche à s'affronter[1]. J. Derrida a souligné à de nombreuses reprises l'importance de l'ouvrage de Trần Đức Thảo, non seulement dans sa propre formation, mais plus largement pour le champ intellectuel et philosophique (et en particulier dans ce lieu stratégique en France qu'est le milieu normalien[2]). Dans un entretien avec D. Janicaud, il raconte :

> Le souci que je partageais avec pas mal de gens à l'époque, c'était celui de substituer à une phénoménologie à la française (Merleau-Ponty, Sartre), peu soucieuse de scientificité et d'épistémologie, une phénoménologie plus tournée vers les sciences. La question de l'objectivité scientifique nous occupait beaucoup. C'était aussi un souci politique. Tran Duc Tao [sic] joue un grand rôle dans cet espace. Je n'étais pas rigoureusement communiste ni marxiste, mais là aussi c'était une question d'atmosphère[3].

---

[1] « À l'École, je connus Tran Duc Thao, qui s'était rendu célèbre en publiant très tôt son mémoire sur la phénoménologie et le matérialisme dialectique […]. Thao et Desanti portaient alors les espoirs de notre génération » (L. Althusser, *L'avenir dure longtemps. Suivi de Les Faits*, Paris, Éditions Stock/IMEC, 1994, p. 362).

[2] Sur l'influence de Trần Đức Thảo sur le milieu normalien, voir *supra*, Partie I, chap. 2.

[3] D. Janicaud, *Heidegger en France*, Paris, Albin Michel, 2001, II. Entretiens, p. 93–94. Voir aussi

La fascination qu'exerce alors *Phénoménologie et matérialisme dialectique* tient donc à une remarquable correspondance entre les problèmes et les directions théoriques qu'il explore et « l'atmosphère » générale d'une partie du champ intellectuel – atmosphère dont il est l'une des incarnations les plus brillantes, mais qu'il contribue par ailleurs à forger, tant par ses cours à l'ENS que par la publication de l'ouvrage. Contre l'appropriation existentialiste de la problématique phénoménologique (chez Sartre ou Merleau-Ponty), il s'agit de proposer une lecture rigoureuse et précise des textes mêmes de Husserl et de dégager ainsi le sens authentique du projet husserlien[4]. Mais en même temps, il s'agit de tenter d'articuler plus nettement phénoménologie et sciences (naturelles et humaines) en faisant davantage droit aux savoirs positifs[5] ; et cela dans la perspective d'une vaste reconstruction des savoirs humains en vue de leur unification méthodologique et conceptuelle. Enfin, ce projet intellectuel comporte indissociablement une dimension politique, comme le rappelle Derrida lorsqu'il signale que la problématique et le langage même de Trần Đức Thảo sont emblématiques de ce qu'était la « carte philosophique et *politique* à partir de laquelle, dans la France des années 50, un étudiant en philosophie cherchait à s'orienter »[6]. Ce que ces jeunes philosophes trouvent chez Trần Đức Thảo est une tentative d'élaboration d'un langage nouveau (ou d'une « syntaxe » nouvelle)

J. Derrida, « Ponctuations : le temps de la thèse » (1980), *Du droit à la philosophie*, Paris, Galilée, 1990, p. 444 ; et J. Derrida, *Politique et amitié. Entretiens avec Michael Sprinker sur Marx et Althusser*, Paris, Galilép, p. 16–18 : « Ce livre [*PMD*] a sans doute beaucoup compté pour moi […] à ce moment-là, il signalait, si vous voulez, dans certains milieux philosophiques, l'intérêt qu'il pouvait y avoir à se servir de la problématique de Husserl pour poser des questions sur la scientificité, sur l'émergence de la pratique théorique, de l'attitude cognitive, sur la possibilité de l'objectivité scientifique : de façon non formelle, non idéaliste (à la manière de Kant), tout en allant au-delà de l'empirisme, d'un certain empirisme ou positivisme marxiste, tout comme au-delà de la phénoménologie comme simple "phénoménologie de la perception" ».

[4] Cette opposition entre deux voies d'appropriation de la phénoménologie husserlienne est structurante pour l'ensemble de cette génération. Michel Foucault, qui enseigne à l'ENS au début des années 1950 et qui est celui qui a notamment conseillé à Derrida de lire l'ouvrage de Trần Đức Thảo, l'utilise systématiquement à chaque fois qu'il décrit le champ philosophique de l'époque (*cf.* M. Foucault, « La vie : l'expérience et la science », *Dits et écrits*, Paris, Gallimard, 2001, p. 1583–1584). Sur les rapports entre Trần Đức Thảo et Foucault, voir J. L. Moreno Pestaña, *En devenant Foucault. Sociogenèse d'un grand philosophe*, Broissieux, Éd. du Croquant, 2006.

[5] Dès le début des années 1950 et bien avant l'éclosion du structuralisme, on trouve un intérêt croissant pour l'articulation entre philosophie et sciences. L'ouvrage de Trần Đức Thảo joue un rôle important dans cette évolution, comme en témoignent les références très nombreuses à l'ouvrage dans les exposés oraux de normaliens des années 1950. Sur ce point, voir Fonds Althusser, IMEC, ALT2, E5 01 et 03, ainsi que E. Baring, *The Young Derrida and French Philosophy. 1945–1968*, Cambridge, Cambridge University Press, 2011, p. 106.

[6] J. Derrida, « Avertissement », dans *Le problème de la genèse dans la philosophie de Husserl*, Paris, PUF, 1990, p. VII-VIII. Sur l'influence de Trần Đức Thảo sur Derrida, voir L. Lawlor, *Derrida and Husserl: The Basic Problem of Phenomenology*, Bloomington, Indiana University Press, 2002, chap. 4: « Upping the Ante on Dialectic: An Investigation of *Le problème de la genèse dans la philosophie de Husserl* » ; E. Baring, *op. cit.* ; D. Giovannangeli, « Husserl entre Tran Duc Thao et Derrida. Un moment de la phénoménologie en France », dans J. Benoist & M. Espagne (dir.), *L'itinéraire de Trần Đức Thảo. Phénoménologie et transferts culturels*, Paris, Armand Colin, 2013, p. 133–146.

articulant de manière rigoureuse phénoménologie et marxisme, et rendant commensurables philosophie, sciences et politique.

Mais pour représenter une telle alternative à l'articulation existentialiste du marxisme et de la phénoménologie, Trần Đức Thảo a dû transformer en profondeur sa manière de poser le problème. L'ouvrage de 1951 révèle de ce fait l'ampleur de l'évolution intellectuelle de Trần Đức Thảo depuis 1947. Entre 1942–1947, l'horizon philosophique de Trần Đức Thảo et sa manière de penser les rapports entre marxisme et phénoménologie restaient encore fortement influencés par Merleau-Ponty et par l'atmosphère existentialiste. À partir de 1947–48, il prend ses distances par rapport à la phénoménologie existentielle de Merleau-Ponty et affirme plus nettement son autonomie intellectuelle en élaborant une problématique originale[7].

À quel moment ce changement d'orientation a-t-il eu lieu ? Dans ses textes autobiographiques, Trần Đức Thảo insiste généralement sur deux dates : 1950 et 1948. Il lui arrive en effet parfois de considérer que la date décisive dans son évolution est 1950 – laquelle correspond à sa rupture définitive avec l'équipe des *Temps Modernes* (à l'occasion notamment de l'échec des entretiens qu'il a alors avec Sartre[8]), à l'écriture de la seconde partie de *Phénoménologie et matérialisme dialectique*, et aux expériences qui vont le conduire à quitter la France pour rejoindre le Vietnam du Nord afin de participer à la guerre d'indépendance[9]. Bien que 1950 soit certainement une date importante, il nous semble cependant que c'est en 1948 que se situe la véritable rupture. Dans plusieurs textes, il insiste sur le lien étroit entre la transformation soudaine de la situation politique et historique en 1947–48 (le début de la Guerre froide venant redoubler les effets de la guerre d'Indochine) et son changement de perspective philosophique. Cette situation nouvelle révélerait l'incompatibilité entre le marxisme et l'existentialisme, et contraindrait les penseurs à opter pour l'une ou l'autre pensée :

> L'offensive inattendue du Plan Marshall avec l'élimination des ministres communistes des gouvernements d'Europe occidentale avait placé les intellectuels de cette époque devant la nécessité d'un choix entre le marxisme et le rétablissement intégral de la bourgeoisie impérialiste. [...] Après la liquidation du fascisme, il fallait choisir entre l'existentialisme et le marxisme[10].

---

[7] Dans la *FH*, il évoque « l'élan intérieur des dernières années » de son séjour en France (*FH*, Préface, p. 6).

[8] Entre novembre 1949 et janvier 1950, Sartre et Trần Đức Thảo mènent une série de cinq entretiens sur le marxisme et l'existentialisme. Ces entretiens sont sténographiés en vue d'une publication. Ils ne donnent cependant pas le résultat attendu. Comme le rapporte Trần Đức Thảo « chaque séance s'achevait sur un résultat négatif, en raison des divergences radicales dès les positions de départ dans la Weltanschauung des deux côtés » (*FH*, Préface, p. 1). À la suite, un conflit surgit entre eux et Trần Đức Thảo va jusqu'à intenter un procès à Sartre. Sur ces entretiens, voir aussi S. de Beauvoir, *FC*, t. 1, p. 277 et p. 309, et Trần Đức Thảo, NB, p. 149–151.

[9] Sur ce point, voir P. Papin, « Itinéraire II. Les exils intérieurs », J. Benoist et M. Espagne (dir.), *op. cit.*, p. 63–64 ; ainsi que NB, p. 150.

[10] *FH*, Préface, p. 6.

Or ni Sartre ni Merleau-Ponty ne saisissent, selon lui, le sens de cette situation[11], et s'obstinent à tenter de produire une synthèse « éclectique » entre les deux courants de pensée. Trần Đức Thảo commence alors à se sentir de plus en plus « comme un étranger parmi les habitués du groupe de Sartre »[12], car pour lui le « cours nouveau » exigeait au contraire d'opter pour le marxisme :

> Devant la montée de l'impérialisme colonialiste, je ne pouvais que choisir le marxisme, ce que je fis dans mon article de 1948 : « La Phénoménologie de l'Esprit et son contenu réel »[13].

En 1948, Trần Đức Thảo fait donc ses « adieux à l'existentialisme » et « adhère » pleinement au marxisme[14].

À partir de 1948, apparaît effectivement peu à peu un nouveau vocabulaire, qui signale cette nouvelle perspective théorique. Le contraste est frappant si l'on compare ses écrits de 1948 avec sa réponse à l'enquête de Roger Stéphane « Questions du communisme », publiée à la toute fin de l'année 1947[15]. Dans ce texte, Trần Đức Thảo utilise certes pour la première fois l'expression de « matérialisme dialectique »[16] et affirme adhérer au marxisme à la fois d'un point de vue théorique et pratique[17], mais son propos reste encore très largement tributaire de sa problématique de l'immédiat après-guerre[18]. La bibliographie à la fin du numéro annonce même la parution à venir d'un article au titre très existentialiste : « Sens de l'existence et lutte des classes »[19]. Or si à la fin de l'année 1947 Trần Đức Thảo n'a manifestement par encore formulé sa nouvelle problématique philosophique, il n'en va pas de même pour les deux traces écrites que nous avons de l'état de sa pensée durant l'année 1948 : d'une part la transcription d'un débat qu'il a eu avec E. Weil à la suite d'une conférence de Roland Caillois au Collège philosophique portant sur Marx[20] et d'autre part le compte-rendu de *L'Introduction à la lecture de Hegel*

---

[11] « Il fallait choisir entre l'existentialisme et le marxisme. Ni Sartre, ni Merleau-Ponty n'ont pu s'y décider, ou plutôt ils avaient déjà opté pour l'existentialisme » (*FH*, Préface, p. 6).

[12] *FH*, Préface, p. 7.

[13] *FH*, Préface, p. 6.

[14] *FH*, Préface, p. 1 et p. 7 ; voir également NB, p. 148–149.

[15] QC, *Confluences*, n°18–20, 1947, p. 276–287.

[16] QC, p. 286.

[17] « Accepter la doctrine [marxiste], c'est par définition adhérer à l'action qui la fait passer au réel : défendre le marxisme, ne fût-ce que sur le plan théorique, c'est, *ipso facto*, soutenir le parti communiste » (QC, p. 276–277).

[18] Il écrit par exemple que « la socialisation des moyens de production » est une « exigence […] qui jaillit de la situation actuelle » et il en parle même comme d'un « projet existentiel » (QC, p. 277–278).

[19] *Cf. Confluences*, n°18–20, p. 336. Ce texte est annoncé à paraître dans *Wort und Tat*, revue de langue allemande basée à Paris. Il est possible qu'il s'agisse du titre primitif d'« Existentialisme et matérialisme dialectique ». Sur ce point, voir *supra*, Partie I, chap. 2.

[20] « La critique de la philosophie (Marx) », F. Alquié, R. Aron, M. Buber, R. Caillois, M.-M. Davy, A. Patri, *L'homme, le monde, l'histoire*, Cahiers du Collège philosophique, Paris, Arthaud, 1948. Voir p. 79–83 pour le débat entre Trần Đức Thảo et E. Weil.

d'A. Kojève qu'il publie dans *Les Temps Modernes* en septembre 1948[21]. Ces textes témoignent d'une nette évolution de sa pensée et contiennent, comme nous le verrons, les premières formulations de la problématique qu'on trouvera développée par la suite dans *Phénoménologie et matérialisme dialectique*.

Mais s'il est indéniable que la situation politique et historique a joué un rôle déterminant dans la rupture de Trần Đức Thảo avec sa problématique de l'immédiat après-guerre, ce changement ne s'explique pas seulement par des raisons purement externes. Il trouve également ses sources dans les difficultés philosophiques que Trần Đức Thảo rencontre dans son projet de synthèse entre phénoménologie et marxisme. L'un des objectifs majeurs de cette synthèse était de proposer une explication satisfaisante du rapport entre infrastructures et superstructures, qui fasse droit à la fois à l'inscription matérielle et historique des idéalités et à leur relative autonomie par rapport à cette origine[22]. Or si ses analyses permettaient de comprendre l'*idéalisation secondaire*, c'est-à-dire la genèse des idéalités et des idéologies à partir de l'activité antéprédicative (ou « infrastructure existentielle »), elles laissaient cependant inexpliquée ce que nous avons appelé l'*idéalisation primaire*. Celle-ci renvoie à l'opération par laquelle des significations objectives et matérielles deviennent conscientes dans l'activité antéprédicative, ou encore au passage de l'infrastructure économique à l' « infrastructure existentielle ». Pour désigner ce devenir idéal de l'être objectif dans la conscience spontanée, Trần Đức Thảo avait recours à des formules peu précises[23], qui trahissaient, selon nous, la difficulté qu'il avait à déterminer le sens du conditionnement économique et social de l'individu.

Cette difficulté constitue certainement l'une des raisons du changement d'orientation philosophique de Trần Đức Thảo. Il lui faut désormais proposer un cadre théorique permettant d'expliquer le fonctionnement effectif de cette idéalisation primaire. Le sujet humain se caractérise en effet par ceci qu'il a la capacité permanente d'opérer ce passage du matériel à l'idéel dans n'importe quel acte de conscience – capacité qui semble ainsi renvoyer à ce qu'on peut désigner comme une « structure transcendantale »[24] du sujet humain. L'enjeu sera alors de comprendre cette capacité transcendantale d'idéalisation primaire du sujet humain. Pour parvenir à une telle compréhension, Trần Đức Thảo interroge cette capacité dans deux directions. D'une part, il essaie de mettre au jour, d'un point de vue statique, le processus même de l'idéalisation primaire : en prenant comme données telles capacités ou structures transcendantales, il s'agit de montrer comment l'activation de ces capacités assure concrètement le passage du matériel à l'idéel. Mais d'autre

---

[21] « La *Phénoménologie de l'Esprit* et son contenu réel » [PECR], *LTM*, n°36, septembre 1948, p. 492–519.

[22] *Cf. supra*, Partie I, chap. 2.

[23] Il parle de « limitation », de « reprise », ou « d'allure générale [...] dessinée par certaines conditions » (*cf. supra* Partie I, chap. 2).

[24] Nous utilisons ici le concept de « transcendantal » pour désigner les conditions de possibilité de l'apparaître du monde. En effet, si chez Kant le transcendantal a principalement un sens épistémologique et désigne « notre mode de connaissance des objets en tant qu'il est possible en général » (E. Kant, *Critique de la raison pure*, Paris, Gallimard, 1990, Introduction, p. 83), Husserl élargit cette signification pour lui faire désigner la condition de possibilité de ce qui apparaît en général.

part, Trần Đức Thảo pense qu'une telle intelligibilité n'est pas suffisante : il faut encore comprendre, d'un point de dynamique ou génétique, comment de telles structures transcendantales ont pu se former. Or si l'on rejette l'hypothèse d'une origine supranaturelle de cette faculté transcendantale et si l'on admet que l'humanité est un produit de l'évolution des espèces, le problème consiste à comprendre comment cette faculté transcendantale d'idéalisation peut être le produit d'une évolution naturelle. Trần Đức Thảo est ainsi conduit à s'interroger sur ce qui se présente comme un processus d'idéalisation encore plus fondamental, qu'on pourrait appeler l'*idéalisation originaire* : la genèse de la capacité d'idéalisation primaire, autrement dit, la genèse de la structure transcendantale.

Les deux directions de ce questionnement le conduisent à entreprendre une recherche de type génétique[25], qui réinscrit l'humanité dans l'histoire longue de l'évolution des espèces. Dans les deux cas, l'erreur courante est de se focaliser exclusivement sur les capacités transcendantales *humaines*, et, en raison d'une méconnaissance de ce qui est déjà présent chez les animaux, d'accroître de manière démesurée la distance entre l'humanité et le reste du règne animal. Pour comprendre à la fois l'idéalisation primaire et l'idéalisation originaire au niveau de l'humanité, il faut donc restituer l'ensemble des étapes intermédiaires qui ont conduit à leur formation. Si l'on se contente en effet de confronter la capacité d'idéalisation primaire de l'humanité avec la matérialité purement physique, l'apparition d'une telle capacité semble être un événement mystérieux ou miraculeux ; mais ce caractère disparaît s'il l'on parvient à restituer l'ensemble des étapes intermédiaires : on découvre alors qu'une forme rudimentaire de l'idéalisation primaire apparaît dès le début de la vie dans les formes vivantes primitives, et on peut ensuite retracer sa complexification croissante tout au long de l'échelle du vivant, jusqu'à ce qu'elle trouve sa structuration spécifiquement humaine. Comprendre l'idéalisation primaire impliquera donc d'élargir l'enquête à l'histoire de l'évolution et d'interroger l'origine de l'animalité – c'est-à-dire de saisir comment, sous une forme rudimentaire, s'opère un premier passage du matériel à l'idéel. De la même manière, l'apparition de l'idéalisation originaire semble être une brisure absolue et inexplicable dans l'histoire de l'univers, si l'on cherche à engendrer l'humanité à partir de la matérialité physique (ou bien, ce qui revient au même, à partir de l'animalité conçue comme réductible à de la matérialité physique). Replacée au contraire dans l'histoire longue de l'évolution des espèces, l'idéalisation originaire n'apparaît plus comme un événement unique : on remarque qu'elle se répète régulièrement à chaque fois qu'une structure transcendantale plus complexe surgit. L'enjeu est donc de comprendre la logique de l'évolution comme genèse du transcendantal.

Tel est donc le projet, « conçu depuis 1948 », qu'il décrira plus tard comme celui de « saisir en profondeur la genèse et le développement de la conscience à partir de la dialectique de la production matérielle »[26]. Cependant, comme dans l'immédiat après-guerre, Trần Đức Thảo pense qu'un tel projet ne pourra être réalisé qu'en

---

[25] Au sens d'une recherche qui s'intéresse au processus de genèse.
[26] *FH*, Préface, p. 1.

instituant une confrontation entre les pensées phénoménologique et marxiste. Cette confrontation prend toutefois une toute autre forme qu'avant 1948. Il n'est plus question de compléter le marxisme par des apports positifs de la phénoménologie, ni non plus d'une visée originelle commune au marxisme et à la phénoménologie qui leur permettrait de se rejoindre. Il s'agit désormais de dépasser de manière unilatérale la phénoménologie vers le marxisme, et de se placer sans ambiguïté uniquement dans le cadre théorique du « matérialiste dialectique ».

Ce dépassement est cependant compris de manière dialectique, et veut donc conserver quelque chose de ce qu'il supprime. La phénoménologie constitue, selon lui, une ressource inestimable en ceci qu'elle a produit (en particulier dans les manuscrits inédits de Husserl) la description la plus poussée des différentes structures transcendantales – descriptions qui peuvent alors servir de guide pour dégager les étapes successives de formation des structures transcendantales au cours de l'évolution du vivant. Ses analyses et ses concepts gardent ainsi une simple valeur descriptive et relative (puisqu'elles s'en tiennent au point de vue limité de la conscience sur elle-même, et qu'il est donc nécessaire de les replacer dans une perspective plus englobante). Pour montrer cela, Trần Đức Thảo s'appuie sur sa connaissance presque inégalée à l'époque de l'œuvre publiée et inédite de Husserl[27]. Cette connaissance est largement acquise en 1948[28] et une partie importante des développements qui formeront la première partie de *Phénoménologie et matérialisme dialectique* sont déjà rédigés[29]. Cependant, le changement important qui intervient dans sa compréhension de Husserl provient de l'influence qu'a sur lui « l'étude précise »[30] de la *Phénoménologie de l'Esprit* de Hegel. Il passe alors d'une interprétation *husserlienne* de Husserl (qui tente de retrouver une visée originaire qui aurait été recouverte par sa traduction inadéquate dans son système de concepts), à une interprétation *hégélienne*, qui s'efforce de dégager des tensions ou contradictions constitutives du projet husserlien lui-même, et de proposer une compréhension dialectique du développement de la philosophie de Husserl. Mais ce nouveau souci dialectique ne concerne pas seulement le mouvement de la pensée husserlienne, mais aussi la manière d'envisager son dépassement. Les principaux efforts de Trần Đức Thảo sont en effet dirigés, à partir de 1948, vers une tentative de reconstruction matérialiste et dialectique de la phénoménologie – laquelle consiste à réinscrire l'ensemble des structures transcendantales dégagées par l'analyse phénoménologique dans leur fondement matériel effectif.

Cette reconstruction de la phénoménologie se fait sur la base du marxisme désormais conçu comme « matérialisme dialectique ». L'évolution intellectuelle de Trần

---

[27] En 1947, P. Ricœur est la troisième personne, après Merleau-Ponty et Trần Đức Thảo, à aller consulter les inédits de Husserl aux Archives de Louvain. À partir de la fin des années 1940 et du début des années 1950, il s'impose peu à peu comme le meilleur connaisseur de Husserl en France.

[28] Trần Đức Thảo conserve chez lui jusqu'à la fin 1948 les manuscrits du Groupe C du *Nachlass* (*cf.* H. L. Van Breda, « Maurice Merleau-Ponty et les Archives-Husserl à Louvain », *RMM*, n°4, octobre-décembre 1962, p. 425, et la correspondance entre Trần Đức Thảo et Van Breda).

[29] Sur ce point, voir *supra*, Partie I, chap. 2.

[30] NB, p. 148.

Đức Thảo se traduit en effet également dans sa compréhension du marxisme. D'une manière générale ses références au marxisme sont à la fois plus nombreuses, plus précises, mais aussi plus orthodoxes qu'avant 1948. Les textes du jeune Marx et les questions soulevées par les *Manuscrits de 1844* disparaissent ainsi au profit des textes « classiques » du marxisme mobilisés par les intellectuels communistes[31]. Le marxisme n'est plus compris simplement comme une « philosophie de la *praxis* » qui cherche à rendre compte du monde historique et social (c'est-à-dire comme un « matérialisme historique »), mais comme une pensée qui met au jour les principes fondamentaux régissant l'ensemble de la réalité, humaine et naturelle, bref comme un « matérialisme dialectique ». C'est en effet seulement à partir d'un tel cadre théorique qu'il devient possible de penser l'articulation entre la nature et la société, et de rendre ainsi intelligible le processus dynamique par lequel la matière peut devenir idéelle et ensuite acquérir un sens humain. Ce qui intéresse donc désormais Trần Đức Thảo dans le marxisme, c'est son cadre ontologique (matérialiste et dialectique), et sa tentative d'élaboration d'une philosophie de la nature (à travers l'idée d'une « dialectique de la nature »). Or c'est principalement dans l'œuvre d'Engels qu'il trouve de telles ressources (et en particulier dans l'*Anti-Dühring*, dans la *Dialectique de la nature* et dans *Ludwig Feuerbach et la fin de la philosophie classique allemande*). Le marxisme de Trần Đức Thảo est donc, à partir de 1948, moins marxien qu'*engelsien*. Mais ici encore, comme dans le cas de la phénoménologie, l'une des évolutions importantes que connaît sa pensée est l'influence déterminante de Hegel (et cela certainement sous l'influence d'Engels), de sorte que son matérialisme dialectique est fortement imprégné par la philosophie hégélienne. Si donc on peut parler d'une tentative d'élaboration d'une syntaxe commune, celle-ci n'est plus simplement une articulation entre phénoménologie et marxisme, mais comprend désormais un troisième terme hégélien. L'hégélianisme conditionne en effet non seulement son interprétation de chacune de ces pensées, mais assure également leur mise en rapport.

1 Du marxisme phénoménologique au matérialisme dialectique. Genèse d'une nouvelle problématique philosophique.

« Dans les dernières années de mon séjour autrefois en France, j'avais adhéré au marxisme par un article d'adieu à l'existentialisme : *La phénoménologie de l'Esprit et son contenu réel* […], où je justifiais mon choix par les vastes horizons que la considération matérialiste dialectique […] permet d'ouvrir à l'analyse de la conscience vécue »
(Trần Đức Thảo, *La formation de l'homme*, Préface, p. 1).

---

[31] Il s'agit en particulier des textes figurant dans l'anthologie *Études philosophiques* (rééditées par les Éditions sociales en 1947), ainsi que les textes d'Engels et en particulier l'*Anti-Dühring*, qui est utilisé comme manuel de philosophie marxiste. Sur cette question, voir J.-P. Cotten, « Les *Études philosophiques* de Marx et Engels : la constitution d'un corpus légitime », G. Labica (dir.), *1883–1983. L'œuvre de Marx, un siècle après*, Paris, PUF, 1985, p. 41–46.

1 Du marxisme phénoménologique au matérialisme dialectique.

En 1948, Trần Đức Thảo prend définitivement ses distances avec la problématique philosophique dans laquelle il était engagé depuis la Libération. Ce changement d'orientation se nourrit de nouvelles influences théoriques, qui deviennent à partir de ce moment déterminantes. Le premier élément est sa volonté d'inscrire ses recherches dans le champ de ce qu'il désigne comme le « matérialisme dialectique » – formule dont il faudra tenter de restituer le sens exact afin de préciser le rapport nouveau que Trần Đức Thảo veut instaurer avec le marxisme. Le second élément réside dans son appropriation de la philosophie hégélienne, notamment par la critique de l'interprétation kojévienne de Hegel. En se confrontant à cette lecture, il parvient d'une part à clarifier la source de sa divergence philosophique profonde avec l'existentialisme, et d'autre part à thématiser pour la première fois le sens qu'il donne à l'idée d'une dialectique matérialiste[32].

1.1 Sous la bannière du « matérialisme dialectique ».

Le titre de l'ouvrage de 1951 *Phénoménologie et matérialisme dialectique* semble presque identique à celui de l'article de 1946 « Marxisme et phénoménologie ». La substitution du terme de « matérialisme dialectique » à celui de « marxisme » n'a pourtant rien d'anodin, et indique un changement profond de problématique. En fait, comme en témoigne également son article de 1949 « Existentialisme et matérialisme dialectique »[33], à partir de 1948, Trần Đức Thảo, se revendique presque exclusivement du matérialisme dialectique. Que faut-il entendre par matérialisme dialectique ?

Cette formule, qui ne se trouve ni chez Marx ni chez Engels, s'impose pourtant progressivement au XXe siècle pour désigner la « philosophie » du marxisme, c'est-à-dire la conception générale de la réalité (ce que nous pourrions appeler son « ontologie » ou sa « métaphysique »)[34]. Désigner ce corps doctrinal par la formule de « matérialisme dialectique » présentait l'avantage de relâcher le lien avec le nom propre « Marx » : on pouvait ainsi faire apparaître l'œuvre de Marx comme le simple point de départ d'une vaste entreprise scientifique, qui devait à la fois la poursuivre et la dépasser (et revaloriser par la même occasion la contribution d'Engels, ainsi que d'autres penseurs marxistes). Or si l'expression de « matérialisme dialectique » est aujourd'hui devenue presque synonyme du « *Dia-mat* » stalinien, celle-ci présentait, en dehors de l'URSS, un tout autre aspect dans les années trente et quarante, et cela en particulier pour de nombreux scientifiques et philosophes. Elle désignait pour eux le projet d'élaborer une nouvelle forme de rationalisme, qui permettrait de dépasser le vieux rationalisme positiviste du XIXe siècle et de répondre

---

[32] *Cf. FH*, Préface, p. 1 et NB, p. 148–149.

[33] Si le titre de cet article fait bien signe vers la nouvelle problématique de Trần Đức Thảo, le contenu appartient en revanche à l'ancienne problématique. Sur la date de rédaction de l'article, voir *supra*, Partie I, chap. 2.

[34] Sur ce point, voir *supra*, Introduction générale.

ainsi à la « crise de la raison »³⁵. L'ancien rationalisme non seulement se révélait incapable de rendre raison des découvertes scientifiques récentes, mais conduisait également, en raison de son étroitesse, à la dispersion des sciences, en poussant chacune à adopter ses propres concepts et méthodes. Le matérialisme dialectique se présentait au contraire comme le « rationalisme moderne »³⁶ : tout en gardant un solide fondement matérialiste et rationaliste, il proposait de dépasser le déterminisme classique et de penser les interactions de manière dialectique (à travers des notions comme celles de totalité, d'action réciproque, ou encore de complexité et d'émergence, etc.). De nombreux scientifiques ont de ce fait été séduits à l'époque par cette entreprise, et ont cru y trouver la formulation de principes et de méthodes communs qui permettraient de réunifier les sciences et sortir de la « crise de la raison »³⁷. Au moment de la Libération, ces espoirs semblent trouver un début de réalisation lorsque les intellectuels proches du Parti communiste lancent le projet d'*Encyclopédie de la Renaissance française*³⁸. Cette vaste entreprise, qui devait réaliser pour la révolution communiste à venir ce que Diderot et D'Alembert avaient fait pour la révolution bourgeoise au XVIIIe siècle, se donnait pour tâche de reconstruire l'édifice entier des savoirs sur une base matérialiste dialectique. Chaque savant qui y participait devait ainsi montrer que les concepts et principes du matérialisme dialectique permettaient d'expliquer, mieux que l'ancienne philosophie positiviste et mécaniste, les développements récents de leur discipline (d'où la multiplication, à l'époque, d'ouvrages ou d'articles portant le titre d'une discipline associée au « matérialisme dialectique »)³⁹.

Pour Trần Đức Thảo, se revendiquer du « matérialisme dialectique » consiste donc à s'inscrire dans ce projet collectif de développement d'une rationalité dialectique dans l'ensemble des domaines du savoir humain⁴⁰. C'est pour cette raison que,

---

³⁵ Sur l'effet de la « crise de la raison » sur le champ intellectuel français et la recherche de pensées synthétiques dans l'entre-deux-guerres, voir E. Castelli Gattinara, *Les inquiétudes de la raison. Épistémologie et histoire en France dans l'entre-deux-guerres*, Paris, Vrin/EHESS, 1998.

³⁶ D'après le sous-titre de la revue *La Pensée. Revue du rationalisme moderne*, fondée par les communistes en 1939, pour défendre un tel rationalisme.

³⁷ Voir à ce sujet A. Tosel, « Matérialisme, dialectique et "rationalisme moderne". La philosophie des sciences à la française et le marxisme (1931–1945) », J.-F. Mattéi (dir.), *Philosopher en français*, Paris, PUF, 2001, et I. Gouarné, *Introduction du marxisme en France. Sciences humaines et philosoviétisme (1920–1939)*, Rennes, Presses Universitaires de Rennes, 2013.

³⁸ Sur le projet d'Encyclopédie, lancé « avec éclat » au Palais de Chaillot le 10 juin 1945, voir notamment H. Wallon, « Pour une encyclopédie dialectique. Sciences de la nature et sciences humaines », *La Pensée*, n°4, juillet-septembre 1945, p. 17–22, et P. Langevin, « Matérialisme mécaniste et matérialisme dialectique », *La Pensée*, n°12, mai-juin 1947, p. 8–12.

³⁹ Le projet ne s'est en fait jamais concrétisé au-delà des déclarations initiales. Le début de la Guerre froide et les impératifs de la bataille idéologique conduisent le Parti communiste à enterrer ce projet et à marginaliser la revue *La Pensée*, qui en était le porteur. Le sous-titre de *La Nouvelle critique*, la revue que les intellectuels communistes fondent en 1948, annonce la nouvelle orientation : « revue du marxisme militant » (*cf.* « Présentation », *La Nouvelle Critique*, n°1, décembre 1948, p. 1–18).

⁴⁰ À la même époque le philosophe marxiste H. Lefebvre (membre alors du PCF) mène des recherches dans la même direction, comme en témoigne le vaste projet encyclopédique de Traité

plus encore que Marx, c'est Engels qui constitue pour lui le penseur privilégié. Dans les années 1870 et 1880 Engels met en effet en œuvre un grand projet théorique d'unification des différents savoirs autour de la dialectique matérialiste marxiste. Ce projet encyclopédique, qui se situe dans le prolongement de celui de Hegel, consiste à traduire en termes matérialistes et dialectiques les découvertes scientifiques récentes. L'objectif est non seulement de mettre en lumière ce qu'ont en commun les rationalités à l'œuvre dans les différents domaines scientifiques, mais également de permettre de dépasser l'obstacle épistémologique que constitue une « pensée métaphysique » pour le développement des sciences. C'est dans cette perspective qu'il faut comprendre le travail qu'Engels fait sur l'anthropologie (dans *L'origine de la famille, de la propriété privée et de l'État*), ainsi que sur les sciences physiques et biologiques de son époque (dans les manuscrits qui ont été publiés de manière posthume sous le titre de *Dialectique de la nature*) – travaux tout particulièrement valorisés dans l'après-guerre en France[41]. C'est ce projet dont Engels n'a jamais pu proposer plus qu'une esquisse[42], qui est repris par Trần Đức Thảo et qui forme l'arrière-plan de la seconde partie de *Phénoménologie et matérialisme dialectique*.

Le matérialisme dialectique de Trần Đức Thảo suit à bien des égards les contours du marxisme orthodoxe de la pensée communiste de l'époque. Toutefois, il ne faut pas se méprendre sur le sens de cette évolution : Trần Đức Thảo reste un philosophe et ne se contente jamais de répéter des formules dont il n'approuve pas la signification. L'usage qu'il fait de ces références se rapproche de celui d'autres penseurs marxistes originaux qui se revendiquent aussi de l'orthodoxie communiste : tout en reprenant scrupuleusement les termes et les formules les plus orthodoxes, il s'emploie à leur donner un sens philosophique très différent de celui qu'il a pour les dirigeants de l'époque[43]. Il ne faut donc pas être dupe de l'apparence très orthodoxe

---

« à la lumière du matérialisme dialectique » en huit volumes. Seul le premier volume paraîtra : H. Lefebvre, *Logique formelle et logique dialectique* (Paris, Éditions sociales, 1947). Pour un aperçu d'ensemble du projet, voir son « Avant-propos » (p. 9–14).

[41] Les deux seules éditions françaises de la *Dialectique de la nature* datent de cette époque. Pierre Naville réalise la première édition française en 1950 (F. Engels, *Dialectique de la nature*, Librairie Marcel Rivière et Cie, 1950, trad. fr. Denise Naville) qu'il fait précéder d'une très longue « Introduction générale » (p. 27–109). Les Éditions sociales proposent ensuite leur propre édition en 1952 (trad. E. Bottigelli).

[42] Accaparé par ses tâches politiques et par l'édition des livres II et III du *Capital* après la mort de Marx, Engels n'a pas pu mener à bien son projet. Il donne toutefois un aperçu d'ensemble du projet dans l'*Anti-Dühring* ou dans *Ludwig Feuerbach*.

[43] J.-T. Desanti explique ainsi : « Même pour les thèses présentées par le Parti dans une formulation proprement absurde, j'essayais de voir ce qu'il y avait dessous, j'essayais de réfléchir pour voir comment on pouvait découvrir un domaine de rationalité dans cette affaire. […] Dans les slogans les plus insensés, il s'agissait de découvrir la rationalité qui était en dessous, bien qu'elle n'ait pas été déployée pour elle-même » (D. Desanti et J.-T. Desanti, *La liberté nous aime encore*, Paris, Odile Jacob, 2004, p. 128 et p. 130). Ainsi pour son célèbre article « Science bourgeoise et science prolétarienne » (*La Nouvelle Critique*, n°8, juillet-août 1949 ; repris dans *Une pensée captive*, Paris, PUF, 2008, p. 105–133), Desanti travaille les formules officielles de manière à leur donner un sens philosophique acceptable (Voir son propre témoignage sur l'écriture du texte dans D. Desanti et J.-T. Desanti, *op. cit.*, p. 190–191).

et stalinienne de certaines formules, et tenter plutôt à chaque fois de ressaisir le sens philosophique que Trần Đức Thảo leur donne. D'ailleurs, les organes intellectuels communistes officiels ne s'y trompent pas, et gardent toujours une distance à l'égard de la pensée de Trần Đức Thảo : durant toutes ces années, il ne publie aucun article dans une revue communiste[44] et sa pensée n'est jamais discutée ni même mentionnée dans ces revues ; les deux ouvrages qu'il publie à l'époque (*Phénoménologie et matérialisme dialectique* et *Où en est la philosophie ?*[45]) paraissent, non pas dans une maison d'édition communiste, mais aux Éditions Minh Tan. Il est en particulier frappant, vue l'importance de *Phénoménologie et matérialisme dialectique* dans le champ intellectuel de l'époque et la proximité de son auteur avec le communisme, qu'il n'y ait aucune recension de l'ouvrage dans une revue communiste, alors qu'on en trouve en revanche dans *Combat*[46], *Critique*[47], *Esprit*[48], et même dans la *Revue de métaphysique et de morale*[49]. Ce silence témoigne du fait que, bien qu'il n'y ait aucune hostilité à son encontre de la part des communistes (dont il était de fait proche), ses élaborations théoriques ne correspondent pas à ce que le Parti communiste attend de ses intellectuels.

1.2 Le laboratoire hégélien.

En septembre 1948, Trần Đức Thảo publie « La *Phénoménologie de l'Esprit* et son contenu réel »[50], compte-rendu critique de l'*Introduction à la lecture de Hegel* de Kojève. Ce texte décisif, qui signe pour lui son acte de rupture théorique avec

---

[44] Il existe une seule exception : un très court article à caractère purement informatif publié dans *La Pensée* : « Le conflit franco-vietnamien » (*La Pensée*, n°22, jan-fév. 1949, p. 17–19).

[45] *Où en est la philosophie ?* (Éd. Minh Tan, 1950) est le premier texte de Trần Đức Thảo écrit en vietnamien. Il s'agit d'une courte histoire de la philosophie (allant du début de la philosophie grecque jusqu'à la philosophie contemporaine). Le texte n'a pas été traduit, mais Trinh Van Thao en restitue le contenu dans « Quelques jalons dans le parcours philosophique de Tran Duc Thao (1944–1993) » (J. Benoist & M. Espagne (dir.), *op. cit.*, p. 94–96) et dans *Les compagnons de route de Hô Chi Minh. Histoire d'un engagement intellectuel au Viêt-nam*, Paris, Karthala, 2004, p. 150–153.

[46] R. Barthes, « Sur le livre de Trân Duc Thao *Phénoménologie et matérialisme dialectique* », *Combat*, 11 octobre 1951 ; repris dans *Œuvres complètes: T. 1, 1942–1965*. Paris, Le Seuil, 1993, p. 107.

[47] A. De Waehlens, « *Phénoménologie et matérialisme dialectique*, Trần Đức Thảo », *Critique*, n°56, p. 85–88. Tout en reconnaissant les qualités de Tran Duc Thao, ce compte-rendu est l'un des rares à formuler un jugement très critique sur l'ouvrage.

[48] P. Ricœur, « Sur la phénoménologie », *Esprit*, n°209, décembre 1953, p. 821–839 ; repris dans *À l'école de la phénoménologie*, Paris, Vrin, 2004, p. 159–185.

[49] « Notes critiques. *Phénoménologie et matérialisme dialectique*, par Tran-Duc-Thao », *RMM*, 58ᵉ année, n°3, juillet-septembre 1953, p. 310–313.

[50] Ce compte-rendu donne ensuite lieu à un échange de lettres entre A. Kojève et Trần Đức Thảo (« Alexandre Kojève et Trần Đức Thảo : Correspondance inédite » (1948), *Genèse*, n°2, 1990, p. 131–137 ; repris dans G. Jarczyk et P.-J. Labarrière, *De Kojève à Hegel: 150 ans de pensée hégélienne en France*, Paris, Albin Michel, 1996, p. 61–68).

l'existentialisme, lui donne l'occasion de clarifier ses divergences philosophiques fondamentales avec le courant existentialiste[51]. Le choix de critiquer Kojève n'a en effet rien d'anodin : les cours de Kojève sur la *Phénoménologie de l'Esprit* de Hegel ont exercé une influence profonde sur les orientations de la philosophie française (et notamment l'existentialisme), en particulier à travers sa volonté de produire une certaine synthèse de Hegel, Husserl et Marx[52]. En s'attaquant à cette « interprétation existentialiste de Hegel », Trần Đức Thảo s'en prend ainsi aux fondements mêmes de la synthèse existentialiste entre phénoménologie et marxisme[53]. Mais l'importance de ce texte réside peut-être davantage encore dans le fait que c'est à l'occasion de cette confrontation avec la pensée hégélienne que Trần Đức Thảo parvient à une première formulation non seulement de la logique et de l'ontologie « matérialiste dialectique » qu'il reprendra ensuite dans *Phénoménologie et matérialisme dialectique*[54], mais également des problèmes philosophiques auxquels cet ouvrage dans son ensemble cherche à répondre.

On trouve toutefois une première trace de cette nouvelle problématique plus tôt en 1948 lors d'un débat opposant Trần Đức Thảo à Éric Weil, à la suite d'une conférence de Roland Caillois[55]. Trần Đức Thảo défend en particulier le sens *métaphysique* qu'il donne au matérialisme dialectique : contrairement au matérialisme historique, le matérialisme dialectique est « métaphysique »[56] en ceci qu'il prend position sur le sens de l'être et de ce qu'est la réalité dernière[57]. Cette utilisation surprenante du terme de « métaphysique » dans un sens non marxiste, qui fait notamment fortement réagir Éric Weil[58], sera vite abandonnée[59], mais elle témoigne

---

[51] D'après Trần Đức Thảo, ce serait Merleau-Ponty qui lui aurait demandé de rédiger l'article : « Ce compte-rendu du cours récemment publié de Kojève sur Hegel m'avait été proposé par Maurice Merleau-Ponty, qui comptait sur moi pour modérer cette interprétation exagérément existentialiste en lui ajoutant une certaine orientation marxiste » (*FH*, Préface, p. 6). Voir aussi, NB, p. 148.

[52] Sur ce point, voir *supra* Introduction générale et Partie I, chap. 1.

[53] NB, p. 148–149 ; *FH*, Préface, p. 1 et 7.

[54] Dans le paragraphe introductif de la seconde partie (*PMD*, Partie II, §1 « Conscience et matière », p. 233–247), Trần Đức Thảo présente les grandes décisions ontologiques et logiques, qui constituent le cadre philosophique de l'ouvrage.

[55] Il s'agit d'une conférence au Collège philosophique (dirigé par J. Wahl). Une transcription de la conférence et des débats qui ont suivi a été publiée (*op. cit.*, p. 79–83 pour les débats).

[56] « Il y a une portée métaphysique dans la théorie du matérialisme dialectique. […] Le matérialisme marxiste n'est pas un simple matérialisme historique au sens de Léon Blum, conditionnement des idéologies par les formes historiques ; ce n'est pas du tout cela ; c'est un matérialisme dialectique, c'est-à-dire métaphysique » (*ibid.*, p. 81).

[57] Métaphysique apparaît ainsi comme synonyme d'ontologie : « Il y a métaphysique au sens où la théorie matérialiste exprime un concept de la réalité en elle-même, où elle ne constitue pas une simple théorie pragmatique. C'est cela qu'il faut comprendre, c'est que la réalité telle que la définit Marx par la matière, cette réalité-là constitue la réalité dernière » (*ibid.*, p. 81–82).

[58] « Ce qui m'inquiète beaucoup plus, c'est qu'on identifie dans un sens non marxiste métaphysique et dialectique » (*ibid.*, p. 81). Sur la définition engelsienne de la métaphysique, voir notamment l'Introduction de *L'Anti-Dühring* d'Engels, ainsi que, dans la *Dialectique de la nature*, l'Introduction et « L'ancienne Préface de l'*Anti-Dühring* sur la dialectique ».

[59] Dès son compte-rendu de Kojève la même année, il adopte une définition « marxiste » de la

du fait que l'adhésion de Trần Đức Thảo au matérialisme dialectique ne s'appuie pas encore sur une maîtrise complète des concepts marxistes (et en particulier des textes d'Engels qui seront bientôt si importants dans sa compréhension du marxisme). Quoi qu'il en soit, lors de ce début public, Trần Đức Thảo évoque pour la première fois la problématique de l'idéalisation primaire qui sera au cœur de *Phénoménologie et matérialisme dialectique*. Il affirme en effet qu'il y a chez Marx une « dialectique qui est proprement matérialiste »[60] – dialectique pour laquelle « ontologiquement, c'est la matière elle-même qui devient conscience »[61].

« La *Phénoménologie de l'Esprit* et son contenu réel » prolonge certaines des idées lancées lors de ce débat, en leur donnant une formulation rigoureuse. La critique de Trần Đức Thảo porte d'abord sur la méthode de lecture de la *Phénoménologie de l'Esprit* que propose Kojève. Ce dernier estime en effet que le célèbre passage du chapitre IV sur la « dialectique du maître et de l'esclave » ne constitue pas simplement un moment parmi d'autres de la dialectique de la conscience, mais contient la clé d'intelligibilité de l'ensemble de l'œuvre[62]. Cette décision se retrouve dans le choix éditorial qui a été fait de placer le commentaire de ce passage non pas à sa place dans l'enchaînement de l'œuvre, mais en introduction de l'ensemble du volume[63]. Mais si Trần Đức Thảo estime « exagéré de vouloir interpréter le contenu de la *Phénoménologie* tout entière par la dialectique du maître et de l'esclave »[64], sa critique cherche surtout à montrer que ce choix interprétatif (et éditorial) est tributaire, à un niveau bien plus profond, d'une certaine philosophie ou d'une ontologie. Le fait d'isoler ce passage de celui qui le précède (et qui porte sur la dialectique de la vie) est en effet révélateur de la volonté kojévienne d'introduire une discontinuité radicale entre l'animal et l'être humain, et plus généralement entre la nature et l'histoire (et la société)[65].

L'un des principaux gestes philosophiques qu'accomplit A. Kojève dans son cours est, comme nous l'avons déjà vu, sa dénonciation de ce qu'il appelle « l'erreur moniste » de Hegel, à savoir la tentative de comprendre dialectiquement le mouvement de la nature[66]. Kojève affirme quant à lui la nécessité d'adopter une double

---

notion de « métaphysique », comme pensée dualiste et non dialectique (PECR, p. 518–519).

[60] *Op. cit.*, p. 80.

[61] *Ibid.*, p. 81.

[62] Voir D. Auffret, *Alexandre Kojève. La philosophie, l'État, la fin de l'histoire*, Paris, Grasset, 1990, chap. 4 « Le Séminaire 1933–1939 », p. 319–365.

[63] A. Kojève, *Introduction à la lecture de Hegel*, Paris, Gallimard, 1968 [1re éd. 1947], p. 11–34.

[64] PECR, p. 494.

[65] « Le concept fondamental de *reconnaissance* se trouve séparé, dans le commentaire de M. Kojève, de tout le développement antérieur : il définit même le principe de la séparation, comme dualité absolue et totalement inexplicable de l'homme et de la nature. L'animal ne sait désirer que des objets et reste ainsi lui-même sur le plan de l'objet. L'homme « désire le désir », il met volontairement sa vie en danger dans une « lutte de prestige », pour se démontrer comme indépendant de l'existence biologique. […] La scission serait donc totale et ferait de l'apparition de l'humanité un commencement absolu » (PECR, p. 495).

[66] Voir en particulier A. Kojève, *op. cit.*, note p. 485–487. Sur la lecture kojévienne de Hegel, voir *supra*, Partie I, chap. 1.

ontologie : une ontologie de l'Identité « non-dialectique » pour expliquer la nature (physique et animale) et une ontologie dialectique pour expliquer le monde culturel et humain (qui contient de la Négativité par le seul fait de l'existence humaine). Ce partage kojévien constitue non seulement une critique explicite de la philosophie de la nature de Hegel, mais vise peut-être plus fondamentalement la dialectique de la nature d'Engels et surtout les différentes tentatives (notamment soviétiques) d'élaboration d'une philosophie dialectique de la nature sur des bases marxistes[67]. Il s'agit en effet pour Kojève, d'une part de disqualifier l'existence même du matérialisme dialectique (en soutenant qu'il n'y a aucune ontologie commune à l'ensemble du réel), et d'autre part de réduire le marxisme à n'être qu'un matérialisme historique, c'est-à-dire une théorie de l'humanité comme être social et historique. Pour Trần Đức Thảo, la position de Kojève pose problème à trois niveaux (logique, ontologique, anthropogénétique). En restituant ces trois niveaux de critique, nous allons voir comment, à travers ce travail négatif sur l'interprétation existentialiste de Hegel, Trần Đức Thảo parvient, en positif, à définir les problèmes et les grandes orientations de ses recherches à venir.

La position de Kojève pose tout d'abord problème, selon Trần Đức Thảo, à un *niveau logique* car elle méconnaît la spécificité de la logique dialectique, non seulement marxiste mais également hégélienne. La logique dialectique se caractérise, selon Trần Đức Thảo, par le fait d' « identifier les contradictoires » et de « faire jaillir la différence de l'unité elle-même »[68], et cela au sens où « l'identité véritable implique en elle la négation et la différence, comme *identité de l'identité et de la non identité* »[69]. Kojève quant à lui ferait comme si l'identité des contradictoires en question était une identité abstraite (et non dialectique)[70]. Il en résulte, selon Trần Đức Thảo, qu' « on n'a pas simplement éliminé le « matérialisme » : on a refusé toute dialectique en général, même dans le sens hégélien »[71]. La lecture de Hegel proposée par Kojève est donc à la fois non dialectique et non hégélienne[72]. Mais l'enjeu dépasse pour Trần Đức Thảo le simple débat interprétatif : en faisant ressortir le caractère non dialectique de la pensée existentialiste (prisonnière des oppositions « métaphysiques »[73]), il s'agit en même temps pour lui de définir les principes généraux de ce que serait une véritable logique dialectique. La tâche philosophique que Trần Đức Thảo se fixe est ainsi d'élaborer explicitement cette logique dialectique

---

[67] Sur la nécessité de développer « un art de lire entre les lignes » des textes de Kojève, voir A. Kojève, *L'empereur Julien et son art d'écrire*, Éditions Fourbis, 1990, p. 9–11 et p. 47.

[68] PECR, p. 495.

[69] PECR, p. 496.

[70] « La répugnance de M. Kojève pour le monisme serait justifiée, s'il s'agissait d'affirmer l'identité *abstraite* de la nature et de l'esprit ; mais nul n'ignore que toute l'œuvre de Hegel a été écrite pour protester contre une telle interprétation » (PECR, p. 496).

[71] PECR, p. 495–496.

[72] « En défendant le dualisme [...] M. Kojève se place délibérément en dehors de l'horizon hégélien » (PECR, p. 518).

[73] « Le métaphysicien [...] ne pense que par antithèses sans moyen terme : il dit oui, oui, non, non [...] le positif et le négatif s'excluent absolument » (F. Engels, AD, chap. 1, p. 51)

que Marx projetait d'écrire[74], et dont la transposition matérialiste de Hegel par Engels donne une indication. Ainsi, dans *Phénoménologie et matérialisme dialectique*, après avoir montré que le dualisme métaphysique qui structure la philosophie postcartésienne est incapable de rendre raison du monde dans sa totalité[75], Trần Đức Thảo y affirme que la prise de conscience de cette impasse doit conduire à l'élaboration d'un « nouveau mode de pensée » dialectique refusant « la conception abstraite de l'identité où toute différence se transforme en un absolu métaphysique »[76]. À une logique qui ne raisonne que par antithèses, il oppose la reformulation engelsienne de Hegel : « l'identité véritable, concrète, contient en elle la différence, le changement »[77].

La méconnaissance de la dialectique que Trần Đức Thảo diagnostique chez Kojève se manifeste toutefois de manière plus grave au *niveau ontologique*. Tributaire de ce que Trần Đức Thảo appelle maintenant (après Engels) une conception « métaphysique » de la réalité[78], Kojève (et plus généralement l'existentialisme) est incapable de comprendre le rapport entre le monde naturel et le monde humain. Une telle perspective « métaphysique » ne peut aboutir qu'aux erreurs symétriques du réductionnisme (matérialiste ou idéaliste) ou au dualisme, qui est tout aussi intenable :

> Il n'y aurait aucun profit à chercher si le réel est matière *ou* esprit, en entendant par là une matière qui ne serait que matière et un esprit qui se serait qu'esprit : car il apparaît trop évidemment qu'il ne saurait être *exclusivement* ni l'un, ni l'autre. Et il serait parfaitement désastreux d'en conclure que la totalité est matière *et* esprit, car on n'aurait fait, une fois de plus, que *baptiser la difficulté*. L'unité véritable ne peut se trouver ni sur le plan abstrait d'une *réduction* arbitraire, ni sur le plan éclectique d'une *juxtaposition* sans concept[79].

Il s'agit donc de dépasser les oppositions abstraites (entre matière et conscience, nature et esprit) pour essayer de saisir de manière dialectique leur articulation. Toute la difficulté consiste à tenir ensemble une double exigence : il s'agit d'une part d'affirmer, contre le dualisme, *l'unité* fondamentale de l'être (c'est-à-dire un monisme matérialiste), et d'autre part, contre le réductionnisme, de respecter la *différence*

---

[74] « Si jamais j'ai un jour de nouveau du temps pour ce genre de travail, j'aurais grande envie, en deux ou trois placards d'imprimerie, de rendre accessible aux hommes de bon sens, le fond rationnel de la méthode [dialectique] que Hegel a découverte, mais en même temps mystifiée » (Lettre de Marx à Engels, 14 janvier 1858, K. Marx et F. Engels, *Lettres sur « Le Capital »*, Paris, Éditions sociales, 1964, p. 83).

[75] *PMD*, Partie II, §1, p. 233–238.

[76] *PMD*, Partie II, §1, p. 241.

[77] *PMD*, Partie II, §1, p. 241. Trần Đức Thảo cite la *Dialectique de la nature* (F. Engels, *DN*, p. 217).

[78] « Pour le métaphysicien, les choses et leurs reflets dans la pensée, les concepts, sont des objets d'étude isolés, à considérer l'un après l'autre et l'un sans l'autre, fixes, rigides, donnés une fois pour toutes. […] Pour lui, ou bien une chose existe, ou bien elle n'existe pas ; une chose ne peut pas non plus être à la fois elle-même et une autre » (F. Engels, *AD*, chap. 1, p. 51).

[79] PECR, p. 519.

« phénoménologique » entre la matière physique, la matière vivante et la matière consciente, c'est-à-dire l'irréductibilité du monde de l'esprit au monde naturel[80].

Dans son article contre Kojève, Trần Đức Thảo formule les principes généraux de l'ontologie matérialiste dialectique qu'il pense être seule à même de respecter cette double exigence. Celle-ci présente en effet l'avantage de poser le problème, non plus en termes statiques, mais en termes génétiques. La seule manière de comprendre l'articulation entre la matière et la conscience, entre la nature et l'esprit, est en effet d'adopter une telle perspective et ressaisir le mouvement d'engendrement de la réalité sous ses différentes formes :

> L'unité véritable [...] ne se réalise que par le *passage* de l'un des termes dans son opposé. Dès lors, le vrai problème n'est pas métaphysique mais *dialectique* : il ne concerne pas la nature de l'être mais le *sens* du *devenir*[81].

Ces indications rapides, qui interviennent à la toute fin de l'article contre Kojève, sont ensuite prolongées dans *Phénoménologie et matérialisme dialectique* où elles reçoivent un traitement plus systématique. En effet, seule une ontologie matérialiste dialectique peut, selon lui répondre au « vieux problème des rapports de la matière à la conscience »[82]. Mais pour cela il est nécessaire de transformer la notion même de matière et lui donner un sens dialectique. En effet, si la matérialité est l'unique sens de l'être, celle-ci ne doit pas être comprise de manière statique, mais processuelle. Autrement dit, au lieu de concevoir la matière comme identité à soi et pure passivité inerte (qui reçoit donc son mouvement de l'extérieur), il s'agit de montrer, à la suite d'Engels, que la matière *est* mouvement[83]. Mais ce mouvement n'est pas un simple déplacement : il s'agit d'un mouvement dialectique immanent par lequel une certaine configuration de la matérialité peut produire une configuration absolument nouvelle de la matérialité. Cette configuration nouvelle se présente alors comme un *dépassement* de l'ancienne en ceci qu'elle la *conserve* avec ses structures propres, tout en l'*intégrant* (ou l'*absorbant*) dans de nouvelles structures qui créent de tout autres rapports entre les éléments.

> La réalité, comme dialectique, est un mouvement tel que, dans chaque mode de l'être, les changements d'ordre causal déterminés par la structure propre à ce mode aboutissent *nécessairement*, par le développement même de leur contenu, à la constitution d'un mode nouveau qui *absorbe* le premier et le maintien comme *supprimé, conservé, dépassé*[84].

L'apparition de la matérialité biologique (le vivant) est ainsi un *dépassement* de la configuration physique et chimique de la matérialité : le vivant *conserve* les structures antérieures (un corps vivant ne fait pas exception aux lois physiques et

---

[80] L'« explication matérialiste n'est pas une "réduction" de l'esprit à la nature » (PECR, p. 502).

[81] PECR, p. 519.

[82] *PMD*, Partie II, §1, p. 241–242.

[83] « Le mouvement, au sens le plus général, conçu comme mode d'existence de la matière, comme attribut inhérent à elle, embrasse tous les changements et tous les processus qui se produisent dans l'univers, du simple changement de lieu jusqu'à la pensée » (F. Engels, *DN*, p. 75) ; « *Le mouvement est le mode d'existence de la matière* » (F. Engels, *AD*, chap. 6, p. 90)

[84] *PMD*, Partie II, §1, p. 242.

chimiques), mais il les *intègre* dans de nouvelles structures (organiques) qui ont leurs propres lois d'organisation. Pour Trần Đức Thảo, ce n'est donc qu'à partir d'une ontologie matérialiste dialectique qu'il devient possible de rendre intelligible le phénomène d'émergence, c'est-à-dire l'apparition de structures complexes à partir de structures moins complexes. Face au problème du rapport entre régions de l'être (nature/esprit, matière/conscience), il s'agit, d'une part, de ressaisir génétiquement l'émergence d'une région à partir d'une autre et ainsi de montrer l'unité de l'être, mais d'autre part, de comprendre comment cette configuration nouvelle, tout en s'appuyant sur des structures antérieures, leur est irréductible et exige ses propres principes d'intelligibilité.

L'ontologie matérialiste dialectique conduit alors Trần Đức Thảo à adopter une compréhension *processuelle* de la réalité. La matérialité dans son ensemble, n'est pas simplement un lieu de transformation perpétuelle, mais est prise dans un devenir ou une histoire, dont il est possible de saisir la logique : « La réalité de l'évolution ne fait plus de doute, et la matière y *devient* autre chose qu'elle-même, à savoir précisément vie et conscience »[85]. Il y a une histoire de la matérialité, dont les périodes peuvent être définies par l'apparition de nouvelles configurations[86]. Engels reconnaissait déjà à Hegel le « grande mérite » d'avoir élaboré une telle conception où

> Le monde entier de la nature, de l'histoire et de l'esprit était représenté comme un processus, c'est-à-dire comme étant engagé dans un mouvement, un changement, une transformation et une évolution constants, et où l'on tentait de démontrer l'enchaînement interne de ce mouvement et de cette évolution[87].

Mais au lieu saisir ce processus comme celui de la réalisation de l'Esprit ou de l'Idée comme chez Hegel, il s'agit, au contraire, pour Engels et pour Trần Đức Thảo de saisir le processus inverse, à savoir la manière dont la matière devient vie puis esprit avec l'humanité : « La nature […] se révèle, en fait comme un immense *devenir* où la matière s'est élevée à la vie, l'évolution de celle-ci conduisant à l'humanité »[88]. Ce processus peut aussi se comprendre à travers la conceptualité hégélienne « comme devenir-esprit de la nature, ou devenir-sujet de la substance »[89].

L'ontologie et la logique non dialectique de Kojève (et de l'existentialisme) posent enfin, à un troisième niveau, problème d'un point de vue *anthropogénétique*.

---

[85] *PMD*, Partie II, §1, p. 242.

[86] Trần Đức Thảo donne l'exemple du passage de la forme « physico-chimique » à la forme « biologique » de la matérialité : « Les phénomènes matérielles, tels qu'ils se sont développés après le refroidissement de l'écorce terrestre, ont abouti à la forme biologique où l'équilibre des rapports physico-chimique définit un stade qualitativement nouveau. Le domaine de la vie une fois constitué comme un *résultat historique* du mouvement antérieur, devient à son tour le théâtre d'une évolution nouvelle, les formes vivantes se différenciant de plus en plus en raison des conditions mêmes du processus de formation des cellules par l'échange des matières » (*PMD*, Partie II, §1, p. 236).

[87] F. Engels, *AD*, chap. 1, p. 53.

[88] *PMD*, II, §1, p. 235. Dans son article contre Kojève, il écrit « la nature *devient* esprit par une dialectique qui lui est propre » (PECR, p. 519).

[89] PECR, p. 502.

1 Du marxisme phénoménologique au matérialisme dialectique.

Ils introduisent en effet une cassure absolue dans l'histoire du monde avec l'événement de l'apparition de l'humanité[90] : avec l'homme on passe d'un monde non dialectique à un monde dialectique. Cet « événement absolument contingent »[91] est inexplicable, car rien de ce qui précédait l'apparition de l'homme ne peut la préparer. Kojève livre pourtant, dans un passage de l'*Introduction à la lecture de Hegel*, ce qui constituera l'un des enjeux des recherches philosophiques de Trần Đức Thảo :

> C'est l'Être réel existant en tant que Nature qui produit l'Homme qui révèle cette Nature (et soi-même) en en parlant. C'est l'Être réel qui se transforme ainsi en « vérité » ou en réalité-*révélée*-par-la-parole, et qui devient une vérité de plus en plus « haute » à mesure que sa révélation discursive devient de plus en plus adéquate et complète[92].

Si Kojève semble bien dire que l'être humain est un produit de la nature, son cadre théorique ne permet cependant pas de poser le problème en ces termes. Pour lui, « l'être réel existant en tant que Nature » est pure positivité non dialectique : il est par conséquent incapable de « produire » l'Homme, c'est-à-dire l'être par lequel la négativité et donc la dialectique est introduite dans l'Être. Comment la positivité pure pourrait-elle produire la négativité ? Deux options sont alors possibles. Soit le négatif est quelque chose qui arrive à l'Être de l'extérieur ; il s'agit d'un « événement » qui arrive à l'Être sans être produit par lui : l'apparition de l'homme s'apparente alors à un surgissement *ex nihilo* et l'histoire de l'évolution et du monde devient une énigme (c'est la voie suivie par Kojève et Sartre). Soit il y a bien production du négatif par la nature, mais alors, comme l'écrit Merleau-Ponty dans sa présentation de l'article de Trần Đức Thảo, « cette déhiscence qui ouvre la nature à l'histoire [...] a déjà son analogue à l'intérieur de la nature »[93]. La nature doit en effet, dans ce cas, *déjà* être d'une certaine manière dialectique – de sorte qu'il apparaît légitime de parler d'une dialectique de la nature. C'est cette seconde voie que choisit Trần Đức Thảo. Il s'agit pour lui de comprendre comment l'« Être réel existant en tant que Nature » *produit* par son propre mouvement un être qui existe autrement et est capable de saisir de manière consciente cette nature, c'est-à-dire comment le mouvement dialectique de la nature produit une nouvelle dialectique, celle de la dialectique de la conscience et de la société humaine. Ainsi, comme l'écrit Trần Đức Thảo dans *Phénoménologie et matérialisme dialectique* :

> L'opposition de l'homme et de la nature n'a plus de raison d'être, la discontinuité n'étant qu'un *résultat* qui n'exclut pas mais implique la continuité du devenir qui l'a constitué.

---

[90] « La scission serait donc totale et ferait de l'apparition de l'humanité un commencement absolu » (PECR, p. 495).
[91] Lettre de Trần Đức Thảo à A. Kojève, 30 octobre 1948, art. cit., p. 136. Trần Đức Thảo considère que Kojève transforme « le passage dialectique de la nature à l'esprit en une pure succession contingente, fondée sur un acte de négation *totalement arbitraire* » (*ibid.*).
[92] A. Kojève, *op. cit.*, p. 450.
[93] NDLR [Merleau-Ponty], dans PECR., p. 492. Sur la NDLR de Merleau-Ponty, voir *supra*, Partie I, chap. 3.

Dans un tel mouvement, chaque forme se présente avec une originalité propre qui trouve précisément son fondement dans le processus même de constitution[94].

L'enjeu est donc pour Trần Đức Thảo de comprendre le processus d'anthropogenèse, de manière à faire droit à la fois à la *naturalité* intrinsèque de l'humanité (et dont l'émergence ne peut s'expliquer que par une dialectique naturelle), et à sa *spécificité* comme être social et historique, dont le comportement n'est intelligible que resitué dans une dialectique sociale et historique[95]. Bref il s'agit de montrer, comme le précise É. Bimbenet, que « la continuité évolutive n'empêche pas le saut qualitatif »[96].

La position de Kojève et de l'existentialisme, qui institue une séparation absolue entre la nature et le monde humain, conduit aussi à manquer un aspect important du projet de Marx et d'Engels. Reprocher à Engels d'avoir voulu étendre la dialectique à l'étude de la nature, c'est méconnaître le fait que Marx comme Engels, non seulement ont toujours refusé la disjonction entre nature et société, mais ont eu pour projet de penser leur articulation[97]. L'existence de l'espèce humaine, que les auteurs de l'*Idéologie allemande* posent certes comme la « première présupposition de toute l'histoire »[98], est elle-même le produit d'une préhistoire. Dans plusieurs textes de la *Dialectique de la nature*, Engels utilise ainsi Darwin et les découvertes contemporaines de la paléontologie pour restituer cette « préhistoire » et montrer que l'espèce humaine est le produit d'un développement dialectique de la nature qui a engendré son propre dépassement (et conservation) dans une dialectique historique[99]. C'est dans le prolongement de ce projet proprement marxiste d'articulation

---

[94] *PMD*, Partie II, §1, p. 236

[95] Tels sont selon É. Bimbenet, les deux critères auxquels doit répondre un récit d'anthropogenèse (É. Bimbenet, *L'animal que je ne suis plus*, Paris, Gallimard, 2011, p. 49–51). É. Bimbenet montre dans ce chapitre que les différents récits anthropogénétiques (dont il dégage trois paradigmes) se heurtent à des difficultés d'ordre ontologique et logique, à savoir leur difficulté à penser à la fois l'identité et la différence entre la nature et l'humanité, c'est-à-dire une dialectique : « Une pensée résolue à regarder en face la différence anthropologique, une pensée qui n'élude pas la contradiction qui l'habite, porte en elle, au moins implicitement, une ontologie capable d'articuler le continu et la nouveauté, la filiation naturelle et l'émergence humaine » (*ibid.*, p. 86).

[96] É. Bimbenet, *ibid.*, p. 63.

[97] Ainsi, bien après les *Manuscrits de 1844* (où l'identité entre humanisme et naturalisme est posée) Marx peut écrire à Engels que dans *L'origine des espèces* de Darwin « se trouve le fondement historico-naturel de notre conception » (Lettre de Marx à Engels, 19 décembre 1860, K. Marx et F. Engels, *Lettres sur les sciences de la nature*, Paris, Éditions sociales, 1973, p. 20). Et lorsque Engels entreprend, dans les années 1870, le projet d'une « dialectique de la nature », il le fait dans un échange permanent avec Marx (*ibid.*).

[98] « La première présupposition de toute l'histoire humaine est naturellement l'existence d'individus humains vivants. Le premier état de fait à constater est donc l'organisation corporelle de ces individus ainsi que leur rapport, donné par là-même, au reste de la nature. Nous ne pouvons naturellement ici nous occuper ni de la constitution physique des hommes eux-mêmes, ni des conditions naturelles que les hommes trouvent là avant eux [...]. Pour écrire l'histoire, il faut nécessairement partir de ces bases fondamentales naturelles et de leur modification par l'action des hommes au cours de l'histoire » (K. Marx et F. Engels, *IA*, chap. 1, Fragment I/5-6, p. 273).

[99] F. Engels, *DN*, Introduction (p.38–42), « Le rôle du travail dans la transformation du singe en l'homme » (p.171–183) et « Fragment retranché du *Feuerbach* » (p. 197–198).

de la nature et de la société que s'inscrivent les recherches de Trần Đức Thảo à partir de 1948.

2 LA CRITIQUE DE LA PHÉNOMÉNOLOGIE COMME PHÉNOMÉNOLOGIE DU MATÉRIALISME DIALECTIQUE.

> « La condamnation à laquelle nous aboutissons, ne fait que constater les contradictions internes de l'œuvre husserlienne elle-même »
> (Trần Đức Thảo, *Phénoménologie et matérialisme dialectique*, Préface, p.5).

La nouvelle direction de recherche de Trần Đức Thảo trouve sa première réalisation substantielle en 1951 avec *Phénoménologie et matérialisme dialectique*. Cet ouvrage vient en fait condenser l'ensemble des recherches philosophiques qu'il mène depuis près de dix ans, puisqu'il est constitué, d'une part, du résultat de près de huit ans de réécriture de son mémoire de 1942[100], et d'autre part des nouvelles directions de recherche qu'il poursuit depuis 1948 sur les bases du matérialisme dialectique. Ce caractère composite a conduit certains lecteurs à insister sur l'hétérogénéité entre ces deux parties de l'ouvrage et à trouver leur articulation artificielle (c'est notamment le point de vue de Foucault, de Derrida[101], ou de De Waehlens[102]) – idée que Trần Đức Thảo semble d'ailleurs lui-même accréditer au début de sa préface[103]. Mais comme l'a montré J. Benoist[104], une lecture plus attentive de l'ouvrage amène à réviser cette conception. L'idée que nous voulons défendre est qu'il

---

[100] La première partie de *PMD* est un texte particulièrement composite. Comme nous l'avons vu, le plus gros de la rédaction est une réécriture du mémoire que Trần Đức Thảo réalise à partir de 1944 (*cf. supra*, Partie I, chap. 2). C'est certainement après 1948 et son travail sur la *Phénoménologie de l'Esprit* de Hegel qu'il donne un tour plus critique et dialectique à son texte.

[101] « Le livre de Tran Duc Tao [*sic*], c'est Foucault qui me l'a signalé, en disant, ce que j'ai aussi pensé par la suite, que c'était un livre très intéressant dans la première partie, la deuxième partie étant plus problématique. La première partie est un commentaire assez fidèle d'un certain Husserl qui s'intéresse à la genèse, au problème du temps. Ensuite, le moment plus dogmatiquement marxiste devenait moins sûr. C'est par Foucault que j'en ai entendu parler » (dans D. Janicaud, *op. cit.*, p. 94).

[102] « Il [*PMD*] est formé de deux parties indépendantes, traitant l'une de la phénoménologie et l'autre du matérialisme dialectique, sans que les réunisse aucun lien, si ce n'est la volonté de l'auteur de nous persuader que les difficultés de la première trouvent leur solution dans le seconde » (art. cit. *p.* 88). Et il termine en affirmant qu'il s'agit d'une simple « juxtaposition » des thèses de l'un et de l'autre (*ibid.*).

[103] « L'ouvrage que nous présentons au public comprend des recherches de date et d'inspiration différentes. Dans la première partie, rédigée entre 1942 et 1950, nous exposons l'essentiel de la phénoménologie *d'un point de vue purement historique et dans les perspectives mêmes de la pensée de Husserl* […]. En revanche la seconde partie, achevée en 1951, *se place entièrement sur le plan du matérialisme dialectique* » (*PMD*, Préface, p. 5 – c'est nous qui soulignons).

[104] J. Benoist, « Une première naturalisation de la phénoménologie ? », dans J. Benoist et M. Espagne (dir.), *op. cit.*, p. 25–46.

ne s'agit pas d'une simple juxtaposition arbitraire, mais d'une construction dialectique complexe.

2.1 Dialectique de la phénoménologie de Husserl.

La première partie de *Phénoménologie et matérialisme dialectique*, intitulée « La méthode phénoménologique et son contenu effectivement réel », se présente comme un exposé du développement la philosophie de Husserl. Mais alors que le titre de l'ouvrage semble indiquer qu'il va s'agir d'une critique marxiste de la phénoménologie, on ne peut qu'être surpris de ne pas trouver la moindre référence au marxisme dans cette première partie. C'est que Trần Đức Thảo refuse de faire une critique *externe* de la phénoménologie, c'est-à-dire de développer un discours critique qui se fonde sur une tout autre position philosophique que la pensée critiquée[105]. La critique que met en œuvre Trần Đức Thảo dans la première partie se veut au contraire *interne*. Il s'agit d'adopter entièrement le point de vue de la phénoménologie pour montrer que, en cherchant à se réaliser, celle-ci ne peut que s'empêtrer dans des contradictions insurmontables, dont la prise de conscience devrait la conduire à se dépasser vers une autre pensée philosophique plus intégrative, à savoir le « matérialisme dialectique »[106]. Comme il l'écrit en 1949 lorsqu'il annonce le projet de *Phénoménologie et matérialisme dialectique* : « l'étude compréhensive de l'œuvre de Husserl [...] n'aura donc de sens que par la dialectique interne par laquelle elle pose sa propre négation »[107]. Si une telle perspective rappelle évidemment le projet de critique de la phénoménologie qu'il avait évoqué dès septembre 1943 dans sa lettre à H. L. Van Breda[108], elle se fonde désormais principalement sur des schèmes critiques élaborés lors de sa confrontation avec la pensée hégélienne[109].

La première partie de *Phénoménologie et matérialisme dialectique* peut en effet être lue comme une vaste phénoménologie (au sens hégélien) *du* matérialisme dialectique. Les différentes « moments » de l'évolution de Husserl constituent autant de « figures » que prend successivement la phénoménologie husserlienne dans sa tentative de réalisation – et leur succession suit un mouvement typiquement hégélien. La phénoménologie naissante (dans les *Recherches logiques*) place en effet tout d'abord la vérité entièrement du côté de l'objet, et se présente ainsi comme un

---

[105] C'est ce type de critique qui était le plus courant parmi les philosophes marxistes et communistes de l'époque. Il s'agissait pour eux de dénoncer, à partir d'une analyse qui se présentait comme marxiste, le caractère idéaliste et bourgeois de la phénoménologie. *Cf. supra*, Introduction générale.

[106] C'est ce qu'il indique au tout début de sa Préface (*cf. PMD*, Préface, p. 5).

[107] ORPH, p. 142.

[108] *Cf. supra*, Partie I, chap. 2.

[109] Trần Đức Thảo s'appuie surtout sur la *Phénoménologie de l'Esprit*. Pour l'exposé de cette méthode du développement, qui refuse toute unité de mesure extérieure, voir G. W. F. Hegel, *PE*, trad. Hyppolite, Introduction, §9–14, p. 72–75.

« idéalisme objectif »[110]. Cette « conscience philosophique » fait alors une « expérience » et prend conscience de ses contradictions : elle est conduite à opérer un « renversement dialectique » au cours duquel elle adopte une « nouvelle figure »[111]. Celle-ci consistera en un « retour vers le sujet »[112] : la phénoménologie, sous cette nouvelle configuration, place désormais la vérité entièrement du côté du sujet, et se présente maintenant comme « idéalisme transcendantal ». Enfin, les contradictions propres de cet idéalisme transcendantal conduiront Husserl à adopter une dernière figure cherchant à réconcilier l'objet et le sujet, à savoir la phénoménologie génétique[113]. Mais cette nouvelle figure est elle-même contradictoire et s'avère intenable : la phénoménologie a ainsi épuisé l'ensemble de ses figures possibles et n'a donc d'autre choix que de se dépasser elle-même vers une autre forme de conscience philosophique. De la même manière que la *Phénoménologie de l'Esprit* de Hegel se veut une « introduction » qui nous achemine vers le Savoir absolu, le passage par la phénoménologie husserlienne serait donc une introduction à ce qui occupe structurellement la place du Savoir absolu hégélien : le « matérialisme dialectique »[114].

Mais au-delà de ce projet critique d'ensemble, l'utilisation de schèmes hégéliens présente également un intérêt heuristique : elle pousse l'analyste à tenter de mettre au jour la logique (ou dialectique) immanente qui anime un processus. Trần Đức Thảo ne se contente ainsi pas de décrire les positions successives adoptées par Husserl[115], mais cherche à ressaisir la dialectique immanente qui amène Husserl à radicaliser et à transformer en permanence sa manière de théoriser la phénoménologie. L'originalité de son interprétation tient à son souci de chercher la source du développement de la pensée de Husserl dans une contradiction implicite qui ne cesse de travailler Husserl, et que celui-ci affronte en permanence sans jamais parvenir à la formuler explicitement, ni même à en prendre pleinement conscience. Trần Đức Thảo rompt ici non seulement avec sa propre analyse de Husserl (qui distinguait entre le sens originaire et ses expressions inadéquates[116]), mais plus généralement avec les perspectives classiques de l'histoire de la philosophie, lesquelles oscillent entre la volonté de démontrer la cohérence absolue d'une œuvre et la tentation d'une interprétation philosophique personnelle d'une œuvre qui ne s'assume pas[117]. À cet effet Trần Đức Thảo mobilise désormais un schème de la

---

[110] *PMD*, Partie I, chap. 1 « L'intuition des essences », p. 23–38.

[111] *PMD*, Partie I, chap. 2, §5, p. 51.

[112] *PMD*, Partie I, chap. 2 « La thématisation de la conscience concrète », p. 39–125.

[113] *PMD*, Partie I, chap. 3 « Les problèmes de la raison », p. 126–213.

[114] Ce même mouvement se trouvait déjà au cœur de son article de 1949 « Existentialisme et matérialisme dialectique ». Comme il l'indique lui-même au début du texte, c'est dans la « dialectique immanente [de la phénoménologie et de l'existentialisme] [que] nous trouverons une introduction naturelle aux concepts de la théorie marxiste » (EMD, p. 318).

[115] Comme le fait par exemple E. Levinas dans l'un des premiers textes en français à tenter de présenter l'ensemble du parcours intellectuel de Husserl (E. Levinas, « L'œuvre d'Edmund Husserl », *Revue philosophique*, janvier-février 1940 ; repris dans E. Levinas, *En découvrant l'existence avec Husserl et Heidegger*, Paris, Vrin, 2006, p. 11–75).

[116] Il reste cependant des traces de cette méthode d'interprétation de Husserl dans *PMD*.

[117] C'est ce que l'on trouve notamment dans les interprétations contemporaines de Husserl que proposent Fink et Merleau-Ponty. Dans les deux cas, il s'agit de faire dire à Husserl autre chose

Phénoménologie de l'Esprit : lorsque Hegel analyse la dialectique d'une figure de la conscience, il distingue la contradiction « en-soi » (ou « pour nous ») qui anime la dialectique en question, de cette contradiction telle qu'elle apparaît de manière inadéquate et déplacée pour la figure de la conscience dans son mouvement immanent. La phénoménologie de Husserl serait donc travaillée par une contradiction en-soi, qui constituerait un impensé ou une aporie fondamentale, qu'il faudrait mettre au jour pour donner une intelligibilité à sa progression d'ensemble[118].

Le moteur de cette progression réside, comme chez Hegel, dans la contradiction sans cesse rejouée entre une *visée* fondamentalement réaliste et ontologique (la volonté de saisir la réalité elle-même) et une *forme de savoir recherchée* qui conduit inévitablement à manquer cette réalité et à la ressaisir à chaque fois de manière idéaliste[119]. Cette tension vient se loger au sein même de la notion d'intentionnalité, laquelle est écartelée entre, d'une part, sa dimension de *transcendance* (qui nous ferait accéder aux choses mêmes[120]), et d'autre part, l'analyse de celle-ci en termes de *constitution*. Confrontée à cette difficulté, la phénoménologie française s'est quant à elle développée à partir des années trente en refoulant cette tension : la phénoménologie existentielle se veut en effet réaliste et refuse le plus souvent l'idée de constitution[121]. La perspective de Trần Đức Thảo le conduit au contraire à faire de cette tension la clé de lecture de l'ensemble de la pensée de Husserl[122], et à saisir ainsi, plus largement, comme le remarque J. Benoist, « l'aporie constitutive de la phénoménologie au XXᵉ siècle »[123]. La méthode d'inspiration hégélienne qu'élabore

---

que ce que disent effectivement ses textes, et de rendre ainsi Husserl compatible avec leurs propres recherches philosophiques. On trouve le même procédé chez Sartre dans « Une idée fondamentale de la phénoménologie de Husserl : l'intentionnalité ».

[118] Cette méthode herméneutique aura une certaine influence sur la pratique de l'histoire de la philosophie. Elle marquera notamment les premiers travaux de Derrida sur Husserl (L Lawlor y voit même l'une des sources de la déconstruction, voir *op. cit.*, p. 54). On la retrouve également en 1957 chez J.-T. Desanti dans son ouvrage de méthodologie marxiste d'histoire de la philosophie (J.-T. Desanti, *Introduction à l'histoire de la philosophie*, Paris, PUF, 2006 – *cf.* notamment les « Indications de méthode », p. 87–93).

[119] Pour la source hégélienne de cette opposition, voir G. W. F. Hegel, *PE*, Introduction, §12, p. 73–74.

[120] Selon l'interprétation que Trần Đức Thảo donne du célèbre appel au « retour aux choses mêmes ».

[121] On retrouve la même opération interprétative chez Sartre (IFPHI) et chez Merleau-Ponty, et qui consiste à radicaliser (souvent sous le patronage de Fink) la distinction entre kantisme et phénoménologie en refusant toute idée de constitution. Ainsi Merleau-Ponty déclare-t-il : « Le réel est à décrire, et non pas à construire ou à constituer » (*PhP*, Avant-propos, p. IV).

[122] Dans ses articles du début des années 1950 (repris dans *À l'école de la phénoménologie*), P. Ricœur adopte la même lecture : « Pour ma part, plus je lis Husserl, plus j'avance dans la conviction que la méthode *pratiquée* tire la philosophie dans un sens de moins en moins compatible avec la méthode *interprétée* philosophiquement. […] C'est pourquoi j'attache une importance considérable au livre de Tran-Duc-Thao sur Husserl » (*op. cit.*, p. 168) ; « Ici encore Thao a vu juste en montrant que l'interprétation idéaliste de la "constitution" est responsable de cette volatilisation du sens et de la présence de la réalité » (*ibid.*, p. 184–185).

[123] J. Benoist, art. cit., p. 29.

Trần Đức Thảo, loin d'être extérieure à son objet et de ne donner lieu qu'à une critique artificielle, permet au contraire de saisir cette contradiction fondamentale qui travaille Husserl et la phénoménologie.

Avec une telle approche, Trần Đức Thảo peut également dépasser l'opposition entre lectures continuiste et discontinuiste de l'évolution de Husserl. La même tension se retrouve en effet sous différentes formes à chaque étape du parcours de Husserl, de sorte que toute nouvelle figure de la phénoménologie peut se présenter comme un dépassement de l'ancienne théorisation, tout en étant en même temps une répétition et une reconduction de cette même tension (qui travaillait déjà implicitement l'ancienne figure). Les lectures continuiste et discontinuiste ne saisissent qu'un aspect du processus (soit la répétition, soit la différence), et doivent donc être dépassées par une lecture dialectique, à même de saisir à la fois l'identité et la différence. L'idéalisme transcendantal des *Ideen I* et sa thématisation de « l'*a priori* universel de la corrélation »[124] par exemple, tout en constituant bien une rupture avec l'idéalisme objectif des *Recherches logiques*, n'est en même temps que la mise au jour de ce qui restait seulement implicite dans le premier ouvrage, à savoir le rôle constituant de la conscience concrète. De la même manière, l'une des forces de l'interprétation de Trần Đức Thảo consiste à montrer que le passage d'une analyse statique et à la phénoménologie génétique, est à la fois un simple approfondissement de directions de recherches ouvertes depuis très longtemps (le fondement du jugement dans les *Recherches logiques*[125], les analyses des *Leçons sur pour une phénoménologie de la conscience intime du temps*, etc.), et en même temps bel et bien l'élaboration d'une nouvelle figure de la phénoménologie.

2.2 L'échec de la phénoménologie.

En quoi la phénoménologie échoue-t-elle, selon Trần Đức Thảo, à réaliser sa visée ? La phénoménologie rate d'abord sa visée *par défaut* en ceci que, comme nous l'avons vu, sa conceptualisation idéaliste n'est pas à la hauteur de son aspiration réaliste. Alors que l'appel au retour aux choses mêmes devait reconduire toutes les formes de savoir à un donné intuitif évident fondateur, la phénoménologie ne cesse de découvrir sous ce qui apparaît comme donné une activité constituante de la conscience. Elle ne parvient donc jamais à rencontrer d'objet réel qui puisse fonder les constructions idéales. L'objet qu'elle découvre est toujours le produit de son activité : « l'objet *réel* se réduit à l'objet *intentionnel* »[126]. En effet, l'analyse de la

---

[124] C'est ce qui permet à Trần Đức Thảo de justifier la lecture rétrospective que Husserl donne de son propre parcours dans une note de la troisième partie (inédite à l'époque) de la *Krisis* (E. Husserl, *Krisis*, Partie III, §48, note p. 189–190). Trần Đức Thảo est le premier à avoir identifié cette note et à lui avoir accordé une telle importance pour comprendre l'unité du projet phénoménologique (*cf. PMD*, I, chap. 2, §5, p. 40–41).

[125] *Cf. PMD*, Partie I, chap. 2, §12, p. 100–101.

[126] *PMD*, Partie I, chap. 2, §7, p. 75.

« constitution de la chose » (*Dingkonstitution*) présente l'objet comme un simple « foyer idéal » qui unifie un certain nombre d'esquisses ou de « silhouettes » (selon la traduction que Trần Đức Thảo propose généralement d'*Abschattungen*) : « tout son *être* consiste à *être constitué* »[127]. Or Husserl généralise cet idéalisme en se servant de la « constitution de la chose » comme modèle et soubassement à partir duquel penser la constitution de l'ensemble de ce qui existe : il en vient alors, selon Trần Đức Thảo, à faire de l'ensemble de l'être un simple corrélat idéal de la conscience et manque ainsi entièrement sa visée réaliste.

Le « maintien de la constitution par modes d'apparition » contient en effet selon Trần Đức Thảo « une contradiction », qui conduit la philosophie husserlienne à une « idéalisation totale »[128]. Cette contradiction se manifeste tout particulièrement selon Trần Đức Thảo lorsque Husserl affronte la constitution d'autrui[129], puisque ce dernier se lance à cette occasion dans le projet impossible et contradictoire de saisir l'existence absolue d'autrui à partir de sa constitution par la conscience. Ainsi Trần Đức Thảo oppose-t-il la perspective suivie dans les *Méditations cartésiennes* (qui cherche à comprendre la constitution d'autrui à partir de la constitution des choses), et celle du tome II des *Ideen*, où autrui se présente comme « manifestation absolue »[130]. L'échec de Husserl à constituer autrui et la contradiction insurmontable où ce phénomène le place révèle en retour les défauts de sa théorisation de la constitution des choses. C'est cette contradiction qui serait selon Trần Đức Thảo à l'origine de la non publication de la suite des *Ideen*[131]. Pour tenter de sortir de cette impasse, Husserl se serait alors lancé dans ses recherches génétiques, où il s'agissait pour lui de remonter de plus en plus profondément dans la conscience pour tenter de trouver un donné lui permettant d'échapper à l'idéalisme. Mais les objets qu'il découvre dans ce mouvement sont tout aussi construits que les objets transcendants. Ainsi à chaque tentative de sortir de l'idéalisme Husserl s'y trouve enfoncé de plus en plus, jusqu'à tomber dans un « scepticisme complet » (qui est ce à quoi aboutit, selon Trần Đức Thảo, la théorie de la *Lebenswelt*[132]).

Mais la phénoménologie échoue également en ceci qu'elle est par ailleurs *en excès* par rapport à sa visée. Dans ses manuscrits inédits, Husserl aurait été conduit

---

[127] *PMD*, Partie I, chap. 2, §9, p. 86.

[128] *PMD*, I, chap. 2, §11, p. 97.

[129] Voir en particulier *PMD*, I, chap. 2, §10–12.

[130] E. Husserl, *Ideen II*, *Husserliana*, vol. IV, La Haye, Nijhoff, 1952, p. 325 (les appendices ne sont pas traduits en français). Pour cette comparaison, voir *PMD*, Partie I, chap. 1, §10, p. 90–92. Trần Đức Thảo est le premier à avoir mis en lumière cette opposition, qui sera souvent reprise. Ainsi, P. Ricœur restitue-t-il les analyses de Trần Đức Thảo dans sa recension de *PMD* (art. cit., p. 170–171), puis les remobilise sans le citer (*cf.* par exemple P. Ricœur, « Husserl et Kant », *op. cit.*, p. 306–307). Voir aussi D. Pradelle, « Solipsisme et stratifications méthodologiques. Commentaire de la Cinquième Méditation (première partie §42–48) », dans J.-F. Lavigne (dir.), *Les méditations cartésiennes de Husserl*, Paris, Vrin, 2008, p. 169–174.

[131] *PMD*, I, chap. 2, p. 96.

[132] *PMD*, Préface, p. 15 ; « Les dernières analyses de Husserl, en raison même de sa méthode de la genèse, s'achèvent pratiquement sur un scepticisme total » (*PMD*, Partie I, chap. 4, §21, p. 221).

dans ses analyses concrètes à déborder et dépasser son cadre théorique[133]. Ce motif critique, que Trần Đức Thảo reprend certainement à la fois de Hegel et d'Engels[134], est tout particulièrement visible dans son interprétation de la théorie husserlienne du *Présent Vivant* (*lebendige Gegenwart*). Cette « théorie capitale », qui se trouve principalement dans les inédits du Groupe C[135], constitue le point d'aboutissement extrême de la phénoménologie génétique dans sa remontée vers l'originaire : il s'agit pour Husserl de ressaisir le mouvement par lequel la conscience se constitue elle-même et son temps immanent[136]. Dans sa célèbre « Note sur le Présent Vivant »[137], Trần Đức Thảo montre que ces descriptions, par leur fidélité au mouvement des choses mêmes, en viennent à adopter, malgré elles, un mouvement proprement dialectique.

> Le concept hégélien de l'*Aufhebung* ne prend sa valeur concrète que dans le courant originaire qui se supprime à chaque instant et, par cette suppression même, se réalise dans son être véritable. C'est ce mouvement [du *Présent Vivant*], comme « pure inquiétude de la vie et processus d'absolue distinction », qui *constitue le temps* dans ses différents modes : le *passé* comme ce qui est *dépassé*, le *présent* comme le dépassement lui-même, en tant qu'il s'accomplit *actuellement*, l'*avenir* comme ce qui *vient à* la conscience, en tant qu'elle se dépasse *vers* lui[138].

Les moments par lesquels se constitue la temporalité immanente (impression, rétention, protention) ne deviennent, selon Trần Đức Thảo, pleinement intelligibles que

---

[133] Voir en particulier le dernier chapitre de la première partie : « Résultat de la phénoménologie » (*PMD*, Partie I, chap. 4, §21, p. 214–228).

[134] Dans l'Introduction de l'*Anti-Dühring*, Engels affirme qu'il y a, chez les scientifiques de son époque qui n'ont pas adopté le mode de pensée dialectique, un « conflit entre les résultats découverts et le mode de pensée traditionnel ». De cela résulterait « l'énorme confusion qui règne actuellement dans la théorie des sciences de la nature » (F. Engels, *AD*, p. 52).

[135] Les manuscrits du Groupe C (rédigés entre 1929 et 1934) ont pour titre « *Zeitkonstitution als formale Konstitution* » [La constitution du temps en tant que constitution formelle]. Trần Đức Thảo propose, dans sa « Note sur le *Présent Vivant* », une première traduction française d'un certain nombre d'extraits (*PMD*, Partie I, chap. 3, note p. 141–143). Ces manuscrits n'ont été édités qu'en 2006 sous le titre *Späte Texte über Zeitkonstitution* [*Textes tardifs sur la constitution du temps*] par Dieter Lohmar.

[136] Trần Đức Thảo considère qu'il s'agit de ce que les analyses husserliennes ont produit de plus radical. Ces descriptions dépasseraient les points de vue encore superficiels non seulement des *Ideen I* (qui s'en tiennent au niveau de la « conscience transcendantale » constituée – comme le rappelle Trần Đức Thảo en citant le §81), mais aussi des *LPCIT*, qui n'explorent pas le « mystère » du « flot » originaire, et se contentent d'affirmer que « les mots nous font défaut » pour le décrire (*PMD*, Partie I, chap. 3, note p. 140–141 ; *cf.* E. Husserl, *LPCIT*, section III, §36, p. 99).

[137] *PMD*, Partie I, chap. 3, §15, note, p. 139–144.

[138] *PMD*, Partie I, chap. 3, note p. 143–144. Cette interprétation dialectique de la temporalité originaire a sans doute été formulée pour la première fois par Yvonne Picard, jeune étudiante en philosophie arrêtée pendant la guerre et morte en déportation. Une partie de son mémoire a été publiée à la Libération : Y. Picard, « Le temps chez Husserl et chez Heidegger », *Deucalion*, n°1, août 1946. Étant tous les deux proches de Merleau-Ponty, il est possible qu'Y. Picard et Trần Đức Thảo se soient connus. Sur Y. Picard, voir notamment D. Giovannangeli « Présentation », *Philosophie*, n°100, 2008/4, p. 3–6, et « La lecture dialectique des *Leçons* », dans J. Benoist (dir.), *La Conscience du temps. Autour des « Leçons sur le temps » de Husserl*, Paris, Vrin, 2008, p. 137–159.

si on les ressaisit avec les catégories dialectiques. Si l'impression originaire présente est perpétuellement *dépassée* vers une autre impression, ce dépassement est à comprendre de manière dialectique : l'impression est *supprimée* en tant que présente, mais *maintenue* (ou « retenue ») comme impression passée, et s'intègre alors comme moment d'un nouveau tout. Ainsi,

> Le mouvement du *Présent Vivant* consiste à *se dépasser* constamment en *maintenant* en soi-même son passé à titre de moment *supprimé, conservé, dépassé*[139].

Il en résulte donc que le « sujet » se caractérise en ceci, qu'avant d'être temporel, il est fondamentalement *dialectique*. Ce n'est en effet pas parce que le sujet est temporel que son mouvement propre est dialectique, mais c'est au contraire parce qu'il est intrinsèquement dialectique que son mouvement propre peut ensuite être vécu comme temporalité immanente.

La force des analyses husserliennes ne réside toutefois pas seulement, selon Trần Đức Thảo, dans le fait qu'elles contiennent une phénoménologie dialectique qui s'ignore, mais surtout dans le fait qu'elles débordent le cadre théorique *idéaliste* de la phénoménologie (même retraduite en termes dialectiques)[140]. Le mouvement dialectique fondamental constitue en effet non seulement la temporalité immanente (et précède donc toute prise de conscience), mais le sujet lui-même. Le « sujet » vient toujours en second et sa conscience est toujours « en retard » par rapport à ce qu'il est ou fait effectivement (c'est-à-dire de ce que Trần Đức Thảo appelle son « contenu effectivement réel »). Ressaisir ce mouvement dialectique fondamental, qui se révèlera au niveau des vivants comme « dialectique du comportement », impliquera donc de dépasser le point de vue de la conscience ou du sujet sur lui-même et de ressaisir ce mouvement plus profond qui le constitue dans sa vérité. Et ce sera alors sur la base de cette élucidation de la dialectique fondamentale pré-subjective qu'on pourra rendre raison du phénomène de l'idéalisation primaire. Ainsi, à travers cette analyse des inédits sur le Présent Vivant, Trần Đức Thảo tente de montrer que les analyses effectives de Husserl ne peuvent être contenues dans le cadre théorique de la phénoménologie et semblent le conduire vers un tout autre cadre théorique, à la fois matérialiste et dialectique. C'est en ce sens que Trần Đức Thảo peut affirmer que

> L'exactitude scrupuleuse qu'il [Husserl] observa dans l'analyse intentionnelle l'amena aux abords du matérialisme dialectique[141].

Cependant, comme chez Hegel, une conscience philosophique parvient rarement à surmonter ses propres contradictions et à se dépasser vers une tout autre position

---

[139] *PMD*, Partie I, chap. 3, note p. 143.

[140] *Cf. PMD*, Partie I, chap. 4, §21 « Le genèse de l'expérience antéprédicative et son contenu effectivement réel », p. 214–228.

[141] *PMD*, II, p. 238.

philosophique[142]. En effet, si les recherches de Husserl devraient l'amener à dépasser son cadre philosophique phénoménologique pour se placer au niveau du « matérialisme dialectique » (vers lequel il tend sans le savoir), il est cependant *personnellement* incapable de sauter le pas. Cela entraîne deux conséquences au niveau de la compréhension de la structure de *Phénoménologie et matérialisme dialectique*. Tout d'abord, comme chez Hegel, la liaison dialectique entre les différentes consciences philosophiques doit être assurée par une conscience qui est déjà parvenue au Savoir absolu : celle-ci seule est en effet à même de mettre en lumière le fait que la négation à laquelle aboutit la dialectique est une négation déterminée qui donne naissance à une nouvelle figure positive[143]. C'est certainement pour cette raison que Trần Đức Thảo reprend la parole à la fin de la première partie (chapitre IV : « Le résultat de la phénoménologie »[144]), et tente de dégager le « contenu effectif » de la phénoménologie, c'est-à-dire ce contenu qui déborde le cadre conceptuel de la phénoménologie et appelle une nouvelle figure du savoir philosophique. Il s'agit en effet de mettre au jour « ce qui, pour nous, se passe pour ainsi derrière [le] dos »[145] de la phénoménologie, c'est-à-dire son dépassement vers le matérialisme dialectique.

Mais cette incapacité des phénoménologues (et Husserl en premier lieu) à dépasser leur conscience philosophique montre également la limite d'une analyse purement interne. Celle-ci peut expliquer la dynamique immanente de la phénoménologie qui conduit cette dernière vers le matérialisme dialectique, mais elle ne peut pas expliquer les résistances de l'individu Husserl à cette logique purement philosophique. C'est à ce moment que peut intervenir de manière féconde une *analyse externe*. Le cadre d'analyse marxiste, comme critique externe qui refuse le point de vue de la conscience et met en rapport les représentations avec leur fondement social et historique, permet alors d'expliquer comment l'appartenance sociale et historique de Husserl à une certaine classe le conduit à négliger l'expérience fondamentale du travail[146]. Une telle analyse ne peut cependant pas intervenir à la fin de la première partie de *Phénoménologie et matérialisme dialectique*, dans la mesure où ses fondements philosophiques n'ont pas encore été établis et ne pourront l'être qu'à la fin de la seconde partie. C'est sans doute pour cette raison que Trần Đức Thảo, tout en refusant de faire figurer une telle analyse dans le cours du développement, choisit toutefois de l'exposer dans sa Préface de l'ouvrage (seul lieu où, comme pour Hegel, une analyse externe peut se déployer)[147].

---

[142] *Cf.* G. W. F. Hegel, *PE*, *op. cit.*, Introduction, §15, p. 76–77.

[143] G. W. F. Hegel, *PE*, *op. cit.*, Introduction, §7, p. 70–71 ; et §15, p. 76–77.

[144] *PMD*, Partie I, chap. 4, §21, p. 214–228.

[145] G. W. F. Hegel, *PE*, *op. cit.*, Introduction, §15, p. 77.

[146] *Cf.* *PMD*, Préface, p. 12–13 et 15.

[147] Voir à ce sujet les commentaires de J. Benoist et en particulier le lien qu'il fait entre ces remarques et la théorie de la conscience développée dans la seconde partie de l'ouvrage (art. cit., p. 29–30).

2.3 Le sens du dépassement de la phénoménologie.

Mais que signifie dépasser la phénoménologie vers le matérialisme dialectique ? Si, comme nous l'avons vu, la structure de l'ouvrage est hégélienne, il faut certainement comprendre ce dépassement non pas comme une négation ou une suppression abstraites, mais comme un mouvement par lequel l'ancien contenu est « *supprimé, conservé, dépassé* » (selon la formule que Trần Đức Thảo emploie pour traduire l'*Aufhebung* hégélienne). Qu'est-ce qui doit être *supprimé* dans la phénoménologie pour accéder au matérialisme dialectique ? Qu'est-ce qui doit en être *conservé* et passer dans le matérialisme dialectique ?

2.3.1 Un renversement matérialiste de l'idéalisme phénoménologique.

Le passage de la phénoménologie au matérialisme dialectique peut tout d'abord être conçu comme un *renversement* matérialiste de l'idéalisme phénoménologique, c'est-à-dire comme mouvement qui conserve un certain « contenu » tout en lui donnant une autre base théorique[148]. Ce qui pour Trần Đức Thảo constitue le véritable apport positif de la phénoménologie husserlienne se situe dans ses manuscrits inédits et réside dans ses descriptions de l'expérience antéprédicative, et plus particulièrement celles relevant de ce que Husserl appelle l' « esthétique transcendantale »[149]. Or s'il convient de *conserver* ces descriptions, il est cependant nécessaire de les replacer dans un cadre théorique qui permet d'en saisir ce que Trần Đức Thảo appelle leur « contenu effectif ». La limite fondamentale de ces analyses (et la source de leur idéalisme) tient au fait qu'elles effectuent le geste caractéristique de l'idéalisme, qui consiste à *séparer* ce qui est uni dans la réalité concrète. Or cette séparation n'est pas saisie comme procédant de l'acte d'un sujet, mais comme provenant d'une différence *réelle* du côté de l'objet. C'est ainsi que la méthode phénoménologique de la réduction à la sphère des vécus coupe, par définition, la dimension *vécue* d'un phénomène de sa dimension *matérielle*, c'est-à-dire de son appartenance à un corps vivant et à un comportement effectif. Les différents actes noétiques (rétention, protention, unification de l'apparition, etc.) sont alors conçus comme actes purs d'une subjectivité transcendantale, n'ayant aucun rapport avec le corps vivant et agissant. En effet, explique-t-il, le passage du psychologique à l'attitude transcendantale consiste à opérer une « abstraction », à savoir « l'élimination de toute relation au corps »[150]. Or cette abstraction « arbitraire » conduit à méconnaître le tout dont la dimension vécue n'est qu'une partie. La sensation, par exemple, sera de ce fait analysée comme un pur vécu abstraction faite de ce sans quoi elle ne

---

[148] Il s'agit donc de répéter sur Husserl le renversement que Marx et Engels infligent à Hegel.

[149] Husserl reprend la formule kantienne d' « esthétique transcendantale » pour désigner « le monde "primordial" donné à l'Ego individuel, *solus ipse* » (E. Husserl, *MC*, V, §61, p. 125).

[150] *PMD*, Partie I, chap. 2, §7, p. 74–75.

pourrait pourtant s'effectuer, à savoir l'appareil sensori-moteur. Or comme le dit Trần Đức Thảo,

> Le *vécu* n'est qu'un aspect abstrait de la *vie effectivement réelle*. [...] Mais l'abstraction du point de vue [de la phénoménologie] ne lui a pas permis de voir le contenu matériel de cette vie sensible[151].

Renverser l'idéalisme phénoménologique consistera donc à *retrouver l'unité* que l'analyse abstraite a brisée, c'est-à-dire à mettre au jour le fait que « le vécu n'est qu'un moment abstrait dans la dialectique du corps vivant agissant comme un tout »[152]. Le corps vivant et agissant n'est pas un simple support matériel empirique et contingent de structures transcendantales, mais est indissociable de ces structures dont il est la condition de possibilité : aucun acte noétique n'est compréhensible s'il n'est pas mis en lien avec le corps agissant qui le rend possible. En effet, comme il l'écrivait en octobre 1949 en annonçant les analyses de *Phénoménologie et matérialisme dialectique* :

> L'échec évident de Husserl, malgré la précision méthodique de ses recherches, témoigne de l'impossibilité de maintenir l'analyse des significations sur le plan de la subjectivité, fût-elle « transcendantale »[153].

Il convient donc, comme tente de le faire la seconde partie de l'ouvrage de 1951, de reprendre les différentes structures transcendantales et actes noétiques isolés abstraitement par la description phénoménologique afin de montrer leur inscription matérielle dans le corps vivant et agissant.

2.3.2 Une radicalisation de la phénoménologie.

Le dépassement de la phénoménologie vers le matérialisme dialectique peut cependant également être conçu comme une *radicalisation* de la phénoménologie qui conduit à la transformer en une toute autre position philosophique. C'est ce que l'on peut voir à partir d'une discussion du statut de la réduction dans *Phénoménologie et matérialisme dialectique*. L'une des questions interprétatives importantes que soulève *Phénoménologie et matérialisme dialectique* est en effet celle de savoir ce que devient la réduction phénoménologique dans la seconde partie de l'ouvrage. En affirmant la nécessité de dépasser la phénoménologie vers un « naturalisme d'un genre nouveau »[154], Trần Đức Thảo n'abandonne-t-il pas tout simplement la réduction phénoménologique pour revenir à l'attitude naturelle pré-phénoménologique ? Ce dépassement serait alors une régression vers une position « mondaine » et naïve

---

[151] *PMD*, Partie I, chap. 4, §21, p. 228.
[152] *PMD*, Partie II, chap. 1, §5, p. 298.
[153] ORPH, p. 142.
[154] *PMD*, Partie I, chap. 2, §11, p. 97.

que Husserl aurait passé toute sa vie à critiquer (comme le suggèrent A. de Waehlens[155], P. Ricœur[156] ou J. Derrida[157]).

Pourtant, contre une telle interprétation, Trần Đức Thảo prend le soin de préciser que ce « naturalisme d'un genre nouveau » a justement ceci de *nouveau* qu'il se situe « sur un plan *postérieur à la réduction* »[158]. Pour Trần Đức Thảo, bien loin d'être une régression en deçà de la réduction, le matérialisme dialectique est au contraire le résultat de sa radicalisation. La vérité de la réduction réside en effet, selon Trần Đức Thảo, dans sa portée ontologique : elle révèle le sens même de l'être, à savoir qu'*être c'est être constitué*. Or la réduction phénoménologique, ayant suspendu la « thèse du monde » de l'attitude naturelle pour faire apparaître le monde comme un phénomène dont le sens est constitué par l'activité du sujet transcendantal, s'arrête cependant à ce niveau et se contente de poser la subjectivité transcendantale comme sphère absolue et sol premier. Husserl est certes conscient que cette subjectivité transcendantale est elle-même constituée[159], et une partie importante de ses manuscrits est consacrée à son exploration, mais il reconduit toujours cette constitution originaire du sujet (ou *Urkonstitution*) à une *auto-constitution*. Or une telle analyse *présuppose* toujours comme *déjà là* dans le « sujet » une certaine *capacité* d'effectuer cette auto-constitution, c'est-à-dire une certaine structure transcendantale qui est simplement actualisée lors de ce processus[160] : l'*Urkonstitution* husserlienne prend donc comme *donné* ce dont il faudrait montrer au contraire le caractère *constitué*. Si la réduction phénoménologique conduit Husserl à l'idéalisme (c'est-à-dire à poser que le monde est constitué par le sujet) c'est en raison de son caractère inachevé. La radicalisation de la réduction a au contraire pour conséquence de découvrir au plus profond du sujet un mouvement (dialectique) dont il n'est pas l'origine, et dont il est un simple produit. Et même doublement un produit : il est d'une part le résultat d'une dialectique constituante infra-subjective qui le produit en tant que sujet[161], et d'autre part le résultat d'une dialectique naturelle

---

[155] « En opérant ce renversement, M. Thảo paraît avoir simplement oublié tout ce qu'il nous a lui-même exposé sur la réduction » (De Waehlens, art. cit., p. 87).

[156] « Retenir de la phénoménologie "son contenu effectivement réel", c'est quitter la phénoménologie et retourner à la conscience naïve que la phénoménologie met en question et du même coup en suspens » (P. Ricœur, « Sur la phénoménologie », *op. cit.*, p. 175).

[157] *Cf.* J. Derrida, *Problème de la genèse dans la philosophie de Husserl, op. cit.*, p. 32 et note p. 257.

[158] *PMD*, Partie I, chap. 4, §21, note p. 227. Et cela par différence avec l'existentialisme, dont les notions sont au contraire « *antérieures à la réduction* », et ne font, selon lui, que « systématiser, sur le mode aristotélicien, le point de vue du sens commun ».

[159] Comme en témoignent certaines remarques des *Ideen I* (E. Husserl, *Ideen I*, section III, chap. 2, §81, p. 274–275) et des *Leçons* (E. Husserl, *LPCIT*, Section III, notamment §34–39, p. 97–109). *Cf.* également E. Husserl, *MC*, IV.

[160] La constitution du sujet ne se fait pas de manière arbitraire, mais suit certaines règles qu'on retrouve dans la constitution de n'importe quel sujet appartenant à une même espèce vivante. C'est en ce sens qu'on se propose de parler de structures transcendantales de la constitution du sujet. Or ces structures ne se constituent pas dans l'auto-constitution du sujet (car cette dernière les présuppose).

[161] Le processus de constitution d'un individu humain (de la conception à la maturité physique) est porté par une dialectique dont il n'est pas à proprement parler le sujet et qui suit les règles de constitution transcendantale propres à l'espèce.

qui produit la forme vivant particulière qu'il est, c'est-à-dire l'ensemble de ses structures transcendantales de l'espèce. Ces structures transcendantales trouvent en effet leur origine dans un processus de genèse qui se déroule dans le « monde » ou la « nature », à savoir l'évolution des espèces : processus au cours duquel ces capacités transcendantales sont peu à peu acquises et complexifiées jusqu'à donner les structures transcendantales de l'humanité. Ainsi Trần Đức Thảo peut-il affirmer que « le monde, écarté au début sous sa forme *constituée*, se retrouve comme la *réalité même du constituant* »[162]. La réduction phénoménologique révélait que le sens de l'être est d'être constitué par une conscience qui se présente comme fondement absolu : la réduction radicalisée révèle au contraire, à un niveau plus fondamental, que la conscience est *traversée* et *produite* par un processus de constitution qui n'est que le mouvement dialectique du monde lui-même.

Cependant, les concepts de « monde », de « nature » ou de « réalité » (en tant qu'ils désignent le véritable « sujet » constituant) ne doivent pas être confondus avec le sens de ces termes dans l'attitude naturelle. Comme le précise Trần Đức Thảo :

> La « *réalité naturelle* » qui se découvre dans les profondeurs du vécu *n'est plus celle qui se présentait à la conscience spontanée avant la réduction*[163].

La réduction radicalisée garde en effet ceci de la réduction husserlienne : le sens d'être de la « réalité naturelle » n'est pas d'être un « en soi » inerte et passif (comme dans l'attitude naturelle), mais d'être constitué. Cependant, en tant qu'elle est radicalisée, la réduction révèle désormais que cette constitution n'est pas l'œuvre d'un sujet transcendantal, mais du mouvement même de la réalité. Mais si l'on parle encore de constitution c'est, comme le dit Trần Đức Thảo, « en un sens radicalement nouveau »[164] : la constitution désigne désormais un mouvement dialectique immanent capable de produire de nouvelles formes, c'est-à-dire un processus d'auto-production[165]. Sur la base d'une telle conception du « monde » ou de la « nature », qui révèle la « réalité de la *Dinglichkeit* »[166], il est alors possible d'élaborer le « naturalisme d'un genre nouveau » que Trần Đức Thảo appelle de ses vœux :

> Puisque toute expérience implique le moment de la *chose*, la dialectique qui s'élève de la matière à l'esprit ne peut aboutir à une réalité que si le point de départ est lui-même une réalité. [...] *Il manquait à la doctrine husserlienne une constitution de la chose qui ne la réduise pas à un équivalent dans la conscience*[167].

On parvient donc, en suivant ce mouvement de radicalisation de la réduction husserlienne à une formulation de la conception ontologique du matérialisme dialectique.

---

[162] *PMD*, Partie I, chap. 4, §21, p. 224.

[163] *PMD*, Partie I, chap. 4, §21, p. 225.

[164] *PMD*, Partie I, chap. 2, §10, p. 90.

[165] Ainsi, contrairement à ce qu'affirme J. Derrida, la dialectique de Trần Đức Thảo ne s'instaure pas « à partir d'une matière qui, en tant que telle, n'est pas animée par la dialectique » (J. Derrida, *op. cit.*, note p. 257).

[166] *PMD*, Partie I, chap. 2, §11, p. 97.

[167] *PMD*, Partie I, chap. 2, §11, p. 97.

Trần Đức Thảo propose ainsi dans *Phénoménologie et matérialisme dialectique* une tout autre interprétation de la réduction que celle qui était à l'œuvre dans ses textes de l'après-guerre – ce qui conduit à une tout autre articulation entre phénoménologie et marxisme. Dans ses premiers textes, la réduction gardait très largement le sens qu'elle avait pour Husserl, à savoir celui d'un opérateur permettant de mettre en lumière l'œuvre du sujet humain constituant. Trần Đức Thảo pouvait alors la rapprocher du geste marxiste qui révèle le monde comme l'œuvre du travail ou de la praxis humaine (dans le cadre du marxisme conçu comme simple « matérialisme historique » ou comme philosophie de la praxis). Réduction « phénoménologique » et réduction « marxiste » pouvaient ainsi être présentées comme deux aspects d'un même geste qui consiste à dégager le caractère constituant de l'activité humaine. La radicalisation de la réduction dans l'ouvrage de 1951 conduit quant à elle, non pas à nier ces phénomènes, mais à les replacer dans une compréhension plus englobante. Le caractère d'être-produit n'est pas seulement le sens de l'être *pour* l'être humain (en tant qu'il est à l'origine du monde), mais le sens de l'être *en dehors* de la corrélation. Le marxisme devient alors une pensée ontologique qui prétend dévoiler le sens même de l'être comme auto-productivité et dialecticité.

3 Reconstruction matérialiste dialectique de la phénoménologie : la dialectique matérialiste comme mouvement du réel.

> « Le marxisme s'est imposé à nous comme la seule solution concevable des problèmes posés par la phénoménologie elle-même »
> (Trần Đức Thảo, *Phénoménologie et matérialisme dialectique*, Préface, p.5).

La seconde partie de *Phénoménologie et matérialisme dialectique* se place, comme l'affirme Trần Đức Thảo, « entièrement sur le plan du matérialisme dialectique »[168]. Cela ne veut pas dire pour autant qu'il fasse table rase de l'ensemble des discussions et des acquis théoriques de la première partie. La seconde partie de l'ouvrage est en effet conçue comme une tentative de réponse aux problèmes qu'il a identifiés dans la phénoménologie. Néanmoins, la continuité entre les deux parties ne se situe pas seulement dans l'unité d'un problème, mais aussi au niveau du contenu théorique. En effet, comme il l'annonçait en octobre 1949, « [l]es exigences immanentes [de la phénoménologie] l'amènent nécessairement à s'absorber dans le matérialisme dialectique et historique, où elle se *supprime* en se *réalisant* »[169]. Le matérialisme dialectique en tant que dépassement (au sens hégélien) de la phénoménologie se présente comme une relève qui absorbe ou maintient ce qu'elle supprime : il nous faut maintenant comprendre de quelle manière le matérialisme dialectique *conserve* et même *réalise* la phénoménologie en la dépassant.

---

[168] *PMD*, Préface, p. 5.
[169] ORPH, p. 142.

3.1 Les enjeux de la seconde partie.

L'enjeu principal de la seconde partie est de proposer une défense et illustration du matérialisme dialectique. Il s'agit de démontrer que les principes fondamentaux du matérialisme dialectique permettent de rendre raison de l'ensemble de la réalité, et qu'ils constituent de ce fait le langage (ou « syntaxe ») à partir duquel il devient possible d'unifier l'ensemble des savoirs. Pour cela, l'argumentation de Trần Đức Thảo se déploie à un double niveau. En premier lieu, afin d'établir la validité universelle du matérialisme dialectique à un niveau *ontologique*, il s'agit de mettre en œuvre ce qu'on peut appeler une *déduction* matérialiste dialectique de l'ensemble du réel. Deuxièmement, pour établir sa validité universelle à un niveau *épistémologique*, il s'agit de montrer la possibilité d'une *traduction* matérialiste et dialectique des concepts et des résultats des savoirs portant sur les différentes dimensions du réel.

Le mouvement d'ensemble de la seconde partie se donne ainsi, à un premier niveau, comme une déduction matérialiste dialectique de l'ensemble du réel (comme en témoigne le titre de cette partie : « La dialectique du mouvement réel »). Cette déduction doit permettre d'établir la valeur du matérialisme dialectique à la fois contre le matérialisme réductionniste et contre toutes les formes de dualisme. Ces deux positions, comme nous l'avons vu, reposent, selon Trần Đức Thảo sur une même compréhension statique de l'être, qui les conduit soit à affirmer l'incommensurabilité entre ses régions (comme le fait le dualisme), soit à nier la complexité du réel (comme le fait le réductionnisme). Contre le dualisme, le matérialisme dialectique doit établir la continuité entre la matérialité et toutes les formes d'idéalité, et cela en démontrant qu'il est possible d'engendrer matériellement les structures les plus complexes et développées (qui semblent au premier regard les plus étrangères à la matérialité). Mais contre le matérialisme réductionniste, il s'agit de montrer la complexité du réel : il y a bien production de nouvelles structures qui ont un mode de fonctionnement propre et irréductible aux formes antérieures.

Tel est précisément l'objectif de la déduction matérialiste dialectique de l'ensemble du réel. En partant de la matérialité sous sa forme physico-chimique et en admettant que cette matérialité est régie par un mouvement dialectique, il s'agit de tenter de reconstituer l'engendrement progressif de l'ensemble des structures complexes de la réalité. On peut y voir aussi une tentative de reconstruction dialectique de *La structure du comportement* de Merleau-Ponty : ce dernier dégageait en effet dans son texte de 1942 trois grands types de structures (l'ordre physique, vital et humain), mais ne proposait d'explication des relations concrètes entre ces structures ni d'un point de vue synchronique ni d'un point de vue diachronique (ou génétique). Or c'est précisément ce que cherche à faire Trần Đức Thảo. Le premier chapitre procède ainsi à une déduction matérialiste dialectique de la *conscience humaine*, ou encore à une « genèse des structures de la conscience »[170]. Trần Đức Thảo reprend ici le projet engelsien d'une « préhistoire de l'esprit humain » :

---

[170] *PMD*, II, chap. 1, §2, p. 296. Trần Đức Thảo parle également de « genèse réelle de la conscience » (p. 252) ou de « genèse des significations intentionnelles dans l'évolution des espèces » (p. 295).

> La preuve est établie dans ses grandes lignes de la série évolutive des organismes à partir de quelques organismes simples jusqu'aux organismes de plus en plus variés et de plus en plus compliqués, tels que nous les voyons aujourd'hui sous nos yeux, pour s'élever jusqu'à l'homme ; ce qui permet non seulement l'explication des produits organiques de la nature existant actuellement, mais le fondement de la préhistoire de l'esprit humain, de la recherche des différents stades d'évolution depuis le simple protoplasme sans structure, mais sensible aux excitations, des organismes inférieurs jusqu'au cerveau pensant de l'homme. Or, sans cette préhistoire, l'existence du cerveau pensant de l'homme reste un miracle[171].

En suivant l'évolution des espèces, on voit en effet progressivement se former des capacités d'idéalisation de plus en plus développées (et donc des structures transcendantales de plus en plus complexes) : il est ainsi possible d'arriver, sans qu'il y ait de solution de continuité dans le mouvement dialectique, jusqu'à l'engendrement de l'humanité avec l'ensemble de ses facultés et structures transcendantales[172]. Le second chapitre montre quant à lui que, s'il est nécessaire de ressaisir l'*engendrement* de l'humanité par la dialectique naturelle, il est cependant réducteur de vouloir *expliquer* le comportement humain et son histoire à partir de cette seule dialectique. Avec l'humanité, les capacités d'idéalisation et les structures transcendantales du vivant prennent en effet une autre signification : sans jamais perdre leur inscription dans la matérialité physique et biologique, leur développement propre est également déterminé par leur inscription dans des structures sociales et historiques. Partant la conscience humaine est structurée non seulement par un transcendantal *spécifique* (produit par une dialectique naturelle), mais également par un transcendantal *historique et social* (produit par une dialectique sociale et historique).

Tout en menant cette déduction, Trần Đức Thảo cherche néanmoins, à un second niveau, à effectuer une *traduction matérialiste dialectique* des concepts et des résultats des savoirs portant sur les différentes dimensions du réel. En effet, contrairement à la pratique communiste de l'époque qui consiste à disqualifier tout savoir qui ne se fait pas sur une base « matérialiste dialectique »[173] (comme en atteste la célèbre thèse des « deux sciences »[174]), Trần Đức Thảo cherche réellement à se confronter à ces savoirs, de manière à en extraire ce qui peut être intégré dans le cadre du matérialisme dialectique[175]. En cela, Trần Đức Thảo reprend à son compte,

---

[171] F. Engels, *DN*, p. 198.

[172] Trần Đức Thảo redouble cette déduction *phylogénétique* de la conscience humaine d'une déduction *ontogénétique* de la conscience adulte, en retrouvant chaque stade du développement des espèces dans le développement de l'enfant (à partir des travaux de Piaget). Pour cela, il s'appuie sur la « théorie de la récapitulation », selon laquelle l'ontogenèse récapitule la phylogenèse. Toutefois il reconnaît que le parallélisme n'est pas strict : « Les correspondances avec le développement de l'enfant ne portement évidemment que sur la dialectique générale des structures » (*PMD*, Partie II, chap. 1, §3, p. 268).

[173] Voici comment Sartre décrit la pratique des intellectuels communistes : « on croirait qu'ils soutiennent un siège, que le marxisme est une citadelle à défendre ; de temps en temps, ils font une sortie, histoire de réaffirmer les principes et repousser les assaillants » (« Le réformisme et les fétiches », *SVII*, p. 111).

[174] *Cf. supra*, Partie II, Introduction.

[175] C'est ce qui lui vaut les éloges de Sartre, et fait de lui le seul représentant en France d'un

dans cette seconde partie, le programme encyclopédique et épistémologique d'Engels. Il montre non seulement que les avancées scientifiques récentes contiennent déjà sans le savoir une dimension matérialiste dialectique, mais aussi qu'une reformulation matérialiste dialectique d'un grand nombre de problèmes scientifiques aiderait à leur solution. Trần Đức Thảo effectue ce travail à la fois en direction des diverses sciences « positives » (théorie de l'évolution, éthologie, psychologie comportementale animale et humaine, psychologie du développement de l'enfant, etc. dans le premier chapitre, mais également la sociologie française et britannique, l'histoire, etc. dans le second chapitre), et en direction de la phénoménologie.

C'est dans cette optique que Trần Đức Thảo propose, dans la seconde partie, une *reconstruction matérialiste de la phénoménologie*. Mais pour cela, il s'emploie d'abord à définir la portée précise des analyses phénoménologiques. Celles-ci n'ont de pertinence, selon lui, que comme descriptions de l'individu humain isolé, c'est-à-dire de l'humanité non sociale. Les structures transcendantales qu'elle thématise ne sont que les structures transcendantales de l'humanité dans sa dimension naturelle. Il en résulte que

> Contrairement à un préjugé répandu, le domaine privilégié de la phénoménologie pure n'est pas dans les significations humaines, mais bien dans les couches primitives et proprement animales : la sensation, le champ sensible, l'objet-fantôme et la « chose » primordiale. C'est ici que la technique descriptive, une fois débarrassée de sa gangue idéaliste, permet une confrontation décisive entre la conscience et le comportement[176].

Or l'être humain est non seulement un être biologique mais aussi un être social, qui est déterminé par des structures transcendantales à caractère historique et social, qui ne peuvent être saisies qu'au niveau de la société et de l'histoire. C'est la raison pour laquelle, si la phénoménologie peut servir de fil conducteur idéaliste pour la déduction matérialiste de la conscience du premier chapitre (laquelle s'attèle à la tâche d'inscrire les différentes couches dégagées par la phénoménologie génétique dans le tout matériel dont elles ne sont qu'une partie), elle n'est en revanche d'aucune utilité pour comprendre la dialectique sociale – ce qui explique l'absence presque complète de référence à la phénoménologie dans le second chapitre.

3.2 *Le fondement matériel des structures transcendantales de l'humanité.*

Le titre hégélien du premier chapitre (« La dialectique du comportement animal comme devenir de la certitude sensible ») indique le double objectif que se donne Trần Đức Thảo. Il s'agit d'une part, afin de réaliser la déduction matérialiste des structures transcendantales du sujet humain, de reconstituer l'histoire de l'acquisition successive de ces structures dans l'évolution de espèces : en partant de la

---

« marxisme vivant » (*id.*).
[176] *PMD*, II, chap. 1, §5, p. 297.

« certitude sensible » (les pures impressions actuelles qui caractérisent le degré minimal de la conscience et de l'idéalisation), Trần Đức Thảo suit sa complexification progressive jusqu'au mode d'apparition du monde spécifiquement humain. Mais d'autre part, ce devenir doit se comprendre de manière matérialiste : à chaque étage de l'évolution, il faut dégager le fondement matériel de ces nouvelles structures dans le comportement effectif des corps vivants – et procéder ainsi à une réinscription matérialiste de la phénoménologie.

La démonstration de ce premier chapitre s'appuie sur les analyses de la phénoménologique génétique, qui servent de « fil conducteur » idéaliste. Celle-ci a en effet su montrer la complexité du processus de constitution de la chose (*Dingkonstitution*) en mettant au jour les opérations successives qui doivent être effectuées[177]. Or l'une des décisions philosophiques importantes de Trần Đức Thảo est d'affirmer que cette articulation *synchronique* d'opérations correspond en fait, d'un point de vue *diachronique*, au développement progressif de ces capacités au cours de l'évolution des espèces. Chaque grande étape de l'évolution se définit ainsi par l'émergence d'une nouvelle capacité ou structure transcendantale (voir *infra*, Figure 1). Il s'agit ici à la fois d'une reprise de la « loi de la récapitulation » de Haeckel[178] (selon laquelle ontogenèse répète la phylogenèse) et du diagramme du temps de Husserl (qui présente tout acte de conscience passé comme retenu et intégré de manière synchronique dans un présent sans cesse renouvelé[179] – voir *infra*, Figure 2). Il en résulte donc que toute conscience humaine contient en résumé l'ensemble de l'histoire de l'évolution du vivant. Pour retracer donc la « préhistoire de l'esprit humain », il suffit donc de déployer diachroniquement les étapes successives de la constitution de la chose dégagées par la phénoménologie.

3.2.1 Genèse des idéalités : origine de l'idéalisation primaire.

Dans ce premier chapitre, Trần Đức Thảo s'affronte au problème de l'idéalisation primaire. Il ne se contente plus des formules existentialistes et se refuse à répéter comme un dogme l'affirmation marxiste selon laquelle « ce n'est pas la conscience qui détermine la vie, c'est la vie qui détermine la conscience »[180]. Toute la question est en effet de comprendre comment la matérialité peut devenir idée. Pour résoudre

---

[177] Les pures impressions actuelles du flot originaire du Présent absolu font l'objet d'une rétention qui permet la constitution de l'unité de la sensation ; les protentions permettent ensuite au sujet de se dépasser vers l'avenir. C'est sur cette base que l'objet extérieur est alors progressivement élaboré : on passe de la simple apparition « fantôme » à l'organisation d'un champ spatio-temporel, pour aboutir enfin à la constitution d'une chose comme unité permanente de certaines qualités.

[178] Engels considère que cette loi constitue le « fil d'Ariane » devant permettre aux sciences de la vie de sortir de leurs difficultés (*cf.* F. Engels, *DN*, p. 37–38 ; voir aussi p. 180).

[179] Le « tableau du développement sensori-moteur » de Trần Đức Thảo (*PMD*, Partie II, chap. 1, §3, p. 260–261) s'inspire directement du diagramme du temps de Husserl (E. Huserl, *LPCIT*, Section II, §10, p. 43).

[180] K. Marx et F. Engels, *IA*, chap. 1, Fragment I/5–9, p. 301. Cette formule apparaît à plusieurs reprises et sous différentes formes dans la seconde partie de *PMD* (voir par exemple p. 286).

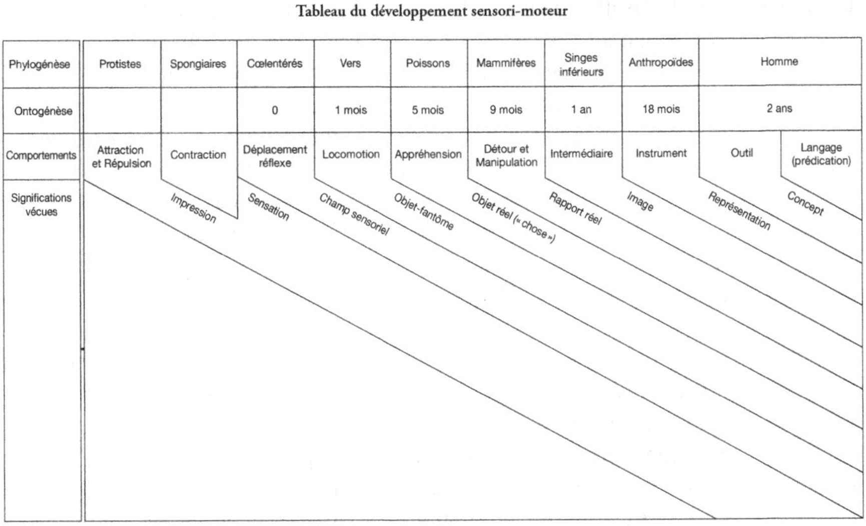

3 Reconstruction matérialiste dialectique de la phénoménologie.

Tableau du développement sensori-moteur

Phylogénèse	Protistes	Spongiaires	Cœlentérés	Vers	Poissons	Mammifères	Singes inférieurs	Anthropoïdes	Homme
Ontogénèse			0	1 mois	5 mois	9 mois	1 an	18 mois	2 ans
Comportements	Attraction et Répulsion	Contraction	Déplacement réflexe	Locomotion	Appréhension	Détour et Manipulation	Intermédiaire	Instrument	Outil	Langage (prédication)
Significations vécues		Impression	Sensation	Champ sensoriel	Objet-fantôme	Objet réel (« chose »)	Rapport réel	Image	Représentation	Concept

Figure 1 Diagramme du développement sensori-moteur (*PMD*, Partie II, chap. 1, §3, p. 260–261).

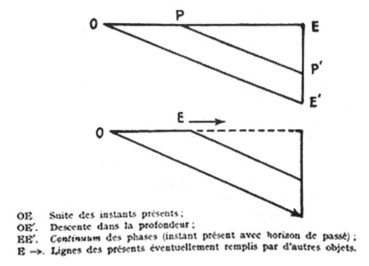

Figure 2 Diagramme du temps de Husserl (E. Husserl, *LPCIT*, Section II, §10, p. 43).

ce problème, Trần Đức Thảo adopte une perspective génétique qui prend son point de départ dans l'idéalisation primaire la plus rudimentaire existant dans le règne animal. L'idéalisation primaire chez les êtres humains est en effet d'une telle complexité et le résultat de tant de médiations, qu'il est presque impossible de comprendre comment la matière peut elle-même devenir idée (d'où la tentation du dualisme). En revanche, en analysant la forme minimale de conscience, on peut voir le processus d'idéalisation sous sa forme la plus simple. Le degré minimal de conscience correspond aux pures impressions immédiates et à chaque instant changeantes que Husserl thématise comme le « point source » à partir duquel se construit peu à peu l'objet (c'est-à-dire comme « impression originaire »)[181]. Or les organismes pluricellulaires les plus simples (les Spongiaires) vivent dans un « monde » où il n'y qu'une pure succession de ces impressions sans rétention, c'est-à-dire dans un « pure *présent vivant* et évanescent »[182]. C'est donc chez eux qu'on trouve le tout premier passage de la matière et l'idéel, c'est-à-dire la forme la plus rudimentaire d'idéalisation primaire – et cela par différence avec les organismes unicellulaires primitifs (Protistes), qui ont une absence complète de conscience.

Comment s'opère ce passage à cette conscience minimale ? Comment est-ce qu'une *impression* peut être produite ? Pour Trần Đức Thảo, l'élément déterminant est le développement d'une capacité d'*inhibition* ou de *répression* : alors que le Protiste subit passivement les déterminations venant de l'extérieur (attraction/répulsion[183]), l'organisme pluricellulaire est quant à lui capable de *réagir* : en se contractant, il peut alors contrecarrer le mouvement d'attraction ou de répulsion qui se déclenche en lui sous l'influence des stimuli extérieurs[184]. Une telle réaction, qui est la forme primitive de la fonction musculaire, fait de cet organisme la première forme vivante ayant un *comportement*. Mais ce que Trần Đức Thảo considère ici comme décisif est l'effet que cette inhibition a sur l'organisme vivant. Inhiber un mouvement c'est, au sens propre, l'empêcher de s'extérioriser en le gardant en soi : ainsi seule demeure dans l'organisme la trace de ce mouvement esquissé et réprimé. Or cette trace, c'est « l'*impression sensorielle*, comme forme originaire du vécu ». Celle-ci

> N'implique aucun mystère transcendant : elle n'est que l'irritabilité de l'élément cellulaire, absorbée et réprimée dans la réaction de l'organisme total[185].

Ce qui assure donc le passage premier et originel de la matière à la forme la plus rudimentaire d'idéalité (la pure impression), c'est l'inhibition d'un mouvement esquissé.

L'idéalisation primaire apparaît ainsi comme un processus *dialectique* par lequel de la matérialité qui apparaissait comme purement positive (un corps, un environnement qui détermine ce corps dans une direction) ne parvient pas à réaliser le mouvement initié en raison d'un principe *négatif* – et c'est cette négation du mouvement qui produit la forme minimale de l'idéalité. Comme l'a bien fait ressortir J. Benoist, on ne peut qu'être frappé par la proximité entre cette genèse de l'idéalité et celle

---

[181] *Cf.* E. Husserl, *LPCIT*, Section II, §10–11, p. 42–44.

[182] *PMD*, Partie II, chap. 1, §3, p. 254.

[183] Pour Engels, l'attraction et la répulsion sont la « forme fondamentale de tout mouvement » (F. Engels, *DN*, p. 77).

[184] Ainsi, Trần Đức Thảo explique-t-il que l'Éponge, au lieu de subir le mouvement des vagues se contracte et parvient à maintenir une forme d'équilibre (*PMD*, Partie II, chap. 1, §3, p. 252–253).

[185] *PMD*, Partie II, chap. 1, §3, p. 254.

proposée par Freud et la psychanalyse[186] ; on pourrait également se demander s'il n'y aurait pas une influence inavouée de Bergson[187]. Cependant, il nous semble qu'il faut plutôt y voir une tentative de reformulation philosophique d'une idée courante de la psychologie comportementale (animale et humaine) de l'époque, qui cherche à penser le comportement et la conscience à partir de l'inhibition[188]. Trần Đức Thảo peut en effet éclairer cette compréhension négative de la genèse des idéalités au moyen du travail philosophique qu'il a effectué sur Hegel et dans le cadre du débat avec Kojève et Sartre sur le dualisme[189]. Trần Đức Thảo paraît en effet reprendre de manière personnelle un schème qu'il a pu trouver dans la « dialectique du travail » du chapitre IV de la *Phénoménologie de l'Esprit* de Hegel. Dans cette analyse, Hegel montre que, si le maître est incapable de « maîtriser l'être » et se trouve sous la dépendance de son objet, auquel il ne peut pas résister (c'est-à-dire qu'il ne peut pas maîtriser l'attraction et la répulsion qu'il éprouve à l'égard de l'objet), l' « esclave » se trouve quant à lui dans la nécessité de « réfréner » son désir, c'est-à-dire d'inhiber l'attraction ou la répulsion que suscite en lui l'objet. C'est ce « rapport négatif à l'objet » qui, d'une part *forme* la conscience, et d'autre part devient la « *forme* de cet objet même »[190]. Or replacé dans le cadre d'une réflexion sur l'idéalisation, on peut dire que c'est le fait de ne pas saisir et consommer l'objet qui le fait apparaître avec une forme particulière[191] : c'est donc le mouvement esquissé et aussitôt réprimé qui conditionne le mode d'apparaître de l'objet.

Trần Đức Thảo peut alors montrer que ce processus élémentaire d'idéalisation vaut pour toute forme d'idéalisation primaire. En suivant les grandes étapes de l'évolution des espèces, il décrit comment le développement d'une saisie de plus en plus riche du monde correspond au développement de capacités d'inhibition de plus en plus importantes. Pour retracer cette évolution, Trần Đức Thảo se sert des différentes couches dégagées par la phénoménologie génétique. L'*impression*, comme

---

[186] *Cf.* J. Benoist, art. cit., p. 36.

[187] H. Bergson, *Matière et mémoire*, Paris, PUF, 1999, chap. 1 ; *L'évolution créatrice*, Paris, PUF, 1981, chap. 2, p. 144–145.

[188] On trouve par exemple une telle idée chez P. Janet (*Les débuts de l'intelligence*, Paris, Flammarion, 1934), chez H. Piéron (*Le cerveau et la pensée*, Paris, F. Alcan, 1923), ou chez J. Piaget (*Jugement et raisonnement chez l'enfant*, Neuchâtel, Delachaux & Niestlé, 1924), comme chez I. Sechenov ou I. Pavlov.

[189] L'un comme l'autre établissent un rapport étroit entre conscience et négativité (la conscience *étant* négativité), mais cela les conduit d'une part à identifier apparition de la conscience et apparition de la négativité dans l'être (qui auparavant aurait été pure positivité), et d'autre part à identifier cette double apparition avec le surgissement de l'humanité. C'est à cette double identification que s'oppose ici Trần Đức Thảo. Il montre en effet d'une part que loin de s'identifier à la conscience, la négativité est au contraire ce qui la *précède* et en est la condition de possibilité : s'il n'y avait pas *déjà* de la négativité dans l'être, il n'y aurait pas de possibilité de surgissement de la conscience. Et d'autre part, ce n'est pas l'humanité qui introduit une cassure dans l'être : elle n'est que le produit tardif d'une dialectique qui a commencé avec l'organisme le plus rudimentaire.

[190] G. W. F. Hegel, *PE, op. cit.*, chap. IV, A, p. 165

[191] Dans l'analyse de Hegel, il s'agit bien sûr d'une dialectique du travail (donc propre à l'humanité) de telle sorte que la « forme » en question n'est pas simplement la forme d'apparaître (« idéale ») mais peut devenir la forme « réelle » que le travailleur inscrit dans l'objet.

on vient de le voir, apparaît avec les Spongiaires, la *sensation* avec les Cœlentérés, le *champ sensoriel* avec les Vers, l'*objet-fantôme* avec les Poissons, l'*objet-réel* avec les Mammifères, la saisie de *rapports réels entre les objets* avec les Singes inférieurs, les *images* (rapports idéels) avec les Grand Singes, et enfin la *représentation* et la *conceptualisation* avec l'être humain. Or ces modes d'apparition du monde de plus en plus riches (d'un point de vue « noématique ») correspondent (d'un point de vue « noétique ») à la possibilité de réaliser des actes intentionnels de plus en plus complexes : rétention (correspondant à la sensation), protention (le champ sensoriel), saisie de l'extériorité (l'objet-fantôme), unité de l'expérience (l'objet-réel), saisie de rapports réels, imagination, et enfin représentation et jugement. Trần Đức Thảo montre que chaque nouveau « stade », qui dépasse le stade antérieur en intégrant l'ensemble ses acquis, correspond à l'émergence d'une nouvelle capacité d'inhibition. C'est ce qu'on peut voir, par exemple, dans l'analyse qu'il fait de la protention. La protention n'est que la trace subjective laissée par l'inhibition d'un mouvement réflexe : en effet, alors que l'activité réflexe consiste à se porter immédiatement vers un certain point, son inhibition fait surgir la possibilité d'une multiplicité de déplacements[192] – de sorte qu'apparaît alors « le *champ sensoriel* où s'annonce l'ensemble des déplacements réprimés et vécus comme pratiquement possibles »[193]. Ainsi, toute acquisition d'une nouvelle capacité d'inhibition du comportement accroit les capacités idéalisation du vivant, et enrichit son rapport au monde.

3.2.2 Refondation matérialiste de l'esquisse et de l'intentionnalité.

Trần Đức Thảo réalise, de ce fait, une refondation matérialiste des notions phénoménologiques d'esquisse[194] et d'intentionnalité – et en cela choisissant une toute autre stratégie que celle adoptée par les phénoménologies réalistes post-husserliennes. L'esquisse (*Abschattung*)[195] est en effet un maillon essentiel de l'analyse husserlienne, et de son interprétation dépend le caractère idéaliste de la phénoménologie. Pour Husserl[196], l'esquisse appartient au vécu immanent de la

---

[192] *PMD*, Partie II, chap. 1, §3, p. 257.

[193] *PMD*, Partie II, chap. 1, §3, p. 257.

[194] La notion d'esquisse est également présente dans la psychologie comportementale de l'époque, et généralement en lien avec la théorie de l'inhibition. L'originalité de Trần Đức Thảo tient à sa volonté d'articuler la conception psychologique et phénoménologique de l'esquisse dans un même cadre matérialiste dialectique.

[195] Dans la première partie de *PMD*, Trần Đức Thảo traduit le plus souvent *Abschattung* par « silhouette » (et parfois par « ombre » ou « profil »), mais dans la seconde partie, il opte généralement pour « esquisse » – ce qui correspond au choix de P. Ricœur dans sa traduction des *Ideen I* publiée en 1950 (c'est-à-dire alors que la première partie de *PMD* est déjà rédigée). *Cf.* E. Husserl, *Ideen I*, NDT p. 132.

[196] Sur la théorie de l'esquisse, voir notamment E. Husserl, *Ideen I*, Section II, chap. 2, §41–42, §85 et §97 ; et R. Barbaras, *Introduction à la philosophie de Husserl*, Chatou, Éditions de La Transparence, 2004, p. 105–118.

conscience : elle est constituée des purs *data* sensibles (ou hylétiques) animés par la « noèse » de manière à ce qu'ils se donnent comme présentant un « aspect » (une « face », un « profil », une « vue ») d'un objet intentionnel transcendant (ou « noème »). Ainsi, tout en étant un moment réel (*reell*) de l'Ego, l'esquisse contient un rapport de renvoi à un objet transcendant : elle est esquisse *de* tel objet. Mais parce que cet objet transcendant n'est finalement que la synthèse de ces esquisses, ce n'est jamais l'objet réel (*real*) lui-même qui est atteint, et c'est ainsi l'ensemble de la phénoménologie qui tombe dans l'idéalisme. Une telle analyse pose traditionnellement un double problème, d'une part concernant l'origine de la transcendance (comment est-ce que l'activité noétique peut donner un sens transcendant à la *hylè* et ainsi permettre à l'intentionnalité de rejoindre le réel ?), et d'autre part concernant le rapport entre matière et forme (si la matière est au sens strict *informe*, qu'est-ce qui détermine l'activité noétique à lui donner telle forme plutôt que telle autre ?). La réponse proposée par les phénoménologies existentielles réalistes (et notamment Sartre, qui est peut-être le plus explicite sur ce point) a généralement été de transformer le statut de l'esquisse, pour en faire, non plus un moment immanent, mais un moment transcendant (la chose ne se profile pas *en* moi, mais *à même* la chose) : cela conduit d'une part à éliminer la notion de *hylè* et d'autre part à faire de l'intentionnalité, non plus un rapport de constitution (idéaliste), mais un rapport immédiat d'ouverture ou de transcendance qui donne accès à la chose elle-même.

L'originalité de la réinterprétation de la notion d'esquisse proposée par Trần Đức Thảo est que, tout en la comprenant désormais dans un cadre matérialiste dialectique, il se veut en un sens plus fidèle à Husserl que les phénoménologies existentielles. Trần Đức Thảo maintient en effet avec Husserl l'inclusion réelle de l'esquisse dans le vécu immanent, ainsi que sa conséquence : l'objet noématique est construit par le sujet, c'est-à-dire qu'il est idéal. L'esquisse ne peut pas être la manière dont la chose elle-même se montre sous un aspect, car elle n'est pour Trần Đức Thảo que la trace subjective du comportement inhibé. Autrement dit, « L'*être de l'objet* [...] est l'*être pour la conscience de son en soi* »[197], c'est-à-dire qu'il n'est que le reflet dans la conscience de ce que le corps vivant auquel celle-ci appartient peut *faire* à l'égard de cet objet, ou encore, il n'est que l'idéalisation du comportement possible de ce corps dans le monde. Ainsi, ce qui fait que telle forme plutôt que telle autre anime une *hylè* particulière s'explique par les possibilités d'action du corps en question. Bref, la *forme* de l'objet n'est pas la forme *de* l'objet, mais celle du *sujet* dans sa réalité effective.

Trần Đức Thảo donne donc raison à l'idéalisme husserlien contre les phénoménologies réalistes : la conscience n'atteint jamais le réel lui-même, mais toujours un objet idéal. L'intentionnalité n'est ni ouverture à l'être, ni mouvement de transcendance[198]. Et pour cause : ce qui fait que quelque chose apparaît, c'est qu'un rapport *réel* avec la chose a été inhibé, et qu'il ne reste que la trace en moi de ce rapport esquissé et empêché.

---

[197] *PMD*, Partie I, note p. 144.

[198] Trần Đức Thảo considère que la solution réaliste que l'existentialisme propose à la contradiction husserlienne est tout à fait illusoire et repose sur la seule « magie du verbe » (*PMD*, Préface, p. 11).

> L'acte réprimé comprend nécessairement deux aspects : celui par lequel il s'esquisse, et celui par lequel il est réprimé. En tant qu'il s'esquisse et se porte vers sa fin, il détermine le sens de l'objet visé en tant que visé (νόημα), défini justement par cette fin même ; il est ainsi conscience *de l'objet*. Mais en tant qu'il se trouve arrêté et réprimé, il est réfléchi comme le mouvement même des esquisses, en quoi consiste l'intentionnalité elle-même, comme synthèse constituante (νόησις), données dans la *conscience de soi*[199].

L'intentionnalité, loin d'être *rapport*, n'est que la trace de l'*intention* d'un rapport. C'est en ce sens qu'on peut dire avec J. Benoist que Trần Đức Thảo permet de « désamorcer l'illusion possible d'une réinterprétation de la phénoménologie qui croirait trouver des ressources de réalisme dans une relecture de l'intentionnalité »[200]. Néanmoins, en donnant raison à l'idéalisme husserlien *au niveau de la conscience*, la position de Trần Đức Thảo ne conduit pas au solipsisme et à l'idée d'une coupure entre le sujet et le monde. En effet, le sujet véritable est pour lui le corps vivant et agissant, et ce corps est toujours déjà en rapport réel avec son environnement : vivre c'est en effet, au sens minimal, être en échange métabolique avec la matérialité hors de soi et agir dans le monde. Le processus d'inhibition constitutif de toute idéalisation consiste justement à interrompre ce lien immédiat avec le monde réel, et à produire ainsi un rapport idéal qui n'est que l'idéalisation de ce rapport réel inhibé[201].

3.2.3 Fondement matériel de l'inhibition : système nerveux et structures transcendantales.

Placer l'origine de l'idéalisation dans cette répression d'un mouvement esquissé pourrait cependant donner l'impression d'une autonomie relative de la conscience par rapport à son comportement (comportement qu'elle serait en mesure de réprimer[202]). À rebours d'une telle conception, Trần Đức Thảo insiste sur le fait que la conscience est le *produit* du comportement esquissé et réprimé et non pas l'origine de cette répression ; elle est le résultat de l'idéalisation et non son agent. Quelle est donc la structure matérielle qui met en œuvre cette idéalisation au niveau de l'organisme vivant ?

La structure matérielle (ou corporelle) qui permet d'inhiber un comportement esquissé, et qui est donc à l'origine et au fondement de toute idéalisation, correspond, selon Trần Đức Thảo, à la fonction nerveuse[203]. Le philosophe vietnamien

---

[199] *PMD*, Partie II, chap. 1, §3, p. 265.

[200] J. Benoist, art. cit., p. 30.

[201] Comme l'écrit J. Benoist : « La possibilité de l'intentionnalité thématisée par la phénoménologie n'est pas à trouver de ce côté [du côté d'une relecture réaliste], mais de celui d'un rapport au réel déjà réalisé, dont la construction phénoménologique ne fait que renvoyer une image idéalisée de l'ordre du déplacement psychanalytique » (*ibid.*).

[202] Ce qui serait la position sartrienne : la conscience, en tant qu'elle est négativité, peut inhiber un comportement (qui appartient à son en soi).

[203] *PMD*, Partie II, chap. 1, §3, p. 252–253.

3 Reconstruction matérialiste dialectique de la phénoménologie.

s'appuie alors sur le modèle évolutionniste jacksonien (qui est largement répandu à l'époque dans la psychologie française non spiritualiste), selon lequel le système nerveux possèderait une unité fonctionnelle et serait constitué d'une hiérarchie de centres (apparus progressivement au cours de l'évolution des espèces et prenant successivement leurs fonctions dans le développement de l'individu) où les étages supérieurs contrôlent et inhibent l'activité des étages inférieurs[204]. Pour Trần Đức Thảo, c'est dans cette fonction nerveuse que réside l'effectivité des structures transcendantales propres à chaque espèce : plus la fonction nerveuse est développée, plus ces structures transcendantales sont riches. Son développement au cours de l'évolution a un double effet sur la complexification du vivant. D'un point de vue objectif, la capacité de réprimer des comportements permet une augmentation de la capacité d'agir de l'organisme. Ainsi, tout comme l'inhibition de l'attraction et de la répulsion (marquant le passage du stade 1 au stade 2) donne naissance au premier comportement (la contraction), l'inhibition du déplacement purement réflexe (marquant le passage du stade 3 au stade 4) permet de donner naissance au comportement de « locomotion » (c'est-à-dire de déplacement orienté). D'un point de vue subjectif, cette capacité de réprimer des comportements permet un enrichissement de la manière dont l'organisme se rapporte au monde. En effet, l'une des forces de l'exposé de Trần Đức Thảo est de montrer que chaque développement de la capacité de répression de la fonction nerveuse correspond à l'acquisition d'actes phénoménologiques fondamentaux. L'inhibition du comportement de contraction (passage du stade 2 au stade 3), qui permet de développer le comportement de déplacement réflexe, a pour effet subjectif de *retenir* un temps l'impression sensorielle (le temps de l'acte de déplacement), et de produire une conscience plus riche du monde : il ne s'agit plus alors d'un pur présent d'impressions, mais de sensations proprement dites, c'est-à-dire de l'unité d'une pluralité d'impressions. Cette nouvelle structure nerveuse et ce nouveau comportement sont le fondement matériel de l'acte phénoménologique de la *rétention*, et de l'apparition d'une temporalité interne minimale[205]. À chaque « moment » de l'évolution (Trần Đức Thảo distingue neuf stades) correspondent, d'une part, d'un point de vue objectif, le développement d'une structure organique et nerveuse plus complexe et par là d'un comportement plus varié, et d'autre part, d'un point de vue subjectif, l'acquisition de nouvelles structures intentionnelles et donc d'une capacité de saisir le monde d'une manière plus riche.

Ainsi, l'emboîtement complexe des structures transcendantales correspond à l'emboîtement réel dans un organisme des différentes structures nerveuses acquises au cours de l'évolution. Les structures nerveuses primitives ne sont pas supprimées, mais au contraire absorbées et intégrées dans les structures plus complexes[206].

---

[204] J. Carroy, A. Ohayon, R. Plas, *Histoire de la psychologie en France. XIXe et XXe siècle*, Paris, La Découverte, 2006, p. 60–61.
[205] *PMD*, Partie II, chap. 1, §3, p. 263–264.
[206] *PMD*, Partie II, chap. 1, §3, p. 263–264.

3.2.4 Le retard de la conscience et le diagramme du développement sensori-moteur.

La conception de la conscience proposée par Trần Đức Thảo permet d'expliquer un phénomène identifié à la fois par le marxisme et la phénoménologie, à savoir ce que l'on peut appeler le « retard de la conscience ». L'activité des individus déborde toujours ce dont ils ont effectivement conscience, et comme nous l'avons vu, la prise de conscience est un phénomène second par rapport à une activité première. Il y a un *décalage* entre ce qu'un organisme est capable de faire et ce dont il est « conscient », entre « l'acte réel » et le « sens vécu ». L'excès de la pratique sur la conscience renvoie, en fait, selon Trần Đức Thảo, à une loi fondamentale qui caractérise toute forme de conscience : « la forme réelle du comportement échappe à la conscience »[207].

> On voit [...] qu'à chaque niveau, le sens vécu ne révèle pas le comportement effectivement réel mais le mouvement des niveaux antérieurs esquissé et réprimé. L'acte réel ne se réfléchit dans la conscience que par le passage au stade suivant où il sera réprimé par une nouvelle forme de comportement qui, à son tour, échappera en tant que telle au vécu[208].

Le phénomène s'explique par le processus même de genèse de la subjectivité. Le sens vécu ou conscient étant le produit d'un acte esquissé et réprimé par la structure de l'organisme, un être vivant n'est conscient que des comportements qu'il est en mesure de réprimer[209]. Or l'acquisition de la capacité de réprimer un acte grâce à un développement de la fonction nerveuse est toujours également corrélative d'une extension de la capacité positive d'agir. Mais cette nouvelle capacité d'agir n'a pas encore de structure nerveuse capable de la réprimer, de sorte que le comportement réel d'un organisme a toujours une signification qui excède et déborde ce dont cet organisme peut prendre conscience. La conscience de soi est donc nécessairement une perspective partielle de l'organisme sur lui-même. Trần Đức Thảo peut alors proposer un schéma général du développement de la conscience du vivant[210] où « la structure du comportement réel au stade qui précède, définit le contenu intentionnel de l'acte vécu au stade qui suit »[211] :

> Ainsi, *à condition d'opérer un décalage systématique, il est possible de faire coïncider en toute rigueur la série phénoménologique et la série réelle, les formes intentionnelles de chaque stade s'identifiant avec les formes réelles du stade précédent*[212].

Ce schéma général s'inspire du « diagramme du temps » de Husserl[213], qui présente le mouvement concret dans lequel chaque nouvelle impression vient s'ajouter à l'ensemble des impressions retenues pour former un tout intégré constitutif de l'ex-

---

[207] *PMD*, Partie II, chap. 1, §3, p. 280.
[208] *PMD*, Partie II, chap. 1, §3, p. 264.
[209] *PMD*, Partie II, chap. 1, §2, p. 252.
[210] *PMD*, Partie II, chap. 1, §2, p. 248–252.
[211] *PMD*, Partie II, chap. 1, §2, p. 250.
[212] *PMD*, Partie II, chap. 1, §2, p. 252.
[213] E. Husserl, *LPCIT*, Section II, §10, p. 43 (*cf. supra*, Figure 2).

périence présente. Le « diagramme » de Trần Đức Thảo (qu'il intitule « Tableau du développement sensori-moteur »[214]) met quant à lui en lumière la manière dont l'apparition d'une nouvelle structure transcendantale ne vient pas seulement s'ajouter aux structures antérieures, mais les restructure pour former un nouveau tout. Cependant, le diagramme de Trần Đức Thảo vient modifier le sens de celui de Husserl. L'*Urimpression* ne peut plus fonctionner comme « point source » de pleine présence avec la réalité : l'analyse de Trần Đức Thảo montre en effet qu'il ne s'agit que de la trace subjective de quelque chose qui se joue à un niveau infra-phénoménologique, à savoir l'inhibition d'un rapport réel avec la réalité. L'*Urimpression* est donc non seulement un phénomène dérivé et second, mais encore l'effet d'un non rapport, c'est-à-dire d'une non présence avec la réalité. Il en résulte que la conscience nous fait manquer doublement le réel : nous le manquons d'abord parce que notre action effective nous échappe (puisque nous n'avons pas de structures pour l'inhiber) et ensuite parce que ce qui se donne à nous comme le réel n'est que le reflet d'une absence de rapport à lui.

3.2.5 Idéalisation originaire et genèse du transcendantal.

En parvenant au stade de l'humanité, Trần Đức Thảo réalise le premier objectif que se fixait sa déduction matérialiste dialectique de la conscience humaine, à savoir montrer les différents stades de l'évolution entre la matérialité sans conscience à l'humanité. Mais prise à ce seul niveau, la démonstration reste statique en ceci qu'elle n'a pas encore mis en lumière le processus d'engendrement d'un stade à partir du précédent, c'est-à-dire la logique (ou dialectique) de l'évolution comme émergence de nouvelles structures. Il reste donc à comprendre le phénomène de l'idéalisation originaire, ou encore la genèse du transcendantal.

La réponse de Trần Đức Thảo est résolument génétique : toute structure est le résultat d'une activité originaire. La nouvelle structure transcendantale (qui définit une nouvelle étape dans l'évolution des espèces) est le résultat de l'activité effective du vivant de l'étape antérieure, ou encore de la « dialectique de [son] comportement »[215]. L'activité effective d'un vivant, dans sa dimension spécifique, échappe en effet à l'inhibition de son système nerveux et n'est donc pas consciente. Toutefois cette activité, par sa simple répétition, se sédimente en des dispositions[216], c'est-à-dire en des schèmes incorporés qui facilitent la reproduction de ce comportement[217]. Or des schèmes incorporés consistent en ceci qu'ils contiennent à l'état d'esquisse le comportement achevé. Il en résulte donc que, une fois ces schèmes développés, le vivant peut anticiper son comportement achevé sans avoir besoin de le réaliser. L'apparition d'une nouvelle espèce correspond au moment où ces

---

[214] *PMD*, Partie II, chap. 1, §3, p. 260–261 (*cf. supra*, Figure 1).

[215] *PMD*, Partie II, §1, p. 246.

[216] « La capacité de reproduire les réactions antérieures est une propriété biologique absolument générale » (*PMD*, Partie II, chap. 1, §3, note p. 256).

[217] *PMD*, Partie II, §1, p. 246.

schèmes incorporés se rigidifient encore pour former des structures nerveuses permanentes : ces dernières transforment alors l'anticipation du comportement achevé en l'inhibition de celui-ci (et donc son maintien subjectif sous forme d'esquisse)[218].

La logique de l'évolution que défend Trần Đức Thảo dans *Phénoménologie et matérialisme dialectique* est donc non pas darwinienne mais néolamarckienne : elle procède par l'hérédité des caractères acquis. Si une telle position correspond parfaitement à ce qui était attendu d'un intellectuel communiste à cette époque de lyssenkisme triomphant, elle ne peut s'expliquer par des motifs uniquement politiques[219]. Elle tient d'une part à l'influence prépondérante d'Engels, qui pense que l'hérédité des caractères acquis défendue par Haeckel vient compléter le darwinisme[220]. Mais elle peut d'autre part se comprendre à partir d'une des caractéristiques du champ scientifique français de l'époque, à savoir la forte persistance du néolamarckisme, considéré encore par beaucoup comme supérieur au darwinisme d'un point de vue explicatif[221]. Ce prestige se retrouve dans la tradition philosophique française qui de Ravaisson à Bergson ne cesse de voir dans les mécanismes naturels une « nature naturée » qui n'est que la sédimentation (par habitude) de l'activité d'une « nature naturante » première. L'œuvre de J. Piaget, qui a une très forte influence sur Trần Đức Thảo, est à cet égard emblématique : il défend en effet non seulement le transformisme néolamarckien, mais également la théorie de la récapitulation entre phylogénèse et ontogénèse.

C'est d'ailleurs sans doute cette dernière thèse qui est décisive chez Trần Đức Thảo. En effet tout se passe comme si l'ontogénèse fournissait finalement le modèle du développement phylogénétique, c'est-à-dire comme si l'évolution des structures du vivant était comprise sur le modèle de l'acquisition d'habitudes au niveau d'un individu. Il est d'ailleurs symptomatique que, dans le passage où Trần Đức Thảo expose la logique de l'évolution, il illustre sa thèse au moyen d'un exemple psychologique (il s'agit de l'adaptation du comportement dans une chambre obscure[222]). Ainsi, le processus de *genèse* d'un transcendantal spécifique dans l'évolution est

---

[218] C'est ce qu'explique par exemple Trần Đức Thảo pour décrire le passage du comportement de déplacement à celui de locomotion comme déplacement orienté (*PMD*, Partie II, chap. 1, §3, p. 256).

[219] Étant donné l'ardeur des débats de l'époque, on peut s'étonner de l'absence presque complète de référence au lyssenkisme dans *PMD* – et cela alors même qu'il ne semble pas avoir de divergence théorique. L'unique référence se situe dans une note où il se contente de souligner le caractère « parfaitement rationnel » de l'hérédité des caractères acquis défendue par Lyssenko (*PMD*, Partie II, §1, note p. 240).

[220] Le darwinisme n'aurait dégagé qu'un aspect de la logique de l'évolution (la logique de sélection *a posteriori* de variation par le milieu) en faisant « abstraction des *causes* qui ont provoqué les modifications » (F. Engels, *AD*, Partie I, chap. 7, p. 101).

[221] Rappelons par exemple que ce n'est qu'en 1946 qu'est créée en France la première chaire universitaire d'enseignement de la génétique. Sur le néolamarckisme en France, voir L. Loison, *Qu'est-ce que le néolamarckisme ? Les biologistes français et la question de l'évolution des espèces*, Paris, Vuibert, 2010.

[222] *PMD*, Partie II, §1, p. 246.

rabattu soit sur le processus d'*actualisation* progressive des structures transcendantales spécifiques dans le développement de l'enfant, soit tout simplement sur l'*acquisition* d'habitudes ou de dispositions par un individu au cours de son histoire personnelle.

3.3 De la dialectique de la nature à la dialectique des sociétés humaines.

Le projet de *Phénoménologie et matérialisme dialectique* ne consiste pas seulement à établir la validité des principes ontologiques et logiques du matérialisme dialectique, mais également à poser les bases d'une compréhension matérialiste dialectique de l'être humain. Une telle anthropologie (ou psychologie) marxiste a pour tâche première de saisir la spécificité de l'humanité, c'est-à-dire ce qu'ont de spécifique ses structures transcendantales, par rapport à celles des autres vivants. C'est pour cette raison que *Phénoménologie et matérialisme dialectique* se présente comme un « récit anthropogénétique ». À travers un tel récit, comme le rappelle É. Bimbenet, il est en effet possible de montrer à la fois que « nous sommes de part en part des êtres naturels, issus d'un processus évolutif qui nous vit animaux avant de nous faire hommes », et que « le vivant humain est un être spécifique, et même si radicalement spécifique au regard des autres vivants, que nous le définirons, à titre conclusif, comme autre chose qu'un animal »[223].

3.3.1 Une naturalisation de l'être humain.

La déduction matérialiste dialectique de la conscience humaine mise en œuvre dans le premier chapitre de la seconde partie a pour objectif de réinscrire l'espèce humaine et la conscience humaine dans le mouvement d'ensemble de développement du vivant, et de réaliser une « naturalisation » de l'être humain[224]. L'apparition des structures transcendantales qui caractérisent l'espèce humaine n'est en effet que l'ultime étape du développement représenté par le diagramme de Trần Đức Thảo. Comme pour chacun des stades antérieurs, l'élément décisif est le développement de nouvelles fonctions nerveuses inhibitrices qui rendent possible d'une part un comportement plus varié, et d'autre part une saisie plus riche du monde (correspondant à la structure du comportement du stade précédant l'humanité). La conscience chez l'être humain n'est pas autre chose qu'un comportement esquissé et réprimé qui apparaît du fait même de cette répression. Trần Đức Thảo peut alors opposer à

---

[223] É. Bimbenet, *op. cit.*, p. 49–50.
[224] Cette naturalisation de l'être humain est l'une des dimensions importantes du projet d'Engels : « les faits nous rappellent à chaque pas que nous ne régnons nullement sur la nature […] comme quelqu'un qui serait en dehors de la nature, mais que nous lui appartenances avec notre chair, notre sang, notre cerveau, que nous sommes dans son sein » (Engels, *DN*, p. 180–181).

la célèbre description phénoménologique de la perception de l'arbre proposée par Husserl dans les *Ideen I*[225] sa propre description matérialiste dialectique :

> Quand je vois cet arbre, je sens plus ou moins confusément s'esquisser en moi un ensemble de réactions qui dessinent un horizon de *possibilités pratiques* – par exemple la possibilité de m'approcher, m'éloigner, tourner autour, grimper, couper, cueillir, etc. Le *sens vécu* de l'objet, son être-pour-moi, se définit par ces possibilités mêmes, senties et vécues dans ces comportements *esquissés* et immédiatement *réprimés* ou *inhibés* par les données objectives, l'acte réel se réduisant à une simple adaptation oculomotrice[226].

L'humanité ne fait pas exception dans l'ordre de la nature, et la spécificité de sa conscience du monde ne renvoie qu'à la spécificité de son corps et à la structure de son comportement[227].

L'humanité est donc le résultat ultime de la dialectique naturelle, et l'apparition de ses capacités propres est entièrement explicable par cette dialectique. Ainsi, Trần Đức Thảo montre que le travail et le langage[228], qui caractérisent en propre l'espèce humaine, existent déjà sous une forme rudimentaire et non thématisée dans le comportement de certains animaux. Les Grands Singes non seulement font usage d'instruments mais peuvent même en fabriquer pour atteindre un objet[229]. Cependant, cet « usage de l'outil » se distingue du travail au sens humain parce qu'il est toujours lié à une situation concrète. Le caractère proprement humain du travail consiste à produire des instruments en dehors d'une situation concrète (en vue d'une situation seulement virtuelle) et de les conserver. Or l'acquisition de ce nouveau comportement se fait pour l'être humain de la même manière que pour toutes les autres espèces, à savoir par l'inhibition du comportement antérieur : la fabrication animale se stabilise ainsi en production humaine. Et de la même manière, l'inhibition provoque la prise de conscience de la vérité de ce comportement : l'être humain n'agit pas seulement en utilisant les « pouvoirs » des objets, mais il est capable de se *représenter* ces pouvoirs (l'objet représenté a pour l'homme des qualités intrinsèques permanentes)[230]. Ainsi le nouveau comportement de travail produit-il une prise de conscience correspondant au comportement effectif mais non conscient des Grands Singes. Trần Đức Thảo reproduit la même opération en ce qui concerne le langage[231]. Celui-ci n'apparaît pas *ex nihilo* chez l'être humain, mais existe déjà

---

[225] E. Husserl, *Ideen I*, Section III, chap. 4, §97, p. 336–339.

[226] *PMD*, Partie II, §1, p. 244.

[227] « La conscience comme conscience *de l'objet*, n'est justement que le mouvement même de ces esquisses réprimées. Dans cette *répression*, le sujet, nous entendons l'organisme vivant, les maintient *en soi* et c'est ce maintien même qui constitue la *conscience de soi* » (*PMD*, Partie II, §1, p. 244).

[228] Dans « Le rôle du travail dans la transformation du singe en homme », qui constitue l'une des sources théoriques importantes de Trần Đức Thảo dans ce passage, Engels considère que le travail et le langage sont les « deux stimulants essentiels » qui ont permis l'anthropogenèse (F. Engels, *DN*, p. 175).

[229] *PMD*, Partie II, chap. 1, §4, p. 279–281.

[230] *PMD*, Partie II, chap. 1, §4, p. 281–283.

[231] Sur la question de l'origine du langage chez Trần Đức Thảo, voir J. D'Alonzo, *Trần Đức Thảo's Theory of Language Origins*, Thèse en sciences du langage soutenue à l'université Sorbonne Nouvelle Paris 3, 2018.

sous des formes plus simples chez l'ensemble des Mammifères[232]. Cependant, la fonction symbolique ne devient consciente d'elle-même que dans le langage humain (qui utilise des concepts et produit des jugements). Celui-ci est le résultat du développement d'une nouvelle structure du comportement (l'organisation et l'enseignement) qui inhibe le mouvement immédiat de travail qui s'esquisse en l'individu : l'individu apprend des techniques de travail et le travail peut devenir une activité commune (c'est-à-dire une force productive sociale)[233]. C'est dans cette inhibition du mouvement immédiat de travail que Trần Đức Thảo trouve l'origine du langage humain :

> Le *travail idéal du concept* n'est que le mouvement même du travail réel s'interrompant pour un instant en raison de sa structure objective et se poursuivant sur le plan symbolique par l'usage de la parole. En d'autres termes, il est vrai que l'homme a parlé parce qu'il « avait quelque chose à dire ». Mais ce qu'il « avait à dire » ne se présentait pas originellement sous une forme intentionnelle : l'Ancêtre humain n'a pas dit ce qu'il pensait parce qu'il le pensait, mais l'a pensé parce qu'il l'a dit, et il l'a dit parce qu'il s'arrêtait de le faire[234].

L'apparition de l'espèce humaine et de toutes ses caractéristiques ne constitue donc pas un « commencement absolu », mais n'est que le moment ultime de la dialectique naturelle de développement des espèces.

3.3.2 L'être humain comme être social et historique : la dialectique des sociétés humaines.

Si la genèse de l'espèce humaine est entièrement intelligible à partir de la dialectique naturelle, il reste qu'une fois que l'espèce humaine est apparue, les nouvelles formes de comportement dont elle devient capable ne peuvent se comprendre à partir de la seule dialectique de la nature. Avec l'apparition de l'être humain, la dialectique naturelle se dépasse elle-même en une « dialectique des formes humaines »[235]. En effet, dans l'évolution des espèces, le facteur fondamental de développement était l'acquisition par l'organisme de nouvelles capacités d'inhibition (ce qui d'une part libérait la possibilité d'un nouveau comportement et d'autre part permettait la prise de conscience du comportement inhibé). En revanche, dans le développement humain (social et historique), ce sont des structures sociales objectives extérieures à l'organisme humain qui introduisent de nouvelles inhibitions – et qui permettent donc le développement de nouveaux comportements et d'une compréhension plus riche du monde. Le rapport au monde n'est plus celui de la « certitude sensible » immédiate, mais est maintenant toujours médiatisé par des

---

[232] Voir son analyse intentionnelle de l'aboiement du chien, *PMD*, Partie II, chap. 1, §4, p. 285–289.

[233] *PMD*, Partie II, chap. 1, §4, p. 283–285.

[234] *PMD*, Partie II, chap. 1, §4, p. 291–292. L'analyse de Trần Đức Thảo se démarque ici implicitement de la position d'Engels, pour qui le langage est « né du travail et l'accompagn[e] » (F. Engels, *DN*, p. 174).

[235] *PMD*, Partie II, chap. 1, §4, p. 295.

structures sociales symboliques. Ainsi, alors que le premier chapitre décrit la genèse des capacités naturelles de l'espèce humaine, le second chapitre suit la genèse historique de l'humanité en tant qu'elle parvient à s'organiser et à comprendre le monde de manière de plus en plus rationnelle. On passe donc à ce que Trần Đức Thảo appelle la « dialectique des sociétés humaines comme devenir de la raison » (titre du second chapitre).

Ces analyses permettent de dissoudre certaines des illusions que la conscience humaine se fait sur elle-même. En effet, dans le cas de l'animal, comme nous l'avons vu, il y a toujours un excès du comportement effectif sur celui dont il peut prendre conscience. Chez l'être humain, en revanche, non seulement la conscience semble en mesure de saisir le comportement réel (adéquation épistémologique), mais elle paraît même libre de décider du type de comportement à adopter (liberté pratique). En effet,

> Avec l'apparition de l'activité productrice et sa réflexion dans le symbolisme du langage, un renversement se produit, où le comportement semble passer sous le contrôle effectif de la conscience. [...] Avec le mouvement du travail, le donné s'absorbe dans le *produit*, et se pose comme tel pour la conscience dans l'acte du jugement. Le sujet semble pouvoir désormais se retrouver dans les choses et la dialectique constitutive de l'espèce humaine se présente comme un *passage à la liberté*[236].

Or Trần Đức Thảo montre que l'adéquation épistémologique et la liberté pratique ne sont pas davantage vraies pour l'être humain que pour les animaux – ou plutôt ne sont *pas encore* vraies pour lui. En effet, l'être humain est conscient de son activité productive parce qu'une nouvelle structure du comportement (l'organisation et l'enseignement – c'est-à-dire les rapports sociaux) permet son inhibition. Cependant, l'être humain n'est pas en mesure de prendre conscience de cette nouvelle structure du comportement, c'est-à-dire du caractère *social* de son activité productive. C'est la raison pour laquelle « le mouvement même de la production engage nécessairement les sujets dans un ensemble de rapports humains dont la structure réelle échappe de nouveau à leur conscience »[237]. Ce qui échappe aux hommes, c'est d'une part le fait que leur activité productive n'est pas libre et individuelle, mais conditionnée par l'ensemble social auquel ils appartiennent, et d'autre part le fait que ce sont les structures sociales qui déterminent la manière dont leur apparaît le monde. En effet, le propre de l'activité humaine, en tant qu'activité productive, est d'être un travail producteur de *valeur d'usage*. Or une valeur d'usage est en elle-même valeur d'usage *pour tous* : l'activité productive est donc une activité immédiatement sociale à vocation universelle. Les structures sociales empêchent cependant l'être humain de prendre conscience de cette dimension *sociale* de son travail : celui-ci se représente plutôt le travail comme une activité d'appropriation individuelle qui exclut les autres de la jouissance du produit. L'appropriation du monde dans le travail est vécue comme

---

[236] *PMD*, Partie II, chap. 1, §5, p. 299–300.
[237] *PMD*, Partie II, chap. 1, §5, p. 300.

une *expropriation* de l'ensemble des producteurs, puisqu'elle ne consiste pas dans la simple jouissance de l'objet, mais bien dans l'exclusion de *droit* de toute participation d'autrui, alors qu'il appartient précisément à l'être réel de la valeur d'usage de pouvoir servir à tous[238].

La « propriété privée » est donc la manière dont l'être humain conçoit son rapport à son propre travail et au monde en tant qu'il n'est pas en mesure de saisir le caractère universel de l'activité humaine.

Le dépassement des limites de la conscience prend cependant une forme différente chez l'être humain et chez l'animal. L'animal ne peut prendre conscience de son comportement réel que par une transformation de son propre organisme, c'est-à-dire par le processus de l'évolution. Pour l'être humain, en revanche, cela peut passer par la transformation des structures sociales qui entravent cette prise de conscience, c'est-à-dire par le processus historique. Le second chapitre décrit ainsi les différentes formes historiques qu'a prises cette méconnaissance par l'être humain de sa propre activité, et qui consistent généralement dans une projection de cette activité sur différents types de transcendances (selon un mouvement qui rappelle celui décrit par Feuerbach). Il se termine toutefois sur la perspective d'un dépassement de cette situation. Le communisme représente en effet pour Trần Đức Thảo une société dans laquelle sont réalisées les conditions pour que l'être humain prenne enfin conscience de ce qu'est authentiquement son activité[239].

Comparé au chapitre précédent, « La dialectique des sociétés humaines comme devenir de la raison » apparaît cependant beaucoup moins abouti. Alors que dans les sociétés humaines les rapports deviennent encore plus complexes et impliquent de nombreuses médiations, Trần Đức Thảo ne donne que des aperçus rapides et souvent peu convaincants. Cela tient peut-être au fait qu'il ne peut plus se servir de la phénoménologie comme fil conducteur. Comme nous l'avons vu, celle-ci n'est selon lui féconde que pour expliquer la dialectique du développement du vivant. Or si au niveau de la dialectique des sociétés humaines Trần Đức Thảo s'appuie principalement sur la tradition sociologique et anthropologique française (Durkheim et Mauss), sa connaissance du domaine est bien plus partielle que dans le cas de la phénoménologie. L'usage qu'il fait notamment des catégories marxistes pose problème[240]. La périodisation historique qu'il mobilise ne correspond pas à celle de Marx (qui distingue différents « modes de production » : asiatique, esclavagiste, féodal, capitaliste, communiste), mais s'appuie en fait assez librement sur celle utilisée par Engels dans *L'origine de la famille, de la propriété privée et de l'État*. Or si la tripartition chez Engels avait pour fonction de distinguer entre sociétés avec ou sans classes sociales (sociétés sans classe de chasseurs-cueilleurs, sociétés de classe, société communiste sans classe), chez Trần Đức Thảo, elle rend difficile la

---

[238] *PMD*, Partie II, chap. 2, §6, p. 304.

[239] *PMD*, Partie II, chap. 2, §10, p. 364–365.

[240] Dans un article de 1974, il déclare que le deuxième chapitre « ne faisait en réalité que reprendre des recherches antérieures à l'année 1950, autrement dit antérieures à mon passage aux positions théoriques du marxisme » (Trần Đức Thảo, « De la phénoménologie à la dialectique matérialiste de la conscience (I) », *La Nouvelle Critique*, n°79–80, décembre 1974 – janvier 1975, p. 37).

distinction entre des sociétés aussi différentes que l'Égypte ancienne, l'Athènes classique ou le Moyen Age. Trần Đức Thảo fait par ailleurs un usage anhistorique des concepts de « bourgeoisie », de « capital », ou de « féodalisme » pour analyser des sociétés qui ne sont manifestement ni capitalistes ni féodales. Mais de manière plus fondamentale, il ne parvient pas à proposer une solution satisfaisante du rapport entre infrastructures et superstructures au niveau de la dialectique sociale et historique. En effet, par comparaison avec la finesse avec laquelle il essaie de comprendre le rapport entre infrastructures biologiques et superstructures (formes de conscience), ses tentatives d'articuler infrastructures économiques et superstructures (mythes, religions, idéologies, philosophies, etc.) apparaissent très réductionnistes. Les structures symboliques sont ainsi toutes interprétées comme des reflets presque immédiats de combats réels[241].

Le caractère précipité des analyses et sa maîtrise très partielle des références théoriques dans le domaine de l'histoire et de la sociologie s'explique sans doute par la décision qu'il prend en 1950 de rentrer au Vietnam : il s'empresse alors de finir la rédaction de *Phénoménologie et matérialisme dialectique* avant son départ[242]. Le second chapitre, tel qu'on peut le lire, ne correspond que très partiellement à ce qu'il aurait été si Trần Đức Thảo avaient eu tout loisir de mener à bien ses recherches. Mais comme il le dit dans sa « Note biographique » de 1984, dans *Phénoménologie et matérialisme dialectique*

> Les positions de principe, nettement affirmées, suffisaient à me déterminer à revenir au Viêt-nam. Il fallait mettre la vie en accord avec la philosophie, accomplir un acte réel, qui réponde aux conclusions théoriques de mon livre[243].

*
* *

La fascination que *Phénoménologie et matérialisme dialectique* exerce sur la génération intellectuelle du début des années cinquante s'explique à la fois par les qualités propres de l'ouvrage et par la remarquable adéquation entre les problèmes qu'il pose et ceux du champ philosophique et intellectuel plus général. En effet, comme le rappelle J. Derrida, l'ouvrage marque pour sa génération « le lieu d'une tâche »[244]. Cette tâche est celle de trouver un point d'articulation entre marxisme et phénoménologie qui constitue une alternative à la synthèse proposée par les philosophes existentialistes (Sartre et Merleau-Ponty). Cette nouvelle articulation doit

---

[241] Voir par exemple son interprétation de la légende d'Osiris (*PMD*, Partie II, chap. 2, §8, p. 329–332) ou encore celle qu'il propose des hypothèses du *Parménide* de Platon (*PMD*, Partie II, chap. II, §9, p. 349–352).

[242] « J'ai achevé en toute hâte mon livre annoncé depuis fin 1943 […]. Le livre parut avec seulement 368 pages en raison du manque de temps » (NB, p. 150). Voir aussi, « De la phénoménologie à la dialectique matérialiste de la conscience (I) », *op. cit.*, p. 37.

[243] NB, p. 150.

[244] J. Derrida, « Ponctuations : le temps de la thèse », *op. cit.*, p. 444.

permettre de rendre commensurables les domaines philosophiques, scientifiques et politiques.

En effet, comme nous l'avons vu, en se revendiquant du « matérialisme dialectique », l'ouvrage s'inscrit dans le projet collectif d'élaboration d'un langage marxiste commun à la philosophie, aux sciences et à la politique. L'apport spécifique de l'ouvrage de Trần Đức Thảo réside toutefois, comme le précise J. Derrida, dans le fait « d'ouvrir la voie vers un matérialisme dialectique qui ferait droit à certaines exigences rigoureuses de la phénoménologie transcendantale »[245]. Dans la seconde partie de *Phénoménologie et matérialisme dialectique* Trần Đức Thảo se sert notamment des analyses de la phénoménologie génétique comme d'un guide pour retracer les étapes successives du développement des structures transcendantales du vivant. L'un des gestes philosophiques les plus audacieux de l'ouvrage est à ce titre de montrer que l'articulation synchronique des différentes couches de la constitution de la chose (*Dingkonstitution*) dégagées par la phénoménologie correspond en fait au développement progressif de ces capacités transcendantales au cours de l'évolution des espèces. Ainsi, le rythme effréné de la seconde partie, qui en une centaine de pages retrace le mouvement qui conduit de l'organisme vivant le plus rudimentaire à la société communiste, ne fait que déployer sur un plan diachronique ce que contient implicitement à un niveau synchronique tout individu humain. Dépasser la phénoménologie consiste alors à garder ses analyses descriptives mais en les refondant sur une base matérialiste dialectique. Ainsi Trần Đức Thảo s'emploie-t-il, au cours de la seconde partie, à réinscrire (ou traduire) systématiquement l'ensemble des catégories de la phénoménologie dans le tout matériel dont elles ne font que désigner une partie. Le matérialisme dialectique, loin de délaisser les phénomènes de conscience, est au contraire en mesure d'en proposer une explication plus rigoureuse et scientifique que la phénoménologie.

Mais bien que l'ouvrage se présente comme purement théorique, il s'impose immédiatement dans le champ philosophique avec une dimension politique. Cette dimension tient non seulement à son inscription dans le programme théorique du communisme international (sous la bannière du matérialisme dialectique), mais aussi à la personnalité même de l'auteur. Jouissant déjà d'un prestige exceptionnel dans le champ intellectuel du fait que ses qualités philosophiques sont venues multiplier les effets de son engagement anticolonial, le nom de Trần Đức Thảo prend une dimension presque légendaire à partir de 1952 et de sa décision de rejoindre le Vietnam du Nord pour participer activement à la lutte pour l'indépendance. Ainsi, de la même manière que la lecture des ouvrages théoriques de Cavaillès prend une coloration politique du fait des activités de Résistance de son auteur, celle de *Phénoménologie et matérialisme dialectique* permettait à la jeune génération de participer par procuration aux combats politiques de Trần Đức Thảo.

La trajectoire de Trần Đức Thảo depuis l'après-guerre apparaît cependant comme celle d'une étoile filante. En effet, depuis 1942, on annonce la publication à venir d'une réécriture de son mémoire qui doit présenter également une critique marxiste de la phénoménologie. Il faudra attendre près de dix ans pour que l'œuvre paraisse

---

[245] *Ibid.*, p. 444.

enfin ; mais seulement pour voir son auteur disparaître presque immédiatement de la scène intellectuelle française. Or si pendant toutes les années 1950 l'ouvrage continue de marquer les esprits, son influence décroit ensuite fortement avec le début des années 1960 et le structuralisme : sa perspective génétique ne correspond plus du tout aux attentes du champ intellectuel, et en particulier des jeunes philosophes s'intéressant au marxisme. Ainsi, par un curieux déplacement, c'est certainement davantage du côté de cette phénoménologie qu'il prétendait dépasser que son influence sera plus durable, puisque sa présentation d'ensemble de la philosophie de Husserl formera pendant des décennies des générations d'étudiants en phénoménologie.

Chapitre 5
Merleau-Ponty : Du « scénario marxiste » à l'*épochè* du marxisme.

Approche linguistique du social et de l'histoire

> « *On dirait que, vers ce temps [1950] Merleau se trouve à la croisée des chemins et qu'il répugne encore à choisir* »
>
> (Sartre, « Merleau-Ponty vivant », p. 229).
>
> « *Jonas avait seulement écrit, en très petits caractères, un mot qu'on pouvait déchiffrer, mais dont on ne savait s'il fallait y lire solitaire ou solidaire* »
>
> (Camus, Jonas ou l'artiste au travail).

Le début de la Guerre froide met définitivement fin aux espoirs que Merleau-Ponty nourrit à la Libération. En 1944, il espère en effet que « l'esprit du marxisme [va] reparaître »[1], qu'il peut, par ses diverses interventions, « favoriser, à l'intérieur du parti [communiste] français, les tendances au "communisme occidental" »[2], et qu'une histoire rationnelle aboutissant à la réconciliation de l'homme avec lui-même est encore possible. À partir des années 1947–48, une telle position devient intenable. Comme nous l'avons vu, la division du monde en deux camps antagonistes sans espoir de réconciliation divise non seulement la société française, mais également le champ intellectuel et philosophique : toute position théorique est immédiatement lue en termes politiques et prise entre les feux croisés des deux ennemis. Dans cette nouvelle configuration, il n'est donc pas étonnant que la position médiane des *Temps Modernes*, et notamment de Merleau-Ponty, se trouve la cible d'attaques venant de l'un et l'autre camp. Si *Humanisme et terreur* suscite des indignations et des condamnations venues du camp libéral, le texte ne trouve pas davantage grâce aux yeux des communistes : Merleau-Ponty est même la cible de son ami J.-T. Desanti en décembre 1948, dès le premier numéro de *La Nouvelle Critique*[3]. Merleau-Ponty décrit en 1948 cette situation comme celle d'une

---
[1] *SNS*, Préface, p. 9.

[2] « L'adversaire est complice », *PI*, p. 141.

[3] J.-T. Desanti, « Le philosophe et le prolétaire », *NC*, n°1, décembre 1948 (*La pensée captive. Articles de « La Nouvelle Critique » (1948–1956)*, Paris, PUF, 2008, p. 37–51) ; *cf.* aussi « Merleau-Ponty et la décomposition de l'idéalisme », *NC*, n°37, juin 1952 (*ibid.*, p. 75–94).

« politique paranoïaque »[4] où « ultra-subjectivisme » et « ultra-objectivisme » se rejoignent dans une forme de « complicité objective »[5] pour condamner et disqualifier toute tentative de dépassement de l'antagonisme qui structure le monde contemporain.

Confronté à la nouvelle situation politique, historique et intellectuelle, le scénario marxiste de Merleau-Ponty est mis à rude épreuve. Si pendant quelques années (1948–50), il continue encore à rédiger des textes assez proches de ceux de l'immédiat après-guerre, ceux-ci montrent cependant une prudence et un pessimisme croissant, et finissent par renvoyer de plus en plus clairement dos-à-dos les deux camps antagonistes. Le déclenchement de la Guerre de Corée à l'été 1950 lui fait sauter le pas : « Nous n'avons plus qu'à nous taire »[6], déclare-t-il alors à Sartre. Et en effet, à partir de ce moment et pendant plusieurs années, il ne publie plus aucun texte politique[7], et, de manière générale, que très peu de textes[8].

Ce retrait ne marque cependant nullement un arrêt de sa production intellectuelle. Derrière la face visible de son activité (ce très petit nombre de textes publiés), nous pouvons aujourd'hui avoir une vue sur sa face moins visible : des cours à la Sorbonne entre 1949 et 1952[9], des projets de recherches pour sa candidature au Collège de France[10], et enfin le manuscrit inachevé d'un des ouvrages qu'il projetait alors d'écrire[11]. Mais pour avoir une image précise de l'élaboration théorique de Merleau-Ponty durant ces années, il est nécessaire non seulement de prendre en compte l'ensemble de ces textes, mais également de ressaisir son projet spécifique à cette époque. En effet, pendant longtemps, l'intérêt que les commentateurs ont porté à la dernière période de Merleau-Ponty les a conduits à considérer ces textes comme relevant d'une « phase de transition » et à les mettre en perspective par rapport au projet ontologique de Merleau-Ponty de la fin des années cinquante[12]. Mais

---

[4] Ce sera d'ailleurs le titre qu'il donnera dans *Signes* à l'article initialement publié dans *LTM* sous le titre « Communisme et anticommunisme » (*Signes*, p. 397–422). La formule se trouve p. 405.

[5] C'est le titre de l'éditorial des *TM* de juillet 1948 rédigé par Merleau-Ponty (repris dans *P1*, p. 112–121).

[6] *MPV*, p. 236.

[7] Entre juillet 1950, lorsqu'il rédige deux notes de la rédaction des *TM* (signées « TM ») pour répondre aux critiques de C.L.R. James et de J.-D. Martinet, et l'automne 1954 quand il commence à écrire dans *L'Express*, Merleau-Ponty ne publie pas le moindre texte d'intervention politique, et la seule discussion publique de problèmes contemporains se trouve dans la conférence « L'homme et l'adversité » (en septembre 1951).

[8] Un texte en 1950 (« Les jours de notre vie »), trois en 1951 (« Sur la phénoménologie du langage », « Le philosophe et la sociologie », « L'homme et l'adversité »), un en 1952 (« Le langage indirect et les voix du silence »), et un en 1953 (*Éloge de la philosophie*) – ce qui accuse un fort contraste avec sa productivité de l'immédiat après-guerre.

[9] *Psychologie et pédagogie de l'enfant. Cours de Sorbonne 1949–1952 [Sorb]*, Lagrasse, Verdier, 2001.

[10] TiTra, *P2*, p. 9–35 ; Inéd, *P2*, p. 36–48.

[11] Ce manuscrit a été publié par Cl. Lefort en 1969 sous le titre *La prose du monde*. Des notes de lecture et de travail, ainsi que des esquisses et des plans relatifs à cet ouvrage projeté ont été déposés à la BNF (Fonds Maurice Merleau-Ponty, BNF, NAF 26986, vol. III, 79ff.).

[12] *Cf.* R. Barbaras, *De l'être du phénomène. Sur l'ontologie de Merleau-Ponty*, Grenoble, Jérôme

lorsque d'autres commentateurs ont cherché à lire ces textes pour eux-mêmes, ils ont eu tendance à s'en tenir à ce qui a été effectivement rédigé par Merleau-Ponty : on les a alors coupés du projet d'ensemble dans lequel ils s'inscrivaient pour les considérer comme des œuvres achevées livrant l'ensemble de la pensée de Merleau-Ponty durant ces années. Car à s'en tenir aux seuls textes rédigés, dans lesquels l'histoire de l'art, la linguistique et la littérature passent au premier plan, on pourrait croire à une réorientation complète des intérêts de Merleau-Ponty et à un abandon des questions qui l'occupaient dans l'immédiat après-guerre. Il nous semble au contraire important de les lire comme des fragments d'un projet de plus vaste ampleur et jamais mené à terme.

Il ne s'agit pas de revenir sur la caractérisation classique du projet de Merleau-Ponty de cette époque comme celui d'élaborer une « philosophie de l'expression », mais plutôt de veiller à ne pas prendre le phénomène de l'expression en un sens restrictif. Dans ses deux projets de recherche de 1951, Merleau-Ponty insiste sur le fait que l'analyse de l'expression doit conduire à une théorie de l'intersubjectivité (qui implique elle-même une réflexion sur la philosophie de l'histoire)[13] :

> Ces recherches sur l'expression et la vérité approchent par son versant épistémologique le problème général des rapports de l'homme avec l'homme qui fera l'objet de nos recherches ultérieures[14].

Ce que vise ainsi Merleau-Ponty, c'est ce qu'É. Bimbenet désigne comme une « nouvelle philosophie de l'esprit »[15], et peut-être même particulièrement une philosophie de l'esprit objectif (au sens hégélien), c'est-à-dire de l'ensemble des manifestations culturelles, sociales et symboliques de l'humanité[16]. Par ailleurs, Merleau-Ponty affirme à plusieurs reprises que la *Prose du monde* devait comporter une partie sur la Révolution[17]. Ainsi, plutôt que d'un changement de direction, il s'agit pour lui, après les années très fécondes de l'immédiat après-guerre, de ressaisir de manière plus systématique ce qu'il a esquissé dans plusieurs textes de l'après-guerre (notamment dans *Humanisme et terreur*), ou encore, comme il dit, d'en « élaborer en toute rigueur les fondements philosophiques »[18].

Millon, 2001, Partie I, chap. 4–5 ; « De la parole à l'Être. Le problème de l'expression comme voie d'accès à l'ontologie », *Le tournant de l'expérience*, Paris, Vrin, 1998, p. 183–199.

[13] Inéd, *P2*, p. 41–42.

[14] Inéd, *P2*, p. 45.

[15] E. Bimbenet, *Nature et humanité. Le problème anthropologique dans l'œuvre de Merleau-Ponty*, Paris, Vrin, 2004, p. 206.

[16] Cette idée est confirmée par ses notes de préparation de son premier cours au Collège de France : « Monde de l'expression = les choses culturelles, les "objets d'usage", les symboles. (je n'ai pas dit : univers du langage) ». Il ajoute ensuite que l'un des buts du cours est de « faire une théorie concrète de l'esprit » (*MSME*, p. 45).

[17] « Je n'ai nullement renoncé, en 1950, à écrire sur la politique ; j'ai au contraire toujours pensé que *La Prose du monde* aurait une seconde partie sur le catholicisme et une troisième sur la révolution » (Lettre de Merleau-Ponty à Sartre, 8 juillet 1953, dans *P2*, p. 145) ; voir aussi « Notes de 1955–1957 » (Fonds Maurice Merleau-Ponty, BNF, NAF 26991, Vol. VIII).

[18] Inéd, *P2*, p. 42.

Dans cette perspective, nous proposons comme hypothèse de lecture des textes de la période 1948–53 l'idée d'une *réduction du marxisme*. En effet, s'il semble rester chez Merleau-Ponty quelque chose de la pratique de la réduction phénoménologique husserlienne, ce n'est pas dans une « mise en suspens » généralisée de la thèse du monde[19], mais dans le choix, pour accéder à un domaine particulier, d'un objet d'analyse qui permette de neutraliser les différentes thèses classiques sur ce domaine[20]. Ce n'est donc pas tant la réduction qui donne accès au domaine d'objets, que le choix de l'objet à analyser qui constitue la réduction elle-même et assure un accès indirect au domaine visé. Or il nous semble que c'est une telle réduction que Merleau-Ponty met en œuvre par rapport au marxisme. En effet, la surdétermination politique du champ intellectuel touche en particulier le marxisme : toute mention de celui-ci devient la cible d'affrontements croisés entre communistes et anti-communistes, et ne laisse aucune place à ceux qui veulent sincèrement penser les problèmes qu'il pose. Merleau-Ponty semble de ce fait chercher à affronter ces problèmes d'une manière indirecte, en choisissant un objet d'analyse qui neutralise l'ensemble des débats et controverses. C'est, nous semble-t-il, l'une des raisons du rôle privilégié que jouent dans sa réflexion la linguistique, le langage littéraire, et l'histoire de l'art : il s'agit de se ménager un espace autonome pour penser le social et l'histoire. Merleau-Ponty expose cette idée lors d'une discussion sur l'histoire avec E. Weil aux Rencontres Internationales de Genève de septembre 1951[21]. Après avoir évoqué les écrits de Malraux sur l'art, il pose en effet la question suivante :

> Reste à savoir si ce qui doit nous guider dans nos considérations méthodologiques, c'est l'histoire politique, ou si ce n'est pas d'aventure l'histoire de l'art aussi bien que l'histoire politique[22].

L'objet que l'on se donne afin d'élaborer une philosophie de l'histoire est en effet déterminant : il conditionne le type de phénomène qui sera le plus visible, et partant, le facteur apparemment moteur de l'histoire. S'intéresser à l'histoire à travers le prisme de l'histoire économique amène ainsi à privilégier une philosophie de l'histoire objectiviste, de la même manière que s'y intéresser à travers celui de l'histoire politique conduit à une philosophie subjectiviste (insistant sur le rôle déterminant des individualités). L'approche de l'histoire à partir de l'histoire de l'art permet

---

[19] En effet, comme il le dit dans l'Avant-propos de la *PhP* : « Le plus grand enseignement de la réduction est l'impossibilité d'une réduction complète » (*PhP*, Avant-propos, p. VIII).

[20] Ainsi pour étudier les rapports entre âme et le corps dans ses thèses, il choisit les objets particuliers que sont le « comportement », la « structure », le « corps propre », la « perception », etc., lesquels neutralisent les thèses objectivistes et subjectivistes, et permettent d'accéder au domaine spécifique de l'union entre âme et corps. De la même manière, dans « Le langage indirect et les voix du silence », il se propose d'analyser le langage à travers l'expression picturale en renvoyant explicitement à l'idée de réduction : « pour comprendre langage dans son opération d'origine » il faudrait « feindre de n'avoir jamais parlé » et « le soumettre à une réduction sans laquelle il nous échapperait encore » (LIVS, *Signes*, p. 75).

[21] « Annexe. L'homme et l'adversité », *P2*, p. 321–323.

[22] « Annexe. L'homme et l'adversité », *P2*, p. 323.

quant à elle de neutraliser ces différents écueils et d'aborder la question de l'historicité sans préjugés ou idées préconçues. C'est cette approche indirecte de l'histoire que semble avoir pratiqué Merleau-Ponty dans son texte publié le plus important de l'époque, « Le langage indirect et les voix du silence »[23], et que l'on devrait peut-être lire comme portant tout entier sur le concept d'histoire[24]. Selon lui, en effet, « l'on retrouverait sans doute le concept d'histoire dans son vrai sens si l'on s'habituait à le former sur l'exemple des arts et du langage »[25]. Ainsi, pour accéder au phénomène d'histoire, il s'agit non seulement de mettre entre parenthèses le discours marxiste constitué (ainsi que toutes les autres conceptions rivales de l'histoire), mais également de neutraliser le prisme déformant de l'histoire politique et économique pour ne s'intéresser qu'à l'histoire de l'art.

Une telle réduction du marxisme semble également à l'œuvre dans son approche du monde social, qui se fait à partir de la fin des années quarante à travers l'analyse du langage[26]. La linguistique et plus généralement le phénomène de l'expression lui servent alors de « fil conducteur » à partir duquel il peut aborder la culture et la société[27]. En cela Merleau-Ponty participe à la montée progressive, vers la fin des années 1940, du modèle linguistique d'approche du social dans le champ intellectuel en France, et s'inscrit dans une certaine tradition sociologique française issue de Mauss, lequel conseillait déjà en 1924 aux sociologues éviter le double défaut de la « philosophie de l'histoire » et de la « philosophie de la société » en procédant « partout à la l'imitation des linguistiques »[28].

Que reste-t-il du scénario marxiste de Merleau-Ponty ? Pendant les années 1948–53, il semblerait que Merleau-Ponty refuse tout autant de continuer à l'assumer que de l'abandonner entièrement. Dans le contexte de Guerre froide, la réalisation marxiste de l'histoire apparaît certes d'autant plus improbable que le marxisme s'est lui-même transformé. Le marxisme communiste, qui est retombé dans ce que le marxisme classique se proposait de dépasser, à savoir une pensée par antinomies, est en effet devenu hégémonique et a étouffé toute possibilité de développement d'un « communisme occidental ». Mais Merleau-Ponty ne se désintéresse pas pour

---

[23] LIVS, *Signes*, p. 63–135.

[24] Tout se passe en effet comme si ses analyses de la conception saussurienne du langage (p. 63–75) et de l'histoire de l'art (p. 75–113) étaient une approche indirecte de l'histoire permettant de neutraliser ou de réduire les thèses dominantes. En effet, après avoir élaboré le sens de l'histoire dans l'art, il écrit : « Comprise ainsi, l'histoire échapperait […] aux confuses discussions dont elle est aujourd'hui l'objet » (p. 113).

[25] LIVS, *Signes*, p. 118.

[26] « Il fallait commencer l'étude des rapports interhumains dans la culture par celle du langage, parce que le langage […] nous donne mieux qu'aucun autre phénomène une chance de comprendre l'articulation de l'individuel sur le social, et les rapports d'échange entre la nature et la culture » (TiTra, *P2*, p. 31).

[27] TiTra, *P2*, p. 31–32.

[28] M. Mauss, « Des rapports réels et pratiques de la psychologie et de la sociologie » (1924), dans *Sociologie et anthropologie*, Paris, PUF, 1950, p. 299. Sur ce point, voir B. Karsenti, *L'homme total. Sociologie, anthropologie et philosophie chez Marcel Mauss*, Paris, PUF, 2011, Partie II « Totalisation du social et modèle linguistique », p. 131–204.

autant du marxisme. Loin de s'en tenir à ses références marxistes privilégiés (au jeune Marx et au marxisme politique de Lénine et de Trotski), Merleau-Ponty s'intéresse aux développements récents du marxisme, et en particulier aux débats contemporains au sein du courant trotskiste. L'intérêt que représente le courant trotskiste vient du fait qu'il cherche à maintenir la plus grande fidélité possible au « marxisme classique » de Lénine et de Trotski, mais que les débats internes et entre les organisations les forcent à affronter pleinement la difficulté que constitue l'application de la perspective marxiste au monde contemporain : la question de la nature du régime en URSS, l'évolution de la notion d'impérialisme, ainsi que diverses questions stratégiques (attitude en cas de guerre, rapport au parti communiste et au parti socialiste, etc.). Par ailleurs, Merleau-Ponty s'intéresse à cette époque à l'analyse marxiste de la révolution de Saint-Domingue que propose le militant et écrivain trotskiste C. L. R. James dans *Les jacobins noirs* (traduit par P. Naville en 1949)[29] – discussion qui préfigure à bien des égards celle qu'il aura avec D. Guérin (lui-même ancien trotskiste) au sujet de la Révolution française dans *Les aventures de la dialectique*. Ce qui est mis en suspens, c'est donc moins son rapport au marxisme que le dialogue qu'il voulait instaurer à travers le marxisme entre politique d'une part, et philosophie et science d'autre part, en vue d'élaborer une syntaxe commune. Le marxisme reste une référence pour lui, mais désormais presque uniquement en tant que savoir spécifique et méthode.

À partir de 1948, Merleau-Ponty est donc à la recherche d'une nouvelle manière d'articuler philosophie, sciences et politique. Si aucune synthèse définitive ne vient remplacer la fonction architectonique que jouait jusqu'alors le scénario marxiste, il semblerait cependant que Merleau-Ponty ait cherché du côté de la phénoménologie des éléments pour penser à nouveaux frais le rapport entre ces domaines. En effet, bien que sa pensée reste fortement imprégnée par la démarche phénoménologique, les références explicites à celle-ci sont, comme nous l'avons vu, rares entre la publication de sa thèse en 1945 et 1950. À partir de 1950, les références à Husserl redeviennent en revanche explicites et fréquentes[30]. Cette résurgence, contemporaine

---

[29] C. L. R. James, *Les jacobins noirs. Toussaint Louverture et la Révolution de Saint-Domingue*, Paris, Éditions Amsterdam, 2017 [1re éd. 1949]. Pour ces références de Merleau-Ponty à l'ouvrage, voir notamment MH [NM], *Signes*, p. 357–359 ; et le débat dans *Les Temps modernes* en 1950 (« [Les Jacobins noirs] », *P1*, p. 125–133).

[30] C'est ce dont témoignent notamment ses deux articles de 1951 « Sur la phénoménologie du langage » et « Le philosophe et la sociologie », ainsi que son cours de l'année universitaire 1951–52 « Les sciences de l'homme et la phénoménologie ». En parallèle, Merleau-Ponty mène également une activité éditoriale afin de rendre accessible la phénoménologie au public francophone. Dans la collection « Bibliothèque de philosophie », qu'il dirige (avec Sartre) à partir de 1950 chez Gallimard, Merleau-Ponty accorde une place toute particulière aux ouvrages phénoménologiques : les *Ideen I* (qui paraissent en 1950 dans la traduction de Ricœur), mais également K. Goldstein (*La structure de l'organisme* en 1951), Heidegger (*Kant et le problème de la métaphysique* en 1953) ou M. Scheler (*Le formalisme en éthique et l'éthique matérielle des valeurs* en 1955). Par ailleurs, dès la fin des années quarante, Merleau-Ponty sollicite H. L. Van Breda afin d'obtenir les droits de la *Krisis*, qu'il veut publier dans une traduction de Ricœur (Lettre à H. L. Van Breda, 11 novembre 1948 – « Archives des Archives », université de Louvain). Cette tentative ne reçoit toutefois pas de réponse favorable parce que l'édition complète du texte allemand n'a pas encore été faite (H. L. Van

d'un travail sur les inédits, témoigne d'une volonté d'instituer un nouveau rapport à la pensée husserlienne. Cette lecture semble guidée par une attention accrue aux rapports architectoniques que Husserl établit à chaque moment de son parcours intellectuel entre philosophie et sciences (en particulier sciences humaines)[31], comme on peut le voir dans ses articles « Sur la phénoménologie du langage » et « Le philosophe et la sociologie », ainsi que dans son cours sur « Les sciences de l'homme et la phénoménologie »[32]. Dans « Le philosophe et la sociologie », qui porte presque exclusivement sur cette question, Merleau-Ponty affirme en particulier que le « très grand mérite de Husserl » est d'avoir « circonscrit [...] un domaine et une attitude de recherche où la philosophie et le savoir effectif pourraient se rencontrer »[33]. Or ce point de rencontre résiderait dans la thèse husserlienne d'un parallélisme entre savoir positif et philosophie[34], que Merleau-Ponty réinterprète comme « enveloppement réciproque »[35] de ces deux perspectives. La première partie du cours de 1951–52 « Les sciences de l'homme et la phénoménologie » montre quant à elle que l'évolution de Husserl le conduit à dépasser sa position initiale de rejet des savoirs empiriques et à tenter de comprendre les rapports complexes de coexistence entre philosophie et sciences humaines. Merleau-Ponty explicite ce cheminement à partir des cas de la psychologie[36], de la linguistique[37] et de l'histoire[38], comme il le fait pour la sociologie et l'anthropologie dans « Le philosophe et la sociologie ». Si Merleau-Ponty vise toujours à faire communiquer les différents domaines, il ne cherche cependant plus tant à élaborer une syntaxe unifiée qu'à ménager un espace où les langues différentes peuvent communiquer et se traduire les uns dans les autres. Ainsi, à la figure du dépassement des oppositions entre les domaines du savoir (qui orientait son « scénario marxiste »), se substitue désormais celle de l'empiétement mutuel entre différentes attitudes qui peuvent se comprendre, dialoguer, sans jamais abolir leurs différences[39].

Breda, Lettre à Merleau-Ponty, 1ᵉʳ février 1949).

[31] H. L. Van Breda remarque ainsi que les textes inédits de Husserl que Merleau-Ponty lui demande de consulter à cette époque concernent tous le rapport entre phénoménologie et psychologie, c'est-à-dire plus généralement le rapport entre philosophie et sciences (H. L. Van Breda, « Maurice Merleau-Ponty et les Archives-Husserl à Louvain », *RMM*, octobre-décembre 1962, n°4, p. 426).

[32] SHP, *Sorb*, p. 397–464 et *P2*, p. 49–128.

[33] PhiSoc, *Signes*, p. 165–166.

[34] *Cf.* E. Husserl, « Postface à mes idées directrices » (1930), dans *La phénoménologie et les fondements des sciences*, Paris, PUF, 1993, p. 190–191 ; E. Husserl, *MC*, V, §57, p. 111–112.

[35] PhiSoc, *Signes*, p. 166. *Cf.* aussi SHP, p. 413 où il parle du « rapport d'entrelacement ou d'enveloppement réciproque entre la psychologie et la phénoménologie » dans les textes de Husserl.

[36] SHP, p. 400–414. Cet exemple sera repris et développé dans la seconde partie du cours (p. 423–464).

[37] SHP, p. 415–417. *Cf.* aussi SPL.

[38] SHP, p. 417–420.

[39] Même si pour les raisons que nous avons évoquées plus haut, le domaine politique est, au début des années 1950 mis hors circuit, c'est également dans cette optique que Merleau-Ponty envisagera par la suite le rapport entre ces trois domaines, comme on peut voir dans sa Leçon inaugurale au Collège de France, lorsqu'il évoque le rapport entre philosophie et politique à travers la figure de

La caractérisation principale de la nouvelle synthèse que Merleau-Ponty cherche à élaborer entre phénoménologie et marxisme relève de qu'on pourrait désigner comme un changement de paradigme – au sens d'un changement de schème privilégié au travers duquel s'élabore une pensée. Jusque vers 1948, Merleau-Ponty employait, comme nous l'avons vu, un paradigme *existentialo-gestaltiste* qui permettait de transformer la phénoménologie husserlienne et de reformuler rigoureusement le marxisme. À partir de 1947–48, ce qui domine désormais est un paradigme *linguistique* (ou un paradigme de *l'expression*), au sein duquel les travaux des sciences du langage (et ceux de Saussure en particulier, mais interprétés au prisme de R. Jakobson) jouent un rôle analogue à celui que jouaient auparavant ceux de la psychologie de la forme – et cela certainement sous l'influence de Cl. Lévi-Strauss, de retour des États-Unis en 1947, et avec qui Merleau-Ponty se lie d'amitié. Mais comme pour la psychologie de la forme, il ne s'agit pas d'accepter leurs concepts comme tels, mais de les reformuler philosophiquement à partir d'une « phénoménologie du langage » ou de la « parole »[40] - phénoménologie qui cherche à ressaisir l'expérience du sujet parlant en tant qu'il s'efforce de s'exprimer. C'est avec ce nouveau langage conceptuel que Merleau-Ponty se tourne alors vers le marxisme pour lui donner une formulation philosophiquement rigoureuse, et renouveler par là même sa conception de la *praxis* (à partir du sujet parlant) ainsi que celle du social et de l'histoire (à partir de la langue comme totalité synchronique et diachronique).

1 Le scénario marxiste à l'épreuve de la Guerre froide.

« On ne peut reculer indéfiniment le moment où il faudra décider si la philosophie prolétarienne de l'histoire est ou non acceptée par l'histoire »
(Merleau-Ponty, *Humanisme et terreur*, p. 262).

Le « scénario marxiste » de Merleau-Ponty résidait non seulement dans la volonté de transformer radicalement le sens même de la philosophie, mais aussi dans l'espoir d'un devenir-philosophie du monde lui-même, c'est-à-dire d'une réalisation rationnelle de l'histoire dans une société où l'être humain serait réconcilié avec lui-même. Une telle construction reposait donc sur la possibilité de pratiquer une certaine lecture du présent historique où celui-ci apparaît comme « processus total en mouvement vers un état d'équilibre, la société sans classes »[41]. La question que pose Merleau-Ponty dès 1945, mais avec de plus en plus d'insistance à partir de 1947–48, est de savoir si « l'analyse concrète de situation concrète », c'est-à-dire le

---

Socrate (*EP*, p. 38–44 ; *cf.* aussi la conclusion p. 59–63).
[40] SPL, *Signes*, p. 142 et p. 151. Voir aussi, CAL, *Sorb*, p. 70 : « Ce que nous demanderons aux linguistes, ce ne sont pas leurs conclusions philosophiques […]. Nous chercherons à participer à leur expérience du langage ».
[41] *HT*, Partie II, chap. 1, p. 237.

1   Le scénario marxiste à l'épreuve de la Guerre froide.

marxisme en tant que méthode d'analyse du présent historique, confirme, dans la situation présente (1948–53), la lecture particulière de l'histoire proposée par le marxisme. Il s'agit donc de déterminer si la « perspective communiste » apparaît comme la *Gestalt* la plus à même d'unifier et de rendre raison de l'ensemble des événements et des possibilités du monde contemporain.

Dans les différents textes d'intervention de Merleau-Ponty depuis la Libération, et plus encore à partir de 1948, le rapport entre phénoménologie et marxisme se joue donc moins à un niveau théorique qu'au niveau pratique de la mise en œuvre d'une lecture attentive du présent historique. Il s'agit donc pour lui de pratiquer cette phénoménologie concrète du monde contemporain dont il avait trouvé les principes dans l'analyse stratégique marxiste ressaisie en termes gestaltistes. Tout l'enjeu est en effet de déterminer dans quelle mesure une certaine *Gestalt* convient aux faits tels qu'ils se dessinent sous son regard. Or si dans *Humanisme et terreur* en 1947 il pouvait encore différer la réponse définitive à cette question en affirmant que « le monde où nous vivons est à cet égard ambigu »[42], à partir du déclenchement de la Guerre froide, il lui apparaît de plus en plus difficile de maintenir la perspective historique du marxisme classique : la lecture marxiste de l'histoire semble de moins en moins apte à épouser les lignes de faits et à rendre intelligible le monde contemporain ainsi que les perspectives politiques qui s'ouvrent. Mais la question qui se pose alors est la suivante : quelle *Gestalt* alternative permettrait de rendre intelligible le monde contemporain ?

1.1   Phénoménologie du temps présent et **Gestalt** marxiste.

Dès la Libération, Merleau-Ponty adopte une certaine prudence concernant les possibilités de réalisation de la lecture marxiste de l'histoire et affiche davantage un optimisme de la volonté qu'une foi effective[43]. Cette attitude, qu'il décrit en 1945 comme un « marxisme sans illusion, tout expérimental et volontaire »[44], laisse toutefois progressivement place au pessimisme, comme en atteste déjà au début

---

[42] *HT*, Partie II, chap. 2, p. 262.

[43] « Pourra-t-on jamais éliminer la tyrannie de la vie politique, est-il vrai que l'État puisse dépérir et les relations politiques ou sociales des hommes se résorber jamais dans leurs relations humaines, c'est une question. Mais si nous n'avons pas l'assurance de cet achèvement […] c'est assez […] pour pousser les choses dans le sens de la liberté effective » (PV, *SNS*, p. 184). « Si la lutte des classes redevient le moteur de l'histoire, si décidément, l'alternative se précise du socialisme ou du chaos, à nous de choisir un socialisme prolétarien, non comme l'assurance du bonheur – nous ne savons pas si l'homme peut jamais s'intégrer à la coexistence, ni si le bonheur de chaque pays est compossible avec celui des autres –, mais comme cet *autre avenir* inconnu auquel il faut passer sous peine de mort » (« Autour du marxisme », *SNS*, p. 151).

[44] « Autour du marxisme », *SNS*, p. 151. « Nous devons prendre garde que rien, dans notre action, ne contribue à freiner le mouvement prolétarien […]. En somme la politique effective du P.C.. Reconstruire avec le prolétariat, il n'y a pour le moment, rien d'autre à faire. Simplement nous ferons cette politique d'attente sans illusion » (PV, *SNS*, p. 207)

1948 la préface de *Sens et non-sens*[45]. En avril 1948, à l'occasion d'un texte rédigé pour le centenaire du *Manifeste du parti communiste*, il écrit même explicitement que « comme prophétie, le *Manifeste communiste* est faible »[46]. Quels sont donc les nouveaux phénomènes qui semblent difficiles à intégrer à la *Gestalt* marxiste ?

Si dès l'immédiat après-guerre Merleau-Ponty affirme que « la lutte des classes est masquée »[47], c'est parce que la situation politique et historique de la Libération ne correspond pas au pur modèle marxiste de l'affrontement explicite entre deux classes antagonistes, et que donc « la politique marxiste prolétarienne à la manière classique [...] ne mord plus sur les faits »[48]. Les facteurs que la théorie juge secondaires ont en effet acquis un rôle prépondérant : « les facteurs nationaux, géographiques, psychologiques [...] se croisent avec la lutte des classes et brouillent les grandes lignes marxistes de l'histoire »[49]. Il en résulte que « la mise en perspective vieux-marxiste ne fait pas voir dans ce qu'elle a de particulier la physionomie de notre temps, elle passe par-dessus le détail des faits »[50]. Mais si Merleau-Ponty formule toutes ses prises de positions marxistes sous forme interrogative, c'est qu'il espère encore qu'il ne s'agit que d'un détour provisoire de l'histoire et que « l'histoire finalement sera rationnelle »[51].

Cependant, loin d'être provisoire, cette situation ne fait que s'aggraver, puisque chaque nouveau phénomène historique vient accroître la difficulté du marxisme à rendre raison du monde contemporain. C'est ce qu'il constate d'abord au sujet des nouvelles formes économiques qui émergent dans l'immédiat après-guerre. La reconstruction économique de l'Europe donne lieu à l'élaboration d'une économie mixte (ni purement libérale ni purement socialisée) et une politique économique interventionniste qui permet non seulement de contrer les effets négatifs et les contradictions du capitalisme, mais également d'envisager un développement progressif non révolutionnaire. De la même manière, comme Merleau-Ponty tente de le montrer dans « Complicité objective »[52], le Plan Marshall fait que les relations entre les différents pays semblent difficilement pouvoir être comprises uniquement à partir du schéma impérialiste classique utilisé par le marxisme[53]. En effet, selon

---

[45] « Le citoyen d'aujourd'hui n'est pas sûr que le monde humain soit possible » (*SNS*, Préface, p. 9).

[46] « Le *Manifeste communiste* a cent ans », *P1*, p. 107.

[47] PV, *SNS*, p. 195, p. 197 et p. 207.

[48] PV, *SNS*, p. 205.

[49] PV, *SNS*, p. 197.

[50] PV, *SNS*, p. 203.

[51] PV, *SNS*, p. 207–208.

[52] Il s'agit d'un éditorial des *Temps Modernes* rédigé par Merleau-Ponty (repris dans *P1*, p. 112–121), et qui introduit un article de Pierre Uri sur le sujet.

[53] « L'aide américaine à l'Europe est impensable dans les perspectives de l'impérialisme au sens marxiste » (« Complicité objective », *P1*, p. 114). Merleau-Ponty fait référence à la théorie de l'impérialisme popularisée par Lénine dans *Impérialisme stade suprême du capitalisme* (1916). Cette théorie, qui s'appuie en grande partie sur les analyses du marxiste social-démocrate R. Hilferding (dans *Le capital financier*), définit l'impérialisme comme le processus d'exportation de capitaux mené à bien grâce à l'intégration croissante entre l'État moderne et les banques. La concurrence financière se transforme alors en rivalité inter-impérialiste, qui finit par conduire à la guerre.

Merleau-Ponty la reconstruction de l'Europe est un phénomène « ambigu » qui se situe par-delà l'opposition entre générosité pure et intérêt égoïste, et représente un moment où les États-Unis ont intérêt au désintéressement :

> Le plan Marshall représente ce moment où l'impérialisme, aux mains d'une seule puissance, est contraint de bouleverser sa propre définition. [...] L'impérialisme, avec ses rivalités, n'était donc pas le stade suprême du capitalisme. Vient ensuite cette phase où l'histoire du capitalisme ne peut plus s'écrire au pluriel[54].

Selon Merleau-Ponty, cette configuration « ultra-impérialiste » (selon la formule de K. Kautsky) des rapports internationaux permettrait donc bien mieux de rendre compte de la situation contemporaine que les schémas classiques du marxisme comme du libéralisme[55].

Mais le phénomène le plus massif mettant à mal la perspective marxiste est certainement l'analyse de l'URSS. Pour Merleau-Ponty, le sort de la lecture marxiste de l'histoire est étroitement lié à l'appréciation de l'URSS : la réalité du régime soviétique tend en effet de plus en plus à montrer que la révolution marxiste ne débouche pas nécessairement sur une société communiste, mais peut faire advenir un nouveau régime d'exploitation. Certes, il n'a jamais idéalisé la situation sociale en URSS, mais il a considéré pendant longtemps, d'une manière très proche du trotskisme classique (comme le remarque Sartre après Lukács[56]), qu'il ne s'agissait que d'une situation provisoire en mesure d'être dépassée, et que les dimensions positives du nouveau régime contrebalançaient largement les effets négatifs[57] : la *Gestalt* à travers laquelle il saisissait la signification de l'URSS mettait ainsi au premier plan les éléments positifs et rejetait comme secondaires ou moins pertinents les traits négatifs. Mais l'accumulation de ces traits négatifs rend peu à peu impossible le maintien d'une telle *Gestalt*. C'est ce que Merleau-Ponty répond (au nom des *Temps Modernes*) à J. D. Martinet[58] pour justifier le fait de n'avoir écrit sur les

---

[54] « Complicité objective », *P1*, p. 114–115.

[55] La position de Merleau-Ponty n'est en effet pas aussi étrangère au marxisme qu'il semble le croire. Avant la guerre de 1914, K. Kautsky, le principal théoricien de la IIe Internationale, défend l'idée d'un « ultra-impérialisme » (*Ultraimperialismus*), c'est-à-dire d'une phase du capitalisme où les grandes nations impérialistes parviendraient à réguler leurs différends afin d'exploiter le monde. Cette théorie, qui connaît un succès important au sein de la social-démocratie européenne avant 1914, est discréditée par le déclenchement de la Première guerre mondiale, puis par la conflictualité des relations internationales jusqu'en 1945. La théorie de l'impérialisme de Lénine s'impose alors comme la principale théorie de l'impérialisme au sein du marxisme. Sur la diversité des théories de l'impérialisme au sein du marxisme, voir notamment A. Brewer, *Marxist Theories of Imperialism. A Critical Survey*, London, New York, Routledge, 1980.

[56] MPV, *SIV*, p. 228. Lukács quant à lui estime dans *Existentialisme ou marxisme ?* que la position intellectuelle de Merleau-Ponty relève du « trotskisme » (G. Lukács, *Existentialisme ou marxisme ?*, Paris, Nagel, 1961 [1re éd. 1948], notamment p. 187–188).

[57] Le trotskisme classique considère en effet que l'URSS de Staline est une dictature bureaucratique, mais qui sera bientôt renversée par une nouvelle révolution. En attendant, il est donc nécessaire de préserver les acquis positifs de socialisme, et donc défendre l'URSS contre toute tentative de restauration du capitalisme (et donc dans une guerre contre les États-Unis). Ces points ont fait l'objet d'innombrables discussions au sein du courant trotskiste. Pour une vue d'ensemble des différentes interprétations marxistes de l'URSS, voir M. Van der Linden, *Western Marxism and the Soviet Union. A Survey of Critical Theories and Debates Since 1917*, Leiden, Brill, 2007.

[58] Jean-Daniel Martinet (1913–1976) : médecin syndicaliste révolutionnaire qui écrit aux *Temps*

camps soviétiques qu'en 1950 : s'ils connaissaient bien existence de ces derniers auparavant, ils estimaient toutefois que celle-ci « ne mettait pas en cause la nature de l'État soviétique »[59]. En effet,

> La question politique est de savoir ce qui, de l'horreur et du valable, tend à prédominer dans un système, et quel est le *sens* du système. Nous avons attendu, pour nous « intéresser officiellement » aux camps russes, de savoir qu'ils altéraient le sens du système russe[60].

Si ce basculement d'une « forme » à une autre pour comprendre le système soviétique a certainement eu lieu dès l'été 1948[61], c'est en janvier 1950, dans « Les jours de notre vie » (éditorial des *Temps Modernes* co-signé avec Sartre), que l'idée se trouve exprimée le plus clairement. Il explique en effet qu'avec l'accumulation de nouvelles révélations, « la quantité se change en qualité, c'est tout le système qui vire et change de sens »[62]. Désormais, les rapports s'inversent entre les différents éléments de la configuration : les traits qui formaient les contours mêmes de la forme (nationalisation des moyens de production, fin de l'exploitation privée de l'homme par l'homme et du chômage, etc.) passent soudain au rang de traits secondaires et contingents, alors que ceux qui étaient tenus pour secondaires deviennent essentiels (travail forcé, enfermement, inégalités des salaires, etc.). Ce qu'on pensait être provisoire devient définitif et donne son sens au système[63] : la nature « socialiste » du régime est par conséquent remise en cause[64], et donc la principale raison du privilège qui lui était tout de même accordé par rapport aux États-Unis[65].

Modernes en 1950, à la suite de l'éditorial « Les jours de notre vie », pour critiquer ses analyses de l'URSS et son positionnement par rapport aux communistes (*cf.* « L'adversaire est complice », *P1*, p. 134–138 pour la lettre ouverte de Martinet et p. 138–145 pour la réponse de Merleau-Ponty au nom de la revue).

[59] « L'adversaire est complice », *P1*, p. 139. « Bien entendu, nous savions avant 1950 qu'il existait des camps en Russie. Nous ne savions pas quel était le volume, le rôle dans la production soviétique, ni jusqu'à quel point ils dénaturaient le socialisme d'État de l'URSS » (*ibid.*).

[60] « L'adversaire est complice », *P1*, p. 139–140.

[61] Dans « Complicité objective », Merleau-Ponty affirme déjà (au nom des *TM*) que le sens du système soviétique est profondément altéré par l'existence du travail concentrationnaire : « Nous pensons que le travail forcé ou concentrationnaire n'est pas seulement en URSS un des moyens de répression dont aucune révolution ne se passe, qu'il devient un élément permanent de la production soviétique (et corrélativement la police un pouvoir) et qu'en conséquence le système n'a aucune chance de réaliser le socialisme » (« Complicité objective », p. 120). De la même manière, en 1949, dans « Machiavélisme et humanisme », il affirme (en son propre nom) que « l'expédient de Cronstadt est devenu système » (MH [NM], *Signes*, p. 363).

[62] JNV [URSS], *Signes*, p. 428.

[63] « S'il y a en URSS un saboteur, un espion ou un paresseux pour vingt habitants, alors que plus d'une épuration a déjà "assaini" le pays, s'il faut aujourd'hui "rééduquer" dix millions de citoyens soviétiques alors que les nourrissons d'octobre 1917 ont passé trente-deux ans, c'est que le système récrée lui-même et sans cesse *son* opposition. S'il y a répression permanente, et si, loin de se résorber, l'appareil répressif s'installe dans le déséquilibre, c'est que les forces productives sont étouffées par les formes de production » (JNV [URSS], *Signes*, p. 427).

[64] JNV [URSS], *Signes*, p. 427–428.

[65] Merleau-Ponty s'écarte alors des positions du trotskysme classique et se rapproche de celles notamment défendues par le groupe Socialisme ou barbarie (qui a lui-même rompu avec le

1 Le scénario marxiste à l'épreuve de la Guerre froide. 241

Le changement d'attitude de Merleau-Ponty par rapport au communisme ne doit cependant pas être compris seulement comme une prise de conscience au sujet de l'URSS : il est également tributaire des évolutions qui affectent le PCF et ses militants pendant ces années. L'URSS n'a en effet jamais été pour lui un objet de fascination : l'enjeu de ses interventions politiques, comme nous l'avons vu, a toujours été de favoriser le développement d'un « communisme occidental », c'est-à-dire d'aider à ce que les éléments non staliniens du PCF deviennent hégémoniques et transforment en profondeur le Parti (afin de retrouver le marxisme authentique dont le stalinisme s'est éloigné). Or à partir de 1948 il assiste à la stalinisation du Parti, qui à travers des campagnes volontairement clivantes (défense de Lyssenko et du réalisme socialiste, dénonciation de l'existentialisme et de la psychanalyse), cherchait à mettre au pas les intellectuels et exclure tous ceux qui n'adhéraient pas à la nouvelle ligne – et donc à rendre impossible toute forme de communisme indépendant de l'URSS (ce qui l'un des objectifs des campagnes contre le « titisme »). L'opposition entre Est et Ouest doit désormais être comprise comme la transposition au niveau international de l'opposition marxiste entre classe capitaliste et classe ouvrière.

C'est ce que refuse Merleau-Ponty. Dès l'après-guerre, il remarque que la priorité de défense de l'État soviétique constitue une modification en profondeur de la stratégie marxiste non seulement de l'URSS mais également des différents partis communistes qui lui sont liés[66]. Mais la Guerre froide conduit Merleau-Ponty à avancer l'idée d'une « complicité objective » entre les deux protagonistes : communistes et anticommunistes se rejoindraient par exemple « objectivement » dans leur volonté de faire échouer le plan Marshall et de lui donner un sens purement impérialiste[67]. Ainsi, l'antagonisme entre les deux camps dissimule une complicité secrète entre eux, à savoir la volonté de maintenir le *statu quo* : les discours belliqueux ne font que légitimer les positions du camp adverse et rendent de fait impossible toute troisième position dans l'espace politique. C'est ce que rappelle Merleau-Ponty en parlant en juillet 1948 du « fonctionnement conjugué du communisme et de l'anticommunisme » à propos de Trotski : les deux adversaires en viennent (certes pour des raisons différentes) à falsifier des documents pour montrer que Trotski aurait finalement donné sa priorité à la lutte contre l'URSS et se serait rallié aux puissances occidentales contre l'État soviétique[68]. Il en résulte pour Merleau-Ponty que dans la conjoncture de la Guerre froide, la politique communiste et soviétique ne représente plus la perspective marxiste d'une émancipation de l'humanité, mais la simple défense réaliste d'un état de fait : au lieu de proposer une

---

trotskisme en 1948).

[66] PV, *SNS*, p. 188–190

[67] « Rejeter l'aide sous prétexte qu'elle prépare l'*imperium*, comme le fait le parti communiste, annexer l'aide à la croisade anticommuniste, comme le fait le R.P.F. [gaulliste], ces politiques jumelles ont pour commun résultat de rendre impossible le plan comme plan de rééquilibrage, elles sont l'équivalent d'un consentement à la guerre » (« Complicité objective », *P1*, p. 119).

[68] ComAnt [PP], *Signes*, p. 408.

voie pour dépasser les antinomies, cette politique s'installe désormais dans l'alternative non dialectique entre deux positions fixes.

Enfin, le dernier élément qui achève de persuader Merleau-Ponty de la nécessité de désinvestir au moins provisoirement la lecture marxiste de l'histoire vient d'Asie, à savoir la révolution chinoise de 1949 et l'une de ses conséquences, la guerre de Corée. Le déclenchement de la guerre de Corée, à l'été 1950, constitue certainement pour Merleau-Ponty l'événement décisif qui va cristalliser le sens de son évolution depuis 1948 et le conduire à se mettre en retrait par rapport à toute intervention politique[69]. Sur le moment, il l'interprète comme une volonté expansionniste de l'URSS, ce qui supprime le dernier élément qui plaidait encore en faveur de l'URSS, à savoir que contrairement aux Etats-Unis, elle n'agissait pas en vue de la guerre. Il semblerait toutefois qu'en 1951, son appréciation ait un peu évolué, puisqu'il évoque à Genève en septembre la réticence de l'URSS envers la révolution chinoise. Mais le plus important pour lui est que ce qui se déroule en Asie met de nouveau à mal la perspective historique marxiste : une fois de plus ce qui était perçu comme exception prend peu à peu valeur de règle et d'élément essentiel à la forme. En effet, la révolution russe, en tant que révolution dans un pays « arriéré » (c'est-à-dire pas encore capitaliste), faisait figure d'exception dans la conception marxiste de l'histoire (qui avait toujours envisagé la révolution arrivant dans un pays ayant achevé son développement capitaliste). Mais alors que les révolutions ouvrières ont échoué partout en Europe, et qu'un nouveau régime social et économique s'y développe, une nouvelle révolution marxiste a eu lieu en Chine dans un pays à majorité paysanne[70]. Selon Merleau-Ponty, cette succession de faits conduit à mettre en question la capacité de l'histoire marxiste à mordre sur les faits, et contraint en tout cas le marxisme à repenser le statut de la Révolution russe par rapport à la perspective historique marxiste[71]. Il se demandera bientôt si une révolution n'est possible que pour les pays qui ne sont pas encore capitalistes[72].

1.2 « L'hypothèse Trotski ». À la recherche d'une nouvelle Gestalt.

« Trotski, vivant encore dans ce qu'il a écrit, suggère une question à laquelle la pierre de sa tombe ne répond pas. Ce serait notre affaire à tous d'y répondre »
(Merleau-Ponty « Communisme et anticommunisme », p. 422).

---

[69] Sur l'effet traumatique de la perspective d'une nouvelle guerre mondiale et d'une invasion soviétique de l'Europe sur le champ intellectuel, voir notamment S. de Beauvoir, *FC*, t. 1, p. 317–320.
[70] HoAdv, *Signes*, p. 388–390.
[71] « Nous en venons à nous demander si 1917 a vraiment marqué l'affleurement d'une logique de l'histoire qui ramènerait tôt ou tard les problèmes et les solutions du marxisme, ou si, au contraire, 1917 n'a pas été une chance, un cas privilégié, exceptionnellement favorable à la vue marxiste de l'histoire » (ComAnt [PP], *Signes*, p. 421).
[72] *Cf. infra*, Partie III, chap. 7.

1 Le scénario marxiste à l'épreuve de la Guerre froide.

En juillet 1948, Merleau-Ponty diagnostique une « crise de la pensée et du monde politiques » qui prend ses sources dans la « distance » « entre la pensée politique et l'histoire effective »[73]. Cette situation n'est pas propre au marxisme et concerne tout autant la pensée libérale : aucune des lectures proposées du monde contemporain ne parvient à mordre sur les faits. Et c'est pour cette raison que la politique sombre selon Merleau-Ponty dans « l'onirisme, la foi ou l'interprétation délirante »[74]. Mais si Merleau-Ponty est réticent à l'idée d'abandonner le marxisme, c'est aussi qu'il sent que le risque est fort d'abandonner avec lui toute perspective critique. Dans « Les jours de notre vie », s'il dit s'accorder avec D. Rousset sur le fait que « le marxisme [est] à revoir »[75], il précise cependant :

> Encore faut-il savoir, quand on entreprend une révision du marxisme, ce qu'on en prend et ce qu'on en laisse. Autrement, on aboutit, comme tant d'intellectuels américains, qui ont tout dépassé, au néant politique, et le néant est gouvernement[76].

Quelle lecture alternative proposer du monde contemporain, tout en maintenant une perspective critique ?

Pendant les premières années de la Guerre froide, Merleau-Ponty hésite entre plusieurs lectures. C'est à cette occasion qu'il semble engager une discussion importante avec le courant trotskiste. Le trotskisme représente une forme de marxisme qui rejette à la fois le marxisme stalinisé et la pensée libérale, et cherche à redonner vie au marxisme classique en maintenant un lien étroit entre analyse historique et perspective stratégique. Merleau-Ponty explore deux figures possibles de la lecture trotskiste de l'histoire contemporaine : d'une part le maintien de la perspective communiste comme idéal régulateur, et d'autre part l'hypothèse d'un échec historique de la perspective communiste.

Dans l'article qu'il écrit à l'occasion du centenaire du *Manifeste du parti communiste* de Marx et d'Engels[77], Merleau-Ponty fait le bilan historique et politique de la perspective historique proposée par le texte. Cette perspective a été, selon lui, un peu trop optimiste : le rationalisme de Marx l'aurait conduit à ne pas prévoir à quel point cette perspective allait « rencontre[r] dans les choses une sourde adversité »[78]. Il en résulte que le texte de Marx a désormais changé de statut. S'il ne peut plus valoir comme « prophétie », c'est-à-dire comme lecture effective de l'histoire sur le point de se réaliser, en revanche, « comme critique, comme avertissement, comme espoir, il garde sa valeur entière »[79]. La perspective communiste apparaît comme un idéal régulateur qui dicte les conduites à tenir sans espoir de réalisation définitive.

---

[73] ComAnt [PP], *Signes*, p. 407–408.

[74] ComAnt [PP], *Signes*, p. 408.

[75] JNV [URSS], *Signes*, p. 440.

[76] JNV [URSS], *Signes*, p. 440. L'exemple des « amis américains » fait en effet figure de mise en garde : « Ils ont jeté par dessus bord, avec le stalinisme et le trotskysme, toute espèce de critique marxiste, toute espèce d'humeur radicale. […] Ils n'ont plus d'idée politique » (*ibid.*, p. 436).

[77] « Le *Manifeste communiste* a cent ans », *P1*, p. 103–108.

[78] « Le *Manifeste communiste* a cent ans », *P1*, p. 107.

[79] « Le *Manifeste communiste* a cent ans », *P1*, p. 107.

Merleau-Ponty suggère une telle position dans ses *Causeries* radiophoniques de l'automne 1948, lorsqu'il présente de manière kantienne l'humanité comme « engagée dans une tâche qui n'est jamais terminée ni ne saurait l'être » et qui consiste à tendre vers « la raison et l'accord des esprits » qui ne sont que « présomptivement devant nous »[80]. Contre l'humanisme classique qui pose une transparence de droit entre les êtres humains et la possibilité inscrite dans la nature humaine d'un « accord des esprits », Merleau-Ponty affirme que la modernité a découvert l'inachèvement du monde, les conflits violents entre les êtres humains, et que cet accord, s'il est possible, ne pourra être réalisé que par une transformation des rapports effectifs entre les hommes. Mais ce qui est nouveau, c'est que Merleau-Ponty affirme que l'inachèvement du monde et l'empiétement des êtres humains est peut-être insurmontable, et que la perspective de son dépassement ne peut être qu'un idéal régulateur. Une telle conception s'oppose principalement à la pensée de la révolution communiste comme une fin de l'histoire (que ce soit chez Kojève ou dans le mythe du « grand soir »), et rejoint ainsi l'idée trotskiste de « révolution permanente », qui a toujours séduit Merleau-Ponty en ceci qu'elle affirme que la révolution n'est que le début d'un processus qui tend dans une direction sans peut-être jamais pouvoir se réaliser pleinement[81]. Ainsi, selon cette première approche du monde contemporain, le maintien de l'espoir de la réalisation d'une société où l'être humain serait réconcilié avec lui-même passe par la transformation de son statut : d'hypothèse stratégique et de perspective historique qu'il était dans le marxisme classique, le communisme passe à celui d'horizon régulateur à dimension non plus politique, mais morale. Le communisme n'est plus alors une lecture de l'histoire, mais une attitude éthique ou utopique[82].

Mais Merleau-Ponty explore également pendant ces années une autre lecture, suggérée par Trotski lui-même dans l'un de ses derniers textes[83]. Trotski est en effet pour Merleau-Ponty une figure complexe : s'il représente d'un côté le marxisme devenu principe moral plutôt qu'analyse historique, Trotski garde d'un autre côté selon Merleau-Ponty ce qui fait la force des grands marxistes, à savoir la volonté d'élaborer une perspective stratégique qui épouse au mieux les faits. C'est cette seconde tendance qui, selon Merleau-Ponty, pousse Trotski à formuler l'hypothèse d'un échec de la perspective communiste. Ce démenti de l'histoire serait avéré, selon Trotski, si le prolétariat mondial se montrait incapable de remplir sa mission historique[84] et si l'URSS se révélait être un nouveau régime d'exploitation :

---

[80] *Causeries*, V, p. 50

[81] Sur l'interprétation de la révolution permanente, voir *HT*, Partie I, chap. 3, p. 171.

[82] Sur cette lecture de Trotski, voir *HT*, Partie I, chap. 3, p. 175–178. C'est le sens du « rationalisme » qui caractérise le Trotski d'après la perte du pouvoir et qui le rapproche, selon Merleau-Ponty, de la « morale kantienne » et même de « l'utopie ».

[83] L. Trotski, « L'URSS en guerre » (25 septembre 1939), *Défense du marxisme*, Paris, EDI, 1972, p. 101–124. Ce texte et l'hypothèse qui y est formulée sont discutés par Merleau-Ponty dans *Humanisme et terreur* (Partie II, chap. 2, p. 262–265), puis dans « Communisme et anticommunisme (*Signes*, p. 415–422). *Cf.* aussi « Réponse à C.L.R. James », *P1*, p. 133).

[84] Merleau-Ponty cite « L'URSS en guerre » de Trotski : « Si onéreux que cette seconde perspective [que le régime de Staline soit une nouvelle société fondée sur l'exploitation] puisse être, si le prolétariat mondial se montrait incapable de remplir la mission qui lui a été confiée par le cours du

1 Le scénario marxiste à l'épreuve de la Guerre froide.   245

C'est la perspective marxiste elle-même qui serait alors mise en question, puisque les faits feraient apparaître, en marge de l'alternative marxiste, capitalisme ou socialisme, un type de société qui ne se laisse définir par aucun des deux concepts[85].

Or pour Merleau-Ponty, à la fin des années 1940, l'histoire en est là[86]. C'est la raison pour laquelle il conclut son article en opposant un « Trotski vivant » dont il faut reprendre au présent les interrogations (et notamment l'hypothèse d'un échec historique du marxisme), au « Trotski mort », qui a toujours voulu repousser l'échéance décisive et s'est toujours montré fidèle à la Révolution de 1917[87]. La reprise de « l'hypothèse de Trotski » confirme la nécessité d'abandonner la perspective communiste et de tenter d'élaborer, comme le suggère Trotski, un nouveau « programme "minimum" »[88].

1.3 *L'impossible troisième voie.*

« Refusons l'alternative et travaillons à passer outre »
(Merleau-Ponty, « Complicité objective », p. 121).

À partir de 1948, Merleau-Ponty renvoie systématiquement dos-à-dos les deux camps de la Guerre froide et affirme la nécessité de dépasser leur opposition[89]. Il s'agit d'adopter ce qu'il désigne comme « vraie politique socialiste », qui serait une « politique difficile, dialectique » et qui « aurait pu », et même aurait dû, « être celle du communisme »[90]. C'est dans ce contexte de recherche d'une nouvelle perspective politique et historique qu'il faut resituer son intervention « Machiavélisme et humanisme » de septembre 1949. Il ne s'agit nullement, comme certains l'ont prétendu, d'un abandon du marxisme pour la philosophie de Machiavel. En effet, si par son réalisme Machiavel a certes formulé « quelques conditions de tout humanisme

---

développement, il ne resterait plus qu'à reconnaître que le programme socialiste, fondé sur les contradictions internes de la société capitaliste, est finalement une utopie » (ComAnt [PP], *Signes*, p. 419 – *cf.* L. Trotski, *op. cit.*, p. 110).

[85] ComAnt [PP], *Signes*, p. 418

[86] « À mesure que nous sommes mieux renseignés sur l'importance relative du travail forcé et du travail libre en URSS, sur le volume du système concentrationnaire, sur la quasi-autonomie du système policier, il devient toujours plus difficile de voir l'URSS comme *transition vers* le socialisme ou même comme État ouvrier dégénéré, en un mot de mettre en perspective 1917 » (ComAnt [PP], *Signes*, p. 420–421).

[87] « La tombe de Trotski, s'il faut croire les photographies des journaux, porte une faucille et un marteau, sans rien qui distingue cet emblème de celui de l'URSS. Ainsi continue-t-il de s'affirmer solidaire des conquêtes d'Octobre » (ComAnt [PP], *Signes*, p. 421–422).

[88] ComAnt [PP], *Signes*, p. 419 (il cite L. Trotski, « L'URSS en guerre », *op. cit.*, p. 110).

[89] C'est ce qu'il affirme dans ses *Causeries* radiophoniques à l'automne 1948 : « Ni notre examen du socialisme ni notre examen du libéralisme ne peut donc être sans réserves ni restriction et nous demeurons dans cette assiette instable tant que le cours des choses et la conscience des hommes n'auront pas rendu possible le dépassement de ces deux systèmes ambigus » (*Causeries*, VII, p. 68).

[90] « Complicité objective », *P1*, p. 117.

sérieux »[91], Merleau-Ponty considère toutefois que Machiavel ne propose pas lui-même une élaboration satisfaisante d'un tel humanisme, et que bien des aspects de sa pensée sont à dépasser pour arriver à une telle formulation. Merleau-Ponty diagnostique trois défauts majeurs. Il s'agit tout d'abord d'une pensée essentialiste, qui pose l'existence d'une, ou plutôt de natures humaines transhistoriques et immuables[92]. En second lieu, sa pensée ignore l'histoire comme processus irréversible d'événements et de situations singulières[93]. Il s'agit enfin, selon Merleau-Ponty, d'une pensée élitiste et aristocratique qui divise l'humanité en deux natures (ceux qui font l'histoire et ceux qui la subissent), et affirme la vocation d'une élite à diriger.

L'immense progrès du marxisme par rapport à Machiavel a été de proposer une théorie qui corrige ces trois défauts. Le marxisme refuse d'assigner à l'humanité une nature pour la penser comme constituée socialement à chaque époque ; il pense l'histoire comme un processus qui ne cesse d'offrir des situations nouvelles et inédites à la stratégie politique ; enfin, il s'agit d'une pensée politique qui refuse un partage de l'humanité entre dirigeants et dirigés, et cherche à « constituer un pouvoir des sans-pouvoir »[94]. Ce dernier point est crucial, parce que l'exigence démocratique, qui est pour Merleau-Ponty la spécificité de la politique marxiste[95], constitue le progrès indéniable du marxisme par rapport à Machiavel. L'insuffisance de Machiavel pour penser la politique provient du fait qu'il s'agit en fin de compte d'une pure pragmatique du pouvoir : si cette pragmatique conduit dans certaines circonstances les dirigeants à œuvrer dans l'intérêt du peuple, cela ne tient qu'aux circonstances. Machiavel ne fournit donc aucun critère pour distinguer l'opportunisme d'un progressisme véritable, comme le prouve, selon Merleau-Ponty, sa pratique politique effective :

> La conduite de Machiavel accuse ce qui manquait à sa politique : un fil conducteur qui lui permît de reconnaître, entre les pouvoirs, celui dont il y avait quelque chose de valable à espérer, et d'élever décidément la *vertu* au-dessus de l'opportunisme[96].

Ainsi, loin de revenir de Marx à Machiavel, ou de prendre un « tournant machiavélien »[97], Merleau-Ponty affirme explicitement dans cet article que le marxisme constitue un progrès indéniable sur Machiavel, et que la pensée de ce dernier ne peut fournir un guide pour la « vraie politique socialiste » dont il cherche la formule.

Merleau-Ponty rappelle cependant que l'expérience de la Révolution russe montre que la perspective marxiste ne constitue pas pour autant la solution définitive, et donc que « cent ans après Marx, le problème d'un humanisme réel reste

---

[91] MH [NM], *Signes*, p. 363.

[92] « Il croit que les hommes sont immuables » (MH [NM], *Signes*, p. 360).

[93] « il croit [...] que les régimes se succèdent en cycle » (MH [NM], *Signes*, p. 360).

[94] MH [NM], *Signes*, p. 362.

[95] *Cf. supra*, Partie I, chap. 3.

[96] MH [NM], *Signes*, p. 361.

[97] S. Audier, *Machiavel, conflit et liberté*, Paris, Vrin/EHESS, 2005, chap. 2, p. 155–206.

entier »[98]. Dans ce texte Merleau-Ponty en vient donc à renvoyer dos-à-dos la pensée de Machiavel (comme formule de l'opportunisme) et la perspective communiste, mais ne propose aucune formulation positive de cette pensée politique qui puisse servir d'alternative à celle proposée par le marxisme. C'est devant une telle impasse qu'au cours de l'été 1950, à l'occasion de la Guerre de Corée, il prend la décision de mettre en suspens (au moins provisoirement) sa tentative de transformer la philosophie au contact de la politique. Cette mise en suspens implique une mise en suspens du scénario marxiste, en tant que celui cherchait notamment à rendre la philosophie *politique* et la politique *philosophique*. Cependant, il ne s'agit pas pour autant d'un abandon du marxisme. Merleau-Ponty continue à s'y intéresser et cherche même à le reformuler à partir d'un tout autre cadre théorique.

2 Phénoménologie du sujet parlant comme accès au social. Sociologie marxiste, culturalisme et linguistique.

> « Si les successeurs de Marx ne l'ont guère compris [...] c'est que l'intuition si neuve de la *praxis* remettait en cause les catégories philosophiques usuelles et que rien, dans la sociologie et dans l'histoire positives, ne venait au-devant de la réforme intellectuelle qu'elle appelait »
> (Merleau-Ponty, *Éloge de la philosophie*, p. 54).

En 1945, Merleau-Ponty écrivait que l'expérience de la guerre et de l'Occupation avait mis au jour un phénomène invisible avant 1939 : l'existence du milieu social comme réalité intermédiaire entre le sujet et l'objet. Pendant la guerre les Français

> Apprenaient à connaître entre chaque conscience et toutes les autres *ce milieu général où elles communiquent* et qui n'avait pas de nom dans leur philosophie d'autrefois[99].

L'un des enjeux de la pensée de Merleau-Ponty est alors de ressaisir philosophiquement cette expérience qui, dit-il, retrouve une « vérité marxiste »[100], et de donner ainsi un « nom » (c'est-à-dire de fixer conceptuellement) à ce milieu général qui constitue la dimension sociale de l'être humain. Nous avons ainsi vu que dans l'immédiat après-guerre, Merleau-Ponty cherche à penser la société à partir d'un paradigme ou schème *visuel* ou *gestaltiste*, articulant phénoménologie de la perception et analyse sociologique marxiste. La société est conçue comme une totalité structurée, qui intègre l'ensemble des dimensions de la vie collective (politique, culturel, psychologique, etc.) à partir de la perspective de l'économie, laquelle porte l'ensemble de la configuration sociale. Cette structure est comprise comme *Gestalt*, c'est-à-dire d'une part comme modèle pour penser la réalité (il s'agit d'un « objet de

---

[98] MH [NM], *Signes*, p. 363.
[99] « La guerre a eu lieu », *SNS*, p. 173.
[100] « La guerre a eu lieu », *SNS*, p. 180

perception »), mais d'autre part comme modèle correspondant pourtant à la réalité qu'elle modélise.

Cependant, si une telle approche permet bien de mettre en lumière le fait que le social est irréductible à la somme des actions individuelles et fonctionne comme un tout, elle ne parvient à expliciter ni le statut précis de cette totalité ni la manière dont elle parvient à donner une dimension sociale à l'activité des individus. En laissant indéterminé le statut de la totalité (ni pure projection subjective ni en soi objectif), la conception gestaltiste du social n'est pas en mesure de définir positivement ce qu'est la société ni son mode de fonctionnement. Ainsi, plutôt que de dépasser l'alternative, elle finit par tendre vers l'un ou l'autre pôle : Merleau-Ponty semble ainsi donner à la notion de totalité sociale un statut parfois purement épistémologique, et à d'autres moments proprement ontologique[101].

Le passage à un paradigme ou schème linguistique que Merleau-Ponty effectue à la fin des années quarante répond certainement au besoin de saisir plus précisément le statut de la totalité sociale et de mieux comprendre son fonctionnement effectif. L'importance que prend à ce moment l'analyse du langage vient du fait qu'elle constitue à ses yeux une voie d'accès privilégiée pour la compréhension de ce « milieu général » qu'est le social, comme il l'explique dans le projet de recherche pour le Collège de France :

> L'institution linguistique pourrait servir de modèle pour comprendre les autres institutions, leurs conditions d'équilibre et leurs transformations, et l'étude du langage […] devenir le fil conducteur pour l'examen des autres modes d'échange et de réciprocité, la linguistique le fil conducteur de la sociologie[102].

Ce programme de recherche ne sera cependant jamais mené à terme, et il ne nous reste que quelques esquisses de la direction qu'il voulait alors donner à ses travaux, dans les deux textes programmatiques de 1951 ainsi que dans sa Leçon inaugurale au Collège de France. Pour ressaisir le sens sociologique que Merleau-Ponty voulait donner à ses analyses du langage, il nous faut donc reconstruire le mouvement d'ensemble de sa pensée à partir des matériaux disponibles. Nous nous appuierons d'une part sur ses textes portant sur le langage : s'il anticipe très souvent sur la signification sociologique qu'il veut donner à ses analyses, il nous faudra toutefois ressaisir de manière plus systématique les prolongements qu'il envisageait au niveau de l'analyse de la société. Nous nous intéresserons d'autre part à ses cours de la Sorbonne (1949–52), qui bien que portant officiellement sur la « Psychologie et la pédagogie de l'enfant », abordent en permanence l'analyse sociologique, puisque la question qui traverse ces cours concerne l'articulation entre le psychique (psychologie et psychanalyse) et le social (sociologie et anthropologie). En intégrant les apports du culturalisme américain[103] et de la linguistique, il s'agit pour lui d'esquis-

---

[101] Nous retrouvons la difficulté diagnostiquée par R. Barbaras à propos du corps : le manque d'élaboration positive du phénomène conduit Merleau-Ponty à finalement privilégier l'un des membres de l'alternative qu'il se proposait pourtant de dépasser (*cf.* R. Barbaras, *op. cit.*, chap. 1, p. 24–36).

[102] TiTra, *P2*, p. 31–32.

[103] Le courant culturaliste américain (ou « théorie culturaliste de la personnalité ») articule anthropologie et psychanalyse pour tenter de mettre en lumière l'influence des institutions sur la person-

ser ce qu'il nomme un « matérialisme historique "large" »[104], qui saurait intégrer l'ensemble des dimensions de la réalité sans réductionnisme.

Cependant, de la même manière que la psychologie de la forme ne constituait pas une philosophie de la forme[105], les conclusions de la linguistique ne constituent pas encore une philosophie. Ainsi Merleau-Ponty propose-t-il de mettre en œuvre une « phénoménologie du langage » pour fixer le sens authentique des catégories linguistiques. C'est à partir d'un tel cadre qu'il cherche à reformuler les analyses marxistes et à renouveler ainsi sa compréhension du social.

2.1 Individu et structure : comprendre l'efficace du social.

« Il fallait commencer l'étude des rapports interhumains dans la culture par celle du langage, parce que le langage, étant à la fois ce qu'il y a de plus intérieur et restant en contact étroit avec les conditions extérieures et historiques, nous donne mieux qu'aucun autre phénomène une chance de comprendre l'articulation de l'individuel sur le social »
(Merleau-Ponty, « Titres et Travaux », p. 31).

La première difficulté que rencontre le paradigme gestaltiste est son incapacité à expliquer l'effet de la totalité sur ses parties : s'il peut nous dire qu'un ensemble social apparaît comme un tout, il ne dispose pas de modèle pour expliquer le fonctionnement effectif de la totalité sociale. Qu'est-ce qui fait que la *praxis* des individus a une dimension sociale ? Les actions des individus sont en effet irréductibles aux intentions individuelles, mais ne sont pas pour autant de purs épiphénomènes d'une logique sociale aveugle qui s'impose à eux du dehors (que ce soit comme « Esprit » ou comme « dialectique de la matière »). Il s'agit donc de se demander comment le paradigme linguistique qu'adopte Merleau-Ponty peut lui permettre de comprendre la « détermination sociale » de la *praxis* humaine.

Le privilège méthodologique de l'approche du social par le langage permet non seulement d'éviter la surdétermination politique des débats sur la liberté ou la détermination sociale de l'individu, mais aussi de dégager un espace pour étudier sereinement le rapport complexe qui se noue entre la *praxis* individuelle et la structure sociale. L'expérience de l'expression révèle que l'expression n'est ni une pure invention individuelle (puisqu'on ne peut s'exprimer que dans une langue et en respectant les normes de cette langue, lesquels ont un caractère non pas individuel mais social), ni un pur reflet de la structure de la langue (puisqu'on exprime bien quelque chose qui nous est propre et qui peut n'avoir jamais été dit auparavant). Ainsi, à travers l'analyse de la *praxis* langagière (parole ou expression), Merleau-

---

nalité, et montre, à travers de nombreuses enquêtes ethnographiques, la relativité des formes culturelles. Ses principaux représentants sont Ruth Benedict (1887–1948), Margaret Mead (1901–1978), Ralph Linton (1893–1953), et Abram Kardiner (1891–1981), dont Merleau-Ponty mobilise les travaux dans de nombreux cours à la Sorbonne.

[104] « L'enfant vu par l'adulte », *Sorb*, p. 100.

[105] *SC*, chap. 3, p. 142–147.

Ponty cherche à saisir la manière dont toute *praxis* s'inscrit dans une certaine normativité sociale tout en gardant une irréductible dimension individuelle (comme écart même minimal par rapport à la norme).

Le point de départ se situe donc dans l'analyse de l'expression linguistique. Il n'y aurait, d'après Merleau-Ponty, guère de sens de partir de la structure linguistique (la langue) pour se demander ensuite comment elle s'incarne dans une parole singulière. Il faut au contraire partir du sujet parlant, qui est animé, selon Merleau-Ponty, d'une volonté de communication, c'est-à-dire de la « volonté *d'être compris et de comprendre* »[106]. Or pour être compris, il est nécessaire d'avoir recours au système des significations disponibles dans le groupe social avec lequel on veut communiquer, c'est-à-dire de respecter un certain nombre de normes linguistiques (grammaire, syntaxe, vocabulaire)[107]. C'est donc par leur désir de communication que les sujets s'inscrivent dans une « communauté parlante »[108], laquelle se définit par « la visée commune à tous les sujets qui parlent [la langue] en tant qu'ils parviennent à communiquer entre eux »[109]. Les normes et la structure ne s'imposent donc pas de l'extérieur, mais sont plutôt adoptées par les sujets en tant que ces derniers veulent être compris par d'autres. Car, si l'expression tolère des variations individuelles (c'est-à-dire un certain style personnel), celles-ci ne peuvent se faire que dans certaines limites, puisqu'à s'écarter trop des normes on cesse d'être compris.

C'est un tel cadre qu'il s'agit d'élargir pour comprendre le rapport plus général entre la *praxis* humaine et la structure sociale. De la même manière que le sujet parlant est animé par le désir de communication, le sujet social serait animé par un désir de « coexistence » et de « reconnaissance »[110], c'est-à-dire le désir à la fois de vivre de manière pacifiée avec ses semblables et d'être reconnu par eux[111]. Il semblerait donc que, d'une certaine manière, si le communisme (comme société où l'être humain est réconcilié avec lui-même) n'apparaît plus comme le sens de l'histoire effective, il garde toutefois le statut d'une « idée » kantienne qui orienterait implicitement les actions des individus[112]. Or de même que le désir de communiquer conduit le sujet à parler selon une certaine norme linguistique, de même le désir de coexistence et de reconnaissance pousse l'individu à agir selon les normes sociales en vigueur dans la communauté dans laquelle il veut s'inscrire. Il est alors conduit

---

[106] CAL, *Sorb*, p. 82. « La volonté de parler est une même chose avec la volonté d'être compris » (*EP*, p. 56).

[107] « Il faut qu'une forme soit en usage pour être comprise » (CAL, *Sorb*, p. 76).

[108] CAL, *Sorb*, p. 82.

[109] CAL, *Sorb*, p. 79.

[110] *EP*, p. 57; CAL, *Sorb*, p. 86.

[111] Merleau-Ponty adopte ici le schéma hégélien de la reconnaissance, popularisé par le cours de Kojève sur la *Phénoménologie de l'Esprit* de Hegel. Selon Kojève, l'humanité se caractérise en effet en ceci qu'elle est animée fondamentalement d'un Désir de « reconnaissance » (*cf.* A. Kojève, *Introduction à la lecture de Hegel*, Paris, Gallimard, 1968 [1re éd. 1947], notamment Introduction, p. 13–14).

[112] Merleau-Ponty parle d' « idée kantienne » à propos de la volonté de communication (CAL, *Sorb*, p. 79).

à adopter les schèmes de comportement ou de pensée qui caractérisent cette communauté ou ce groupe social. Ainsi, les normes d'action, pas plus que celles du langage, ne s'imposent de l'extérieur et de manière impersonnelle : elles sont toujours reprises et assumées par les sujets en raison d'un mouvement qui vient d'eux-mêmes. Ici aussi, certaines variations individuelles et idiosyncrasiques sont possibles (et mêmes nécessaires), mais ces variations ne peuvent se faire au sein de chaque communauté que dans certaines limites et selon certaines règles, au risque, pour les individus, de se voir marginalisés ou exclus de la société.

C'est à partir de ces analyses qu'on peut comprendre l'intérêt que Merleau-Ponty porte dans ses cours de la Sorbonne[113] à la notion de « personnalité de base » développée par A. Kardiner[114] – notion que Merleau-Ponty présente comme s'inscrivant dans le marxisme. Cette notion désigne le fait que dans chaque société ou groupe social, il existe des « types » ou « modèles » de personnalité – « personnalité » devant être comprise au sens large d'une manière globale de se rapporter au monde (dans ses actions, pensées, humeurs, attitudes, sa sexualité, etc.), et constituant l'idéal du moi social des individus de la communauté. Être socialement intégré implique l'adoption des normes du comportement en usage dans l'ensemble social en question. L'individu ne choisit donc pas sa personnalité *ex nihilo* et dans un acte de liberté, mais adopte l'un des types de comportements disponibles dans la société dans laquelle il vit ou a été socialisé.

À chaque fois qu'il présente la « personnalité de base », Merleau-Ponty insiste sur le fait que ce concept vient prolonger et préciser des éléments qui existent déjà dans le marxisme[115]. Il met en lumière toute une série de textes de Marx où ce dernier présente la structure sociale non pas comme une force qui détermine impérativement le comportement des individus de l'extérieur, mais comme proposant un certain nombre de types ou de schèmes de comportements prédéfinis que les individus auront ensuite à adopter. Ainsi Merleau-Ponty rapproche-t-il d'abord le concept de « personnalité de base » de celui d'« individu de classe » dans *L'idéologie allemande*[116]. Ce concept, que Merleau-Ponty est l'un des seuls à repérer et à mettre en valeur, apparaît à la fin du chapitre 1, lorsque Marx et Engels décrivent la genèse de la classe bourgeoise[117], et désigne la part de la « personnalité » (*Persönlichkeit*) d'un

---

[113] *Cf.* notamment « L'enfant vu par l'adulte », *Sorb*, p. 128–154 ; « Psycho-sociologie de l'enfant », *Sorb*, p. 296–301 ; « Les relations avec autrui chez l'enfant », *Sorb*, p. 379–396 ; « La méthode en psychologie de l'enfant », *Sorb*, p. 489–495. Voir aussi HuEng, *P1*, p. 230–231.

[114] A. Kardiner développe le concept de « structure de personnalité de base » dans son ouvrage *L'individu dans la société. Essai d'anthropologie psychanalytique* (1939), Gallimard, 1969. Merleau-Ponty se réfère plusieurs fois à ses analyses portant sur l'Île d'Alor et sur un village américain de Plainville (A. Kardiner, *The Psychological Frontiers of Society*, Columbia University Press, 1945).

[115] « Le culturalisme est la meilleure contribution apportée depuis cent ans au problème qui nous occupe. Par l'intermédiaire de la personnalité de base, il offre un moyen de penser ce rapport souligné par le marxisme » (« Psycho-sociologie de l'enfant », *Sorb*, p. 301).

[116] « L'enfant vu par l'adulte », *Sorb*, p. 130 ; « Les relations avec autrui chez l'enfant », *Sorb*, p. 379–382.

[117] K. Marx et F. Engels, *IA*, chap. 1, Fragment I/5-3, p. 201. Sur ce passage, voir F. Fischbach,

individu qui est « conditionnée et déterminée par des rapports de classe tout à fait déterminés »[118]. Ainsi selon Merleau-Ponty « le prolétaire, le bourgeois sont des "personnalités de base" qui caractérisent une société »[119]. En tant qu'un individu est par exemple rentier ou capitaliste, la situation sociale lui propose un certain schème de comportement (une manière de voir, de penser, d'agir, etc.) : ce schème ne s'impose pas impérativement aux individus, mais le fait de ne pas l'adopter entraîne l'impossibilité de maintenir sa position sociale (un capitaliste qui n'agit pas selon la rationalité capitaliste finit par faire faillite, et cesse tout simplement d'être capitaliste)[120]. Par ailleurs, Merleau-Ponty met également en rapport le concept de personnalité de base avec celui de « rôle historique » utilisé par Marx au début du *Dix-huit Brumaire de Louis Bonaparte*[121] : ici encore une certaine situation sociale et historique propose aux individus d'un groupe social particulier un certain nombre de schèmes de comportements et d'imaginaires (par exemple, ceux de la Rome antique pour les révolutionnaires de 1789, ceux de 1789 pour les révolutionnaires de 1848, ceux de Napoléon 1er pour Napoléon III, etc.).

La mise en œuvre d'une « phénoménologie du langage » restituant l'expérience du sujet parlant cherchant à s'exprimer dans une langue, permet donc à Merleau-Ponty de décrire la manière dont la *praxis* d'un individu prend une dimension sociale en adoptant l'un des schèmes proposés par une certaine situation sociale et historique.

2.2 Statut ontologique de la totalité sociale : l'espace symbolique.

La difficulté qui se pose alors est de déterminer le statut de la totalité sociale. L'analyse précédente montre en effet qu'elle n'est ni une chose tout à fait étrangère aux individus et s'imposant à eux de l'extérieur (car elle n'a de force ou d'efficace qu'en tant qu'elle est reprise et intériorisée par les agents), ni un phénomène de conscience purement subjectif (car il s'agit bien d'un ensemble de normes sociales qui n'ont fait l'objet d'aucun choix conscient et qui ont une autonomie par rapport aux volontés des individus). La question est ainsi de déterminer

> Quel mode d'existence [il faut] reconnaître aux formes historiques telles que féodalité, capitalisme, prolétariat, dont on parle comme des personnes qui savent et qui veulent,

---

Philosophies de Marx, Paris, Vrin, 2015, p. 112–114.

[118] K. Marx et F. Engels, *IA*, chap. 1, Fragment I/5-3, p. 199.

[119] « L'enfant vu par l'adulte », *Sorb*, p. 158.

[120] Merleau-Ponty aurait également pu faire référence, dans *Le Capital*, aux notions de « personnification de catégories économiques » (K. Marx, *Le Capital*, Livre I, Préface à la 1re éd. allemande, p. 6) ou de « masque économique » (*ibid.*, chap. 2, p. 97), pour expliquer les mêmes phénomènes. Voir aussi la description du capitaliste en tant que « capital personnifié » (*ibid.*, chap. 4, p. 172–173).

[121] « L'enfant vu par l'adulte », *Sorb*, p. 158–159.

cachées derrière la multiplicité des événements sans voir clairement ce que représentent ces prosopopées[122].

La tendance à personnifier les entités sociales témoigne bien du fait qu'il s'agit de processus irréductibles aux volontés individuelles et ayant une logique propre ; cependant un tel recours à la figure rhétorique de la prosopopée ne résout pas la véritable difficulté qui est de déterminer son statut ontologique. Or comme le dit Merleau-Ponty, si l'on refuse de poser une conscience collective (à la manière de Hegel ou de Durkheim), « comment éviter le dilemme de l'existence comme chose et de l'existence comme conscience »[123] ? Il s'agit donc de penser un type d'être (ou de quasi-être) qui ne soit ni de l'ordre de la chose ni de l'ordre de la conscience.

La nouveauté de l'intuition de Marx est justement, selon Merleau-Ponty, que la conception du social qu'elle implique « [remet] en cause les catégories philosophiques usuelles »[124]. Cependant, ni Marx ni ses successeurs[125], et encore moins la sociologie ou l'histoire[126], n'auraient été en mesure d'élaborer l'ontologie sociale capable de fixer ce sens ontologique du social. Merleau-Ponty estime en revanche que la linguistique saussurienne contient peut-être des concepts à même de « passer outre l'alternative des *choses* et des *consciences* »[127], et qu'elle peut donc fournir des éléments pour élaborer l'ontologie sociale qui manqueraient au marxisme.

Ce qui intéresse Merleau-Ponty dans la conception saussurienne de la langue est qu'elle pense la langue comme « tout qui est premier » par rapport à ses parties[128], sans pour autant poser cette totalité comme une entité positive extérieure aux éléments qu'elle structure. Dans la langue, la structure ne réside ni dans une forme extérieure ni dans la somme des éléments de la langue, mais dans l'espace *entre* les éléments. En effet si, comme l'écrit Merleau-Ponty, chaque signe « exprime moins un sens qu'il ne marque un écart de sens entre lui-même et les autres », et que « la langue est faite de différences sans termes, ou plus exactement [que] les termes en elle ne sont engendrés que par les différences qui apparaissent entre eux »[129], cela veut dire que le sens ne peut pas être localisé positivement, et ne réside que dans l'écart qui sépare les éléments. La différence, l'écart, ou encore le caractère « diacritique »[130], n'appartiennent ni aux éléments de la langue ni à une entité qui leur serait supérieure, mais relèvent d'une sorte d'intermonde qui met en défaut toutes les

---

[122] *EP*, p. 55.

[123] *EP*, p. 55.

[124] *EP*, p. 54.

[125] « Le plus simple était d'imaginer vaguement une dialectique de la matière là où Marx parlait, au contraire, d'une "matière humaine", c'est-à-dire prise dans le mouvement de la *praxis*. Mais cet expédiant altérait l'intuition de Marx » (*EP*, p. 55).

[126] *EP*, p. 54.

[127] *EP*, p. 56.

[128] LIVS, *Signes*, p. 64–66.

[129] LIVS, *Signes*, p. 63. *Cf.* aussi « Sur la phénoménologie du langage », où il écrit que les éléments de la langue « font système dans la synchronie en ce sens que chacun d'eux ne signifie que sa différence à l'égard des autres » (SPL, *Signes*, p. 143).

[130] SPL, *Signes*, p. 143.

« catégories philosophiques usuelles ». Comme l'écrit Merleau-Ponty : « le sens n'apparaît qu'à l'intersection et comme dans l'intervalle des mots »[131]. Ainsi, la linguistique permet de penser une réalité qui n'existe que dans un intervalle entre des éléments, qui n'est que l'espace qui structure leurs différences, et cela tout en fonctionnant comme une totalité.

C'est une telle conception de la totalité que Merleau-Ponty veut mobiliser pour penser le social comme « espace social, culturel ou symbolique ». En effet,

> Comme la langue est un système de signes qui n'ont de sens que relativement les uns aux autres et dont chacun se reconnaît à une certaine valeur d'emploi qui lui revient dans le tout de la langue, chaque institution est un système symbolique que le sujet s'incorpore comme style de fonctionnement, comme configuration globale, sans qu'il ait besoin de le concevoir[132].

Merleau-Ponty semble indiquer que les différentes institutions auxquelles se rapportent les individus leur proposent des « logiques de conduites » (ou des schèmes de comportement), qui produisent une différenciation et une répartition de l'action des individus dans l'espace social – actions qui se composent alors pour former un fonctionnement global irréductible aux intentions des individus. On pourrait donc dire que c'est le rapport latéral de *praxis* à *praxis* qui rend chacune d'elles signifiante. Ainsi, « l'espace social » ne peut être localisé nulle part (pas plus que la langue) et il n'existe que dans l'intervalle entre les *praxis* des individus de la société. Or cet espace, bien que n'ayant pas d'existence positive, a tout de même un statut ontologique :

> C'est à ce titre, et comme autant de logiques de conduites, qu'existent les formes et les processus historiques, les classes, les époques dont nous nous demandions où elles étaient : elles sont dans un espace social, culturel ou symbolique qui n'est pas moins réel que l'espace physique et qui, d'ailleurs, prend appui sur lui[133].

C'est donc une certaine répartition des *praxis* dans l'ensemble social à un moment donné qui constitue la « structure » ou « forme » de cette société.

À partir de ces analyses, on peut voir la différence entre la conception gestaltiste et la conception linguistique de la totalité ou de la structure. En effet, bien que Merleau-Ponty utilise souvent un vocabulaire gestaltiste pour penser la totalité synchronique saussurienne[134], il nous semble important de mesurer l'écart entre ces deux approches. La principale différence est peut-être que la totalité en tant que *Gestalt* est une totalité présente entièrement sous le regard : cette forme qui vient donner sens à une constellation d'éléments qui la suggère est donc une totalité *visible* ou *perceptible* (et cela quand bien même elle affirme un peu plus que ce qui est simplement donné au regard). La langue comme totalité n'est en revanche jamais entièrement présente sous le regard de celui qui veut s'exprimer : ce dernier éprouve certes la « liaison latérale du signe au signe » mais ne la voit pas. La totalité est

---

[131] LIVS, *Signes*, p. 68.

[132] *EP*, p. 56–57.

[133] *EP*, p. 57.

[134] Ainsi, en marge du manuscrit de la *Prose du monde*, il écrit « il y a une *Gestalt* de la langue » (*PM*, note p. 53) ; *cf.* aussi « la parole joue toujours sur fond de parole, elle n'est jamais qu'un pli dans l'immense tissu du parler » (LIVS, *Signes*, p. 68).

toujours *latente* ou *non visible*. Cela a une certaine importance lorsqu'on passe au niveau de l'analyse sociale : l'individu, comme nous venons de le voir, adopte certaines conduites qui sont proposés par les institutions avec lesquelles il est en rapport, mais il ne comprend pas nécessairement le sens global ou social de sa *praxis*[135].

Le schème linguistique permet ainsi de comprendre non seulement l'effet propre du social sur l'individu, mais également le statut ontologique du social, comme espace de répartition différenciée des conduites humaines.

2.3 Langage généralisé et unité des sphères dans la culture.

Mais si le social doit se comprendre sur le modèle du langage, quel est le rapport entre le langage proprement dit (le langage articulé) et le système symbolique de l'espace social ? Et plus généralement, quel rapport y a-t-il entre les différents systèmes symboliques qui existent dans le monde humain (structures psychologiques individuelles, structures familiales, systèmes symboliques dans les arts, la littérature, la politique, ou la philosophie, etc.) ? Cette question rejoint le problème marxiste classique de l'articulation entre les différentes sphères de la société, et plus particulièrement entre infrastructures et superstructures. Y a-t-il un seul langage fondamental, dont tous les autres ne sont que soit des modulations soit des transpositions ? Ou bien y a-t-il une pluralité de langages, la question étant alors de comprendre leur articulation ?

2.3.1 Le langage généralisé et la notion de « culture » : unification de l'espace social.

Dans son projet de recherche de 1951 pour le Collège de France, Merleau-Ponty distingue entre le langage au sens étroit du terme (le « langage articulé ») de ce qu'il désigne comme un « langage généralisé », c'est-à-dire un phénomène plus vaste dont le langage articulé n'est qu'une des manifestations. Merleau-Ponty le décrit comme

> Un langage plus sourd que les hommes parlent les uns aux autres par le symbole que crée leur coexistence économique, politique, religieuse et morale[136].

Ce langage généralisé semble bien désigner ce que nous venons de voir, à savoir le fait que les « rapports pratiques et effectifs des hommes » s'inscrivent toujours (de manière consciente ou non) dans un espace symbolique qui leur donne leur signification sociale. Merleau-Ponty fait très certainement implicitement référence ici à

---

[135] Ainsi, pour reprendre un exemple utilisé par Merleau-Ponty, les fonctionnaires soviétiques ont recours à différents expédients pour sauver le système soviétique, mais cela ne conduit qu'à accroître les déséquilibres et transformer la nature du régime (*cf.* JNV [URSS], *Signes*, p. 429–432).

[136] TiTra, *P2*, p. 32.

l'idée développée dans *L'idéologie allemande* d'un « langage de la vie effective », c'est-à-dire d'un langage immanent à « l'activité matérielle et au commerce matériel des hommes » et à partir duquel se ferait « la production des idées, des représentations et de la conscience »[137]. Quoi qu'il en soit, Merleau-Ponty semble vouloir penser cet espace symbolique comme une structure unique qui vient articuler les différentes sphères de l'existence sociale de l'individu (économique, politique, religieuse, morale, etc.).

Merleau-Ponty ne traitera jamais de manière thématique ce « langage généralisé ». Néanmoins, dans ses cours de la Sorbonne, il utilise la notion de « culture » pour penser cette même idée d'unification des différentes dimensions de l'existence. À travers cette notion, qu'il emprunte au culturalisme américain, il s'agit de penser l'unité et la cohérence du tout social – et de fixer conceptuellement les correspondances que Hegel et Marx avaient déjà constatées entre les différentes dimensions de ce tout[138]. À l'occasion d'une longue présentation d'un article du sociologue M. Crozier dans *Les Temps Modernes*[139], Merleau-Ponty revient sur l'importance du culturalisme et de la psychologie sociale américaine pour prolonger et développer le marxisme :

> La corrélation dans une seule vie humaine des conceptions morales, juridiques, religieuses avec les techniques, le travail et les forces de production, la sociologie marxiste l'a constatée, mais beaucoup d'auteurs paraissaient la fonder sur une causalité mystique de l'économie, au lieu que la notion de la *culture* comme d'une totalité qui a ses lois d'équilibre, ses changements moléculaires, ses crises, et ses restructurations […] vient éclairer la connexion des « pensées » et des « faits économiques »[140].

Nous retrouvons cette même idée dans le cours de 1951–52 sur « Les relations avec autrui chez l'enfant », lorsque Merleau-Ponty tente de montrer la fécondité de la notion de « culture », prise comme médiation entre les différentes dimensions de l'existence, et partant comme lieu d'unification du tissu social en un espace social unique : « entre la vie psychique et la vie collective ou sociale, *il existe une médiation, un milieu : c'est la culture* ». En effet,

> Le rapport entre l'économique et le psychologique (ou l'idéologique) n'est pas magique : les phénomènes sociaux ne sont pas seulement des phénomènes économiques, mais aussi un certain arrangement du milieu jusque dans ses aspects les plus concrets : la forme des maisons, par exemple. […] Une culture devrait être considérée comme une conception du monde qui s'inscrit jusque dans les ustensiles ou les mots les plus usuels[141].

---

[137] K. Marx et F. Engels, *IA*, chap. 1, Fragment I/5-9, p. 299.

[138] « Le but que nous recherchons est de montrer qu'entre la vie psychique et la vie collective ou sociale, *il existe une médiation, un milieu : c'est la culture*. La culture et l'intégration à la culture donnent un sens concret aux relations entre le psychique et le social. Cela avait déjà été remarqué, depuis longtemps par Marx et Hegel […]. En dépit de ces relations constatées, on ne voyait pas le « comment ». La *notion de culture apporte une réponse* » (« Les relations avec autrui chez l'enfant », *Sorb*, p. 381).

[139] HuENg, *P1*, p. 230–240.

[140] HuEng, *P1*, p. 230–231.

[141] « Les relations avec autrui chez l'enfant », *Sorb*, p. 381–382.

La notion de « culture » désigne ce lieu de médiation, c'est-à-dire ce à travers quoi communiquent les différentes dimensions de la structure sociale, et où s'articule notamment la rencontre entre la psychologie et la sociologie, c'est-à-dire les dimensions individuelle et collective des significations.

2.3.2 Articulation des langages et empiétement des sphères.

Cependant, s'il y a bien une mise en rapport des différentes sphères, Merleau-Ponty ne semble pas pour autant vouloir poser l'existence d'un espace symbolique unique et homogène. Dans ses cours de la Sorbonne, il semble plutôt avoir en vue l'idée d'une diversité de systèmes symboliques qui sont enchevêtrés les uns dans les autres à tel point qu'il est difficile de les distinguer, mais cela tout en gardant une autonomie relative. Ainsi, contre la conception d'un marxisme réductionniste selon laquelle le langage de l'infrastructure serait simplement transposé dans les divers langages des superstructures (de sorte qu'il y a aurait un parallélisme complet ou une homologie structurelle absolue et que l'on pourrait retrouver à chaque moment les correspondances), Merleau-Ponty préfère de plus en plus l'image de *l'empiétement mutuel* des langages ou des sphères, c'est-à-dire l'idée d'une communication et d'une contamination réciproque, mais jamais absolue, des différentes sphères[142]. Une telle articulation serait au plus près de l'intention authentique du marxisme, comme Merleau-Ponty le montre en s'appuyant à plusieurs reprises sur une célèbre lettre d'Engels :

> Le marxisme a toujours admis que les valeurs de culture étaient, comme tout le reste, solidaires de l'histoire sociale, mais n'a jamais admis que les deux développements fussent point par point parallèles […]. Engels disait que la courbe des idéologies est beaucoup plus compliquée que celle de l'évolution politique et sociale[143].

Ce qui constitue en effet pour Merleau-Ponty l'intuition fondamentale de l'analyse sociologique marxiste est que l'économique n'est pas un domaine séparé des autres, mais qu'il *empiète* sur les autres sphères de la société et diffuse en elles ses significations. La manière dont s'effectue le travail (c'est-à-dire les rapports à la nature et les rapports entre les hommes qu'implique le travail dans une société donnée) n'a pas seulement une signification économique, mais également une signification plus générale qui est présente dans toutes les relations humaines de cette société

---

[142] Sur genèse de la notion d'empiétement, voir E. de Saint Aubert, *Du lien des êtres aux éléments de l'être. Merleau-Ponty au tournant des années 1945–1951*, Paris, Vrin, 2004, Section A « Le lien des êtres. Naissance de l'empiétement et de la chair (1945-1951) », p. 35–205.

[143] « Lukács et l'autocritique » [« Marxisme et superstition »], *Signes*, p. 422 ; *cf.* aussi Inéd, *P2*, p. 47. Merleau-Ponty fait référence à la *Lettre à Borgius* du 25 janvier 1894, dans laquelle Engels écrit : « Plus le domaine qui est l'objet précis de notre étude s'éloigne de l'économie et se rapproche de l'idéologique pur et abstrait, plus nous constaterons que son développement présente de hasard, et plus sa courbe se déroule en zigzags. Mais si vous tracez l'axe moyen de la courbe, vous trouverez que plus la période considérée est longue et le domaine étudié est grand, plus le cours de cet axe est à peu près parallèle à l'axe du développement économique » (F. Engels, *LF*, p. 181).

ainsi que dans ses modes de pensée[144]. Ce qui intéresse notamment Merleau-Ponty dans les travaux d'anthropologie d'Engels (dans *L'origine de la famille*) est que les significations qui semblent n'appartenir qu'à la sphère familiale (conflits familiaux, traumatismes enfantins, structure patriarcale, etc.) sont reliées aux structures économiques et sociales plus générales, qui leur donnent leur intelligibilité[145]. Ainsi explique-t-il au sujet de la question de la naissance des inégalités entre hommes et femmes (sujet introduit dans le champ intellectuel de l'époque par *Le Deuxième Sexe* de Beauvoir) que la « nouvelle attitude de l'homme » envers les femmes n'a pas seulement la signification psychologique d'un « projet d'affirmation totale, agressive », mais est liée et conditionnée par le changement du régime de propriété (c'est-à-dire la naissance de la propriété privée, elle-même liée à l'invention de la charrue).

L'erreur des marxistes (et notamment d'Engels dans *L'origine de la famille*) est toutefois d'envisager le plus souvent cet empiétement de l'économique sur l'ensemble des autres sphères de la société d'une manière unilatérale, c'est-à-dire comme une « détermination » des superstructures par des infrastructures. Pour Merleau-Ponty, au contraire, l'intuition authentique du marxisme consiste à poser l'existence d'un empiétement réciproque de l'ensemble des sphères les unes sur les autres. De la même manière que les sphères familiales ou psychologiques contiennent une signification économique, la sphère économique contient des significations familiales ou psychologiques, c'est-à-dire que des transformations dans les structures familiales ou psychologiques viennent empiéter sur la manière dont s'organisent les rapports économiques. Par exemple, si la « nouvelle attitude de l'homme » envers les femmes a bien une signification économique (c'est-à-dire est liée au changement de propriété), le changement d'attitude lui-même empiète sur l'organisation économique de la société et le changement de propriété lui-même a une signification psychologique. Dans le cours de 1949–1950 il emploie encore l'expression d' « intention » commune liant les différentes sphères[146], mais dans le cours de l'année suivante il décrit explicitement le rapport entre infrastructures et superstructures comme un empiétement mutuel[147]. Le « matérialisme historique "large" » que Merleau-Ponty appelle de ses vœux penserait donc le rapport entre infrastructures et superstructures à travers l'idée d'un empiétement réciproque des significations.

L'idée d'empiétement mutuel des significations vient s'opposer à l'idée qu'on puisse déterminer de manière univoque (c'est-à-dire à partir d'une signification pri-

---

[144] « La transformation de la nature par le travail humain a une influence profonde sur toute relation humaine [...]. Le mode de propriété, d'outillage et de production influe sur une société donnée d'une façon plus profonde qu'on ne le croirait ; la manière dont nous "travaillons" le monde extérieur définit notre mode de pensée » (« L'enfant vu par l'adulte », *Sorb*, p. 98).

[145] « Ce qu'il y a de précieux dans les conceptions d'Engels, c'est de considérer les phénomènes économiques comme ayant une signification humaine » (« L'enfant vu par l'adulte », *Sorb*, p. 100). Pour la lecture que Merleau-Ponty fait d'Engels, voir « L'enfant vu par l'adulte », *Sorb*, p. 98–100.

[146] « L'enfant vue par l'adulte », *Sorb*, p. 100.

[147] « Les relations avec autrui chez l'enfant », *Sorb*, p. 381.

vilégiée) le sens d'un phénomène[148]. Mais s'il y a bien communication et influence des différentes dimensions les unes sur les autres, il n'y a toutefois pas de lieu homogène à partir duquel il serait possible de résorber leurs différences, ou plutôt s'il y a bien un lieu de rencontre ou de médiation celui-ci doit être caractérisé par l'échange et l'enveloppement réciproque, c'est-à-dire l'empiétement sans résolution[149].

3 PRAXIS ET HISTOIRE : VERS UNE THÉORIE « SAUSSURIENNE » DE L'HISTOIRE ?

> « Saussure pourrait bien avoir esquissé une nouvelle philosophie de l'histoire »
> (Merleau-Ponty, *Éloge de la philosophie*, p. 56).

Il est difficile de réfléchir sereinement sur l'histoire en pleine Guerre froide. La surdétermination politique des discussions conduit alors Merleau-Ponty à adopter une stratégie d'accès indirect aux phénomènes historiques en s'intéressant aux domaines moins polémiques que sont l'histoire de l'art et l'histoire du langage (et notamment parce qu'il s'agit sans doute de domaines peu ou pas traités par le marxisme). Comme il l'explique dans son projet de recherche pour le Collège de France :

> Les questions débattues entre ceux qui font l'individu sujet de l'histoire, et ceux qui le font objet de l'histoire, ou entre ceux qui voient dans l'histoire une raison qui se manifeste, et ceux qui ne voient en elle qu'une suite de hasards, seraient susceptibles d'une solution positive si, au lieu de les poser à propos de l'histoire économique ou de l'histoire politique, on les posait à propos de l'histoire du langage, dans laquelle le sujet parlant et la communauté linguistique, les hasards et l'ordre systématique de l'idiome sont inséparablement à l'œuvre[150].

En réfléchissant sur ces domaines, Merleau-Ponty parvient à neutraliser les discussions polémiques et stériles sur le marxisme et à constituer un lieu à partir duquel il peut réfléchir sur les problèmes de l'histoire en dépassant les antinomies qui structurent les approches classiques du phénomène.

Cette nouvelle approche de l'histoire élaborée au contact de l'histoire du langage et de l'histoire de l'art, loin d'être un abandon du marxisme, est au contraire une tentative de redéfinir son rapport à la conception marxiste de l'histoire. Nous avons vu précédemment que Merleau-Ponty ne faisait pas de distinction explicite entre deux significations différentes qu'il donnait à la philosophie marxiste de l'histoire, à savoir d'une part une compréhension générale de la logique de l'histoire (faite de

---

[148] « Les relations avec autrui chez l'enfant », *Sorb*, p. 382.

[149] Merleau-Ponty aborde ainsi déjà l'un des thèmes qui sera au centre de son analyse de la dialectique. Si Merleau-Ponty utilise certes depuis longtemps le terme de « dialectique » (et dans certains textes assez fréquemment), ce n'est qu'à partir de 1953 que cette notion fait l'objet d'une réflexion spécifique. *Cf. infra*, Partie III, chap. 7.

[150] TiTra, *P2*, p. 31.

contingence et de rationalité) et d'autre part une lecture particulière de l'histoire (comme triomphe à venir de la rationalité de l'histoire au sein d'une société communiste où l'être humain est réconcilié avec lui-même). Or si pendant longtemps Merleau-Ponty a cherché à tenir ensemble ces deux dimensions et accordait une importance toute particulière la seconde, à partir de 1948, l'un des soucis de Merleau-Ponty sera de tenter de désarticuler ces deux dimensions. En déplaçant son objet d'analyse de l'histoire économique et politique vers celle de l'art et du langage, il s'agit donc pour Merleau-Ponty de proposer un matérialisme historique purement méthodologique et détaché du lien avec la perspective communiste.

C'est ce qu'on peut voir à l'œuvre dans sa Leçon inaugurale au Collège de France. Alors que dans *Humanisme et terreur*, il affirmait que ce qui faisait que le marxisme était la seule philosophie de l'histoire possible était qu'il présentait la perspective d'une réconciliation de l'homme avec l'homme, Merleau-Ponty considère désormais que ce qui fait l'absolue « nouveauté de Marx » réside son « intuition si neuve » de la rationalité historique[151]. Marx aurait en effet découvert l'existence d' « une rationalité historique immanente à la vie des hommes »[152], à savoir que le mouvement de l'histoire n'est ni un chaos « de bruit et de fureur » (comme le pensent les historiens sceptiques), ni une logique guidée du dehors par un principe transcendant (comme le pense l'histoire dogmatique). Le sens de l'histoire ne précède pas le déroulement historique mais « en émane » : il « se dessine spontanément dans l'entrecroisement des actions par lesquelles l'homme organise ses rapports avec la nature et avec les autres »[153]. Ce sens n'est toutefois qu'esquissé et n'est présent qu'« en filigrane » : il doit donc être repris et compris par l'être humain dans sa *praxis* afin de se réaliser, de sorte que pour Marx, « le sens historique est immanent à l'événement interhumain et fragile comme lui »[154].

Cependant, selon Merleau-Ponty, la nouveauté même de cette intuition aurait fait que non seulement ses successeurs, mais lui-même, n'ont pas pris toute la mesure de ce qu'il avait vu. Encore en 1953, aucune conceptualité philosophique ne serait en mesure de fixer de manière adéquate cette intuition. La reformulation philosophique de Marx que Merleau-Ponty proposait en effet dans l'immédiat après-guerre, qui consistait en une articulation entre une phénoménologie de la perception et le marxisme comme analyse stratégique (c'est-à-dire comme une certaine lecture du présent et de l'histoire) à partir des notions de *Gestalt* et de « perspective », lui apparaît désormais insatisfaisante, car elle manque une partie de ce qui faisait la force et la nouveauté de Marx. À la fin des années quarante, Merleau-Ponty cherche à ressaisir l'histoire à partir de la *praxis* historique, elle-même pensée à partir des concepts de la linguistique saussurienne (ressaisie à travers l'interprétation de R. Jakobson) et de la notion husserlienne de *Stiftung* (qu'il traduit par « institution »). Il s'agit alors de comprendre moins la perception historique que le processus même de transformation historique, c'est-à-dire l'histoire en train de se faire.

---

[151] *EP*, p. 52–54.

[152] *EP*, p. 52.

[153] *EP*, p. 52.

[154] *EP*, p. 53.

3.1 Linguistique et marxisme : l'expérience de l'historicité.

Pour élaborer des concepts à même de fixer l'intuition marxiste de l'histoire, Merleau-Ponty se tourne vers l'histoire du langage et les analyses linguistiques de Saussure[155]. En effet, comme il le déclare en 1953 dans sa Leçon inaugurale à propos de la théorie du signe élaborée par la linguistique :

> Il y a là une rationalité dans la contingence, une logique vécue, une autoconstitution dont nous avons précisément besoin pour comprendre en histoire l'union de la contingence et du sens, et Saussure pourrait bien avoir esquissé une nouvelle philosophie de l'histoire[156].

Cette approche doit cependant être ressaisie à partir d'une phénoménologie de l'expérience du sujet parlant pour en restituer le sens véritable.

3.1.1 Expérience de l'historicité : « logique spontanée » de l'histoire.

Ce qui permet la rencontre entre la conception marxiste de l'histoire et la linguistique c'est qu'elles feraient une même *expérience de l'historicité*. Dans la dernière partie de son cours de la Sorbonne de 1949–50 « La conscience et l'acquisition du langage » (partie qui porte sur les « apports de la linguistique »), Merleau-Ponty explique qu'en lisant les linguistes, il faut chercher à « participer à leur expérience du langage »[157]. Il s'agit de pratiquer, au contact des travaux linguistiques, ce qu'il désigne en 1951 comme une « phénoménologie du langage » qui révèle, en deçà des formulations objectivistes de la science du langage, la vérité de l'expérience du langage qui s'y joue[158]. Cette expérience est celle de « l'historicité du langage »[159] qui

> Nous oblige à considérer l'histoire comme un cours contingent et logique de choses, où les phénomènes peuvent s'esquisser et être ensuite systématisés par les actes de vie sociale ou de pensée[160].

En reprenant l'évolution phonétique, grammaticale et sémantique des langues, Merleau-Ponty montre que les différentes variations sont en grande partie contingentes (ajout d'un préfixe ou d'une terminaison, nouvel usage d'un mot,

---

[155] La première trace d'un tel rapprochement se trouve dans un cours de l'année universitaire 1949–50 « La conscience et l'acquisition du langage » (CAL, *Sorb*, p. 67–86, et en particulier p. 85–86). Merleau-Ponty avait déjà mis en rapport la linguistique avec la sociologie et l'histoire dans son cours de 1947–48 à l'université de Lyon intitulé « Langage et communication ». Pour une présentation du contenu de ce cours, voir H. Silverman, « Merleau-Ponty on Language and Communication », *Inscriptions. After Phenomenology and Stucturalism*, Evanston, Northwestern University Press, p. 95–107.

[156] *EP*, p. 56.

[157] CAL, *Sorb*, p. 70.

[158] SPL, *Signes*, p. 142.

[159] CAL, *Sorb*, p. 68.

[160] CAL, *Sorb*, p. 68.

invention d'une formule, etc.) et pourtant réintégrées ensuite dans le tout synchronique de la langue, pour recevoir leur rationalité. Comme il le dit plus loin, dans l'histoire de la langue, il y a à l'œuvre « une sorte d'esprit aveugle »[161], de « logique aveugle » ou « spontanée »[162], qu'on ne peut attribuer ni à un principe transcendant (qui guiderait de l'extérieur l'évolution des langues), ni aux décisions de locuteurs individuels (qui ne cherchent nullement à modifier la langue). Selon Merleau-Ponty, l' « élément essentiel » de la pensée de Saussure réside ainsi dans

> L'idée d'une sorte de logique trébuchante dont le développement n'est pas garanti, [qui] peut comporter toute espèce de déraillements, et où ordre et système sont cependant rétablis par la poussée des sujets parlants qui veulent comprendre et être compris[163].

L'expérience de la langue que font les linguistes (et que met au jour une « phénoménologie du langage ») révèle donc l'existence d'une « rationalité immanente » qui « émane » du processus lui-même et qui correspond à celle dégagée par le marxisme à propos du processus historique.

Toute la difficulté consiste à « préciser la nature »[164] de cette rationalité et de ce processus. En effet, comme le dit Merleau-Ponty dans sa Leçon inaugurale dans un passage cité plus haut, l'intuition marxiste a été « altérée » parce que ni Marx ni ses successeurs n'ont été en mesure de trouver des concepts philosophiques à même de comprendre « *où* donc était le processus historique et quel mode d'existence [il] fallait reconnaître aux formes historiques »[165]. La processualité historique n'est en effet ni de l'ordre d'une chose, ni celle d'une conscience, de sorte que « l'intuition si neuve de la *praxis* remettait en cause les catégories philosophiques usuelles »[166]. Cette « réforme intellectuelle » qu'appelait le marxisme aurait été, selon Merleau-Ponty, réalisé par la linguistique. Cette dernière fournirait « une théorie du sens historique qui passe outre à l'alternative des *choses* et des *consciences* »[167], et pourrait ainsi rendre possible une formulation rigoureuse de l'intuition de Marx. C'est ce que Merleau-Ponty indiquait déjà dans le cours de 1949–50 lorsqu'il disait que « Saussure élucide le rapport énigmatique qui lie l'individu à l'histoire, par son analyse du langage »[168]. Merleau-Ponty se propose de ce fait de « généraliser » cette conception et de l'appliquer à l'histoire toute entière » et de rejoindre ainsi ce qui fait selon lui « l'originalité de la conception *marxiste* de l'histoire »[169].

---

[161] CAL, *Sorb*, p. 77.
[162] CAL, *Sorb*, p. 80.
[163] CAL, *Sorb*, p. 85.
[164] CAL, *Sorb*, p. 77.
[165] *EP*, p. 55.
[166] *EP*, p. 54.
[167] *EP*, p. 56.
[168] CAL, *Sorb*, p. 82. Cf. aussi SPL, *Signes*, p. 142.
[169] CAL, *Sorb*, p. 86.

3 *Praxis* et histoire : vers une théorie « saussurienne » de l'histoire ?

3.1.2 Double enveloppement de la synchronie et de la diachronie.

Une telle approche pourrait surprendre dans la mesure où l'un des gestes importants de la linguistique saussurienne est de distinguer parole et langue, diachronie et synchronie. La lecture que Merleau-Ponty fait de la linguistique insiste au contraire sur l'impossibilité de séparer ou de juxtaposer les deux dimensions[170]. En cela elle porte certainement l'influence de R. Jakobson, dont le « structuralisme phénoménologique » (selon la formule d'E. Holenstein) cherche à dépasser l'antinomie saussurienne pour penser l'articulation entre diachronie et synchronie[171]. Dans son cours de 1949–50[172] comme dans « Sur la phénoménologie du langage », Merleau-Ponty cherche à montrer le double enveloppement de la synchronie et de la diachronie[173]. Le développement diachronique de la langue n'est pas une pure suite de hasards, mais contient une logique propre[174], qu'il faut comprendre à partir des possibilités de la structure synchronique :

> Il faut admettre qu'il y a des *seuils*, qu'on n'arrive pas à n'importe quoi à partir de n'importe quoi ; que, dans certaines constellations, telle création, qui n'était pas possible auparavant le devient. Admettre une histoire du langage, c'est simplement qu'on ne peut arriver à un certain état sans passer par des étapes successives[175].

La diachronie doit donc être comprise comme une totalité en mouvement, c'est-à-dire comme un système où la synchronie conditionne le développement historique. Mais l'évolution historique n'est pas un pur développement logique de possibilités de la synchronie, dès lors qu'elle contient une part de contingence et d'imprévu : la totalité synchronique n'est à chaque moment qu'une totalisation partielle et fragile. Comme l'écrit Merleau-Ponty : « il faut que le système de synchronie à chaque moment comporte des fissures où l'événement brut puisse venir s'insérer »[176]. L'ouverture de la synchronie à la diachronie ne vient toutefois pas seulement de la possibilité de l'invention inattendue, mais aussi de ce que la synchronie n'est jamais purement *synchronique*, puisqu'elle recouvre des temporalités différentes et hétérogènes :

---

[170] Il rappelle généralement à ce propos comment la perspective de G. Guillaume (avec son « schème sublinguistique ») vient modifier la stricte dichotomie de Saussure (*cf.* CAL, *Sorb*, p. 85 ; SPL, *Signes*, p. 140). Les travaux plus récents sur Saussure tendent à revenir sur les dichotomies strictes, qui ne viendraient pas de Saussure lui-même, mais des éditeurs du *Cours de linguistique générale*.

[171] Sur ce point, voir notamment E. Holenstein, *Jakobson ou le structuralisme phénoménologique*, Paris, Seghers, 1974.

[172] CAL, *Sorb*, p. 84–85.

[173] « La synchronie enveloppe la diachronie […] la diachronie enveloppe la synchronie » (SPL, *Signes*, p. 140).

[174] Il y aurait un « sens dans le devenir du langage » (SPL, *Signes*, p. 140).

[175] CAL, *Sorb*, p. 68.

[176] SPL, *Signes*, p. 140.

> La synchronie n'étant qu'une coupe transversale sur la diachronie, le système qui est réalisé en elle n'est jamais tout en acte, il comporte toujours des changements latents ou en incubation[177].

Il est donc à proprement parler impossible de procéder à une coupe purement synchronique, qui distinguerait absolument la structure présente de la diachronie : la synchronie n'est qu'un moment de la diachronie et se trouve « enveloppée » par elle[178].

3.1.3 Du paradigme gestaltiste au paradigme linguistique : l'histoire se faisant.

On peut toutefois se demander, comme pour l'analyse sociologique, quelles modifications sont introduites par le passage à un paradigme ou schème linguistique. L'approche gestaltiste cherche à fixer la forme qui convient le mieux au sens esquissé par les différents éléments donnés, et à identifier le moment où l'on passe d'une forme à une autre. Appliqué au cas de l'histoire de la langue, il s'agit par exemple de se demander à partir de quand le latin devient français, c'est-à-dire à partir de quand la *Gestalt* « latin » est moins descriptive que la *Gestalt* « français »[179]. Le schème linguistique qu'adopte maintenant Merleau-Ponty le conduit à s'intéresser à ce même phénomène, non pas du point de vue extérieur (qui cherche à ressaisir rétrospectivement le sens d'une évolution), mais du point de vue des agents linguistiques eux-mêmes en tant que c'est leur pratique qui a produit la transformation de la langue. La question est alors de savoir par quels processus la langue latine a pu se transformer en langue française. Il s'agit alors non plus de décrire les formes successives de prend un phénomène, mais de ressaisir la manière dont le processus s'est effectué.

Si l'on passe maintenant au niveau de l'analyse historique plus générale, la perspective gestaltiste peut nous dire *quand* on passe d'une forme sociale à une autre, mais ne permet pas de saisir *comment* s'est faite cette transformation. Ainsi, pour reprendre l'exemple de l'analyse de l'URSS, elle peut nous indiquer *à partir de quand* l'ensemble des faits connus à propos de l'URSS, nous incite à renoncer à les comprendre à partir des formes « socialisme d'État », « État ouvrier dégénéré » ou « phase transitoire vers le communisme », et à leur préférer la forme « nouvelle société d'exploitation non socialiste », mais elle n'explique pas pour autant *com-*

---

[177] SPL, *Signes*, p. 141.

[178] Une telle conception rappelle à certains égards celle de la totalité structurée d'Althusser, dont on ne peut faire de « coupe d'essence » (*cf.* L. Althusser, « L'objet du *Capital* », dans *Lire le Capital*, Paris, PUF, 2008 [1ʳᵉ éd. 1965], IV « Les défauts de l'économie classique. Esquisse du concept de temps historique », p. 272–309). Merleau-Ponty a certainement exercé une influence importante sur Althusser – influence que ce dernier cherche à effacer après 1955 et la publication des *Aventures de la dialectique*. Althusser a notamment assisté au cours de Merleau-Ponty à l'ENS de 1948–1949 sur « Métaphysique du langage », qui débute par une présentation de la linguistique saussurienne. Ses notes de cours sont déposées à l'IMEC (Fonds Althusser, ALT2. A56-05, 14ff.).

[179] CAL, *Sorb*, p. 79.

ment et par quels processus la Révolution russe de 1917 s'est transformée en dictature stalinienne. Le passage du paradigme gestaltiste au paradigme linguistique permet donc de passer du point de vue extérieur (qui contemple le changement historique) au point de vue de celui qui fait l'histoire. Comprendre la logique historique consiste alors à saisir ce processus en train de se faire.

3.2 Dynamique linguistique et historique.

« Les hommes font leur histoire comme ils font leur langue »
(Merleau-Ponty, « La conscience et l'acquisition du langage », p. 86).

L'enjeu de l'approche de l'histoire par le langage est pour Merleau-Ponty de dépasser le constat que le mouvement de l'histoire est un mélange de contingence et de rationalité, pour tenter de saisir le mouvement lui-même comme processus qui n'est ni guidé par un principe transcendant (esprit ou mouvement objectif des choses, etc.), ni le produit de l'intention des agents. Le véritable gain heuristique du schème linguistique tient donc à ce qu'il permet de comprendre la dynamique de développement de la totalité, la manière dont on peut passer d'un état du système au suivant, et donc une articulation précise entre synchronie et diachronie.

Au point de départ de son analyse du processus d'évolution d'une langue se trouve ce que nous avons déjà rencontré au niveau de l'approche synchronique du rapport du locuteur à sa langue, à savoir la « volonté *d'être compris et de comprendre* »[180]. Ce mouvement est à la fois ce qui incite le sujet parlant à reprendre les normes linguistiques (et ainsi à s'inscrire dans une « communauté parlante »[181]), mais également le moteur du développement de la langue. Il arrive en effet que la simple répétition de formules ou de mots produise à la longue une certaine usure : ils perdent leur force expressive et ne sont alors plus en mesure de réaliser pleinement la volonté de communication[182]. L'état présent de la langue suscite alors chez le locuteur le besoin de trouver un moyen de dépasser cette incapacité de réaliser pleinement sa volonté d'expression : celui-ci est ainsi poussé à trouver un expédient à travers une « création linguistique »[183]. Cette dernière n'est toutefois pas une pure invention *ex nihilo* : il s'agit plutôt, selon Merleau-Ponty, d'une certaine capacité du locuteur à puiser dans l'ensemble des éléments disponibles de la langue des formes inusitées, plus rares, ou latentes, qu'il remet au premier plan parce qu'elles semblent à même de porter son « besoin d'expressivité »[184]. Cette trouvaille expressive cesse

---

[180] CAL, *Sorb*, p. 82. « La volonté de parler est une même chose avec la volonté d'être compris » (*EP*, p. 56).

[181] CAL, *Sorb*, p. 82.

[182] Merleau-Ponty cite les exemples « d'épatant » ou de « formidable ».

[183] CAL, *Sorb*, p. 76.

[184] « L'usure, la décadence d'un système expressif a laissé derrière lui des débris qui ont été ressaisis, remaniés, réemployés, comme par une nouvelle onde d'expressions » (CAL, *Sorb*, p. 77) ; « C'est souvent l'usure d'une forme qui suggère aux sujets parlants d'employer selon un principe

ensuite d'être simple idiosyncrasie ou idiolecte lorsqu'elle est intégrée comme élément nouveau du système des significations disponibles pour l'ensemble des sujets de la communauté linguistique. Il est ainsi possible de parler d'un processus de rationalisation *a posteriori* de la création linguistique : la communauté linguistique sélectionne l'invention qui convient le mieux à ses besoins expressifs et lui trouve alors une place dans la structure synchronique[185]. Mais lorsque la création linguistique entre en usage, c'est-à-dire lorsqu'elle permet de communiquer et fait pleinement partie de la structure de la langue, elle ne laisse pas cette structure en l'état, mais la modifie. Merleau-Ponty peut donc dire que si « le hasard est à la base de toutes les restructurations de la langue »[186], une fois que le hasard a été repris par la communauté linguistique, il reçoit sa rationalité. Comme le résume Merleau-Ponty dans la *Prose du monde* :

> Ce qui soutient l'invention d'un nouveau système d'expression, c'est donc la poussée des sujets parlants qui veulent se comprendre et qui reprennent comme une nouvelle manière de parler les débris usés d'un autre mode d'expression. La langue est toute hasard et toute raison parce qu'il n'est pas de système expressif qui suive un plan et qui n'ait son origine dans quelque donnée accidentelle, mais aussi pas d'accident qui devienne instrument linguistique sans que le langage ait insufflé en lui la valeur d'une nouvelle manière de parler, en le traitant comme exemple d'une « règle » future qui s'appliquera à tout un secteur de signes[187].

La rationalité de l'évolution de la langue est donc bien une rationalité immanente qui émerge de l'activité même des locuteurs.

Merleau-Ponty montre alors que c'est le même type de processus qui a lieu au niveau de l'histoire en général. Le moteur du développement est ici non pas la volonté de communication, mais la volonté de coexistence et de reconnaissance[188], que nous avons déjà vu à l'œuvre au niveau sociologique. Ensuite, de même qu'il y a une usure des mots, il y aurait une usure des institutions en tant qu'elles ne parviennent plus à répondre de manière adéquate à l'aspiration de coexistence et de reconnaissance des individus. Dans sa Leçon inaugurale, Merleau-Ponty précise les termes de l'analogie entre l'évolution de la langue et l'histoire marxiste :

---

nouveau les moyens de discrimination qui subsistent à la date considérée dans la langue » (*EP*, p. 56).

[185] « L'exigence permanente de communication fait inventer et fait accepter un nouvel emploi qui n'est pas délibéré, et qui cependant est systématique. Le fait contingent, repris par la volonté d'expression, devient un nouveau moyen d'expression qui prend sa place et a un sens dans l'histoire de cette langue » (*EP*, p. 56).

[186] CAL, *Sorb*, p. 85.

[187] *PM*, p. 50.

[188] « De même que le moteur de la langue est la volonté de communiquer ("nous sommes jetés dans la langue", situés dans le langage et par lui engagés dans un processus d'explication rationnelle avec autrui), de même ce qui meut tout le développement historique, c'est la *situation commune* des hommes, leur volonté de coexister et de se reconnaître » (CAL, *Sorb*, p. 86). Dans *EP*, il dit que les modifications diachroniques « sont polarisées par le fait que, comme participants d'un système symbolique, nous existons les uns aux yeux des autres, les uns avec les autres, de même que les changements de la langue le sont [polarisés] par notre volonté de parler et d'être compris » (*EP*, p. 57).

3 *Praxis* et histoire : vers une théorie « saussurienne » de l'histoire ?   267

> Aux rapports réciproques de la volonté expressive et des moyens d'expression correspondent, ceux des forces productives et des formes de production, plus généralement des forces historiques et des institutions[189].

Ainsi, de la même manière qu'il y a, au niveau du langage, un rapport dialectique entre volonté de communication et un état de langue, il y a, au niveau historique plus général, un rapport dialectique entre les « forces de productives » ou les « forces historiques » (qui aspirent à créer des rapports de plus en plus universels) et les « formes de production » (c'est-à-dire les « rapports de production » et le « mode de production » dont parle le marxisme) et les institutions. Ces dernières tombent en crise ou décadence lorsqu'elles ne parviennent plus à répondre aux besoins des premières et deviennent un frein ou une entrave à leur développement[190]. La situation sociale suscite alors le besoin de trouver de nouvelles institutions qui puissent répondre à l'exigence de coexistence. Celles-ci toutefois, comme dans le cas de la création linguistique, ne sont pas des institutions absolument inédites créées *ex nihilo*, mais bien souvent la réutilisation (avec une toute autre signification) d'une ancienne institution tombée en désuétude ou encore le fait de détourner entièrement le sens d'une institution existante[191]. Ici encore les agents historiques font avec ce qui est disponible, de sorte qu'il y a une part indéniable de contingence (l'utilisation de telle institution plutôt que de telle autre) ; mais il y a également une rationalisation *a posteriori* de l'invention historique en tant qu'elle est reprise par d'autres individus au même moment et ainsi intégrée dans un nouveau système social (qui fait alors dépérir les anciennes institutions). Comme le dit Merleau-Ponty dans son cours de 1949–50 :

> Si certains régimes disparaissent, c'est qu'ils sont incapables de résoudre les problèmes du temps, la poussée intersubjective du moment. Ce qu'on appelle logique de l'histoire est un processus d'élimination par lequel seuls subsistent les systèmes capables de faire face à la situation[192].

C'est ce processus de sélection historique, qui selon Merleau-Ponty fait « l'originalité de la conception marxiste de l'histoire » (et que Trotski a eu le mérite de reformuler en termes de « sélection historique » sur le modèle de la sélection naturelle

---

[189] *EP*, p. 56.

[190] Merleau-Ponty fait ici référence à la « Préface de 1859 » : « À un certain stade de leur développement, les forces productives matérielles de la société entrent en contradiction avec les rapports de production présents […]. De formes de développement des forces productives qu'ils étaient, ces rapports se changent en chaînes pour ces dernières » (K. Marx, *Contrib.*, « Avant-propos », p. 63). Dans son projet de recherche de 1951, Merleau-Ponty affirme (en utilisant un autre vocabulaire) que les institutions « ont cessé de vivre quand elles se montrent incapables de porter une poésie des rapports humains, c'est-à-dire l'appel de chaque liberté à toutes les autres » (Inéd, *P1*, p. 45).

[191] Merleau-Ponty cite l'exemple du Parlement : « Ex : le Parlement qui était à l'origine une cour de justice, acquit progressivement, à partir du droit d'enregistrement des édits royaux, le droit de remontrance, et au point de devenir au XVIIIe siècle un organe d'opposition politique » (CAL, *Sorb*, p. 81–82). Il aurait également pu citer l'exemple des États généraux devenus Assemblée nationale, ou encore celui de la réutilisation en 1871 de l'idée de « Commune de Paris » par les insurgés parisiens.

[192] CAL, *Sorb*, p. 86.

darwinienne[193]), qu'il est désormais capable de comprendre dans son dynamisme propre grâce aux apports de l'expérience linguistique. Car comme l'affirme Merleau-Ponty, « les hommes font leur histoire comme ils font leur langue »[194].

3.3 Le fondement de l'histoire : **praxis** et institution.

Si Merleau-Ponty rejette l'idée d'une dialectique matérielle de l'histoire qui se passerait entièrement de la *praxis* humaine (ce qui est une tentation du marxisme), il cherche également à éviter le mouvement qui consiste à reconduire l'histoire à un phénomène de conscience (ce qui est la tentation de la phénoménologie). L'histoire ne trouve en effet son fondement ni dans le mouvement objectif des choses, ni dans la conscience historique : il y a un régime d'historicité propre à l'histoire elle-même. Cette historicité fondamentale réside bien dans la *praxis* historique, mais celle-ci se déroule à un niveau qui échappe en grande partie à la conscience explicite, de sorte que si les hommes font l'histoire, ils ne savent pas l'histoire qu'ils font. C'est cette *praxis* marxiste que Merleau-Ponty cherche alors à ressaisir à partir du concept husserlien d'institution (*Stiftung*) afin de préciser le statut de cette historicité fondamentale.

3.3.1 L'histoire et les représentations : le régime fondamental de l'historicité.

L'approche indirecte de l'histoire à travers l'analyse de l'histoire du langage permet à Merleau-Ponty de mettre au jour le régime fondamental de l'historicité. L'histoire est à la fois entièrement faite par les individus, et faite selon une logique et dans une direction qui leur échappe en grande partie. C'est ce régime d'historicité qu'aurait eu en vue Marx. Le passage du féodalisme au capitalisme est en effet bien le résultat de l'action des individus sans jamais avoir été une de leurs intentions explicites : il est simplement l'effet composé des inventions successives d'individus agissant dans une certaine situation sociale et historique. Ainsi, en deçà de l'histoire politique explicite, il existe une histoire sourde qui se fait par petits changements imperceptibles aux agents (et qui fait qu'il est presque impossible de décider quand

---

[193] CAL, *Sorb*, p. 86 : « Le principe d'ordre et de rationalité historique n'élimine pas les hasards, il les tourne ou les utilise, il convertit comme dirait à peu près Saussure le fortuit en systèmes ; il sollicite et investit l'événement pur sans l'éliminer. Peut-être est-ce une idée de ce genre qui fait l'originalité de la conception *marxiste* de l'histoire (par opposition à la conception hégélienne). Du moins Trotski le comprenait-il ainsi quand il disait que la logique de l'histoire peut être considérée par métaphore, comme une sorte de "sélection naturelle" (ce qui n'est bien entendu qu'une métaphore, les forces qui jouent ici sont celles de la productivité humaine et non de la nature : il s'agit d'une "sélection historique") » Sur l'usage du paradigme darwinien pour penser l'histoire, voir *supra*, Partie I, chap. 3.

[194] CAL, *Sorb*, p. 86.

commence telle époque historique), jusqu'à ce qu'il devienne possible de voir rétrospectivement que nous sommes entrés dans une nouvelle période historique ou un nouveau régime de propriété. Contre une conception volontariste de l'histoire, Merleau-Ponty rejoint le marxisme, qui affirme la nécessité de s'intéresser non pas aux représentations explicites des agents historiques (l'histoire qu'ils croient être en train de faire – ce que Marx appelle « l'illusion politique »[195]), mais à leur action effective, c'est-à-dire l'histoire qu'ils font effectivement sans la connaître.

Or les événements politiques, comme les représentations des agents, masquent cette histoire effective qui se réalise sans fracas et dont on ne prend conscience que rétrospectivement. C'est pour neutraliser ce risque d'erreur que Merleau-Ponty a recours à l'histoire de la langue et l'histoire de l'art, qui fonctionnent alors comme réduction. Il est en effet évident que c'est bien l'évolution des pratiques langagières concrètes qui transforme le latin en français, mais aucun des locuteurs singuliers n'ont eu l'impression de réaliser cette histoire. Les transformations les plus profondes ne proviennent pas de décisions explicites faisant suite à la prise de conscience d'un défaut d'expression de la langue, mais de la convergence des *praxis* des individus qui donnent peu à peu sens à de nouvelles institutions linguistiques alors même qu'ils ne ressentent peut-être pas consciemment le besoin de renouveler la langue. En effet, même la « communication réussie n'empêche pas que, de génération en génération et par gradation insensible, des différences quantitatives se transforment en différences qualitatives »[196].

C'est cette approche de l'historicité que Merleau-Ponty mobilise en 1950, lorsqu'il tente de comprendre l'évolution du régime soviétique depuis 1917, et donc la transformation de la Révolution russe en nouveau régime d'exploitation.

> Il paraît probable que l'évolution qui conduit d'Octobre 1917 aux dix millions d'esclaves, et qui, peu à peu, sous la permanence des formes ou des mots, change le sens du système, s'est faite de proche en proche, sans vue délibérée, de crise en crise, d'expédient en expédient, et que, dans sa signification sociale, elle échappe à ses propres artisans. Dans l'alternative, à chaque fois impérieuse, de l'aggraver ou de disparaître politiquement, ils continuent, sans comprendre que l'entreprise change sous leurs mains[197].

L'analyse linguistique (comme reprise et invention dans une certaine situation alors même qu'on croit ne rien changer) permet de comprendre comment les individus ont peu à peu *fait* le stalinisme sans l'avoir voulu ou prévu. Ce n'est donc qu'après coup et rétrospectivement qu'il semble possible de dire qu'ils ont fait le stalinisme.

---

[195] K. Marx et F. Engels, *IA*, chap. 1, Fragment I/5-3, p. 105.
[196] CAL, *Sorb*, p. 79.
[197] JNV [URSS], *Signes*, p. 430.

3.3.2 *Praxis* et institution.

Mais le risque est alors de faire de l'histoire un phénomène purement rétrospectif et de faire de la conscience historique le fondement véritable de l'histoire. Ainsi, pour Sartre, Aron ou Heidegger, mais également une grande partie de la phénoménologie, c'est parce que l'être humain se rapporte de manière historique à son passé qu'il y a de l'histoire[198]. Or pour Merleau-Ponty, c'est au contraire parce qu'il y a déjà de l'historicité dans les phénomènes en question que la conscience historique peut les saisir comme histoire. L'histoire consciente n'est qu'un phénomène secondaire et ne constitue en aucun cas l'historicité fondamentale. Il est donc nécessaire de revenir de l'histoire perçue à l'histoire en train de se faire, et de comprendre ce qui constitue l'historicité fondamentale de la *praxis* humaine. Pour dégager cette historicité fondamentale de la *praxis*, Merleau-Ponty l'approche à travers la parole (comme *praxis* langagière) et la création artistique (picturale ou littéraire), qu'il retravaille grâce au concept husserlien de *Stiftung*[199].

À un premier niveau, Merleau-Ponty cherche à mettre en lumière le fait que la *praxis* langagière (ou parole) est toujours en *excès* par rapport à ses propres « prémisses »[200], que ces dernières soient objectives (la structure de la langue)[201] ou subjectives (ce qu'il appelle « l'intention significative »[202]) :

> La parole, en tant que distincte de la langue, est ce moment où l'intention significative encore muette et tout en acte s'avère capable de s'incorporer à la culture, la mienne et celle d'autrui, de me former et de le former en transformant le sens des instruments culturels[203].

Ainsi, le moment de la *praxis* langagière est à la fois le moment de l'inscription toute entière dans la structure de la langue et le moment du dépassement et de la transformation de cette structure. C'est donc parce que toute langue vivante se réalise toujours dans une parole que la langue ne cesse d'être modifiée par la *praxis* langagière. Le fondement de l'historicité de la langue se trouve donc dans la *praxis* comme assomption et transformation de la structure.

Merleau-Ponty analyse ensuite ce même phénomène dans « Le langage indirect et les voix du silence », à partir de la création artistique, mieux à même selon lui de mettre en valeur le moment proprement créateur de l'opération d'expression[204]. Ces analyses donnent à Merleau-Ponty l'occasion de thématiser la notion d' « institu-

---

[198] *Cf. infra*, Partie I, chap. 1.

[199] Le concept de *Stiftung* joue un rôle important dans la phénoménologie génétique de Husserl. Il apparaît notamment dans les *Méditations cartésiennes* (*cf.* E. Husserl, *MC*, IV, §38 et V, §50–51), dans la *Krisis* (*cf.* notamment le §15) et dans *L'origine de la géométrie*.

[200] « Les conséquences de la parole [...] passent toujours ses prémisses » (SPL, *Signes*, p. 148).

[201] « J'exprime lorsque, utilisant tous ces instruments déjà parlants, je leur fais dire quelque chose qu'ils n'ont jamais dit » (SPL, *Signes*, p. 147).

[202] SPL, *Signes*, p. 145–149. « Exprimer, pour le sujet parlant, c'est prendre conscience ; il n'exprime pas seulement pour les autres, il exprime pour savoir lui-même ce qu'il vise » (SPL, *Signes*, p. 146–147).

[203] SPL, *Signes*, p. 149.

[204] LIVS, *Signes*, p. 75.

tion »²⁰⁵, qui prendra dans les années suivantes une importance considérable dans sa pensée²⁰⁶. En effet, l'acte de création artistique consiste à dépasser ses prémisses objectives (un certain état des techniques artistiques) et subjectives (l'intention créatrice), c'est-à-dire à *instituer* quelque chose de neuf (en effet, le terme d'institution comme celui de *Stiftung* doit être compris comme processus d'institution, et non seulement comme son résultat sédimenté). Ainsi, la *praxis* artistique se caractérise par ce que Merleau-Ponty appelle avec Péguy son « inscription historique »²⁰⁷, c'est-à-dire ce qu'il accomplit effectivement sans en prendre pleinement conscience (étant généralement occupé par sa rivalité avec ses contemporains ou d'autres soucis) et qui « inaugur[e] secrètement une autre histoire »²⁰⁸ que celle qu'il se représente. Ou plutôt, cette *praxis* inaugure moins cette histoire que sa *possibilité*. En effet, ce qui fait qu'une possibilité d'institution devient institution effective et transforme les structures repose sur le fait que d'autres individus reprennent ce qui a été accompli et s'inscrivent dans sa continuité. Cependant, contrairement à ce qui a lieu chez Sartre ou Heidegger, ce n'est pas la reprise qui fonde l'historicité de la *praxis*, mais l'historicité de la *praxis* (comme excès de la *praxis* sur ses prémisses) qui fonde la possibilité de sa reprise. L'institution n'est donc ni un acte pleinement conscient et volontaire ni l'effet rétroactif de sa reprise ultérieure, mais ce que réalise effectivement une *praxis* qui est toujours au-delà de ses prémisses et qui ouvre la possibilité leur transformation.

Ce sont ces analyses que Merleau-Ponty cherche à étendre à l'histoire et à la *praxis* historique : le fondement de l'historicité est donc la *praxis* comme institution. La *praxis* est en excès par rapport à ses propres prémisses objectives (la structure sociale et les circonstances historiques) et subjectives (les intentions explicites des agents), qu'elle reprend et transforme dans son acte même. Merleau-Ponty est ici au plus près de la manière dont Marx décrit le pouvoir de la *praxis* humaine dans les *Thèses sur Feuerbach* ou dans *L'idéologie allemande*²⁰⁹. Mais l'efficace de cette *praxis*, c'est-à-dire sa capacité à transformer en institutions nouvelles les prémisses objectives, repose sur le fait qu'elle est reprise par (ou du moins en convergence avec) la *praxis* d'autres individus. L'excès de cette *praxis*, comme ouverture sur la possibilité d'une reprise, peut alors être compris en un double sens. Tout d'abord, à un niveau synchronique, la *praxis* s'offre comme pouvant être reprise par les contemporains, c'est-à-dire que les *praxis* d'autres individus, en tant qu'elles convergent avec cette *praxis*, peuvent se composer ensemble et aboutir à une trans-

---

²⁰⁵ La notion était déjà présente dans « Sur la phénoménologie du langage » (SPL, *Signes*, p. 146–149), mais dans un sens plus subjectif que celui que développe Merleau-Ponty dans le texte de 1952 : il s'intéresse en effet davantage à ce qui fait qu'une nouvelle signification est disponible *pour moi* qu'à l'institution « objective » de cette signification pour les autres dans la langue.

²⁰⁶ *Cf. infra*, Partie III, chap. 7.

²⁰⁷ LIVS, *Signes*, p. 98.

²⁰⁸ LIVS, *Signes*, p. 97.

²⁰⁹ Comme l'écrit Marx dans les *TF*, ce qui fait de « l'activité humaine » une « *praxis* révolutionnaire », c'est qu'elle est à la fois « autochangement » et « changement des circonstances » (K. Marx, *TF*, Thèse 3, trad. G. Labica, p. 20).

formation historique (comme on peut le voir dans les mouvements populaires : manifestations, grèves, etc.). Cette *praxis* ne s'adresse toutefois pas à autrui tel qu'il était avant elle, mais le transforme : de même que l'écrivain et l'artiste forment leur public par leurs œuvres, l'activité politique et historique transforme les attitudes des autres et les rend susceptibles de la reprendre[210]. Mais en second lieu, à un niveau diachronique, toute *praxis* historique ne s'adresse pas seulement à ses contemporains mais aussi aux individus des autres époques, et leur ouvre la possibilité d'une réactivation de ce qui a été réalisé. Comme l'écrit Merleau-Ponty :

> Le sens de l'action ne s'épuise pas dans la situation qui en a été l'occasion, ni dans quelque vague jugement de valeur, elle demeure exemplaire et survivra dans d'autres situations, sous une autre apparence. Elle ouvre un champ, quelquefois même elle institue un monde, en tout cas elle dessine un avenir[211].

Ainsi, l'excès de l'action historique sur ses prémisses tient à la possibilité de devenir exemplaire, c'est-à-dire de pouvoir être repris par d'autres à d'autres époques et dans d'autres circonstances. C'est ce qu'on peut voir dans l'action d'un Spartacus, des révolutionnaires français de 1789 ou russes de 1917, ou encore des Résistants, dont la *praxis* peut sans cesse être reprise à d'autres époques. Si Merleau-Ponty peut donc dire que « l'histoire est juge », c'est au sens de

> L'histoire comme inscription et accumulation, par-delà les limites des pays et des temps, de ce que, compte tenu des situations, nous avons fait et dit de plus vrai et de plus valable[212].

3.4 L'unité de l'histoire humaine.

> « Il y a une histoire de l'humanité, ou plus simplement *une* humanité »
> (Merleau-Ponty, « Un inédit », p. 46).

La critique que Merleau-Ponty fait de la philosophie hégélienne de l'histoire ainsi que la suspension de la lecture marxiste de l'histoire, ne doivent pas conduire à méconnaître son souci constant d'affirmer qu'il y a un *sens* de l'histoire. Cela veut dire pour lui à la fois que le processus historique a une direction et une intelligibilité (même si cette direction n'est pas posée au départ et que cette rationalité est seulement émergente), mais aussi qu'il y a une unité de l'histoire, et partant une unité de l'humanité.

Dans ses deux textes programmatiques de 1951, Merleau-Ponty insiste sur la nécessité de « reprendre » et « défendre » l'intuition de Hegel et de Marx d'une unité de l'histoire (qu'il désigne comme histoire « globale », « intégrale »[213],

---

[210] « Le peintre ou le politique forme les autres bien plus qu'il ne les suit, le public qu'il vise n'est pas donné, c'est celui que son œuvre justement suscitera » (LIVS, *Signes*, p. 119).
[211] LIVS, *Signes*, p. 117.
[212] LIVS, *Signes*, p. 119.
[213] TiTra, *P2*, p. 32–33.

« unique » ou « totale »[214]). Cette histoire, qui est selon lui « à la fois histoire des rapports de l'homme avec la nature et des rapports de l'homme avec l'homme »[215], recouvre non seulement l'idée de l'unité de l'ensemble des dimensions de l'existence historique à un moment donné (l'unité synchronique d'une même culture) et avec les autres moments de son existence (unité diachronique d'une même culture dans le temps), mais aussi l'unité synchronique des différentes cultures qui existence simultanément dans le monde, ainsi que l'unité diachronique des différentes cultures ou civilisations passées et à venir.

Merleau-Ponty estime cependant que cette « intuition concrète » (de Hegel et de Marx) n'a pas encore en reçu son fondement philosophique adéquat. Si Hegel ne pense l'unité de l'histoire qu'à travers l'« Esprit du monde » (c'est-à-dire, en fin de compte, selon Merleau-Ponty, un principe transcendant), Marx quant à lui se proposait de dépasser l'idéalisme hégélien en proposant une conception immanente de l'unification de l'histoire. Cependant, parce que celle-ci n'a pas reçu une élaboration philosophique suffisante, le marxisme ultérieur a pu faire de l'histoire une sorte de « Puissance extérieure »[216], qui n'est qu'une reconduction honteuse de l'Esprit hégélien. C'est ce défaut de fondement qui a également a donné sa force à l'histoire sceptique, qui affirme, sous diverses formes, qu'il n'y a d'unité ni synchronique ni diachronique : chaque culture (ou groupe social dans une culture) a sa propre conception du monde et de l'histoire. La tâche philosophique que se donne Merleau-Ponty est donc

> De reprendre cette intuition concrète de l'histoire intégrale et de la défendre contre les déformations qui tendent toujours à l'attirer vers une philosophie de l'objet et une conception de l'histoire en soi, ou au contraire à la reconduire vers une philosophie du sujet qui fait de l'histoire un non-sens[217].

Il s'agit par conséquent de « préciser le sens philosophique » de l'idée d'une unité de l'histoire et de l'humanité.

Ce fondement philosophique, qui est seulement esquissé dans les textes programmatiques de 1951, reçoit certainement son développement le plus substantiel dans « Le langage indirect et les voix du silence ». Il nous semble en effet possible de lire l'ensemble de ce texte, et en particulier sa seconde partie, comme une tentative d'élaboration d'un concept adéquat d'histoire : l'histoire de l'art n'est qu'un lieu privilégié pour étudier ce qui constitue l'essence de toute historicité. Dans un premier long développement[218] Merleau-Ponty s'efforce de montrer, contre l'histoire « sceptique », que l'unité de l'histoire ne provient pas d'une conscience historique qui recompose rétrospectivement l'histoire à partir de sa perspective, comme le pensent Aron ou Malraux (le Musée, puis le Musée imaginaire, créent une unité qui n'existait pas auparavant entre différentes productions de l'humanité et sont

---

[214] Inéd, *P2*, p. 46–47.
[215] TiTra, *P2*, p. 32–33.
[216] LIVS, *Signes*, p. 113.
[217] TiTra, *P2*, p. 33.
[218] LIVS, *Signes*, p. 95–102.

donc le véritable fondement de l'histoire de l'art ; de même la Bibliothèque créerait l'unité d'une histoire de la littérature). En fait, si le Musée et la conscience historique sont en mesure de dégager une unité, c'est qu'elle doit déjà exister d'une certaine manière dans l'histoire elle-même : loin de projeter l'unité, ils la retrouvent. Comme l'écrit Merleau-Ponty : « La rêverie par laquelle chaque temps, comme disait Aron, se cherche des ancêtres n'est cependant possible que parce que tous les temps appartiennent à un même univers »[219]. Cette histoire, qu'il désigne comme « histoire cumulative » par opposition à « l'histoire cruelle »[220], trouve son unité dans la « tâche unique » ou « problème unique » qui l'anime. Comme l'explique Merleau-Ponty à propos de la peinture :

> L'unité de la peinture, elle n'est pas seulement au Musée, elle est dans cette tâche unique qui se propose à tous les peintres, qui fait qu'un jour au Musée ils *seront* comparables, et que ces feux se répondent l'un à l'autre dans la nuit[221].

Or toute la difficulté consiste alors à déterminer ce qui fait cette unité propre de l'histoire.

Le second long développement consacré à l'histoire[222], et qui constitue le point culminant de la seconde partie[223], s'efforce quant à lui à montrer que cette unité est immanente à l'histoire elle-même et qu'il n'y a pas de besoin de postuler l'existence de ces « monstres hégéliens » que sont l'Esprit du monde ou la Raison – principes transcendants qui unifient encore une fois l'histoire de l'extérieur. À cela, Merleau-Ponty répond que « l'esprit du monde, c'est nous »[224], de la même manière que Marx pouvait écrire dans *La sainte famille* que « *l'histoire* ne fait *rien* [...] C'est au contraire *l'homme*, l'homme réel et vivant qui fait tout cela »[225]. C'est en effet dans la *praxis*, ou activité humaine, que l'on peut trouver le principe immanent de l'unité de l'histoire. Néanmoins celle-ci ne doit pas être comprise comme simple effet physique dans l'extériorité, mais comme acte qui s'offre à l'humanité à venir comme susceptible d'être repris. Il y a donc un « excès de l'œuvre sur les intentions délibérées »[226], qui vient rendre possible sa reprise comme répétition et réactivation par n'importe quel humain. Or cette possibilité de reprise et communicabilité de droit entre toutes les époques, vient du fait qu'il y a selon Merleau-Ponty une « profonde affinité des situations »[227], et que donc tout problème humain est en droit compréhensible par tout humain, parce qu'il partage un certain niveau de généralité (dont

---

[219] LIVS, *Signes*, p. 96.
[220] LIVS, *Signes*, p. 97. L'histoire cruelle est une historicité « ironique ou même dérisoire, et faite de contresens, parce que chaque temps lutte contre les autres comme contre des étrangers en leur imposant ses soucis, ses perspectives. Elle est oubli plutôt que mémoire, elle est morcellement, ignorance, extériorité » (*ibid.*).
[221] LIVS, *Signes*, p. 97.
[222] LIVS, *Signes*, p. 104–122.
[223] La séquence s'ouvre en effet par « Allons au bout du problème » (LIVS, *Signes*, p. 104).
[224] LIVS, *Signes*, p. 106.
[225] K. Marx et F. Engels, *SF*, chap. 6, p. 116.
[226] LIVS, *Signes*, p. 110.
[227] TiTra, *P2*, p. 34.

la source profonde se situe dans le corps propre humain[228] et dans ce que Lévi-Strauss appelle « le fond commun et indifférencié de structures mentales et de schèmes de sociabilité » avec lequel naît tout enfant et qui fait de ce dernier un « social polymorphe »[229]). Comme il l'écrit en 1951 :

> S'il y a une seule tentative où s'enchaînent tous les temps, tous les modes de pensée et tous les modes de vie […], c'est parce qu'il n'y a qu'une seule humanité[230].

Ainsi, tout acte humain en tant qu'expression d'une situation humaine (c'est-à-dire transposition dans le domaine culturel de ce qui se vit immédiatement) est communicable à d'autres et transposable dans d'autres situations. C'est donc la « tentative continuée de l'expression [qui] fonde une seule histoire »[231] :

> L'histoire de la peinture qui court d'une œuvre à une autre repose sur elle-même et n'est portée que par la cariatide de nos efforts qui convergent du seul fait qu'ils sont efforts d'expression[232].

Il en résulte donc que ce qui fonde *l'unité* de l'histoire humaine est la possibilité en droit pour toute action humaine, en tant qu'elle est humaine, d'être reprise à l'avenir par d'autres êtres humains, et que ce qui donne son *sens* à l'histoire est la *manière* dont ces actions sont reprises et transformées par des êtres humains affrontant un même problème au fil du temps. Ce sens n'est pas défini à l'avance, mais il se constitue à mesure que les hommes agissent et donnent ainsi progressivement du sens à l'histoire qu'ils font (sans pour autant que ce sens soit explicitement choisi par eux).

*
* *

Alors que les années qui suivent immédiatement la fin de la guerre nous ont semblé prolonger les élaborations théoriques de ses deux travaux de thèse, le début de la Guerre froide vers 1947–48 constitue un obstacle au développement du projet théorique de Merleau-Ponty que nous avons désigné sous la formule de scénario marxiste. La nouvelle situation politique et historique met en effet en échec la volonté qu'il a de dépasser l'opposition entre théorie et pratique, philosophie et politique, science et histoire, pour participer au mouvement même de transforma-

---

[228] « Nous avons dans l'exercice de notre corps et de nos sens, en tant qu'ils nous insèrent dans le monde, de quoi comprendre notre gesticulation culturelle en tant qu'elle nous insère dans l'histoire » (LIVS, *Signes*, p. 113).

[229] Cl. Lévi-Strauss, *Les Structures élémentaires de la parenté*, Mouton & Co et Maison des sciences de l'Homme, 1967, chap. VII « L'illusion archaïque », p. 99 et p. 110.

[230] TiTra, *P2*, p. 34.

[231] LIVS, *Signes*, p. 113.

[232] LIVS, *Signes*, p. 112. Dans la *Prose du monde*, Merleau-Ponty écrit « les difficultés que l'on trouve à donner une formule rationnelle de chaque langue […] montrent qu'en un sens, dans cette immense histoire où rien ne finit ou ne commence soudain […], dans ce mouvement perpétuel des langues où passé, présent et avenir sont mêlés, aucune coupure rigoureuse n'est possible, et qu'enfin, il n'y a, à la rigueur, qu'une seule langue en devenir » (*PM*, p. 55–56).

tion de l'existence humaine en une histoire rationnelle où l'être humain serait réconcilié avec lui-même et reconnu par tous. Ainsi, entre 1948–50, nous avons vu Merleau-Ponty tenter de maintenir l'espoir de l'après-guerre sous une forme modifiée, avant qu'il ne semble tout à fait abandonner l'idée de la possibilité d'une rencontre entre philosophie et politique, et affirme la nécessité du retrait hors de la politique. Une telle attitude correspond peut-être à ce qu'il désignera plus tard dans la Préface de *Signes* comme un « divorce manqué » entre philosophie et politique[233].

Cette nouvelle situation ne conduit pourtant Merleau-Ponty à renoncer ni au marxisme, ni à la tentative de l'articuler à la phénoménologie. C'est ce que nous avons essayé de montrer à travers les nouvelles voies qu'il explore pour comprendre le social et l'histoire. En effet, alors que dans la période précédente, il avait tenté d'articuler phénoménologie et marxisme à partir d'un paradigme gestaltiste de la perception, à partir de la fin des années quarante, nous l'avons vu tenter d'articuler les deux traditions de pensée au moyen d'un paradigme linguistique. Cette nouvelle approche a été élaborée à partir d'une phénoménologie du sujet parlant, permettant de mettre au jour le sens authentique des catégories linguistiques. Ainsi Merleau-Ponty peut-il reformuler la *praxis* marxiste à partir de ses analyses de la *praxis* langagière et montrer que son sens véritable est celui d'une institution (*Stiftung*), c'est-à-dire un acte en excès sur ses propres prémisses, qu'il reprend et transforme en inaugurant une histoire. Ses conceptions du social et de l'histoire subissent de ce fait une modification importante, en tant qu'ils sont désormais compris sur le modèle de la langue comme totalité synchronique et diachronique – modèle qui permet à Merleau-Ponty de mieux saisir le statut ontologique des phénomènes sociaux et historiques ainsi que leur dynamique effective. Merleau-Ponty parvient de cette manière à proposer un cadre théorique à même de faire droit aux phénomènes de structure (structures linguistiques, symboliques, etc.) sans pour autant les ériger en processus anonymes et purement objectifs : Merleau-Ponty insiste en effet sur le rôle essentiel de la *praxis* en tant que celle-ci est certes conditionné par les structures, mais surtout ce qui transforme ces dernières. Ainsi s'agit-il pour lui d'articuler structure et genèse dans la synthèse qu'il recherche alors entre phénoménologie et marxisme.

Mais durant ces quelques années Merleau-Ponty est également en train de modifier considérablement son approche de l'architectonique entre les domaines philosophiques, scientifiques et politiques. Alors que le « scénario marxiste » envisageait de dépasser la séparation entre les domaines pour les réaliser dans un même langage commun, à partir de la fin des années quarante Merleau-Ponty est conduit à envisager des rapports plus complexes en ces domaines. S'il s'agit bien de faire communiquer ces différents domaines, ces derniers ne pourront jamais abolir leurs différences dans une synthèse théorique homogène. Leurs rapports devront plutôt être envisagés comme un enveloppement ou un empiétement réciproque. Ces questions ne seront reprises explicitement que dans la période suivante, à partir de 1953 et son départ définitif des *Temps Modernes* – moment à partir duquel Merleau-Ponty

---

[233] *Signes*, Préface, p. 19.

éprouve la nécessité de revenir sur son scénario marxiste pour tenter d'en faire une critique et de montrer ainsi les ambivalences et ambiguïtés d'un tel investissement théorique et pratique.

Chapitre 6
Sartre et la crise de l'existentialisme

Vers une synthèse entre marxisme et existentialisme (1948–1954)

> « *S'il ne suffit pas d'avoir lu Marx pour être révolutionnaire, on le rejoint tôt ou tard quand on milite pour la révolution* »
> (Sartre, « Merleau-Ponty vivant », p. 218)

> « *Je fus amené à penser systématiquement contre moi-même au point de mesurer l'évidence d'une idée au déplaisir qu'elle me causait* »
> (Sartre, « Les mots », p. 137-138)

Les années 1948–54 sont pour Sartre une période de crise. L'élan qui le porte depuis le début des années trente jusqu'à *L'Être et le Néant* puis à l'explosion existentialiste de 1945 semble alors s'essouffler. Cette crise est d'abord politique. La Guerre froide met en échec non seulement la conception de l'engagement de l'intellectuel proposée à la fondation des *Temps Modernes*, mais plus largement toute tentative de dépasser l'affrontement des deux camps antagonistes. Si la participation enthousiaste de Sartre à la fondation du Rassemblement démocratique révolutionnaire (RDR) et la promotion de l'expérience titiste en Yougoslavie lui font entrevoir un temps la possibilité de constituer une « troisième voie », il est contraint avec Merleau-Ponty de reconnaître peu à peu, vers 1950, ce que Beauvoir appelle la « force des choses »[1], qui met en échec ses espoirs et lui révèle le caractère intenable de leur position dans le contexte politique et intellectuel de la Guerre froide[2].

Mais la crise est également philosophique. En quelques années, Sartre abandonne l'ensemble des projets théoriques ambitieux qu'il avait entrepris à la Libération : en particulier celui de prolonger *L'Être et le Néant* vers une morale concrète et historique (dans un ouvrage annoncé sous le titre *L'homme*[3]) et celui

---

[1] Il s'agit du titre que Beauvoir donne à ses mémoires retraçant la période entre 1944 et 1962.
[2] *Cf.* MPV, SIV, p. 229–235. A. Cohen-Solal a mis en lumière la situation de crise dans laquelle se trouve alors Sartre dans son chapitre sur la période 1949–52, intitulé « Dans l'impasse bis » (A. Cohen-Solal, *Sartre. 1905–1980*, Paris, Gallimard, 1999, p. 529–554). « Après l'échec du RDR, baisse de cadence, baisse de régime, les moteurs tournent, mais c'est au ralenti » (p. 529).
[3] Certains des cahiers de travail en vue de cet ouvrage ont été publiés sous le titre *Cahiers pour une*

d'achever le cycle romanesque des *Chemins de la liberté*. Toutefois, à l'inverse de Merleau-Ponty, qui réagit à la situation de crise par une forte diminution du nombre de ses publications, Sartre y répond par leur multiplication. Ces textes constituent pour lui autant d'*essais* (au sens premier du terme), de mises à l'épreuve continuelles d'idées nouvelles, dont chacune est comme une clé différente qu'il *essaie* dans l'espoir qu'elle puisse le libérer de la « souricière » dans laquelle il se trouve. C'est ce qui explique d'une part la grande diversité de ses positions théoriques (positions qui évoluent très vite, qui sont adoptées puis abandonnées, parfois reprises bien plus tard, et qui ne sont pas toujours cohérentes entre elles), et d'autre part l'âpreté de ses interventions polémiques – dans lesquelles on n'a pas toujours vu qu'il s'agit pour Sartre de s'en prendre avec une certaine violence à des positions qu'il vient tout juste d'abandonner, ou qu'il sent qu'il pourrait occuper[4].

Cette situation de crise théorique provient de ce que Sartre découvre, durant ces années, les limites et certains impensés de la synthèse existentialiste qu'il proposait au moment de la Libération. Cette prise de conscience le conduit à repenser en profondeur le rapport entre existentialisme et marxisme. Trois textes, qui entretiennent chacun un rapport fondamental avec le marxisme, jouent alors un rôle décisif : *Humanisme et terreur* de Merleau-Ponty, *Le Deuxième Sexe* de Beauvoir, et *Les structures élémentaires de la parenté* (ainsi que « L'Introduction à l'œuvre de Marcel Mauss »[5]) de Lévi-Strauss. Ces trois ensembles théoriques, émanant de ce qu'on pourrait appeler la « génération de 1908 »[6], constituent autant d'événements théoriques qui viennent mettre en crise la pensée de Sartre, en ceci qu'ils présentent un certain nombre d'idées que Sartre reconnaît à la fois comme vraies et comme pourtant inassimilables par sa philosophie de l'existence. On peut ainsi caractériser les années 1948–54 comme la tentative, pour Sartre, de répondre aux défis théoriques

---

morale.

[4] C'est à travers une telle perspective qu'il faudrait relire ses affrontements avec D. Rousset, A. Camus, Cl. Lefort, Merleau-Ponty, etc., qui rythment ces années. Ainsi dans sa « Réponse à Albert Camus » Sartre écrit-il, après avoir montré comment l'histoire de l'après-guerre rend caduque la position intellectuelle qu'incarnait en 1945 Camus (et dont il participait lui-même) : « Que vous restait-il à faire ? À vous modifier en partie pour garder certaines de vos fidélités tout en satisfaisant aux exigences de ces masses opprimées. [...] Il fallait changer si vous vouliez rester vous-même et vous avez eu peur de changer. Si vous me trouvez cruel, n'ayez crainte : je parlerai de moi bientôt et sur le même ton. [...] Car vous êtes parfaitement insupportable mais vous êtes tout de même mon "prochain" par la force des choses » (« Réponse à Albert Camus », *SIV*, p. 120–122).

[5] Il s'agit de l'Introduction de Lévi-Strauss à l'anthologie de textes de M. Mauss *Sociologie et anthropologie* (Paris, PUF, 1993 [1re éd. 1950]).

[6] Merleau-Ponty, Beauvoir et Lévi-Strauss, tous les trois nés en 1908, se connaissent depuis la fin des années vingt (ils se retrouvent même tous les trois ensemble pour la première fois lors de leur stage d'agrégation en janvier 1929), et sont chacun très attentifs aux travaux des autres. Beauvoir, à bien des égards plus proche théoriquement de Merleau-Ponty que de Sartre, rédige le compte-rendu de la *Phénoménologie de la perception* dans *LTM*, ainsi que celui des *Structures élémentaires de la parenté*, qu'elle a pu lire avant sa publication au moment où elle écrivait *Le Deuxième Sexe*. Merleau-Ponty et Lévi-Strauss se fréquentent en particulier à partir de 1948, et Lévi-Strauss publie plusieurs articles dans *LTM* dans les années quarante et cinquante.

lancés par ces trois auteurs en renouvelant sa conception du rapport entre marxisme et existentialisme.

Loin d'éviter ce qui oppose une résistance à sa pensée, Sartre semble au contraire chercher en permanence cette résistance comme un moyen de penser contre lui-même[7]. À cet effet, il déploie une stratégie d'écriture qui lui est propre. En effet, si Sartre ne discute pour ainsi dire jamais les idées des autres, c'est que sa modalité d'appropriation théorique n'est pas le dialogue externe (qu'il estime très superficiel), mais l'*aliénation* de soi dans la pensée étrangère : Sartre *réécrit* sans cesse la pensée de l'autre jusqu'à ce qu'elle devienne sienne et qu'il ne puisse plus distinguer ce qui vient de l'autre et l'infléchissement singulier qu'il lui donne. Pour dépasser une pensée qui le met en crise, il n'est donc pas question de la critiquer ou de l'analyser de l'extérieur : il s'agit plutôt de se fondre en elle, d'épouser de l'intérieur son mouvement, de la porter jusqu'à ses conséquences extrêmes, d'éprouver en cela les limites et résistances qu'elle rencontre, et de chercher alors à la faire se dépasser elle-même. Ainsi, de la même manière que dans les années trente et au début des années quarante il s'est successivement fait plus husserlien que Husserl, puis plus heideggérien que Heidegger pour travailler ces pensées de l'intérieur et les dépasser par la réécriture[8], nous allons voir Sartre répéter la même opération à la fin des années quarante et au début des années cinquante. Il se fond alors dans le mouvement des pensées de Merleau-Ponty, de Beauvoir, de Lévi-Strauss, et par elles dans celle de Marx : en se faisant autre en elles, il les rend elles-mêmes autres, afin de pouvoir, en définitive, les faire siennes. En effet, comme il l'écrira bientôt dans *Questions de méthode*, « comprendre, c'est se changer, aller au-delà de soi-même »[9]. Dans « Merleau-Ponty vivant », Sartre décrit longuement l'ébranlement profond que provoque en lui la lecture d'*Humanisme et terreur*[10], et l'influence absolument décisive que ce texte a eue sur lui d'un point de vue tant politique que philosophique :

> Je lisais, je m'instruisais, je finissais par me passionner pour ma lecture. Il fut mon guide ; c'est *Humanisme et terreur* qui me fit sauter le pas. Ce petit livre si dense me découvrit la méthode et l'objet : il me donna la chiquenaude qu'il fallait pour m'arracher à l'immobilisme[11].

---

[7] Comme le relève Beauvoir, si Sartre a toujours cherché à penser contre lui-même, cela est tout particulièrement vrai durant ces années (S. de Beauvoir, *FC*, t. 1, p. 356 ; *cf.* aussi *Les mots*, p. 137-138). Sur ce point, voir J. Simont, *Jean-Paul Sartre. Un demi-siècle de liberté*, chap. 4 « Penser contre soi », p. 83-104.

[8] *CDG*, p. 403-409. *Cf. supra*, Partie I, chap. 1.

[9] *QM*, I, p. 21/p. 28.

[10] *HT* est constitué d'une série d'articles publiés dans *LTM* en plusieurs livraisons sous le titre « Le Yogi et le Prolétaire » (*LTM*, n°13, octobre 1946, p. 2-29 ; n°14, novembre 1946, p. 253-287 ; n°16, janvier 1947, p. 676-711) et « Apprendre à lire » (*LTM*, n°22, juillet 1947, p. 1-27).

[11] *MPV*, *SIV*, p. 215. « Merleau m'instruisit sans professer, par son expérience, par les conséquences de ses écrits ; si la philosophie doit être, comme il disait, "spontanéité enseignante", je peux dire qu'il fut pour moi le philosophe de sa politique » (*MPV*, *SIV*, p. 217-218).

Cet ouvrage révèle en effet une dimension de la pensée marxiste qu'il ne soupçonnait pas auparavant, et, par là même, ce que sa propre pensée a encore de naïf et d'inabouti, en ce qui concerne en particulier la conception de l'histoire[12] et l'approche de la politique[13]. C'est ce que nous nous proposons d'appeler la *crise merleau-pontyenne de la pensée de Sartre*[14]. Nous allons ainsi voir que pendant les années 1948–54 presque tous les textes importants de Sartre sont hantés par la pensée de Merleau-Ponty et peuvent être interprétés comme divers essais de réécriture d'*Humanisme et terreur*. Les *Cahiers pour une morale*, que Sartre commence en 1947 (soit juste après la publication d'*Humanisme et terreur* dans *Les Temps Modernes*), bien que ne citant jamais le nom de Merleau-Ponty, sont pénétrés du vocabulaire et des références du philosophe[15] ; *Les mains sales*, non seulement par son titre mais surtout par la conception du parti politique de Hoederer, semble être une mise en scène de la conception merleau-pontyenne de la politique marxiste ; sa préface « Faux savants ou faux lièvres » d'un livre sur la dissidence yougoslave[16] se présente explicitement comme un « appendice » à l'ouvrage de son ami et comme écrit « dans le cadre des préoccupations d'*Humanisme et Terreur* »[17] ; la conclusion du *Saint Genet*, sans doute l'ouvrage majeur de notre période, affirme quant à elle ouvertement que « Genet est le Boukharine de la Société bourgeoise »[18], et donc que l'ouvrage tout entier est une sorte de transposition d'*Humanisme et Terreur* dans la société occidentale ; enfin les « Communistes et la Paix », série d'articles à partir desquels se fait la rupture de Merleau-Ponty avec *Les Temps Modernes*, reprennent presque à l'identique certaines formules des articles que Merleau-Ponty publie dans l'immédiat après-guerre, et se présentent subjectivement pour Sartre comme un prolongement fidèle des intuitions d'*Humanisme et Terreur*[19]. L'aliénation de soi dans

---

[12] Sartre revient longuement sur le fait que Merleau-Ponty a su bien avant lui découvrir ce qui constituait la réalité propre de l'histoire, ou de l' « événement » : « Je découvris enfin la réalité de l'événement. En un mot, ce fut Merleau qui me convertit : au fond de mon cœur, j'étais un attardé de l'anarchisme, je mettais un abîme entre les fantasmes vagues de collectivités et l'éthique précise de ma vie privée. Il me détrompa [...]. En somme, il me révéla que je faisais l'Histoire comme M. Jourdain faisait de la prose ; [...] je me connus : plus obscur, en pleine lumière, que je ne me croyais et plus riche deux milliards de fois » (MPV, *SIV*, p. 217).

[13] « Il s'orientait mieux que moi dans le monde ambigu de la politique : je le savais ; c'est peu dire que je lui faisais confiance : il me semblait, à le lire, qu'il me découvrait ma pensée. [...] Je balbutiais encore dans cette langue nouvelle qu'il parlait déjà » (MPV, *SIV*, p. 214).

[14] Nous verrons par la suite que *Les aventures de la dialectique* susciteront une seconde crise merleau-pontyenne de la pensée de Sartre. *Cf. infra*, Partie III, chap. 8.

[15] Il donne ainsi par exemple, à sa première longue analyse de la notion d'histoire, un titre faisant immédiatement référence à Merleau-Ponty (« Ambivalence de l'Histoire. Ambiguïté du fait historique »), et plus loin, comme Merleau-Ponty, il discute longuement la dialectique de la fin et des moyens à partir de *Leur morale et la nôtre* de Trotski.

[16] Il s'agit de la préface du livre de L. Dalmas, *Le communisme yougoslave depuis sa rupture avec Moscou*, Paris, Terre des hommes, 1950. La préface de Sartre est reprise dans *SVI*, p. 23–68.

[17] FSFL, *SVI*, p. 23 et p. 26.

[18] *SG*, p. 656.

[19] *Cf.* MPV, *SIV*, p. 218. Plus loin, en restituant les éléments qui l'ont conduit à se rapprocher du PCF et à devenir « compagnon de toute », Sartre écrit même : « Ainsi pouvais-je m'imaginer sans mauvaise foi que je reprenais l'attitude de Merleau-Ponty » (MPV, *SIV*, p. 255).

la pensée de son ami atteint peut-être son point extrême en 1950 lorsque Sartre signe avec Merleau-Ponty « Les jours de notre vie », texte pourtant entièrement écrit par Merleau-Ponty. Ainsi, tout au long de ces années, Sartre ne cesse de se fondre dans le mouvement d'*Humanisme et terreur*, de le prolonger, de l'amplifier dans toutes les directions possibles jusqu'à le transformer en une pensée dans laquelle Merleau-Ponty ne se reconnaît finalement pas du tout[20].

Un processus similaire est également à l'œuvre par rapport au *Le Deuxième Sexe*, et un peu plus tard par rapport aux textes de Lévi-Strauss. *Le Deuxième Sexe*, commencé en octobre 1946 et que Sartre lit et discute avec Beauvoir, met en crise la pensée de Sartre en ceci qu'il conteste radicalement sa théorie de l'aliénation et de l'oppression, et, par voie de conséquence, remet profondément en question sa conception du social. Beauvoir, dont la pensée est à l'époque bien plus proche du marxisme que celle de Sartre[21], montre en effet que le projet d'existence ne peut se concevoir comme spontanéité libre, mais est toujours déjà travaillé par l'Autre, comme présence intime du social en nous, indissociable de notre ipséité. C'est à l'appropriation d'une telle idée que Sartre consacre également une grande partie de ses efforts philosophiques à partir de 1947, comme en témoignent les personnages féminins dans *Les mains sales*[22], la réélaboration profonde de la catégorie de l'Autre et de l'aliénation dans les *Cahiers pour une morale*, mais peut-être surtout *Saint Genet*, qu'on peut également lire comme une forme de réécriture sartrienne du *Deuxième Sexe* (à travers ces autres figures de l'altérité sociale que sont l'homosexuel et le voleur, dont il montre la genèse à partir d'une analyse de l'enfance).

Enfin, Sartre subit le choc des premières œuvres de Lévi-Strauss, *Les structures élémentaires de la parenté* (1949) et « Introduction à l'œuvre de Marcel Mauss » (1950), qui mettent profondément en question son approche existentielle du social tout en lui découvrant des outils conceptuels nouveaux pour s'approprier le concept marxiste d'infrastructure et pour repenser le rapport entre infrastructure et superstructure. En effet, comme le remarque G. Cormann, la relecture structuraliste de Mauss proposée par Lévi-Strauss ainsi que les *Structures élémentaires de la parenté*, rendent manifestes certaines insuffisances de la théorie du social qu'il entreprend dans les *Cahiers pour une morale*[23], et relativisent notamment

---

[20] Sur l'ambiguïté de ce rapport à Merleau-Ponty, voir MPV, *SIV*, p. 254.

[21] Dans la *FC*, Beauvoir reconnaît que « [s]on essai devait tant au marxisme et lui faisait la part si belle » (S. de Beauvoir, *FC*, t. 1, p. 264–265). Sur le rapport de Beauvoir au marxisme, voir notamment E. Gothlin, *Sexe et existence. La philosophie de Simone de Beauvoir*, Paris, Éditions Michalon, 2001, Partie II « Sexe et travail, les éléments marxistes dans *Le Deuxième Sexe* », p. 71–133.

[22] J.-F. Louette montre que ces personnages sont des mises en scène de figures féminines décrites par Beauvoir dans *Le Deuxième Sexe* – ce qui témoigne de l'influence de ce dernier ouvrage dans l'élaboration de la pièce de Sartre (*cf*. J.-F. Louette, « Le deuxième sexe dans *Les Mains sales* », *Revue d'histoire littéraire de la France*, vol. 116, 2016/2, p. 365–386).

[23] « À suivre de près la trajectoire et les écrits de Sartre pendant ces deux périodes, on serait [...] tenté de soutenir [...] que la publication des *Structures élémentaires de la parenté* constitue un véritable choc pour Sartre (probablement renforcé par la sortie du *Deuxième Sexe*) qui entraîne chez lui l'abandon de la morale à laquelle il se consacrait depuis plusieurs années. La parution dans la foulée de *Sociologie et Anthropologie* de Mauss, avec la fameuse "Introduction" de Lévi-Strauss,

l'importance de la notion de technique du corps par rapport à l'esquisse d'analyse structurale proposée par Mauss dans *L'essai sur le don*. Lévi-Strauss montre que l'altération des intentions qui se produit dans l'objectivation n'est pas simplement l'effet des autres individus empiriques autour de nous (comme invitent encore à le penser Merleau-Ponty et Beauvoir), mais d'une structure sociale *a priori* qui précède les actions, les oriente et détermine toujours déjà leur signification sociale, de sorte qu'il n'y a pas d'extériorité par rapport au social. Chez Lévi-Strauss, dont Beauvoir souligne les liens avec le marxisme dans son compte-rendu des *Temps Modernes*[24], Sartre trouve une tentative pour faire droit à la dimension structurelle de l'existence humaine sans retomber dans l'objectivisme et le déterminisme du marxisme vulgaire de l'époque. Le travail d'appropriation des idées de Lévi-Strauss est encore relativement discret au début des années cinquante, même si, comme nous le verrons, les analyses sociales de *Saint Genet* en portent déjà l'empreinte. Ce travail s'accentuera cependant tout au long de ces années pour prendre sa pleine ampleur dans *Questions de méthode* et dans la *Critique de la Raison dialectique*[25].

Ces trois défis théoriques reconduisent à chaque fois Sartre au marxisme (comme théorie de l'histoire et analyse stratégique, théorie de l'aliénation et de l'oppression, ou théorie des infrastructures) pour lui révéler une fécondité qu'il ne soupçonnait pas jusqu'alors. Son expérience politique au sein du RDR en 1948–49 (où se trouvent de nombreux militants marxistes[26]) ainsi que la série d'entretiens qu'il fait au tournant de 1949–50 avec Trần Đức Thảo sur le marxisme et l'existentialisme[27] accentuent certainement encore pour lui la nécessité d'entreprendre une confrontation sérieuse avec le marxisme. C'est ce qu'il a réalisé entre 1948 et 1950. En effet, en 1947–48, dans les *Cahiers pour une morale*, il y a encore peu de références précises au marxisme (à part une discussion de l'*Anti-Dühring* d'Engels et de *Leur morale et la nôtre* de Trotski), et il ne semble guère en avoir une meilleure connaissance qu'à l'époque de « Matérialisme et révolution »[28]. En 1950, en

---

confirme l'expropriation de Sartre du singulier héritage durkheimien dans lequel, relisant l'"Essai sur le don" de Mauss, il essayait d'établir sa morale. […] D'ici, avec Lévi-Strauss, il fallait passer à autre chose » (G. Cormann, « Questions de méthodes : Sartre, Giovannangeli, la phénoménologie et les "structuralistes" », *Bulletin d'analyse phénoménologique* X 11, 2014, p. 77–78).

[24] *LTM*, n°49, novembre 1949, p. 943–949.

[25] Ainsi l'envoi d'un exemplaire de la *CRD* à Lévi-Strauss porte la dédicace suivante : « En témoignage de fidèle amitié, ce livre dont il verra que les principales questions s'inspirèrent de celles qui l'occupent, et surtout de sa manière de les poser » (F. Keck, « Beauvoir lectrice de Lévi-Strauss. Les relations hommes/femmes entre existentialisme et structuralisme », *LTM*, n°647–648, 2008/1, p. 243). Sur la place de Lévi-Strauss dans la *CRD*, voir *infra*, Partie III, chap. 8.

[26] Les *Entretiens sur la politique*, avec D. Rousset (ancien trotskiste) et G. Rosenthal (ancien secrétaire de Trotski), représentent une première tentative pour penser la politique en marxiste.

[27] Trần Đức Thảo estime rétrospectivement qu'ils ont joué un rôle dans l'évolution de Sartre vers le marxisme (*cf.* « Note biographique », p. 149–150 : « Je lui ai montré en cinq séances que justement il faut prendre au sérieux le marxisme *également en philosophie*. […] Peut-être les échanges de vue de l'hiver 1949–1950 avaient-ils eu une modeste part dans son évolution vers la coopération avec le communisme ? »). Sur les entretiens, voir *supra*, Partie II, chap. 4.

[28] Les notes que Sartre ajoute cependant en 1949 lors de la publication de « Matérialisme et Révolution » dans le volume *Situations III* témoignent déjà d'une certaine évolution par rapport au

revanche, « Faux savants ou faux lièvres » constitue l'écrit de Sartre où la concentration de références précises à des textes marxistes est sans doute la plus dense et la plus diversifiée[29]. Cette préface témoigne d'une connaissance désormais très approfondie non seulement de l'ensemble des textes philosophiques de Marx (la *Contribution à la critique de la philosophie du droit de Hegel*, les *Manuscrits de 1844*, *La sainte famille*, *L'idéologie allemande*, les *Thèses sur Feuerbach*), mais également de ses textes politiques (*La guerre civile en France*) et économiques (*Salaire, prix et profit*, *Le Capital*). Mais les références de Sartre s'étendent aussi à d'autres théoriciens de la tradition marxiste : F. Engels (*Dialectique de la nature*, Lettre à Borgius)[30], R. Luxemburg (« Marxisme contre dictature », « Centralisme et démocratie », etc.), K. Kautsky (*La conception matérialiste de l'histoire*), G. Plekhanov (*Les problèmes fondamentaux du marxisme*)[31], G. Lukács (*Histoire et conscience de classe*), et Lénine (*Un pas en avant deux pas en arrière*). Dans d'autres textes, il montre également sa bonne connaissance de l'œuvre de Trotski[32]. Ainsi en quelques années, Sartre semble s'être fait une culture marxiste très solide, sur laquelle il pourra ensuite s'appuyer dans ses discussions à propos du marxisme.

Mais comment donner une cohérence à un tel foisonnement de nouveaux concepts et d'analyses ? Comment trouver un moyen pour intégrer et faire communiquer des travaux qui s'inscrivent dans des directions si différentes ? C'est ici qu'intervient ce qui reste chez lui la marque la plus profonde de son inscription dans le mouvement phénoménologique. Si Sartre ne se revendique plus ouvertement de la phénoménologie[33], il reste cependant fidèle à son exigence descriptive : la philosophie consiste en effet d'abord en un effort pour « faire voir à partir de

---

marxisme, puisqu'il distingue désormais explicitement le marxisme de Marx (celui des *TF* ou des *M44*) et le marxisme stalinisé des communistes (*cf.* M&R, *SIII*, note p. 103). Par ailleurs, dans un entretien de 1975, Sartre évoque l'existence de « douzaines de cahiers de notes » qui « n'étaient rien d'autre qu'une discussion avec le marxisme » (« Autoportrait à soixante-dix ans », *SX*, p. 192). Aucun des cahiers dont nous disposons aujourd'hui ne correspondent à un tel descriptif, il est possible qu'ils soient perdus.

[29] Ce texte, qui marque un jalon très important dans la pensée de Sartre durant ces années, a également ceci d'intéressant que Sartre ne s'est pas encore pleinement approprié le marxisme et que ses références sont encore explicites. À mesure en effet que Sartre fait sienne une pensée, les références disparaissent peu à peu, jusqu'à ce qu'il soit presque impossible de retrouver le texte précis qu'il discute.

[30] Dans les *CPM*, il entreprend une longue discussion des thèses anthropologiques d'Engels (de l'*Anti-Dühring* et de l'*Origine de la famille*). *Cf. CPM*, Cahier I, p. 353–398 (en particulier p. 353–364 et p. 395–398).

[31] Dans les *CPM*, Sartre fait aussi référence à *La maladie infantile du communisme*.

[32] Dans les *CPM*, il discute longuement *Leur morale et la nôtre*.

[33] Dans les *CPM*, il relativise même très fortement l'importance historique de la phénoménologie par rapport à celle de Hegel (et dans une moindre mesure celle de Marx) : « À considérer les choses sans parti pris, Hegel représente un sommet de la philosophie. À partir de lui, *régression* : Marx apporte ce qu'il n'avait pas donné entièrement (développement sur le travail). Mais il manque beaucoup de grandes idées hégéliennes. Inférieur. Dégénérescence marxiste ensuite. Dégénérescence allemande post-hégélienne. Heidegger et Husserl petits philosophes. Philosophie française nulle » (*CPM*, Cahier I, p. 67.)

lui-même ce qui se montre tel qu'il se montre à partir de lui-même »[34], c'est-à-dire pour laisser se déployer les choses elles-mêmes sans les soumettre à un cadre théorique *a priori*[35]. Cette exigence phénoménologique, qui était déjà pleinement à l'œuvre dans ses premiers travaux, est cependant enrichie, à partir de 1947-48, par la méthode hégélienne[36]. Cette dernière, selon A. Kojève, serait non pas dialectique, mais phénoménologique au sens husserlien du terme[37], en ceci qu'elle laisse la réalité elle-même se développer selon sa logique propre. L'apport méthodologique principal de l'hégélianisme à la phénoménologie sartrienne est que la chose même n'est plus un phénomène statique rendu intelligible par une essence fixe, mais un phénomène dynamique ayant sa propre temporalité et son propre développement processuel. C'est la raison pour laquelle ses analyses phénoménologiques tournent autour de processus privilégiés : d'une part le processus historique dans son caractère événementiel (c'est-à-dire irréductible au simple déploiement d'une essence), et d'autre part une existence singulière en tant qu'elle se développe temporellement (ici encore irréductible à une signification préalable)[38].

Sartre ne cherche donc pas à articuler théoriquement dans un discours méthodologique l'existentialisme, le marxisme et l'ensemble des autres analyses et disciplines qu'il essaie de synthétiser : il s'agit plutôt pour lui de laisser un processus se déployer devant ses yeux, et dans la mesure où il sera fidèle à son déploiement, c'est le processus lui-même qui déterminera l'articulation effective à réaliser entre les différentes approches théoriques afin de restituer le plus adéquatement possible son mouvement. C'est la description phénoménologique concrète d'un processus (historique ou individuel) qui commande l'architectonique des différents cadres théoriques et conceptuels. Ce n'est donc pas par l'élaboration d'une syntaxe unitaire entre différents champs disciplinaires et conceptuels qu'on atteint, selon Sartre, la chose même ; mais c'est au contraire par la description de la chose même que les différents champs disciplinaires et conceptuels s'ordonnent de manière à former un discours cohérent et unifié. Les analyses événementielles et biographiques ne sont pas des applications d'une synthèse théorique qui existerait par ailleurs, mais le lieu concret où cette synthèse se réalise effectivement. C'est donc dans ces phénoméno-

---

[34] Heidegger, *SZ*, trad. E. Martineau, Introduction, §7, C, p. 34.

[35] *Cf. supra*, Partie I, chap. 1.

[36] Jusqu'alors, Sartre a une connaissance très extérieure et superficielle de Hegel. Dans l'*EN*, ses références à Hegel doivent beaucoup à S. de Beauvoir (qui a assisté au séminaire de Kojève et lu Hegel dès 1940) et aux *Morceaux choisis* de Hegel par Lefebvre et Guterman. Ce n'est que dans l'après-guerre, et en particulier dans les *Cahiers pour une morale*, qu'il s'approprie la conceptualité hégélienne à travers la lecture des grands textes hégéliens (*Phénoménologie de l'Esprit*, *Principes de la philosophie du droit*, etc.) et des commentaires de J. Hyppolite (*Genèse et structure de la Phénoménologie de l'Esprit*) et d'A. Kojève (*Introduction à la lecture de Hegel*). C'est de cette époque que date sa culture proprement hégélienne.

[37] A. Kojève, *Introduction à la lecture de Hegel*, Paris, Gallimard, 1968, p. 462 et surtout p. 469–470. « En fait la méthode de Hegel n'est rien d'autre que la méthode qu'on appelle de nos jours "phénoménologique" » (p. 470).

[38] Sur la conception sartrienne de la processualité, voir notamment A. Bouffard, « Processus et histoire chez Sartre et Lukács », *Études sartriennes*, n°23, 2019, p. 109–133.

logies concrètes que l'on trouvera l'articulation nouvelle qui s'instaure chez Sartre entre existentialisme et marxisme.

Dans ce chapitre, nous allons nous intéresser à la manière dont Sartre tente de surmonter la crise de l'existentialisme par ce travail phénoménologique concret. Ce dernier permet ainsi à Sartre d'intégrer progressivement les différentes pensées qui lui résistent et d'élaborer un discours permettant de faire communiquer les domaines de la philosophie, des sciences (humaines principalement) et de la politique.

1 Vers une nouvelle conception de l'histoire. À l'école de Merleau-Ponty, de Hegel et de Marx.

« Il convient que l'Histoire ait sa crise comme la physique et se dégage de l'absolu hégélien et marxiste »

(Sartre, *Cahiers pour une morale*, p. 61).

Dans une lettre de mai 1946, Merleau-Ponty se réjouit auprès de son correspondant A. de Waehlens du fait que les idées de Sartre « mûrissent », avec notamment pour preuve que Sartre « disait l'autre jour [...] qu'il commençait à voir poindre une philosophie de l'histoire »[39]. En effet, si dès la Libération Sartre accorde une certaine importance à l'histoire, il semble progressivement prendre conscience de l'insuffisance de sa conception de l'histoire. Les publications successives de Merleau-Ponty, qui proposent une interprétation existentialiste de l'histoire marxiste, mettent tout particulièrement en lumière la nécessité de concevoir l'histoire autrement. Merleau-Ponty montre qu'il y a une « épaisseur » de l'histoire, qui la rend irréductible au récit rétrospectif comme à l'absoluité de l'acte présent :

> En un mot, ce fut Merleau qui me convertit [...]. Cette entreprise ambiguë, raisonnable et folle, toujours imprévisible et toujours prévue, qui atteint ses objectifs quand elle veut leur rester fidèle, s'anéantit dans la fausse pureté de l'échec et se dégrade dans la victoire, parfois abandonne l'entrepreneur en cours de route et d'autres fois le dénonce quand il ne s'en croit plus responsable, il m'apprit que je la retrouvais partout, au plus secret de ma vie comme au grand jour de l'Histoire et qu'il n'y en a qu'une, la même pour tous – événement qui nous fait en se faisant action, action qui nous défait en devenant par nous événement et qu'on l'appelle, depuis Hegel et Marx, la *praxis*[40].

Dans ce passage de « Merleau-Ponty vivant », Sartre indique que ce qu'il doit principalement à Merleau-Ponty, c'est une conception renouvelée de l'action ou de la *praxis* : celle-ci est objectivation dans un milieu extérieur qui lui révèle sa signification objective, laquelle, tout en ne correspondant pas à la signification subjective (ou intention) commandant l'action, doit cependant être reconnue par l'agent comme sienne. Il en résulte que l'histoire, tout en n'étant pas un processus purement objectif, est un milieu extérieur aux individus où leurs actions subissent une transformation qui échappe à leur contrôle. Penser l'histoire revient donc à tenter de donner, à

---

[39] Lettre à A. de Waehlens, 24 mai 1946, Archives Husserl de Louvain-la-Neuve, E21.
[40] MPV, *SIV*, p. 217.

la suite de Hegel et de Marx, un statut philosophique à ce milieu ambigu de l'action humaine.

Ce n'est que dans la *Critique de la Raison dialectique* que Sartre proposera une conception systématique de l'histoire qui réponde pleinement aux analyses d'*Humanisme et terreur*. Les années 1948–1954 constituent toutefois un laboratoire dans lequel Sartre essaie de s'approprier l'enseignement de Merleau-Ponty (c'est-à-dire à la fois de l'intégrer et de le dépasser) en explorant différentes pistes.

1.1 Esquisse d'une conception existentialiste dialectique de l'histoire.

Dans les *Cahiers pour une morale*, manuscrits de travail dont l'objectif est l'élaboration d'une morale concrète et historique (dans une perspective « socialiste révolutionnaire »[41]), Sartre s'attelle à la tâche de repenser en profondeur l'histoire. Merleau-Ponty n'est pas explicitement cité, mais il est à l'horizon d'un grand nombre de développements, à la fois par la volonté qu'a Sartre de rendre raison des phénomènes mis en lumière par les analyses de son ami, et par son recours fréquent à des notions, formules, tours de pensée propres à Merleau-Ponty. L'enjeu pour Sartre est de dépasser la perspective de *L'Être et le Néant* et de « Matérialisme et révolution » (qui tend à abolir toute idée de processualité historique) pour élaborer une pensée de l'ambiguïté historique[42]. Il esquisse ainsi une refondation en profondeur de la conception existentialiste de l'histoire par une analyse renouvelée de l'action (comme *praxis*) sous l'impulsion de Merleau-Ponty et par une intégration critique de la pensée hégélienne (et, dans une moindre mesure, marxiste).

Sartre considère qu'il ne pourra pas obtenir une théorie satisfaisante de l'histoire en prolongeant simplement les analyses de *L'Être et le Néant*. Il faut au contraire, écrit-il, « reprendre au niveau même de l'ontologie » pour « s'interroger sur la nature de l'*action* »[43]. Ce n'est qu'à partir d'une « phénoménologie de l'action » qu'il pense pouvoir ensuite mettre en œuvre une « phénoménologie de l'Histoire »[44]. Dans ces manuscrits de travail, Sartre procède ainsi à une réélaboration profonde de la notion d'action – et cela vraisemblablement en prenant en compte des critiques de Merleau-Ponty. Ce dernier avait notamment mis en lumière, dans « La querelle de l'existentialisme », certains des manques de *L'Être et le Néant* en ce qui concerne la théorie de l'action, à savoir que l'ouvrage n'est pas une étude de la « "réalisation" du néant dans l'être »[45] et qu'il a besoin d'être complété par une « théorie de la

---

[41] *CPM*, Cahier I, p. 20.

[42] Voir notamment la section « Ambivalence de l'Histoire. Ambiguïté du fait historique » (*CPM*, Cahier I, p. 26–74).

[43] *CPM*, Cahier I, p. 56.

[44] *CPM*, Cahier I, p. 56.

[45] QE, *SNS*, p. 90.

1 Vers une nouvelle conception de l'histoire.

passivité »[46]. Or dans les *Cahiers pour une morale*, Sartre conçoit désormais l'action ou *praxis* (le terme est encore rare sous la plume de Sartre mais commence à apparaître à la fin du Cahier I) comme une notion qui synthétise et dépasse les catégories classiques : au-delà du partage entre activité et passivité[47], intérieur et extérieur[48], l'action est décrite comme un phénomène ambivalent ou ambigu, qui se définit par l'unité d'un double mouvement. Elle est tout d'abord un mouvement d'intériorisation de l'extériorité : pour agir, tout sujet doit se faire passif et assumer les structures objectives du monde, ou encore, comme l'écrit Sartre dans *Vérité et existence*, il lui faut *s'historiser*[49]. Mais dans ce même mouvement elle est également extériorisation de l'intériorité, « objectivation du subjectif »[50], c'est-à-dire plus précisément réextériorisation singulière de l'extériorité intériorisée, ou *historialisation*[51]. Cette réextériorisation produit une transformation du monde, qui n'est plus simple en-soi, mais extériorité dotée désormais des caractéristiques du « pour-soi » : synthèse[52], intériorité, activité[53], finalité[54], etc. Dans ces passages, Sartre est en train d'esquisser une refonte complète des catégories ontologiques de *L'Être et le Néant* qui trouvera son achèvement dans la *Critique de la Raison dialectique* avec les notions de *praxis* individuelle et de pratico-inerte.

Cependant, si la transformation de la catégorie d'action est la condition de possibilité d'une pensée de l'histoire, elle n'est pas pour autant suffisante. Ce qui constitue désormais pour Sartre la teneur propre de l'histoire, c'est que cette objectivation se fait dans un monde *intersubjectif*. En effet, « L'Histoire c'est l'*Autre* » :

> Quoi qu'on en fasse, quoi qu'on y fasse, l'entreprise devient *autre*, c'est par son altérité qu'elle agit et ses résultats sont *autres* que ceux qu'on avait espérés. [...] Cela est logique puisque l'Histoire c'est l'histoire des hommes en tant qu'ils sont tous pour chacun, chacun pour tous *des autres*[55].

---

[46] QE, *SNS*, p. 95.

[47] « Je ne puis agir si je ne suis passif. Mais d'autre part je ne puis être passif que parce que j'agis » (*CPM*, Cahier I, p. 57).

[48] « Action : intériorisation de l'extériorité et extériorisation de l'intériorité » (*CPM*, Cahier I, p. 56).

[49] En effet, l' « historisation [...] a pour résultat l'historicité ou l'appartenance objective à une époque ». Le sujet se fait alors « pure expression de l'époque » (*Vérité et existence*, p. 135).

[50] *CPM*, Cahier I, p. 56.

[51] L'historialisation est « le dépassement objectif de l'époque » en ceci qu'elle est « le projet que le Pour-soi fait de lui-même dans l'Histoire » (*Vérité et existence*, p. 135).

[52] « Réaliser des quasi-synthèses dans l'inertie. Introduire l'unité dans ce qui est par définition la multiplicité, la synthèse dans le juxtaposé mais du même coup, passiviser les synthèses, les affecter d'extériorité » (*CPM*, Cahier I, p. 56–57).

[53] « Agir par la passivité sur le passif, qui du coup devient actif (coefficient d'adversité) » (*CPM*, Cahier I, p. 56).

[54] « Créer une pseudo-finalité susceptible de retournements » (*CPM*, Cahier I, p. 57).

[55] *CPM*, Cahier I, p. 51. *Cf.* p. 53.

Ce qui donne donc à l'Histoire une consistance propre, une lourdeur ou densité, c'est qu'elle se fait selon Sartre dans « l'élément de l'Autre »[56], c'est-à-dire dans le champ d'une « pluralité *indéfinie* de libertés »[57] : chacun, par son action dans le monde, ne cesse d'interférer avec l'action de tous les autres, d'en transformer le sens en poursuivant, en combattant, et même en ignorant ses semblables. Tout devient toujours autre par les autres[58], et l'histoire n'est que le mouvement de cette perpétuelle aliénation des actions humaines. Et même le moment de l' « Apocalypse », quand les libertés brisent l'Aliénation et inventent du nouveau, est suivi d'un retour à l'Aliénation, dans la mesure où toute réalisation se fait dans l'élément de l'Altérité[59] : le mouvement historique n'obéit donc à aucune logique transcendante (finalité, Esprit, etc.), mais est fondamentalement constitué par la simple répétition du cycle Aliénation-Apocalypse-Aliénation. Ce qui détermine toutefois l'orientation de cet « anonymat aux mille têtes »[60] qu'est l'action de tous dans le milieu de l'Altérité, c'est simplement l'effet *statistique* imprévisible et sans finalité de la composition de la multiplicité des actions[61]. L'action des individus est donc conçue comme « proposition » inscrite dans l'objectivité et appel à une « reprise »[62]. Si cette proposition est suffisamment reprise par les autres, elle l'emporte et s'inscrit dans l'évolution historique ; mais aucune logique historique préalable ne préside à cette reprise. C'est la raison pour laquelle Sartre affirme que « le vrai principe moteur de l'Histoire […] est l'altérité »[63].

Ainsi, plutôt que d'histoire au sens strict, Sartre préfère-t-il parler d'une « pseudo-histoire »[64]. Ses analyses sont, de ce fait, en partie consacrées à déconstruire les concepts fondamentaux de la philosophie de l'histoire (en particulier hégélienne). Contre l'idée d'*unité* de l'histoire (qui présuppose « l'hypothèse mythique de l'Esprit-un »[65]), Sartre affirme que l'unité de l'humanité est une illusion et que celle-ci n'est qu'une « totalité détotalisée »[66], au sein de laquelle la séparation des individus ne peut jamais être surmontée. S'opposant à l'idée de *progrès*,

---

[56] *CPM*, Cahier I, p. 421.

[57] *CPM*, Cahier I, p. 65.

[58] Comme aime le dire Sartre, « les dés sont pipés » : « En un sens l'histoire est une interminable journée des dupes » (*CPM*, Cahier I, p. 421).

[59] *CPM*, Cahier II, p. 429–430. Le terme d'Apocalypse vient certainement de *L'espoir* de Malraux, et désigne le moment de fusion révolutionnaire qui dissout toutes les aliénations. S'il n'apparaît que dans un court développement des *CPM*, il sera ensuite repris, développé et théorisé au livre II de la *CRD*.

[60] *CPM*, Cahier I, p. 114.

[61] « La dialectique prolifère dans mille directions différentes et c'est la statistique […] qui décide de l'orientation dialectique qui fait l'Histoire » (*CPM*, Cahier I, p. 44) ; *cf.* aussi p. 65.

[62] *CPM*, Cahier I, p. 27, p. 30, p. 37–38, p. 43, p. 49, p. 54.

[63] *CPM*, Cahier I, p. 61. *Cf.* aussi *CPM*, Cahier II, p. 444.

[64] *CPM*, Cahier I, p. 31, p. 42, p. 54–55. Il semble envisager, au début des *CPM*, la possibilité de dépasser cette pseudo-histoire de l'aliénation par la conversion morale à l'authenticité, comme sortie de la « préhistoire » au sens marxiste vers l'histoire véritable.

[65] *CPM*, Cahier I, p. 34.

[66] *CPM*, Cahier I, p. 22, p. 114–115, p. 129, p. 178, p. 283 ; Cahier II, p. 575.

1 Vers une nouvelle conception de l'histoire.

Sartre compare l'histoire à la « tapisserie de Pénélope »[67], dans laquelle la discontinuité des générations brise toute possibilité d'une histoire pleinement cumulative : on aurait plutôt affaire, selon lui, à un « progrès piétinant »[68]. Si l'on peut parfois discerner des « histoires locales », c'est-à-dire des ensembles relativement circonscrits où il y a des évolutions réelles et une orientation effective, il ne s'agit pour lui que d'un « phénomène secondaire », qui ne peut en aucun cas caractériser l'histoire de l'humanité[69]. Mais plus largement, s'il n'y a qu'une pseudo-histoire, c'est que les différents moments de l'histoire ne peuvent jamais entièrement s'intégrer dans un mouvement total : ils gardent toujours leur caractère absolu et sont, de ce fait, « irrécupérables »[70].

Pour Sartre, il n'y a donc à cette époque dans l'histoire ni totalité ni dialectique, mais plutôt « totalité détotalisée » et « quasi-dialectique »[71]. Ces deux notions sont en effet pour lui solidaires : une dialectique n'est possible que si « le tout est donné au départ »[72]. Or dans la réalité, il n'y a que des totalisations partielles et précaires qui ne peuvent jamais se constituer en totalités closes. C'est ce que Sartre essaie d'établir en montrant que le développement historique est travaillé par un double principe hétérogène : d'une part un principe de totalisation, de sens, de continuité, de progrès, et d'autre part un principe de détotalisation, de contingence, de discontinuité[73]. Il y a donc, selon Sartre, de la « non-histoire dans l'histoire »[74], ou « un facteur antidialectique dans le dialectique même »[75] : l'invention d'outils, le corps (c'est-à-dire le fait que les êtres humains aient une objectivité, une extériorité), et l'autre (dans la mesure où l'être humain vit dans un monde intersubjectif). C'est en fin de compte la notion même d'histoire que Sartre cherche à dialectiser :

> L'histoire est l'Autre, donc autre qu'elle-même. C'est pourquoi elle peut apparaître comme dialectique [...]. Mais c'est une quasi-dialectique et sans synthèse donc sans *sens*. [...] L'Histoire s'échappe à elle-même[76].

---

[67] *CPM*, Cahier I, p. 33.

[68] *CPM*, Cahier I, p. 27, p. 31.

[69] *CPM*, Cahier I, p. 80.

[70] « L'Histoire ne peut sauver les souffrances des enfants d'Oradour [...]. Les Anabaptistes sur leur bûcher ne sont pas sauvés par la dictature du prolétariat [...]. Ainsi l'histoire est perte sans récupération » (*CPM*, Cahier I, p. 39). « Au sein de l'Histoire, chaque être historique est en même temps un absolu ahistorique » (p. 32). *Cf.* aussi p. 97 et Cahier II, p. 437.

[71] Il lui arrive même de parler de « pseudo-dialectique » (*CPM*, Cahier I, p. 67–68).

[72] *Cf. CPM*, Cahier I, p. 68, p. 172 et p. 176. Sartre reprend explicitement cette idée à J. Hyppolite dans son commentaire d'un passage de l'Introduction de la *Phénoménologie de l'Esprit* (J. Hyppolite, *Genèse et structure de la "Phénoménologie de l'Esprit" de Hegel*, Paris, Éditions Montaigne, 1946, p. 20).

[73] Sartre reprend sans doute ici la double caractérisation de l'histoire par Merleau-Ponty comme logique et contingence. *Cf. supra*, Partie I, chap. 3.

[74] *CPM*, Cahier I, p. 33, p. 59.

[75] *CPM*, Cahier II, p. 466

[76] *CPM*, Cahier I, p. 53.

Ce que Sartre conteste, c'est la dialectique hégélienne (telle qu'il la conçoit à partir de Kojève et Hyppolite), à savoir l'idée d'un processus qui ne serait que la réalisation d'une totalité qui lui préexiste. C'est en ce sens qu'il affirme qu'il y a « infiniment plus dans l'histoire qu'un mouvement dialectique »[77]. Sartre préfère décrire le mouvement de l'histoire comme une « pseudo-dialectique », une « dialectique à trous », ou encore une « superdialectique » qui est « *autre* que la dialectique en tant qu'elle est dialectique »[78]. Ainsi voit-on Sartre osciller dans ce texte entre d'une part un rejet de la dialectique et de l'histoire et d'autre part une transformation profonde de ces notions pour leur donner un tout autre sens[79].

Cette esquisse de refondation de sa conception de l'histoire reste, dans les *Cahiers pour une morale*, relativement extérieure au marxisme, en ceci qu'elle ne s'appuie pas encore sur une connaissance approfondie des textes marxistes (alors que la pensée de Hegel est quant à elle travaillée de l'intérieur) et que Sartre considère le marxisme comme étant un simple prolongement de l'hégélianisme (par rapport auquel il reste inférieur[80]). L'apport principal du marxisme réside pour lui dans l'analyse de la notion de travail et dans sa critique de la « fin de l'histoire » hégélienne[81]. Sartre conteste toutefois son économicisme, c'est-à-dire la réduction de l'histoire aux seules transformations de l'économie – les superstructures étant inessentielles dans le processus historique[82]. Selon lui, une telle approche empêche le marxisme de comprendre d'une part la complexité de l'histoire (et l'articulation des différentes dimensions de l'événement historique) et d'autre part l'effet propre qu'il a lui-même, en tant qu'idée, sur l'histoire. En effet, comme l'écrit Sartre, « le lien des structures du fait historique est beaucoup plus *lâche* que ne le voudrait Marx »[83]. La structure économique, pour Sartre, représente seulement l'élément de la « répétition » et le cadre général dans lequel se fait l'action des individus (qui doivent intérioriser cette extériorité pour agir). Sartre peut donc dire que loin d'être le moteur de l'histoire, l'économie est au contraire à chaque époque « la structure extra-historique de la situation historique »[84]. Ce qui fait l'histoire, c'est la manière dont les individus dépassent par l'action et par l'invention cette situation tout en l'exprimant[85]. Sartre illustre ce point par des analyses qui montrent à chaque fois

---

[77] *CPM*, Cahier I, p. 61

[78] *CPM*, Cahier II, p. 475.

[79] Ce travail sur la dialectique, initié ici en 1947–48, ne sera pleinement élucidé pour lui que dix années plus tard au moment de la rédaction de la *Critique de la Raison dialectique*.

[80] *CPM*, Cahier I, p. 67.

[81] Et cela même s'il considère que la conception que les communistes se font de la révolution réintroduit l'idée hégélienne de fin de l'histoire – en tout cas d'après la lecture de celui que Sartre appelle le « communisant Kojève » (*CPM*, Cahier I, p. 172).

[82] *CPM*, Cahier I, p. 88.

[83] *CPM*, Cahier I, p. 80.

[84] *CPM*, Cahier I, p. 82.

[85] « Il n'est pas faux que chacune de ses œuvres reflète la situation et l'exprime. Mais elle l'exprime *en la dépassant*. Et la dépasser n'est point la nier (antithèse) mais inventer à partir d'elle » (*CPM*, Cahier I, p. 80).

1 Vers une nouvelle conception de l'histoire. 293

l'importance d'inventions humaines (qui relèvent des superstructures) dans le passage d'une époque à une autre : inventions techniques[86], idées religieuses[87], mais aussi conceptions de l'histoire. En effet, Sartre montre que l'idée que l'on se fait de l'histoire est elle-même une force historique : se représenter l'histoire comme progrès ou comme décadence, n'avoir aucune notion de l'histoire ou adopter une conception marxiste de l'histoire, conduit les individus à des types d'action très différents. Le fait que le marxisme, en tant qu'idée, agisse dans l'histoire, conduit à prouver le contraire de ce qu'affirme la doctrine (du moins la conception réductionniste à laquelle Sartre s'en tient), à savoir que l'idéologie a son efficace propre. Mais si l'économie n'est pas le moteur de l'histoire, elle est toutefois le cadre à partir duquel s'élabore toute pensée : cette dernière est donc profondément limitée et relativisée par son horizon historique. Ainsi Sartre affirme-t-il que l'invention de l'énergie atomique, en transformant le cadre historique, relativise les pensées (comme le marxisme) qui ont été élaborées auparavant. En effet, selon lui, la « prévision marxiste » n'est qu'un prolongement à l'infini des conditions d'un monde ordonné économiquement par « la machine à vapeur, des moteurs à essence et de l'électricité » ; Or l'énergie atomique (et son prolongement militaire, la bombe atomique) ouvre, selon lui, la possibilité que le dépassement du capitalisme se transforme en une forme nouvelle d'oppression[88].

En contestant la « fin de l'histoire » hégélienne et la possibilité d'une dialectique qui résorbe entièrement la pluralité de l'histoire dans une signification unifiée, Sartre élabore ainsi, dans les *Cahiers pour une morale*, une forme d'historicisme radical qui intègre le souci marxiste de mettre en lumière l'importance des conditions économiques, tout en contestant la manière dont le marxisme se place implicitement en dehors de l'histoire pour la juger. On peut caractériser la perspective de Sartre comme étant à la fois génétique et critique. Il s'agit en effet pour lui de montrer, à partir d'une analyse renouvelée de l'action humaine dans un monde intersubjectif (c'est-à-dire à partir du cadre existentialiste de *L'Être et le Néant* reformulé et profondément transformé par les apports de la pensée hégéliano-marxiste), qu'il est possible de rendre raison de l'ensemble des phénomènes historiques de manière rigoureuse et d'en expliquer le mouvement. L'existentialisme dialectique de Sartre prétend ainsi intégrer et dépasser les approches hégéliennes et marxistes de l'histoire.

---

[86] *CPM*, Cahier I, p. 87–89.

[87] *CPM*, Cahier I, p. 83–84.

[88] *CPM*, Cahier I, p. 87–89 : « Au nom même du marxisme, l'événement le plus important depuis cinquante ans ce n'est pas la Révolution russe, c'est la bombe atomique. [...] Rien ne prouve, par exemple, que l'utilisation de l'énergie atomique ne produira pas un socialisme d'État avec dictature de techniciens et bureaucrates, simplement parce que l'énergie atomique ne saurait appartenir aux particuliers. Auquel cas nous trouverons une forme d'oppression intériorisée [...] fort éloignée des formes sociales envisagées par Marx ».

1.2 Phénoménologie du processus historique.

Si les *Cahiers pour une morale* constituent le moment d'intégration et de dépassement de la pensée hégélienne dans un *existentialisme dialectique*, les années suivantes (à partir de 1948) donnent lieu en revanche à une appropriation de la pensée marxiste. Cette appropriation ne passe pas encore par une discussion théorique (comme ce sera le cas dans *Questions de méthode* puis la *Critique de la Raison dialectique*), mais par une phénoménologie concrète d'un processus historique. Les œuvres de Marx qui ont en effet exercé l'influence la plus forte et durable sur Sartre sont certainement ses textes politiques, et en particulier la « trilogie française »[89] (*Le dix-huit Brumaire de Louis Bonaparte*, *La lutte des classes en France*, et *La guerre civile en France*). Ce qui séduit Sartre est que, dans ces textes, Marx ne s'en tient pas à un niveau méthodologique et critique (comme dans *L'idéologie allemande* et dans ses œuvres de jeunesse), ni à la mise au jour des structures générales du mode de production capitaliste (comme dans *Le Capital*), mais cherche à comprendre un processus historique concret (celui allant de la Révolution de février 1848 à la prise de pouvoir de Napoléon III, la Commune de Paris, etc.). Marx s'intéresse avant tout à la singularité de chaque processus : bien qu'il n'oublie pas l'ensemble des outils théoriques du matérialisme historique et de la critique de l'économie politique, ceux-ci restent à l'arrière-plan et n'interviennent jamais pour réduire la spécificité du processus mais pour l'éclairer. C'est la rencontre de cette pratique de Marx et de l'exigence phénoménologique de laisser les choses mêmes se manifester sans *a priori* qui constitue le fond méthodologique à partir duquel Sartre a rédigé, au cours des années cinquante, ses grands textes d'analyse de l'histoire contemporaine (sur la dissidence yougoslave, le XIXe siècle français, la colonisation et la guerre d'Algérie, l'insurrection de Budapest, etc.).

Cette exigence méthodologique (à la fois marxiste et phénoménologique) est sans doute la plus explicitement exprimée dans le premier de ces grands textes, « Faux savants ou faux lièvres » (1950), préface d'un ouvrage de L. Dalmas sur la rupture de la Yougoslavie de Tito avec le Kominform et l'URSS de Staline[90]. Sartre refuse tout d'abord trois systèmes d'explications *a priori* (celui des Occidentaux, des Soviétiques et des trotskistes) parce qu'ils arrêtent le « processus en cours », en éliminent l' « ambiguïté »[91], pour prélever les seuls éléments qui permettent de confirmer leur interprétation. La valeur de l'ouvrage de Dalmas réside, au contraire, selon Sartre, dans son approche méthodologique :

> Vous n'avez appliqué à ce fait historique aucune principe *a priori* : vous l'avez laissé se développer devant nous dans les perspectives de la dialectique marxiste, mais au lieu de l'expliquer de force au nom d'un marxisme particulier, vous l'avez considéré comme une

---

[89] D. Bensaïd, « Politiques de Marx », dans K. Marx et F. Engels, *Inventer l'inconnu. Textes et correspondance autour de la Commune*, Paris, La Fabrique, 2008, p. 13.
[90] On peut cependant trouver dans les *CPM* des analyses des Croisades (Cahier I, p. 81–87), de la fuite d'or pendant le Front Populaire (Cahier II, p. 431) ou d'une grève (Cahier II, p. 472–475), qui préfigurent les grandes analyses publiées.
[91] FSFL, *SVI*, p. 24.

1 Vers une nouvelle conception de l'histoire.

expérience réalisée par l'histoire, qui vérifie, complète sur certains points et modifie sur d'autres la méthode qui permet de l'interpréter. Cette tentative est assez neuve, qui laisse un événement se dérouler, sous les yeux du lecteur, en pleine liberté, et se borne à nous montrer comment les faits engendrent leur propre dialectique[92].

C'est n'est donc pas une méthode (fût-elle marxiste) qui offre la possibilité d'une description objective du processus ; c'est au contraire une description fidèle du processus dans son développement dialectique qui permet de mettre à l'épreuve et de corriger les outils méthodologiques disponibles pour le saisir. Ainsi, Sartre conclut l'introduction de son texte en affirmant qu'il se propose d'imiter cette méthode, de « laisser les faits s'organiser eux-mêmes »[93] et de « laisser l'événement yougoslave fixer lui-même son importance dans et par son développement dialectique »[94].

La dissidence yougoslave apporte, selon Sartre, une double preuve de la nécessité pour le marxisme de redécouvrir l'importance de la subjectivité et de repenser profondément sa place dans la dialectique historique. La preuve est tout d'abord *méthodologique* en ceci que pour décrire de manière adéquate le processus qui a conduit à la dissidence yougoslave (c'est-à-dire pour le rendre intelligible), il est nécessaire d'intégrer le facteur subjectif. Le processus de bureaucratisation en Union soviétique ne peut en effet s'expliquer par les seules nécessités objectives de l'industrialisation et de la socialisation dans un pays arriéré, mais doit intégrer « l'appréciation subjective » que fait le personnel dirigeant, c'est-à-dire le « choix d'une politique et d'une conception de l'homme »[95] : celui de tenir pour nul tout ce qui relève du subjectif. Mais cette réification (Sartre se réfère explicitement aux concepts lukácsiens de *Verdinglichung* et de « calcul rationnel » pour les retourner contre les régimes d'Europe de l'Est[96]) ne peut être comprise qu'en faisant droit à la subjectivité propre des dirigeants bureaucrates. De la même manière, les prétendues « rébellions » d'Europe de l'Est (qui sont imputées aux dirigeants communistes accusés lors des procès anti-titistes, mais qui sont en réalité des résistances à une soumission complète à l'URSS), ne peuvent simplement s'expliquer par les contradictions objectives entre les exigences soviétiques et les exigences propres d'industrialisation et de socialisation au niveau national : il est nécessaire de prendre en compte le fait que cette contradiction est vécue par les fonctionnaires et que ces derniers se trouvent dans l'obligation de choisir entre ces deux exigences[97].

Mais la preuve de la nécessité d'intégrer la subjectivité est ensuite *historique* : le personnel dirigeant yougoslave n'est au départ guère différent de la bureaucratie soviétique et cherche tout autant à supprimer le facteur subjectif pour se dissoudre dans la pure objectivité d'un processus historique impersonnel. Or les contradictions mêmes de l'objectivité conduisent ces individus à intégrer dans leurs schèmes

---

[92] FSFL, *SVI*, p. 25.
[93] FSFL, *SVI*, p. 25.
[94] FSFL, *SVI*, p. 26.
[95] FSFL, *SVI*, p. 32.
[96] FSFL, *SVI*, p. 34–39.
[97] FSFL, *SVI*, p. 40–42. C'est ce qui permet également d'expliquer leurs « aveux » lors des procès (p. 42–48).

de pensée la dimension subjective : la subjectivité des dirigeants (qui prévoient ou anticipent le mouvement de l'histoire, mais ne peuvent jamais le déterminer absolument, et sont donc susceptibles de se tromper), mais aussi la subjectivité de la population (parce que les dirigeants yougoslaves ont besoin du soutien populaire au moment de la rupture avec Moscou, ils doivent prendre en compte le niveau effectif des consciences et agir auprès d'elles pour les convaincre, comme dans le marxisme classique). Ainsi le titisme est le moment de négation de la négation stalinienne de la subjectivité[98] – négation au cours de laquelle les bureaucrates objectivistes sont contraints à la fois d'assumer leur propre subjectivité et de reconnaître celle de la population. Comme l'écrit Sartre, avec la dissidence titiste, « le marxisme se retourne contre le stalinisme et le stalinisme se retourne contre lui-même »[99], de sorte que cet événement constitue la preuve dialectique, amenée par le mouvement même de l'histoire, de la nécessité d'une transformation du marxisme.

L'appropriation sartrienne du marxisme passe ainsi par l'étude concrète d'une série de processus historiques qui déterminent eux-mêmes d'un côté les infléchissements marxistes qu'il doit donner à son existentialisme dialectique, de l'autre les infléchissements existentialistes dialectiques à donner au marxisme. C'est certainement pour cela que Sartre entreprend à cette époque un vaste programme d'étude de l'histoire. Aussi lit-il de nombreux ouvrages d'histoire sur le Moyen Âge et le féodalisme (M. Bloch, J. Calmette, J. Castelnau)[100], sur la Réforme et la Renaissance (F. Engels, L. Febvre, G. Welter)[101], sur le XIXe siècle français[102], et se lance même au début des années cinquante dans un travail d'archives et de lectures substantielles sur la Révolution française[103]. Ce travail de fond sur l'histoire lui donne les matériaux

---

[98] « Si le titisme a pour nous une importance exceptionnelle, c'est qu'il aboutit à la subjectivité ; mais celle-ci […] est produite comme une réalité efficace à partir de l'objectivisme par le mouvement même de l'histoire » (FSFL, *SVI*, p. 28).

[99] FSFL, *SVI*, p. 48.

[100] M. Bloch, *La société féodale. T. 1 : La formation des liens de dépendance* (1939), *T2 : Les classes et le gouvernement des hommes* (1940) ; J. Calmette, *Le Moyen Âge* (1948) ; J. Castelnau, *La vie au Moyen Âge* (1949). Voir surtout Sartre, « Pour une psychologie de l'homme féodal » (publié dans *LTM*, n°645–646, 2007, p. 76–123) et ses Entretiens avec Trần Đức Thảo et J. Domarchi de 1949–50.

[101] Il lit notamment F. Engels, *La guerre des paysans* (1850), L. Febvre, *Luther* (1928), et G. Welter, *Histoire des sectes chrétiennes* (1950) en vue de l'écriture du *Diable et le bon Dieu*.

[102] L'ouvrage d'H. Guillemin, *Le coup du 2 décembre* (Paris, Gallimard, 1951) joue un rôle important dans son interprétation de l'histoire de la bourgeoisie française au XIXe siècle. Ce travail de recherche se retrouve dans son étude de *Mallarmé*, dans *Saint Genet*, mais aussi dans « Les communistes et la paix ».

[103] Deux manuscrits inédits du début des années cinquante ont été publiés dans les *Études sartriennes* (« Sartre inédit », n°12, 2008) et témoignent de l'ampleur du travail historique effectué par Sartre : « Mai-juin 1789. Manuscrit sur la naissance de l'Assemblée nationale » (p. 19–154) et « Liberté – Égalité. Manuscrit sur la genèse de l'idéologie bourgeoise » (p. 165–256). Ces travaux ont récemment suscité l'intérêt d'historiens de la Révolution française. Voir notamment Cl. Mazauric, « Sartre et l'histoire de la Révolution française » (« Sartre, l'histoire et les historiens », *Études sartriennes*, n°14, 2010, p. 99–123) et S. Wahnich, « L'histoire de la Révolution française peut-elle être dialectique ? Sartre, Lévi-Strauss, Benjamin », (*L'Homme et la société*, n° 181, 2011, p. 99–120), ainsi que *La révolution française n'est pas un mythe* (Paris, Klincksieck, 2017).

empiriques dont il a besoin pour repenser la méthode marxiste en y intégrant la dimension de la subjectivité. Une telle refonte théorique se révèle en effet indispensable, comme il l'explique en conclusion de son texte de 1950, en parlant de l'évolution des dirigeants yougoslaves :

> La pression des circonstances objectives et les contradictions de l'objectivisme lui-même les ont amenés malgré eux à revaloriser la subjectivité ; mais cette revalorisation, à son tour, exige un remaniement théorique ; il faut repenser le marxisme, il faut repenser l'homme[104].

Ce programme ne sera réalisé que dix ans plus tard avec l' « anthropologie structurelle et historique » que propose la *Critique de la Raison dialectique*.

2 L'AUTRE ET LA NORME SOCIALE : ALIÉNATION ET SUBJECTIVITÉ.

> « Nous passons notre temps à fuir l'objectif dans le subjectif et le subjectif dans l'objectivité : ce jeu de cache-cache ne prendra fin qu'au jour où nous aurons le courage d'aller jusqu'au bout de nous-même dans les deux directions à la fois »
> (Sartre, *Saint Genet*, p. 662).

Alors qu'il prend la défense de Sartre dans « La querelle de l'existentialisme », Merleau-Ponty admet néanmoins que *L'Être et le Néant* ne propose pas encore de « théorie du social »[105]. Si nous avons vu que cette idée devait certainement être nuancée[106], il reste que Sartre découvre progressivement les limites et lacunes de son cadre théorique de 1943, et est alors conduit, à partir de 1947–48, à explorer de nouvelles directions pour approcher les phénomènes sociaux. Mais plus encore que Merleau-Ponty, c'est certainement Beauvoir qui joue un rôle déterminant dans cette évolution. Beauvoir a en effet immédiatement manifesté beaucoup de réticences à l'égard de la place, à son avis excessive, que Sartre donnait à la liberté dans l'inscription sociale des individus[107]. *Le Deuxième Sexe* propose ensuite une théorie de l'aliénation qui, bien que formulée avec les concepts de *L'Être et le Néant*, leur donne un infléchissement tel qu'ils en viennent à mettre en question les propositions théoriques de Sartre. L'aliénation n'est pas simplement conçue, comme c'était en

---

[104] FSFL, *SVI*, p. 66.

[105] QE, *SNS*, p. 100.

[106] *Cf. supra*, Partie I, chap. 1.

[107] Beauvoir raconte dans la *FA* les discussions philosophiques qu'elle a eues avec Sartre lors d'une permission d'avril 1940 et évoque ses résistances à l'égard de la philosophie de la liberté que lui exposait Sartre : « Les jours suivants, nous discutâmes certains problèmes particuliers et surtout le rapport de la situation et de la liberté. Je soutenais que, du point de vue de la liberté, telle que Sartre la définissait, […] les situations ne sont pas équivalentes : quel dépassement est possible à la femme enfermée dans un harem ? […] Je m'obstinais longtemps et je ne cédai que du bout des lèvres. Au fond, j'avais raison. Mais pour défendre ma position, il m'aurait fallu abandonner le terrain de la morale individualiste, donc idéaliste, sur lequel nous nous placions » (S. de Beauvoir, *FA*, t. 2, chap. 6, p. 498).

grande partie le cas chez Sartre, comme une conséquence de la dimension d'extériorité ou d'objectivité de la réalité-humaine et de son action dans le monde (autrui pouvant donner le sens qu'il veut aux actes et à l'être de celui qui est devant lui), mais comme l'intériorisation des exigences d'autrui : les actes spontanés et le projet même de l'individu sont toujours déjà travaillés par la présence de l'Autre en soi. L'aliénation n'est plus *a posteriori* (dans le destin de nos actes et de nos productions dans le monde intersubjectif), mais est *a priori* et conditionne le sens même de ces actes. Cette conception met ainsi en lumière le fait que, bien que *L'Être et le Néant* accorde une grande importance aux relations intersubjectives (lesquelles jouent un rôle existentiel fondamental), il repose toutefois sur un présupposé individualiste, qui donne toujours l'initiative au projet sur le rapport à autrui, dont l'influence reste toujours seconde dans la constitution du soi (comme en témoigne la biographie existentielle de Baudelaire). Avec Beauvoir, il devient désormais abstrait d'opposer liberté et aliénation, authenticité et inauthenticité, c'est-à-dire finalement d'opposer l'intériorité (qui serait le domaine de l'individu) et l'extériorité (qui serait celui du social) : ce n'est donc pas seulement la théorie de l'aliénation, mais plus largement la conception du social de Sartre qui est à repenser.

C'est alors au contact de la théorie beauvoirienne de l'aliénation que Sartre tente de renouveler en profondeur les catégories de *L'Être et le Néant* (le Tiers, l'irréalisable, les techniques du corps comme dimension sociale de l'intentionnalité). Cette remise en cause le conduit également à se confronter à la philosophie hégélienne et à la tradition sociologique française (en particulier à Mauss, puis à Lévi-Strauss), ainsi qu'au marxisme. En effet, comme nous venons de le voir, le marxisme commence à prendre pour Sartre une importance croissante à partir de 1948. Cependant tout en faisant toujours davantage leur part aux analyses marxistes et au poids du social, Sartre cherche à élaborer une théorie du social qui puisse intégrer et prendre en compte la subjectivité et la liberté de l'individu.

2.1 *L'Autre comme présence intime du social : de l'aliénation à l'oppression.*

L'enjeu pour Sartre est de tenter d'élaborer une théorie qui puisse rendre compte des effets propres du social (notamment son action sur les comportements, sentiments, représentations et même le rapport à soi des individus) à partir d'un modèle intersubjectif. Cette intersubjectivité ne doit toutefois pas être comprise au sens binaire, mais au sens d'une pluralité indéfinie de rapports entre les individus. Dans les *Cahiers pour une morale*, Sartre s'essaie ainsi à une réécriture existentialiste des travaux anthropologiques sur les sociétés dites « primitives »[108] de manière à mettre

---

[108] En effet, comme l'écrit Sartre : « Tout l'homme est dans le primitif » (*CPM*, Cahier I, p. 373). Ainsi dans les *CPM* Sartre discute-t-il explicitement Mauss (en particulier son *Esquisse d'une théorie générale de la magie* et l'*Essai sur le don. Forme et raison de l'échange dans les société archaïques*), L. Lévy-Bruhl (*Les fonctions mentales dans les sociétés inférieures*), M. Leiris

2 L'Autre et la norme sociale : aliénation et subjectivité.

en lumière une forme fondamentale de socialité antérieure à l'apparition des sociétés oppressives. C'est avec une telle théorie qu'il peut ensuite critiquer et intégrer les conceptions de la naissance de l'oppression qu'il trouve dans le marxisme (principalement chez Engels dans l'*Anti-Dühring* et *L'origine de la famille*) et chez Hegel (dans la dialectique du maître et de l'esclave de la *Phénoménologie de l'Esprit*). La notion centrale pour Sartre est celle de l'Autre : elle permet de comprendre l'aliénation, la nature fondamentale de la socialité, et enfin le phénomène de l'oppression.

L'Autre ne renvoie plus seulement, comme dans *L'Être et le Néant*, à la transcendance d'autrui, ou, comme nous venons de le voir pour l'histoire, au simple champ d'extériorité (« élément de l'Autre ») dans lequel chacun s'objective et où le sens des actions échappe à tous dans la mesure où il dépend de chacun : l'Autre est désormais une « altérité constituée en moi par l'Autre [au sens de transcendance] et qui n'est autre que moi-même comme autre ou *le même* en tant qu'aliéné »[109]. Il en résulte un dédoublement du « moi » en deux instances : d'une part le moi que je suis immédiatement à moi-même dans l'ipséité (le Soi-Même, ou Pour-soi) et d'autre part celui que je suis en tant que je suis Autre que moi (ce que Sartre appelle le « Moi-Autre »[110]). Plus précisément, il s'agit du moi que je suis lorsque j'agis spontanément selon des normes qui viennent des autres. Ce Moi-Autre est un prolongement de la notion d'irréalisable que nous avons vue dans *L'Être et le Néant*[111], néanmoins son caractère normatif ne provient plus seulement d'une injonction venant de l'extérieur par la désignation, mais il émane du sujet lui-même en tant qu'il a intériorisé une certaine norme sociale de comportement. Cet impératif qui vient de nous sans coïncider avec notre ipséité a été selon Sartre très largement identifié par l'humanité : on le trouve tant dans les notions de *mana* des sociétés de Mélanésie[112], de *zar* en Éthiopie[113], de « démon » ou d'« âme », que dans l'impératif catégorique kantien[114] ou dans l'inconscient freudien[115]. Cependant, ce qui n'a pas

---

(*L'Afrique fantôme*), G. Dumézil (*Mitra-Varuna. Essai sur deux représentations indo-européennes de la Souveraineté*), ou encore F. Engels (*L'origine de la famille, de la propriété privée et de l'État*).

[109] *CPM*, Cahier I, p. 381. « L'Autre n'est pas une personne déterminée mais une catégorie ou si l'on veut une dimension, un élément. [...] C'est seulement une manière d'être » (*CPM*, Cahier I, p. 396).

[110] *CPM*, Cahier I, p. 400, p. 423–426.

[111] Cf. *supra*, Partie I, chap. 1.

[112] Cf. M. Mauss, « Esquisse d'une théorie générale de la magie », *Sociologie et anthropologie*, p. 101–115. Pour l'analyse de Sartre, voir *CPM*, Cahier I, p. 374–382.

[113] Cf. M. Leiris, *L'Afrique fantôme* (1934).

[114] « La liberté qui soutient pour Kant l'impératif catégorique est nouménale donc liberté *d'un autre*. Elle est séparée par ce léger ru de néant qui suffit pour que je ne *la* sois pas. Elle est projection de l'Autre dans le monde nouménal » (*CPM*, Cahier I, p. 147). Voir aussi l'analyse de l'exigence et de la morale du devoir *CPM*, Cahier I, p. 248–285.

[115] L'« inconscient freudien : c'est l'Autre » (*CPM*, Cahier I, p. 444). « L'inconscient comme dernier type d'aliénation : à comparer au *zar* » (*CPM*, Cahier I, p. 426).

toujours été vu, c'est le caractère social et intersubjectif de cette « transcendance par derrière »[116].

Ce devenir Autre de soi est ce que Sartre appelle alors aliénation. Celle-ci n'a plus seulement lieu *a posteriori*, mais principalement *a priori*, dans une intériorisation de la norme sociale au cours de laquelle l'individu donne la priorité en lui à l'Autre sur le Même. L'aliénation est un phénomène non pas extérieur, mais intérieur, qui concerne le rapport de chaque individu avec lui-même. Ainsi Sartre peut-il définir l'aliénation comme « un certain type de rapports que l'homme entretient avec lui-même, avec autrui et avec le monde et où il pose la priorité ontologique de l'Autre »[117]. L'individu aliéné en vient en effet à réprimer en lui tout ce qui ne correspond pas aux pensées et aux comportements exigés par l'Autre, et tente de « se faire » tel qu'il est dans son Moi-Autre. L'aliénation se révèle alors comme une modalité de notre projet d'existence :

> Dans une conception du monde basée sur l'Autre exclusivement, le sujet fait dériver tous ses projets et toute son existence de *ce qui n'est pas lui* et de ce qui n'existe pas comme lui[118].

Si dans *L'Être et le Néant* notre rapport à l'altérité (l'autre sujet ou le monde) est toujours déjà pris dans le projet d'existence, à partir de 1947-48 c'est au contraire le projet d'existence qui est toujours déjà travaillé par l'Autre. En effet, « le monde de l'aliénation c'est celui où on pense le Soi-même à partir de l'Autre »[119]. C'est un tel processus que Sartre découvre dans les descriptions que fait Beauvoir de la constitution de la féminité : dans *L'expérience vécue* (titre du Tome 2 du *Deuxième Sexe*), Beauvoir montre en particulier comment la jeune fille est éduquée de manière à se comporter selon la norme de l'Autre. Dans *Saint Genet*, Sartre étudie à son tour le cas de Genet au prisme de cette nouvelle approche de l'aliénation, pour laquelle, comme il aime à le répéter après Rimbaud, « Je est un Autre »[120].

En prolongeant de telles analyses, Sartre pense être en mesure de dégager la figure fondamentale de toute socialité (du moins, précise-t-il, de toutes les sociétés qui ont existé jusqu'à présent). Son analyse porte sur les sociétés claniques, dont, dit-il, « la structure se maintient jusqu'à aujourd'hui »[121], et qui se caractérisent en effet, par ce qu'il appelle la « circulation de l'Altérité »[122], ou le « *règne de l'Autre* »[123]. Il y a donc formation du social à partir du moment où un ensemble d'individus est aliéné à une même figure de l'Autre. En effet, dans une telle structure

---

[116] *CPM*, Cahier I, p. 424.

[117] *CPM*, Cahier I, p. 396.

[118] *CPM*, Cahier I, p. 396.

[119] *CPM*, Cahier II, p. 485.

[120] *CPM*, Cahier I, p. 276, p. 424 ; Cahier II, p. 485. C'est le titre d'un des chapitres de *SG* (« Je est un autre », p. 159–71), mais c'est, plus largement, l'un des thèmes fondamentaux de l'ouvrage : « Voilà donc la clé de Genet, voilà ce qu'il faut comprendre d'abord : Genet est un enfant que l'on a convaincu d'être, au plus profond de lui-même, *un Autre que soi* » (*SG*, p. 47).

[121] *CPM*, Cahier I, p. 380.

[122] *CPM*, Cahier I, p. 376.

[123] *CPM*, Cahier I, p. 282 ; Cahier II, p. 486.

« l'Autre est aussi un Autre pour les Autres »[124] : tout le monde est Autre et, en tant qu'Autre, puissance d'actualisation et de renforcement chez les autres de leur Altérité à eux-mêmes. Mais étant donné que chacun peut incarner pour les autres l'Autre, l'Altérité ne peut s'incarner durablement en personne (l'Autre, c'est personne), et ne fait que circuler[125] :

> Cette domination du Même par l'Autre est diffuse en ce sens que personne n'est l'Autre et que tout le monde l'est. J'incarne l'Autre aux yeux d'autrui mais c'est en tant que je suis moi-même possédé par l'Autre ; l'Autre est toujours marginal. À ce niveau l'homme a inventé l'oppression diffuse et l'aliénation parce qu'il s'est inventé lui-même comme créature aliénée[126].

Or cette perpétuelle circulation de l'Altérité, qui est vécue par chacun comme son immanence au groupe, correspond à ce qu'il appelle la « *souveraineté diffuse* »[127] et constitue, selon lui, la figure fondamentale du social. Ainsi, bien qu'il n'y ait pas, dans une telle société, d'oppression au sens strict (c'est-à-dire de rapports de domination entre les individus), chacun est aliéné à l'Autre en soi par la médiation de chacun des autres membres de la société. La seule oppression qui existe est donc celle que chacun exerce sur soi-même[128].

En s'appuyant sur ce cadre théorique, Sartre peut alors adresser une critique au marxisme. Focalisé sur la question des rapports de domination et d'exploitation entre les individus, le marxisme aurait, selon Sartre, donné la priorité au phénomène d'oppression, et considéré l'aliénation comme un simple phénomène dérivé et secondaire (c'est-à-dire comme le simple effet subjectif ou vécu de la domination). Sartre cherche au contraire à montrer que c'est l'aliénation qui est le phénomène premier : non seulement elle préexiste à l'oppression (puisqu'elle est présente dans des sociétés qui ne sont pas encore divisées en classes), mais elle en est le fondement et condition de possibilité historique. En réalité, Sartre fait sans doute jouer les *Manuscrits de 1844* (qui font de l'aliénation le fait fondamental de l'histoire humaine, à l'origine des inégalités) contre la tradition marxiste dominante de son époque. C'est certainement ce qui le conduit, dans les *Cahiers pour une morale*, à mener une longue discussion des thèses d'Engels sur l'origine de la domination[129]. Il tente notamment de montrer que l'apparition de l'oppression n'est possible que sur le fond d'une aliénation première. Ainsi, les inventions techniques et l'économie

---

[124] *CPM*, Cahier I, p. 376.

[125] « Je suis habité par ma volonté en tant que devenue *volonté de l'Autre*, mais l'autre aussi est habité par sa volonté en tant que *volonté de l'Autre*. Et ainsi de suite à l'infini, c'est un serpent qui se mord la queue, un circuit complet, chacun s'aliénant au profit de chacun. Et si ma volonté est identique à la volonté du voisin, c'est précisément en tant qu'elle n'est ni ma volonté, ni celle du voisin, mais une volonté *toujours autre* » (*CPM*, Cahier I, p. 283).

[126] *CPM*, Cahier I, p. 396.

[127] *CPM*, Cahier I, p. 377.

[128] « La société primitive est pré-oppressive […]. C'est une objectivité sans oppresseur puisque j'opprime chacun en tant que je suis l'Autre et non pas en tant que je suis moi-même. Chacun est donc totalement opprimé en tant qu'il est lui-même et totalement oppresseur en tant qu'il est l'Autre » (*CPM*, Cahier I, p. 377 ; voir aussi p. 380).

[129] *CPM*, Cahier I, p. 353–398.

qui, chez Engels, sont les principaux facteurs du passage aux sociétés oppressives (c'est-à-dire aux sociétés de classe), ne deviennent, selon Sartre, décisives que sur fond d'une « condition ontologique » qui rend possible l'apparition de l'esclavage : l'*aliénation*[130]. Ce n'est que parce que les membres des sociétés non oppressives sont déjà aliénés à l'Autre en eux-mêmes, que des rapports de domination peuvent s'instaurer. C'est parce qu'on agit en tant qu'Autre sur les autres qu'on veut les asservir, et c'est parce qu'ils sont déjà asservis à l'Autre en eux qu'on peut agir sur eux. Sartre développe longuement cette idée dans son interprétation de l'*Essai sur le don* de Mauss[131] : un don ne devient « don asservissant » que si l'autre est déjà aliéné à l'Autre (comme norme sociale en lui). C'est en effet l'impossibilité d'effectuer le contre-don exigé qui conduit l'individu à accepter un rapport de domination à l'égard de celui dont il est l'obligé[132]. L'erreur du marxisme (comme de Hegel) est donc de n'avoir pas vu que l'« aliénation précède l'oppression »[133].

La priorité de l'aliénation sur l'oppression n'est pas seulement historique, mais également logique : l'aliénation est le fondement de l'oppression. Ce n'est pas parce qu'on est opprimé qu'on est aliéné, mais c'est au contraire parce qu'on est aliéné qu'on cherche à opprimer. C'est ce que met en lumière Beauvoir dans *Le Deuxième Sexe* : les hommes oppriment d'autant plus les femmes qu'ils sont aliénés à l'Autre en eux, c'est-à-dire à une certaine norme de la masculinité[134]. Le monde de l'aliénation sous-jacent à toute structure sociale est en effet constitué de cette « oppression diffuse » où chacun est aliéné à l'Autre en soi : le passage à l'oppression entre les individus s'effectue quand la circulation de l'aliénation est escamotée et les rapports intersubjectifs se polarisent en groupes hétérogènes et non réciproques. Ce passage « à la souveraineté incarnée, aux sociétés secrètes hiérarchisées, à l'oppression de la femme par l'homme, à la propriété privée et à l'esclavage »[135] se présente en première approche comme la constitution d'une opposition entre, d'une part, le Sujet ou Même (le « Mâle », le « maître », le « bourgeois », les « honnêtes gens », etc.) et d'autre part, l'Objet ou Autre (c'est-à-dire une humanité inférieure ou non-humanité : la « femme » décrite par Beauvoir, l'« esclave » de Hegel, le « prolétaire » de Marx, mais aussi le voleur, l'homosexuel que Sartre décrira bientôt en Genet). Mais cette opposition est superficielle et masque le fait qu'il s'agit en réalité d'une opposition entre deux normes de l'Autre, qui régissent chacune une partie de la communauté : l'Autre-souverain (comme norme du groupe dominant) et l'« Autre *inférieur* »[136]

---

[130] *Cf.* notamment la conclusion de l'analyse, *CPM*, Cahier I, p. 395–396.

[131] *CPM*, Cahier I, p. 382–393.

[132] Ainsi Sartre remplace-t-il la dialectique hégélienne du maître et de l'esclave par cette dialectique maussienne de la générosité asservissante. « Le don devient entreprise concertée d'aliénation, non par la violence mais par la générosité » (*CPM*, Cahier I, p. 386).

[133] *CPM*, Cahier II, p. 485.

[134] L'homme « est lui-même esclave de son double […]. L'homme est rongé par le souci de se montrer mâle, important, supérieur ; il joue des comédies afin qu'on lui en joue » (*DS*, T.2, conclusion, p. 637–638).

[135] *CPM*, Cahier I, p. 380.

[136] *CPM*, Cahier I, p. 394.

(comme norme du groupe dominé). L'oppresseur est en effet tout aussi aliéné que celui qu'il opprime ; c'est même parce que l'oppresseur est lui-même opprimé en soi (ou aliéné) qu'il opprime :

> Je suis un oppresseur-né dans l'exacte mesure où je suis un opprimé. Et, au premier moment, j'opprime parce que je suis opprimé, je *transmets l'oppression*. Un oppresseur est un homme qui transmet sur d'autres l'oppression qu'il subit[137].

Mais à l'inverse, la structure d'oppression vient renforcer l'aliénation de chacun des deux groupes à leur Autre. Il y a donc, selon Sartre, un « cercle vicieux » de l'oppression et de l'aliénation : « l'aliénation perpétue l'oppression mais l'oppression perpétue l'aliénation »[138].

De là, Sartre donne d'une part raison à Marx en tant qu'il affirme que les oppresseurs et les opprimés sont tout aussi aliénés les uns que les autres[139] et que la libération des seconds implique nécessairement celle des premiers (d'où le caractère humaniste du marxisme), mais il donne d'autre part tort au marxisme lorsque celui-ci prétend qu'il suffit de détruire la structure oppressive pour mettre fin à l'aliénation. La fin de l'oppression n'est pas la fin de l'aliénation, et tant que l'aliénation ne sera pas dépassée, de nouvelles structures oppressives pourront sans cesse renaître sur le terreau du « monde de l'aliénation ». Si la transformation sociale et économique est certes une condition de la sortie de l'aliénation, elle n'en est qu'une condition nécessaire qui doit être complétée, selon Sartre, par une « conversion universelle »[140], au cours de laquelle le monde de l'aliénation est définitivement dépassé[141]. Ainsi, pour Sartre, conversion morale et transformation historique sont indissociablement liées dans un projet d'émancipation véritable.

2.2 *Le social et son dehors. Inclusion de l'exclu, exclusion de l'inclus.*

L'oppression n'est donc jamais un simple rapport de domination : elle est redoublée d'une aliénation, par laquelle l'opprimé intériorise sous la forme d'un Moi-Autre la norme d'existence qui lui est imposée, et se fait ainsi complice de ses oppresseurs. On peut alors se demander si la domination sociale est absolue ou bien s'il n'existerait pas des points d'appui à partir desquels il est possible d'envisager une sortie de l'aliénation. Ces points d'appui seraient soit situés en extériorité complète par rapport à la norme sociale, soit imparfaitement intégrés à cette norme. Or comme le note Lévi-Strauss dans un passage cité par Sartre dans *Saint Genet* :

---

[137] *CPM*, Cahier I, p. 381.
[138] *CPM*, Cahier I, p. 398.
[139] *Cf.* notamment K. Marx et F. Engels, *SF*, chap. 4, p. 47.
[140] *CPM*, Cahier II, p. 487.
[141] Les *CPM* se donnaient notamment pour tâche de définir les moyens de cette conversion ainsi que la morale de l'humanité qui aurait dépassé l'aliénation.

> Dans toute société […], il serait inévitable qu'un pourcentage, d'ailleurs variable, d'individus se trouvent placés, si l'on peut dire, hors système ou entre deux ou plusieurs systèmes irréductibles[142].

Dans ce même passage, Lévi-Strauss affirme que c'est « celui que nous appelons le sain d'esprit » qui « s'aliène » pleinement à la norme sociale, alors que celui qui a un comportement pathologique refuse au contraire de participer à la vie sociale[143]. Dans *Les structures élémentaires de la parenté*, Lévi-Strauss ajoute à cet ensemble d'individus qui serait en extériorité par rapport à la société les figures du célibataire et de l'orphelin[144]. Pour compléter l'horizon qu'a en vue Sartre, il faudrait également ajouter le « prolétaire » du Marx de 1843[145], ou encore les minorités religieuses, nationales, ethniques ou sexuelles (juifs, noirs, étrangers, homosexuels, etc.).

L'un des enjeux de *Saint Genet* est de s'affronter à cette question à travers l'analyse de l'exclu social absolu qu'est Jean Genet. Ce dernier a ceci de particulier qu'il incarne non seulement l'exclu de la société, mais celui qui refuse systématiquement toute forme de socialité. Sartre montre en effet que Genet opte toujours pour un comportement qui brise toute forme de réciprocité, et cela non seulement par rapport à la société française en général, mais également par rapport à tous les sous-groupes et minorités auxquels il pourrait être identifié (de sorte qu'on pourrait dire que la maxime de chacune de ses actions est d'agir de telle sorte que son comportement l'exclut le plus possible d'un maximum de groupes sociaux possibles). Ainsi, par le vol, il s'exclut de la société bourgeoise qui s'organise autour du respect de la propriété privée ; mais en trahissant ses acolytes, il s'exclut de la société des voleurs. Par son homosexualité, il s'exclut de l'échange matrimonial général de la société et s'attire la haine d'une société homophobe ; par son choix de l'homosexualité « passive » et de la trahison, il fait en sorte de s'attirer le mépris de ses amants et de s'exclure de toute communauté avec les autres homosexuels. De la même manière, si ses textes littéraires choquent la plupart de ses lecteurs, d'autres lecteurs sont en revanche enthousiastes, mais il refuse de constituer une communauté autour de ces derniers : comme le dit Sartre, Genet écrit toujours contre ses lecteurs. Cet exclu absolu ne constituerait-il pas le point d'appui à partir duquel il est possible de contester l'ordre social ?

Le premier niveau de l'argumentation de Sartre consiste à dire que ce n'est pas le cas. Il suit alors Lévi-Strauss, qui montre que ce qui se donne, à un certain niveau, comme extériorité la plus absolue par rapport à l'ordre symbolique social, est, à un

---

[142] Cl. Lévi-Strauss, « Introduction à l'œuvre de Marcel Mauss », *SA*, p. XX (cité par Sartre, *SG*, p. 68).

[143] Cl. Lévi-Strauss, *id.*

[144] Cl. Lévi-Strauss, *Les structures élémentaires de la parenté*, Partie I, chap. 3, p. 46.

[145] Pour Marx en 1843, le potentiel révolutionnaire du prolétariat réside dans le fait qu'il se situe en extériorité par rapport à la société : il s'agit d' « une classe de la société bourgeoise, qui n'est aucune classe de cette société » et qui est l'agent d'une révolution vraiment universelle et humaniste parce qu'il serait dépouillé de toutes les particularités sociales le liant à sa société (K. Marx, *CCPDH*, Introduction, p. 296).

2 L'Autre et la norme sociale : aliénation et subjectivité.

autre niveau, une fonction de cet ordre symbolique et permet même de le renforcer. En effet, à la suite du passage cité plus haut, Lévi-Strauss écrit, en parlant des « malades », que

> Leur position périphérique par rapport à un système local n'empêche pas qu'au même titre que lui, ils ne soient partie intégrante du système total. Plus exactement, s'ils n'étaient pas ces témoins dociles, le système total risquerait de se désintégrer en systèmes locaux. On peut donc dire que pour chaque société, le rapport entre conduites normales et conduites spéciales est complémentaire[146].

C'est précisément ce que Sartre montre concernant Genet. Genet correspond selon lui à un personnage essentiel au fonctionnement de toute société normale : le « méchant professionnel »[147]. Ces « méchants » ont pour tâche d'incarner le Mal Absolu et de présenter ce dernier comme extériorité complète et incommensurable par rapport à l'ordre social – et cela afin qu'aucun membre « normal » (ou « honnête ») de la société ne puisse se reconnaître ne fut-ce que partiellement dans les actions du méchant. Le « méchant » peut alors jouer le rôle d'« abcès de fixation » contre lequel les « honnêtes gens » peuvent exercer leur violence et leur haine en toute bonne conscience. Mais en quoi consiste donc ce Mal ? Le Mal est pour l'honnête citoyen tout ce qui menace de conduire les individus d'une société (et lui-même) à ne pas agir scrupuleusement selon la norme sociale (c'est-à-dire selon l'Autre en eux).

> Le mal, c'est l'unité de toutes ses impulsions à critiquer, à juger, à rejeter en tant qu'il refuse de les *reconnaître*, d'y voir l'exercice normal de sa liberté et qu'il les rapporte à une cause extérieure, [...] c'est son inquiétude, son incroyance foncière ou sa singularité venant à lui du dehors comme un Autre lui-même, pour le tenter[148].

Le méchant incarne toutes les tendances les plus antisociales que les honnêtes gens sentent implicitement en eux-mêmes, répriment et projettent hors d'eux-mêmes sur les « méchants professionnels »[149]. Mais, au moment même où les citoyens « normaux » projettent sur le méchant leurs propres tendances refoulées, le méchant est celui qui à l'inverse intériorise (ou « introjette ») et réalise dans ses actes l'ensemble des aspirations refoulées de la société[150]. Le méchant, en tant qu'exclu de la société, permet d'expulser de la société et plus généralement de l'humanité tout ce qui ne correspond pas à l'Autre social[151]. Il a ainsi la fonction de « bouc émissaire »[152].

Le comportement de Genet (comme celui de tout « méchant »), s'il apparaît au premier regard comme asocial, est donc en réalité tout aussi imprégné de la

---

[146] Cl. Lévi-Strauss, « Introduction à l'œuvre de Marcel Mauss », *op. cit.*, p. XX-XXI.

[147] *SG*, p. 41.

[148] *SG*, p. 35.

[149] Le méchant est donc « un homme que sa situation met à même de nous présenter en plein jour et sous une forme objective les tentations obscures de notre liberté » (*SG*, p. 40).

[150] « Il installe en lui docilement l'inclination qu'on lui attribue » (*SG*, p. 50).

[151] « Pour faire Genet [...], on a pris un enfant et on en a fait un monstre pour des raisons d'utilité sociale » (*SG*, p. 33).

[152] *SG*, p. 33.

normativité sociale que celui des citoyens honnêtes, et a une place essentielle dans la structure symbolique qu'est la société. Comme l'écrit Sartre en parlant de Genet,

> Enfant martyr, enfant public, les autres l'ont investi, pénétré, circulent en foule et tout à leur aise dans son âme [...]. À personne la société n'est plus terriblement présente qu'à cet enfant qu'elle prétend rejeter. Ce n'est pas un homme : c'est une créature d'homme, entièrement occupée par les hommes ; on l'a produit, fabriqué, de toutes pièces[153].

Ainsi, même l'individu en apparence le plus irrécupérable socialement est en réalité structuré par la société dans laquelle il vit : le dehors qu'il représente est intérieur à la structure sociale prise dans sa totalité. Si donc, à un premier niveau, en s'en tenant aux relations intersubjectives binaires, il semble y avoir une opposition absolue entre l'individu socialement intégré et l'individu asocial ou antisocial, à un second niveau, lorsqu'on replace l'opposition dans le tout de la structure sociale, cette opposition se révèle alors comme complémentarité indispensable entre les deux termes. Il en résulte que le social ne semble donc pas avoir de dehors : tous les comportements et les individus sont aliénés et soumis à l'ordre de l'Autre. Pire, la société se renforce même de ce qui la conteste : il semble alors impossible de trouver un point d'extériorité à partir duquel une sortie de l'aliénation devient envisageable.

Il faut toutefois compléter ce premier mouvement argumentatif par un second, qui suit un mouvement inverse. Ainsi, après avoir montré que ce qui semblait le plus extérieur au social faisait partie de la structure sociale, il s'agit pour Sartre de mettre en lumière le fait que même ce qui se présente comme le plus intégré au social est travaillé secrètement par l'extériorité. C'est ce qu'il montre à travers ses analyses des « honnêtes gens »[154] (dans *Saint Genet*) ou des bureaucrates soviétiques (dans « Faux savants ou faux lièvres »). Ces individus, dont tout le comportement se présente comme parfaitement normalisé, sont toujours secrètement travaillés par la négativité, la subjectivité, c'est-à-dire la tentation de la déviation ou de l'écart individuel par rapport à la norme de leur Moi-Autre : « ce grouillement vague et vivant qui est encore lui-même, mais un lui-même sauvage, libre, extérieur aux limites qu'il s'est tracées »[155]. Ils sentent implicitement (sans jamais en prendre explicitement conscience) qu'aussi intégrés soient-ils à la norme sociale, ils ne pourront jamais coïncider ou s'identifier à elle : malgré tous leurs efforts, il subsistera toujours un écart ou une différence. L'intégration symbolique complète (c'est-à-dire une aliénation complète) n'est donc jamais réalisable : tout être humain reste irréductible à son Moi-Autre. Sartre retravaille ici le concept d'irréalisable[156] pour montrer, au niveau social, comment le partage entre le normal et le pathologique, entre le dedans et le dehors de la société, ne passe pas entre les individus, mais au sein de

---

[153] *SG*, p. 58.

[154] Cette formule, particulièrement présente dans le *Saint Genet*, vient de H. Guillemin, dont l'ouvrage *Le coup du 2 décembre* a fortement marqué Sartre à cette époque.

[155] *SG*, p. 35.

[156] Sur le concept d'irréalisable, voir *supra*, Partie I, chap. 1.

chaque individu[157]. S'il est impossible d'être absolument à l'extérieur du social, il est tout aussi impossible d'être pleinement à l'intérieur et intégré.

Or Sartre montre qu'à l'Ouest comme à l'Est, les sociétés contemporaines cherchent à étouffer cette dimension de négativité et de singularité, soit par la normalisation bureaucratique (qui pose la subjectivité comme « zéro », selon la formule de Koestler), soit par la soumission de chacun à l'individu moyen statistique[158]. La dimension subjective est non seulement pathologisée mais criminalisée : chacun s'éprouve alors implicitement comme traître possible à l'ordre social. Ainsi, la constitution de personnages incarnant le mal absolu (Boukharine, Rajk, Kostov à l'Est, ou des individus comme Genet à l'Ouest) permet de punir en l'autre, avec d'autant plus de violence, le traître qu'on se sait être en puissance. Il en résulte que

> Si vous voulez connaître un honnête homme, cherchez quels vices il hait le plus chez les autres : vous aurez les lignes de force de ses vertiges et de ses terreurs [...]. Ceux qui condamnent Genet le plus sévèrement, je devine que l'homosexualité est leur tentation constante et constamment reniée, l'objet de leur haine la plus intime et qu'ils sont heureux de la détester chez un autre parce qu'ils ont ainsi l'occasion de détourner leurs regards d'eux-mêmes. [...] À ceux-là Genet sert : ils peuvent haïr en lui cette moitié de soi qu'ils refusent[159].

Les « méchants professionnels » ont ainsi pour fonction, dans chaque société, de renforcer l'aliénation en rendant impossible la reconnaissance de soi dans l'autre, c'est-à-dire le fait qu' « honnêtes gens » et « méchants » (traîtres, criminels, fous, etc.) participent d'une même humanité pour laquelle l'individu et la subjectivité ne peuvent jamais être totalement dissous dans l'Autre social.

Or c'est précisément cette extériorité relative de chacun au social qui constitue pour Sartre le point d'appui à partir duquel peut s'opérer une transformation de l'aliénation en liberté. C'est en ce sens que Genet constitue pour Sartre une figure « positive » qu'il oppose à celle du Boukharine de Merleau-Ponty (et de Koestler). En effet, si Boukharine fait bien l'expérience de sa subjectivité irréductible, il finit cependant par s'aliéner dans son Moi-Autre au moment de ses aveux – et représente donc, selon Sartre « notre volonté d'*être ensemble* poussé jusqu'au martyr »[160]. À l'inverse, si « Genet est le Boukharine de la Société bourgeoise »[161], c'est que lui aussi fait l'expérience de l'irréductibilité de sa subjectivité à l'ordre social, mais que, contrairement à Boukharine, il l'accepte dans l'orgueil et décide de vivre sa solitude (c'est-à-dire sa différence d'avec la norme sociale) jusqu'au bout. Genet

---

[157] *Cf. CPM*, Cahier I, p. 424 : « Il y a naturellement une inadéquation perpétuelle du Pour-soi vivant (*Erlebnis*) avec le *Je* [ie : le « Moi-Autre »]. [...] Ainsi chaque *Erlebnis* se donne à la fois comme émanant du Je et comme le trahissant. Je *suis* un magistrat et je n'arrive pas à l'être. Je le suis sur le mode de ne pas l'être. Et comme elle le trahit en même temps, elle se donne comme devoir de le réaliser ».

[158] *Cf.* l'analyse de l'homme médiocre dans les *CPM*, Cahier I, p. 25–26.

[159] *SG*, p. 40.

[160] *SG*, p. 661.

[161] *SG*, p. 656.

doit donc être pour nous un miroir dans lequel se regarder : avec lui, on doit découvrir en nous notre part de déviance par rapport à la norme, c'est-à-dire de liberté.

Mais si la reconnaissance de la négativité et de la subjectivité constitue le point d'appui pour un renversement de l'aliénation, cette reconnaissance ne réalise pas la libération elle-même, et risque de ne pas dépasser le stade de la révolte stérile qui ne fait que renforcer la structure sociale. La reconnaissance de la subjectivité doit donc être assortie d'une reconnaissance équivalente de l'objectivité, c'est-à-dire de l'être social commun aux individus. Boukharine et Genet représentent donc l'antithèse de l'objectivisme et du subjectivisme, alors que l'enjeu est d' « échapper à cette alternative » pour « réconcilier l'objet et sujet »[162]. Si la figure de Genet permet de rappeler au marxisme la nécessité d'intégrer la subjectivité, celle de Boukharine permet à l'inverse de rappeler à l'existentialisme la nécessité d'intégrer l'objectivité. La prise de conscience de notre négativité et de notre liberté doit se fait en même temps que celle de notre être objectif et social : c'est en liant ces deux dimensions qu'on peut entamer le processus de libération ou d'émancipation. Or c'est la tâche de la réflexion politique que d'articuler ces deux dimensions.

3   Au-delà de l'opposition entre l'aventurier et le militant. Les aventures d'une politique « merleau-pontyienne ».

> « Je croyais rester fidèle à sa pensée de 1945 et qu'il l'abandonnait ; il croyait rester fidèle à soi-même et que je le trahissais ; je prétendais poursuivre son œuvre, il m'accusait de la ruiner. Ce conflit ne venait pas de nous mais du monde et nous avions raison tous les deux »
> (Sartre, « Merleau-Ponty vivant », p. 254).

L'enjeu fondamental des réflexions politiques de Sartre pendant les années 1948–54 est d'articuler et de dépasser ces deux attitudes antithétiques (celle de Genet et de Boukharine, c'est-à-dire le subjectivisme et l'objectivisme), pour trouver une issue effective à la situation d'aliénation de l'humanité. Cet enjeu se retrouve chez Sartre à un double niveau.

À un premier niveau, il renvoie à la question concrète de l'engagement politique. Faut-il rester fidèle à la position initiale des *Temps Modernes*, qui consiste à refuser l'appartenance aux partis pour mieux réaliser un dévoilement de la situation ? Ou bien faut-il donner un prolongement politique à cette attitude neutraliste (c'est-à-dire refusant les deux blocs antagonistes de la Guerre froide) et militer activement pour la constitution d'une « troisième voie » politique ? Ou bien enfin, faut-il se résoudre à rejoindre l'un des deux camps ? Au-delà des choix effectifs de Sartre (et il adoptera, durant cette période, les trois positions successivement), il faut prendre la mesure du changement qui a dû se réaliser en Sartre pour que la question politique se pose en ces termes. L'analyse de situation prend en effet alors un tout autre

---

[162] *SG*, p. 662.

sens que celui qu'elle avait dans l'immédiat après-guerre, lorsqu'il s'agissait d'un simple dévoilement du monde plaçant les libertés devant leur responsabilité[163]. Il s'agit désormais, à partir d'une analyse de la situation contemporaine et de sa propre situation d'intellectuel dans ce monde historique, de comprendre quels sont les moyens les plus efficaces pour réaliser une transformation sociale. Le positionnement n'est plus éthique, mais politique en ceci qu'il prend en compte l'exigence de réalisme – et se rapproche ainsi de l'analyse de situation marxiste que Merleau-Ponty mettait en avant dans ses textes de la Libération[164].

Cette évolution tient d'une part à l'expérience que Sartre fait, dès le début de la Guerre froide, de l'échec du projet initial des *Temps Modernes*[165] et des contraintes spécifiques qui s'exercent sur lui au sein du champ intellectuel, mais aussi d'autre part à l'influence des textes politiques de Merleau-Ponty. C'est en lisant en particulier *Humanisme et terreur* que Sartre découvre véritablement ce que veut dire penser politiquement dans une situation, c'est-à-dire quelles sont les questions politiques à poser pour éclairer un choix stratégique. La plupart des textes de Sartre datant de cette époque sont des méditations et des réécritures de cette pensée politique qu'il découvre dans les textes de Merleau-Ponty. Cette influence merleau-pontyienne se retrouve non seulement dans ses grands textes politiques (« Faux savants ou faux lièvres », « Les communistes et la paix », etc.), mais peut-être surtout dans ses textes plus littéraires : dans *Saint Genet*, mais aussi dans ses pièces de théâtre (*Les mains sales* et *Le diable et le bon Dieu*). En effet, dans ses pièces, dont P. Verstraeten a montré l'importance théorique et politique[166], Sartre parvient à montrer toute l'ambiguïté de la situation en démultipliant les perspectives et en montrant les différentes facettes d'une situation contradictoire dans la pluralité des personnages. Il peut ainsi explorer de manière bien plus radicale les différentes options politiques grâce à la distance qu'institue la fiction.

Mais la question politique se pose également pour Sartre à un second niveau. Il s'agit pour lui de tenter de définir, dans le cadre d'une réflexion qui se veut existentialiste, le type de subjectivité humaine qui est en mesure de poser les problèmes politiques de manière politique. La morale concrète et historique qu'il cherche à élaborer consiste à définir cette attitude existentielle à même de dépasser d'un côté le subjectivisme (renvoyant aux figures de l'aventurier, du révolté, du criminel, du traître, du révolutionnaire éthique, de l'anarchiste, etc., qui acceptent de sacrifier le monde et l'objectivité au profit de leur subjectivité posée comme absolu) et de l'autre l'objectivisme (renvoyant principalement à la figure du militant, qui sacrifie

---

[163] *Cf. supra*, Partie I, chap. 1.

[164] *Cf. supra*, Partie I, chap. 3.

[165] En constatant dans *Qu'est-ce que la littérature ?* que l'écrivain de gauche non communiste n'a pas de public, Sartre reconnaît alors l'échec de la stratégie *politique* des *Temps Modernes*. Cette dernière impliquait la possibilité d'une intervention politique des intellectuels sans prise de parti politique. Or s'ils n'ont plus de public, leurs interventions ne sont plus que des protestations éthiques et solitaires, et perdent tout sens politique.

[166] *Cf.* P. Verstraeten, *Violence et éthique. Esquisse d'une critique de la morale dialectique à partir du théâtre de Sartre*, Gallimard, 1972.

entièrement sa subjectivité au monde et à son développement objectif). Cette opposition, que Sartre thématise explicitement dans sa préface au *Portrait de l'aventurier* de R. Stéphane[167], traverse l'ensemble des écrits de cette époque, qui sont autant de tentatives pour trouver une synthèse entre ces deux positions :

> Aventurier ou militant : je ne crois pas à ce dilemme. Je sais trop qu'un acte a deux faces : la négativité, qui est aventurière, et la construction qui est discipline. Il faut rétablir la négativité, l'inquiétude et l'autocritique dans la discipline[168].

Ainsi, si le subjectiviste doit assumer son être objectif et social pour agir en commun avec d'autres et pour les autres, l'objectiviste doit en revanche redécouvrir sa part irréductible de subjectivité, c'est-à-dire l'incertitude et le pari qui se logent dans toute décision ou action (et abandonner alors son dogmatisme). D'un côté, les intellectuels doivent accomplir le chemin qui conduit Goetz à commander la révolte des paysans sans renoncer à sa subjectivité, de l'autre les militants communistes doivent suivre l'exemple de ce qui se passe dans la Yougoslavie titiste après la rupture avec Moscou. D'un côté, les intellectuels (notamment existentialistes) doivent se faire marxistes sans renoncer à leur subjectivité ; de l'autre les militants communistes doivent reconnaître une place à la subjectivité dans leur marxisme.

3.1 La leçon de Merleau-Ponty. Esquisse d'une nouvelle subjectivité politique.

La morale de l'authenticité annoncée à la fin de *L'Être et le Néant* est individualiste et relativiste, et semble devoir reposer sur la seule exigence d'assumer explicitement (c'est-à-dire sans mauvaise foi) ses choix. Dans les *Cahiers pour une morale*, bien que le vocabulaire de la conversion et de l'authenticité soit encore présent, l'orientation est tout autre : la morale se veut concrète et historique, c'est-à-dire politique[169]. Il s'agit de rejeter non seulement une morale formelle (non située), mais également une morale purement individuelle et singulière : parce que nous ne pouvons pas être libres dans un monde aliéné, la sortie de l'aliénation (ou « conversion ») ne peut avoir qu'un caractère collectif, et même universel. L'exigence éthique est donc indissociable de la nécessité de prendre en compte notre être objectif et social, et de trouver les moyens de transformer avec les autres la situation d'aliénation. Cette morale se révèle donc être une politique, que Sartre cherche à élaborer dans le prolongement des analyses d'*Humanisme et terreur* – dont il s'approprie et intègre progressivement un grand nombre de motifs. Comme Merleau-Ponty, l'adversaire principal que combat Sartre est l'attitude éthique non politique – et cela sans doute parce qu'il s'agit de la philosophie spontanée des individus du milieu intellectuel (dont ils font partie et dont ils veulent se détacher). Cette attitude

---

[167] « Portrait de l'aventurier », *SVI*, p. 7–22.
[168] « Portrait de l'aventurier », *SVI*, p. 22.
[169] *CPM*, Cahier I, p. 110–111.

3 Au-delà de l'opposition entre l'aventurier et le militant.

pose la fin comme absolu inconditionnel, et refuse de prendre en compte la particularité des situations qui pourraient conduire à infléchir ou suspendre provisoirement les principes pour mieux réaliser cette fin. Pour Merleau-Ponty comme pour Sartre, cette attitude est typique des intellectuels bourgeois, mais renvoie aussi, au sein du marxisme, à la position trotskiste. Dans les *Cahiers pour une morale*, Sartre analyse ainsi longuement *Leur morale et la nôtre* de Trotski ainsi que les prises de position des trotskistes en 1947, pour montrer ce qu'il estime être leur présupposé idéaliste et même kantien – les maximes de l'action trotskiste jouant le même rôle que l'impératif catégorique et la « Cité des fins » dans la morale de Kant[170]. Ce positionnement purement moral, qui refuse d'assumer les résistances du réel et les médiations nécessaires à toute réalisation effective, est celui du révolutionnaire bourgeois Hugo dans *Les mains sales* (qui refuse le compromis politique tactique avec la bourgeoisie que propose Hoederer[171]) et celui de Goetz dans *Le diable et le bon Dieu* après sa conversion au Bien (il refuse toute violence et même celle qui permet de défendre sa « Cité du Soleil » contre les envahisseurs[172]). Sartre met en scène à chaque fois l'échec de l'attitude éthique (représentée par la mort inutile d'Hugo et par la destruction de la « Cité du Soleil »[173]), et la nécessité de la dépasser vers une attitude dialectique[174].

L'attitude politique ou dialectique consiste à introduire des médiations entre l'action immédiate et le principe absolu. En effet, les attitudes subjectivistes consistent toujours à faire en sorte qu'à chaque instant l'action soit à la hauteur de l'Absolu visé. L'attitude politique revient au contraire à accepter le fait que pour réaliser l'Absolu, il est nécessaire de passer par des médiations qui ne peuvent pas toutes être subsumées sous le principe moral, ou encore à relâcher, assouplir le rapport entre moyens et fins. C'est ce qu'ont compris les représentants de la figure du militant (Hoederer, Nasty, les communistes), lesquels insistent sur l'exigence d'efficacité de toute pensée politique. En effet, Hoederer comme Nasty acceptent de mentir, non seulement aux adversaires et aux ennemis, mais aussi à leurs propres militants et sympathisants dans la mesure où cela permet de faire d'avancer la cause qu'ils défendent[175]. Ils acceptent même, dans certaines situations, de s'allier avec leurs ennemis pour tenter de renverser une politique qu'ils estiment catastrophique pour leur propre camp : Nasty se joint au curé Heinrich pour étouffer la révolte paysanne déclenchée par Goetz et qu'il estime prématurée[176], de la même manière que

---

[170] *CPM*, Cahier I, p. 167–178.

[171] « HOEDERER : La pureté, c'est une idée de fakir et de moine. Vous autres, les intellectuels, les anarchistes bourgeois, vous en tirez prétexte pour ne rien faire. Ne rien faire, rester immobile, serrer les coudes contre le corps, porter des gants. Moi j'ai les mains sales. Jusqu'aux coudes. Je les ai plongées dans la merde et dans le sang. Et puis après ? Est-ce que tu t'imagines qu'on peut gouverner innocemment ? » (*Les mains sales*, Cinquième tableau, scène 3, p. 198).

[172] *Le diable et le bon Dieu*, Acte III, tableau 7.

[173] *Le diable et le bon Dieu*, Acte III, tableaux 8 et 9.

[174] Cf. P. Verstraeten, *op. cit.*

[175] Cf. *Les mains sales*, Cinquième tableau, scène 3 ; *Le diable et le bon Dieu*, Acte I, tableau 1.

[176] *Le diable et le bon Dieu*, Acte II, tableau 5.

Merleau-Ponty pouvait présenter Boukharine comme s'appuyant sur des forces réactionnaires pour tenter de renverser le stalinisme[177]. Les alliances comme la vérité doivent toujours être subordonnées à l'exigence stratégique d'efficacité (l'essentiel étant qu'au terme du processus on se soit rapproché de l'absolu visé), et c'est en ce sens que tous les moyens ne sont pas bons.

L'adoption de cette attitude politique dialectique conduit à transformer le rapport à la violence. L'une des thèses importantes de l'ouvrage de Merleau-Ponty est en effet, comme nous l'avons vu, qu'humanisme et violence (ou terreur) ne constituent pas des antithèses absolues : la violence en tant qu'elle se fait en vue de l'émancipation humaine a une dimension positive, et un humanisme conséquent doit nécessairement accepter d'utiliser la violence pour se réaliser. Sartre ne cesse de retravailler cette idée, mais alors que Merleau-Ponty s'intéressait surtout à la violence organisée et explicite du mouvement révolutionnaire communiste, Sartre se focalise davantage sur la violence inorganisée et diffuse d'individus opprimés qui ne sont pas encore intégrés dans un mouvement collectif. En effet, selon lui, même au niveau de la seule négation abstraite, la violence possède une certaine positivité. Dans ses œuvres de l'époque, et notamment dans les *Cahiers pour une morale*[178], Sartre insiste sur le fait que même la révolte pure, même la simple négation destructrice dépourvue d'intention de fondation, ont encore un caractère *humaniste* en ceci que, par la violence, il s'agit de détruire l'Autre en soi et en les autres. Dans le Goetz voué au Mal[179], chez Genet le criminel, mais aussi dans un mouvement culturel comme celui de la négritude[180], Sartre montre à chaque fois comment le moment de la négation pure et de la violence (voire du mal) est une première étape dans le processus de libération. La violence infra-politique des opprimés dans la vie quotidienne a donc déjà un sens politique et positif pour Sartre. Cependant, l'erreur de cette violence vient du fait de se poser comme absolue, au lieu de se concevoir comme moment négatif qui doit s'intégrer dans un processus collectif d'émancipation[181]. De la même manière que l'attitude éthique absolutise un moment de la dialectique et subordonne immédiatement les moyens à la fin, l'attitude négative et violente consiste à faire de la négation (ou du moyen) l'absolu lui-même. Ainsi, la révolte et la violence pure doivent être dépassées dans une organisation politique qui permet d'élaborer les moyens (négatifs) les plus efficaces pour atteindre la fin visée[182].

---

[177] *HT*, Partie I, chap. 2, p. 143–153.

[178] *CPM*, Cahier I, p. 412–420.

[179] *Le diable et le bon Dieu*, Acte I.

[180] « Orphée noir », *SIII*, p. 169–212 (*cf.* en particulier la conclusion, p. 208–212).

[181] C'est ce mouvement de reconnaissance *relative* de la valeur de la violence (comme moment nécessaire mais à dépasser), qu'on retrouve notamment dans la préface que Sartre rédige pour *Les damnés de la terre* de F. Fanon (reprise dans *SV*, p. 167–193).

[182] Ainsi peut-il écrire, à la suite de Merleau-Ponty, que, chez l'ouvrier, « humanisme et violence sont les deux aspects indissolubles de son effort pour dépasser la condition d'opprimé » (C&P, *SVI*, p. 150).

3 Au-delà de l'opposition entre l'aventurier et le militant.

Cependant, la violence anarchiste et le moralisme subjectiviste (qui se rejoignent toutes les deux par le primat absolu de la subjectivité) ne doivent pas pour autant se dissoudre dans l'attitude politique du militant. En effet, celle-ci menace également de poser ses propres principes comme absolus et de tomber dans un réalisme ou un technicisme qui rendrait impossible la réalisation de la fin en raison des moyens employés. Comme le dit Merleau-Ponty, à partir d'un certain moment, si le détour n'a pas retrouvé le chemin annoncé, on peut conclure qu'on a changé de direction. Ainsi, le stalinisme, qui empêche toute discussion politique véritable au niveau de la base, a produit une dépolitisation de la classe ouvrière : au lieu de favoriser l'acquisition des capacités politiques nécessaires pour la prise de pouvoir, le Parti communiste a encouragé la délégation des pouvoirs et entravé le développement d'une réflexion politique autonome[183]. Or selon Sartre, les racines de cette déviation objectiviste se trouvent dans un défaut de dialectique dans le marxisme. En retombant dans un déterminisme objectiviste, ce dernier ne laisse pas sa part à la subjectivité, non seulement celle des militants (qui doivent développer des capacités politiques subjectives) mais aussi celle des dirigeants (qui doivent prendre conscience que leurs analyses stratégiques sont en fait des *hypothèses* stratégiques). La figure du militant doit alors intégrer à son approche positive la négativité, c'est-à-dire l'incertitude, et l'indétermination de toute action et de toute prise de position politiques.

Ainsi, tous les textes de Sartre de la fin des années quarante et du début des années cinquante visent à élaborer, à partir de l'appropriation d'*Humanisme et terreur*, une politique « merleau-pontyenne » (quoique fort éloignée de la politique de Merleau-Ponty lui-même). Des *Cahiers pour une morale* à *Saint Genet*, du « Portrait de l'aventurier » à « Faux savants ou faux lièvres », des *Mains sales* au *Diable et le bon Dieu*, il s'agit à chaque fois de dépasser l'objectivisme du militant et le subjectivisme de l'aventurier vers une nouvelle figure de la subjectivité qui répondrait à l'exigence d'une morale concrète et historique[184]. C'est vers cette figure que doivent converger intellectuels et communistes, existentialistes et marxistes, afin de rendre possible un véritable renversement de l'aliénation en liberté.

Mais si, comme le dit Beauvoir, dans *Le diable et le bon Dieu* Sartre a « donné à son problème une solution esthétique » en faisant du Goetz de la fin de la pièce une synthèse de l'aventurier et du militant[185], cela ne l'aide pas pour autant à répondre à la question politique concrète qui se pose dans la situation de Guerre froide.

---

[183] *Cf. Entretiens sur la politique*, p. 23–24 et *CPM*, Cahier I, p. 170–171.

[184] C'est ce que remarque Beauvoir dans son analyse du *Diable et du bon Dieu* : « Le militant, Nasty, ne l'emporte pas sur l'aventurier ; c'est celui-ci qui opère entre les deux figures la synthèse dont Sartre rêvait dans sa préface à Stéphane : il accepte la discipline de la guerre des paysans sans renier sa subjectivité, il conserve dans l'entreprise le moment du négatif ; il est l'incarnation parfaite de l'homme d'action, tel que Sartre le concevait » (S. de Beauvoir, *FC*, t. 1, p. 332).

[185] S. de Beauvoir, *FC*, t. 1, p. 333.

3.2 De la troisième voie au Parti communiste. Repenser la classe et le rôle du parti.

> « Être communiste, le devenir, c'est être en guerre, c'est se mettre en guerre. C'est même entrer en guerre avec soi-même, avec toute une part de soi »
> (Claude Roy, *Esprit*, mai-juin 1948, p. 749[186]).

La nouvelle politique merleau-pontyenne de Sartre achève de le convaincre du caractère insatisfaisant du projet initial des *Temps Modernes*. Ce projet, qui se prétendait politique tout en refusant de prendre parti, lui apparaît de plus en plus, grâce au prisme que propose Merleau-Ponty, comme une prise de position purement morale[187] – sans doute caractéristique d'intellectuels petits-bourgeois coupés de tout contact avec les masses. C'est à partir de ce constat, auquel Sartre aboutit en grande partie par l'entremise de sa lecture des textes politiques de Merleau-Ponty, qu'on peut comprendre l'évolution des prises de positions de Sartre qui vont le conduire à se rapprocher du Parti communiste en 1952. L'objectif politique de Sartre est de favoriser une transformation conjointe des intellectuels et des militants, de manière à faire participer ces derniers à un mouvement révolutionnaire unifié. Ce qui évolue pourtant au cours de cette période, ce sont les moyens qu'il emploie pour y parvenir, c'est-à-dire la manière dont il analyse la situation et ses possibilités d'intervention efficace.

3.2.1 L'expérience politique de la Guerre froide.

En février 1948, D. Rousset et G. Altman approchent Sartre en lui proposant de participer à la fondation d'un nouveau mouvement politique, le Rassemblement démocratique révolutionnaire (RDR)[188]. Le mouvement se veut à la fois révolutionnaire et neutraliste (en refusant à la fois le libéralisme atlantiste et le communisme stalinien), et cherche à recréer l'unité entre intellectuels radicalisés et classe ouvrière

---

[186] Cité par M. Surya, *La révolution rêvée. Pour une histoire des intellectuels et des œuvres révolutionnaires. 1944–1956*, Paris, Fayard, 2004, p. 448–449.

[187] « Que faire ? Taper comme des sourds, à droite et à gauche, sur deux géants qui ne sentiraient pas nos coups ? C'était la solution de misère : Merleau la proposait, faute de mieux. Je n'en voyais pas d'autre, mais j'étais inquiet : nous n'avions pas bougé d'un pouce ; simplement le oui s'était changé en non. [...] Sans même nous en parler, nous avions le sentiment, l'un et l'autre, que cette objectivité "de survol" ne nous mènerait pas loin. Nous n'avions pas choisi quand le choix s'imposait à tous et nous avions eu raison, peut-être ; à présent, notre hargne universelle pouvait reculer le choix de quelques mois encore. Mais, nous le savions [...], il y avait beau temps que nous eussions dû sauter le pas ou crever. [...] Notre position, d'abord politique, risquait de se transformer petit à petit en moralisme » (MPV, *SIV*, p. 231).

[188] Sur Sartre et le RDR, voir notamment I. Birchall, *Sartre et l'extrême gauche. Cinquante ans de relations tumultueuses*, Paris, Éditions La Fabrique, 2011, chap. 8 « Le RDR », p. 148–171 ; M.-A. Burnier, *Les existentialistes et la politique*, Paris, Gallimard, 1966, Partie I, chap. 4, p. 63–75 ; B. Amiel, « Sartre et le R.D.R : inventer une position politique », dans C. Pagès et M. Schumm, *Situations de Sartre*, Paris, Hermann, 2013, p.345–358.

3 Au-delà de l'opposition entre l'aventurier et le militant.

(unité en partie réalisée par la Résistance et brisée par la Guerre froide). Sartre y voit le moyen de favoriser la synthèse entre l'aventurier et le militant dans un cadre neuf[189] et débordant le Parti communiste de l'extérieur. Le RDR, qui est le seul mouvement politique auquel Sartre ait adhéré durant sa vie, lui offre une expérience militante et organisationnelle au contact de militants marxistes – et a joué un rôle important dans son appropriation non seulement théorique mais surtout pratique et concrète de la politique marxiste exposée par Merleau-Ponty.

Mais l'acquis principal de l'expérience du RDR sera pour Sartre celui de son échec. Celui-ci le persuade de l'impossibilité d'organiser une troisième voie en dehors des deux camps. Il a alors le choix entre deux possibilités : se retirer de la politique, ou bien se rapprocher du Parti communiste. Dans un premier temps, Sartre semble être tenté par la première option. En effet, à partir de 1949–50 s'ouvre sans doute l'une des périodes les plus difficiles de son existence. Il prend conscience du fait que sa position d'intellectuel le met face à une double impossibilité : impossibilité de renoncer à la politique et impossibilité d'adhérer au Parti communiste. Toutes ses œuvres (*Les mains sales*, *Mallarmé*, *Le diable et le bon Dieu*, *Saint Genet*, etc.) sont alors hantées par cette double impossibilité. L'intellectuel, par sa situation d'intermédiaire entre deux classes (c'est-à-dire de « bâtard », dans l'imaginaire sartrien[190]), sera perçu comme un traître quoi qu'il fasse : toute prise de position sera donc une trahison (parce qu'il sera toujours le traître de quelqu'un). Son action est de ce fait nécessairement vouée à l'échec. C'est la raison pour laquelle, par un effet de retournement, à partir de 1950 et jusqu'en 1952, les textes de Sartre ne cessent d'insister sur la valeur positive de l'échec. Contre le pragmatisme communiste (d'origine hégélienne, mais partagée également dans une certaine mesure par Merleau-Ponty), qui affirme que l'incapacité, pour une idée, de passer dans le réel, est le signe de sa fausseté, Sartre affirme alors au contraire la valeur d'une entreprise singulière (et donc de la subjectivité) même en cas d'échec. Ainsi l'échec de l'expérience yougoslave n'invaliderait-elle pas pour autant sa valeur, et donc sa dimension positive. C'est cette positivité de la négativité qui est au cœur de la conclusion de *Saint Genet*, texte dans lequel le pessimisme de Sartre se manifeste avec une force tout particulière. L'ouvrage se conclut en effet sur la solitude de l'époque contemporaine. Son époque se caractérise, selon lui, par le fait qu'elle se trouve face à une situation impossible : quoi qu'elle fasse, elle sera nécessairement jugée sévèrement et condamnée par la postérité. De la même manière que les honnêtes gens conspuent Genet, les époques futures percevront cette époque comme un Mal Absolu dans laquelle ils refuseront de se reconnaître. Or malgré cela Sartre affirme la nécessité de vivre jusqu'au bout cette situation impossible. Ainsi, entre 1950 et 1952, Sartre semble tout proche de suivre Merleau-Ponty dans le retrait de la politique.

---

[189] Dans ses *Entretiens sur la politique*, Sartre, D. Rousset et G. Rosenthal insistent sur la dimension démocratique du mouvement qui doit permettre de développer une expérience politique nouvelle entre les différentes cultures et classes sociales (*cf.* p. 24–36).

[190] Sur l'importance de cette figure dans l'œuvre de Sartre, voir notamment F. Jeanson, *Sartre par lui-même*, Paris, Le Seuil, 1955.

C'est alors qu'en 1952, à la manière de Goetz, Sartre opère un renversement complet et se rapproche soudain du PCF. Sans revenir sur la chronologie et les diverses péripéties du compagnonnage de route[191], nous tenterons d'en saisir les raisons théoriques et les modalités. Ce rapprochement doit tout d'abord se comprendre, non pas comme un aveuglement[192], mais comme un choix politique ou stratégique. C'est en effet, selon lui, dans la situation présente, le seul moyen de favoriser l'émergence d'une synthèse entre l'aventurier et le militant. Sartre retrouve finalement la même position que celle de Merleau-Ponty par rapport aux communistes dans l'immédiat après-guerre, à savoir une semi-extériorité à partir de laquelle il espère infléchir leurs positions. Mais le rapprochement doit également se comprendre à partir de la situation nouvelle dans laquelle se trouve le PCF. L'élément décisif qui pousse Sartre à franchir le pas est la répression que subissent en mai-juin 1952 le Parti communiste et la CGT : l'emprisonnement du secrétaire général du PCF pour des motifs fantaisistes (la célèbre affaire des « pigeons voyageurs » de J. Duclos) semblait ouvrir la perspective d'une interdiction du PCF en France et le déclenchement d'une chasse aux sorcière importée des États-Unis[193]. Dans les « Communistes et la paix » Sartre prend donc la défense du Parti communiste au moment où celui-ci est le plus vulnérable et menacé – et alors que la force d'attraction qu'il exerce sur les intellectuels s'affaiblit. Cependant, si la prise de position initiale de Sartre à l'été 1952 relève encore de la dénonciation classique d'une oppression par un intellectuel, le rapprochement avec le PCF qui s'ensuit va le conduire bien au-delà de cet accord négatif et ponctuel.

3.2.2 Au-delà de l'accord politique : vers une nouvelle conception de la classe.

La déclaration d'intention que l'on peut lire dans « Les communistes et la paix » aurait pu être écrite par le Merleau-Ponty de la Libération :

> Le but de cet article est de déclarer mon accord avec les communistes sur des sujets précis et limités, en raisonnant à partir de *mes* principes et non des *leurs*[194].

Cependant, le mouvement de Sartre vers le Parti communiste va le porter bien au-delà de cette position. L'enjeu de l'article est en effet au départ de prouver aux anticommunistes que l'échec des manifestations du 28 mai et du 4 juin 1952 ne constitue en aucun cas le signe que la classe ouvrière est en train de désavouer le Parti communiste. Mais pour l'établir, Sartre est contraint d'analyser le rapport

---

[191] Sur ce point, voir notamment A. Cohen-Solal, *op. cit.*, « Des pigeons et des chars », p. 555–606.

[192] En effet, Sartre n'a aucune illusion sur le PCF et, on l'a vu, il a même cosigné avec Merleau-Ponty un article dénonçant l'existence de camps en URSS. Le rapprochement se fait donc *malgré* sa connaissance des camps et doit être expliqué autrement qu'en faisant appel à l'idée d' « illusion ».

[193] Rappelons que les États-Unis sont alors au moment le plus fort du maccarthysme.

[194] C&P, *SVI*, p. 168.

3 Au-delà de l'opposition entre l'aventurier et le militant.

existant entre une classe sociale et l'institution qui prétend la représenter, et partant de repenser en profondeur sa conception des classes sociales et des entités collectives. Ainsi, dès la seconde livraison des « Communistes et la paix » d'octobre 1952, on voit Sartre entamer un effort violent pour tenter de penser d'une manière marxiste les classes sociales, l'action collective et la lutte des classes. Malgré l'insuffisance de ses premières analyses et les critiques qu'il reçoit (de Cl. Lefort[195], de C. Castoriadis[196], d'E. Mandel[197], de Merleau-Ponty[198], etc.), Sartre poursuit sur cette voie tout au long des années cinquante (notamment dans sa « Réponse à Claude Lefort », puis dans la troisième livraison des « Communistes et la paix »).

Les *Cahiers pour une morale* abordent déjà à plusieurs reprises le phénomène des entités collectives et marquent une évolution importante par rapport à *L'Être et le Néant*. Sartre y étudie notamment l'unité d'un régiment militaire[199], du groupement primitif (clan, tribu, horde)[200] et d'une classe sociale[201]. Dans ces passages, il élabore une théorie intersubjective des entités collectives qui confère à l'unité de ces dernières une quasi-immanence (ou « quasi-unité »[202]). Dans *L'Être et le Néant*, l'unité des entités collectives est purement transcendante : c'est le regard d'un Tiers (de la classe adverse ou du sociologue), extérieur à l'ensemble des individus, qui isole un certain nombre de caractéristiques communes aux différents individus pour leur conférer une unité[203]. Dans les *Cahiers pour une morale*, en revanche, Sartre affirme certes qu' « il ne saurait y avoir d'unité de classe si elle n'est opérée *du dehors* »[204], mais il montre, à travers une analyse du groupement primitif, que ce sont les membres du groupe, en tant qu'ils sont chacun dans un rapport ambigu d'immanence-transcendance par rapport au groupe, qui constituent eux-mêmes leur unité[205]. Sartre montre que le groupe se constitue à partir de la forme fondamentale de socialité, c'est-à-dire de l'aliénation primitive de tous en leur Moi-Autre. Puisque chacun saisit tous les autres à travers leur Moi-Autre, il peut les constituer en un objet unique « Groupe », par rapport auquel il se situe en extériorité[206]. Mais en

---

[195] Cl. Lefort, « Le marxisme de Sartre », *LTM*, n°89, avril 1953, p. 1541–1570 ; « De la réponse à la question », *LTM*, n°104, juillet 1954, p. 157–184.

[196] Pierre Chaulieu [C. Castoriadis], « Sartre, le stalinisme et les ouvriers », *Socialisme ou Barbarie*, n°12, août 1953 (repris dans *L'expérience du mouvement ouvrier*, Paris, UGE, 1974, p. 179–243).

[197] E. Mandel, « Lettre à Jean-Paul Sartre », *Quatrième Internationale*, janvier 1953 (repris dans *La Longue marche de la révolution*, Paris, Galilée, 1976, p. 83–123).

[198] « Sartre et l'ultra-bolchévisme » (*AD*, chap. 5, p. 136–280). *Cf. infra*, Partie III, chap. 7.

[199] *CPM*, Cahier I, p. 34–36.

[200] *CPM*, Cahier I, p. 374–380.

[201] *CPM*, Cahier II, p. 470–472.

[202] *CPM*, Cahier II, p. 472.

[203] *Cf. supra*, Partie I, chap. 1.

[204] *CPM*, Cahier I, p. 470.

[205] « Le primitif nomade est immanent dans son groupe (clan, tribu, horde). Mais cette immanence est faite d'une triple transcendance » (*CPM*, Cahier I, p. 376).

[206] « 1° Par mon regard je fais une collection d'Autres dont chacun est pour soi subjectivité d'une *collectivité* c'est-à-dire une Totalité. Totalité qui ne peut exister qu'en tant qu'elle est Autre que moi

même temps, chacun sait qu'à tout moment les autres font la même opération que lui, et l'incluent au sein de l'entité collective en tant qu'il y participe aussi par son propre Moi-Autre[207]. Dans ce jeu perpétuel entre tous, où chacun est tour à tour dehors et dedans, se constitue le sentiment d'inclusion dans une entité collective supra-individuelle :

> L'immanence devient ce jeu de chassé-croisé perpétuel, cette Aliénation de tous par tous [...], cette extériorité de chacun par rapport à l'Autre et de soi-même par rapport à soi, qui joue l'intériorité, cette transcendance triple et toujours fuyante, qui figure l'immanence, ce perpétuel « ailleurs » qui figure l' « ici », cette présence de l'absence[208].

L'entité collective a donc un statut ambigu : si elle n'a ni la consistance d'une chose, ni celle d'un pur objet constitué par une conscience, elle forme néanmoins un milieu intersubjectif qui a son épaisseur propre. Cependant, cette épaisseur est d'une part toujours instable (puisque dépendante du perpétuel jeu d'immanence-transcendance de chacun des membres), et d'autre part en permanence hantée par un manque qui l'empêche de se stabiliser en une entité pleinement définie. Ainsi Sartre décrit-il la classe sociale comme une « synthèse aberrante » :

> Le concept de classe est une ronde sans fin où successivement chaque membre tombe en dehors de la ronde comme celui qui la fait être dans l'unité[209].

Étant en effet à la fois partout et en chacun, l'entité collective est également toujours ailleurs et insaisissable. Et puisqu'on ne fait partie d'un groupe qu'en tant qu'Autre, et jamais en tant que soi, Sartre peut conclure que « la société est toujours où je ne suis pas »[210].

Or dans « Les Communistes et la paix », Sartre apporte de nouveaux éléments à son analyse des classes sociales en s'interrogeant plus particulièrement sur le statut pratique des entités collectives. En octobre 1952, dans la seconde livraison du texte, Sartre tente de montrer comment le Parti constitue un moyen par lequel une classe sociale peut agir – et cela par différence avec *L'Être et le Néant* qui affirme au contraire l'impossibilité d'une action autre qu'individuelle[211]. En 1952, l'urgence pour Sartre est de démontrer aux critiques de gauche du stalinisme l'importance du rôle du Parti et des syndicats (en refusant leur conception « spontanéiste » de l'action de classe) – et leur faire ainsi prendre conscience du danger que représenterait pour la classe ouvrière une interdiction ou une destruction de ces organisations. L'analyse de Sartre part du constat selon lequel la classe reste nécessairement un

---

et faite d'individus considérés comme étant Autres qu'eux-mêmes aux yeux des Autres » (*CPM*, Cahier I, p. 376).

[207] « 2° Mais d'autre part n'importe quel Autre de cette collectivité en me regardant m'y fait rentrer. [...] Je m'y fonds en tant que je deviens Autre que moi » (*CPM*, Cahier I, p. 376).

[208] *CPM*, Cahier I, p. 376–377.

[209] *CPM*, Cahier II, p. 472.

[210] La société est « toujours latérale, toujours marginale et je n'y suis jamais qu'en tant que je m'échappe et que je ne suis pas moi-même » (*CPM*, Cahier I, p. 377).

[211] Il s'agit d'un des résultats de son analyse du Nous-sujet. *Cf. infra*, Parti I, chap. 1.

3 Au-delà de l'opposition entre l'aventurier et le militant.

« *noème* classe »[212], c'est-à-dire non pas un sujet, mais un objet. Ainsi, bien que les individus agissent selon des mêmes normes (les normes de l'Autre, qui sont celles de leur classe) et bien que la classe en tant qu'entité collective ait une certaine consistance (par le jeu de transcendance-immanence de ses membres), la classe elle-même ne peut agir en tant que classe comme si elle était un sujet (car son degré d'unité reste trop faible). Pour parvenir à agir en tant que classe, Sartre montre la nécessité d'une médiation extérieure, à savoir le Parti. L'enjeu pour Sartre est alors de préciser le rapport entre le parti et la classe, de montrer que l'action du Parti est la seule action possible de la classe. À cet effet, Sartre entreprend une reformulation existentialiste de la conception léniniste du parti[213]. Sartre définit alors le parti comme « *action pure* » – formule qui n'a pas toujours été bien comprise (et dont on s'est souvent servi pour montrer que Sartre n'avait pas changé depuis *L'Être et le Néant*[214]). En réalité, il s'agit pour lui de montrer que les militants en tant qu'ils sont organisés, formés et intégrés dans le parti, ont une plus grande autonomie par rapport à la domination exercée par le travail et la société contemporaine que les travailleurs atomisés de la classe. De ce fait, les militants peuvent réaliser les actions que feraient les ouvriers s'ils n'étaient pris dans la passivité, l'inertie des conditions effectives de leur existence – ce qui est une reformulation de l'idée léniniste du parti qui est « un pas en avant des masses »[215]. Or en présentant cette action, il s'agit de faire en sorte que les membres de la classe se reconnaissent dans cette action (de la même manière qu'un certain nombre de Français ont pu se reconnaître dans les actions des Résistants). Lorsque cette reconnaissance a lieu, les individus sont incités à reprendre l'action à leur compte et à la prolonger, ou, si les conditions sociales sont trop difficiles, du moins à soutenir l'action du parti. Quoi qu'il en soit, cette reconnaissance de soi des travailleurs dans l'action du parti est au fondement de ce que Sartre appelle la « souveraineté sauvage » du Parti[216]. Le Parti agit donc *pour* la classe en un double sens : à la fois *en direction* d'elle pour susciter une prise de conscience, et *à sa place* (ou en son nom)[217].

Sartre doit cependant admettre que les ouvriers ne se sont que très partiellement reconnus dans les actions du Parti communiste des 28 mai et 4 juin 1952. Or pour expliquer cette situation, Sartre est conduit à se pencher, en particulier dans la troisième livraison des « Communistes et la paix » (avril 1954), sur la passivité ou l'inertie d'une classe sociale, c'est-à-dire ce qui fait la différence entre l'action pure (des militants) et l'action effective (des individus de la classe). Il enrichit alors

---

[212] *CPM*, Cahier II, p. 472.

[213] Comme Sartre le reconnaît dans « Autoportrait à soixante-dix ans », *SX*, p. 182.

[214] *Cf.* notamment Merleau-Ponty, *AD*, chap. 5 « Sartre et l'ultra-bolchevisme », p. 136–280 et P. Bourdieu, *Le sens pratique*, Paris, Éditions de Minuit, 1980, p. 73–76.

[215] *Cf.* C&P, *SVI*, p. 155–156.

[216] C&P, *SVI*, p. 164–166. Cette « souveraineté sauvage » se distingue de la « souveraineté diffuse » des *CPM* en ceci qu'elle ne circule pas entre l'ensemble des individus de la classe, mais s'incarne dans un groupe restreint d'individus (le Parti). Cette souveraineté ne renvoie cependant pas à une quelconque légitimité institutionnelle – d'où son caractère « sauvage ».

[217] C&P, *SVI*, p. 155–156.

doublement sa conception des classes sociales en intégrant des éléments présents dans le marxisme : d'une part la dimension objective ou matérielle de la classe, et d'autre part la lutte des classes. Sartre ne conçoit en effet alors l'appartenance de classe plus seulement comme un phénomène purement intersubjectif (comme intériorisation de l'Autre et ronde sans fin des Tiers médiateurs dedans-dehors), mais comme s'ancrant également dans une dimension matérielle : les conditions objectives de la *praxis* qui conditionnent normativement (socialement) les individus. C'est la prise en compte de cette dimension qui permet à Sartre de proposer un premier modèle de compréhension de la lutte des classes, c'est-à-dire de la manière dont les classes peuvent agir et lutter les unes contre les autres. L'analyse de Sartre porte alors sur le malthusianisme économique et social imposé par la bourgeoisie française et il montre de quelle manière on peut la concevoir comme une stratégie de lutte des classes : en favorisant la déconcentration et la dispersion ouvrière, en suscitant la menace permanente du chômage, il s'agit de transformer les conditions objectives de la *praxis* ouvrière et de produire à la fois le découragement et la division ouvrière. Ainsi, s'il arrive que la lutte des classes devienne une guerre de classe (comme lors des grandes révolutions du XIXe siècle en France), la lutte des classes se mène la plupart du temps par des entreprises d'ingénierie sociale où chaque classe tente d'agir sur les conditions objectives qui constituent l'autre classe.

Enfin, Sartre ajoute un dernier facteur à son analyse renouvelée des classes, à savoir l'historicité des émotions de classe. En effet, l'atmosphère dans laquelle se mène la lutte des classes conduit à la formation d'affections de classe qui se transmettent de génération en génération. Ainsi, alors que la lutte des classes se déroule en Angleterre dans une atmosphère relativement pacifique et apaisée, la lutte des classes en France se caractérise au contraire, selon Sartre, par la violence des affrontements, qui menacent régulièrement de devenir un processus d'extermination de classe (c'est ainsi qu'il interprète les massacres de juin 1848 et la répression de la Commune de Paris)[218]. Il en résulte que la lutte des classes en France se fait dans une atmosphère de haine de classe.

« Les communistes et la paix » marque donc une étape fondamentale de l'évolution qui conduit ensuite Sartre jusqu'à la *Critique de la Raison dialectique*. Beaucoup des intuitions qu'il développera dans l'ouvrage de 1960 sont déjà présentes, mais elles ne sont pas articulées de manière systématique et manquent encore d'un cadre théorique d'ensemble. Ainsi, Sartre a souvent recours à des formulations intentionnalistes (« la » bourgeoisie choisissant par exemple le malthusianisme ou la répression) ou fonctionnalistes (comme dans *Saint Genet* lorsqu'il présente la fabrication de Genet comme méchant professionnel), sans pouvoir leur donner un statut théorique précis. C'est à toutes ces difficultés qu'il se confronte dans les années suivantes.

*
* *

---

[218] Cette perspective est notamment reprise à H. Guillemin (dans *Le coup du 2 décembre*).

3 Au-delà de l'opposition entre l'aventurier et le militant.

Les années 1948-54 sont pour Sartre celles d'un bouleversement profond au niveau tant théorique que politique. Si en 1947 il cherche encore à intégrer les savoirs positifs et la pratique politique dans un cadre exclusivement existentialiste, à partir de 1948 ce projet de synthèse commence progressivement à être mis en question. La *crise de l'existentialisme sartrien* vient du fait qu'alors que les fondements de son ancienne position sont fortement ébranlés, aucune synthèse cohérente n'est en mesure de prendre la relève. La pensée de Sartre n'est pas encore stabilisée à cette époque : il explore successivement et même parfois simultanément différentes pistes, pas toujours cohérentes entre elles, et très souvent sans les mener jusqu'à leur terme. Ainsi, le projet d'écrire une morale concrète et historique est décliné sous les formes d'esquisses de traités philosophiques (*Cahiers pour une morale*, *Vérité et existence*, etc.), de préfaces (« Faux savants ou faux lièvres », « Portrait de l'aventurier », etc.), de pièces de théâtre (*Les mains sales*, *Le diable et le bon Dieu*), de psychanalyses existentielles (*Saint Genet*, *Mallarmé*, etc.), ou d'articles politiques et polémiques (« Les communistes et la paix », « Réponse à Camus », « Réponse à Lefort », etc.) – constituant un ensemble d'une richesse et d'une diversité exceptionnelles, sans qu'il soit possible d'unifier toutes ses réflexions en un système absolument cohérent.

Le mouvement général de cette période de transition est cependant celui d'une intégration et d'une appropriation progressives de la pensée marxiste. En 1947-48 dans les *Cahiers pour une morale*, la présence du marxisme est très discrète, et Sartre tente plutôt d'articuler l'existentialisme à une dialectique hégélienne renouvelée. En 1953-54, dans sa « Réponse à Lefort » et dans la troisième partie des « Communistes et la paix », Sartre inscrit en revanche explicitement sa pensée dans un cadre marxiste. Mais il n'est jamais pour autant question pour lui d'abandonner l'existentialisme : il s'agit plutôt de transformer le marxisme en y incorporant l'existentialisme comme un moment indispensable et irréductible, celui de la subjectivité, de la singularité, et de la négativité. De cette volonté d'intégration réciproque de l'existentialisme et du marxisme sortira la synthèse originale que proposera la *Critique de la Raison dialectique*.

Cependant, pour rendre intelligible l'évolution de Sartre au cours de ces années, il nous semble important de ressaisir les médiations intellectuelles essentielles qui ont permis la genèse du projet critique. Aussi avons-nous insisté sur le triple défi de la « génération de 1908 » : Merleau-Ponty, Beauvoir et Lévi-Strauss proposent chacun des œuvres originales qui à la fois révèlent certaines insuffisances de l'existentialisme et poussent Sartre à transformer son rapport au marxisme. Ainsi, Sartre découvre dans *Humanisme et terreur* une manière tout à fait originale de comprendre la conception marxiste de l'histoire et l'approche marxiste de la politique ; et dans *Le Deuxième Sexe*, une élaboration neuve de l'aliénation et de l'oppression. L'influence de Lévi-Strauss est quant à elle plus tardive que les deux autres, mais il n'en reste pas moins que dès le début des années cinquante Sartre trouve chez Lévi-Strauss une manière de ressaisir les infrastructures sans tomber dans le déterminisme et l'objectivisme du marxisme vulgaire – découverte que Sartre ne s'appropriera pleinement que dans la *Critique de la Raison dialectique*. C'est à l'école de ces trois auteurs que Sartre entreprend de renouveler sa propre pensée et d'entreprendre une appropriation théorique du marxisme comparable à celle qu'il avait effectuée durant les années trente au contact de la phénoménologie husserlienne puis heideggérienne.

Cette appropriation théorique, qui passe par la pratique de la réécriture et de l'amplification, ne va toutefois pas sans provoquer des réactions chez les intéressés. En effet, Merleau-Ponty au milieu des années cinquante, puis Lévi-Strauss au début des années soixante, ressentent le besoin de marquer explicitement leur différence avec Sartre[219], comme si ce dernier menaçait toujours de les engloutir et de les intégrer comme un simple moment de sa pensée. C'est de la proximité croissante de Sartre à l'égard de leur propre pensée que naît une certaine tension[220]. L'évolution de ses rapports avec Merleau-Ponty pendant la période qui s'étend de la publication d'*Humanisme et terreur* (1947) à son départ des *Temps Modernes* (1953) et à la publication des *Aventures de la dialectique* (1954), est à cet égard emblématique. On a souvent relevé le mouvement de chassé-croisé ou de chiasme qui s'effectue entre eux[221] : alors qu'en 1947 Merleau-Ponty est très proche du Parti communiste et du marxisme, et que Sartre en est très éloigné et subit les campagnes hostiles des communistes, à la fin de la période c'est Sartre qui se rapproche toujours davantage du Parti communiste, au moment même où Merleau-Ponty s'en éloigne et fait l'objet de critiques très violentes venant des communistes. Cependant un tel mouvement n'est pas celui d'un éloignement croissant entre Sartre et Merleau-Ponty (comme on l'a parfois présenté), mais d'un *rapprochement ambivalent*. Leurs trajectoires ne cessent en effet de converger tout au long des années quarante, de sorte qu'il se peut qu'en 1950, ils n'aient paradoxalement jamais été aussi proches (comme peuvent en attester la co-signature de l'éditorial des *Temps Modernes* de janvier 1950 et leur constat partagé sur le caractère impossible de la situation entre 1950 et 1952). Et en même temps, ce point de rencontre est également celui où se manifestent le plus clairement les dynamiques contraires qui les portent, de sorte que cette proximité n'est que l'envers d'une distance (d'où la difficulté de leur dialogue et le caractère brutal de leur confrontation). L'un des aspects les plus poignants du récit de Sartre dans « Merleau-Ponty vivant » est ainsi la manière dont il décrit comment il effectue toute son évolution *avec* Merleau-Ponty (non pas au sens où ils auraient fait ce trajet de concert[222], mais au sens où il essaie de reprendre et prolonger à sa manière l'intuition politique d'*Humanisme et terreur*) et comment il sent en même temps que Merleau-Ponty se reconnaît de moins en moins dans cette pensée qui est était auparavant la sienne et qu'il est en train de porter à la limite. C'est toute l'ambiguïté et

---

[219] Beauvoir, quant à elle, ne manifestera jamais, semble-t-il, le besoin de marquer sa différence avec Sartre. Elle a même plutôt tendance à se présenter comme davantage en accord avec les positions de Sartre qu'elle ne l'est effectivement.

[220] Ainsi, Cl. Lévi-Strauss cite favorablement Sartre dans *L'anthropologie structurale* et peut être considéré comme un « compagnon de route » des *Temps Modernes* pendant les années cinquante (alors que Merleau-Ponty avait déjà quitté la revue). Cette situation change cependant avec la publication de la *Critique de la Raison dialectique*. Sur ce point, voir *infra*, Partie III, chap. 8.

[221] Et d'abord les premiers intéressés. Voir MPV, *SIV*, p. 206–262 et *EntCharb*, p. 229.

[222] Ce qui était impossible en raison du retrait puis du silence de Merleau-Ponty, qui rendait les interactions de plus en plus difficiles (*Cf.* MPV, *SIV*, p. 253–254).

3   Au-delà de l'opposition entre l'aventurier et le militant.

la complexité de ce rapport que Sartre a tenté de restituer dans « Merleau-Ponty vivant »[223].

La « brouille de 1953 » (difficile et jamais assumée) aura cependant un effet salutaire sur les deux penseurs. Elle permet d'une part à Sartre de mener jusqu'au bout son expérience au sein du mouvement communiste et de s'approprier une expérience collective et historique qu'il cherchera ensuite à dépasser (en proposant une philosophie de la déstalinisation dans la *Critique de la Raison dialectique*). Mais elle permet d'autre part à Merleau-Ponty de réaliser ce qu'il se refusait à faire jusqu'alors : prendre clairement ses distances avec sa pensée de 1945 et s'engager dans de nouvelles voies. La crise de 1953 permet ainsi de libérer simultanément l'originalité philosophique de Sartre et de Merleau-Ponty : elle les conduit tous deux sur le chemin d'un profond renouvellement de leur pensée et d'une transformation des rapports qu'ils veulent instaurer entre phénoménologie et marxisme.

---

[223] *Cf.* MPV, *SIV*, p. 254.

Partie III
Histoire et dialectique entre crise et critique

Sens de l'histoire et avenir de la Révolution (1953-1961)

« Le devoir du philosophe *aujourd'hui* c'est de s'affronter à Marx (exactement comme son devoir au milieu du siècle dernier était de s'affronter à Hegel »
(Sartre, Lettre à Merleau-Ponty, 29 juillet 1953, p. 165).

« Le grand mot à la mode est la déstalinisation »
(Marcel Servin, *L'Humanité*, 12 novembre 1956).

« L'idéalisme intelligent est plus près du matérialisme intelligent que le matérialisme bête »
(Lénine, *Cahiers philosophiques*, p. 260).

Bien que les tensions restent vives entre les deux camps de la Guerre froide, les années 1953-1960 connaissent un apaisement relatif des affrontements entre l'Est et l'Ouest. La fin de la guerre de Corée en 1953 témoigne d'une possibilité d'entente, ne fût-ce que tacite, entre les deux adversaires ; la mort de Staline en mars 1953 puis le XXe Congrès du PCUS en février 1956 marquent le début d'évolutions importantes du camp socialiste : processus de « déstalinisation » sur le plan interne, « coexistence pacifique » avec les États-Unis sur le plan externe ; enfin, la montée des luttes anticoloniales fait entrevoir l'existence de processus révolutionnaires se situant en dehors de la logique des blocs. L'heure semble être aux bilans, à l'évaluation du sens de l'époque, et à un relatif optimisme quant aux perspectives d'avenir.

Pourtant, en France en particulier, le climat de tension et de crise, loin d'avoir disparu, atteint peut-être son paroxysme pendant cette période. Il s'est simplement déplacé de l'affrontement Est-Ouest vers les guerres coloniales, qui déchirent profondément la société française et qui menacent en permanence de se transformer en guerre civile. De la défaite de Dien Bien Phu à la fin de la Guerre d'Algérie, on assiste à une vaste « brutalisation » de la société française[1] : l'ensemble des institutions sont déstabilisées, les courants politiques sont pris dans un processus de

---
[1] Sur le concept de brutalisation, voir G. Mosse, *De la grande guerre au totalitarisme : la brutalisation des sociétés européennes*, Paris, Hachette-Littératures, 1999.

radicalisation, conduisant à un climat de violence exacerbé (répression, attentats, assassinats, torture, tentatives de coups d'État, etc.) et le régime politique de la IVe République lui-même s'effondre finalement en 1958 pour être remplacé, sous la pression des ultras d'Alger et de l'armée, par un général concentrant en sa personne la plus grande partie des pouvoirs institutionnels du pays. Si certains voient en De Gaulle un sauveur et un espoir de stabilisation sociale et politique, d'autres, et notamment un certain nombre d'intellectuels (dont Sartre), y voient une répétition de l'avènement du maréchal Pétain en 1940 et le spectre du fascisme.

Le champ intellectuel français est ainsi, pendant la période 1953–1960, structuré par ce double mouvement contradictoire de « dégel » des tensions Est-Ouest et d'exacerbation de la violence politique à partir des questions coloniales, et en particulier de la guerre d'Algérie – violence qui menace la personne même des intellectuels, puisque le domicile de Sartre est à deux reprises la cible d'attentats à la bombe, et qu'il est contraint de vivre caché pendant de longs mois. Un tel climat semble avoir développé, chez les intellectuels, une conscience aigüe de la *situation de crise* dans laquelle se trouve la France (et le monde) et la volonté à la fois de la comprendre et d'élaborer les moyens d'en sortir. Il en résulte, chez les intellectuels, à côté de leurs engagements politiques concrets, une certaine prise de hauteur historique dans leurs analyses : l'attention des théoriciens n'est plus seulement portée sur les événements immédiats, mais cherche à embrasser de manière critique l'ensemble de la période historique écoulée, et évaluer ainsi le sens historique des processus en cours et des nouvelles possibilités qui s'ouvrent.

C'est dans ce contexte qu'intervient la *seconde crise du marxisme*. Le marxisme rencontre en effet à l'époque sa deuxième grande crise structurelle, qu'on pourrait appeler la *crise stalinienne du marxisme*[2], et qui renvoie à la manière dont le *fait* du stalinisme (en URSS comme dans les divers partis communistes) met le marxisme en crise. Dès 1950, Merleau-Ponty et Sartre avaient posé ce problème dans un éditorial signé en commun dans *Les Temps Modernes* :

> Oui, la question est toujours plus impérieuse : comment Octobre 1917 a-t-il pu aboutir à la société cruellement hiérarchisée dont les traits peu à peu se précisent sous nos yeux ? Dans Lénine, dans Trotsky et à plus forte raison dans Marx, pas un mot qui ne soit sain, qui ne parle aujourd'hui encore aux hommes de tous les pays, qui ne nous serve à comprendre ce qui se passe chez nous. Et, après tant de lucidité, de sacrifice, d'intelligence, – dix millions de déportés soviétiques, la bêtise de la censure, la panique des justifications…[3]

---

[2] On identifie généralement deux autres grandes crises du marxisme : la « crise du révisionnisme » (début 1900) et la « crise » qui surgit à la fin des années 1970 et au début des années 1980. Il nous semble cependant qu'il est nécessaire de faire sa place à une crise du marxisme qui intervient dans les années cinquante, et qui constitue donc la deuxième grande crise du marxisme. Sur les deux autres crises, ainsi que sur l'idée de crise du marxisme, voir E. Kouvélakis, « Crises du marxisme, transformation du capitalisme », dans J. Bidet et E. Kouvélakis (dir.), *Dictionnaire Marx contemporain*, Paris, PUF, 2001, p. 41–56. Voir aussi les articles d'A. Lipietz (« Crise ») et de G. Bensussan (« Crises du marxisme ») dans G. Labica et G. Bensussan (dir.), *Dictionnaire critique du marxisme*, Paris, PUF, 1985, p. 254–259 et p. 259–270.

[3] JNV [URSS], *Signes*, p. 429.

Partie III Histoire et dialectique entre crise et critique   327

Le problème renvoie d'abord au besoin d'une analyse historique : comment est-ce que le marxisme, en s'inscrivant dans la réalité historique avec la Révolution de 1917, a pu devenir le stalinisme ? Quelle est l'origine de cette transformation ? Est-ce le marxisme en tant que philosophie ? Est-ce le léninisme en tant que pratique politique ? Ou bien est-ce la réalité historique russe, la contingence de l'histoire mondiale, ou encore la psychologie de Staline ? En 1950, cette crise semblait ne renvoyer qu'aux questions que se posaient certains intellectuels ou communistes non staliniens (notamment trotskystes[4]). S'il était alors encore possible d'esquiver le problème[5], à partir de 1953 (avec la mort de Staline), et surtout de 1956 (avec le XXe Congrès du PCUS en février 1956 et l'intervention soviétique à Budapest en novembre 1956), la prise de conscience du fait du stalinisme se généralise : le marxisme ne peut pas continuer à fonctionner comme s'il ne s'était rien passé. La question de la déstalinisation du marxisme devient alors un problème central de la conjoncture, en URSS comme dans l'ensemble des partis communistes occidentaux. L'enjeu n'est pas seulement théorique ou historique, il est également politique : toute analyse du phénomène stalinien dessine en creux une certaine voie pour sortir du stalinisme (pour déstaliniser). Affronter la crise du marxisme et se poser sérieusement la question de la déstalinisation implique d'abord de reconnaître l'existence de la crise du marxisme, pour ensuite d'une part essayer d'en identifier les fondements et d'autre part élaborer une voie de sortie de cette crise. La tâche est de comprendre comment déstaliniser la philosophie, la politique, mais également les sciences, et de déterminer ce qui reste d'une politique révolutionnaire ou du marxisme après le stalinisme. La « crise du marxisme » se retrouve ainsi au cœur d'une partie importante des textes qu'écrivent Sartre et Merleau-Ponty durant ces années, des *Aventures de la dialectique*, au « Fantôme de Staline », et à la *Critique de la Raison dialectique*.

Dans le champ intellectuel, la question de la crise du stalinisme prend en particulier la forme d'une interrogation sur la dialectique[6]. En effet, la dialectique est à

---

[4] Les trotskystes sont sans doute les premiers à poser cette question. C'est ce qui explique l'importance qu'a pris le débat sur la « nature de l'URSS ». En effet, derrière l'apparence parfois comique des querelles et des scissions qu'elles ont entraînées, se pose un véritable problème, à savoir le fait que toute reconduction du projet communiste doit répondre au préalable à la question de l'origine de la crise du marxisme (c'est-à-dire du devenir stalinien du marxisme). Les crises du trotskisme auraient ainsi pour fondement objectif l'incapacité à trouver une réponse pleinement satisfaisante à la question de la crise du marxisme que suscite le stalinisme.

[5] Il est deux manières de ne pas affronter cette question. D'une part, il y a celle des communistes, qui refusent de reconnaître l'existence même de la crise : tout au plus y a-t-il eu des dérives du culte de la personnalité, mais ni le marxisme ni la forme présente du marxisme ne sont atteints. D'autre part, les anti-marxistes n'affrontent pas non plus cette question en tant qu'ils voient dans le fait du stalinisme la simple réalisation de ce qui était toujours déjà là dans le projet de Marx. Dans les deux cas, on esquive la question en refusant de voir que le marxisme est devenu autre que ce qu'il était au XIXe siècle et sans doute encore au début des années vingt.

[6] H. Lefebvre est l'un des intellectuels qui posent le plus explicitement la question de la crise du marxisme à l'époque. Voir H. Lefebvre, « Le marxisme et la pensée française », *LTM*, n°137–138, juillet-août 1957, p. 104–137 (il s'agit de la version française d'un article originellement publié dans le même numéro de la revue polonaise dans laquelle Sartre fait paraître la première version

l'époque une notion transversale, qui jouit d'un grand prestige et d'une large diffusion dans un grand nombre de champs (philosophique, politique, scientifique[7]). Désignant à la fois le mouvement de la pensée (ce qu'on appelle la dialectique « subjective ») et le devenir historique lui-même (ou dialectique « objective »), la dialectique est d'une part un concept charnière pour articuler l'ensemble de ces domaines, et d'autre part un concept qui en vient à désigner le marxisme lui-même. Cependant le succès même que connaît dans les années cinquante la notion de dialectique conduit souvent celle-ci à devenir un simple procédé artificiel : utilisé par tous sans jamais être défini, le mot peut désigner toute chose et son contraire, et se transforme en un tour de passe-passe intellectuel permettant de s'éviter le dur travail d'analyse. Ainsi J. Derrida se rappelle-t-il la « surenchère dialectique » qui caractérisait le champ intellectuel de l'époque[8] et V. Descombes va-t-il jusqu'à diagnostiquer ce qu'il considère comme un rapport mystique et irrationnel à la dialectique (laquelle ne pourrait être approchée que par une « théologie négative »[9]). Face à la variété des usages théoriques comme politiques de la dialectique, ainsi qu'à ses abus (dont le lyssenkisme est certainement la manifestation la plus éclatante), il devient alors nécessaire d'intervenir au niveau du champ intellectuel afin de procéder à une clarification notionnelle. Ce travail de clarification prend chez Sartre et Merleau-Ponty la forme de l'élaboration d'une *critique* – réponse théorique classique de philosophes en présence d'une *crise*. Cette entreprise critique, dans laquelle il s'agit, par un mouvement réflexif, de dégager les fondements d'une crise et ainsi permettre sa résolution (à travers une triple démarche de description des *symptômes*, de *diagnostic* de l'origine de la crise, et de proposition *thérapeutique* pour en sortir), s'inscrit dans le prolongement des projets critiques mis en œuvre par Kant, Husserl et Marx. Les analyses que proposent Sartre et Merleau-Ponty de la dialectique cherchent ainsi, d'un même geste, à répondre à la crise du marxisme et à définir un usage rigoureux de la notion de dialectique.

---

de *QM*) ; H. Lefebvre, *Problèmes actuels du marxisme*, Paris, PUF, 1958, en particulier dans le premier chapitre, le paragraphe « Crise du marxisme et crise de la philosophie », p. 5–24 ; H. Lefebvre, « L'exclu s'inclut » (*LTM*, n°149, juillet 1958, p. 226–237) et « Réponse au camarade Besse » (*ibid.*, p.238–249) – réponse de Lefebvre à la critique de *Problèmes actuels du marxisme* que Besse a faite dans *France nouvelle*. La question de la crise du marxisme est ensuite reprise dans la première partie de *La somme et le reste* (Paris, Economica, 2008 [1er éd. 1959]), qui est intitulée « Crise du philosophe ».

[7] Il n'est qu'à rappeler les usages qu'en font des penseurs aussi variés que G. Bachelard, F. Gonseth, L. Goldmann, H. Lefebvre, J. Piaget, Cl. Lévi-Strauss, ou M. Prenant.

[8] J. Derrida, « Avertissement », dans *Le problème de la genèse dans la philosophie de Husserl*, Paris, PUF, 1990, p. VII-VIII. C'est contre une telle surenchère que réagissent notamment les penseurs des années soixante, en manifestant une très forte hostilité à l'égard de la dialectique.

[9] V. Descombes, *Le même et l'autre. Quarante-cinq ans de philosophie française (1933–1978)*, Paris, Éditions de Minuit, 1979, chap. 1, p. 22 : « La Dialectique devient même un concept si élevé qu'il serait injurieux d'en demander la définition. Pendant trente ans, elle sera comme le Dieu de la théologie négative : il fallait renoncer à la déterminer, on ne pouvait l'approcher qu'en expliquant ce qu'elle n'est pas ».

Le spectre de leurs analyses s'élargit donc (il s'agit d'interroger l'histoire et de faire le bilan de cent ans de marxisme) et prend un tour réflexif (il s'agit de s'interroger sur leur propre projet théorique et pratique). Derrière ces questions se profile en effet une réflexion sur le projet même qu'ils essayaient de développer depuis 1945. Comment évaluer cette tentative de trouver une syntaxe commune à même de faire communiquer et même peut-être d'unifier les champs de la politique, de la philosophie et de la science ? S'agit-il d'une illusion ? Les difficultés rencontrées ne proviendraient-elles pas du projet d'unifier des domaines irréconciliables ? Ces langues sont-elles trop différentes pour présenter un lieu commun ? Ou bien les difficultés ne proviennent-elles que d'une mauvaise articulation de ces trois domaines et de l'incapacité à trouver pour l'instant le bon point d'articulation ? C'est ici que leurs positions divergent. Dans la Préface de *Signes*, Merleau-Ponty fait un bilan des années écoulées depuis la Libération et affirme qu'il s'agit de prendre la mesure du divorce qui s'est institué entre philosophie et politique : l'échec du projet de Marx d'un dépassement de la philosophie est sans doute un échec de toute possibilité de trouver une syntaxe commune. Pour Sartre, au contraire, loin de renier le projet, il s'agit de le poursuivre sur de nouvelles bases en procédant à une vaste « Critique » de la Raison dialectique. Dans cet ouvrage, qui constitue le couronnement de l'ensemble des tentatives de synthèse entre marxisme et phénoménologie depuis la fin de la guerre, Sartre cherche à poser les bases d'une « philosophie » comprise à la fois comme « culture » dans laquelle l'ensemble des Savoirs d'une époque se totalisent, et comme moyen de prise de conscience, pour une époque, de ses tâches historiques et politiques.

Trần Đức Thảo, quant à lui, ne participe cependant plus de cette configuration intellectuelle et historique. Fin 1951, il décide de quitter la France pour rejoindre le Vietnam du Nord afin de s'engager activement dans la lutte d'indépendance vietnamienne. Dans un texte autobiographique de 1984, il présente cette décision comme une conséquence directe de l'écriture de *Phénoménologie et matérialisme dialectique* :

> Les positions de principe, nettement affirmées, suffisaient à me déterminer à revenir au Viêt-nam. Il fallait mettre la vie en accord avec la philosophie, accomplir un acte réel, qui réponde aux conclusions théoriques de mon livre[10].

À partir de 1952 et de son retour au Vietnam, sa production intellectuelle n'appartient plus au champ intellectuel et philosophique français[11]. Dans les années cin-

---

[10] NB, p. 150.

[11] Sur cette période de son existence, voir notamment Ph. Papin, « Itinéraire II. Les exils intérieurs », dans J. Benoist, et M. Espagne (dir), *L'itinéraire de Tran Duc Thao. Phénoménologie et transferts culturels*, Paris, Armand Colin, 2013, p. 62–89 ; Trinh Van Thao, *Les Compagnons de route de Hô Chi Minh. Histoire d'un engagement intellectuel au Viêt-nam*, Paris, Karthala, 2004, chap. 3, section I « L'homme de peine de la philosophie occidentale : Tran Duc Thao (1917–1993) », p. 138-171 ; S. McHale, « Vietnamese Marxism, Dissent, and the Politics of Postcolonial Memory: Trần Đức Thảo, 1946–1993 », *Journal of Asian Studies*, vol. 61, n°1, février 2002, p. 7–31 ; A. Feron, « Qui est Trần Đức Thảo ? Vie et œuvre d'un philosophe vietnamien », *Contretemps-web*, février 2014 (https://www.contretemps.eu/qui-est-tran-duc-thao-vie-et-oeuvre-dun-philosophe-vietnamien/).

quante en effet, la production théorique de Trần Đức Thảo, sensiblement réduite et entièrement rédigée en vietnamien, cherche avant tout à répondre aux problèmes et exigences du champ intellectuel vietnamien – exigences en grande partie dictées par la situation politique et militaire dans laquelle se trouve le pays[12]. La répression qu'il subit de la part du régime en 1956 et la marginalisation qui en résulte pendant près de deux décennies, ne l'amènent pas à engager une réflexion de nature critique[13]. Il rejette désormais *Phénoménologie et matérialisme dialectique*, qu'il juge encore trop imprégné de l'idéalisme phénoménologique, et inscrit ses travaux exclusivement dans le champ du « matérialisme dialectique »[14]. Il n'est cependant pas facile de savoir quel sens il convient de donner à ce rejet : faut-il le prendre au premier degré ou bien faut-il considérer que Trần Đức Thảo pratique cet « art d'écrire » dont parlent L. Strauss et A. Kojève et qui appelle son déchiffrement ? Le deuxième grand ouvrage de Trần Đức Thảo, *Recherches sur l'origine du langage et la conscience*[15], semble en effet encore marqué par la problématique phénoménologique[16]. Mais pour comprendre le sens que Trần Đức Thảo donne alors à la phénoménologie dans son projet marxiste, il faudrait pouvoir replacer ses déclarations dans le champ intellectuel des pays dits « socialistes », et en particulier celui du Vietnam des années soixante et soixante-dix (qui a ses règles et exigences spécifiques) – ce qui nous éloignerait fortement du champ intellectuel et philosophique français des années cinquante.

Dans cette dernière partie de notre travail, nous étudierons donc la manière dont Merleau-Ponty et Sartre donnent une dimension *critique* à leur projet d'articulation entre marxisme et phénoménologie. Il s'agit pour eux de déceler l'origine de la crise du marxisme et de se demander quelle place doit encore avoir le marxisme à la

---

[12] *Cf.* notamment Trần Đức Thảo, « Figures du Vietnam nouveau », *NC*, n°51, janvier 1954, p. 101–124 ; « Les forces productives et les rapports de production dans les crises de la société féodale du Viêtnam » [en vietnamien], *Sciences historiques et activité révolutionnaire*, n°1, juin 1954, p. 35–49 ; « Recherches sur la valeur de la littérature ancienne » [en vietnamien], *Recherches en littérature, histoire et géographie*, n°3, 1954, p. 27–39 ; « La *Proclamation aux officiers et aux soldats* du général Tran Hung Dao et la société vietnamienne à l'époque de l'essor du régime féodal » [en vietnamien], *Recherches en littérature, histoire et géographie*, n°5, février 1955, p. 31–39 ; « Le président Ho Chi Minh, un maître grandiose » [en vietnamien], *Le peuple, organe du Parti*, n° 442, 1955.

[13] Ce n'est que dans les années quatre-vingt qu'il cherchera à élaborer un discours critique sur le stalinisme. *Cf.* par exemple *FH*, Préface (Annexe VII) et Trần Đức Thảo, *La Philosophie de Staline (1): Interprétation des principes et lois de la dialectique*, Paris, Ed. Mây, 1988.

[14] *Cf.* Trần Đức Thảo, « De la phénoménologie à la dialectique matérialiste de la conscience » *La Nouvelle Critique*, n°79–80, décembre 1974 – janvier 1975, p. 37–42 ; n°86, 1975, p. 23–29.

[15] Trần Đức Thảo, *Recherches sur l'origine du langage et de la conscience*, Paris, Éditions sociales, 1973.

[16] Ainsi L. Althusser écrit-il en parlant des articles qui seront repris dans *Recherches sur l'origine du langage et de la conscience* : « très husserlien [à l'époque de son mémoire], il [Trần Đức Thảo] l'est resté, si j'en juge par des articles qu'il a envoyés de Hanoï [...] à *La Pensée* » (L. Althusser, *L'avenir dure longtemps. Suivi de Les Faits*, Paris, Éditions Stock/IMEC, 1994, p. 362).

lumière du phénomène stalinien. Nous commencerons par nous intéresser à la manière dont Merleau-Ponty met en œuvre un projet critique dans *Les aventures de la dialectique* ainsi qu'à la manière dont il cherche à repenser le rapport entre marxisme et phénoménologie à partir d'une perspective ontologique. Ensuite, nous aborderons le projet critique que Sartre déploie dans la *Critique de la Raison dialectique* afin de voir comment il tente de totaliser l'ensemble des enjeux de l'articulation entre marxisme et phénoménologie depuis 1945, pour proposer sa propre voie de sortie de la crise du marxisme.

Chapitre 7
Merleau-Ponty : crise et aventures de la dialectique marxiste.

De l'impensé du marxisme à l'ontologie dialectique

> « *Plus grande est l'œuvre d'un penseur – ce qui ne se mesure aucunement à l'étendue et au nombre de ses écrits – et d'autant plus riche est l'impensé qu'elle referme, c'est-à-dire ce qui, pour la première fois et grâce à elle, monte à la surface, comme n'ayant pas encore été pensé* »
> (Heidegger, Le principe de raison, p. 166).

> « *Le problème que j'étudie dans Visible et Invisible est le même que celui de la dialectique et du marxisme* »
> (Merleau-Ponty, Note de travail inédite, p. 266)
> (Fonds Maurice Merleau-Ponty, BNF, NAF 26991, vol. VIII, 2 (transcription F. Robert)).

La « crise de 1953 », qui conduit Merleau-Ponty à quitter *Les Temps Modernes*, a indéniablement eu pour lui un effet libérateur. Entre 1948 et 1953, nous l'avons vu, Merleau-Ponty opte pour une stratégie de retrait politique et pour une approche indirecte des problèmes philosophiques. Après 1953, en revanche, il affronte les problèmes de manière directe : il sort de son silence politique pour expliciter l'origine de son différend avec Sartre et *Les Temps modernes* ainsi que sa position par rapport au marxisme et au communisme, puis pour soutenir Pierre Mendès-France, et enfin, au terme des années cinquante, pour accompagner les initiatives de refondation de la gauche socialiste. Mais l'effet libérateur se manifeste également à un niveau philosophique. À partir de 1953 et de son entrée au Collège de France, la pensée de Merleau-Ponty change d'orientation : alors qu'il s'agissait jusqu'alors, et depuis 1945, de prolonger (certes en les transformant) ses premiers travaux en direction d'une « philosophie de l'esprit » (culture, société, histoire), à partir de 1953, il s'agit de faire le chemin inverse et d'approfondir cette philosophie de l'esprit vers une « philosophie de la nature » et une ontologie. Pour cela, Merleau-Ponty retravaille en profondeur les grands auteurs de la tradition philosophique, et en particulier, pour ce qui nous intéresse, le marxisme et la phénoménologie.

Ces années sont toutefois dominées par la thématique de la crise. Merleau-Ponty s'efforce en effet, à partir de 1953, de ressaisir et de penser la crise politique et philosophique qui touche profondément le courant existentialiste depuis 1948. Des *Aventures de la dialectique* à la Préface de *Signes*, en passant notamment par le cours (sans titre) de 1958–59 (qu'il présente explicitement comme un effort pour dégager le sens général de ses recherches[1]), les élaborations de Merleau-Ponty sont imprégnées par le climat de crise théorique et historique dans lequel il croit vivre. Cette crise est d'abord celle du marxisme, c'est-à-dire la dégénérescence du marxisme en stalinisme (en URSS et dans les partis communistes occidentaux) et la fin de tout espoir de développement d'un « communisme occidental ». Mais cette crise du marxisme ne fait qu'aggraver la crise plus générale de la pensée occidentale (la « crise de l'entendement »), celle que Merleau-Ponty avait justement longtemps espéré surmonter grâce au marxisme[2]. C'est sans doute la raison pour laquelle la démarche de la *Krisis* de Husserl suscite chez Merleau-Ponty un regain d'intérêt dans les années cinquante, non plus seulement dans sa dimension strictement philosophique (comme c'était le cas depuis le début des années quarante), mais aussi comme tentative de réponse et de dépassement d'une crise généralisée de l'Occident[3].

Ce projet, qu'on peut qualifier de « critique » (bien que Merleau-Ponty n'emploie jamais le terme), nous permet de ressaisir un premier aspect du nouveau rapport de Merleau-Ponty au marxisme. Entre 1948 et 1953, comme nous l'avons vu, il s'agissait pour lui d'approcher les problèmes du marxisme et de discuter ses concepts d'une manière indirecte : il s'agit désormais de constituer le marxisme lui-même en problème et thème de recherche. Merleau-Ponty fait alors retour sur ce que nous avons appelé le « scénario marxiste » pour tenter d'en comprendre les contradictions et pour déconstruire le mécanisme de fascination que ce dernier a exercé sur lui. Ainsi, des *Aventures de la dialectique* à la préface de *Signes*, Merleau-Ponty entreprend un long travail de désinvestissement (au sens psychanalytique du terme) et de liquidation du « scénario marxiste »[4]. L'enjeu est d'expliquer l'échec de cette belle synthèse que se proposait d'être le « communisme occidental » (ou «

---

[1] *Cf. RC*, p. 141. Voir aussi les *EntCharb* (I. « La pensée bloquée et l'homme en porte-à-faux », p. 111–130) et la Note de travail pour l'Introduction du *VI* (p. 218).

[2] *Cf. supra*, Partie I, chap. 3.

[3] Nous verrons plus loin l'importance du motif de la *Krisis* dans *Les aventures de la dialectique*. Mais l'œuvre de Husserl est également présente dans le cours de 1958–59 et dans des notes de travail pour *Le visible et l'invisible*. Ainsi note-t-il en février 1959 à propos de ce dernier ouvrage : « Toute ma 1re partie à concevoir de manière très directe, actuelle, comme la *Krisis* de Husserl : montrer notre non-philosophie puis en chercher l'origine dans une *Selbstbesinnung* historique et dans une *Selbstbesinnung* sur notre culture qui est science » (*VI*, Notes de travail, p. 237).

[4] C'est ce qui explique le caractère ambigu et déroutant des *AD* pour le lecteur. Comme l'a remarqué R. Aron, « Merleau-Ponty écrit la moitié de son livre comme s'il était encore marxiste, l'autre moitié comme s'il ne l'était plus » (R. Aron, « Aventures et mésaventures de la dialectique », *Marxismes imaginaires. D'une sainte famille à une autre*, Paris, Gallimard, 1970, p. 103). Merleau-Ponty parle, en effet, à la fois de l'intérieur et de l'extérieur, ou encore c'est en étant le plus possible au-dedans qu'il espère en sortir.

marxisme occidental »⁵) : l'impossibilité d'atteindre le « point sublime » à partir duquel toutes les antinomies théoriques et pratiques du monde moderne seraient résolues n'est pas une simple conséquence de la contingence historique, mais trouve sa source dans des contradictions qui se logent dans la pensée même de Marx.

Ces difficultés tiennent pour ainsi dire toutes dans l'expression de « matérialisme dialectique » qui, bien que n'étant pas de Marx lui-même⁶, peut résumer l'ambition théorique et les problèmes de ce dernier. Merleau-Ponty remarque en premier lieu que, s'il est vrai que Marx se revendique explicitement du matérialisme, les concepts de « matière » et de « matérialité » ne font pourtant l'objet d'aucune explicitation particulière⁷ : ni la matérialité propre au social ou aux infrastructures (objet d'une ontologie sociale) ni la matérialité naturelle ou pré-sociale (objet d'une ontologie générale) n'ont occupé Marx dans ses recherches. Mais le second terme de la formule « matérialisme dialectique » ne pose pas moins de problèmes. Marx n'a en effet jamais clairement défini le sens de sa dialectique⁸, et il a livré à la postérité des formules relativement ambiguës, qui se prêtent à de nombreuses interprétations⁹. Quant à la dialectique pratiquée par Marx dans ses textes, Merleau-Ponty estime qu'elle reste profondément marquée par la dialectique de Hegel (malgré la volonté affichée de s'en détacher) et hérite des ambiguïtés de cette dernière. Ces deux difficultés se rejoignent en réalité et témoignent toutes les deux, selon Merleau-Ponty, du défaut d'élaboration ontologique de Marx. Il en résulte que les successeurs de Marx se sont trouvés contraints d'inventer une solution *marxiste* à ces questions. Ils ont alors été placés devant l'obligation de faire du marxisme soit une pensée *dialectique* soit une pensée *matérialiste*, sans jamais réussir à concilier ces caractéristiques autrement que dans une synthèse proclamée mais jamais réalisée¹⁰. C'est donc cette indétermination foncière de l'ontologie de Marx qui est, selon Merleau-Ponty, à la source d'une grande partie des problèmes non seulement théoriques mais aussi pratiques du marxisme.

Cette difficulté, loin cependant de disqualifier le marxisme aux yeux de Merleau-Ponty, en constitue au contraire l'une des richesses. Si Marx ne propose pas de solution ontologique, le marxisme dans son développement a ceci de précieux qu'il révèle la nécessité d'un travail ontologique pour combler le vide laissé par Marx. Ainsi, il serait peut-être possible de relire l'ensemble de la dernière ontologie de Merleau-Ponty (celle qu'il élabore à partir de la deuxième moitié des années

---

⁵ Merleau-Ponty emploie désormais les deux formules indifféremment, mais la seconde s'est imposée parce qu'elle constitue le titre d'un chapitre des *Aventures de la dialectique* (*AD*, chap. 2 « Le marxisme "occidental" », p. 46-85).

⁶ Sur cette formule et son rapport à la pensée de Marx, voir *supra*, Introduction générale.

⁷ Ainsi É. Balibar peut-il parler, à propos de la philosophie de Marx, de « matérialisme sans matière » (É. Balibar, *La philosophie de Marx*, Paris, La Découverte, 2014, p. 61).

⁸ Dans une lettre à Engels, Marx évoque le projet, qu'il ne réalisera jamais, d'expliciter « en deux ou trois placards d'imprimerie [...] le fond rationnel de la méthode [dialectique] que Hegel a découverte, mais en même temps mystifiée » (Lettre de Marx à Engels, 14 janvier 1858, *Lettres sur « Le Capital »*, Paris, Éditions sociales, 1964, p. 83).

⁹ Les débats au sein de la tradition marxiste sur cette question en sont la meilleure preuve.

¹⁰ Ce diagnostic rejoint celui qu'avait formulé Sartre en 1946 dans « Matérialisme et Révolution ».

cinquante) avec l'hypothèse selon laquelle celle-ci serait une tentative pour constituer ce « matérialisme dialectique » introuvable dans le marxisme. Comme l'écrit Merleau-Ponty dans son résumé du cours de 1957–58 :

> Ce que les philosophies dialectiques modernes n'ont pas réussi à faire parce que la dialectique en elles restait encadrée dans une ontologie prédialectique, deviendrait possible pour une ontologie qui découvrirait dans l'être même un porte-à-faux ou un mouvement[11].

L'importance de Marx pour Merleau-Ponty tient donc à son « impensé ». En effet, vers la fin des années cinquante, Merleau-Ponty affirme, en s'appuyant sur une idée de Heidegger (énoncée dans *Le principe de raison*[12]), que

> La pensée du philosophe ne peut être définie seulement par ce qu'elle a maîtrisé, il faut tenir compte de ce qu'elle essayait encore à la fin de penser[13].

La grandeur d'une philosophie réside alors dans le « domaine » que le penseur ouvre par son impensé. Or c'est bien l'impensé de Marx qui, tout au long des années cinquante, et de manière de plus en plus radicale, semble ouvrir à Merleau-Ponty un domaine de recherche toujours plus fondamental. C'est en effet au contact de Marx que Merleau-Ponty approfondit sa philosophie des institutions (décrivant « l'être institué »)[14] avec une philosophie dialectique (comme logique du phénomène d'institution)[15], qui le conduit ensuite vers une ontologie de la nature (comme sens d'être de « l'être naturel »)[16], pour arriver enfin au projet d'une ontologie générale saisissant l'articulation entre l'être naturel et l'être institué[17]. La pensée (ou l'impensé) de Marx se trouve à chacune de ces étapes du développement de la philosophie de Merleau-Ponty. L'importance du marxisme, longtemps négligée mais qui commence à être mise en lumière par une jeune génération de commentateurs[18], est confirmée par la Préface de *Signes* (1960). Ce texte, dont on a trop souvent retenu le seul versant négatif et critique par rapport au marxisme, fait le bilan philosophique et politique de la période écoulée et conclut à la nécessité d'instituer un nouveau rapport positif au marxisme – marxisme que Merleau-Ponty qualifie de « classique

---

[11] *RC*, p. 128.

[12] *Der Satz vom Grund* paraît en 1957 (la traduction française d'A. Préau quant à elle date de 1962). *Cf.* M. Heidegger, *Le principe de raison*, Paris, Gallimard, 1962, p. 166.

[13] *RC*, p. 160. Sur l'impensé, voir aussi « Le philosophie et son ombre » (*Signes*, p. 259–262), des notes travail de juin 1959 (*VI*, Notes de travail, p. 252–253), et les notes du cours de 1959–60 « Husserl aux limites de la phénoménologie » (dans R. Barbaras (dir.), *Notes sur* L'origine de la géométrie *de Husserl*, Paris, PUF, 1998, p. 14).

[14] *Éloge de la philosophie*, *Le problème de la parole (Cours de 1953–54)*, *Matériaux pour une théorie de l'histoire (Cours de 1953–54)*, *L'« institution » dans l'histoire personnelle et publique (Cours 1954–55)*, etc.

[15] *Les aventures de la dialectique* (1955), *La philosophie dialectique (Cours de 1955–56)*

[16] *Le concept de nature* (Cours de 1956–57 ; Cours 1957–58 ; Cours 1959–60).

[17] *Le visible et l'invisible*.

[18] *Cf.* C. Dodeman, « Marx et l'élaboration du concept de nature dans la philosophie de Merleau-Ponty », *Actuel Marx*, n°58, 2015/2, p. 118–129 ; M. Larison, *Être en forme. Dialectique et phénoménologie dans la dernière philosophie de Merleau-Ponty*, Paris, Éditions Mimésis, 2016.

»[19] et approche comme un « immense champ d'histoire et de pensées sédimentées, où l'on va s'exercer et apprendre à penser »[20].

Pour mettre en œuvre une telle lecture du marxisme, Merleau-Ponty approfondit durant les années cinquante sa connaissance du marxisme. Sa lecture de Marx est désormais beaucoup plus précise et rigoureuse, d'un point de vue à la fois herméneutique et philologique. Tout d'abord, il ne s'appuie plus sur la traduction française des œuvres de Marx publiée chez Costes, mais sur l'édition de référence de l'époque, à savoir la *Marx-Engels-Gesamtausgabe* (MEGA[1])[21], dont il traduit pour lui-même les textes[22]. On remarque également chez lui un souci d'historiciser et de discuter la périodisation du développement de la pensée de Marx (dans *Les aventures de la dialectique*, il suit notamment celle proposée par K. Korsch dans *Marxisme et philosophie*[23]), ainsi que le rapport de ce dernier aux pensées de Feuerbach[24] et de Hegel. Dans son cours de 1960–61, il insiste ainsi tout particulièrement sur la filiation hégélienne en affirmant que Marx est « hégélien d'un bout à l'autre »[25] et passe simplement du Hegel de la *Phénoménologie de l'Esprit* (dans les *Manuscrits de 1844*) à celui de la *Science de la Logique* (dans le *Capital*). Merleau-Ponty semble également accorder une importance accrue au *Capital*[26], même s'il estime que l'Introduction de la *Contribution à la critique de la philosophie du droit de Hegel* (ou « Introduction de 1843 ») reste « le meilleur document de philosophie marxiste », et que c'est à partir d'elle qu'il faut chercher à reconstituer la « philosophie du *Capital* »[27]. En plus d'une connaissance approfondie des praticiens du marxisme (en témoignent les chapitres sur Lénine et Trotski dans *Les aventures de la dialectiques*, bien plus précis et informés que les références qu'on trouve dans ses textes de l'immédiat après-guerre), Merleau-Ponty a une grande maîtrise des auteurs marxistes contemporains (G. Lukács[28], L. Goldmann[29], L. Althusser[30], Cl. Lefort, J.-T. Desanti, H. Lefebvre, etc.) et des débats philosophiques marxistes (ainsi, par

---

[19] *Signes*, Préface, p. 21 et ss.

[20] *Signes*. Préface, p. 24.

[21] Sur les éditions et traductions de Marx, voir *supra*, Introduction générale.

[22] C'est ce qu'on peut voir dans toutes ses préparations de cours (*cf.* notamment *La philosophie dialectique* et *Philosophie et non-philosophie depuis Hegel*), ainsi que dans ses notes de travail (*cf.* par exemple BNF, Fonds Maurice Merleau-Ponty, NAF 27003, vol. XX, « Notes de lecture sur Marx », f. 71–104).

[23] *AD*, chap. 3, p. 89–91.

[24] Il lit notamment l'ouvrage de H. Arvon, *Feuerbach ou la transformation du sacré*, Paris, PUF, 1957 (*cf.* « Notes de lecture sur Marx », f. 83–86).

[25] *Notes de cours*, p. 322.

[26] Le cours du 9 mai 1961 devait notamment porter sur le *Capital* et *L'introduction de 1857*.

[27] *Notes de cours*, p. 324.

[28] Merleau-Ponty ne se réfère plus seulement à *Histoire et conscience de classe* (dont il propose une discussion approfondie dans les *AD* et dans son cours de 1954–55), mais également au *Jeune Hegel* ainsi qu'aux textes de Lukács sur la littérature (*Marx et Engels historiens de la littérature*).

[29] L. Goldmann, *Sciences humaines et philosophie*, Paris, Éditions Gonthier, 1966 [1re éd. 1952].

[30] L. Althusser, « Note sur le matérialisme dialectique », *Revue de l'enseignement philosophique*, oct-nov 1953.

exemple, a-t-il lu l'ensemble des articles des deux grands débats sur l'œuvre de Lukács[31]). D'une manière générale, la méthode d'interprétation de Merleau-Ponty consiste moins à prélever des citations abstraites de leur contexte et à les placer dans la perspective de sa philosophie, qu'à réinscrire les pensées des auteurs et les ouvrages dans leur propre contexte pour les historiciser.

Ce retour aux textes philosophiques se voit également dans son intérêt renouvelé pour la phénoménologie. Cet intérêt se manifeste tout d'abord au niveau de certains concepts : c'est en effet au contact des textes du dernier Husserl que Merleau-Ponty développe alors le concept d'institution (*Stiftung*), qu'il mobilise notamment pour proposer dans *Les aventures de la dialectique* une « histoire intentionnelle » du marxisme sur le modèle de celle exposée par Husserl dans la *Krisis*. Mais le rapport de Merleau-Ponty à la phénoménologie semble surtout déterminé par la volonté qu'il a, à partir de la fin des années cinquante, de reprendre toute la démarche phénoménologique en mettant entre parenthèses l'ensemble des élaborations théoriques husserliennes (et heideggériennes). Plus encore qu'un souci de lecture et de discussion des thèses phénoménologiques, il y a dans le dernier Merleau-Ponty une reprise de l'exigence phénoménologique de description des phénomènes tels qu'ils se donnent. Cette exigence de « retour aux choses mêmes » s'exprime notamment par la volonté de Merleau-Ponty de ne pas commencer le travail phénoménologique par la mise en œuvre de la réduction husserlienne – cette dernière conduisant en effet, selon lui, à imposer aux phénomènes des catégories extérieures provenant d'un cadre philosophique et ontologique *a priori*[32]. Pour rester fidèle au mode même de manifestation des choses, il faut au contraire s'en tenir à l'immédiateté du monde tel qu'il est donné dans la « foi perceptive » de l'attitude naturelle[33] (c'est-à-dire s'en tenir à cette *Lebenswelt* que vise le dernier Husserl, mais par rapport à laquelle ses analyses ne sont pas toujours suffisamment fidèles) :

> S'il est vrai que la philosophie, dès qu'elle se déclare réflexion ou coïncidence, préjuge de ce qu'elle trouvera, il lui faut encore une fois tout reprendre, rejeter les instruments que la réflexion et l'intuition se sont donnés, s'installer en un lieu où elles ne se distinguent pas encore, dans des expériences qui n'aient pas encore été « travaillées », qui nous offrent tout à la fois, pêle-mêle, et le « sujet » et l' « objet », et l'existence et l'essence, et lui donnent donc les moyens de les redéfinir[34].

---

[31] Le premier débat autour de Lukács a lieu en 1924 lorsque *Histoire et conscience de classe* est condamné à la fois par la social-démocratie allemande (en la personne de K. Kautsky) et par le Komintern (en la personne de A. Zinoviev, relayant les critiques de Lénine). Le second débat a lieu autour de 1949–50, au moment des campagnes anti-titistes en Europe de l'Est : Lukács est alors condamné par le Parti communiste hongrois pour le statut qu'il accorde à la littérature soviétique. Merleau-Ponty lit l'ensemble des textes disponibles et les commente notamment dans *Les aventures de la dialectique* (*cf.* aussi « Lukács et l'autocritique », *LTM*, n°50, décembre 1949 ; repris sous le titre « Marxisme et superstition », *Signes*, p. 422–424).

[32] Et en premier lieu l'idée selon laquelle les *choses* sont des *objets*, et donc que le monde est composé d'objets. Sur la critique de l'objectivisme husserlien, voir notamment R. Barbaras, *Le tournant de l'expérience*, Paris, Vrin, 1998, chap. 3 « Merleau-Ponty et la racine de l'objectivisme husserlien », p. 63–79 ; chap. 9 « De l'ontologie de l'objet à l'ontologie de l'élément », p. 201–223.

[33] Sur la vérité de l'attitude naturelle, voir « Le philosophe et son ombre », *Signes*, p. 265–268.

[34] *VI*, « Entrelacs – Le chiasme », p. 172.

Un tel point de départ ne renvoie nullement à des apparences à « dépasser » : il s'agit au contraire de s'y attarder, car, comme l'affirme Merleau-Ponty, « nous voyons les choses mêmes, [et] le monde est cela que nous voyons »[35]. Cette première phrase, en apparence banale, est révélatrice de la portée ontologique maximale que Merleau-Ponty accorde à la « foi perceptive » de l'attitude naturelle. Toute la difficulté est alors d'élaborer une nouvelle terminologie qui soit à même de décrire le mode de manifestation des choses sans retomber dans les partages habituels de la philosophie. C'est à partir de ce recommencement radical de la phénoménologie que Merleau-Ponty cherche à mettre au jour une ontologie de la nature (ou encore de l'être « brut » ou « sauvage »), et donc à comprendre l'articulation de celle-ci à l'être institué et culturel (ou encore au « Logos »).

Nous retrouvons bien ici, quoiqu'investi d'une nouvelle signification, le projet théorique de l'élaboration d'une syntaxe commune susceptible de faire communiquer la philosophie, les sciences et la politique. Ce projet se déploie désormais à un niveau *ontologique*, c'est-à-dire à un niveau plus profond que celui d'une simple phénoménologie existentielle de la perception (auquel Merleau-Ponty semble se tenir jusqu'en 1948) et même que celui d'une phénoménologie de l'expression (qu'il explore à partir de 1948). Ce qui rend en effet ces différents domaines commensurables, c'est qu'ils se rapportent tous à un même être (ou monde), dont la nouvelle ontologie doit assurer la description. Cette ontologie, qui décrit le sens unique de l'être (notamment au moyen du concept de chair), et qu'on pourrait à ce titre décrire comme « moniste », doit cependant pouvoir faire droit non seulement à l'identité, mais également à la différence entre les deux grandes régions de l'être (l'être comme nature et l'être comme Logos et institution, ou encore l'être en tant qu'il est sensible et intelligible, visible et invisible). Le recommencement radical de la phénoménologie, qui reçoit une portée pleinement ontologique, permet ainsi à Merleau-Ponty d'installer sa réflexion dans l'impensé de Marx, et de mettre au jour l'ontologie dialectique qui a manqué à ce dernier. Ainsi, après les approches gestaltiste et linguistique, c'est désormais une approche *ontologique* qui assure l'articulation entre phénoménologie et marxisme.

1 Crise du marxisme. Du scénario marxiste à l'impensé de Marx.

« La crise n'a jamais été aussi radicale »
(Merleau-Ponty, Note de travail, janvier 1959[36]).

À partir de 1953, une part importante de l'énergie de Merleau-Ponty est consacrée à un travail critique de fond sur le marxisme ainsi qu'à une analyse de la « crise du marxisme ». Ce travail est principalement réalisé entre 1953 et 1956, et se matéria-

---

[35] *VI*, « Réflexion et interrogation », p. 17.
[36] *VI*, Notes de travail, p. 218.

lise dans *Les aventures de la dialectique* ainsi que dans certains de ses Cours du Collège de France (en particulier *Matériaux pour une théorie de l'histoire*, *L'institution dans l'histoire personnelle et publique* et les deux cours de 1955-56 sur *La philosophie dialectique*). Ce travail est ensuite relancé vers 1960, comme en témoignent à la fois son cours de 1960-61 (*Philosophie et non-philosophie depuis Hegel*) et la Préface de *Signes* – et cela peut-être sous l'impulsion de la publication par Sartre en avril 1960 de la *Critique de la Raison dialectique* (à laquelle Merleau-Ponty consacre quelques notes de travail[37]). L'enjeu est double. Il s'agit d'une part de décrire l'évolution du marxisme, et plus généralement celle de la pensée dialectique de Hegel à Sartre, à travers une vaste « histoire intentionnelle » prenant modèle sur la *Krisis* de Husserl : Merleau-Ponty cherche à mettre en lumière l'émergence de la pensée dialectique, et la manière dont elle est ensuite reprise et progressivement modifiée jusqu'à aboutir à sa propre négation dans « l'antidialectique » de Sartre[38]. Mais d'autre part, Merleau-Ponty cherche plus particulièrement à comprendre les raisons de l'échec du « communisme occidental » : cet échec n'est pas seulement dû aux contingences historiques de l'incarnation de l'idée marxiste, qui a conduit à l'oubli du sens originaire de cette dernière, mais également à des difficultés fondamentales liées au projet même de dépassement de toutes les antinomies théoriques et pratiques du monde moderne (et de résolution définitive de celles-ci en un « point sublime »). En reliant ces contradictions du communisme occidental à la pensée même de Marx, il s'agit alors pour Merleau-Ponty de déconstruire ce que nous avons appelé son « scénario marxiste » et de désinvestir celui-ci, de manière à pouvoir faire place à une nouvelle synthèse théorique.

1.1 Les symptômes : la crise du marxisme comme crise de la dialectique.

L'un des premiers enjeux du travail critique de Merleau-Ponty est de montrer qu'il y a bien une crise du marxisme, c'est-à-dire de susciter une prise de conscience vis-à-vis de cette crise. Or le principal obstacle à cette prise de conscience n'est ni la mauvaise foi des militants communistes et marxistes, ni l'emprise du marxisme devenu idéologie ou religion (comme le défendent R. Aron et J. Monnerot à l'époque), c'est la difficulté de mettre en perspective le marxisme de telle sorte que les spécificités de sa forme contemporaine soient visibles. En effet, les citations et

---

[37] *Cf.* notamment *VI*, Notes de travail, 1re juin 1960, p. 312 et mars 1960, p. 328.
[38] Ainsi, *Les aventures de la dialectique* et le cours sur *La philosophie dialectique* forment une unité. Le cours principal de 1955-56 retrace l'évolution de la dialectique chez Hegel (quatre leçons), chez Kierkegaard (une leçon), et puis chez Marx et Engels (quatre leçons), avant d'aborder très rapidement Kojève et Sartre. *Les aventures de la dialectique* commencent quant à elles au début du XXe siècle, et suivent l'évolution de la dialectique de Lukács à Sartre. Enfin, le cours complémentaire de 1955-56, consacré à l'explication de textes sur la dialectique, pose quelques jalons d'une préhistoire de la pensée dialectique, de Parménide jusqu'à Kant.

la reprise du vocabulaire de Marx rendent invisibles les évolutions importantes qu'a connues la doctrine marxiste. C'est à cette fin que Merleau-Ponty s'efforce, comme dans l'immédiat après-guerre, de reconstituer un marxisme « originel » (ou « classique »), qui a pour fonction principale de rendre visible la différence ou l'écart entre ce dernier et le communisme contemporain. Ce marxisme « originel » ne correspond toutefois pas aux formulations mêmes de Marx (chez qui se dissimuleraient encore des restes de « dogmatisme hégélien »[39]), mais aux meilleures intuitions marxistes reprises et théorisées par le « communisme occidental », et dont *Histoire et conscience de classe* (1923) de Lukács est la synthèse la plus aboutie. Un tel marxisme, que Merleau-Ponty appelle alors « marxisme occidental » en reprenant le terme polémique utilisé par les critiques soviétiques de Lukács en 1924[40], correspond à celui qu'il défendait lui-même dans l'après-guerre[41]. Cette synthèse intègre à la fois la conception de l'histoire de Marx et la pratique politique de Lénine (de sorte qu'on pourrait la qualifier de « bolchevik », par contraste avec l' « ultrabolchevisme » de la période stalinienne). Refusant en effet de se donner les facilités du Savoir absolu hégélien, il s'agit de rejoindre l'absolu à partir du relativisme et du perspectivisme (c'est-à-dire à partir de Weber). Le « marxisme occidental » joue donc le rôle, dans l'économie de l'ouvrage, de norme idéale visée par le marxisme et à partir de laquelle il est possible de faire ressortir de manière immanente les défauts et insuffisances des différentes formulations contemporaines du marxisme.

En effet, le communisme contemporain, bien qu'il utilise les mêmes mots que le marxisme classique, leur donne une tout autre signification : il se situe donc *par-delà* la synthèse du marxisme classique (d'où sa caractérisation comme « *ultra*-bolchevisme »[42]). Ainsi, alors que le marxisme originel est une pensée dialectique, la caractéristique principale du communisme contemporain est son caractère non-dialectique. La crise de la dialectique est donc d'abord la crise de la *politique marxiste*. Au lieu d'un marxisme qui tient ensemble politique et perspective historique, on trouve deux positions symétriques, aussi peu « marxistes » au sens strict l'une que l'autre, qui cherchent chacune à sauver l'une des dimensions de la dialectique. Le discours comme la pratique des communistes oscillent ainsi en permanence entre un hyperobjectivisme (qui dissout l'action et la conscience humaine dans une dialectique objective, et qui pratique un réformisme fataliste) et un hypersubjectivisme (qui affirme la primauté de l'action héroïque des communistes, et pratique un volontarisme révolutionnaire – seul à même de réaliser une société sans classes). Alors que le marxisme classique prétend dépasser cette opposition de

---

[39] *AD*, chap. 2, p. 46.

[40] L'opposition entre communisme (ou marxisme) soviétique et occidental est notamment développée par K. Korsch dans « L'état actuel du problème » (*Marxisme et philosophie*, Paris, Allia, 2012, p. 103–158).

[41] *Cf. supra*, Partie I, chap. 3.

[42] Ainsi, la formule de Merleau-Ponty ne renvoie pas, comme on pourrait le croire, à l'idée d'un *hyper*-bolchevisme (c'est-à-dire à un bolchevisme porté à sa limite extrême), mais signifie bien ce qui est « au-delà » du bolchevisme : « nous appellerons ultra-bolcheviste [la phrase nouvelle] où le communisme ne se justifie plus par la vérité, la philosophie de l'histoire et la dialectique, mais par leur négation » (*AD*, chap. 5, p. 142).

manière dialectique, le communisme contemporain ne pense plus que par antithèses. C'est en ce sens que la dialectique est en crise au sein du marxisme contemporain. Cette crise est cependant en partie masquée par les discours : la politique communiste se caractérise en effet par une forme de duplicité ou d'hypocrisie. Dans le discours, on respecte et on utilise les mots du marxisme ; mais en pratique, les comportements effectifs n'ont rien de marxiste et oscillent entre un volontarisme révolutionnaire et un réformisme fataliste :

> Pour [les communistes] dans la mesure même où la dialectique est en échec, il faut qu'elle reste en vigueur : elle est le « point d'honneur », la « justification » d'un immense labeur technicien où elle ne paraît pas en personne. Dans les deux sens du mot, on n'y touche pas : parce qu'on n'y change rien et parce qu'on ne s'en sert pas[43].

Le travail critique de Merleau-Ponty consiste donc d'abord à rendre manifeste cette crise de la dialectique, c'est-à-dire montrer en quoi le stalinisme constitue une déformation et une perte du sens originaire du marxisme.

Arrivé à ce point de son argumentation, Merleau-Ponty semble s'apprêter à la poursuivre, comme il le faisait dans l'immédiat après-guerre, en entrant dans la phase thérapeutique de son entreprise critique. Celle-ci consisterait alors en une répétition du geste husserlien de la *Krisis*, à savoir un appel à réactiver le sens originaire du marxisme contre sa déformation stalinienne contemporaine : il s'agirait dans ce cas d'inciter les communistes à redevenir marxistes et à se réapproprier l'authentique dialectique marxiste. Merleau-Ponty adopterait ainsi la position qu'il attribue aux trotskistes : fidèles à la synthèse « bolchevik » entre Marx et Lénine (que représente également Trotski), ces derniers interpellent les communistes et les enjoignent de retrouver ce marxisme authentique contre la « trahison » stalinienne. Cette attente semble justifiée par le fait que, dans son cours sur l'Institution, Merleau-Ponty rapproche explicitement le geste husserlien de celui de la Révolution permanente de Trotski :

> La réactivation n'est pas seulement explication de l'impliqué, mais réveil de l'intention originaire totale dont il n'était qu'une expression partielle. Contemporanéité de toutes les vérités ou de toutes les histoires. Husserl retrouve ici un des sens de la Révolution Permanente[44].

Dans ce passage, Merleau-Ponty met cependant en lumière le présupposé commun de Husserl et de Trotski, à savoir la « contemporanéité de toutes les vérités », c'est-à-dire la possibilité permanente de réactiver n'importe quelle vérité, quels que soient le contexte ou la situation historique. Or c'est précisément ce que refuse désormais Merleau-Ponty : un geste de réactivation n'est pas possible dans n'importe quelle situation historique. La crise du marxisme et de la dialectique consiste en effet non seulement en sa déformation stalinienne, mais en même temps en *l'impossibilité d'une réactivation du sens originaire*. Le trotskisme représenterait ainsi une tentative « husserlienne » de sortie de la crise du marxisme : de même que chez Husserl l'idée de philosophie apparue en Grèce ancienne peut être réactivée à

---

[43] *AD*, chap. 5, p. 136.
[44] *Instit.*, p. 42.

1 Crise du marxisme. Du scénario marxiste à l'impensé de Marx.

l'identique dans n'importe quelle situation historique (de sorte que rien de ce qui s'est passé depuis Platon ne remet fondamentalement en question cette idée de la philosophie[45]), dans le trotskisme c'est la théorie marxiste qui peut être reprise sans le moindre changement (de sorte qu'il ne s'est rien passé depuis Marx ou Lénine qui conduise à modifier les énoncés marxistes). Or selon Merleau-Ponty, l'un des seuls mérites des communistes staliniens est au contraire leur sens historique plus aigu que les trotskistes : ils ont ainsi pris acte du fait que l'évolution des conditions historiques entraînait nécessairement des transformations au niveau de la théorie et de la pratique. Ce que Merleau-Ponty reproche cependant à ces derniers est de ne pas assumer ces transformations, et de faire comme si leurs positions pratiques et théoriques correspondaient effectivement au marxisme de Marx et de Lénine.

Les raisons de la transformation du marxisme ne sont pas purement subjectives et contingentes (la « trahison » de Staline et de la bureaucratie soviétique), mais reposent sur des conditions objectives, liées à l'évolution du monde contemporain. Merleau-Ponty constate en effet, comme nous l'avons vu, que la *Gestalt* historique que propose le marxisme classique ne convient que très inadéquatement aux faits de l'histoire contemporaine : il n'est plus possible, selon lui, de suivre une ligne partant de la situation présente historique et indiquant les actions à mener pour instaurer une société communiste[46]. La *Gestalt* n'est par conséquent plus un guide permettant d'agir efficacement dans le présent : il y a désormais une rupture entre les possibilités d'action présentes (la politique) et la perspective historique (le communisme). L'histoire depuis Marx et Lénine a donc produit une dislocation de ce que le marxisme tenait ensemble. C'est la raison pour laquelle, selon Merleau-Ponty, les communistes (en tant qu'ils prennent implicitement acte de cette situation nouvelle) mènent la plupart du temps une politique qui s'avère réformiste : il s'agit en effet de la seule politique réaliste possible dans la situation contemporaine. Les trotskistes, quant à eux, cherchent à tout prix à maintenir la perspective révolutionnaire immédiate sans pouvoir mettre en lumière les moyens pour y parvenir : leur pratique se situe alors non plus sur le terrain politique, mais sur celui de la morale. Selon Merleau-Ponty, les communistes (à l'Est comme à l'Ouest) ont donc *raison* de cesser d'être marxistes (au sens classique du terme). Il en résulte donc que, si le premier geste critique « husserlien » de Merleau-Ponty (en montrant la déformation du marxisme) donnait l'impression qu'il se rapprochait du trotskisme, son second geste critique (qu'on pourrait caractériser d' « hégélien », au sens de la critique de l'utopisme dans la Préface des *Principes de la philosophie du droit*[47]) montre l'im-

---

[45] Ainsi, en conclusion de la conférence de Vienne, Husserl affirme le caractère superficiel de la crise, laquelle ne serait due qu'à l'aliénation de la rationalité : « Le fondement de l'impuissance d'une culture rationnelle ne se trouve pas – nous l'avons dit – dans l'essence du rationalisme même, il se trouve seulement dans son *extranéation [Veräußerlichung]*, dans le fait qu'il s'enrobe du cocon du "naturalisme" et de "l'objectivisme" » (« La crise de l'humanité européenne et la philosophie », dans Husserl, *Krisis*, trad. G. Granel, p. 382).

[46] Sur ce point, voir *supra*, Partie II, chap. 5.

[47] « Conceptualiser ce *qui est*, c'est la tâche de la philosophie [...]. Il est tout aussi sot de rêver qu'une quelconque philosophie surpasse le monde présent, son monde, que de rêver qu'un individu saute au-delà de son temps, qu'il saute par-dessus Rhodes. Si sa théorie va vraiment au-delà,

possibilité de réactiver le sens originel du marxisme, et tend ainsi à donner raison aux communistes et aux staliniens. La crise du marxisme consisterait alors en la prise de conscience à la fois du caractère non marxiste et déformé du stalinisme, et de l'impossibilité de revenir au sens authentique du marxisme.

1.2 Diagnostic : l'origine de la crise du marxisme selon Merleau-Ponty

Une fois que l'existence de la crise du marxisme a été établie, la prochaine étape de la démarche critique consiste à déterminer la cause ou la source de cette crise. Pour une part, les causes de la crise tiennent, selon Merleau-Ponty, à la contingence historique : le devenir du marxisme et de la dialectique n'est pas le développement ou la réalisation rationnelle de leur concept (il est impossible de déduire le communisme contemporain du marxisme originel), mais est fortement marqué par l'histoire du XXe siècle. La part de contingence que contient cette dernière (victoire de la révolution russe, échec de la révolution allemande, victoire du stalinisme en URSS, développement de l'État providence en Occident, Guerre froide, etc.) justifie le fait d'en parler comme d'une « aventure ». *Les aventures de la dialectique* retracent ainsi l'histoire des déplacements successifs qui ont conduit le marxisme originel à se transformer progressivement au contact de la contingence historique, et à prendre des figures successives (de Lukács à Lénine, puis au marxisme stalinien des années cinquante). La crise du marxisme, entendue comme déformation stalinienne du marxisme et impossible réactivation du marxisme originel, trouve donc d'abord son explication, à un premier niveau, dans l'histoire, en tant que celle-ci a posé de nouveaux problèmes que le marxisme originel n'avait pas soupçonnés.

Cependant, la crise vient également, selon Merleau-Ponty, de certaines difficultés de la pensée dialectique que Marx lui-même n'avait pas résolues. C'est en cela que *Les aventures de la dialectique* se distinguent sans doute le plus nettement d'*Humanisme et terreur*. En effet, dans ce dernier ouvrage, la situation critique dans laquelle se trouvait le marxisme tenait tout entière dans la contingence historique, de sorte que Merleau-Ponty pouvait espérer que l'histoire retrouverait ses rails et qu'une histoire rationnelle (marxiste) pourrait se réaliser[48]. Dans *Les aventures de la dialectique*, Merleau-Ponty tente en revanche de montrer que la contingence historique ne fait que révéler un problème originaire présent au sein du marxisme de Marx et dont l'échec du marxisme occidental est la conséquence. L'opposition *externe* entre marxisme occidental et marxisme soviétique renvoie en réalité, selon Merleau-Ponty, à une contradiction *interne* au marxisme de Marx lui-même, à savoir la contradiction entre une exigence *dialectique* et une exigence *matérialiste*

---

s'il s'édifie un monde *tel qu'il doit être*, ce monde existe bien, mais seulement dans son opinion – élément moelleux dans lequel tout ce qu'il y a de gratuit se laisse imprimer » (G. W. F. Hegel, *Principes de la philosophie du droit*, trad. J.-F. Kervégan, Paris, PUF, 2013, p. 132).

[48] *Cf. supra*, Partie I, chap. 3.

1 Crise du marxisme. Du scénario marxiste à l'impensé de Marx.　　　　　　　　345

(ou naturaliste)[49]. Cette contradiction est à l'origine des deux grands manques que Merleau-Ponty diagnostique chez Marx : ce sont ces manques dont hérite le marxisme occidental et qui expliquent l'échec de ce dernier.

1.2.1 L'introuvable ontologie du marxisme.

Le premier défaut, qu'on peut qualifier d'*ontologique*, réside dans une absence d'élaboration satisfaisante concernant l'être des infrastructures (c'est-à-dire l'absence d'une ontologie sociale). En effet, selon Merleau-Ponty, ce que le marxisme désigne comme « infrastructures », ce ne sont pas les infrastructures elles-mêmes dans leur matérialité propre, mais ces infrastructures en tant qu'elles ont été constituées par le marxisme en « objet » d'un savoir scientifique. Or cet « objet » ne se confond pas avec la chose elle-même : il s'agit de la « forme » ou « essence » de cette dernière, en tant qu'on a éliminé tout ce qui en elle relève de la contingence. Ainsi, par exemple, l'entreprise capitaliste est modélisée comme institution obéissant à une pure logique rationnelle capitaliste (A-M-A'), dont on a abstrait tous les facteurs contingents qui peuvent entraver le développement de cette rationalité (par exemple, le fait que le capitaliste obéisse également à des impératifs éthiques, nationalistes, ou encore philanthropiques). De la même manière, les « lois » historiques et économiques que formule Marx sont des modèles théoriques qui font abstraction d'un grand nombre de facteurs concrets pouvant contrecarrer ces lois[50]. Cependant, le marxisme ne théorise pas, selon Merleau-Ponty, le rapport entre ces régularités « idéales » (dégagées par l'analyse) et leur inscription matérielle : et cela parce qu'il n'a pas élaboré d'ontologie en mesure de préciser ce qu'est la matérialité ou l'incarnation. C'est la raison ici de l'écart qui existe entre les modélisations marxistes (« pures ») et le développement concret de l'histoire ou de l'économie. Pour saisir ce développement concret, il est en effet nécessaire de faire droit à « l'inertie » ou à « l'adversité » de la matérialité concrète. Comme l'écrit Merleau-Ponty,

> Il manquait au marxisme du jeune Marx comme au marxisme « occidental » de 1923 le moyen d'exprimer l'inertie des infrastructures, la résistance des conditions économiques et même naturelles, l'enlisement des « rapports personnels » dans les « choses ». L'histoire telle qu'ils la décrivaient manquait d'épaisseur, laissait trop tôt transparaître son sens, ils avaient à apprendre la lenteur des médiations[51].

Le marxisme ne dispose donc pas d'une ontologie sociale à même de dégager l'être propre des infrastructures, et d'expliquer leur inertie, la manière dont elles transforment et détournent la *praxis* des individus, orientent l'histoire dans des directions imprévues – une ontologie sociale qui serait susceptible de rendre raison de la

---

[49] *AD*, chap. 3, p. 92 ; chap. 4, p. 106.
[50] En effet, le discours de Marx, notamment dans *Le Capital*, ne cesse de préciser les hypothèses qu'il formule à tel moment de son exposition, et qui font abstraction d'un grand nombre de facteurs concrets qui peuvent venir perturber le fonctionnement des « lois » qu'il dégage.
[51] *AD*, chap. 3 p. 93. En 1948, Merleau-Ponty signalait que la lecture marxiste de l'histoire « rencontre dans les choses une sourde adversité » (« Le *Manifeste communiste* a cent ans », *P1*, p. 107).

résistance des choses et de l'adversité qu'elles opposent à la réalisation du projet marxiste.

Mais tant que le marxisme n'est qu'un mouvement d'opposition et qu'il a l'impression d'être dans le sens de l'histoire, il ne ressent pas le besoin d'élaborer cette ontologie : la matérialité concrète semble entièrement soluble dans le modèle idéal. D'autres configurations historiques font en revanche ressentir le besoin pressant d'une telle ontologie, et révèlent ainsi l'impensé ontologique du marxisme. C'est ce qui arrive lorsque le marxisme prend le pouvoir (comme dans la Russie de 1917) ou encore lorsqu'il a l'impression d'aller à contre-courant de l'histoire. Après la prise du pouvoir, le marxisme doit en effet affronter et prendre la mesure de la « force des choses » (selon la formule de Beauvoir) : il est alors contraint d'introduire dans sa pensée dialectique (celle qui suit la pure logique des objets analysés) ce qu'elle ne contient pas, à savoir une théorie de la matérialité. Dans l'urgence, le marxisme a donc opté pour la seule théorie cohérente et alors disponible de la matérialité : le naturalisme scientiste. Celui-ci consiste en une ontologie objectiviste qui conçoit l'être sous la forme d'un objet entièrement passif, composé de parties extérieures les unes aux autres, et déterminé par des lois qui s'imposent à lui du dehors. Le sujet connaissant, quant à lui, accède par des procédures scientifiques « à l'être absolu »[52]. Ainsi Merleau-Ponty estime-t-il que le retour du naturalisme dans les œuvres philosophiques de Lénine (dans *Matérialisme et empiriocriticisme*) et dans le communisme soviétique (c'est-à-dire le marxisme en tant qu'il est au pouvoir et donc au contact des choses) est justifié, tout comme l'est la première autocritique de Lukács (celle dirigée contre *Histoire et conscience de classe*)[53] : malgré toutes ses insuffisances, ce naturalisme (« pré-hégélien » et donc non marxiste) permet cependant aux dirigeants d'avoir une certaine prise sur l'adversité et de proposer une ligne d'action dans une situation concrète[54]. Ainsi, Merleau-Ponty affirme que

> Le marxisme philosophique et dialectique correspond aux périodes d'essor où la révolution paraît proche, le scientisme prédomine dans les périodes d'affaissement, quand l'écart s'accuse entre l'histoire effective et sa logique immanente, quand le poids des infrastructures se fait sentir, soit que, comme à la fin du XIXe siècle, l'appareil capitaliste se stabilise, soit que, comme en URSS, les difficultés de l'économie planifiée se précisent à l'usage[55].

L' « usage des expédients en philosophie », qui caractérise selon Merleau-Ponty l'intervention de Lénine en philosophie, révèle ainsi une « difficulté intérieure de la pensée marxiste »[56] : son incapacité à penser l'être propre des infrastructures, c'est-à-dire l'être du social en tant que celui-ci n'est réductible ni à la figure de l'objet ni à celle du sujet.

---

[52] *AD*, chap. 2, p. 88.

[53] *AD*, chap. 2, p. 84 ; chap. 3, p. 95–96.

[54] Ainsi les dirigeants soviétiques peuvent-ils concevoir l'intervention étatique sous une forme purement technique et volontariste, c'est-à-dire comme l'action d'un ingénieur sur un objet passif et inerte.

[55] *AD*, chap. 2, p. 93. Cette historicisation du marxisme s'appuie sur K. Korsch (*Marxisme et philosophie*).

[56] *AD*, chap. 3, p. 89.

Dans les années qui suivent *Les aventures de la dialectique*, Merleau-Ponty approfondit ce point en élargissant son diagnostic. Les difficultés du marxisme ne proviennent pas seulement d'un défaut d'ontologie sociale, mais du manque d'une ontologie *générale*. En effet, Marx n'a pas clarifié dans ses textes la manière dont il concevait les rapports (d'identité et de différence) entre l'être social et l'être naturel, c'est-à-dire le sens qu'il fallait donner à son matérialisme. Ce travail est pourtant tout aussi nécessaire que l'est l'ontologie sociale : c'est lui qui permet de préciser le sens général de la matérialité à partir duquel il est possible de saisir la spécificité de la matérialité sociale. Cette indétermination ontologique a permis le développement, au sein de la tradition marxiste, de deux ontologies absolument antithétiques et se réclamant pourtant l'une et l'autre de Marx : d'une part, un « naturalisme » intégral qui réduit l'être social à l'être naturel (comme on peut le voir dans les tentatives d'élaboration d'une « dialectique de la nature » chez Lénine et parmi les intellectuels communistes), et d'autre part, un « humanisme » marxiste (qui affirme une discontinuité entre les deux types d'être et pose la société comme négation de la nature – position qu'on retrouve chez la plupart des philosophies marxistes non communistes). Or d'après Merleau-Ponty, ces deux conceptions se trouvent chez Marx, mais simplement juxtaposées. Il ne s'agit pas seulement d'une opposition entre un jeune Marx humaniste (philosophique et dialectique) et d'un Marx de la maturité (scientiste et objectiviste), mais d'une tension ou contradiction qui traverse toutes les périodes de la production théorique de Marx. Ainsi Merleau-Ponty peut-il affirmer que le marxisme, bien que faisant « profession de "matérialisme" », n'a jamais élucidé les notions fondamentales de « matière » ou de « nature » : il en résulte que « la plus célèbre des philosophies de l'histoire repose sur un concept qui n'a jamais été élucidé et qui est peut-être mythique »[57]. C'est à l'élucidation de ces questions que sera consacrée une partie importante des efforts théoriques de Merleau-Ponty dans les années cinquante, à travers les concepts d'institution, d'être brut (ou sauvage), et de chair.

1.2.2 Le défaut de dialectique de la dialectique marxiste.

Le second grand manque que Merleau-Ponty diagnostique dans la pensée de Marx et qui marque ensuite profondément le marxisme occidental, concerne le statut de la dialectique marxiste. Cette difficulté, que Merleau-Ponty met en lumière dans *Les aventures de la dialectique*, est ensuite travaillée de manière plus approfondie dans son cours de 1955–56 sur *La philosophie dialectique* et reprise à la fin des années cinquante. La pensée dialectique se caractérise, pour Merleau-Ponty, en ceci que son noyau réside dans la négativité comme négation de la négation – négation de la négation qui n'est cependant pas la position d'un terme positif. La dialectique ne peut donc jamais se stabiliser en une synthèse finale ou en une réconciliation définitive des contraires. Or la plupart des pensées dialectiques ne parviennent pas à tenir cette exigence dialectique, et introduisent (implicitement ou explicitement) un point

---
[57] *RC*, p. 92–93.

final : elles retombent alors, selon Merleau-Ponty, dans une forme de « positivisme » (c'est notamment le cas chez Hegel). La dialectique marxiste, quant à elle, est de ce fait en crise parce qu'elle n'est pas suffisamment dialectique : elle cherche en effet, selon Merleau-Ponty, à comprendre tout mouvement dialectique à partir d'un possible achèvement de ce mouvement dialectique (en particulier en affirmant la possibilité de dépasser les contradictions sociales dans un stade final « communiste », pleinement positif). Or ce « positivisme » n'est pas seulement, selon Merleau-Ponty, le propre de la pensée du Marx du *Capital* (qui reconduit la subordination hégélienne de la négation à la synthèse finale, à travers l'idée d'une fin de la préhistoire dans le communisme), mais caractérise la pensée de Marx dès le début – et trouve son origine dans un héritage non critiqué de Hegel. Ainsi, dans les *Manuscrits de 1844* coexisteraient deux philosophies distinctes : d'une part, une pensée authentiquement dialectique (mettant l'accent sur la négativité), et d'autre part un résidu d'hégélianisme qui conduit Marx vers l'affirmation de la positivité finale (et qui le rapproche du naturalisme)[58]. Le projet révolutionnaire politique du marxisme est donc grevé par cette ambivalence originelle. Si chez Marx et dans le communisme c'est la philosophie positive qui l'a emporté, les tentatives contemporaines (Kojève, Sartre) cherchent au contraire à réactiver la philosophie négative, mais perdent la dimension de positivité. Une authentique pensée dialectique devra au contraire intégrer ces deux dimensions.

1.3 Sartre et la phase « ultra-bolcheviste » du marxisme

Si la critique de la pensée sartrienne prend une telle importance pour Merleau-Ponty à partir de 1953, c'est qu'elle constitue selon lui un révélateur des difficultés profondes que doit surmonter une pensée authentiquement dialectique. Comme il l'écrit dans le résumé de son cours de 1955–56 au sujet du « néo-marxisme » sartrien où prédomine la « pensée "négativiste" » :

> Philosophie qui met en évidence, plus qu'aucune autre ne l'a fait, la crise, la difficulté essentielle et la tâche de la dialectique[59].

En effet, que ce soit dans *Les aventures de la dialectique*, dans le cours sur *La philosophie dialectique* ou dans ses notes de travail pour *Le Visible et l'invisible*, la synthèse sartrienne entre existentialisme et marxisme constitue le contre-modèle à partir duquel Merleau-Ponty élabore sa propre pensée dialectique.

La phase « sartrienne » de l'histoire du marxisme correspond, selon Merleau-Ponty, au moment où la dialectique marxiste se transforme en son contraire, c'est-à-dire en une pensée antidialectique, qui ne fonctionne que par oppositions binaires irréconciliables entre lesquelles il faut choisir (retrouvant en fait l'inflexion décisionniste que Kierkegaard donne à la dialectique hégélienne). Le communisme dans

---

[58] *RC*, p. 83–84.
[59] *RC*, p. 84.

sa phase stalinienne (ou « ultra-bolcheviste ») aurait donc complètement abandonné ce qui faisait, selon Merleau-Ponty, l'originalité de la pensée marxiste. Loin donc de voir dans « Les communistes et la paix » les signes d'une conversion de Sartre au marxisme, Merleau-Ponty y trouve la formulation, dans les termes mêmes de la philosophie de *L'Être et le Néant*[60], de la philosophie implicite de ce communisme qui se situe « au-delà » du marxisme. Merleau-Ponty va jusqu'à affirmer que s'il fallait trouver une philosophie qui corresponde parfaitement à la pratique théorique et politique des communistes staliniens, il ne faudrait pas la chercher dans l'œuvre de Marx, mais plutôt... dans *L'Être et le Néant* de Sartre[61]! L'ontologie dualiste et non dialectique de *L'Être et le Néant* serait en quelque sorte l'ontologie du stalinisme. La phase « ultra-bolcheviste » ou « sartrienne » serait l'ultime étape de l'aventure dialectique correspondant à l'abandon de la dialectique marxiste pour une pensée des antithèses non dialectiques.

Au-delà du caractère violemment polémique d'un tel procédé[62], on a peu remarqué que l'une des subtilités de l'argumentation de Merleau-Ponty est de reprendre contre le Sartre des années cinquante les thèses avancées par ce dernier dans « Matérialisme et révolution » (de la même manière que Sartre reprend les thèses d'*Humanisme et terreur* contre le Merleau-Ponty des années cinquante[63]). Il montre en effet, comme le Sartre de 1946[64], qu'il y a un décalage entre ce qu'affirment les communistes et leur pratique, mais aussi que sur les questions théoriques, ces derniers ne cessent d'osciller entre deux positions inconciliables (privilégiant tantôt l'aspect matérialiste tantôt l'aspect dialectique du « matérialisme dialectique »). Enfin, chose plus étonnante encore, la thèse la plus outrancière de l'ouvrage de Merleau-Ponty (celle selon laquelle *L'Être et le Néant* contiendrait l'ontologie véritable du marxisme dans sa phase « ultra-bolcheviste »), n'est en réalité qu'une reformulation de l'une des thèses centrales de la deuxième partie de l'essai de 1946, à savoir que l'existentialisme est la philosophie implicite des militants révolutionnaires communistes. Ainsi, au moment même où les trajectoires en chiasme de Merleau-Ponty et Sartre se croisent (Merleau-Ponty s'éloignant du communisme et

---

[60] Beauvoir considérera pour sa part qu'il s'agit d'un « pseudo-Sartre » construit pour les besoins de la cause : cette caricature ne reflète pas l'évolution de la pensée de Sartre, et ne fait pas justice à la philosophie de *L'Être et le Néant* (S. de Beauvoir, « Merleau-Ponty ou le pseudo-sartrisme », *LTM*, n°114–115, juin-juillet 1955 ; repris dans S. de Beauvoir, *Faut-il brûler Sade ? (Privilèges)*, Paris, Gallimard, 1972 [1re éd. 1955], p. 221–300). Pour l'analyse des « Communistes et la paix », voir *supra*, Partie II, chap. 6.

[61] C'est peut-être cet aspect des *Aventures de la dialectique* qui tient le plus au conflit interpersonnel entre Sartre et Merleau-Ponty (et il est regrettable que ce soit souvent le seul aspect que l'on retienne du texte).

[62] Le chapitre sur Sartre dans les *AD* est en effet très violemment polémique, et écrit dans un style assez inhabituel chez Merleau-Ponty. Alors que ses textes sont souvent très denses et concis, Merleau-Ponty semble donner libre cours à son écriture – d'où le caractère long, fastidieux, et répétitif d'un texte dont on comprend assez clairement la thèse, mais dont le développement d'ensemble n'est pas très lisible.

[63] *Cf. supra*, Partie II, chap. 6.

[64] Pour l'analyse de « Matérialisme et Révolution », voir *supra*, Partie I, chap. 1.

Sartre s'en rapprochant), la prise de distance de Merleau-Ponty par rapport au Sartre explicite des années cinquante n'est que l'envers d'une proximité tacite avec le Sartre de « Matérialisme et Révolution ».

Mais à travers la critique du Sartre du début des années cinquante, qui a le mérite à la fois de dégager toutes les conséquences philosophiques du marxisme stalinisé et de suivre jusqu'au bout les suggestions d'*Humanisme et terreur*, Merleau-Ponty cherche également à prendre ses distances avec sa propre pensée pour liquider définitivement les illusions de la synthèse qu'il visait lui-même dans l'après-guerre. La pensée de Sartre révèle notamment la solidarité entre ontologie et dialectique, et la manière dont une ontologie insuffisamment explicitée conduit à la négation de la dialectique. En portant les ambiguïtés du marxisme à leur limite et en conduisant le marxisme à se nier lui-même, la philosophie de Sartre met ainsi en lumière l'urgence d'un travail ontologique qui réponde à l'impensé de Marx.

2 DE L'IMPENSÉ DE MARX À UNE NOUVELLE ONTOLOGIE DIALECTIQUE.

> « Le marxisme trouvait dans l'histoire tous les drames abstraits de l'Être et du Néant, il y avait déposé une immense charge métaphysique, – avec raison puisqu'il pensait à la membrure, à l'architectonique de l'histoire, à l'insertion de la matière et de l'esprit, de l'homme et de la nature, de l'existence et de la conscience, dont la philosophie ne donne que l'algèbre ou le schéma »
>
> (Merleau-Ponty, Préface de *Signes*, p. 14).

L'importance du marxisme dans la « nouvelle ontologie » que Merleau-Ponty cherche explicitement à élaborer à partir du milieu des années cinquante n'est pas seulement négative (par la mise en lumière du défaut d'élaboration ontologique du marxisme), mais également positive. L'écriture des *Aventures de la dialectique* (entre l'été 1953 et la fin 1954) constitue certainement le moment décisif qui réoriente les recherches de Merleau-Ponty dans une direction ontologique. On en trouve les premières traces de cette ontologie dans les cours de l'année 1954–55[65], et plus encore dans les résumés de ces cours (rédigés *a posteriori*)[66]. Mais c'est surtout le cours de 1955–56 sur *La philosophie dialectique* qui, comme l'a montré M. Larison[67], institue véritablement le nouvel horizon de recherche qui sera ensuite développé dans les cours des années suivantes et dans ses diverses notes de travail. Or à chaque étape de cette radicalisation de la réflexion de Merleau-Ponty, le marxisme et ses difficultés apparaissent toujours comme le facteur moteur : l'approfondissement critique du marxisme au prisme de l'histoire (1953–54), de l'institu-

---

[65] *Passiv.*, p. 164–183.

[66] En effet, les résumés se terminent d'une part avec l'annonce d'une « métaphysique de l'histoire » qui doit réaliser une « révision de l'hégélianisme » (*RC*, p. 65), et d'autre part avec l'affirmation de la nécessité d'élaborer une « philosophie dialectique » à caractère ontologique (*RC*, p. 73).

[67] M. Larison, *op. cit.*

2 De l'impensé de Marx à une nouvelle ontologie dialectique. 351

tion (1954–55), de la passivité (1954–55), de la dialectique (1955–56), de la nature (1956–58, 1959–60), ou de la conception de la philosophie (1958–59, 1960–61), semble en effet avoir aiguillonné Merleau-Ponty tout au long des années cinquante. Cependant, ce point de départ critique vis-à-vis du marxisme n'a pas seulement une dimension négative : les difficultés du marxisme, loin de constituer des arguments pour le disqualifier théoriquement, se révèlent au contraire d'une grande fécondité. L'impensé du marxisme ouvre ainsi à Merleau-Ponty un domaine dans lequel il place sa propre réflexion.

C'est en adoptant cette perspective que nous nous proposons de retracer le mouvement de la dernière pensée de Merleau-Ponty, en prenant comme fil conducteur ses cours au Collège de France. Ce mouvement commence par une tentative de généralisation des acquis de la période précédente : en s'appuyant sur la « philosophie de l'esprit » qu'il a esquissée à partir du paradigme linguistique[68], Merleau-Ponty tente d'abord de dégager les caractéristiques propres du domaine « culturel » (ou de l'être culturel) au moyen du concept d'*institution*, qui prend alors une importance décisive. Puis, poussant encore plus loin la généralisation, Merleau-Ponty cherche à thématiser la logique (ou rationalité) qui régit le mouvement d'institution, à savoir celle d'une *dialectique*. Mais cette dialectique n'a pas pour Merleau-Ponty une valeur strictement logique : elle conduit en réalité à un approfondissement *ontologique*. Il s'agit alors de révéler le caractère dialectique de l'être qui soutient cette dialectique.

Le travail d'articulation entre phénoménologie et marxisme s'effectue tout au long de ce développement. Dans un mouvement de « zigzag », chacune des deux pensées en s'approfondissant se rapproche de l'autre jusqu'à se dépasser en elle, et ainsi de suite : la *praxis* marxiste est ressaisie phénoménologiquement à travers le concept husserlien d'institution (*Stiftung*), qui est, en retour, repensé au moyen des catégories dialectiques du marxisme. Merleau-Ponty peut alors reprendre à son compte l'exigence ontologique de la phénoménologie : si les choses mêmes se manifestent selon une logique dialectique, c'est que l'être lui-même est dialectique. L'exigence moniste du marxisme affirme ensuite la nécessité de rechercher un sens d'être commun par-delà le partage entre subjectif et objectif – mais cela tout en respectant la différence phénoménologique entre l'être naturel et l'être institué. C'est ce mouvement complexe d'élaboration d'une ontologie dialectique que nous voulons maintenant retracer.

2.1 *De l'institution à la dialectique. La dialectique comme logique de l'institution.*

« Toute l'analyse hégéliano-marxiste serait à reprendre sans son infrastructure "philosophique"»
(Merleau-Ponty, Note de travail inédite, p. 199[69]).

---

[68] Cf. *supra*, Partie II, chap. 5.
[69] Fonds Maurice Merleau-Ponty, BNF, NAF 26991, vol. VIII, 2 (transcription F. Robert).

2.1.1 Du paradigme linguistique à l'institution.

À bien des égards, la théorisation de la notion d'institution que Merleau-Ponty réalise dans son cours de 1954–55 et dans *Les aventures de la dialectique* est en continuité avec ses élaborations de la période précédente. D'un point de vue théorique, Merleau-Ponty donne en effet un cadre philosophique plus large à son approche linguistique du domaine de la culture grâce à la notion husserlienne d'institution (*Stiftung*). Ce qui change cependant, c'est la manière dont Merleau-Ponty envisage le rapport au marxisme. En janvier 1953, lors de sa Leçon inaugurale, il affirme qu'il s'agit de fixer conceptuellement grâce au paradigme linguistique l'intuition marxiste de la *praxis* – de sorte que les difficultés du marxisme viennent encore de l'absence d'explicitation philosophique de ses découvertes. Dans *Les aventures de la dialectique* en revanche, il défend l'idée que la *praxis* marxiste elle-même, bien qu'alourdissant la dialectique hégélienne, n'est jamais arrivée à prendre la mesure de l'épaisseur et de l'être propre de l' « intermonde » (terme que Merleau-Ponty affirme reprendre à Lukács pour désigner l'être du social en tant qu'il est irréductible à l'objet comme au sujet[70]). Comme il l'écrit dans *Les aventures de la dialectique*, à propos des marxistes,

> Pour comprendre à la fois la logique de l'histoire et ses détours, son sens et ce qui en elle résiste au sens, il leur restait à concevoir son milieu propre, l'institution […]. Déchirée par toutes les contingences, réparée par le geste involontaire des hommes qui sont pris en elle et veulent vivre, la trame ne mérite ni le nom d'esprit, ni celui de matière, mais justement celui d'histoire. Cet ordre des « choses » qui enseignent des « rapports entre personnes », sensible à toutes les pesantes conditions qui le rattachent à l'ordre de la nature, ouvert à tout ce que la vie personnelle peut inventer, c'est, en langage moderne, le milieu du symbolisme, et la pensée de Marx devait trouver en lui son issue[71].

L'être propre des infrastructures, que le marxisme n'aurait pas été en mesure de thématiser, réside donc dans l'institution, ou l'être institué – phénomène que Merleau-Ponty se donne alors pour tâche d'étudier. Cependant le terme d' « issue » qu'emploie Merleau-Ponty est révélateur de l'ambiguïté qu'entretient la théorie des institutions avec le marxisme : s'agit-il d'une sortie du marxisme, ou bien d'une solution pour le marxisme ?

Le cours de 1954–55 sur l'Institution constitue le pendant positif des *Aventures de la dialectique* : en se proposant d'examiner le phénomène de l'institution dans sa diversité, Merleau-Ponty cherche à répondre à l'impensé du marxisme au niveau de l'ontologie sociale, et à élucider ainsi l'être propre de phénomènes cruciaux comme ceux de « Capital »[72] ou de « Révolution »[73]. L'intérêt de la notion d'institution tient à ce qu'elle permet de fixer et de préciser le statut nouveau que Merleau-Ponty veut donner aux versants « subjectifs » et « objectifs » de la corrélation phénoménolo-

---

[70] *AD*, chap. 2, p. 54. Merleau-Ponty se réfère alors aux analyses de Lukács dans son essai « Le changement de fonction du matérialisme historique » (G. Lukács, *HCC*, p. 257–292).

[71] *AD*, chap. 3, p. 93–94.

[72] *Instit.*, p. 46–47.

[73] *Instit.*, p. 36–37, p. 42–44.

gique. Les formules du Marx des *Thèses sur Feuerbach* (sur le caractère objectif du sujet et subjectif de l'objet), qui avaient tant séduit Merleau-Ponty dans les années quarante[74], ne le satisfont désormais plus : si elles permettent de renvoyer dos-à-dos deux positions qu'il refuse (l'objectivisme et le subjectivisme), elles ne sont cependant pas en mesure de définir positivement le sens d'être de chacun des deux pôles de la corrélation. La caractérisation du sujet comme « sujet instituant »[75] permet en revanche de faire droit à la fois à l'inscription du sujet dans un monde commun et intersubjectif (qui propose des significations à reprendre ou prolonger), et à la dimension active du sujet (qui reprend, prolonge, répète, recrée ces significations). Mais surtout, la notion d'institution permet de penser le statut de cet « intermonde », qui n'est ni de l'ordre du sujet, ni de celui de l'objet, et qui caractérise le mode d'être particulier de ce qui est le résultat d'une activité humaine. En effet, l'institution n'est ni créée *ex nihilo*, ni entièrement dépendante d'un sujet pour continuer à subsister. L'acte d'institution premier (*Urstiftung*) n'est pas, selon Merleau-Ponty, une pure création, mais la reprise d'une signification déjà présente, quoique de manière latente et non explicite, et que le geste d'institution pose explicitement. Il en résulte que l'institution est toujours déjà anticipée et, d'une certaine manière, se précède elle-même dans l'être. Ainsi Merleau-Ponty évoque-t-il à quelques reprises l'idée d'une « imagination de l'histoire »[76] : tout se passe en effet comme si l'histoire suggérait progressivement aux individus un certain nombre d'actions ou d'institutions à créer, qui finissent par converger et par se cristalliser en un nouveau système historique[77]. C'est une telle approche qu'il mobilise par exemple pour expliquer la naissance du capitalisme : il s'agit en effet pour lui de refuser à la fois l'idée d'un concept de capitalisme qui préexisterait à sa réalisation dans l'histoire et qui guiderait cette dernière (sur le modèle de l'Esprit hégélien), et l'idée d'une pure apparition contingente d'un mode de production nouveau (c'est-à-dire d'une institution qui serait création pure). L'idée d'imagination de l'histoire lui permet de faire droit à la présence latente ou anticipée de la signification qui est appelée à être instituée, sans pour autant affirmer que l'acte d'institution n'est qu'une pure actualisation de ce qui serait déjà pleinement là[78]. L'acte d'instituer et l'institution qui en résultent ajoutent en effet quelque chose de plus à ce qui était simplement latent : il ne

---

[74] *Cf. supra*, Partie I, chap. 3.

[75] *Instit.*, p. 35 et *RC*, p. 60.

[76] *AD*, chap. 1, p. 28–31 ; chap. 2, p. 53–54 ; chap. 5, p. 183 ; *Passiv.*, p. 163–164. Sur l'imagination de l'histoire, voir A. Dufourcq, *Merleau-Ponty : une ontologie de l'imaginaire*, Dordrecht, Heidelberg, London, New York, Springer, 2012, p. 68–76.

[77] C'est le sens que Merleau-Ponty donne au « spectre qui hante l'Europe » du *Manifeste du parti communiste* (*cf. AD*, chap. 5, p. 183).

[78] « Au départ, ce n'est pas une idée toute-puissance, c'est une sorte d'*imagination de l'histoire* qui sème ici et là les éléments capables d'être intégrés un jour. [...] Le discours historique finit par dire "rationalisation" ou "capitalisme", quand l'affinité des produits de l'imagination historique est devenue manifeste. Mais l'histoire ne travaille pas sur un modèle : elle est justement l'avènement du sens » (*AD*, chap. 1, p. 29).

s'agit pas du simple développement de ce qui était déjà là auparavant. L'incarnation, réalisation d'une idée ou d'une intention, en tant qu'elle est inscription de cette idée dans l'être, la dote d'une matérialité ou d'une corporéité, qui lui donne une autonomie par rapport à celui ou ceux qui l'instituent.

Mais une fois effectuée cette institution première (*Urstiftung*), le mouvement propre de l'histoire se caractérise par le développement de cette institution par les générations suivantes – développement qu'il faut comprendre à la fois comme une altération ou transformation de son sens, et comme la révélation rétrospective de son sens véritable. Merleau-Ponty reprend ainsi la triple dimension de la *Stiftung* que Husserl expose dans le §15 de la *Krisis*[79]. Les générations suivantes reprennent en effet l'institution créée, mais de manière irréfléchie et sans la ramener à son sens originaire (celui qu'elle avait au moment de l'*Urstiftung*) : cette *Nachstiftung* est une modification du sens originel mais qui n'est pas consciente du geste qu'elle effectue – constituant ainsi une « tradition ». C'est ce que montre Merleau-Ponty dans la relecture qu'il propose de *L'éthique protestante et l'esprit du capitalisme* de M. Weber dans *Les aventures de la dialectique* : alors que le rapport de l'individu à son travail comme vocation avaient dans l'*Urstiftung* un sens purement religieux, les générations suivantes gardent ce rapport au travail (la *Stiftung*), mais ne le comprennent plus dans son sens originel religieux. Ainsi l'éthique protestante se transforme-t-elle en esprit du capitalisme par « oubli de ses origines ». Cependant, une telle transformation du sens de l'institution première n'est pas, selon Merleau-Ponty, une pure trahison : elle révèle également rétrospectivement ce qui était déjà contenu de manière implicite au départ. En effet, en ressaisissant consciemment l'ensemble de ce mouvement dans ce que Husserl appelle une *Endstiftung*, on découvre les équivoques de l'institution originaire, et une dimension de sa vérité qui n'était pas visible au moment de sa fondation première. Comme l'écrit Merleau-Ponty à propos de la naissance du capitalisme :

> Même si le choix calviniste a des motifs transcendants que le capitalisme ignore, il n'est pas faux de dire qu'en tolérant certaines équivoques, il prenait la responsabilité des suites, et donc de traiter cette séquence comme un développement logique. Le calvinisme affrontait et juxtaposait le fini et l'infini, portait à son comble la conscience que nous avons de n'être pas la source de notre être, organisait la hantise de l'au-delà du monde, tout en fermant les issues vers lui : c'était, dans la perspective, préparer le fanatisme de l'entreprise bourgeoise, autoriser l'éthique du travail et l'élimination de l'au-delà[80].

Toute *praxis*, comme nous l'avons vu, est toujours en excès sur elle-même et ouvre sur bien plus que ce dont elle a conscience au moment de l'institution originelle. L'*Endstiftung*, en tant que « réinterprétation de l'ensemble »[81] du mouvement de la tradition à partir de ses origines, permet ainsi de mettre au jour rétrospectivement le sens du processus historique lui-même.

---

[79] E. Husserl, *Krisis*, Partie II, §15 « Réflexions sur la méthode impliquée par la nature même de nos considérations historiques », p. 81–85. G. Granel traduit *Urstiftung* par « fondation originelle », *Nachstiftung* par « fondation seconde » et *Endstiftung* par « fondation-de-but ».

[80] *AD*, chap. 1, p. 35.

[81] *RC*, p. 162.

Avec cette description du processus d'institution (révélant ce qu'il appellera en 1959 « l'histoire en profondeur »[82]), Merleau-Ponty pense pouvoir dégager la logique propre des phénomènes sociaux et historiques. Les difficultés du marxisme à donner un cadre théorique précis à l'idée d'une logique et d'une contingence de l'histoire, proviennent en effet, selon Merleau-Ponty, de l'absence de prise en compte de la spécificité du phénomène d'institution. C'est ce phénomène qui permet pourtant de mettre en lumière les propriétés particulières de l'être social et des infrastructures.

À partir de cette thématisation de l'institution comme mode d'être du social et de la dimension sociale de l'activité humaine, Merleau-Ponty radicalise sa recherche selon deux axes. Il tente d'une part de ressaisir conceptuellement, à un niveau de généralité plus grand, la logique du mouvement d'institution : il met alors en lumière le caractère dialectique de ce mouvement, et prolonge la philosophie de l'institution vers une philosophie dialectique. D'autre part, il cherche à exhiber, par une recherche proprement ontologique, le sens général de l'être qui peut soutenir à la fois les institutions et la dialectique[83]. Merleau-Ponty montre alors comment le mouvement analysé au niveau de l'être social se retrouve dans tous les secteurs de l'être : ce n'est pas seulement l'être social mais également l'être naturel qui a un caractère dialectique. Il s'agit alors pour lui d'élaborer une ontologie dialectique.

2.1.2 La dialectique : de la logique des institutions à la logique de l'être.

Dans la Première partie générale du cours de 1955–56 sur *La philosophie dialectique*, Merleau-Ponty revient sur la « logique souterraine »[84] qu'il avait révélée en 1954–55 dans différents ordres de phénomènes, pour lui donner explicitement le nom de *dialectique*. Merleau-Ponty emploie cependant avec précaution le terme de « dialectique », avec lequel il entretient un rapport ambivalent. D'une part, il ne cessera de reconnaître qu'il s'agit du terme le plus adéquat pour désigner la logique propre des phénomènes. Comme il l'écrit dans son résumé du cours sur la Passivité, la description phénoménologique ne recevra « sa pleine portée philosophique » qu'en posant « les bases d'une philosophie dialectique »[85]. Dans le manuscrit du *Visible et l'invisible*, il présente même la dialectique comme « exactement la pensée que nous cherchons »[86]. La dialectique offre en effet les outils conceptuels les mieux à même de ressaisir la manière dont les choses se manifestent. Comme nous l'avons

---

[82] *RC*, p. 161.
[83] Comme le remarque en effet F. Robert, le concept d'institution est « *une véritable clé de l'orientation ontologique* que prend la pensée de Merleau-Ponty dès la première moitié des années 50 » (F. Robert, *Phénoménologie et ontologie. Merleau-Ponty lecteur de Husserl et Heidegger*, Paris, L'Harmattan, 2005, p. 169).
[84] *RC*, p. 63.
[85] *RC*, p. 72–73.
[86] *VI*, p. 125. Pour l'analyse de la dialectique, voir *VI*, « Interrogation et dialectique », p. 122–130.

déjà vu chez Sartre, dialectique et phénoménologie sont étroitement liées pour toute cette génération, qui suit sur ce point les analyses de Kojève : *la dialectique n'est pas une méthode, mais la logique propre des choses mêmes*. L'exigence phénoménologique de laisser se manifester les choses elles-mêmes dans leur propre déploiement conduit à dévoiler le caractère dialectique de cette manifestation.

Mais d'autre part Merleau-Ponty éprouve une réticence certaine à l'égard de ce terme, tant sont lourdes les équivoques et les possibles « déviations » de la dialectique. Ces équivoques tiennent à la facilité avec laquelle la dialectique *se fait méthode* : au lieu d'être la chose elle-même dans son déploiement, elle vient masquer ce déploiement par une logique qui lui est étrangère. Ainsi, ce que Merleau-Ponty appelle la « mauvaise dialectique » ou « dialectique embaumée » est une perte de contact avec les choses mêmes, qui conduit à imposer de l'extérieur une fausse dialectique aux phénomènes. Ce sont les aventures de cette dialectique devenue procédé (et donc non-dialectique), que Merleau-Ponty étudie dans ses cours de 1955–56 et dans *Les aventures de la dialectique* au sein de ce qu'on peut désigner comme une vaste entreprise de *critique de la dialectique*. La difficulté de la dialectique tient en effet à son « instabilité »[87]: elle doit pouvoir ressaisir conceptuellement le déploiement dialectique des choses mêmes (c'est-à-dire reconnaître explicitement la dialecticité des phénomènes) tout en évitant de se constituer en méthode (c'est-à-dire d'imposer aux phénomènes des catégories dialectiques *a priori*). Ainsi écrit-il dans *Le visible et l'invisible*,

> Si [...] nous n'avons pas jusqu'ici dit le mot [de dialectique], c'est que dans l'histoire de la philosophie, elle n'a jamais été tout cela à l'état pur, que la dialectique est instable, au sens que les chimistes donnent au mot, qu'elle l'est même essentiellement et par définition, si bien qu'elle n'a jamais pu se formuler en thèse sans se dénaturer, et que, si l'on veut en garder l'esprit, il faut peut-être même ne pas la nommer. [...] L'une des tâches de la dialectique, comme pensée de situation, pensée au contact de l'être, est de secouer les fausses évidences, de dénoncer les significations coupées de l'expérience de l'être, vidées, et de se critiquer elle-même dans la mesure où elle en devient une. Or, elle est en danger de le devenir, dès qu'elle s'énonce en thèses, en significations univoques, dès qu'elle se détache de son contexte antéprédicatif. Il lui est essentiel d'être autocritique – et il lui est essentiel aussi de l'oublier dès qu'elle devient ce qu'on appelle *une philosophie*[88].

La dialectique est donc, selon Merleau-Ponty, « un piège » ou un « malin génie »[89]. La thématisation explicite (ou philosophique) du mouvement dialectique est en effet ambivalente : si elle permet de faire ressortir la dialecticité des phénomènes, elle en vient le plus souvent à enjamber les phénomènes pour poser leur dialecticité au lieu de la découvrir, et enfin, lorsque les phénomènes ne correspondent pas à la dialectique projetée, à tronquer la dialectique en absolutisant l'un de ses moments – donnant ainsi naissance aux conceptions « positivistes » ou « négativistes » de la dialectique. Néanmoins, refuser cette thématisation nous fait courir le risque de manquer tout à fait la dialecticité des choses mêmes. C'est cet « équilibre difficile »

---

[87] *RC*, p. 82 et *VI*, p. 126.

[88] *VI*, p. 125–126.

[89] *VI*, p. 128.

que Merleau-Ponty cherche à trouver dans la première partie de son cours de 1955–56, et qu'il appellera « hyperdialectique » dans les pages du manuscrit du *Visible et l'invisible* portant sur la dialectique[90].

La première partie du cours de 1955–56 constitue une tentative pour dégager théoriquement les grandes caractéristiques de la dialectique entendue comme logique de la chose même. Il s'agit en réalité d'une reprise, à un niveau plus général, de ce qui avait déjà été analysé sur les cas plus concrets de l'institution et de la passivité dans ses deux cours de 1954–55. Merleau-Ponty dégage maintenant trois grands caractères de la dialectique. Le premier caractère, qui vient notamment prolonger des thèmes explorés dans le cours sur la Passivité, concerne le statut de la contradiction et les rapports entre le positif et le négatif[91]. Ainsi, la contradiction n'est « opérante » ou « effective » que dans la mesure où le positif et le négatif ne sont ni simplement juxtaposés, ni absolument opposés, mais en tant qu'ils s'articulent nécessairement l'un à l'autre :

> Il n'y a contradiction effective que si la relation du positif et du négatif n'est pas l'alternative, que si le non de la négation est capable d'exercer sa fonction contre lui-même en tant que négation abstraite ou immédiate, et de fonder la contradiction en fondant son dépassement[92].

En effet, les idées hégéliennes de « négation de la négation » ou de « travail du négatif » expriment le « ressort primordial » et la « fécondité » du mouvement dialectique[93] : elles montrent d'une part que la négativité n'est opérante que dans la mesure où elle possède une certaine positivité, et d'autre part que la positivité contient toujours une dimension de négativité. C'est cette articulation qui fonde ce que Merleau-Ponty désigne comme « la vie commune des contradictoires et leur médiation »[94]. La médiation en effet « n'est pas le va-et-vient entre les contradictoires, mais justement l'élaboration d'un milieu où ils s'échangent »[95]. C'est ce milieu qu'aura pour tâche d'exprimer l'ontologie dialectique qui commence à émerger dans ce cours et que Merleau-Ponty approfondit tout au long des années cinquante.

De cette analyse, Merleau-Ponty peut conclure à l'impossibilité d'une résolution complète de la dialectique, ou encore à l'idée d'une « dialectique sans synthèse »[96]. C'est n'est en effet que parce qu'on a séparé le positif et le négatif, qu'il devient possible de croire que la dialectique peut aboutir à un état où toute la négativité

---

[90] *VI*, p. 129. Ainsi pourrait-on opposer cette « bonne » *hyperdialectique* (dialectique portée à sa limite) à une « mauvaise » *ultradialectique* (qui serait un au-delà de la dialectique).

[91] *RC*, p. 78–79 et *Dial.*, cours 2, f. 1–14. La transcription réalisée par D. Belot et J.-F. Narboux n'ayant pas encore été publiée, il n'y a pas de pagination établie pour se référer aux passages du cours. Nous indiquons donc le cours auquel appartient l'extrait, puis la pagination de Merleau-Ponty.

[92] *RC*, p. 78.

[93] *RC*, p. 78–79.

[94] *Dial.*, cours 2, f. 13.

[95] *Dial.*, cours 2, f. 13.

[96] *VI*, p. 129.

serait résorbée dans une pleine positivité. Ainsi, contre l'hégélianisme ou le marxisme, où la négation n'est, selon lui, qu'un *moment* qui a vocation à être dépassé dans une synthèse finale, Merleau-Ponty affirme que la négativité est inséparable de la positivité qu'elle instaure : le résultat de la dialectique est donc immédiatement relance de la dialectique. Mais plus encore que Marx et Hegel, Merleau-Ponty semble ainsi viser la « mauvaise dialectique » qui sous-tendait ses propres analyses de l'époque du « scénario marxiste »[97]. Merleau-Ponty révèle en effet le caractère illusoire de l'espoir d'atteindre un « point sublime » où toutes les antinomies seraient résorbées[98] : la propre de la dialectique est d'être à la fois l'idée d'un dépassement des contradictions, et l'impossibilité de le faire. Comme il l'écrit dans *Le visible et l'invisible* :

> Ce que nous rejetons ou nions, ce n'est pas l'idée du dépassement qui rassemble, c'est l'idée qu'il aboutisse à un nouveau positif, à une nouvelle position. Dans la pensée et dans l'histoire, comme dans la vie, nous ne connaissons de dépassements que concrets, partiels, encombrés de survivances, grevés de déficits[99].

Il n'y aura donc jamais de fin de l'histoire, d'institution finale, ni de retour à la positivité de la nature, puisque toute position est toujours dépassement de ce qui est posé. Cependant, parce que la négativité est en même temps inséparable de la positivité, il ne s'agit pas d'un éternel recommencement, et la dialectique n'est pas maintien ou répétition d'une même tension (comme chez Kierkegaard ou chez Wahl) : chaque dépassement partiel retrouve de nouvelles contradictions (ou les anciennes contradictions sous une nouvelle forme), appelant un nouveau dépassement partiel. Ce processus permanent de dépassements partiels est, selon Merleau-Ponty, le mouvement même de l'histoire.

Le deuxième caractère de la dialectique est ce que Merleau-Ponty appelle la « subjectivité »[100]. Cette caractéristique découle de l'impossibilité d'une résolution pleinement positive de la dialectique. Il n'y a en effet pas de point de vue absolu à partir duquel il est possible de donner à chaque chose sa place, son statut et son sens dans la totalité[101]. Cette absence de point de vue absolu ne tient pas au fait que le point de vue final n'aurait pas été atteint (ce qui suppose encore la possibilité d'une fin de l'histoire), mais au fait qu'un tel point de vue n'existe pas. Ainsi, la manifestation des choses est relative à notre perspective : la dialectique authentique rend impossible toute pensée de survol (ce qui est précisément pourtant la position

---

[97] *Cf. supra*, Partie I, chap. 3.

[98] « Le marxisme n'aurait pas résolu le problème qu'il avait posé, et d'où nous sommes partis. Ce *point sublime* qu'il pensait trouver dans la vie du Parti, et d'où la matière et l'esprit seraient indiscernables, comme le sujet et l'objet, l'individu et l'histoire, le passé et l'avenir, la discipline et le jugement, il n'a pas réussi à s'y maintenir, et les opposés qu'il devait unir retombent l'un hors de l'autre » (*AD*, p. 104–105).

[99] *VI*, p. 129.

[100] *RC*, p. 79–80 et *Dial.*, cours 3–5.

[101] « Il n'y a pas de dépassement à tous égards qui garde tout ce que les phases précédentes avaient acquis, y ajoute mécaniquement quelque chose de plus, et permette de ranger les phases dialectiques dans un ordre hiérarchique du moins au plus réel, du moins au plus valable » (*VI*, p. 130).

2 De l'impensé de Marx à une nouvelle ontologie dialectique.

qu'adoptent finalement l'hégélianisme et le marxisme selon Merleau-Ponty). Merleau-Ponty conteste cependant qu'une telle position conduise au relativisme (qui serait encore une manière de se situer hors de la dialectique) : il s'agit au contraire d'un point d'accès à un « absolu dialectique »[102]. Le monde est en effet un système à plusieurs entrées, de sorte que la relativité des perspectives tient à l'absence de plénitude (ou de pleine positivité) des choses elles-mêmes et à la dimension de latence ou de profondeur qui les caractérise. Le relativisme, en se radicalisant, nous fait alors accéder à une forme d'absolu. Il s'ensuit une révision complète des notions de sujet et d'objet, et une prise de distance décisive par rapport au dépassement insuffisant qu'en proposent, selon Merleau-Ponty, les *Thèses de Feuerbach* :

> Il ne suffit pas de dire vaguement que l'objet est subjectivité sous un certain rapport, et la subjectivité objet sous un autre. C'est en ce qu'elle a de plus négatif que la subjectivité a besoin d'un monde et en ce qu'il a de plus positif que l'être a besoin d'un non-être pour le circonscrire et le déterminer. C'est donc à une révision des notions ordinaires de sujet et d'objet que la pensée dialectique invite[103].

Cette révision, que Merleau-Ponty ne cessera de poursuivre dans la deuxième moitié des années cinquante, trouvera notamment son issue dans l'élaboration du concept de « chair » (comme sens nouveau du sujet et de l'objet, à la fois dans leur identité et leur différence).

Enfin la troisième caractéristique de la dialectique que dégage Merleau-Ponty est ce qu'il appelle la « circularité »[104]. En effet, le résultat d'un processus dialectique reconduit celui-ci, d'une certaine manière, à son propre commencement. C'est en ce sens que la dialectique n'est pas pure destruction ou abolition, mais dépassement et conservation : « ses conclusions garderont en elles-mêmes tout le progrès qui y conduit », et sont en réalité « l'intégration des démarches précédentes »[105]. Un tel mouvement doit selon Merleau-Ponty se comprendre dans un double sens. D'une part, le point final intègre et conserve en lui l'ensemble du passé et du mouvement lui-même. Mais d'autre part, le point de départ et chaque étape peuvent être compris comme une anticipation de ce qui vient après. Ainsi Merleau-Ponty affirme-t-il que la dialectique est à la fois refus de penser le processus comme un simple développement de ce qui est déjà entièrement là au point de départ (ce qui serait poser une pleine positivité au départ), et refus de penser le processus comme une pure création. La dialectique est donc anticipation de chaque moment vis-à-vis de la fin, et effectivité du processus lui-même. C'est en particulier ce que Merleau-Ponty cherche à dégager dans son cours sur l'Institution. En étudiant différents ordres de phénomènes, il met au jour la présence d'une même logique dialectique œuvrant à chaque niveau. L'institution est en effet précédée par sa propre anticipation, qui contient à l'état implicite les traces de ce qui viendra après. Le processus d'institution, comme nous l'avons vu, est la création première d'une institution à partir de

---

[102] *RC*, p. 82.
[103] *RC*, p. 80.
[104] *RC*, p. 80–81 et *Dial.*, cours 5–7.
[105] *RC*, p. 80–81.

son anticipation (par exemple dans « l'imagination historique »). Mais cette création rétroagit ensuite sur le mouvement achevé et se pose comme se précédant soi-même. Merleau-Ponty étudie cette logique au travers d'exemples d'institutions « personnelles » : la puberté (comme réactivation et institution d'une présence latente), l'amour (qui réactive des inclinations, mais les institue également comme étant ses anticipations[106]) ; mais aussi d'institutions intersubjectives ou publiques : les œuvres d'art, les savoirs et l'histoire (l'arrivée au pouvoir de la bourgeoisie qui rétroagit sur la Révolution française et change son sens, la révolution russe qui révèle une nouvelle épaisseur de signification de la Révolution française). Le passé est ainsi préparation ou préfiguration, préméditation d'un présent qui excède son sens tout en reconnaissant sa source dans ce passé[107]. Il en résulte ce que Merleau-Ponty appelle une « circulation interne entre le passé et l'avenir »[108], qui est propre à toutes les institutions et que la dialectique ressaisit à un niveau plus général. Merleau-Ponty avait d'abord analysé ce mouvement à partir du phénomène de la parole : la parole dite rétroagit et pose sa propre possibilité, de sorte qu'elle se présente comme la simple actualisation de ce qui était déjà là[109]. Or il y a en réalité une anticipation, ou plutôt, indétermination, ouverture d'un sens et appel à la reprise. Ainsi Merleau-Ponty reprend-il l'idée bergsonienne d'un mouvement rétrograde du vrai : mais au lieu d'y voir une pure illusion, il y voit le témoin de la temporalité véritable (l'institution d'un passé qui anticipe le présent). La dialectique permet de penser l'historicité comme anticipation et reprise : la « transtemporalité » dialectique est donc une généralisation du mouvement de l'institution[110]. La synthèse comme *Endstiftung* vient réinstituer ce qui était déjà là : d'un même geste, elle donne à ce dernier un nouveau sens et le pose comme son précurseur.

La description de la dialectique empiète alors sur l'ontologie. Comme l'affirme Merleau-Ponty, « la pensée dialectique est déjà une ontologie »[111]. En effet, en tant que la dialectique refuse de se poser comme méthode et n'est que la mise au jour de la dialecticité des phénomènes, et comme les phénomènes ne sont pas des apparences mais la manifestation des choses mêmes, il en résulte donc que la description phénoménologique a une portée ontologique. Comme l'écrit R. Barbaras, « la vrai dialectique » est « réflexion au contact de l'Être »[112]. C'est donc ici encore l'exploration de l'impensé du marxisme qui, de l'analyse de l'institution à la mise en lumière de la dialectique, incite Merleau-Ponty à prolonger ses recherches vers l'élaboration d'une nouvelle ontologie dialectique.

---

[106] Cf. *Instit.*, p. 63–77.
[107] *RC*, p. 62.
[108] *RC*, p. 64.
[109] SPL, *Signes*, p. 154–157.
[110] *Instit.*, p. 36.
[111] *Dial.*, cours 5, f. 6.
[112] R. Barbaras, *De l'être du phénomène. Sur l'ontologie de Merleau-Ponty*, Grenoble, Jérôme Million, 2001 [1re éd. 1991], p. 164.

2.2 De la nature à l'ontologie dialectique. Chair et dialectique de l'être.

« Ce que nous cherchons, c'est une définition dialectique de l'être »
(Merleau-Ponty, *Le visible et l'invisible*, p. 130).

D'après Merleau-Ponty, l'une des raisons pour lesquelles les philosophies dialectiques les plus exigeantes (celles Hegel et de Marx) sont retombées en deçà de la dialectique, est « l'ontologie prédialectique » non interrogée sur laquelle elles reposent[113]. Or une pensée authentiquement dialectique (c'est-à-dire une pensée « hyperdialectique ») révèle une tout autre ontologie. L'explicitation de cette nouvelle ontologie permet alors d'éviter à la dialectique les écueils des pensées « positivistes » ou « négativistes ». L'enjeu est donc pour Merleau-Ponty de décrire le « *medium* vrai de la dialectique »[114], c'est-à-dire de dégager le sens d'être de la réalité en tant que cette dernière soutient la dialectique, et se confond même avec elle. Nous allons maintenant voir comment Merleau-Ponty passe de son cours sur la dialectique à une interrogation portant sur la conception de nature, puis à l'élaboration de l'ontologie dialectique dont ses derniers travaux donnent un aperçu.

Ces recherches viennent répondre à certaines difficultés que nous avions identifiées dans ses premiers travaux et dans sa synthèse de l'immédiat après-guerre. Nous avons en effet vu que Merleau-Ponty semblait hésiter sur la position philosophique à tenir dans le débat sur le rapport entre nature et humanité[115]. Refusant à la fois la solution moniste de Trần Đức Thảo (c'est-à-dire l'affirmation d'une dialectique de la nature) et la solution dualiste de Kojève et de Sartre (qui proclament l'existence d'une double ontologie), Merleau-Ponty ne semblait cependant pas en mesure de décrire le sens positif que peut revêtir ce double refus – donnant ainsi l'impression, selon les textes, d'être sur le point d'affirmer soit l'existence d'une dialectique de la nature, soit un dualisme ontologique. Or comme le suggère M. Larison, les cours sur la Nature semblent revenir sur le débat entre Trần Đức Thảo et Kojève[116] : Merleau-Ponty cherche à y élaborer une ontologie qui puisse faire droit à la fois au sens d'être commun à la Nature et au Logos, ou culture (et donc à la continuité fondamentale entre les deux ordres), d'une part, et à la différence *phénoménologique* entre les deux ordres (l'être naturel et l'être institué n'ont en effet pas la même manière de se donner phénoménologiquement à nous) d'autre part. Cette articulation de l'identité et de la différence ne peut être comprise qu'au sein d'une ontologie dialectique.

---

[113] *RC*, p. 128.
[114] *RC*, p. 93.
[115] *Cf. supra*, Partie I, chap. 3.
[116] M. Larison, *op. cit.*, I, 4 « De la dialectique à la Nature », p. 43–53.

2.2.1 Dialectique et productivité naturelle.

Si les notes prises par les auditeurs des cours sur la Nature, de même que les préparations de Merleau-Ponty, ne semblent pas donner une place très importante au marxisme[117], les résumés de cours quant à eux, qui mettent davantage en lumière les enjeux plus généraux, révèlent l'articulation entre ces nouvelles recherches et le marxisme. Comme l'écrit Merleau-Ponty au début de son résumé du cours de 1956-57, le problème de l'élaboration d'une « philosophie de la Nature » aurait dû être celui des marxistes[118]. En effet, en se réclamant du matérialisme, le marxisme aurait dû développer une doctrine cohérente de la matière et de la nature permettant de donner un fondement ontologique aux analyses de la réalité sociale. Or ces concepts de matière et de nature, parce qu'ils restent indéterminés, se prêtent à toutes les équivoques et favorisent les glissements de sens. Mais si le marxisme oscille entre un naturalisme (pour lequel la nature et la matérialité sont une pleine positivité et l'unique mode de réalité) et un humanisme (qui continue de concevoir la nature comme positivité, mais pose l'existence de l'humanité comme un autre mode de réalité capable de nier et de transformer la nature), il repose implicitement sur « une idée tout objectiviste de la Nature »[119]. Or c'est cette conception de la nature qui pose problème, non seulement d'un point de vue philosophique, mais également par ses conséquences sur l'ensemble des domaines du savoir et de l'action.

L'objet explicite de la série de cours que Merleau-Ponty professe sur le concept de nature est donc de « cherch[er] à élucider ce problème »[120]. L'enjeu est de définir la nature de telle sorte qu'on puisse rendre compte à la fois de la continuité de la nature et du monde humain, et de la rupture que ce dernier introduit, c'est-à-dire du rapport dialectique entre « Nature » et « Logos » (terme que Merleau-Ponty emploie souvent pour désigner l'être du monde culturel et humain). La nature doit anticiper d'une certaine manière sur la culture et la rendre ainsi possible (c'est-à-dire la préfigurer et la préparer), sans pour autant la contenir tout entière, ni être la vérité du monde culturel. La culture doit en effet rester un dépassement de la nature. C'est la raison pour laquelle Merleau-Ponty affirme qu'

> Il nous faut reconnaître de quelque façon l'être primordial qui n'est pas encore l'être-sujet ni l'être-objet, et qui déconcerte la réflexion à tous égards : de lui à nous, il n'y a pas dérivation et pas de cassure[121].

Or pour rendre compte de la continuité entre Nature et Logos, ainsi que de la possibilité d'un passage de l'un à l'autre, il est nécessaire de concevoir la nature de manière dialectique. En effet, contre Kojève ou Sartre, Merleau-Ponty affirme que

---

[117] Le seul développement portant explicitement sur le marxisme se trouve dans l'Introduction générale du cours de 1956–57 (*Nature*, p. 181–182).

[118] « Il paraît d'abord étonnant que les philosophes marxistes donnent si peu d'attention à ce problème, qui devrait être le leur » (*RC*, p. 92).

[119] *RC*, p. 92–93.

[120] *RC*, p. 92.

[121] *RC*, p. 95.

la dialectique n'apparaît pas avec l'humanité et l'intersubjectivité : l' « intersubjectivité est dialectique, mais non le berceau de toute dialectique »[122]. Le « berceau de toute dialectique » se trouve en effet dans l'être naturel, qui a rendu possible l'émergence de la dialectique humaine. Il nous semble pour cette raison possible d'avancer l'idée que Merleau-Ponty repend d'une certaine manière le projet engelsien (et marxiste) de mise au jour d'une dialectique de la nature. Cependant, celle-ci doit être entièrement refondée sur une nouvelle ontologie, ce qui permet d'éviter de faire de cette dialectique de la nature une nouvelle forme de naturalisme (comme chez Engels et Trần Đức Thảo). En effet, « la Nature à laquelle pouvait penser Engels » est empreinte des représentations et des avancées scientifiques de la fin du XIXe siècle. Il est donc nécessaire de dépasser un tel cadre en se confrontant à la nouvelle conception de la nature qui apparaît, selon Merleau-Ponty, depuis le début du XXe siècle[123]. Il y a « une nouvelle prise de conscience de la nature »[124], que ce soit dans la physique et la cosmologie, dans la compréhension de la vie et la biologie, ou encore dans la conception du corps humain – prise de conscience qui révèle l'être naturel de telle manière qu'il devient possible de reprendre sur de tout autres bases ontologiques le projet engelsien d'une conception dialectique de la nature.

Plus précisément la nature telle qu'elle se révèle dans les développements des différents domaines scientifiques tend à rejoindre, selon Merleau-Ponty, la description phénoménologique de l' « être brut » (ou « être sauvage »), c'est-à-dire de l'être tel qu'il se donne dans l'expérience sensible immédiate (c'est-à-dire au sein de la *Lebenswelt* au sens husserlien). La nature se révèle en effet dans les deux cas comme irréductible à un en-soi pleinement positif et identique à lui-même : il s'agit au contraire d'un « être qui ne repose pas en soi »[125], c'est-à-dire d'un être qui est toujours écart ou différence par rapport à soi. Comme l'écrit R. Barbaras, Merleau-Ponty procède à une « réhabilitation du négatif » dans ses analyses de la nature et révèle que « l'être enveloppe donc une dimension de négativité »[126]. C'est cette négativité qui permet de rendre raison de l'existence d'une « productivité naturelle », c'est-à-dire de la possibilité qu'a la nature de produire des formes nouvelles et même son propre dépassement dans un monde culturel humain. Cette négativité ne vient pas à la nature de l'extérieur (comme chez Hegel, qui, selon Merleau-Ponty, « dépossède la Nature de sa propre idée »[127]) et sa direction n'est pas prédéterminée. Comme l'écrit Merleau-Ponty, la Nature est plutôt « productivité orientée et aveugle »[128]. En effet, la nature est un être qui n'est jamais ce qu'il est : il s'agit d'un être qui est toujours en excès sur lui-même, en ce sens qu'il contient à l'état latent, implicite, une multiplicité de possibilités qui sont autant d'anticipations ou de préméditations

---

[122] *Dial.*, cours 3, f. 7.

[123] *RC*, p. 93.

[124] *RC*, p. 96.

[125] *Dial.*, cours 3, f. 3.

[126] R. Barbaras, « Merleau-Ponty et la nature », *Chiasmi international*, n°2, 2000, p. 57.

[127] *RC*, p. 82–82.

[128] *RC*, p. 117.

sur ce qui peut venir ensuite[129]. Ce « noyau d'être amorphe »[130] ou « polymorphe »[131] pourra ensuite être développé dans plusieurs directions sans que ces développements soient inscrits comme nécessaires dans l'être lui-même. Ainsi l'évolution des espèces suit-elle cette logique dialectique :

> Qu'il s'agisse des organismes ou des sociétés animales, on a affaire, non à des choses soumises à la loi du tout ou rien, mais à des équilibres dynamiques instables, où tout dépassement reprend des activités déjà présentes en sous-œuvre, les transfigure en les décentrant. Il en résulte de là en particulier que l'on ne doit pas concevoir hiérarchiquement les rapports entre les espèces ou entre les espèces et l'homme : […] les êtres vivants ne sont pas superposés les uns aux autres, le dépassement de l'un à l'autre, est, pour ainsi dire, plutôt latéral que frontal et l'on constate toutes sortes d'anticipations et de réminiscences[132].

Ainsi Merleau-Ponty met-il au jour le fondement ontologique de l'analogie qu'il faisait entre sélection naturelle et sélection historique (en s'appuyant notamment sur Trotski[133]) : les deux processus obéissent à une même logique dialectique où l'être en excès sur lui-même ne cesse de produire des différences (ou variations), lesquelles sont ensuite reprises et transformées en autre chose – de manière à ce que les différences soient rationalisées rétrospectivement. C'est donc la même logique dialectique que Merleau-Ponty avait analysée au niveau de l'institution humain, et qu'il retrouve ici dans la nature.

Dans ses cours, Merleau-Ponty cherche alors à mettre cette ontologie de la nature en rapport avec les développements récents de la philosophie, et en particulier de la phénoménologie. Il explique ainsi que cette dialecticité de l'être naturel peut être exprimée par le concept phénoménologique de *transcendance*[134]. La transcendance de l'être exprime en effet le fait que l'être, tout en se manifestant d'une certaine manière à travers des étants (des apparitions), ne s'y réduit pas, et est toujours en excès par rapport à eux. Cet excès de l'être sur l'étant (son inépuisabilité) n'est pas une caractéristique liée à la finitude du sujet (qui ne pourrait pas avoir une vue totale ou complète sur l'être) mais est révélatrice de l'essence de l'être lui-même : l'être est en effet toujours en excès sur ce qu'il est. Dans l'expérience sensible, cet excès de l'être sur lui-même se donne comme « profondeur » ou « distance », c'est-à-dire comme le fait que les choses sont toujours au-delà de ce qui apparaît et se donnent comme inépuisables. Le fond d'indétermination à partir duquel émerge la forme n'est pas le simple effet de notre perception, mais révèle le monde comme fonds inépuisable qui contient toutes les possibilités.

---

[129] Ainsi y a-t-il ce qu'on pourrait appeler une « imagination de la nature », analogue à l' « imagination de l'histoire » dont parle Merleau-Ponty.
[130] *RC*, p. 121.
[131] *VI*, p. 274.
[132] *RC*, p. 136–137.
[133] *Cf. supra*, Partie I, chap. 3 et Partie II, chap. 5.
[134] *Cf. RC*, p. 79.

2.2.2 L'ontologie dialectique : visible et invisible

Cependant, l'être naturel, c'est-à-dire l'être qui se donne dans l'expérience sensible du monde, ne se confond pas immédiatement avec l'être en général : l'ontologie de la nature (qui est une ontologie du Visible) n'est pas encore l'ontologie générale, qui doit rendre compte à la fois du Visible et de l'Invisible. En effet, comme l'écrit Merleau-Ponty, « l'étude de la Nature est ici une introduction à la définition de l'être », dans la mesure où toute ontologie est selon lui *indirecte*, c'est-à-dire ne peut « conduire à l'être qu'à partir des êtres »[135]. Cette ontologie, dont on trouve un aperçu dans les manuscrits du *Visible et l'invisible*, se donne comme une généralisation, un prolongement, et un approfondissement des recherches menées sur la nature. Il s'agit alors d'envisager l'être en général de manière à faire droit à l'identité et à la différence entre être naturel et culturel, ainsi qu'au passage de l'un à l'autre.

C'est le concept de « chair » qui vient nommer cette dimension commune à l'être naturel et à l'être culturel, pour fixer ainsi le sens de ce qu'une ontologie appelle « l'être », et le marxisme la « matérialité ». Le concept de « chair » désigne en effet, selon Merleau-Ponty, ce qui « n'a de nom dans aucune philosophie », à savoir l'être (ou matérialité) en tant qu'il est dialectique. Il s'agit d'une « masse intérieurement travaillée » :

> Milieu formateur de l'objet et du sujet, ce n'est pas l'atome d'être, l'en soi dur qui réside en un lieu et en un moment uniques [...]. Il faut penser la chair, non pas à partir des substances, corps et esprit, car alors elle serait l'union de contradictoires, mais, disions-nous, comme élément, comme emblème concret d'une manière d'être générale[136].

Comme nous l'avons vu, l'être n'est pas identité avec soi mais toujours excès sur ses propres manifestations, un excès qu'il faut comprendre à fois comme présence de la négativité dans toute positivité et esquisse de certaines possibilités de transformations. La chair désigne donc l'être comme non identité à lui-même, c'est-à-dire comme écart ou différence perpétuelle avec soi, négativité du « quelque chose », ou encore, en langage phénoménologique, excès de l'Être sur ses manifestations, ou transcendance. Il anticipe et préfigure tout ce qu'on peut en faire, mais sous forme de possible, d'esquisse, et se présente ainsi comme ouverture à l'avenir plutôt que comme contenant cet avenir. Comme l'écrit Merleau-Ponty, il s'agit de fonder les philosophies dialectiques en mettant au jour une nouvelle ontologie « qui découvrirait dans l'être même un porte-à-faux ou un mouvement »[137]. L'ontologie dialectique que met au jour Merleau-Ponty révèle donc l'être comme intrinsèquement dynamique.

Cette ontologie nous fournit les moyens conceptuels de repenser les rapports entre nature et culture. En effet, l'une des justifications que Merleau-Ponty donnait à ses cours sur la nature était qu'en élaborant un concept renouvelé de nature, il s'agissait de « préparer » une « conception de l'esprit, de l'histoire et de l'homme

---

[135] *RC*, p. 125.
[136] *VI*, p. 193. Le passage auquel se réfère Merleau-Ponty est situé p. 184.
[137] *RC*, p. 128.

», c'est-à-dire une philosophie de l'Esprit, qui ne soit pas « *immatérialiste* »[138], c'est-à-dire qui ne présente par ces phénomènes comme des surgissements *ex nihilo* provenant d'une négativité surgissant tout aussi inexplicablement de la nature. Or comme l'écrit R. Barbaras, avec l'élaboration de la notion de chair, « c'est le principe d'une opposition originaire entre nature et culture qui se trouve […] dépassé »[139].

> Leur rapport est donc de chiasme : le monde naturel enveloppe toujours le monde culturel qui cependant l'exprime et l'enveloppe. Il n'y a pas d'objet qui n'annonce une modalité de mise en forme du monde, qui ne renvoie à un corps et finalement à une histoire, qui ne soit expression : dans le monde sensible est déposé le champ entier de la culture. Mais, pour les mêmes raisons, il n'y a pas d'être culturel qui ne demeure finalement un mode de remaniement du sensible où se préservent sa transcendance et son opacité, qui ne demeure donc « naturel ». La chair désigne exactement le point d'articulation de la nature et de la culture, de passage de l'une dans l'autre[140].

La nature anticipe ainsi tout ce qu'il y aura dans la culture, et celle-ci ne rompt jamais absolument avec la nature : tout objet culturel a d'abord une présence naturelle, sensible, incarnée, et n'existe qu'en tant qu'il a un corps (ne fut-ce que ce corps plus léger qu'est le langage). L'expérience de la réversibilité témoigne du fait qu'un corps ne peut devenir *sentant* que dans la mesure où il conserve son inscription sensible dans l'être (c'est-à-dire en tant qu'il est sensible), en vertu de la parenté ontologique entre « sujet » et « objet » : l'un et l'autre sont faits de la même texture et sont *du* même monde). Ainsi, toutes les caractéristiques du sujet sont déjà anticipées ou préfigurées d'une certaine manière dans l'être naturel. Comme le dit Merleau-Ponty d'après les notes de ses auditeurs, le « concept de nature » évoque

> Une productivité qui n'est pas nôtre, bien que nous puissions l'utiliser, c'est-à-dire une productivité originaire qui continue sous les créations artificielles de l'homme[141].

Mais à l'inverse, en fixant ce qui est seulement implicite et possible dans la nature, la culture et l'institution transforment cet implicite et ce possible en autre chose : l'apparition de la vie, puis de l'humanité, transforment le sensible en sensible capable de sentir, c'est-à-dire subliment le sensible en sentant.

C'est ce que Merleau-Ponty élucide à partir des concepts de visible et d'invisible, qui ne recoupent pas l'opposition entre nature et culture : si la nature est davantage du côté du visible (c'est ce qui se donne dans la sensibilité) et la culture davantage du côté de l'invisible (c'est-à-dire des idéalités, qui en tant que telles ne se voient pas), il y a pour Merleau-Ponty un invisible du visible et un visible de l'invisible. En effet, la nature qui se donne dans l'expérience sensible est structurée d'une certaine manière – structure qui sans être elle-même visible, est ce qui rend visibles les choses. Voir une chose, c'est toujours la voir à partir d'une certaine invisibilité qui la rend visible, ou encore, comme l'écrit Merleau-Ponty, selon une

---

[138] *RC*, p. 91.

[139] R. Barbaras, *op. cit.*, Partie IV, chap. 1 « La membrure de l'intersubjectivité », p. 304.

[140] R. Barbaras, *ibid.*, p. 304–305.

[141] *Nature*, p. 169.

certaine *dimension* (plutôt qu'une perspective) : c'est ce qu'il appelle le *logos* sauvage (c'est-à-dire l'invisibilité en tant qu'elle est incarnée dans le monde sensible et rendue invisible par le sensible qu'elle rend visible). Or il y a d'autres dimensions de l'être latent, qui peuvent ne pas avoir été saisies. L'acte culturel consiste à faire s'inverser les rapports du visible et de l'invisible dans le sensible, c'est-à-dire à faire ressortir l'invisible et à mettre à l'arrière-plan le visible (la chose même) – et à fixer cet invisible dans des créations culturelles[142]. Ainsi toute institution est-elle d'une certaine manière anticipée dans la nature sensible, puisque cette dernière contient un invisible latent, que la création culturelle fait ressortir et transforme en un thème explicite. Elle doit cependant, pour le rendre visible, l'inscrire dans un autre corps : le dépassement de la nature est l'inscription de l'invisible naturel dans un visible culturel, et en premier lieu dans le langage, qui est le nouveau corps de cet invisible. Il y a donc dépassement dialectique, et sublimation de la nature vers la culture. En ce sens, il y a déjà un symbolisme dans la nature, mais celui-ci est repris et transformé au niveau culturel.

Ainsi, loin de constituer une prise de distance par rapport au marxisme, la dernière philosophie de Merleau-Ponty nous est apparue étroitement liée aux questionnements marxistes. La mise au jour de l'impensé ontologique marxiste conduit Merleau-Ponty à radicaliser sa pensée tout au long des années cinquante et à chercher à élaborer la philosophie qui permettra de fonder les intuitions les plus justes de la pensée de Marx. C'est en ce sens que le marxisme est devenu pour Merleau-Ponty un « classique ».

3 DU BON DIVORCE ENTRE POLITIQUE ET PHILOSOPHIE. DE LA RÉVOLUTION À L'INSTITUTION.

> « Il y a eu une manie politique chez les philosophes qui n'a fait ni de bonne politique ni de bonne philosophie. [...] Si tel était le mariage de la philosophie et de la politique, on pensera qu'il faut se féliciter du divorce. [...] Pourtant, il y a une "mauvaise" rupture de la philosophie et de la politique qui ne sauve rien, et qui les laisse à leur misère »
> (Merleau-Ponty, Préface de *Signes*, p. 15).

Le désinvestissement définitif du « scénario marxiste » n'implique pas chez Merleau-Ponty un désengagement politique. S'il prend bien la décision à l'été 1950, lors du déclenchement de la guerre de Corée, de cesser d'intervenir politiquement, cette décision se conçoit comme provisoire et repose sur ce qu'il considère comme l'imminence d'une guerre mondiale. À partir de 1955, Merleau-Ponty intervient à nouveau d'une façon politique, que ce soit par la publication des *Aventures de la dialectique* ou par la tribune qu'il tient dans *L'Express*. Il continuera ensuite de le faire jusqu'à la fin de sa vie, comme en témoignent par exemple son soutien de la

---

[142] « La culture ne recouvre pas le monde, elle le fait voir, mais autrement, à savoir de telle sorte que la stature sensible de ses moments s'efface derrière ce qui les articule » (R. Barbaras, *op. cit.*, Partie IV, chap. 3 « La chair de l'idéalité », p. 342.

campagne de P. Mendès-France en 1956, le fait qu'il préside en 1959 un débat sur «
L'avenir du socialisme »[143], ou encore un entretien de décembre 1960 au cours
duquel il déclare que « la philosophie et la politique sont solidaires »[144]. Il n'en reste
pas moins que la manière dont il conçoit le rapport entre philosophie et politique a
désormais changé. S'il est vrai que la politique garde toujours une dimension philosophique et que la philosophie doit penser au contact de la politique, cela ne veut
pas dire pour autant que politique et philosophie peuvent s'abolir l'une l'autre dans
une synthèse qui les réconcilierait – comme Merleau-Ponty le pensait dans l'immédiat après-guerre. Politique et philosophie empiètent nécessairement l'une sur
l'autre, mais gardent chacune une autonomie relative. L'une des erreurs des intellectuels depuis la guerre (et dont Merleau-Ponty s'estime en partie responsable) réside
justement dans le refus de faire droit à cette différence.

La nouvelle étape du parcours politique de Merleau-Ponty le conduit à faire une
critique de ses illusions antérieures, pour proposer une nouvelle articulation entre
philosophie et politique. C'est ce qu'il appelle, dans la Préface de *Signes*, le fait
d'instituer un « bon divorce » entre philosophie et politique. Ainsi ses positions
politiques évoluent-elles en même temps que ses positions théoriques. Ce n'est ni
son évolution politique qui conditionne l'évolution de son cadre philosophique, ni
l'évolution de son cadre philosophique qui explique son évolution politique. Les
deux évolutions sont simultanées et se nourrissent l'une l'autre. Pour ressaisir ce
double mouvement, nous chercherons à montrer la cohérence entre ses positions
politique et ses développements philosophiques dans la deuxième moitié des années
cinquante.

3.1 Institution et communisme. Ambiguïté de la révolution.

> « Ce qui donc est caduc, ce n'est pas la dialectique, c'est la prétention de la terminer dans
> une fin de l'histoire ou dans une révolution permanente »
> (Merleau-Ponty, *Les aventures de la dialectique*, Épilogue, p. 285).
> « À l'intérieur de la pensée révolutionnaire, nous ne trouvons pas la dialectique, mais
> l'équivoque »
> (Merleau-Ponty, *Les aventures de la dialectique*, Épilogue, p. 287).

D'après Merleau-Ponty, les difficultés que rencontre le marxisme au niveau théorique se retrouvent à l'identique au niveau de sa pratique. En effet, après avoir, dans
le troisième chapitre des *Aventures de la dialectique*, situé la source des difficultés
théoriques du marxisme dans un défaut d'élaboration ontologique et dialectique,
Merleau-Ponty établit dans le chapitre suivant (intitulé « La dialectique en action »)
que ces mêmes difficultés ressurgissent dans la pratique effective des marxistes[145].

---

[143] « L'avenir du socialisme », *P2*, p. 241–246.
[144] « La philosophie et la politique sont solidaires », *P2*, p. 302–304.
[145] « S'il y a une équivoque théorique du matérialisme et de la dialectique, elle doit apparaître aussi dans l'action, et nous obtiendrons, en l'y retrouvant, un recoupement indispensable » (*AD*, chap.

ns Merleau-Ponty cherche-t-il à dégager un impensé politique ou pratique du marxisme. Ce travail révèle de nouveau l'importance des notions d'institution et de dialectique, ainsi que la nécessité de leur élaboration pour sortir des équivoques de la crise du marxisme.

La critique de Merleau-Ponty se concentre en particulier sur deux notions marxistes fondamentales, celles de « révolution » et de « communisme ». Ces dernières sont étroitement articulées dans la dialectique marxiste : la révolution constitue le moment à la fois de la négation du monde ancien et de l'instauration du monde nouveau, alors que le communisme est le résultat de ce processus révolutionnaire, c'est-à-dire le moment dialectique de la synthèse. Comme nous allons le voir, Merleau-Ponty part du constat qu'au sein du marxisme, chacune de ces notions est comprise en deux sens contraires – ce qui explique l'existence de deux grands courants antinomiques au sein du marxisme. Merleau-Ponty montre toutefois qu'en réalité, chaque conception est travaillée implicitement par l'autre : l'opposition externe fait alors place à une contradiction interne, masquée seulement par une « mauvaise dialectique ». Une telle équivoque révèle qu'au défaut d'élaboration théorique de la notion d'institution correspond, au niveau pratique, une incapacité à prendre en compte la spécificité du phénomène d'institution. Merleau-Ponty met ainsi au jour les effets politiques de l'impensé ontologique du marxisme.

3.1.1 Les deux sens du communisme. La révolution comme institution et comme mouvement.

À première vue, deux conceptions de la révolution et du communisme semblent s'opposer au sein du marxisme – selon le statut donné à la médiation et à la synthèse dans la dialectique marxiste.

La première conception (que Merleau-Ponty appelle « vulgaire »[146]) considère le communisme comme un « état » positif qui vient résoudre les contradictions de l'histoire, c'est-à-dire comme une synthèse ou réconciliation définitive de l'humanité avec elle-même. Cet état positif, qui renvoie à la notion de « fin de l'histoire » (ou de réalisation de l'histoire) est cependant précédé d'un moment négatif, celui de la révolution elle-même, au cours de laquelle la positivité antérieure est abolie. Une telle conception sépare rigoureusement le positif du négatif, et fait de la négativité un moment transitoire qui s'abolit entièrement dans un état positif : la violence et les moyens employés sont, selon la formule de Trotski que reprend Merleau-Ponty, « les faux frais » de la révolution et de l'histoire[147], et n'influent par sur les caractéristiques objectives de l'état positif qui en est issu. La révolution est alors comprise comme institution positive et comme communisme pleinement réalisé. Une telle conception de la révolution et du communisme tire le marxisme en direction d'un

---

4, p. 106).
[146] *Instit.*, p. 61.
[147] *AD*, Épilogue, p. 288. La formule de Trotski se trouve dans son *Histoire de la révolution russe*.

matérialisme naturaliste et d'une « pensée positiviste », ainsi que vers le Hegel de Kojève[148].

La seconde conception renvoie à l'idée de « révolution permanente » de Trotski. La négativité de l'histoire ne s'abolit alors pas entièrement dans la réalisation d'une positivité pleine. Le nouvel État post-révolutionnaire ne peut jamais se stabiliser : il se caractérise justement en ceci qu'il connaît un bouleversement permanent de ses institutions, lesquelles n'ont pas l'occasion de se scléroser. Comme le dit Merleau-Ponty, c'est « la *Selbstaufhebung* descendant dans l'histoire »[149]. La révolution est alors conçue comme mouvement, comme « dépassement de l'institution, institution du non-institué ou déséquilibre créateur *i.e.* révolution permanente »[150]. Une telle conception, pour laquelle le communisme apparaît comme négativité permanente, tire le marxisme du côté d'une « pensée négativiste », et constitue la face « humaniste » du marxisme.

Cette opposition a un caractère classique : on la trouve notamment chez Malraux, lorsque celui-ci oppose les « Conquérants » (les révolutionnaires qui privilégient le moment de la négativité et de l'abolition de l'ancien monde) et les « Romains » (les individus post-révolutionnaires, qui sont des techniciens bâtisseurs et pensent seulement en termes de positivité)[151]. Cependant, l'originalité de l'analyse de Merleau-Ponty est de ne pas s'en tenir à cette opposition externe, et de montrer que cette dernière masque en partie le fait que chaque branche de l'alternative est en réalité travaillée par une contradiction interne entre ces deux conceptions antinomiques. L'effort du marxisme a en effet toujours consisté à chercher à faire tenir ensemble ces deux aspects contradictoires :

> Ces deux concepts de révolution, comme faux frais du développement historique, et de l'histoire comme révolution permanente, la pensée marxiste essaye de les unir, de les maintenir ensemble, et l'équivoque consiste justement en ceci qu'elle n'y réussit pas[152].

3.1.2 Révolution et institution : la source de l'équivoque marxiste.

Chacune des deux conceptions maintient implicitement l'autre plutôt que de proposer une véritable synthèse. La source de cette équivoque réside, selon Merleau-Ponty, dans leur commune incapacité à penser l'institution comme véritable milieu de la dialectique : elles oscillent donc entre « le naturalisme et le réalisme philosophiques, qui restent les cadres de la pensée marxiste »[153], et ne sortent pas de l'équivoque et du « double jeu »[154].

---

[148] *AD*, Épilogue, p. 285.

[149] *Instit.*, p. 62.

[150] *Instit.*, p. 46. Comme il l'écrit plus loin : « à la fin [la] révolution [est l'] institution d'un régime où rien n'est institué, institution d'un déséquilibre créateur » (*Instit.,* p. 62).

[151] A. Malraux, *Les conquérants*, Paris, Grasset, 1928. Nous avons vu que Sartre reprenait ce partage dans son opposition entre l'aventurier et le militant (*cf. supra*, Partie II, chap. 6).

[152] *AD*, Épilogue, p. 290.

[153] *AD*, Épilogue, p. 291.

[154] *AD*, Épilogue, p. 292.

Si la première conception prétend comprendre la révolution comme institution, c'est-à-dire comme régime et comme gouvernement, elle continue pourtant à utiliser la conception opposée afin de justifier son action. C'est ce qu'illustre, selon Merleau-Ponty, la pratique politique des communistes en URSS comme en France. En effet, l'URSS ne se présente pas comme un État parmi d'autres menant une politique pragmatique en vue de ses propres intérêts, mais comme « patrie de la révolution ». La plus grande partie de son prestige international vient d'ailleurs du fait qu'elle capte ainsi l'enthousiasme révolutionnaire d'individus qui conçoivent la révolution au sens négativiste du terme. De la même manière, le PCF se comporte à bien des égards comme n'importe quel autre parti (collaborant à des gouvernements, menant des tractations politiques, proposant un programme dans le cadre des institutions, etc.), mais cela tout en se drapant du prestige révolutionnaire. Ainsi, selon Merleau-Ponty, le communisme masque sa politique pragmatique et positive sous une phraséologie révolutionnaire, et participe de ce fait à la confusion et à l'équivoque qui règnent dans le domaine politique.

Mais une telle conception montre surtout ses limites par son incapacité à prendre la mesure du phénomène d'institution au niveau pratique. Sa conception positive de l'institution recouvre le fait que, d'une part, l'acte d'institution (révolutionnaire) n'est pas pure destruction, mais conserve ce qu'il a dépassé, et que d'autre part, les nouvelles institutions sont elles-mêmes travaillées par la négativité. En effet, l'expérience révolutionnaire concrète a montré que tout dépassement est également conservation. L'URSS ne pouvait pas être cet État absolument nouveau qu'elle se proposait d'être, mais devait composer avec l'état réel du pays : pour fonder de nouvelles institutions, elle devait faire avec les moyens du bord, c'est-à-dire avec des éléments institués épars déjà présent dans l'ordre ancien. L'institution nouvelle conserve de ce fait certains traits caractéristiques de l'état ancien. Le stalinisme s'est d'ailleurs en grande partie imposé parce qu'il reconnaissait la nécessité de prendre en compte la permanence du passé : « arriération » économique du pays, permanence du sentiment et des pratiques religieuses, population à dominante rurale, imprégnée par des préjugés et des pratiques difficiles à déraciner, etc. L'État soviétique est donc moins révolutionnaire qu'il ne le prétend dans toute une partie de sa propagande. Ainsi, le communisme, loin d'être la résolution des contradictions antérieures, les contient toujours, et les a simplement transformées et transposées dans de nouvelles institutions. C'est la raison pour laquelle l'état présent ne peut se donner comme pleine positivité. Les institutions communistes se sédimentent, se sclérosent, se transforment et contiennent nécessairement une part de négativité : aucune institution ne peut en effet clore définitivement l'histoire. Il en résulte que l'expérience historique a conduit la conception positive de la révolution à se transformer profondément : celle-ci a dû, d'une part, se parer idéologiquement des attraits de la conception négativiste de la révolution, et d'autre part, introduire en sous-main de la négativité dans sa propre conception de la révolution – mais cela sans rien changer à sa propre manière de se concevoir. Une telle conception pèche donc d'un côté par sa conception toute positive des institutions, et de l'autre par sa conception dialectique (qui néglige la conservation de ce qui est dépassé et le fait que tout dépassement est relatif).

Ce même mouvement se retrouve (de manière symétrique et inverse) dans la conception opposée de la révolution. Une telle perspective perçoit le danger qui menace la positivité de toute institution. En effet, en s'inscrivant dans le réel, en s'incarnant, la révolution devient nécessairement autre que ce qu'elle était auparavant.

> Que toutes les révolutions connues dégénèrent, ce n'est pas là un hasard : c'est qu'elles ne peuvent jamais, comme régime institué, être ce qu'elles étaient comme mouvement, et que, justement parce qu'il a réussi et a abouti à l'institution, le mouvement historique n'est plus lui-même, c'est qu'il se « trahit » et se « défigure » en se faisant. Les révolutions sont vraies comme mouvements et fausses comme régimes[155].

C'est la raison pour laquelle il s'agit de définir la révolution, non pas comme état mais comme « processus »[156] : la négativité de la révolution doit s'exercer contre la révolution elle-même, en dépassant sans cesse l'état des choses présent. La révolution permanente veut ainsi dire

> Qu'il n'y a pas de régime définitif, que la révolution est le régime du déséquilibre créateur, qu'il y aura toujours d'autres oppositions à dépasser, qu'il faut donc toujours une opération à l'intérieur de la révolution[157].

Or une telle conception est, selon Merleau-Ponty, soit une ruse soit un mythe. Dans le premier cas, il s'agit d'une ruse en ceci que nous n'avons affaire qu'à une version plus raffinée de la conception positiviste : en effet, si l'on permet la critique, celle-ci ne peut jamais aller trop loin et contester le régime lui-même, de telle sorte que celui-ci reste une institution positive, tandis que la critique est une fausse critique et une fausse négativité[158]. Dans le second cas, il s'agit d'un mythe en ceci que cette conception de la révolution est tout simplement irréalisable ; car accepter une telle contestation de la révolution, vient à relativiser cette dernière jusqu'à un point tel qu'il devient difficile de promouvoir la révolution (la révolution ne parvient à se justifier qu'en tant qu'elle se pose comme absolu)[159]. Mais plus symptomatique encore est le fait qu'une telle conception négativiste introduit subrepticement la dimension positive de l'institution. En effet, dans la mesure où la révolution ne cesse de se critiquer et de s'approfondir, elle n'est pas pure négativité mais inscription dans la durée d'un progrès, c'est-à-dire institution. Il en résulte qu'il devient difficile de la distinguer d'un progressisme ou d'un réformisme. La révolution permanente conduit alors à une relativisation de la révolution, qui met en question l'idée même de révolution[160].

---

[155] *AD*, Épilogue, p. 287.

[156] *Instit.*, p. 62.

[157] *AD*, Épilogue, p. 285. Merleau-Ponty cite en note un passage de *La révolution permanente* de Trotski.

[158] *AD*, Épilogue, p. 286–287 ; *Instit.*, p. 62.

[159] « Si l'on proteste que la société prolétarienne est [...] une société en crise permanente, c'est qu'on renonce à la révolution : car qui donc entreprendrait de faire une révolution sans la conviction de créer une autre société, non seulement parce qu'elle se conteste et peut se corriger, mais encore parce qu'elle *est le bien* ? On ne tue pas pour un progrès relatif » (*AD*, Épilogue, p. 307).

[160] *AD*, Épilogue, p. 307; *Instit.*, p. 62.

Ainsi, la tentative de faire de la révolution une contestation permanente de l'institution aboutit à redonner une importance à l'institution et à relativiser la révolution. Comme l'écrit Merleau-Ponty, institution « n'est pas le contraire de révolution : [la] révolution est une autre *Stiftung* »[161]. Il est nécessaire de reconnaître que « tout ce qui existe historiquement » est « *à la fois* mouvement et inertie », et que

> Le principe de résistance [et] le principe de mouvement [...] sont la *structure* même de l'histoire en tant que passage à la généralité et à l'institution des rapports entre les personnes[162].

Il en résulte que l'histoire ne connaît que des réalités « impures », contenant à la fois une dimension de positivité et de négativité : il y a des progrès, mais seulement relatifs, et peut-être uniquement négatifs. Le progrès, selon le principe de la « sélection historique », n'est peut-être en effet que celui consistant à éliminer les solutions historiques qui ne conviennent pas[163]. Tout progrès est toujours relativisé, et si l'histoire avance, c'est en piétinant. De la même manière que la sclérose des institutions justifie relativement la révolution permanente, la nécessité de l'institution et celle de l'incarnation « justifient relativement le communisme »[164].

3.2 L'avenir de la révolution. Réforme et sous-développement.

Quelles conclusions politiques tirer d'une telle analyse de la révolution et du communisme ? Merleau-Ponty opte en réalité pour des conclusions différentes sur l'avenir de la révolution selon qu'il s'agit de l'Occident ou de pays dits « sous-développés ». Concernant les pays « développés » et capitalistes, dans lesquels Marx prédisait l'imminence de la révolution, Merleau-Ponty affirme la nécessité d'abandonner l'idée de révolution pour élaborer ce qu'il appelle le « socialisme du XXe siècle ». En revanche, dans les pays « sous-développés », Merleau-Ponty voit dans la révolution un moyen de rattraper leur retard économique par rapport à l'Occident.

3.2.1 Occident : de la révolution au socialisme du XXe siècle.

La conclusion à laquelle aboutit Merleau-Ponty au sujet de l'avenir de la révolution en Occident est qu'il y a une scission irréconciliable entre un langage qui peut rester révolutionnaire, et une pratique qui ne peut plus l'être. En effet, la pratique nécessite la prise en compte des institutions et la reconnaissance du fait que tout progrès n'est que relatif. Il en résulte que l'opposition entre révolution et réformisme n'a, selon

---

[161] *Instit.*, p. 44.

[162] *AD*, Épilogue, p. 305.

[163] « Sur une partie définie du chemin, il peut y avoir des progrès, il y a surtout des solutions exclues à la longue » (*VI*, p. 130).

[164] *AD*, Épilogue, p. 307.

Merleau-Ponty, plus de pertinence. C'est ce que prouve l'évolution de la pratique même des communistes : le communisme est devenu dans les faits un progressisme[165]. Merleau-Ponty enjoint donc les communistes à abandonner leur double langage pour se revendiquer ouvertement du réformisme qu'ils pratiquent. Dans son article « Sur le 13 mai », Merleau-Ponty appelle ainsi le Parti communiste à se présenter

> Pour ce qu'il est : un parti ouvrier qui pèse de tout son poids dans ce qu'il croit être le sens ouvrier, – et il a raison – mais qui n'a rien de commun, ni en théorie ni en pratique, avec le marxisme révolutionnaire [...]. Puisqu'en fait le communisme est rallié à des réformes et à des compromis, le point d'honneur du bolchevisme verbal ne sert qu'à soutenir la propagande de droite. Il y a dans le parti communiste une tendance au réformisme et au « programme ». Elle chemine, elle l'emportera un jour[166].

L'un des axes majeurs des interventions politiques de Merleau-Ponty à partir de 1953 consiste ainsi à appeler les communistes à opérer cette « mutation » et à assumer ouvertement leur pratique réformiste.

Dès lors, quelle nouvelle politique proposer à la gauche ? Sur cette question, la position de Merleau-Ponty évolue au cours des années cinquante : s'il commence par adopter dans *Les aventures de la dialectique* une conception négative de cette nouvelle politique, il cherche ensuite, vers la fin des années cinquante, à formuler cette politique d'une manière positive et appelle à l'élaboration d'un « socialisme du XXe siècle »[167]. Dans l'Épilogue des *Aventures de la dialectique*, Merleau-Ponty tente de définir la politique d'une « gauche non communiste »[168] en avançant l'idée d'un « nouveau libéralisme »[169]. Cette formule, qui se distingue radicalement de ce qu'on appelle aujourd'hui le « néo-libéralisme », renvoie à l'idée d'un dépassement du libéralisme ancien qui serait en mesure d'intégrer à la garantie des libertés la prise en compte du caractère conflictuel du social. Un tel « libéralisme » reconnaîtrait donc qu' « il y a une lutte des classes », et que la classe prolétarienne a le droit de mener cette lutte avec son moyen d'action propre, à savoir la grève, ainsi que le droit d'être représentée par un parti refusant les règles du jeu démocratique (puisque celui-ci défavorise cette classe). Plus encore, ce nouveau libéralisme considérerait non seulement que les mouvements révolutionnaires sont légitimes, mais encore qu'ils sont une « utile menace » qui renforce plutôt qu'elle n'affaiblit la démocratie. Ces mouvements auraient en effet le mérite d'être un « continuel rappel à l'ordre »[170] : si le problème social est négligé, le « baromètre de la révolution » rappellera le régime à ses devoirs[171]. Mais tout en reconnaissant la valeur de cette action extra-parlementaire nécessaire, Merleau-Ponty affirme cependant que l'institution parlementaire constitue un moindre mal en ceci qu'il s'agit de « la seule institution

---

[165] *AD*, Épilogue, p. 308–309.
[166] « Sur le 13 mai », *Signes*, p. 546.
[167] « L'avenir du socialisme », *P2*, p. 241–246.
[168] *AD*, Épilogue, p. 311.
[169] *AD*, Épilogue, p. 312–315.
[170] *AD*, Épilogue, p. 312.
[171] *AD*, Épilogue, p. 315.

connue qui garantisse un minimum d'opposition et de vérité »[172] dans la mesure où elle organise l'existence et le respect de sa propre opposition.

L'engagement concret de Merleau-Ponty le conduit ensuite à soutenir P. Mendès-France. Il suit alors l'évolution de ce dernier, qui connaît une relative radicalisation après 1958 et la prise de pouvoir du général de Gaulle grâce à un soulèvement militaire en Algérie. Merleau-Ponty participe avec Mendès-France aux tentatives de refondation d'une gauche en dehors des partis communiste et socialiste. Ainsi préside-t-il notamment un débat sur « l'avenir du socialisme » au moment où le Centre d'action démocratique (CAD) rejoint le Parti socialiste autonome (PSA) en 1959. À cette occasion, il esquisse plus clairement un programme politique positif. Le cadre général de son analyse est l'idée (alors partagée par un certain nombre d'analystes) qu'avec le dégel et la déstalinisation en URSS (liés à l'arrivée au pouvoir de Khrouchtchev) d'une part, et les évolutions des régimes capitalistes d'Occident (qui intègrent de plus en plus une forme de planification) d'autre part, on se dirige vers un modèle économique unique, dont l'URSS et l'Occident ne seront que deux variantes[173]. En raison de ces mutations profondes, Merleau-Ponty définit le but du socialisme comme celui d'œuvrer pour que « l'ensemble du fonctionnement économique et politique soit mis au service de l'intérêt public », c'est-à-dire pour que l'on reconnaisse

> La responsabilité effective de l'État dans la production, dans une production maximale qui réalise le plein emploi et permet l'élévation constante et rapide du niveau de vie[174].

Il est pour cela nécessaire de mettre en place une « planification démocratique », qui intègre la dimension démocratique aux bienfaits de la planification[175].

3.2.2 Nouveau paradigme de la révolution. Prématuration et sous-développement.

Merleau-Ponty ne refuse pas pour autant toute pertinence à l'idée de révolution. Mais celle-ci change profondément de statut. Nous avons vu[176] que, dès le début des années cinquante, Merleau-Ponty prenait acte du fait que l'ensemble des révolutions du XXe siècle ont eu lieu non pas dans les pays du capitalisme avancé (comme le prédisait le schéma marxiste), mais dans des pays dits « arriérés ». Il se demandait alors si l'exception que semblait être la révolution de 1917 n'était pas en réalité la règle, de sorte que la lecture marxiste de l'histoire et du statut de la révolution se trouverait mise en question. Merleau-Ponty approfondit ces interrogations tout au long des années cinquante et élabore un nouveau paradigme pour penser la révolution. Ainsi, dans *Les aventures de la dialectique*, Merleau-Ponty se demande si « la

---

[172] *AD*, Épilogue, p. 313.

[173] Dans les *AD* il disait déjà qu' « on entrevoit une économie généralisée dont ils [les deux systèmes] sont des cas particuliers » (*AD*, Épilogue, p. 311–312).

[174] « L'avenir du socialisme », *P2*, p. 244.

[175] « L'avenir du socialisme », *P2*, p. 246.

[176] *Cf. supra*, Partie II, chap. 5.

révolution prolétarienne [n'est pas] par sa nature même prédestinée aux pays arriérés » et « si ce n'est pas le schéma type de Marx qui est à remettre en cause »[177].

Merleau-Ponty a toujours cherché à élaborer un concept de révolution qui puisse valoir autant pour l'histoire personnelle que pour ce qu'il appelle « l'histoire publique ». Pendant longtemps, comme nous l'avons déjà vu[178], il s'efforce de ressaisir le concept marxiste de révolution en prenant au sérieux l'usage qui est fait du terme de « maturation » pour décrire le processus aboutissant à la crise révolutionnaire. Ce terme s'applique en premier lieu au processus ontogénétique qui conduit un organisme à sa maturité, c'est-à-dire à son plein développement « adulte ». Ainsi Merleau-Ponty peut-il mettre en parallèle la succession des « crises » qui conduisent l'individu à l'âge adulte (de la crise œdipienne à la crise de puberté) avec la succession des crises qui conduisent l'humanité à son âge adulte, c'est-à-dire au communisme (chute de l'Empire romain, Révolution française « bourgeoise », puis révolution prolétarienne). Merleau-Ponty explore en particulier le parallélisme entre la crise de puberté et la crise révolutionnaire[179]. La crise, conçue comme étape nécessaire dans le développement de l'individu, n'est certes pas absolument prévisible (elle peut avoir lieu plus tôt ou plus tard selon les individus et les circonstances de leur existence), et semble même surgir de manière subite, mais elle est en réalité préparée depuis de longues années par un développement latent et souterrain, de sorte que la manifestation de la crise n'est à bien des égards que l'explicitation d'une crise arrivée à maturité. La manifestation de la crise n'est donc que le symptôme du passage d'un stade de l'existence à un autre. Or un tel « schéma général de développement » constitue précisément le cadre général de la lecture marxiste classique de l'histoire : le développement du capitalisme produit une classe d'individus exclus de la propriété qui, une fois qu'ils auront peu à peu réuni leurs forces en un grand parti politique, sauront conquérir le pouvoir et transformer la société. Une telle conception linéaire et « étapiste » du développement historique trouve sa forme la plus caricaturale dans la social-démocratie du début de XXe siècle, qui ne cesse d'affirmer qu'il faut attendre le moment de pleine maturité pour ne pas brusquer le développement historique.

Cependant, les révolutions russes de 1905 et surtout de 1917 ont conduit les révolutionnaires marxistes à rompre avec une telle conception linéaire du développement, et à élaborer un autre modèle. Ainsi, Lénine et tout particulièrement Trotski (avec la « loi de développement inégal » et la théorie de la « transcroissance de la révolution ») en viennent à penser la révolution russe en termes de « prématuration », c'est-à-dire suivant le modèle de l'accouchement ou de la naissance prématurée de l'enfant. En effet, l'accouchement prématuré n'est pas le résultat nécessaire d'un développement implicite, mais au contraire la conséquence d'un blocage dans le développement : c'est en réalité l'incapacité de suivre l'issue « normale » qui conduit à la naissance prématurée. Cependant, bien que saluant le caractère authentiquement dialectique d'une telle approche, Merleau-Ponty estime qu'elle ne rompt

---

[177] *AD*, chap. 4, p. 130 et p. 131.

[178] *Cf. supra*, Partie II, chap. 5.

[179] *Cf.* « Méthode en psychologie de l'enfant », *Sorb*, p. 495–506 (notamment p. 498–499).

pas avec le schéma historique linéaire : la prématuration repose encore sur une conception linéaire de l'histoire en ceci qu'elle ne fait que proposer un autre moyen pour réaliser la même fin que le développement dit « normal »[180].

Merleau-Ponty se propose alors d'envisager la révolution comme une forme de prématuration sans norme implicite de maturation, c'est-à-dire une prématuration qui ne serait pas pensée à partir de ce que serait un développement « normal ». Il s'agirait alors d'une « prématuration *essentielle* », à comprendre, dit-il, en un sens psychanalytique, c'est-à-dire selon lequel toute naissance de l'enfant humain est prématurée en tant qu'elle est « toujours arrachement et recréation »[181]. La révolution n'apparaît ainsi que là où « un conflit [...] s'est amplifié lui-même au point de détruire les structures sociales où il est apparu »[182], et non pas comme une anticipation de ce qui devait ou aurait dû arriver dans des conditions « normales ». De là, selon Merleau-Ponty, le fait que la révolution ne peut apparaître comme un choix que dans une situation de blocage profond du développement d'un pays. Les pays « arriérés » sont dans des situations particulières dans lesquelles le colonialisme et l'impérialisme de l'Occident constituent une entrave à leur propre développement et les empêchent de suivre le même chemin que l'Occident. Le colonialisme et l'impérialisme se révèlent alors être les principaux facteurs d'arriération, de sorte que sans libération nationale, aucun développement n'est possible. La révolution se présente de ce fait comme un moyen radical et violent pour rompre avec cette domination impériale, et pour se donner les moyens de mettre en œuvre un schéma de développement autonome. Ainsi Merleau-Ponty affirme-t-il que

> La politique révolutionnaire [...] est devenue toujours davantage une politique de pays neufs, le moyen pour des économies semi-coloniales (ou pour des civilisations longtemps paralysées) de passer aux modes modernes de production[183].

En effet, la planification étatique inspirée du modèle soviétique (qui fait figure de précurseur en la matière) permet de construire de façon accélérée un appareil productif moderne en fournissant les investissements nécessaires et en assurant les frais de la transformation d'une population rurale en prolétariat industriel. Plutôt qu'une véritable bifurcation historique, Merleau-Ponty y voit simplement un autre moyen de créer « l'économie généralisée » vers laquelle tend également l'Occident (en intégrant des dimensions de planification).

Ce n'est donc que de manière très relative que Merleau-Ponty en vient à justifier le communisme. Ce dernier ne reçoit en Occident qu'une justification négative, comme simple menace utile en vue de contraindre le régime démocratique à ne pas

---

[180] « Cette analyse [...] demeure cependant, chez les marxistes, dans le cadre d'un schéma général de développement : même si l'histoire passe du précapitalisme au socialisme, il reste entendu que le socialisme auquel elle aboutit est celui-là même auquel devaient conduire la maturation et la décadence capitaliste. Le développement enjambe certaines phases, il est abrégé, il élude certaines étapes, mais le terme auquel il aboutit est toujours conçu comme il l'était chez Marx, le schéma de maturation historique n'est pas changé » *(AD,* chap. 4, p. 130–131).
[181] *AD,* chap. 4, p. 131.
[182] *AD,* chap. 4, p. 131.
[183] *AD,* Épilogue, p. 309.

oublier la question sociale. Dans les pays dits « arriérés », néanmoins, le communisme trouve une justification positive, en tant qu'ultime recours face à une situation de blocage profond du développement[184].

*
* *

On a souvent estimé qu'avec *Les aventures de la dialectique*, Merleau-Ponty donnait congé au marxisme pour revenir à des questionnements authentiquement philosophiques, après une longue parenthèse ouverte depuis la publication de la *Phénoménologie de la perception*. Il nous semble au contraire que le marxisme, loin d'avoir été un obstacle au développement de sa pensée, joue ici encore un rôle de catalyseur, dès lors qu'il ouvre à Merleau-Ponty le domaine de recherche dans lequel ce dernier s'engage au milieu des années cinquante. Ainsi avons-nous essayé de montrer que la mise en lumière du rapport que Merleau-Ponty instaure entre marxisme et phénoménologie permet d'enrichir notre compréhension de sa dernière philosophie.

Il nous a en effet semblé que le renouveau des recherches ontologiques de Merleau-Ponty prenait l'une de ses sources dans la critique qu'il fait, à partir de 1953, de son propre rapport antérieur au marxisme (que nous désignons par la formule de « scénario marxiste »). Cette critique le conduit à mettre au jour *l'impensé ontologique* de Marx : l'incapacité de ce dernier à saisir le phénomène de l'institution et les ambiguïtés de sa dialectique trouvent finalement leur origine dans le fait que Marx n'a pas élaboré l'ontologie dialectique nécessaire pour donner un véritablement fondement à l'ensemble de ses propositions théoriques. Merleau-Ponty s'installe alors dans ce domaine inexploré qu'ouvre la philosophie de Marx, et cherche à thématiser l'ontologie dialectique appelée par le marxisme.

Pour réaliser une telle entreprise, Merleau-Ponty réinvestit de manière radicale la démarche phénoménologique. Celle-ci était en effet passée relativement au second plan depuis 1945 et, bien qu'elle imprégnait encore profondément sa philosophie, elle ne faisait plus l'objet d'une appropriation active de sa part. À partir de 1953, la phénoménologie semble à nouveau passer au premier plan, peut-être moins par l'apport théorique de ses thèses philosophiques, que par une reprise de son exigence fondamentale de description des choses mêmes. En effet, l'ontologie dialectique que met au jour Merleau-Ponty est le résultat d'un recommencement radical de la phénoménologie : mettant entre parenthèses tous les énoncés phénoménologiques, il s'agit de revenir à la description du monde tel qu'il se donne, dans la mesure où c'est l'être lui-même qui se donne à travers ses manifestations. L'être se révèle alors comme dialectique au sens authentique, c'est-à-dire comme toujours en excès sur lui-même et contenant des anticipations ou des préfigurations de tout ce qui peut arriver ou être, tout en se caractérisant fondamentalement par son historicité, en ce sens que l'être se transforme et a une histoire. Ainsi Merleau-Ponty peut-il dépasser les oppo-

---

[184] « Là où le choix est entre la famine et l'appareil communiste, la décision va de soi, mais [...] partout où au contraire les modes modernes de production existent et avec eux certaines mœurs, c'est une question de savoir si, pour le prolétariat, le communisme vaut ce qu'il coûte, et l'énorme problème de sa nature et de ses ressorts, déclassé ailleurs par le péril de mort, redevient primordial » (*AD*, Épilogue, p. 310).

sitions classiques du monisme et du dualisme, de la nature et de la culture, avec une ontologie à même de saisir l'unité et la différence au sein de l'être ou de la réalité.

L'exploration ontologique est dès lors indissociable de la méditation de Merleau-Ponty sur le marxisme, qui l'accompagne jusqu'à ses derniers jours (puisque Merleau-Ponty faisait encore cours sur Marx le jour précédant sa mort). Il faut en retour donner toute son importance à l'approche de Merleau-Ponty, du point de vue de son apport à l'histoire du marxisme en France. En effet, en proclamant l'existence d'un divorce entre la philosophie marxiste et la politique, divorce qui fait de Marx un philosophe « classique », Merleau-Ponty inaugure la possibilité d'une lecture purement philosophique de Marx. Le marxisme n'est plus seulement l'unité indissociable de la théorie et de la pratique, d'une pensée et d'une action, mais peut désormais faire l'objet d'une étude non seulement philosophique, mais ontologique. Or à partir de 1960, sans nécessairement se réclamer explicitement de Merleau-Ponty, on voit apparaître pour la première fois des penseurs se revendiquant d'un Marx purement philosophe. Le marxisme heideggérien des années soixante, les entreprises de G. Granel, de M. Henry, et plus récemment de P. Rodrigo et de J. Vioulac, semblent toutes s'inscrire dans le sillage du geste fondamental effectué par Merleau-Ponty à la fin des années cinquante.

Néanmoins, le divorce entre marxisme et politique n'implique pas pour autant un divorce entre philosophie et politique. Ainsi avons-nous voulu montrer le lien entre les recherches ontologiques de Merleau-Ponty et le renouvellement de ses réflexions politiques (l'abandon de l'idée de révolution en faveur d'un « socialisme » réformateur). Comme Merleau-Ponty l'affirme dans son dernier entretien, le 31 décembre 1960, « la philosophie et la politique sont solidaires »[185]. Il est vrai, pourtant, que les rapports entre l'une et l'autre sont plus complexes que ce qu'envisageait Merleau-Ponty à l'époque triomphante du « scénario marxiste », lorsqu'il attendait l'avènement d'un « communisme occidental » qui dépasserait définitivement la séparation entre philosophie et politique. Philosophie et politique ont leur autonomie relative, mais ne cessent d'empiéter l'une sur l'autre : la philosophie se découvre au contact de cette expérience de l'être qu'est la politique, tandis qu'aucune politique ne peut se passer de philosophie.

---

[185] « La philosophie et la politique sont solidaires », *P2*, p. 303.

Chapitre 8
De la crise du marxisme à la *Critique de la Raison dialectique*.

Vers une anthropologie structurelle et historique

> « *Nous ne réclamons rien du marxisme sinon qu'il vive, qu'il secoue sa paresse d'esprit criminelle pour donner à tous, sans concession, ce qu'il doit donner* »
> (Sartre, « *Le réformisme et les fétiches* », p. 113).
>
> « *C'est l'un des [...] grands livres du siècle, la Critique de la Raison dialectique, un des plus grands, un des plus grands du siècle. On a intérêt à le relire, à le relire, à réfléchir dessus. [...] Il faut reprendre, réfléchir profondément à toutes ses analyses* »
> (J.-T. Desanti, dans *Sartre, vingt ans d'absence ?*)

Si entre 1948 et le milieu des années cinquante l'existentialisme sartrien est mis en crise par le marxisme, à partir de 1953 et surtout de 1956, Sartre découvre que ce marxisme qu'il cherche à rejoindre se trouve de son côté lui-même en crise. La restructuration politique et intellectuelle de la Guerre froide ainsi qu'une série de recherches théoriques menées par des proches ont en effet, comme nous l'avons vu, provoqué chez lui une remise en question de ses positions théoriques et de son rapport au marxisme. Il cherche alors à se renouveler en profondeur à travers une aliénation de soi dans la pensée de l'autre : celle de Merleau-Ponty, de Beauvoir, de Lévi-Strauss, ou encore celle du Parti communiste français dont il est « compagnon de route » entre 1952 et 1956. Mais à l'occasion de ses activités communes avec le PCF et ses intellectuels, de sa participation aux divers Congrès internationaux avec des intellectuels communistes, ainsi que de ses voyages en URSS (et en Chine), Sartre découvre de l'intérieur ce monde communiste auquel il avait toujours été étranger. Il fait l'expérience d'un monde en plein bouleversement : avec la mort de Staline en 1953 commence le processus de « Dégel », de « coexistence pacifique » et surtout de « déstalinisation » (proclamé par le XXe Congrès du PCUS en février 1956), qui promettent une large remise en cause de la théorie et des pratiques communistes. Ces espoirs d'évolution sont cependant brisés en novembre 1956 avec l'intervention des troupes du Pacte de Varsovie pour écraser l'insurrection de Budapest – événement qui marque la rupture officielle de Sartre avec les communistes[1]. Mais l'événement est surtout pour lui l'occasion de prendre conscience de la profondeur des racines du stalinisme (bien plus profondes que ne veulent l'admettre les dirigeants communistes) : une véritable déstalinisation nécessite donc un effort d'une radicalité bien plus grande pour dégager le communisme et le marxisme du « fantôme de Staline » (titre de l'article qu'il publie dans le numéro des *Temps Modernes* consacré à l'insurrection hongroise[2]).

La tâche principale de la philosophie est alors, selon Sartre, de penser cette *crise du marxisme* (comme crise stalinienne du marxisme et échec de la déstalinisation), c'est-à-dire adopter une démarche intellectuelle qui puisse accompagner et radicaliser le processus de déstalinisation en cours. Les enjeux de cette entreprise dépassent cependant le cadre d'une simple intervention au sujet de la théorie particulière que serait le marxisme : la crise du marxisme est en réalité une *crise de l'humanité*. Répondre à la crise du marxisme, c'est répondre aux problèmes théoriques et pratiques de son époque. Seul un marxisme renouvelé (c'est-à-dire déstalinisé) peut en effet répondre à la *crise des savoirs* qui sévit depuis le début du siècle en produisant une totalisation cohérente des savoirs et des méthodes dispersées, ainsi qu'à la *crise de l'humanité* (celle d'un monde où l'être humain est dominé par le produit de sa propre *praxis* retourné contre lui) en offrant la perspective d'une société où l'être humain se serait réapproprié son activité. Aussi Sartre peut-il caractériser la *Critique de la Raison dialectique* comme un ouvrage « écrit contre les communistes, tout en étant marxiste »[3].

Une telle entreprise trouve, selon Sartre, son nœud problématique dans la notion de dialectique. La dialectique est devenue, en effet, une réalité ambiguë qui semble condenser l'ensemble de ces enjeux. Cette notion désigne d'un côté l'élaboration d'une « nouvelle rationalité », plus englobante, qui offre l'espoir d'une unification des différents savoirs humains et d'une intégration de leurs diverses méthodologies – ce qui explique en partie le succès que cette notion connaît alors dans l'ensemble des domaines du savoir. Mais la diffusion de la « dialectique » et des procédés auxquels elle renvoie conduit d'un autre côté, comme nous l'avons vu, à vider le mot de son sens. Toutefois à ce sens général de la dialectique et à ses abus, s'ajoute ensuite son sens spécifique : celui d'être souvent presque synonyme d'une des formes qu'elle peut prendre, à savoir la dialectique *marxiste*. Or celle-ci présente la même ambiguïté que la dialectique en général : d'une part elle semble offrir les outils conceptuels les mieux à même de comprendre le monde contemporain, ce qui explique sa diffusion inédite et son prestige inégalé parmi les intellectuels (même les recherches qui ne se revendiquent pas explicitement du marxisme doivent intégrer ses apports méthodologiques et conceptuels), et d'autre part elle est devenue la théorie officielle du stalinisme, en URSS et dans l'ensemble du monde com-

---

[1] *Cf.* « Après Budapest, Sartre parle », interview dans *L'Express* (n°281, 9 novembre 1956).
[2] « Le fantôme de Staline » [FdS], *LTM*, n°129–131, novembre 1956-janvier 1957, p. 577–697 ; repris dans *SVII*, p. 144–307.
[3] « Autoportrait à soixante-dix ans », *SX*, p. 150.

muniste, et joue désormais une fonction idéologique (c'est-à-dire qu'elle masque et légitime la réalité d'une oppression), de sorte que, même lorsqu'elles s'inspirent fortement du marxisme, la plupart des recherches novatrices de l'époque (Cl. Lévi-Strauss, le culturalisme américain, F. Braudel, M. Bloch, L. Febvre, P. Francastel, etc.) sont réticentes à l'idée de s'inscrire explicitement dans le marxisme et, de ce fait, se développent en dehors de lui[4]. La crise du marxisme se présente donc comme une crise de la dialectique.

Ainsi s'agit-il pour Sartre de réaliser une *critique* de la dialectique au sens étymologique du terme : en partant de la description des *symptômes* de la crise, il s'agit de formuler un *diagnostic* qui dégage l'origine et les causes de cette crise, de manière à pouvoir mettre en œuvre une *thérapeutique* à même de produire une guérison. Telle est l'ambition que se donne Sartre dans la *Critique de la Raison dialectique*, ainsi que dans les autres textes qu'il rédige à partir de 1956 (notamment « Le Fantôme de Staline » et *Questions de méthode*). En cela, il s'oppose à la fois à la pensée « analytique » et à la pensée « synthétique ». La pensée analytique (incarnée par R. Aron[5] ainsi que par les tendances positivistes des sciences et du marxisme) correspond à une position théorique qui refuse l'idée de dialectique et affirme donc que la « Raison analytique » n'est pas seulement une méthode pour comprendre le réel, mais constitue la rationalité (ou logique) même du réel : le procédé qui consiste à décomposer la réalité en des éléments stables et distincts qu'il s'agit ensuite d'unifier par des liens d'extériorités (par exemple des « lois ») a donc une portée non pas seulement méthodologique mais ontologique. La pensée synthétique, quant à elle, érige à l'inverse la Raison dialectique en unique rationalité du réel (et donc en unique moyen d'accès à ce dernier) : la réalité concrète se résorbe ainsi entièrement dans des processus totalisants, qui constituent le fondement et la logique même du réel[6]. Ici encore, c'est un moment méthodologique (celui de la synthèse), qui est posé *a priori* comme principe d'intelligibilité de l'ensemble du réel – et qui conduit alors à négliger la complexité de cette réalité. Pour Sartre, il s'agit au contraire de penser une articulation (ou plutôt l'unité dialectique) entre Raison analytique et Raison dialectique : la Raison analytique apparaîtra alors certes comme un *moment* de la Raison dialectique, mais comme un moment *nécessaire* et *conservé* dans la totalisation plus intégrative que réalise la Raison dialectique. L'articulation *méthodologique* entre Raison analytique et Raison dialectique doit ainsi correspondre à l'articulation *ontologique* de celles-ci au niveau du réel lui-même. L'enjeu critique

---

[4] « Si nous envisageons les sciences historiques, nous tombons sur ce paradoxe : les historiens sont marxisants à leur insu mais les marxistes ne font pas œuvre d'historiens. Les livres qui ont fait avancer la connaissance, ceux de Bloch, de G. Lefebvre, de Guillemin, les ouvrages ethnographiques de Lévi-Strauss, les travaux sur la peinture, etc., ce ne sont *jamais* des communistes qui en sont les auteurs » (« Le réformisme et ses fétiches », *SVII*, p. 112).

[5] Sartre aurait ainsi confié à P. Verstraeten, en parlant de la *CRD*, que « son livre avait pour objectif de répondre au relativisme et au pluralisme historique de Aron » (P. Verstraeten, *L'anti-Aron*, Paris, Éditions de la Différence, 2008, p. 9).

[6] Cette position constitue, selon Sartre, le défaut représenté par l'hégélianisme : il la trouve à l'œuvre dans le stalinisme ainsi que dans l'usage qui est notamment fait de l'idée d'une dialectique de la nature.

de Sartre est donc de fonder l'usage légitime de la Raison dialectique par rapport à la Raison analytique.

L'attention que Sartre prête à la notion de dialectique tient certainement à l'importance que Merleau-Ponty lui donne dans *Les aventures de la dialectique*[7]. On a trop souvent estimé que le dialogue entre Sartre et Merleau-Ponty se terminait avec *Les aventures de la dialectique*, et que cet ouvrage constituait le dernier mot de leur polémique – Sartre ne répondant à Merleau-Ponty que par l'intermédiaire de Beauvoir[8]. Or s'il est vrai que le nom de Merleau-Ponty n'est presque jamais cité dans la *Critique de la Raison dialectique*, Sartre fait cependant assez fréquemment de discrètes allusions à son ami : il nous semble nécessaire de suivre F. Caeymaex qui affirme qu'

> On peut [...] tenir la *Critique* pour un écho, sinon pour une réponse, aux *Aventures de la dialectique* et peut-être à l'œuvre de Merleau-Ponty tout entière[9].

Les aventures de la dialectique peuvent ainsi être vues comme étant à l'origine de ce que nous appellerons la *seconde crise merleau-pontyenne* de la pensée de Sartre. Cette seconde crise, bien que moins décisive que la première[10], dans la mesure où son apport est essentiellement négatif, constitue cependant l'un des éléments déterminants dans la genèse du projet de *Critique de la Raison dialectique*. La réponse sartrienne prend en compte certaines des critiques, mais refuse les positions du Merleau-Ponty des *Aventures de la dialectique*. La *Critique de la Raison dialectique* entretient en réalité un double rapport à Merleau-Ponty. À un premier niveau, Sartre poursuit le travail d'appropriation des leçons d'*Humanisme et terreur* et se place donc dans la continuité de la première crise merleau-pontyenne de sa pensée. Cependant, nous l'avons vu, ce rapport positif à Merleau-Ponty n'implique une fidélité ni à la lettre des textes de son ami ni même à leur intention : à mesure que Sartre s'approprie certaines analyses, il les développe, leur donne une autre tournure, et, au fil des années, la référence explicite à Merleau-Ponty tend à s'effacer complètement. Dans la *Critique de la Raison dialectique* l'effort de Sartre vise surtout à intégrer ces analyses dans le cadre plus englobant de l'intelligibilité dialectique qu'il cherche à fonder[11]. Mais aux traces de cette « première crise », s'ajoute

---

[7] L'œuvre publiée de Sartre ne contient en effet jusqu'alors qu'assez peu de références à la notion de dialectique. Nous avons cependant vu qu'il fait un premier travail sur l'idée de dialectique en 1947–48 dans les *Cahiers pour une morale*.

[8] S. de Beauvoir, « Merleau-Ponty ou le pseudo-sartrisme », *LTM*, n°114–115, juin-juillet 1955 ; repris dans S. de Beauvoir, *Faut-il brûler Sade ? (Privilèges)*, Paris, Gallimard, 1972 [1re éd. 1955], p. 221–300.

[9] F. Caeymaex, « La dialectique entre Sartre et Merleau-Ponty », *Études sartriennes*, n°10, 2005, p. 136. Dans son commentaire du tome 2 de la CRD, R. Aronson insiste également sur ce point (R. Aronson, *Sartre's Second Critique*, Chicago, London, University of Chicago Press, 1987, chap. 1 « Vicissitudes of the Dialectic », p. 1–32), comme le fait G. Semerari (commentateur italien de Merleau-Ponty) lors de la discussion qui suit la conférence « Marxisme et subjectivité » de Sartre en décembre 1961 (*cf.* Sartre, *Qu'est-ce que la subjectivité ?*, Paris, Les Prairies ordinaires, 2013, p. 104).

[10] Sur la première crise merleau-pontyenne de la pensée de Sartre, voir *supra*, Partie II, chap. 6.

[11] Ainsi, la Section C du Livre I, consacrée en grande partie à l'exposition dialectique de la notion

également un second niveau, un second rapport à Merleau-Ponty, qu'on peut caractériser comme négatif. En effet, si Sartre reconnaît la justesse de certaines des critiques de Merleau-Ponty contre lui et contre le marxisme (insuffisante compréhension de la dialectique, défauts de l'ontologie marxiste, absence d'élaboration de « l'intermonde », etc.), il ne reconnaît en revanche pas la justesse des solutions esquissées par Merleau-Ponty : la *Critique de la Raison dialectique* doit donc être lue à ce niveau comme une tentative de répondre aux critiques de Merleau-Ponty, mais de manière non merleau-pontyienne.

La *Critique de la Raison dialectique* est le point d'aboutissement du travail philosophique que Sartre mène depuis 1947–48 et qu'on peut définir comme celui de la recherche d'une *anthropologie*[12], au sens maussien d'un savoir totalisant qui articule les connaissances des différentes sciences portant sur l'être humain. Cette anthropologie se donne pour tâche d'élaborer des concepts et des méthodes qui soient à même d'une part de prolonger et fonder les analyses des sciences humaines, d'autre part de favoriser un projet politique d'émancipation de l'humanité – projet qui correspond ainsi assez précisément à ce que nous avons identifié comme étant le programme théorique structurant de nos trois auteurs, à savoir celui d'élaborer une « syntaxe commune » à même de rendre possible une communication entre les langues philosophiques, scientifiques et politiques. Ce projet anthropologique de Sartre, longtemps annoncé sous le titre *De l'homme*, se donne pour ambition, à la fin des années cinquante, de constituer ce qu'il appelle une « anthropologie structurelle et historique » – expression qui apparaît en 1957 dans la conclusion de *Questions de méthode*[13] et qui définit le projet de la *Critique de la Raison dialectique* (le Tome 1 posant les fondements de l'anthropologie structurelle, alors que le Tome 2 devait rendre *historique* cette anthropologie structurelle[14]). La proximité de cette formule avec celle d'« anthropologie structurale » qui désigne le programme théorique (à la fois proche et rival) que Lévi-Strauss définit à la même époque (l'*Anthropologie structurale* paraît en 1958) témoigne à la fois de la continuité et de l'approfondissement de l'influence de Lévi-Strauss sur Sartre depuis le début des années cinquante[15]. L'enjeu pour Sartre est de proposer sa propre solution au problème,

---

de « pratico-inerte », peut être lue comme une reprise de ce que Sartre considère comme l'acquis principal d'*Humanisme et terreur*, à savoir l'analyse du sens de l'objectivation qui a lieu au cours de la *praxis* (objectivation qui à la fois nous échappe et prend un « sens objectif », mais que pourtant il faut reconnaître comme « sienne »). On pourra notamment comparer sur ce point la manière dont Sartre résume les acquis principaux du deuxième moment de son exposition (*CRD*, livre I, C, p. 335–336) et les formules qu'il emploie pour présenter *Humanisme et terreur* dans « Merleau-Ponty vivant » (MPV, *SIV*, p. 217).

[12] « Depuis quinze ans je cherche quelque chose : il s'agit, si vous voulez, de donner un fondement politique à l'anthropologie. Ça proliférait. Comme un cancer généralisé ; des idées me venaient : je ne savais pas encore ce qu'il fallait en faire, alors je les mettais n'importe où : dans le livre que j'étais en train d'écrire. À présent, c'est fait, elles se sont organisées, j'écris un ouvrage qui me débarrassera d'elles, *Critique de la Raison dialectique* » (« Les écrivains en personne », *SIX*, p. 9).

[13] *QM*, Conclusion, p. 153/p. 125 et p. 159/129 (où l'ordre des termes est inversé).

[14] *CRD*, Introduction, B, p. 184 et Livre II, D, p. 894.

[15] Sur les premiers effets de l'influence de Lévi-Strauss au début des années cinquante, voir *supra*,

classique en sciences humaines, de l'articulation entre sociologie et histoire, structure et évolution, synchronie et diachronie. L'importance de la notion de dialectique dans l'entreprise d'unification des sciences humaines tient au fait que Sartre estime qu'elle permet de dépasser l'alternative : la dialectique permet en effet de penser tout développement comme relevant à la fois d'une structuration synchronique (comme totalité intégrant chaque élément dans un tout à chaque moment) et d'une structuration diachronique au cours de laquelle le déroulement temporel lui-même forme une totalité intégrant chaque moment d'une manière ordonnée. Quoi qu'il en soit, contre l'idée d'un Sartre entièrement coupé des sciences humaines, comme il a souvent été caricaturé à partir des années soixante, nous voulons montrer l'importance que prend pour lui la confrontation avec elles. Sartre entreprend alors de vastes lectures dans l'ensemble des domaines des sciences humaines : en histoire (M. Bloch, F. Braudel, G. Lefebvre, D. Guérin, L. Mumford, etc.), économie (marginalisme, marxisme, etc.), en sociologie (G. Gurvitch, K. Lewin, A. Kardiner, D. Riesman, W. Whyte, etc.), en ethnologie (M. Mauss, M. Leiris, Cl. Lévi-Strauss, etc.), en psychanalyse, etc. La philosophie n'occupe nullement pour Sartre une position de surplomb : intégrer les sciences humaines, c'est à la fois se laisser transformer par elles, et les repenser au cours même de ce processus, de manière à aboutir à un cadre théorique original.

Cela étant dit, dans quelle mesure est-il encore possible de rattacher la *Critique de la Raison dialectique* au projet d'articulation de la phénoménologie et du marxisme ? Sartre semble en effet avoir entièrement abandonné la phénoménologie : ni Husserl ni Heidegger ne sont discutés autrement qu'en passant, et Sartre ne semble pas se soucier de prendre explicitement position par rapport à ce courant de pensée. Aussi peut-on légitimement se demander ce qu'il reste de phénoménologique dans la *Critique de la Raison dialectique*. Il nous semble, pour notre part, que cet ouvrage ne constitue ni une adhésion sans reste à la tradition marxiste qui témoignerait d'un abandon complet de l'inspiration phénoménologique[16], ni une pure reformulation, avec un habillage « marxiste », des intuitions phénoménologiques de *L'Être et le Néant*[17]. L'ouvrage révèle à la fois l'ampleur de l'évolution de Sartre

---

Partie II, chap. 6. La proximité et la distance entre les programmes théoriques de Sartre et de Lévi-Strauss à cette époque expliquent sans doute d'une part l'intérêt que Lévi-Strauss porte à la *CRD* (son séminaire de 1961 à l'EPHE est en effet consacré tout entier à la discussion du texte de Sartre) et d'autre part le rejet hostile dont il fait l'objet (notamment dans *La pensée sauvage*). Sartre donne en effet l'impression à Lévi-Strauss de vouloir empiéter sur son domaine de recherches et intégrer son paradigme structural (qui a pour vocation de devenir une « syntaxe commune » de l'ensemble des sciences humaines) à titre de simple moment conservé dépassé de la totalisation sartrienne. Ce conflit est également à comprendre sur le fond de l'opposition entre F. Braudel et Lévi-Strauss sur le rôle de l'histoire dans l'élaboration du « langage commun » aux sciences humaines (*cf.* F. Braudel, *Écrits sur l'histoire*, Paris, Flammarion, 2013).

[16] Comme le catégorisent souvent à la fois les phénoménologues de manière à l'exclure de leur tradition et de se dispenser de l'étudier, et certains commentateurs marxisants (pour s'épargner le travail de réinscription de l'ouvrage dans la tradition phénoménologique).

[17] Comme le prétendent notamment R. Aron, puis P. Bourdieu, et ensuite la plupart de leurs lecteurs. « Sartre désormais emploie volontiers le concept de *praxis* pour désigner l'action individuelle et il consacre même quelques pages à l'être biologique et au besoin. Mais le changement de

depuis 1943 et la profonde continuité de son entreprise théorique : c'est bien le même individu qui affronte, au moyen d'un même outillage culturel et philosophique, de nouveaux problèmes avec de nouveaux concepts, de sorte que le développement de la pensée de Sartre se donne comme une même réflexion philosophique qui se poursuit[18]. Toutefois, une fois évité ce double écueil, il reste que le problème de la place de la phénoménologie dans la *Critique de la Raison dialectique* présente de grandes difficultés. En effet, il n'y a aucune discussion explicite de la phénoménologie, les références conceptuelles sont rares et, quand elles existent, elles sont soit très allusives (comme pour le concept de « synthèse passive ») ou masquées (comme pour le concept de « noème »), soit déjà médiées par le travail philosophique de transformation existentielle de la phénoménologie effectué jusqu'en 1943 (comme les concepts de « projet », de « transcendance », « pour-soi », etc.). Il nous faut donc mettre au jour la présence latente de la phénoménologie tout au long de l'ouvrage[19] afin de montrer que la *Critique de la Raison dialectique* constitue bien le point d'aboutissement des tentatives d'articulation de la phénoménologie et du marxisme depuis 1945, et certainement leur chef-d'œuvre.

1 MARXISME ET EXISTENTIALISME DANS L'ARCHITECTONIQUE DES SAVOIRS THÉORIQUES ET PRATIQUES.

Dans une conférence d'avril 1958, prononcée à Bruxelles alors qu'il est en pleine rédaction de la *Critique de la Raison dialectique*, Sartre énonce en conclusion le double enjeu théorique et pratique de l'entreprise en cours :

Le travail des intellectuels est double mais les deux aspects en sont complémentaires : refonder la *raison dialectique* à la manière kantienne mais sans l'idéalisme kantien à travers

---

vocabulaire ne devrait pas nous induire en erreur : entre ce qu'il appelle aujourd'hui *praxis* individuelle ou dialectique constituante et le Pour-soi de *L'Être et le Néant*, il n'y a pas de différence essentielle » (R. Aron, « La lecture existentielle de Marx. À propos de la *Critique de la Raison dialectique* » (1964), *Marxismes imaginaires. D'une sainte famille à l'autre*, Paris, Gallimard, 1970, p. 160). Aron avoue d'ailleurs son parti pris herméneutique dans la conclusion de son article : « Je souhaitais montrer à quel point il [Sartre] reste lui-même » (*ibid.*, p. 170). Le commentaire de la *CRD* qu'Aron propose dans *Histoire et dialectique de la violence* (Paris, Gallimard, 1973) adopte la même perspective (*cf.* par exemple *ibid.*, p. 19 et p. 36). Bourdieu quant à lui reprend en réalité la plupart des thèmes de la lecture aronienne (il a peut-être assisté aux séminaires d'Aron sur la *CRD* au début des années soixante). Voir notamment *Esquisse d'une théorie de la pratique*, Paris, Le Seuil, 2000 [1re éd. 1972], p. 267–270 ; passage reproduit presque à l'identique dans *Le sens pratique*, Paris, Éditions de Minuit, 1980, p. 73–76.

[18] Ainsi, poser le problème de l'évolution de Sartre en termes de « coupure épistémologique » (comme le fait M. Contat dans les *Écrits de Sartre* en cédant à la mode althussérienne de l'époque – *cf. ES*, p. 339) ne semble guère pertinent.

[19] Certaines recherches ont déjà été menées dans cette direction. Voir notamment B. Waldenfels, *Phänomenologie in Frankreich*, Frankfurt am Main, Suhrkamp Verlag, 1983, Partie II, 5, f « Phänomenologische Hintertüren », p. 120–121 ; A. Tomès « Le statut de la phénoménologie dans la *Critique de la Raison dialectique* », dans Ph. Cabestan et J.-P. Zarader (dir.), *Lectures de Sartre*, Ellipses, 2011, p. 131–146.

une expérience critique de ses limites et de sa portée ; prouver le mouvement en marchant cad par des travaux concrets et historiques. Alors nous pourrons commencer à nous connaître[20].

L'articulation entre existentialisme et marxisme permet d'une part d'entreprendre une refondation théorique et une intégration de l'ensemble des savoirs de l'époque, et d'autre part d'initier des travaux concrets afin de comprendre l'époque dans laquelle on se trouve, c'est-à-dire acquérir une claire conscience des enjeux et tâches de la déstalinisation en cours.

1.1 Symptômes : la philosophie de l'époque et la crise de l'humanité.

Dès le début de l'Introduction de la *Critique de la Raison dialectique*, Sartre déclare : « Il y a une crise de la culture marxiste »[21]. D'emblée, on voit que le terme de « marxisme » ne désigne pas pour Sartre la même chose que pour Merleau-Ponty. Pour Sartre, le marxisme, ce n'est pas d'abord une pensée, une philosophie au sens classique ou une politique, mais un « milieu culturel ». C'est ce qu'il évoque dans « Le réformisme et les fétiches », un des premiers textes où il affronte la question de la crise du marxisme :

> Pour nous le marxisme n'est pas seulement une philosophie : c'est le climat de nos idées, le milieu où elles s'alimentent, c'est le mouvement de ce que Hegel appelait l'Esprit Objectif. […] il est à lui seul la Culture, car c'est lui seul qui permet de comprendre les hommes, les œuvres et les événements[22].

Sartre reprend et approfondit cette caractérisation du marxisme dans *Questions de méthode*, en proposant une redéfinition complète de la notion même de philosophie[23]. Pour Sartre, une « philosophie » n'est ni une doctrine, ni une attitude, ni une discipline particulière : elle se distingue d'une « idéologie » en ceci qu'elle n'est pas d'abord et principalement la pensée d'un individu, mais consiste en un milieu qui permet une « totalisation du Savoir contemporain »[24] – totalisation non seulement en un sens théorique (ce qui permet d'unifier et d'articuler l'ensemble des savoirs d'une époque donnée), mais également en un sens pratique : c'est par elle qu'une époque trouve « un langage et des gestes communs » afin de prendre conscience des

---

[20] « Conférence philosophique de Bruxelles » (avril 1958), BNF, Département des manuscrits, NAF 28 405, ms. p. 16. Il s'agit des notes de Sartre pour cette conférence. Nous respectons les abréviations de Sartre.

[21] *CRD*, Introduction, A, II, p. 138.

[22] « Le réformisme et les fétiches » (février 1956), *SVII*, p. 110.

[23] Dans laquelle il nous semble possible de voir une réponse implicite à la définition de la philosophie proposée par Merleau-Ponty dans sa Leçon inaugurale au Collège de France (*Éloge de la philosophie*) – définition qui constitue l'un des points de discussion entre Sartre et Merleau-Ponty dans leurs lettres de 1953 (cf. Sartre, « Lettre à Merleau-Ponty », dans *P2*, p. 137).

[24] *QM*, I, p. 10/p. 20.

problèmes pratiques qu'elle a à résoudre. La notion de culture est thématisée et inscrite dans le projet critique dans l'Introduction de la *Critique de la Raison dialectique* : la culture est décrite comme le lieu non seulement d'une totalisation synchronique (qui lie les êtres humains d'une époque à cette époque) mais également d'une totalisation diachronique, par laquelle les hommes du présent se rapportent à l'ensemble du passé de l'humanité, mais également à son avenir[25]. La « philosophie » d'une époque est donc ce qui propose un langage pour unifier les différentes « idéologies » (c'est-à-dire la pensée des différents philosophes d'une époque), l'ensemble des Savoirs (scientifiques), ainsi que les tâches pratiques et politiques de cette époque.

Il en résulte, selon Sartre, qu'il ne peut y avoir, à chaque époque, *qu'une seule philosophie*. Le cartésianisme a ainsi été, selon lui, la philosophie des XVIIe et XVIIIe siècles – siècles de la montée en puissance de la bourgeoisie (jusqu'à sa prise de pouvoir au moment de la Révolution française) et du développement corrélatif de l'esprit scientifique et positif moderne. Il a en effet fourni aux individus de cette époque une ontologie et des schèmes de pensée (« analytiques »), qui constituaient d'une part une arme pratique pour dissoudre les institutions et valeurs de l'Ancien régime et éclairer la tâche de transformation sociale à laquelle ils étaient appelés, et d'autre part un socle commun à partir duquel il était possible de développer et de faire dialoguer les différentes dimensions du savoir (cosmologie, physique, anatomie, etc.). Pour l'époque contemporaine (qui débute avec la révolution industrielle et qui correspond à ce qu'on appelle le « capitalisme »), c'est le marxisme qui est, selon Sartre, appelé à jouer le rôle de philosophie. Tel est le sens qu'il faut donner à l'affirmation célèbre (mais souvent mal comprise) selon laquelle le marxisme

> Reste donc la philosophie de notre temps : il est indispensable parce que les circonstances qui l'ont engendré ne sont pas encore dépassées. Nos pensées, quelles qu'elles soient, ne peuvent se former que sur cet humus ; elles doivent se contenir dans le cadre qu'il leur fournit ou se perdre dans le vide ou rétrograder[26].

Le marxisme a ainsi pour tâche de fournir des concepts et schèmes de pensée (« dialectiques ») à même d'unifier les différents savoirs de l'époque (sociologie, anthropologie, histoire, linguistique, psychanalyse, psychologie, etc.) au sein d'une « anthropologie structurelle et historique »[27], et d'éclairer l'humanité sur sa propre situation pour lui permettre de surmonter la crise du monde moderne (capitalisme, impérialisme, Guerre froide, etc.).

C'est ce qui explique, selon Sartre, l'importance et la gravité de la *crise du marxisme* : la crise du marxisme plonge en effet l'ensemble de l'humanité dans l'obscurité tant au niveau théorique que pratique. Seul le marxisme a la capacité d'unifier les savoirs humains et les tâches pratiques de l'humanité. Or le marxisme

---

[25] *CRD*, Introduction, B, p. 168–171.
[26] *QM*, I, p. 32/p. 36.
[27] Le marxisme est selon lui la seule anthropologie structurelle et historique possible (*QM*, Conclusion, p. 158/p. 128).

contemporain n'intègre plus rien : il s'est « arrêté »[28]. Comme l'écrit Sartre dans une première rédaction (de mai-juin 1958) de l'Introduction de la *Critique de la Raison dialectique*,

> Le matérialisme dialectique selon eux [les marxistes contemporains] se prouve par ses conquêtes comme Diogène prouvait le mouvement en marchant : le reste n'est que logomachie. Très bien : mais si Diogène était paralysé ? Que ferait-il contre les Éléates ? Il y a fort longtemps que le marxisme ne conquiert plus rien, que toutes les découvertes anthropologiques se font en dehors de lui, dans les perspectives éclectiques et empiriques que j'ai déjà décrites [dans *Questions de méthode*]. Il n'enseigne plus rien qu'on ne sache depuis ses fondateurs ou bien il parle à tort et à travers, distinguant tantôt la science bourgeoise de la science socialiste et tantôt refusant la distinction, portant aux nues Lyssenko ou l'abandonnant, s'accrochant sottement à des théories périmées comme celle de la *paupérisation* au lieu de leur donner un contenu neuf et de les réintégrer au mouvement du réel et de la société : s'il veut remettre en marche sa lourde machine et trouver en nous des collaborateurs nouveaux, qu'il ne compte pas trop nous éblouir par ses résultats[29].

De cette situation il s'ensuit que les savoirs se développent désormais en dehors du marxisme de manière spécialisée et dispersée, de sorte qu'ils sont incapables de communiquer entre eux ; les « philosophies » ne sont que sectorielles et ne sont pas en mesure de penser la totalité (c'est-à-dire ne sont que des « idéologies ») ; les événements historiques et politiques du monde contemporain semblent n'avoir aucune cohérence, et les problèmes pratiques apparaissent impossibles à résoudre. Il résulte, comme il l'exprime dans sa conférence de Bruxelles en avril 1958, que « l'époque ne se connaît pas »[30]. La crise du marxisme est une crise de l'humanité elle-même.

Le stalinisme (en URSS et en Europe de l'Ouest) met en crise le marxisme en ceci que, au lieu d'intégrer l'ensemble des savoirs et d'éclairer le mouvement de l'époque, il adopte des positions purement défensives et refuse toute confrontation véritable avec les savoirs nouveaux. Sartre valide, dans *Questions de méthode*[31], le diagnostic de Merleau-Ponty selon lequel il s'est produit au sein du marxisme une scission entre théorie et pratique. La pratique est un pur « empirisme sans principes » où tout est subordonné à l'exigence de sécurité et de construction du socialisme en URSS. La théorie, de son côté, est « Savoir pur et figé », c'est-à-dire d'une part un « idéalisme absolu », qui fait violence à la réalité en subsumant des hommes et des choses sous certaines « idées » *a priori*, et d'autre part une pure justification *a posteriori* des choix stratégiques pragmatiques. Le marxisme, qui prétendait être une philosophie réaliste, se révèle alors, en tant que stalinisme, être un « *idéalisme volontariste* »[32] (selon l'expression que Sartre reprend à Lukács). Dans l'un ou l'autre cas, le marxisme n'a donc plus aucune valeur heuristique ou scientifique,

---

[28] « Le réformisme et les fétiches », *SVII*, p. 117 et *QM*, I, p. 25/p. 31.

[29] BNF, Département des Manuscrits, NAF 28405. Nous proposons une transcription des certains passages de cette première rédaction de l'Introduction de la *CRD* dans l'Annexe VI.

[30] « Conférence de Bruxelles », ms. p. 8. Voir aussi *QM* : « L'un des caractères les plus frappants de notre époque, c'est que l'Histoire se fait sans se connaître » (*QM*, I, p. 31/p. 35).

[31] *QM*, I, p. 25–30/p. 31–35.

[32] *QM*, I, p. 30/p. 35.

puisqu'il n'affronte jamais le réel. Le symptôme de cette sclérose du marxisme est ce que Sartre appelle, dans l'Introduction de la *Critique de la Raison dialectique*, la « dialectique dogmatique » ou « matérialisme dialectique du *dehors* ou transcendantal »[33]. Un tel usage de la dialectique impose ses catégories de l'extérieur à ses objets – comme dans le cas de la « dialectique de la nature » où il s'agit d'une projection sur la nature de principes dialectiques qui ne valent que pour le monde culturel et humain[34].

La crise du marxisme a ainsi pour conséquence que l'être humain se trouve doublement aliéné, à la fois d'un point de vue pratique et d'un point de vue théorique[35]. Au niveau pratique, Sartre considère, à la suite de Marx (et de Lukács), que le monde moderne réalise une formidable réduction de l'être humain au statut d'objet – ainsi dans le capitalisme, le travailleur est réduit au statut de « facteur de production » ou de « ressource humaine ». Mais alors que le socialisme devait être une sortie de cette aliénation, les régimes socialistes en URSS et en Europe de l'Est se révèlent être des formes nouvelles d'aliénation. Ainsi Sartre estime-t-il que l'un des torts de Lukács est de n'avoir pas su appliquer ses catégories critiques, et notamment celle de « réification », aux sociétés socialistes[36]. Cette aliénation pratique de l'humanité sous le capitalisme comme sous le socialisme a son corollaire au niveau théorique. Depuis longtemps, le programme positiviste en sciences avait réduit, selon Sartre, l'être humain au statut d'objet, au sein d'une architectonique des Savoirs qui ne fait jamais droit à son caractère de sujet ou d'existant. Mais alors que le marxisme de Marx, selon Sartre, se présente comme un refus de la dissolution hégélienne de l'Être dans le Savoir (c'est-à-dire de la réduction de l'être humain à la figure de l'objet) par l'affirmation de la primauté de la *praxis*[37], le marxisme stalinisé réalise une nouvelle « expulsion de l'homme » – « exclusion du Savoir marxiste »[38] qui ne diffère alors en rien celle qui existe dans le programme positiviste. Le marxisme est donc en passe de devenir une « anthropologie inhumaine »[39]. Ainsi,

---

[33] *CRD*, Introduction, A, p. 146.

[34] Dans le manuscrit de l'Introduction de la *CRD*, Sartre cite expressément Trần Đức Thảo comme exemple d'une telle pratique : « L'objet de la pensée c'est la Nature telle qu'elle est ; l'étude de l'Histoire en est une spécification : il faudra suivre le mouvement qui engendre la vie à partir de la matière, l'homme à partir des formes élémentaires de la vie, l'histoire sociale à partir des premières communautés humaines. C'est ce qu'a tenté de faire Thao, par exemple dans la deuxième partie de son ouvrage sur la Phénoménologie » (BNF, Département des Manuscrits, NAF 28405).

[35] *QM*, Conclusion, p. 160–161/p. 130–131.

[36] C'est ce qu'indique notamment Sartre dans le Tome 2 de la *Critique de la Raison dialectique* : « Comme Lukács l'a bien montré, tout ensemble industriel de quelque importance exige, pour se développer ou même pour se maintenir, que des spécialistes recourent à une sorte de *combinatoire économique*. Son tort était de borner l'usage de cette combinatoire aux entreprises capitalistes. En fait, elle est rigoureusement indispensable à la planification soviétique » (*CRD2*, Livre III, p. 139). Voir aussi « Faux savants ou faux lièvres », *SVI*, p. 34–39.

[37] « Marx […] marque la priorité de l'action (travail et *praxis* sociale) sur le *Savoir*, ainsi que leur hétérogénéité. Il affirme, lui aussi, que le fait humain est irréductible à la connaissance, qu'il doit *se vivre* et *se produire* » (QM, I, p. 17–18/p. 25–26).

[38] *QM*, Conclusion, p. 161/p. 131

[39] *QM*, Conclusion, p. 161/p. 131.

dans l'ordre pratique comme dans l'ordre théorique, la crise du monde contemporain se manifeste, selon Sartre, à travers cette « aliénation nouvelle et double »[40] de l'être humain, qui est l'œuvre même de la pensée et du mouvement pratique qui a pour tâche de le libérer[41].

1.2 Diagnostic : origine de l'objectivation du savoir et des hommes.

Si le marxisme est en crise, avant de pouvoir élaborer un moyen pour répondre et sortir de cette crise, il faut identifier la source du mal, c'est-à-dire produire un *diagnostic* sur son origine ou cause. Sartre doit donc affronter la question qu'il n'avait fait que poser avec Merleau-Ponty dans leur éditorial de janvier 1950 dans *Les Temps Modernes*, celle du devenir stalinien du marxisme. Or pour y parvenir, il est nécessaire de reconnaître le fait que, comme le rappelle E. Barot[42], si le stalinisme est bien une *déformation* du marxisme, il est toutefois une déformation *du marxisme* : la déformation n'est pas purement extérieure au marxisme. Il faut donc comprendre comment le marxisme lui-même a pu devenir le stalinisme.

En un sens, le diagnostic critique de Sartre reprend, comme chez Merleau-Ponty, le geste husserlien de la *Krisis* (bien qu'il n'existe aucune référence explicite à ce texte chez Sartre). En effet, dans les deux cas il s'agit d'affronter une crise à la fois historique (crise de l'Europe, crise de la perspective révolutionnaire avec le stalinisme) et théorique (crise des sciences, crise du marxisme) ; et dans les deux cas, les auteurs montrent que la crise trouve son origine dans une innovation qui se sédimente et qui se méconnaît elle-même. L'objectivisme scientiste diagnostiqué par Husserl consiste à oublier que l'origine des concepts scientifiques se trouve dans une *praxis* s'ancrant dans le monde de la vie, et donc à oublier le sens authentique de ces concepts. De la même manière, l'objectivisme stalinien consiste, selon Sartre, à oublier que l'origine des concepts et des buts marxistes réside dans la *praxis*

---

[40] *QM*, Conclusion, p. 161/p. 131.

[41] Sartre repère une évolution comparable du côté de la phénoménologie dans la trajectoire intellectuelle de Heidegger. Le primat de l'Être conduit en effet Heidegger à inverser les rapports entre l'Être et l'homme : Sartre estime ainsi que la méthode du deuxième Heidegger (qu'il lit par l'entremise de W. Biemel et A. De Waehlens) « le rapproche de ce que nous avons appelé la dialectique matérialiste du dehors : elle aussi part de l'Être (la Nature sans addition étrangère) pour aboutir à l'homme » (*CRD*, Livre I, C, note p. 291). Et, comme pour le marxisme, les conséquences pratiques sont immédiates : « toute philosophie qui subordonne l'humain à l'Autre que l'homme, qu'elle soit un idéalisme existentialiste ou marxiste, a pour fondement et pour conséquence la haine de l'homme : l'Histoire l'a prouvé dans les deux cas » (*CRD*, Livre I, C, p. 292).

[42] E. Barot, « "La situation, c'est de la matière : cela demande à être traité" (*La Nausée*). De Roquentin à la morale révolutionnaire en passant par l' "expérience critique" de la *Critique de la Raison dialectique* », intervention au Séminaire Sartre à l'ENS, 7 novembre 2012 (textes disponible sur le site du séminaire : http://adlc.hypotheses.org/seminaires/sartre-combattre-dans-son-epoque/seance-3-intervention-demmanuel-barot-7-novembre-2012/expose-demmanuel-barot-7-novembre-2012).

humaine et à négliger ainsi l'humanisme propre au marxisme[43]. Enfin dans les deux cas, le risque est de tomber dans le scepticisme, scepticisme philosophique pour Husserl, mais scepticisme politique et historique pour Sartre (c'est-à-dire une pure pragmatique du pouvoir avec une conception relativiste de l'histoire).

La crise du marxisme viendrait du fait que le marxisme s'est jusqu'à présent perdu dans l'objectivité et dans ses tâches pratiques, et n'a pas cherché à trouver les fondements de ses propres principes et catégories. Mais cela n'est pas un simple « oubli » subjectif. Comme Sartre le précise au début de *Questions de méthode* : « la "crise philosophique" est l'expression particulière d'une crise sociale et son immobilisme est conditionné par des contradictions qui déchirent la société »[44]. C'est bien « l'*événement* »[45], c'est-à-dire l'inscription du marxisme dans la réalité historique en URSS, et non des « principes » marxistes qui sont en cause. L'une des tâches présentes du marxisme est donc de comprendre de manière marxiste le développement du marxisme en stalinisme. C'est ce travail que met en œuvre Sartre dans « Le fantôme de Staline » et qu'il poursuit dans la *Critique de la Raison dialectique*, et notamment dans le Tome 2[46]. Mais plus profondément, Sartre considère que la déformation stalinienne du marxisme n'est pas seulement la conséquence de l'évolution de l'URSS, mais tient, à un certain degré, au mouvement propre de la pensée marxiste. Dans la conclusion de *Questions de méthode*, il suggère ainsi que c'est *l'impératif pratique* que se donne le marxisme (l'appel à sortir de la philosophie, à transformer le monde) qui l'a conduit à oublier le travail de fondation anthropologique[47]. L'exigence de dépassement d'une conception purement philosophique de la critique pour faire du marxisme une « philosophie pratique » propre à transformer le monde l'a en effet amené à privilégier les impératifs pratiques (construction d'un parti apte à conquérir le pouvoir, développement du socialisme, efficacité dans les luttes sociales, etc.), et à négliger de ce fait « l'exigence d'un fondement existentiel de la théorie » que contenait aussi le « marxisme de Marx »[48].

Cependant Sartre précise bien que l'impératif révolutionnaire conduit à négliger, non pas le fondement existentiel (un marxisme révolutionnaire *humaniste* a existé), mais *l'exigence* de ce fondement. Le dogmatisme propre du marxisme stalinisé trouve ainsi l'une de ses origines dans le fait que Marx et les marxistes après lui (occupés par des tâches pratiques) n'ont pas effectué ce travail de fondation anthropologique du marxisme, de ses catégories et de son mode de pensée dialectique.

---

[43] *Cf. QM*, Conclusion.

[44] *QM*, I, p. 13/p. 22.

[45] *QM*, Conclusion, p. 158/p. 129.

[46] Sur l'analyse sartrienne de l'URSS, voir E. Barot, « Entre Marx et l'URSS », dans E. Barot (dir.), *Sartre et le marxisme*, Paris, La Dispute, 2011, chap. 5, p. 127-156 ; A. Feron, « Sartre et la question du devenir stalinien de la Révolution russe » (à paraître).

[47] « Le marxisme, né de la lutte sociale, devait, avant de revenir sur ces problèmes [concernant le fondement anthropologique], assumer pleinement son rôle de philosophie pratique, c'est-à-dire de théorie éclairant la pratique. Il en résulte un *manque* profond à l'intérieur du marxisme contemporain, c'est-à-dire que l'usage des notions précitées – et de bien d'autres – renvoie à une compréhension de la réalité humaine qui fait défaut » (*QM*, Conclusion, p. 160/p. 130).

[48] *QM*, Conclusion, p. 160/p. 130.

Ainsi, Sartre n'est pas très éloigné de Merleau-Ponty lorsqu'il considère que la résolution de la crise du marxisme ne pourra pas passer par une simple réactivation d'un marxisme originel ou authentique. Pour Sartre, le marxisme contemporain a pour tâche théorique de résoudre certaines difficultés laissées par Marx lui-même. Dans l'Introduction de la *Critique de la Raison dialectique*, il montre que ces difficultés tiennent notamment à la manière dont Marx, tout en renversant la dialectique hégélienne, n'a pas pensé les difficultés qui résultaient de ce renversement. Celles-ci sont de deux ordres : d'une part, si l'histoire est en cours (et non finie comme chez Hegel) comment saisir le sens total de l'histoire[49] ? D'autre part, comment est-ce que la dialectique peut être à la fois la loi de l'être (dialectique objective) et de la connaissance (dialectique subjective), et cela sans rabattre l'être sur la connaissance (comme le fait l'idéalisme, pour qui une dialectique subjective est la vérité de la dialectique objective) ou la connaissance sur l'être (comme le fait l'objectivisme, pour qui la dialectique subjective doit se résorber en une dialectique objective[50]) ? Or au lieu d'affronter ces difficultés, le marxisme après Marx a choisi de les refouler et de faire comme si le travail de fondation avait été accompli – ce qui est l'une des origines du dogmatisme marxiste :

> L'origine de ce dogmatisme doit être cherché dans la difficulté fondamentale du « matérialisme dialectique ». En remettant la dialectique sur ses pieds, Marx a découvert les vraies contradictions du réalisme. Ces contradictions devaient être la matière même de la connaissance mais on a préféré les masquer. Il faut donc y revenir comme à notre point de départ[51].

La crise du marxisme provient donc bien d'un problème de fondement de la dialectique marxiste : sortir de la crise impliquera nécessairement d'affronter ce problème.

1.3 Existentialisme et marxisme. L'idée d'une anthropologie structurelle et historique.

Afin de favoriser la réintégration théorique et pratique de l'homme dans le marxisme, c'est-à-dire de participer à sa mesure au vaste mouvement de déstalinisation du marxisme, Sartre affirme la nécessité de maintenir provisoirement l'autonomie relative de l'existentialisme par rapport au marxisme, de manière à ce que celui-ci constitue pour le marxisme un rappel permanent à l'exigence humaniste qu'il contient. Il en résulte que « l'anthropologie structurelle et historique », dont la *Critique de la Raison dialectique* cherche à poser les fondements, se présente comme une articulation entre existentialisme et marxisme.

L'entreprise de Sartre dans la *Critique de la Raison dialectique* est une tentative de fondation de cette anthropologie structurelle et historique. La proximité de cette

---

[49] *CRD*, Introduction, A, IV, p. 142–143.
[50] *CRD*, Introduction, A, V, p. 143–145.
[51] *CRD*, Introduction, A, III, p. 141.

formule avec celle d' « anthropologie structurale » par laquelle Cl. Lévi-Strauss définit, presque au même moment, son propre programme théorique, permet de saisir ce que les démarches sartrienne et lévi-straussienne ont en commun et ce qui les distingue. Chez l'un comme chez l'autre, le projet théorique trouve son point de départ et son inspiration profonde dans le marxisme et vise à unifier l'ensemble des sciences humaines en dégageant une forme nouvelle de rationalité qui les caractérise et qui permet de les rendre véritablement scientifiques[52]. Cette nouvelle rationalité, pour l'un comme pour l'autre, bien qu'échappant en grande partie à la conscience effective des agents (si Lévi-Strauss la qualifie d'inconsciente, Sartre évoque quant à lui une dialectique qui traverse les agents sans que ceux-ci la connaissent), est cependant compréhensible pour l'enquêteur, lequel peut lui donner une intelligibilité. Cependant, alors que pour Lévi-Strauss cette nouvelle rationalité trouve sa « syntaxe » dans la linguistique structurale, pour Sartre en revanche cette nouvelle rationalité doit s'exprimer dans un cadre conceptuel thématisé à partir des analyses concrètes du marxisme (dont le *Dix-huit Brumaire* constitue la meilleure illustration). Il en résulte que chacun propose un programme théorique qui prétend intégrer celui de l'autre comme moment du sien : Lévi-Strauss considère que l'analyse concrète n'est que le premier moment d'une entreprise scientifique qui doit aboutir à l'élaboration d'un modèle structural, alors que Sartre considère l'analyse structurale comme un moment abstrait qui doit être réintégré dans une démarche dialectique totalisante[53]. L'histoire jouit donc dans un cas et dans l'autre d'un statut antithétique : chez Lévi-Strauss l'histoire apporte un matériau empirique qui doit se résorber dans une anthropologie structurale, tandis que chez Sartre, c'est l'anthropologie structurale qui fournit des analyses abstraites et trouve sa pleine réalisation lorsqu'elle s'intègre dans une compréhension concrète de l'histoire.

Pour Sartre, cette anthropologie ne peut être que marxiste – mais un marxisme qui aura assuré ses propres fondements grâce à l'existentialisme. La position de Sartre quant au rapport entre existentialisme et marxisme est par conséquent ambiguë. D'une part, il ne cesse d'affirmer son « accord profond » avec le marxisme, qui reste « la seule anthropologie possible qui doive être à la fois historique et structurelle »[54], c'est-à-dire la seule en mesure de comprendre l'individu concret en tant que celui-ci est une totalisation synchronique et diachronique du monde. Pourtant, il affirme d'autre part la nécessité de « maintenir provisoirement l'autonomie de l'idéologie existentielle »[55] en raison de la situation de crise du marxisme. En effet, si le marxisme réalisait pleinement ses potentialités théoriques, l'existentialisme

---

[52] Cette proximité a été longtemps masquée par les critiques de Lévi-Strauss à l'égard de Sartre, comme le relève F. Keck : « La violence des critiques de Lévi-Strauss […] paraît cacher cependant un projet de totalisation des phénomènes humains doté de la même ambition théorique que celui de Sartre » (F. Keck, *Claude Lévi-Strauss, une introduction*, Paris, Pocket, 2005, p. 206). D'ailleurs, Lévi-Strauss commence le chapitre 9 de *La pensée sauvage* en avouant qu'il « se sent très près de Sartre » (Cl. Lévi-Strauss, *La pensée sauvage*, Paris, Pocket, 1985 [1re éd. 1962], p. 298).

[53] Comme il le dit dans un entretien de 1966 ; « L'étude structurale est un moment d'une anthropologie qui doit être à la fois historique et structurale » (« L'anthropologie », *SIX*, p. 88).

[54] *QM*, Conclusion, p. 158/p. 128.

[55] *QM*, Conclusion, p. 158/p. 128.

n'aurait plus de raison de persister en tant que pensée séparée et se dissoudrait dans le marxisme[56]. Cependant, alors qu'on s'attendrait à ce que cette dissolution implique que le marxisme constitue le véritable fondement de l'existentialisme, il semblerait que ce soit en réalité l'inverse : la dissolution correspond au mouvement par lequel le marxisme se réaliserait lui-même en intégrant l'existentialisme comme son propre fondement :

> À partir du jour où la recherche marxiste prendra la dimension humaine (c'est-à-dire le projet existentiel) comme le fondement du Savoir anthropologique, l'existentialisme n'aura plus de raison d'être : absorbé, dépassé et conservé par le mouvement totalisant de la philosophie, il cessera d'être une enquête particulière pour devenir le fondement de toute enquête[57].

L'existentialisme a ainsi pour vocation de se dissoudre dans le marxisme, au moment même où ce dernier se sera de son côté fondé sur l'existentialisme : le devenir marxiste de l'existentialisme est donc en même temps un devenir existentialiste du marxisme.

L'existentialisme garde une valeur en ceci qu'il a pour fonction de « rappeler sans cesse à l'anthropologie la dimension existentielle des processus étudiés »[58]. Le problème de l'anthropologie (notamment celle de Lévi-Strauss) et du marxisme contemporain est en effet qu'ils sont fondés sur un oubli de leur propre fondement. Aucun ensemble de concepts (ou formalisation) anthropologique ne peut entièrement se clore lui-même et se poser en un système auto-suffisant et intégralement fondé : il présuppose toujours implicitement un renvoi à un dehors, à savoir l'expérience que l'être humain fait de lui-même – expérience qui est, selon Sartre, fondamentalement de type *pratique*. Dans le moindre geste quotidien chacun fait en effet l'expérience de « ce que veut dire agir ». Or cette expérience ne peut pas, d'après Sartre, faire l'objet de ce qu'il appelle une « connaissance directe » (ou un « Savoir »), et cela précisément parce qu'elle ne peut être objectivée, c'est-à-dire constituée en objet intégrable dans un système formel (« du type $y = f(x)$ »[59]). C'est au contraire l'ensemble des concepts et des systèmes de connaissance qui présuppose en dernière instance que celui à qui on s'adresse « sache » d'une certaine manière « ce que veut dire agir ». C'est ce « savoir » qui permet par exemple de donner une signification aux termes « échanger », « donner », « se marier », qu'on trouve dans les schémas structuraux de l'anthropologie – termes qui ne peuvent avoir aucun sens pour un être (hypothétique) qui serait dépourvu de la capacité d'agir (et n'aurait donc aucune expérience de ce que veut dire agir). Le sens de l'agir ne peut être appris, mais seulement éprouvé dans « l'existence immédiate »[60]. Sartre précise cependant (pour éviter notamment les critiques d'un Lukács) que cette expérience immédiate de l'agir n'est pas pour autant une intuition irrationnelle

---

[56] *QM*, Conclusion, p. 163–164/p. 132.

[57] *QM*, Conclusion, p. 163–164/p. 132.

[58] *QM*, Conclusion, p. 157/p. 128.

[59] *QM*, Conclusion, p. 161/p. 130.

[60] *QM*, Conclusion, p. 154/p. 126.

qui ne pourrait être éprouvée que dans une fusion de type mystique. Il s'agit en réalité de ce qu'il désigne comme un « *non-savoir* rationnel et compréhensif »[61]. Par-là Sartre veut indiquer que ce phénomène inobjectivable (« ce que veut dire agir ») n'est pas pour autant dépourvu de rationalité, et que cette rationalité peut être ressaisie et rendue intelligible (c'est-à-dire être comprise). Or cette rationalité de l'agir, c'est ce qu'il désigne comme la *rationalité dialectique*. La dialectique est donc pour Sartre à la fois la logique immanente de l'agir (ou de la *praxis*) en tant que cette logique est immédiatement comprise (mais de manière implicite) par celui qui agit, et cette même logique de l'action en tant qu'elle est utilisée par l'individu pratique pour comprendre les autres individus (dont toute action lui est en droit intelligible) et même le monde (dont la rationalité en termes dialectiques reste cependant à établir). L'enjeu de la *Critique de la Raison dialectique* est justement de faire une critique de cette rationalité dialectique : il s'agit d'une part de montrer que tout l'édifice des savoirs possibles sur l'être humain (en tant que celui-ci est un être pratique) se fonde sur cette rationalité dialectique que chacun éprouve au quotidien dans sa *praxis*[62], et d'autre part de déterminer les limites d'une compréhension du monde en termes de rationalité dialectique (limites qui sont de ce fait celles mêmes de la compréhension humaine).

Comme le remarque A. Gorz, ce projet critique se révèle à bien des égards comparable à celui menée par Husserl dans *La crise des sciences européennes et la phénoménologie transcendantale*[63]. Dans la conclusion de *Questions de méthode*, Sartre fait même explicitement le parallèle entre sa propre entreprise et celle de Husserl par rapport aux sciences en général (mais sans se référer spécifiquement à la *Krisis*)[64]. Husserl affirme en effet que les sciences partent d'un certain nombre de principes et de concepts qui ne sont pas eux-mêmes interrogés et fondés au sein d'une pratique scientifique spécifique, et que l'un des enjeux de la phénoménologie est de fonder ces concepts. Ce fondement consiste à rapporter ces concepts à l'intuition sensible dans l'expérience immédiate du monde de la vie. Or selon Sartre, c'est précisément ce que doit faire l'existentialisme à l'égard des sciences humaines. L'existentialisme, comme l'écrit Sartre, est « l'anthropologie elle-même, en tant qu'elle cherche à se donner un fondement ». Il s'agit de fonder les concepts anthropologiques dans une expérience immédiate du monde. Cependant, cette expérience n'est pas une intuition, mais l'épreuve de la rationalité de sa propre *praxis*. La *praxis* individuelle joue ainsi le rôle de fondement épistémologique de l'ensemble des concepts et savoirs anthropologiques. Il s'agit alors, en partant de l'expérience immédiate de la *praxis* individuelle, de dégager les principes d'intelligibilité de cette expérience première et à partir de laquelle peut s'édifier l'ensemble du savoir

---

[61] *QM*, Conclusion, p. 157/p. 128.

[62] Ainsi s'agit-il d'*expliciter* ce qu'il estime être le présupposé de toute anthropologie objectiviste ou formelle. La Raison analytique fait en effet, selon lui, toujours implicitement appel à la Raison dialectique.

[63] *Cf.* A. Gorz, « Sartre et le marxisme » (1966), *Socialisme difficile*, Paris, Le Seuil, 1967, p. 217–219 et « Sartre ou de la conscience à la *praxis* » (1966), *ibid.*, p. 205–213.

[64] *QM*, Conclusion, p. 152/p. 125.

anthropologique. C'est ce que Sartre appelle « l'expérience critique », dont l'ensemble de la *Critique de la Raison dialectique* déploie le mouvement.

2 LE SENS DE L'EXPÉRIENCE CRITIQUE. PHÉNOMÉNOLOGIE ET MARXISME DANS LA MÉTHODE CRITIQUE DE SARTRE.

Dans *Le même et l'autre*, V. Descombes ironise sur le fait que les centaines de pages denses de la *Critique de la Raison dialectique* ne proposent, en fin de compte, aucune définition de la dialectique : l'ouvrage serait ainsi emblématique, selon lui, de la « théologie négative » que mettent en œuvre les intellectuels de l'époque à l'égard de la dialectique[65]. Il cite à l'appui de cela une formule de la conclusion de *Questions de méthode* qui affirme que « la dialectique elle-même [...] ne saurait faire l'objet des concepts »[66]. Une telle approche nous semble révélatrice à la fois de l'incompréhension profonde dont a été victime la *Critique de la Raison dialectique* (plutôt que de tenter de ressaisir le projet et la méthode de Sartre, on se contente de quelques formules extraites de leur contexte et en leur donnant un sens tout autre que celui que leur donnait Sartre[67]), mais aussi des difficultés réelles que présente l'entreprise sartrienne. Ces difficultés tiennent notamment à l'originalité et à la complexité de la méthode critique et dialectique mise en œuvre par Sartre. Quel sens donner en effet à cette *expérience dialectique* que prétend être la *Critique de la Raison dialectique* ? Nous commencerons par mettre en lumière la spécificité de l'expérience critique en la confrontant aux autres entreprises critiques présentant une ambition fondationnelle (celles de Kant, de Hegel et de Husserl) – entreprises qu'elle reprend, intègre et prétend dépasser. Cela nous permettra ensuite de montrer que l'une des difficultés de l'ouvrage, à savoir son style d'écriture et d'exposition, trouve sa source dans la volonté qu'a Sartre de réinventer un mode d'exposition et d'écriture philosophique proprement dialectique qui convienne parfaitement au caractère dialectique du déploiement de l'expérience critique.

2.1 La méthode critique. Entre Kant et Husserl.

Le cœur de l'entreprise de Sartre, dans la *Critique de la Raison dialectique*, réside dans une « expérience critique », qui doit permettre de fonder les catégories anthropologiques du marxisme. Comme Sartre le précise dans l'Introduction :

---

[65] V. Descombes, *Le même et l'autre. Quarante-cinq ans de philosophie française (1933–1978)*, Paris, Éditions de Minuit, 1979, chap. 1, p. 22.
[66] *QM*, Conclusion, p. 155/p. 126.
[67] Les références de P. Bourdieu à la *CRD* tout au long de son œuvre illustrent notamment cette pratique.

2   Le sens de l'expérience critique.

> Notre problème est *critique*. Et sans doute, ce problème est lui-même suscité par l'Histoire. Mais justement il s'agit d'éprouver, de critiquer et de fonder, *dans l'Histoire* et en ce moment du développement des sociétés humaines, les instruments de pensée par lesquels l'Histoire se pense, en tant qu'ils sont aussi les instruments pratiques par lesquels elle se fait. [...] Mais notre but réel est théorique ; on peut le formuler en ces termes : à quelles conditions la connaissance *d'une histoire* est-elle possible ? Dans quelle limite les liaisons mises au jour peuvent-elles être *nécessaires* ? Qu'est-ce que la rationalité dialectique, quels sont ses limites et son fondement[68] ?

Nous voudrions ici donner quelques pistes pour comprendre le projet critique, en montrant que Sartre reprend, intègre et transforme les projets kantiens, phénoménologiques, hégéliens et marxistes.

Cette démarche se présente tout d'abord, dès le titre de l'ouvrage, comme une critique au sens kantien : elle cherche à fonder l'usage légitime des catégories dialectiques (ou de la « Raison dialectique »). Face à l'usage non contrôlé de ces catégories dialectiques (que Sartre appelle le « matérialisme dialectique transcendantal »[69]), et les conflits incessants qui s'ensuivent (le *Kampfplatz* des pensées marxistes), il s'agit de procéder à un examen des conditions de possibilité et des limites de l'usage de la dialectique pour comprendre le réel.

> La *Critique*, en effet, prend son sens étymologique et naît du besoin réel de séparer le vrai du faux, de limiter la portée des activités totalisantes pour leur rendre leur validité[70].

L'erreur stalinienne consiste en un usage « transcendantal » des catégories dialectiques, c'est-à-dire en leur application au-delà de toute expérience possible. Ainsi affirme-t-on, dogmatiquement et en dehors de tout rapport à l'expérience, l'existence d'une dialectique de la nature, d'une dialectique des entités sociales (groupes, institutions, sociétés, etc.), et d'une dialectique de l'histoire universelle. Dans *Questions de méthode*, Sartre s'appuie déjà sur le schème kantien pour critiquer ce qu'il désigne comme un usage « constitutif » des concepts marxistes qui fait violence à la réalité en lui appliquant des idées qui ne permettent pas d'en rendre raison – et cela au lieu d'en faire un usage « régulateur »[71]. La *Critique de la Raison dialectique* se distingue toutefois de *Questions de méthode* en ceci qu'il ne s'agit plus simplement d'en appeler à un usage régulateur du marxisme, mais au contraire de fonder la légitimité de l'usage des concepts marxistes en vue d'une connaissance. Comme l'affirme Sartre au début de l'Introduction, il ne s'agit pas « de prouver que ces synthèses sont possibles, mais d'établir qu'elles sont *requises* »[72]. Cette fondation doit être *a priori* : elle ne peut pas être le résultat d'une simple expérience empirique, puisqu'elle doit montrer la dialectique comme mouvement même de l'être et comme unique méthode de compréhension de ce mouvement[73]. Pour Sartre,

---

[68] *CRD*, Introduction, A, IX, p. 158.
[69] *CRD*, Introduction, A, VI, p. 146.
[70] *CRD*, Introduction, B, p. 166.
[71] *QM*, I, p. 28–30/p. 33–35.
[72] *CRD*, Introduction, A, I, p. 136.
[73] « On nous renvoie à la nécessité de fonder la dialectique comme méthode universelle et comme loi universelle de l'anthropologie » (*CRD*, Introduction, A, I, p. 138).

« l'universalité dialectique doit s'imposer *a priori* comme une nécessité »[74]. L'objectif de la *Critique de la Raison dialectique* sera donc, à la suite de Kant, d'examiner des différents usages de la dialectique et de déterminer ainsi les limites d'un usage légitime de la raison dialectique.

Toutefois, pour réaliser ce projet critique, Sartre suit une démarche qui s'écarte de la méthode kantienne et qui s'apparente plutôt à celle de la phénoménologie husserlienne. La nécessité de la dialectique ne peut pas être établie, selon Sartre, à la manière kantienne à partir d'une analyse des conditions de possibilité de l'expérience[75] : elle ne serait alors qu'une catégorie « subjective » de notre accès au monde sans valeur ontologique. Or pour Sartre il s'agit justement de révéler que la dialectique constitue le mouvement même de l'être (ou, en tout cas, de certains de ses secteurs) : ce n'est que parce que l'être est dialectique que sa connaissance sera nécessairement dialectique. Toute la difficulté consiste donc à établir cette dialecticité de l'être sans tomber dans une forme de « matérialisme dialectique transcendantal » qui postule cette dialecticité sans la fonder. Or cela n'est possible que par la mise en œuvre d'une *expérience* qui ouvre sur l'apodicticité. C'est en cela que Sartre se situe dans la continuité de l'inspiration husserlienne[76] : alors que l'empirisme affirme que l'expérience ne peut que donner des faits singuliers et contingents (l'induction ne pouvant ensuite qu'établir des probabilités), la phénoménologie prétend au contraire pouvoir accéder immédiatement à l'universalité et à la nécessité au sein même de l'expérience[77]. L'expérience phénoménologique parvient en effet à révéler « une universalité et une nécessité contenues dans toute expérience et débordant chaque expérience »[78]. Ainsi s'agit-il pour Sartre de « découvrir dans l'expérience directe et quotidienne »[79] une apodicticité de la dialectique.

Cette reprise méthodologique de la phénoménologie permet de comprendre l'importance et le statut des descriptions dans la *Critique de la Raison dialectique*[80]. Comme l'affirme Sartre dans l'Introduction, c'est « l'exigence même de l'objet » qui constitue le « fil conducteur » de l'entreprise critique tout entière[81]. L'exigence descriptive est en effet, comme nous l'avons vu, ce qui reste pour Sartre, tout au long de son parcours intellectuel, le principal apport de la phénoménologie (de sorte que l'adjectif « phénoménologique » en vient à être presque synonyme de « descriptif »). Les descriptions n'ont jamais de valeur purement illustrative ou d'exemplification : elles sont un moment essentiel à la fois de la découverte conceptuelle et de

---

[74] *CRD*, Introduction, A, IX, p. 153.

[75] *CRD*, Introduction, B, p. 160.

[76] Comme le relève A. Tomès (art. cit., p. 136–138).

[77] *Cf.* notamment E. Husserl, *MC*, I, §6 « Différenciations de l'évidence. L'exigence philosophique d'une évidence apodictique et première en soi », p. 12–14.

[78] *CRD*, Introduction, A, IX, p. 153.

[79] *CRD*, Introduction, A, IX, p. 153.

[80] A. Gorz rappelle les « descriptions inoubliables » de la *CRD* pour soutenir l'idée selon laquelle « le tissu de la *Critique* reste [...] phénoménologique » (A. Gorz, « Sartre ou de la conscience à la *praxis* », *op.cit.*, p. 211).

[81] *CRD*, Introduction, B, p. 160.

2 Le sens de l'expérience critique.

l'exposé philosophique. C'est ce que l'on peut voir en analysant le mouvement qui anime les différents développements de la *Critique de la Raison dialectique* : chaque moment ou sous-moment dialectique s'ouvre sur un long travail descriptif (ou « phénoménologique ») – ce n'est qu'ensuite, dans un second temps, que Sartre dégage les catégories dialectiques immanente aux phénomènes décrits, pour enfin, dans un troisième temps, tenter de ressaisir ce qu'il appelle l'*intelligibilité* des phénomènes en question[82]. Il s'agit ainsi de réaliser une sorte de « variation eidétique », au cours de laquelle on dégage, à partir de la description phénoménologique, des caractères d'essences, qui ont une valeur universelle. Les exemples sont toujours choisis afin de mettre en lumière le plus facilement possible un certain nombre de relations formelles[83]. Ainsi les grandes descriptions de l'ouvrage (la scène de l'intellectuel en vacances observant des travailleurs, le déboisement des paysans chinois provoquant des inondations, la fuite de l'or espagnol, la file d'autobus, les auditeurs de radio, la Grande Peur de 1789, la prise de la Bastille, le serment du jeu de paume, l'équipe de rugby, la colonisation et la Guerre d'Algérie, le massacre de juin 1848, le match de boxe, etc.) sont les premiers moments indispensables de l'exposé dialectique : en s'efforçant de décrire avec la plus grande fidélité possible par rapport à l'apparaître et à la complexité de son déploiement, Sartre met en œuvre un véritable travail phénoménologique de description des choses mêmes, qui s'en tient au donné sans jamais préjuger *a priori* d'une certaine théorie.

C'est ce qu'on peut voir, par exemple, dans son analyse de l'objet social élémentaire qu'il appelle le « pratico-inerte »[84]. On a souvent voulu y voir la version sartrienne de l'esprit objectivé, c'est-à-dire d'un objet qui est le résultat d'une *praxis* et qui garde la marque ou la trace de cette activité, et n'a de force qu'en tant qu'il est réactivité ou repris par d'autres sujets. En réalité, la description sartrienne du pratico-inerte se tient, tout d'abord, en deçà d'une telle interprétation (qui suppose déjà une certaine conception du sujet et même une ontologie). Sartre décrit tout simplement une « chose » (ou un « x ») pourvue de certaines caractéristiques étonnantes qu'il cherche à rendre manifestes dans toute leur étrangeté. Il est vrai que le « pratico-inerte » se donne comme le résultat d'une *praxis* (c'est-à-dire d'une objectivation), mais il apparaît irréductible à la pure inertie : il se présente comme une passivité qui peut accueillir, préserver et redéployer une action particulière, c'est-à-dire « agir » à son tour – se situant donc par-delà l'opposition entre passivité et activité. Sartre multiplie les oxymores afin de mettre en évidence le caractère paradoxal du phénomène et son irréductibilité à nos catégories habituelles : celui-ci

---

[82] Chaque moment de l'exposé dialectique semble ainsi suivre la méthode qu'il trouve chez H. Lefebvre, et qu'il décrit dans *Question de méthodes* comme un triple déploiement : phénoménologique, analytico-régressif, et progressif (*QM*, II, note p. 51–52/p. 50–51).

[83] « Quand il s'agit de saisir des liens formels (par exemple, toute espèce de lien d'intériorité) entre les individus ou les groupes, d'étudier les différentes formes de multiplicités pratiques et les types d'interrelations dans ces multiplicités, le meilleur exemple est le plus clair, sans considération de date, parmi ceux que fournit la culture » (*CRD*, Introduction, B, p. 171).

[84] La catégorie du pratico-inerte apparaît et fait l'objet d'un traitement spécifique dans la Section « De la matière comme totalité totalisée et d'une première expérience de la nécessité » (*CRD*, Livre I, C, p. 234–360).

se révèle comme « synthèse passive », comme « moteur passif de l'Histoire »[85], comme « passivité active », etc. Dans sa fidélité absolue à l'apparaître, Sartre a même recours aux formulations anthropomorphiques ou animistes qui semblent appelées par le déploiement des phénomènes[86]. Ainsi, lorsqu'il décrit le processus enclenché par le déboisement des paysans chinois[87] ou la crise d'inflation à l'époque de Philippe II[88], il parle d' « exigence matérielle »[89] (exigence d'une machine, d'une usine, etc.), de « vie magique »[90], de « matière ensorcelée »[91], ou de « champ magique »[92]. Le « primitif » a donc, selon lui, *phénoménologiquement raison* de voir en une flèche ou une hache un être ambivalent doté d'une volonté quasi-humaine (à la fois bénéfique et hostile)[93]. Une telle perspective met en effet en lumière le fait que la matérialité se transforme en une « chose » agissante qui échappe au contrôle de son créateur, et qu'elle déploie à cette occasion un mouvement qui n'est ni celui de l'inertie matérielle ni celle de la *praxis* individuelle. Cette « chose » a sa logique ou sa rationalité propre, que Sartre cherche, dans ce premier temps descriptif, à rendre sensible dans son pur apparaître paradoxal, et cela au lieu de la refuser au nom d'une théorie de la projection qui présuppose qu'on peut la résorber dans la rationalité « subjective » d'un sujet transcendantal, d'une conscience constituante, ou de la *praxis* individuelle. Ce sera ensuite au second moment analytique de dégager cette rationalité ou logique, tout en gardant une fidélité absolue à l'apparaître (ainsi, Sartre la théorisera comme « *antidialectique* », « dialectique de la *passivité* », « pseudo-dialectique » ou « dialectique renversée »[94]).

Quel sens donner cependant à cette *intelligibilité* que Sartre invoque sans cesse tout au long de son ouvrage ? Il nous semble qu'elle doit se comprendre à partir du cadre épistémologique proposé par la phénoménologie. En effet, le rôle de la *praxis* individuelle a rarement été compris, et l'on a souvent considéré que Sartre cherchait à réduire l'ensemble des phénomènes complexes à de simples composés de la *praxis* individuelle. En réalité, la *praxis* individuelle ne joue pas un rôle ontologique (de

---

[85] *CRD*, Livre I, C, p. 234. Sartre n'utilise pas cette formule pour dire qu'il s'agit de l'élément passif de l'histoire, mais pour révéler cette forme de la matérialité comme une passivité agissante.

[86] C'est ce que déplore Lévi-Strauss : « l'analyse du pratico-inerte restaure tout bonnement le langage de l'animisme » (Cl. Lévi-Strauss, *La pensée sauvage*, *op. cit.*, chap. 9, p. 297). Alors que Sartre considère que le langage animiste constitue une description phénoménologique fidèle de cette entité inclassable dans nos propres catégories ontologiques qu'est le pratico-inerte, Cl. Lévi-Strauss affirme au contraire la nécessité de traiter ce langage comme document ethnographique, c'est-à-dire comme symptôme ou expression d'une autre réalité plus profonde que l'ethnologue doit découvrir.

[87] *CRD*, Livre I, C, p. 272–276.

[88] *CRD*, Livre I, C, p. 276–288.

[89] *CRD*, Livre I, C, p. 301.

[90] *CRD*, Livre I, C, p. 283.

[91] *CRD*, Livre I, C, p. 329.

[92] *CRD*, Livre I, C, p. 333.

[93] *CRD*, Livre I, C, note p. 293.

[94] *CRD*, Introduction, B, p. 181 et surtout note p. 181.

2 Le sens de l'expérience critique.

fondement des entités sociales), mais un rôle *épistémologique*, celui d'un modèle d'intelligibilité pleine et évidente, comparable à la donation « en chair et en os » de la phénoménologie husserlienne : « la *praxis* individuelle [est], sur un certain plan, transparente à elle-même et [...] elle fourni[t] par cette transparence même le modèle et les règles de l'intelligibilité plénière »[95]. Une telle intelligibilité plénière se révèle dans n'importe quelle *praxis* singulière en tant que l'individu saisit immédiatement le sens intentionnel de son action. Or cette saisie immédiate du sens de l'action se fait de manière dialectique[96]. La dialectique se révèle ainsi, comme le montre Sartre dans la Section A (« De la *praxis* individuelle comme totalisation ») à la fois comme le mouvement de l'organisme vivant, totalité toujours détotalisée, en tant que celui-ci s'approprie par sa *praxis* des éléments extérieurs pour se retotaliser, et comme la manière dont ce mouvement produit une certaine intelligibilité de lui-même. La dialectique est ainsi d'abord le mode d'intelligibilité de l'activité des êtres vivants, et donc *a fortiori* des humains. En effet, toute *praxis* est immédiatement et pleinement intelligible *en tant qu'elle est intentionnelle* (ce qui ne veut pas dire, en revanche, qu'une telle intelligibilité est suffisante pour expliquer l'action dans toutes ses dimensions). Cette donation pleine et évidente est ce que Sartre appelle plus spécifiquement la *compréhension*, à savoir « la saisie totalisante de chaque *praxis* en tant que celle-ci est intentionnellement produite par son ou par ses auteurs »[97].

Grâce à ce modèle d'intelligibilité pleine et entière, Sartre peut alors poser la question proprement critique : cette rationalité dialectique peut-elle valoir pour d'autres types de phénomènes que la seule activité des êtres vivants ? Peut-on fonder un usage légitime de la dialectique au-delà la *praxis* individuelle[98] ? Trois types de phénomènes sont au centre de son étude : la possibilité d'une rationalité dialectique de la nature (c'est-à-dire celle d'une dialectique de la nature), celle d'une rationalité dialectique des entités sociales (c'est-à-dire d'une ontologie sociale dialectique), et celle d'une rationalité dialectique de l'histoire humaine (c'est-à-dire d'une histoire universelle dialectique[99]). La question est de savoir si l'on peut

---

[95] *CRD*, Introduction, B, p. 176.

[96] « Notre expérience la plus quotidienne – qui est sûrement celle du travail – prise à son niveau le plus abstrait – celui de l'action de l'individu isolé – nous révèle immédiatement le caractère dialectique de l'action » (*CRD*, Livre I, A, p. 204).

[97] *CRD*, Introduction, B, p. 190. « Chaque fois qu'on peut rapporter une *praxis* à l'intention d'un organisme pratique ou d'un groupe – quand même cette intention resterait implicite ou obscure pour l'agent lui-même – il y a compréhension » (*CRD*, Introduction, B, p. 189-190).

[98] « Si quelque chose comme une Raison dialectique existe, elle se découvre – et se fonde – dans et par la *praxis* humaine, à des hommes situés dans une certaine société, à un certain moment de son développement. À partir de cette découverte, il faut établir les limites et la validité de l'évidence dialectique : la dialectique sera efficace comme méthode tant qu'elle demeurera *nécessaire* comme loi de l'intelligibilité et comme structure rationnelle de l'Être » (*CRD*, Introduction, A, IX, p. 151).

[99] Y a-t-il une intelligibilité de l'histoire humaine, c'est-à-dire une intelligibilité d'une totalisation sans totalisateur ? L'intelligibilité dialectique est-elle seulement liée à l'individu dans son activité, ou bien est-ce qu'elle s'étend à l'ensemble de l'histoire humaine ? Bref, est-ce que l'histoire est dialectique ?

trouver, dans ces entités non-intentionnelles irréductibles à une *praxis* individuelle ou même collective, une autre forme d'intelligibilité comparable au modèle de la compréhension donnée dans la *praxis* individuelle.

> L'expérience critique nous conduira à découvrir des actions sans agent, des productions sans producteur, des totalisations sans totalisateurs, des contre-finalités, des circularités infernales. Nous verrons aussi des multiplicités produire des actes et des pensées totalisées sans que les individus qui les composent se consultent, sans même qu'ils se connaissent. Dans tous ces cas – et dans beaucoup d'autres que nous découvrirons peu à peu – [...] l'intellection totalisante *doit être possible*[100].

C'est cette intellection « plus complexe » que Sartre tente de mettre au jour dans la *Critique de la Raison dialectique*[101]. Il ne s'agit donc nullement pour Sartre de *réduire* l'intelligibilité de ces entités complexes à un composé de la compréhension de la *praxis* intentionnelle, mais d'utiliser le mode de donation de l'évidence qu'on trouve dans la *praxis* intentionnelle comme modèle de donation à viser pour les entités non intentionnelles. L'intelligibilité de ces dernières ne sera pleine que lorsqu'on parviendra à construire une intelligibilité qui donne la chose même avec une évidence pleine (« en chair et en os ») identique à celle qui est donnée dans la *praxis* intentionnelle. La *compréhension* est donc une évidence immédiate qui se fonde elle-même, alors que l'intellection des entités non intentionnelles est une évidence fondée, c'est-à-dire qui ne se donne pas immédiatement, mais doit s'appuyer sur d'autres évidences (certes celle de la *praxis*, mais aussi d'autres réalités comme le « pratico-inerte », dont l'intelligibilité est irréductible à celle de la *praxis* intentionnelle). Ainsi Sartre peut-il affirmer que « le point de départ épistémologique doit toujours être la *conscience* comme certitude apodictique (de) soi et comme conscience *de* tel ou tel objet »[102], mais cela n'implique nullement une réduction de l'ensemble du social à la conscience ou même à la *praxis* intentionnelle. Le dernier moment de l'exposé dialectique d'une catégorie, qui consiste, comme nous l'avons vu, à retrouver l'intelligibilité de la catégorie dégagée par le second moment analytique : Sartre alors reprend l'ensemble des éléments étudiés et cherche à les exposer de manière à rendre manifeste la pleine intelligibilité du phénomène.

---

[100] *CRD*, Introduction, B, p. 190.

[101] L'intellection désigne ainsi pour Sartre le genre, dont la compréhension est une espèce : « je nomme *intellection* toutes les évidences temporalisantes et dialectiques en tant qu'elles doivent pouvoir totaliser *toutes* les réalités pratiques » (*CRD*, Introduction, B, p. 190).

[102] *CRD*, Introduction, B, p. 167.

2.2 Le mouvement dialectique de l'abstrait au concret. Une phénoménologie hégélienne de l'anthropologie marxiste.

> « Le concret est concret parce qu'il est la condensation de nombreuses déterminations, qu'il est donc unité de la diversité. Il apparaît donc dans la pensée comme le processus de condensation, comme résultat et non comme point de départ, quoiqu'il soit le point de départ effectif, et donc le point d'où partent l'intuition et la représentation »
> (K. Marx, « Introduction de 1857 », §3, p.48).

La référence au kantisme et à la phénoménologie husserlienne nous a permis de mieux comprendre le sens du projet critique. Mais pour préciser la manière dont se développe et se structure l'expérience critique elle-même, il faut nous tourner vers le rapport que Sartre établit avec les méthodes dialectiques hégélienne et marxiste. Le déploiement de l'expérience critique, c'est-à-dire celui qui assure le passage entre les différents moments de la *Critique de la Raison dialectique* reprend en effet un mouvement hégéliano-marxiste. Ce mouvement peut être vu sous une double perspective. Du point de vue de celui qui fait progressivement l'expérience critique, il apparaît comme un passage de l'immédiat (ou plutôt d'une immédiateté apparente ou d'un faux immédiat) au médiat, c'est-à-dire comme un mouvement de mise au jour des médiations implicites contenues par le point de départ. Mais du point de vue de l'ouvrage tout entier ainsi que de l'anthropologie structurelle et historique à constituer, ce mouvement se présente plutôt comme la construction progressive d'un savoir du concret, qui part des déterminations les plus générales et formelles, pour les enrichir au cours du développement avec des déterminations de plus en plus concrètes. Quelle que soit la perspective, le mouvement repose à chaque fois sur la présupposition selon laquelle tout est déjà contenu dès le départ dans le concret, et que le processus de connaissance consiste en une mise au jour progressive de ce que ce dernier contient implicitement, et cela jusqu'à ce qu'on parvienne à une saisie complète et rationnelle de ce concret, sans rien laisser de côté.

Le point de départ *épistémologique* de Sartre est dans l'individu concret. Mais il ne s'agit pas, comme le fait la phénoménologie, de s'en tenir à la « pure conscience formelle »[103], et de « questionner la conscience sur elle-même »[104]. Il s'agit de prendre l'individu concret tel qu'il est donné dans une société à un moment historique déterminé :

> L'objet qu'elle doit se donner est précisément *la vie*, c'est-à-dire l'être objectif du chercheur, dans le monde des autres, en tant que cet être se totalise depuis la naissance jusqu'à la mort[105].

Cet individu totalise en effet en lui, c'est-à-dire intègre et dépasse dans une certaine perspective, l'ensemble des déterminations non seulement synchroniques, mais également diachroniques de l'histoire humaine. Tel une monade leibnizienne, l'individu est, selon Sartre, un « universel singulier », qui totalise à partir d'une certaine

---
[103] *CRD*, Introduction, A, IX, p. 153.
[104] *CRD*, Introduction, B, p. 167.
[105] *CRD*, Introduction, B, p. 167.

perspective la société et l'ensemble du monde dans lequel il vit, et condense même toute l'histoire humaine. Comme le dit Sartre, « n'importe quelle vie humaine […] est l'expression directe et indirecte du tout (du mouvement totalisateur) et de toutes les vies »[106]. En effet, en tant qu'individu intégré à une Culture, « ma vie même est millénaire »[107], puisque la culture à un moment donnée intègre l'ensemble des développements qui ont eu lieu depuis le début de l'humanité. C'est la raison pour laquelle Sartre peut ainsi affirmer que « l'évolution diachronique est actuelle […] dans la totalisation synchronique »[108].

Cette totalité concrète n'est cependant pas immédiatement accessible au savoir : il est nécessaire de passer par un long cheminement pour mettre progressivement au jour toutes les médiations présentes dans l'individu.

> L'expérience critique partira de l'immédiat, c'est-à-dire de l'individu s'atteignant dans sa *praxis* abstraite, pour retrouver, à travers les conditionnements de plus en plus profonds, la totalité de ses liens pratiques avec les autres, par là même les structures des diverses multiplicités pratiques, et, à travers les contradictions et les luttes de celles-ci, le concret absolu : l'homme historique[109].

De ce point de vue, le développement ne consiste pas tant dans l'ajout successif de nouveaux contenus que dans le simple déploiement ou l'explicitation de la totalisation qu'est chaque individu. Plutôt qu'une avancée, l'exposé suit une logique archéologique qui, à partir d'un point fixe, ne cesse de creuser en profondeur pour mettre au jour des strates de plus en plus fondamentales. Sartre reprend à la fois le procédé de Hegel (dans la *Phénoménologie de l'Esprit*) et celui de Marx (exposé dans *L'introduction de 1857*[110] et mis en œuvre dans le *Capital*). En effet, dans la *Phénoménologie de l'Esprit*, le point de départ se situe dans l'objet concret donné immédiatement : pour pouvoir saisir cet objet dans sa totalité concrète, on ne peut se contenter de la « certitude sensible » (qui nous offre ce qu'il y a de plus abstrait, c'est-à-dire le fait qu'il *est*), mais il est nécessaire de dégager toutes les médiations – il en résulte que l'ensemble du parcours de l'ouvrage peut être compris comme une mise au jour des médiations nécessaires pour une saisie concrète de la réalité. De la même manière, *Le Capital* de Marx commence avec la « gigantesque collection de marchandises » donnée immédiatement comme la « richesse des sociétés dans lesquelles règne le mode de production capitaliste », et dont la « marchandise individuelle appara[ît] comme [l]a forme élémentaire »[111] : l'ensemble du déploiement de

---

[106] *CRD*, Introduction, B, p. 166.

[107] *CRD*, Introduction, B, p. 170.

[108] *CRD*, Introduction, B, p. 170.

[109] *CRD*, Introduction, B, p. 168. En note, Sartre précise alors ce qu'il entend par abstrait et les deux perspectives que l'on peut prendre sur l'individu : « Je prends "abstrait" ici, au sens d'*incomplet*. Du point de vue de sa réalité singulière l'individu n'est pas abstrait (on peut dire que c'est le concret même) mais *à condition* qu'on ait retrouvé les déterminations de plus en plus profondes qui le constituent dans son existence même comme agent historique et, en même temps, comme produit de l'histoire » (*CRD*, Introduction, B, note p. 168).

[110] K. Marx, « Introduction de 1857 », *Contrib.*, §3 « La méthode de l'économie politique, p. 47–55.

[111] K. Marx, *Le Capital*, Livre I, Section I, chap. 1, p. 39.

2   Le sens de l'expérience critique.   407

l'ouvrage consiste alors à montrer que pour comprendre telle marchandise dans toute sa concrétude, il est nécessaire de mettre au jour une série de médiations – ce qui conduit à dégager toutes les déterminations du mode de production capitaliste. C'est de cette méthode, présentée par Marx dans *L'introduction de 1857*, que se réclame explicitement Sartre.

Le déploiement de la *Critique de la Raison dialectique* consiste en effet à partir de l'individu concret et à dégager l'ensemble des déterminations et catégories essentielles d'une anthropologie, c'est-à-dire d'une connaissance de l'être humain. C'est la raison pour laquelle Sartre peut affirmer que

> Loin de supposer, comme ont fait certains philosophes, que nous ne sachions rien, nous devrions à la limite (mais c'est impossible) supposer que nous savons tout[112].

Ainsi, comme chez Hegel et chez Marx, le point de départ est dans un faux concret, qui est en réalité la détermination la plus abstraite : la *praxis* individuelle. En effet, comme l'écrit Sartre au début de la Section B,

> L'expérience immédiate donne l'être *le plus concret* mais elle le prend à son niveau le plus superficiel et reste elle-même dans l'abstrait[113].

Il s'agit en réalité du point de vue de la phénoménologie en tant que celle-ci thématise les structures universelles et formelles de l'expérience humaine. Or même réinscrites dans la matérialité du corps humain et comprises en termes de totalisation, ces analyses ne font que dégager ce qui est propre à tous les êtres humains de toutes les époques (et peut-être même à certains animaux). Ainsi, dès la Section A, Sartre montre la valeur des analyses phénoménologiques et existentielles, tout en insistant sur le caractère abstrait et formel de leur perspective et sur la nécessité d'y ajouter d'autres dimensions. Le « deuxième moment de la régression »[114] met également au jour une dimension de l'existence thématisée par la phénoménologie, à savoir les « relations humaines » (ou l'intersubjectivité). Cependant, ce que Sartre montre dans ce chapitre est que « l'étape abstraite de la relation humaine », est non seulement un moment nécessaire du déploiement des médiations, mais aussi un point de vue qui reste encore formel : surtout, il insiste sur le fait qu'il est impossible de construire un concept adéquat du social sur le seul fondement de l'intersubjectivité. Il faut donc lire cette Section comme une intégration de la phénoménologie intersubjective en même temps que l'affirmation de l'impossibilité d'élaborer une compréhension du social sur la base de la seule intersubjectivité. Dans les deux premières Sections du Livre I, Sartre condense ainsi l'ensemble des acquis de l'analyse phénoménologique et existentielle, et montre à la fois leur valeur et leur limite (si l'on s'en tient à leur perspective). Dans la suite du Livre I, Sartre peut alors déployer de nouvelles déterminations : il met ainsi d'abord en lumière les rapports entre l'être humain et le produit de son travail, c'est-à-dire le « pratico-inerte » (Section C) – faisant alors « l'expérience de la nécessité », c'est-à-dire du fait que l'individu est

---

[112] *CRD*, Introduction, B, p. 170.
[113] *CRD*, Livre I, B, p. 208.
[114] *CRD*, Livre I, B, p. 209.

traversé par des exigences objectives et des conditionnements par l'objectivité qu'il ne cesse de reprendre dans chacune de ses actions. Sartre peut ensuite montrer la manière dont certaines configurations matérielles pratico-inertes (qu'il appelle « collectifs ») constituent des médiations entres les êtres humains et leur imposent certaines exigences et caractéristiques (des « *exis* ») en les inscrivant dans des processus de subjectivation particuliers. Le Livre II procède de la même manière, par la mise au jour progressive de présuppositions. On voit d'abord surgir le « Groupe », nouvelle forme que peut prendre la *praxis* (comme *praxis* commune), en tant qu'elle peut produire une réorganisation de la matérialité, créer de nouvelles institutions en agissant sur lui-même et sur le monde : le groupe se révèle ainsi à l'origine des « collectifs » dégagés à la fin du Livre I. La fin du livre II conduit Sartre au « niveau du concret », c'est-à-dire à ce qu'il appelle dans le titre de la Section D « Le lieu de l'Histoire ». Ainsi l'ensemble du mouvement du Tome 1 de la *Critique de la Raison dialectique* se présente comme un mouvement « régressif » de mise au jour des médiations nécessaires pour atteindre le concret historique particulier contenu en tout individu singulier.

2.3 Expérience dialectique et écriture dialectique.

La *Critique de la Raison dialectique* a la réputation d'être illisible : ce « monument baroque »[115] serait écrit dans un style inutilement complexe, peu soigné et jargonnant, avec des paragraphes interminables (s'étendant parfois sur des dizaines de pages) – l'absence presque complète de subdivisions dans le corps du texte et même d'une table des matières utilisable ajoutant encore à la difficulté de la lecture[116]. Pourtant, si Sartre reconnaît volontiers certains des défauts stylistiques de la *Critique de la Raison dialectique*[117], il estime néanmoins que, même mieux écrite, « elle aurait quand même beaucoup ressemblé à ce qu'elle est »[118] et que « le livre ne pouvait pas être écrit autrement »[119]. Le mouvement dialectique de totalisation progressive du savoir, qui ne cesse d'intégrer les différents moments en les dépassant, pose en effet un problème important du point de vue de l'exposition. L'exposition philosophique doit se faire au moyen du langage, lequel est essentiellement *linéaire* : l'enchaînement des mots, des phrases, des pages produit un discours qui déploie de

---

[115] R. Aron, *Histoire et dialectique de la violence*, op. cit., p. 227.

[116] Certains de ces défauts ont été corrigés par l'édition de 1985 (établie par A. Elkaïm-Sartre) : elle introduit des subdivisions (la plupart des intertitres de l'ouvrage sont d'elle), crée des alinéas pour aérer le texte et le rendre bien plus lisible, et propose une table des matières digne de ce nom. On peut cependant regretter que les diverses interventions éditoriales ne soient pas explicitement indiquées comme telles.

[117] « D'abord, il faut être franc. Je pouvais certainement écrire mieux […] la *Critique de la raison dialectique*. Je veux dire par là que si je l'avais relue encore une fois, en coupant, en resserrant, elle n'aurait peut-être pas un aspect aussi compact » (« L'écrivain et sa langue », *SIX*, p. 75).

[118] « L'écrivain et sa langue », *SIX*, p. 75.

[119] « L'écrivain et sa langue », *SIX*, p. 78.

manière *successive* ce qui doit finalement se comprendre de manière *simultanée*. Comme l'explique G. Philippe dans l'un des rares textes qui se soient intéressés à la dimension stylistique de la *Critique de la Raison dialectique*[120], le défi qu'affronte Sartre est celui de réaliser une « délinéarisation » de la langue. Si le concret consiste en une totalisation synchronique et diachronique, il faut trouver un moyen pour que l'écriture philosophique permette au lecteur d'opérer en lui une totalisation et articulation hiérarchique (en reconstituant l'objet concret en lui), et cela à partir d'un exposé qui ne peut que se faire de manière successive. C'est à cette difficulté que vient répondre le *style* d'écriture de la *Critique de la Raison dialectique* – style dont l'originalité explique la difficulté de lecture de l'ouvrage et qui a ainsi suscité le découragement de nombreux lecteurs, mais dont le lien étroit avec le projet dialectique a été rarement perçu.

Sartre s'explique sur sa pratique d'écriture dans un certain nombre d'entretiens : il distingue généralement deux styles d'écriture antithétiques auxquels il a recours afin de réaliser cette « délinéarisation » du langage. Il y aurait d'une part un *style littéraire* qui résoudrait la difficulté par le procédé de la condensation : il s'agit de « dire trois ou quatre choses en une »[121]. Chaque phrase est volontairement écrite de manière à être équivoque, ou plurivoque : la complexité et les hiérarchies du concret sont alors rendues par l'ambiguïté sémantique, laquelle manifeste au lecteur la profondeur du réel[122]. Mais ce style, qui est omniprésent dans ses écrits littéraires (en particulier dans *Les mots*, chef-d'œuvre de ce style littéraire) et dans ses essais (d'où parfois le risque d'une lecture naïve, ou de premier degré, de certaines de ses formules), est, selon Sartre, impropre à l'écriture philosophique : « en philosophie, chaque phrase ne doit avoir qu'un sens »[123]. La philosophie doit refuser la tentation littéraire de la condensation et de l'ambiguïté, et accepter une certaine linéarité de l'écriture. Si elle parvient toutefois à réaliser une « délinéarisation » du langage, c'est par un tout autre procédé, à savoir l'invention d'une *écriture dialectique*.

La complexité des phrases et des paragraphes de la *Critique de la Raison dialectique* ne trouve donc pas sa source dans le caractère négligé de l'écriture de Sartre, mais est au contraire le résultat d'une réflexion sur le mode d'exposition le plus adéquat à la philosophie et en particulier quand celle-ci se veut dialectique. Sartre

---

[120] G. Philippe, « La nostalgie du style ? Réflexions sur l'écriture philosophique de Jean-Paul Sartre », *Rue Descartes*, n°47, 2005/1, p. 45–54.

[121] « Autoportrait à soixante-dix ans », *SX*, p. 137 :

[122] « Il y a la phrase simple, avec son sens immédiat, et puis, dessous, simultanément, des sens différents qui s'ordonnent en profondeur. [...] Ce qui distingue la littérature de la communication scientifique, par exemple, c'est qu'elle n'est pas univoque ; l'artiste du langage est celui qui dispose les mots de telle manière que, selon l'éclairage qu'il ménage sur eux, le poids qu'il leur donne, ils signifient une chose, et une autre, et encore une autre, chaque fois à des niveaux différents » (« Autoportrait à soixante-dix ans », *SX*, p. 137).

[123] « Autoportrait à soixante-dix ans », *SX*, p. 137–138. Il se fait même le reproche d'avoir cédé par moments à la tentation littéraire dans *L'Être et le Néant* : « J'utilisais, par erreur – comme d'ailleurs la plupart des philosophes l'ont fait – des phrases d'ordre littéraire pour un texte dont le langage aurait dû être exclusivement technique, c'est-à-dire dont les mots auraient dû avoir un sens univoque » (*ibid.*, p. 139). *Cf.* aussi « L'écrivain et sa langue », *SIX*, p. 56.

estime ainsi que la *Critique de la Raison dialectique* a été écrite avec rigueur : il ne s'est permis aucune facilité en ayant recours au style littéraire[124]. Comme le dit Sartre, « au fond chaque phrase n'est si longue, n'est si pleine de parenthèses, d'entre guillemets, de "en tant que", etc., que parce que chaque phrase représente l'unité d'un mouvement dialectique »[125]. Le déroulement de chaque phrase doit ainsi suivre un mouvement proprement dialectique. C'est ce que montre Sartre en expliquant ce qu'est la pensée dialectique au moyen précisément d'une phrase dialectique :

> Une pensée dialectique c'est d'abord, dans un même mouvement, l'examen d'une réalité en tant qu'elle fait partie d'un tout, en tant qu'elle nie ce tout, en tant que ce tout la comprend, la conditionne et la nie ; en tant que, par conséquent, elle est à la fois positive et négative par rapport au tout, en tant que son mouvement doit être un mouvement destructif et conservateur par rapport au tout ; en tant qu'elle a des rapports avec chacune des parties de l'ensemble du tout et comprend le tout en elle-même ; en tant que l'ensemble de ces parties, ou la somme de ces parties, à un moment donné, nie – en tant que chacune contient le tout – la partie que nous considérons, en tant que cette partie les nie, en tant que la somme des parties redevenant l'ensemble, devient l'ensemble des parties liées, c'est-à-dire le tout moins celle-ci, combattant contre celle-ci, en tant enfin que l'ensemble de tout cela donne, considéré chaque fois en positif et en négatif, un mouvement qui va vers une restructuration du tout[126].

Le point final d'une phrase signale au lecteur la possibilité et même la nécessité de totaliser le sens de ce qui vient d'être énoncé : Sartre refuse donc de clore sa phrase tant que le sens total de ce qu'il veut dire n'a pas été énoncé. La longueur de la phrase inscrit donc dans l'énoncé l'exigence pour le lecteur de maintenir immédiatement présent à son esprit l'ensemble des significations, et de les modifier ou réajuster à mesure que de nouvelles significations apparaissent dans le déroulement de la phrase. Ce n'est en effet que dans le tout de la phrase (et du mouvement dialectique totalisant) que chaque membre de la phrase prend son sens véritable. C'est la raison pour laquelle, bien que chaque phrase contienne des propositions qu'on peut caractériser comme *analytiques*, ces dernières perdent toute valeur de vérité si on les abstrait du mouvement d'ensemble dont elles font partie : la phrase *dialectique* articule donc un ensemble d'énoncés analytiques pour leur donner leur vérité, laquelle n'existe que dans le mouvement de totalisation qui leur assigne leur sens dans la totalité. En effet, comme le précise Sartre, la « dialectique n'est pas le contraire de l'analyse ; la dialectique est le contrôle de l'analyse au nom d'une totalité »[127]. Il faut donc lire chaque phrase comme un mouvement dialectique où chaque proposition analytique s'insère dans le tout. G. Philippe qualifie ainsi le style

---

[124] « L'écrivain et sa langue », *SIX*, p. 56.

[125] « L'écrivain et sa langue », *SIX*, p. 75.

[126] « L'écrivain et sa langue », *SIX*, p. 76.

[127] « L'écrivain et sa langue », *SIX*, p. 76. Telle serait la réponse sartrienne à l'une des critiques que formule Lévi-Strauss à l'encontre de Sartre : « l'ouvrage intitulé *Critique de la Raison dialectique* est le résultat de l'exercice, par l'auteur, de sa propre raison analytique : il définit, distingue, classe, et oppose » (*La pensée sauvage*, chap. 9, p. 293).

philosophique de Sartre d' « ultracohésif »[128], c'est-à-dire comme manifestant une unité et une interdépendance maximale entre les différents éléments du tout. Ainsi, ce que le style littéraire condense en une phrase simple et plurivoque qui rend la complexité du réel sous la forme de la profondeur ambiguë, le style dialectique le déploie dans une phrase dialectique dont chaque énoncé analytique est univoque, mais dont le sens total manifeste la complexité du réel en mettant en lumière toute la hiérarchie des médiations et des articulations. Ainsi à la « totalité encore immédiate » que présente la prose littéraire, Sartre oppose la totalité complexe mais non ambiguë de la prose dialectique[129].

La phrase n'est cependant que la première unité ou totalité du discours dialectique : les phrases elles-mêmes s'articulent entre elles de manière dialectique et n'ont, à leur tour, de vérité que réinscrites dans la totalité dont elles ne sont qu'un moment. C'est ce qui justifie, selon Sartre, la longueur variable des paragraphes de la *Critique de la Raison dialectique* (allant d'une ligne à des dizaines de pages) : il s'agit de constituer un ensemble de phrases en une unité pertinente au niveau du sens. Comme le dit Sartre, en philosophie « c'est l'amas de phrases techniques qui arrive à créer le sens total qui, lui, est un sens à plusieurs étages »[130]. Dans son analyse stylistique, G. Philippe s'intéresse notamment au début des paragraphes et à l'usage des connecteurs logiques, afin de montrer que, selon lui, le discours de Sartre « se déploie plus qu'il n'avance » et que « tourner les pages n'implique pas nécessairement que le discours avance »[131] – ce qui vient confirmer ce que nous avons établi au niveau de la conception que Sartre se fait du déploiement dialectique en général. La logique du texte sartrien consiste, non pas à passer d'un thème ou sujet à un autre, mais à révéler progressivement la complexité d'une réalité concrète.

L'ensemble de la *Critique de la Raison dialectique* est construit, à tous les niveaux, selon ce procédé d'écriture. Les paragraphes s'intègrent ainsi à leur tour dans la totalisation de niveau supérieur que sont les différents moments du développement dialectique d'une catégorie ; lesquels s'insèrent à leur tour dans les Sections, les Livres, enfin dans l'ouvrage tout entier (du moins en théorie, puisque l'ouvrage est inachevé : nous ne disposons pas de la totalisation dernière). Chaque nouvelle totalisation rétroagit ensuite sur toutes les totalisations de rang inférieur, ce qui peut conduire à de nouvelles modifications du sens des énoncés : la vérité de chaque énoncé ne peut apparaître que dans le tout. En effet, « le sens complet [...] lui, peut et doit être pluriel au niveau de l'ouvrage complet »[132]. La difficulté de lecture que présente d'ouvrage est donc d'abord celle du processus de connaissance dialectique,

---

[128] G. Philippe, art. cit., p. 48.

[129] « Le sens de la philosophie [...], c'est de rejoindre le plus possible par approximation notionnelle le niveau d'universel concret qui nous est donné dans la prose. En effet, la prose écrite, littéraire me paraît la totalité encore immédiate, encore non consciente de soi, et la philosophie devrait être suscitée par la volonté de prise de conscience de cela en n'ayant à sa disposition que des notions » (« L'écrivain et sa langue », *SIX*, p. 67).

[130] « Autoportrait à soixante-dix ans », *SX*, p. 139.

[131] G. Philippe, art. cit., p. 50–51.

[132] « Autoportrait à soixante-dix ans », *SX*, p. 138.

lequel implique de garder en permanence une saisie du tout dans sa complexité : il faut en effet être en mesure de réajuster en permanence le sens de la partie en fonction de tout, et le sens du tout en fonction des parties.

La *Critique de la Raison dialectique* exige donc de son lecteur qu'il transforme ses habitudes de lecture. Apprendre à lire la *Critique de la Raison dialectique*, ce n'est pas seulement prendre connaissance de ce que Sartre pense de la dialectique, mais surtout faire l'expérience du déploiement dialectique d'une pensée et donc apprendre à penser dialectiquement. L'un des soucis de Sartre, dans cet ouvrage, est en effet d'intégrer la dialectique subjective de la lecture et de l'apprentissage au déploiement même du texte – et cela à rebours de ce qu'il considère comme l'un des principaux défauts des livres de philosophies, à savoir le fait qu' « on ne fait pas entrer dans le livre le temps qu'on a mis à le comprendre et à le déchiffrer »[133]. En parlant notamment de la *Critique de la Raison dialectique*, il dit ainsi :

> Maintenant je considère [...] que les œuvres philosophiques que j'ai écrites comprennent la notion de temporalité, non pas seulement comme la nécessité que chacun peut avoir de lire l'œuvre en commençant par le début ou la fin, ce qui est une dépense de temps, mais en ce que le temps mis pour l'exposer et pour en discuter fait partie de la philosophie elle-même. Elle la détermine[134].

L'organisation de l'exposé de Sartre tente donc de prendre en compte la dimension subjective d'appropriation de l'œuvre par le lecteur et structure le rythme propre de lecture du texte. La longueur des unités de sens dans la *Critique de la Raison dialectique* peut alors être mise en relation avec la conception phénoménologique du temps. Dans ses *Leçons pour une phénoménologie de la conscience intime du temps*, Husserl montre en effet que la temporalité originaire n'est pas une pure succession d'instants, mais un processus dialectique au cours duquel les impressions immédiates sont retenues et intégrées avec l'impression immédiate suivante de manière à former un tout qui se réorganise à chaque fois qu'une nouvelle impression est intégrée[135]. La phrase dialectique de Sartre dans la *Critique de la Raison dialectique* suit ce même mouvement : le point de départ est généralement le rappel d'une proposition antérieure ou une affirmation très générale ; ce point de départ doit être *retenu* pendant toute la lecture de la phrase ; au cours de cette phrase, il subit cependant des modifications, au fur et à mesure que Sartre ajoute des précisions, des déterminations nouvelles, voire même des dimensions qui semblent contredire l'affirmation de départ ; le lecteur doit alors retenir à la fois l'affirmation de départ et ses modifications, pour parvenir en fin de phrase à saisir la totalité de sens, c'est-à-dire à constituer le sens en une totalité complexe. La longueur des périodes tient ainsi souvent à la volonté, en début de phrase, de récapituler

---

[133] « Entretiens avec Jean-Paul Sartre », S. de Beauvoir, *La cérémonie des adieux*, Paris, Gallimard, 1987 [1re éd. 1981], p. 293.
[134] « Entretiens avec Jean-Paul Sartre », *op. cit.*, p. 293–294.
[135] E. Husserl, *LPCIT*, Section II, §10–13, p. 41–50.

l'ensemble des éléments qu'il faut avoir à l'esprit afin de pleinement comprendre l'affirmation nouvelle que Sartre introduit généralement à la toute fin de la phrase.

C'est ce qui permet d'éclairer la méthode de définition employée par Sartre et qui a dérouté de nombreux lecteurs (ou bien qui leur a permis de prélever, hors de son contexte, une formule du texte de Sartre pour étayer leur propos). Contrairement au régime d'exposition « scientifique » qui fonctionne par « concepts », lesquels ont « une définition en extériorité et qui, en même temps, est atemporelle »[136], Sartre a recours presque uniquement à ce qu'il désigne comme des *notions* :

> Une notion, selon moi, est une définition en intériorité, et qui comprend en elle-même non seulement le temps que suppose l'objet dont il y a notion, mais aussi son propre temps de connaissance. Autrement dit, c'est une pensée qui introduit le temps en elle[137].

Les définitions que Sartre propose donc tout au long de l'ouvrage sont toujours à prendre comme provisoires et comme des étapes de l'exposition, et doivent toujours être replacées dans la perspective du tout. Comme le dit Sartre dans un entretien, le but de la philosophie « est donc de forger des notions qui s'alourdissent profondément, progressivement »[138] jusqu'à approcher le tout concret, que la prose littéraire ne peut que *présenter*, et que les concepts scientifiques ne peuvent que *saisir abstraitement* (c'est-à-dire partiellement). En dépassant ces deux perspectives partielles (synthétiques et analytiques), la philosophie vise sans cesse le tout concret qu'elle cherche à atteindre au moyen de concepts dialectisés et peu à peu transformés en notions. C'est vers ces notions qu'il nous faut désormais nous tourner : cela nous permettra dans notre dernier temps de dégager les résultats effectifs de l'entreprise critique de Sartre.

3 LES NOTIONS FONDAMENTALES DE LA *CRITIQUE DE LA RAISON DIALECTIQUE* ENTRE PHÉNOMÉNOLOGIE ET MARXISME.

La *Critique de la Raison dialectique* se présente comme la réalisation la plus aboutie de l'entreprise théorique dont nous avons suivi le cheminement depuis la fin de la guerre. On y trouve la tentative la plus ambitieuse d'articulation des traditions phénoménologique (par la médiation de l'existentialisme) et marxiste, dans un vaste projet théorético-pratique de mise au jour d'une conceptualité commune aux domaines philosophiques, politiques et scientifiques. Maintenant que nous avons dégagé le sens du projet critique et la méthode dialectique déployée par Sartre, nous nous proposons, dans ce dernier moment du chapitre, d'examiner quelques-uns des temps forts de l'exposé sartrien pour voir comment s'y articulent la phénoménologie et le marxisme.

---

[136] « Sur *L'idiot de la famille* », *SX*, p. 95.

[137] « Sur *L'idiot de la famille* », *SX*, p. 95.

[138] « L'écrivain et sa langue », *SIX*, p. 67.

3.1 Refondation de la corrélation phénoménologique : **praxis individuelle et champ pratique.**

> « Peut-être faut-il tenir cette volonté de transcender les oppositions de l'extériorité et de l'intériorité, de la multiplicité et de l'unité, de l'analyse et de la synthèse, de la nature et de l'antiphysis, pour l'apport *théorique* le plus profond du marxisme »
> (Sartre, *Questions de méthode*, III, note p. 82/p. 73).

Nous avons indiqué que certains lecteurs (comme Aron ou Bourdieu) prétendent que la *Critique de la Raison dialectique* consiste en une reformulation de *L'Être et le Néant* avec une conceptualité faussement marxiste et dialectique[139]. Pour cela, ils s'appuient notamment sur le début de l'ouvrage, la Section A « De la *praxis* individuelle comme totalisation », dans laquelle Sartre semble bien reprendre l'ensemble des concepts et thèmes de l'analyse phénoménologique et existentielle (« transcendance », « existence », « négativité », « champ », « ustensilité », etc.) pour caractériser ce qu'il appelle la *praxis* individuelle[140]. Mais loin d'un simple habillage nouveau, l'entreprise de Sartre est en réalité une transformation « dialectique » profonde de sa pensée. L'enjeu est pour lui d'établir la validité *relative* des concepts phénoménologiques et existentiels : si ces derniers saisissent bien quelque chose de la réalité qu'ils visent, ils n'en saisissent qu'une partie, et restent donc *abstraits* tant qu'ils ne sont pas réinscrits dans la totalité dont ils ne sont qu'un moment. En outre, on oublie trop souvent que la Section A ne constitue que le *premier moment* de l'exposé de Sartre : la notion de *praxis* individuelle, qui y fait sa première apparition, reçoit sa caractérisation la plus abstraite. Partant, pour comprendre pleinement le sens que Sartre donne à cette notion, il faut accomplir et totaliser l'ensemble du mouvement de la *Critique de la Raison dialectique* – puisque la notion ne cesse de s'enrichir tout au long de l'ouvrage, et que c'est même sur elle que s'achève le manuscrit publié du Tome 2[141].

---

[139] Ainsi Aron caractérise-t-il la *praxis* individuelle comme une « version légèrement marxisée du pour-soi sartrien » (R. Aron, *op. cit.*, p. 36). Pour sa part Bourdieu estime qu' « au terme de l'immense roman imaginaire [...] la conscience et la chose sont aussi irrémédiablement séparées qu'au commencement, sans que rien qui ressemble à une institution ou un agent socialement constitué [...] ait pu jamais être constaté ou construit ; les apparences d'un discours dialectique ne peuvent masquer l'oscillation indéfinie entre l'en-soi et le pour-soi » (*Le sens pratique*, *op. cit.*, p. 76 et *Esquisse d'une théorie des émotions*, *op. cit.*, p. 269–270).

[140] Merleau-Ponty semble aller dans le sens de cette interprétation dans une note de travail du 1er juin 1960 (c'est-à-dire quelques semaines après la publication de la *CRD*), dans laquelle il estime que la « philosophie de l'histoire » de Sartre « est finalement une philosophie de la "*praxis* individuelle" » (*VI*, Notes de travail, p. 312). Dans une note de travail de mars 1961, son appréciation de l'entreprise sartrienne apparaît toutefois différente, en ceci qu'il rapproche les concepts de la *CRD* de sa propre ontologie : « Matière-ouvrée-hommes = *chiasme* » (*VI*, Notes de travail, p. 328).

[141] A. Elkaïm-Sartre, éditrice du Tome 2, a divisé l'ouvrage en trois grands sections, dont la dernière s'intitule « Singularité de la *praxis* : éclatement du cycle organique et avènement de l'Histoire » (*CRD2*, Livre III, C, p. 349–403) – passage qui constitue un retour (dialectique) au point de départ du Tome 1. Sur ce mouvement dialectique « circulaire », voir notamment J. Simont, « La *Critique de la Raison dialectique* : du besoin au besoin, circulairement », dans M. Contat (dir.), *Sartre*, Paris, Bayard, 2005, p. 195–210.

En réalité, il est possible de suivre tout au long de l'ouvrage la manière dont Sartre reprend et intègre, dans un cadre théorique qu'il estime plus totalisant, la corrélation phénoménologique – corrélation que Sartre appelle, en inversant l'ordre classique des deux versants, « l'indissoluble couple "matière-entreprise humaine" »[142]. En effet, à l'élaboration progressive de la notion de *praxis* individuelle (qui définit le sens nouveau du versant « subjectif » de la corrélation), répond, sur le versant « objectif », l'élaboration de la notion de *matière*. Des deux côtés de la dite corrélation, il s'agit, à la suite de Marx, de dépasser les oppositions entre l'objectif et le subjectif, l'intérieur et l'extérieur[143] pour penser ce que Sartre appelle un « monisme de la matérialité »[144], qui intègre en les dépassant certains acquis des descriptions abstraites de la phénoménologie et de l'existentialisme.

3.1.1 Versant « subjectif ». De l'intentionnalité à la totalisation.

L'opération de Sartre sur le versant « subjectif » de la corrélation n'est pas seulement ni principalement une matérialisation de l'intentionnalité (comme pouvait l'être la tentative par Merleau-Ponty de mise au jour d'une intentionnalité corporelle[145]) mais surtout une *dialectisation de l'intentionnalité*. L'intentionnalité est caractérisée comme le « moment subjectif » d'un processus plus vaste, comme l'indique déjà Sartre dans *Questions de méthode* :

> La *praxis*, en effet, est un passage de l'objectif à l'objectif par l'intériorisation ; le projet comme dépassement subjectif de l'objectivité vers l'objectivité, tendu entre les conditions objectives du milieu et les structures objectives du champ des possibles, représente *en lui-même* l'unité mouvante de la subjectivité et de l'objectivité, ces déterminations cardinales de l'activité. Le subjectif apparaît alors comme un moment nécessaire du processus objectif[146].

L'intentionnalité comme moment de l'ouverture du « sujet » au monde (ou de « sortie » de soi) n'est qu'un moment abstrait d'un processus dialectique plus vaste qui part de l'objectivité (c'est-à-dire d'un individu déterminé dans des conditions sociales et historiques déterminées, avec l'ensemble des dispositions acquises, etc.) pour aboutir à l'objectivation, c'est-à-dire à une modification matérielle des conditions sociales et historiques. Cependant, pour passer d'un de ces « moments de l'objectivité » à l'autre, la médiation du subjectif s'avère indispensable : « *l'épreuve du vécu* » est en effet indissociable du mouvement consistant à « dépasser [l'épreuve du vécu] vers la possibilité d'une transformation objective »[147]. Les descriptions phénoménologiques et existentielles du « moment du subjectif » gardent donc toute leur valeur à condition qu'elles soient replacées dans le processus d'ensemble dont

---

[142] *CRD*, Livre I, C, p. 292.
[143] *Cf. QM*, III, note p. 82/p. 73.
[144] *CRD*, Livre I, C, p. 291.
[145] *Cf. supra*, Partie I, chap. 3.
[146] *QM*, III, p. 90–91/p. 80.
[147] *QM*, III, p. 91–92/p. 80–81.

elles ne saisissent qu'un aspect. Elles correspondent au moment de l'intériorisation de l'objectif (moment du rapport à soi ou d'immanence) et de l'extériorisation du subjectif (moment de la transcendance)[148]. Les analyses de Sartre affirment donc, d'une part, contre le réductionnisme et l'objectivisme marxiste, que la subjectivité constitue un moment impossible à dissoudre dans un mouvement purement objectif, et d'autre part, contre une phénoménologie qui s'en tiendrait à la seule analyse des vécus et de la conscience, que ces phénomènes ne prennent leur sens véritable que ressaisis dans le mouvement dialectique dont ils ne sont qu'un moment.

Ce décentrement relatif de l'intentionnalité est ce que Sartre met en lumière dès la Section A de la *Critique de la Raison dialectique*, en réinscrivant le moment subjectif (immanence et transcendance) dans le mouvement plus vaste de *l'organisme pratique* : la notion fondamentale n'est plus alors l'intentionnalité mais la *totalisation*. Cette dernière se présente, dans le premier moment de la dialectique (qu'on peut désigner comme « dialectique du besoin »), comme le mouvement par lequel un organisme pratique cherche se préserver en tant que tel. Un organisme pratique est en effet une synthèse toujours précaire de l'inorganique : son fonctionnement même se manifeste comme le mouvement simultané et contradictoire d'une totalisation qui réaffirme son intégrité tout en réalisant en même temps une détotalisation, qui le menace de désintégration. L'organisme doit donc en permanence se retotaliser et intégrer des éléments inorganiques nouveaux pour remplacer ceux qu'il élimine (« l'organique dépend dans son être, directement (oxygène) ou indirectement (nourritures), de l'être inorganisé »[149]). L'organisme est donc un être *dialectique* : il s'agit d'une *totalisation* qui contient en permanence une tension (ou *contradiction*) au sein de son être entre l'organique et l'inorganique – tension qui provoque d'une part une première forme de *négation* de la totalisation (le « manque »), et d'autre part la *négation de cette négation*, c'est-à-dire le *besoin* en tant que *projection* de l'organisme dans son milieu environnant pour y prélever les éléments nécessaires, qu'il intègre en lui dans une nouvelle *synthèse*, c'est-à-dire dans une *retotalisation*. Toutes les catégories fondamentales de la dialectique trouvent donc leur forme élémentaire, immédiatement accessible et intelligible, dans l'organisme pratique vivant.

L'expérience de l'organisme pratique permet également de fonder matériellement et dialectiquement les principales catégories phénoménologiques et existentielles. En effet, comme l'affirme Sartre dans *Questions de méthode*, le besoin « résume en lui toutes les structures existentielles » :

---

[148] Ainsi, dans une note de *QM*, Sartre précise-t-il que « la subjectivité n'est ni tout ni rien ; elle représente un moment du processus objectif (celui de l'intériorisation de l'extériorité) et ce moment s'élimine sans cesse pour renaître sans cesse à neuf ». Il s'agit d'un moment de ce qu'il appelle la « négativité dévoilante » et qui correspond à « ce que l'existentialisme nomme "conscience *de* l'objet" et "conscience non thétique (de) soi" » (*QM*, I, note p. 35–36/p. 39).
[149] *CRD*, Livre I, A, p. 195.

Dans son plein développement le besoin est transcendance et négativité (négation de la négation en tant qu'il se produit comme manque cherchant à se nier) donc *dépassement-vers* (pro-jet rudimentaire)[150].

Le manque organique est la forme rudimentaire du rapport à soi (ou ipséité), et le besoin « comme être-hors-de-soi-dans-le-monde d'un organisme pratique »[151] est la forme première de l'intentionnalité, de l'existence, ou de la transcendance en tant que toutes ces notions désignent la sortie de soi du « sujet » dans le monde. C'est cette dimension phénoménologique qu'il faut intégrer dans notre compréhension de la célèbre formule inaugurale de Sartre, « tout se découvre dans le *besoin* »[152]. C'est parce que tout organisme a besoin de se projeter sans cesse dans le monde pour y trouver les éléments organiques ou inorganiques afin de se retotaliser[153], qu'il y a de l'apparaître et un « monde » *pour* cet organisme. La « matérialité environnante » se présente en effet pour l'organisme comme « champ total des possibilités d'assouvissement »[154], comme « champ pratique »[155], ou encore comme « première forme de la Nature »[156]. Le premier moment de la dialectique (le moment du « besoin ») permet donc à Sartre de refonder la corrélation phénoménologique en la réinscrivant dans le mouvement de l'organisme pratique vivant : le rapport à soi (immanence) et le rapport au monde (transcendance) sont deux aspects du besoin organique en tant que celui-ci est l'effort d'un organisme pour surmonter ses contradictions internes et s'approprier l'extériorité. Ainsi Sartre s'efforce-t-il dans cette analyse de réintégrer l'ensemble des acquis de la phénoménologie husserlienne et merleau-pontyienne du monde de la vie et du corps vivant comme « moment subjectif » premier de la dialectique de l'organisme.

Mais il ne s'agit que du premier moment (« dévoilant » ou phénoménalisant) de ce processus. Le second moment correspond à l'action effective ou à la *praxis* de l'organisme en question dans le « champ » (ou monde) ainsi dévoilé. Si le premier moment consiste en une *subjectivation de l'objectif* (comme rapport à soi par son manque, comme rapport au monde par le dévoilement de celui-ci selon ses propres fins), le second moment est, à l'inverse, celui d'une *objectivation du subjectif* – que l'on peut désigner comme le moment de la *praxis* ou du travail. Pour agir dans le monde, l'organisme ne peut se servir que de ce qu'il a en partage avec ce monde extérieur, à savoir la matérialité inerte :

> L'homme du besoin est une totalité organique qui se fait perpétuellement son propre outil dans le milieu de l'extériorité. La totalité organique agit sur les corps inertes par l'intermédiaire du corps inerte qu'*elle est* et qu'elle *se fait être*[157].

---

[150] *QM*, Conclusion, note p. 155/p. 126.

[151] *QM*, Conclusion, p. 154/p. 126.

[152] *CRD*, Livre I, A, p. 194.

[153] En effet, le besoin est fondamentalement « dévoilement vécu d'un but à atteindre qui n'est autre, d'abord, que la restauration de l'organisme » (*CRD*, Livre I, A, p. 203).

[154] *CRD*, Livre I, A, p. 194.

[155] *CRD*, Livre I, A, p. 203.

[156] *CRD*, Livre I, A, p. 195.

[157] *CRD*, Livre I, A, p. 195–196. « Le moment capital du travail est celui où l'organisme se fait

Pour réaliser une objectivation de soi dans l'extériorité, l'organisme pratique se fait, selon Sartre, « homme-chose », c'est-à-dire individu qui intériorise pour agir l'ensemble des lois et exigences de la matérialité environnante. L'action n'est donc « libre » que dans la mesure où elle est toujours une intériorisation de la nécessité. C'est lors de ce second moment dialectique qu'apparaît la temporalité originaire, comme écart ou décalage entre l'état présent et l'état à venir de l'organisme (c'est-à-dire comme cyclicité organique de renouvellement)[158].

Ce qui apparaît sous une forme rudimentaire au niveau de la *praxis* individuelle de l'organisme pratique est ensuite prolongé et approfondi dans la suite de l'ouvrage lorsque Sartre aborde la manière dont la *praxis* intériorise les exigences du champ pratique. Cette intériorisation des exigences extérieures se présente, dans la Section C, comme une « expérience de la nécessité »[159]. Dans le livre II de la *Critique de la Raison dialectique*, Sartre s'intéresse alors au fait que la *praxis* intériorise les exigences pratiques du groupe en fusion, celles du groupe assermenté ou celles du groupe institué. Ainsi, à chaque niveau de son analyse, Sartre montre qu'il est impossible de concevoir la *praxis* comme autonomie : si son déploiement est toujours une expérience de la liberté (d'où l'impression ressentie par chacun que son action est sienne et émane de soi), celle-ci est indissociable d'une expérience de la nécessité au cours de laquelle on intériorise les exigences venant de l'extérieur.

Ainsi, dès l'organisme pratique nous sommes donc en présence de deux types d'entités irréductibles à l'objectif et le subjectif, à l'extérieur et à l'intérieur, au passif et à l'actif : d'une part le monde comme « champ pratique », c'est-à-dire comme « chose humaine », et d'autre part l'organisme pratique comme « homme-chose »[160]. Les catégories phénoménologiques et existentielles sont maintenues, mais seulement comme moment subjectif d'un processus dialectique de totalisation. Cette dernière notion devient alors la catégorie fondamentale par rapport à laquelle il faut penser l'ensemble de ce qui est : on passe donc du primat de l'intentionnalité au primat de la totalisation dialectique pour rendre compte de l'intelligibilité. La dialectique subjective de la conscience se révèle comme moment du mouvement dialectique qui la porte. L'erreur de la phénoménologie et de l'existentialisme n'est pas de révéler ce moment subjectif mais de l'absolutiser et d'en faire le fondement de l'ensemble de l'être. Comme le dit Sartre dans *Questions de méthode*,

> Nous ne mettons pas la prise de conscience à la source de l'action, nous y voyons un moment nécessaire de l'action elle-même : l'action se donne *en cours d'accomplissement* ses propres lumières[161].

---

inerte (l'homme *pèse* sur le levier, etc.) pour transformer l'inertie environnante » (*CRD*, Livre I, A, p. 203).

[158] *CRD*, Livre I, A, p. 196–197.

[159] *CRD*, Livre I, C « De la matière comme totalité totalisée, et d'une première expérience de la nécessité », p. 234–360.

[160] *CRD*, Livre I, A, p. 203.

[161] *QM*, I, note p. 34/p. 37.

3.1.2 Versant « objectif ». Matière sauvage, champ pratique et pratico-inerte.

L'un des enjeux importants de la tentative d'articulation du marxisme et de la phénoménologie est, nous l'avons souvent vu, de repenser le statut du versant « objectif » de la corrélation. Il s'agit, selon la formule de Marx dans la première des *Thèses sur Feuerbach*, d'intégrer le « subjectif » dans la conception de l'objet. La voie principale qui a été suivie pour répondre à cette exigence consiste à mobiliser la corrélation phénoménologique afin de mettre en lumière l'implication du sujet dans l'apparaître. L'objet est toujours nécessairement objet *pour un sujet* (c'est-à-dire est un élément dont la corrélation phénoménologique constitue le tout) : il est donc illusoire de tenter d'accéder à un objet « pur », en dehors de la corrélation. Mais le sujet ne conditionne pas seulement le fait que l'objet apparaisse, mais également son mode d'apparaître : celui-ci est en effet toujours corrélé à certaines dimensions du sujet (habitus, désirs, projets, etc.). Une telle synthèse se propose ainsi de contribuer au développement d'une théorie marxiste des idéologies en montrant le conditionnement social du mode d'apparaître du monde.

Sartre intègre l'ensemble de ces recherches dans la *Critique de la Raison dialectique*. Il affirme en effet, selon le principe de la corrélation phénoménologique, que l'être humain ne peut pas accéder à ce qu'il appelle la « matière sauvage »[162], c'est-à-dire une hypothétique matière « en soi » qui ne se donnerait précisément à personne[163]. L'Être se donne toujours dans un champ pratique, qui dépend de l'organisme pratique qui s'y projette pour se retotaliser et le fait apparaître selon ses fins. Concevoir par exemple la matière « en tant que pure matière inhumaine et inorganique » n'est pas, selon Sartre, accéder à un « *en soi* » : il s'agit seulement de la matière « au stade de la *praxis* où elle se découvre à l'expérimentation scientifique »[164]. La connaissance n'étant qu'un moment d'une pratique, elle ne peut prétendre être autre chose qu'une certaine manière de dévoiler pragmatiquement l'Être. Le monde ne peut jamais apparaître de manière neutre : il a toujours une dimension instrumentale, comme le rappelle Sartre en intégrant les analyses phénoménologiques de l'*Umwelt* (Von Uexküll, Heidegger, celles qu'il avait élaborées dans *L'Être et le Néant*, Merleau-Ponty, etc.)[165] C'est la raison pour laquelle toute connaissance est située, c'est-à-dire relative à la situation historique et sociale à partir de laquelle on dévoile le monde.

---

[162] *CRD*, Livre I, C, p. 292. Cette « matière sauvage » a, bien sûr, un tout autre sens que l' « être sauvage » (ou « brut ») que Merleau-Ponty explore à la même époque, et qui renvoie au contraire à la *Lebenswelt* comme « mélange du monde et de nous qui précède la réflexion » (*VI*, p. 138).

[163] « Où donc se trouve la *matière*, c'est-à-dire l'Être totalement pur de signification ? La réponse est simple : elle ne se présente *nulle part* dans l'expérience humaine. [...] La matière ne pourrait être matière que pour Dieu ou pour la pure matière, ce qui serait absurde. [...] S'il [l'homme] pouvait rencontrer la matière sauvage dans l'expérience, c'est qu'il serait un dieu ou un caillou » (*CRD*, Livre I, C, p. 290–292).

[164] *CRD*, Livre I, C, p. 234.

[165] *CRD*, Livre I, A, p. 194–197 et p. 200–205.

Mais si de telles analyses sont présentes dans la *Critique de la Raison dialectique*, l'originalité des recherches de Sartre est sans doute ailleurs[166]. L'originalité du dépassement de la conception objectiviste de l'objet tel que le mène Sartre dans la *Critique de la Raison dialectique* réside dans la mise au jour d'un mode de fonctionnement de l'objet « *pratico-inerte* » irréductible à celui tant de l'inertie que de la *praxis*. En travaillant son environnement matériel par sa *praxis*, l'être humain la transforme en *pratico-inerte* : il s'agit à la fois d'une forme originale de la matérialité qui présente certaines caractéristiques de la matérialité inerte, et d'une certaine capacité d' « action », qui fait qu'elle manifeste certaines des caractéristiques de la *praxis* (sans pour autant pouvoir y être réduite).

Ces analyses, que Sartre poursuit, comme nous l'avons vu, dans un strict respect de l'exigence phénoménologique de description des choses mêmes, lui permettent de dégager un sens marxiste de la matérialité. En effet, l'un des paradoxes de l'œuvre de Marx est que, bien que se réclamant du matérialisme, on y trouve en fin de compte très peu d'analyses de la matérialité et aucune définition explicite de ce qu'il entend par matière. Ainsi É. Balibar a-t-il pu parler à propos du marxisme de « matérialisme sans matière »[167]. L'un des enjeux de la *Critique de la Raison dialectique* semble être de doter le marxisme de la notion rigoureuse et cohérente de matérialité qui lui faisait défaut (manque que Sartre diagnostique déjà dans « Matérialisme et révolution »). Il s'agit pour Sartre de dégager la conception de la matérialité présente implicitement dans les textes de Marx, et cela contre la conception positiviste de la matière qui s'est imposée dans le marxisme. La matière ne se présente alors ni comme la pure inertie de la matière positiviste, ni comme un simple corrélatif objectif d'un sujet (comme l'affirme une certaine phénoménologie idéaliste), mais elle comporte une dimension subjective (ou plutôt active) tout en restant matérialité.

Il est possible de distinguer, dans la *Critique de la Raison dialectique*, trois modalités fondamentales de l' « action » de la matérialité. Le premier mode d'action spécifique du pratico-inerte correspond à ce que Sartre désigne comme la « matière ensorcelée »[168] : la matérialité intériorise l'action de l'ensemble des êtres humains qui s'y rapportent et la ré-extériorise d'une manière qui ne correspond aux intentions d'aucun des acteurs, et continue à agir de manière autonome comme s'il s'agissait de la *praxis* d'un organisme pratique. Comme l'écrit Sartre, « l'objet matériel [...] devient un être étrange et vivant, avec ses mœurs et son propre mouvement »[169]. Tout se passe en effet comme si le pratico-inerte était une totalité agissant de manière dialectique[170]. Toutefois, le caractère de « contre-finalité » ou

---

[166] De telles analyses ont en effet été proposées par un grand nombre d'auteurs depuis 1945, et elles étaient déjà, sous une certaine forme, présentes dans *L'Être et le Néant*.

[167] É. Balibar, *La philosophie de Marx*, Paris, La Découverte, 2014, p. 61.

[168] *CRD*, Livre I, C, p. 329.

[169] *CRD*, Livre I, C, p. 279.

[170] Ainsi Sartre parle-t-il d'un « champ magique de contre-finalité quasi dialectique où tout agit sur tout à distance, où le moindre fait nouveau introduit un bouleversement de l'ensemble *comme si* l'ensemble matériel était une totalité véritable » (*CRD*, Livre I, c, p. 333).

d' « antidialectique » de la matérialité ne provient pas de l'intersubjectivité (les autres volant et réinterprétant mon action), comme ce pouvait encore être le cas dans les *Cahiers pour une morale*[171], mais des caractéristiques propres de l'objet pratico-inerte. Dans le cas du déboisement des paysans chinois, c'est bien « une sorte de *disposition* de la matière (ici la structure géologique et hydrographique de la Chine) qui […] pré-esquisse » la contre-finalité (les inondations)[172], de la même manière que c'est la structure particulière du « marché » qui a pour effet de réguler les prix ou de provoquer des phénomènes d'inflation (et de déflation). Sartre définit en cela l'une des modalités de l'efficace de la matérialité, par laquelle cette matérialité se dote de certaines caractéristiques propres au versant « subjectif » de la corrélation – permettant ainsi de donner une intelligibilité tant aux catastrophes écologiques qu'aux crises financières.

De telles analyses cherchent à systématiser ce que Sartre a pu lire chez Merleau-Ponty, et en particulier dans *Humanisme et terreur*. Merleau-Ponty montre notamment la façon dont la *praxis* se retourne en son contraire et prend un sens objectif dans lequel l'agent doit se reconnaître sans pour autant pouvoir y retrouver son intention initiale. C'est sur ce point qu'insiste Sartre lorsqu'il récapitule l'expérience de la nécessité dans la Section C :

> L'expérience élémentaire de la nécessité est celle d'une puissance rétroactive qui ronge ma liberté depuis l'objectivité finale jusqu'à la décision originelle, et qui pourtant naît d'elle […]. En ce sens, c'est l'expérience de l'Autre non pas en tant qu'adversaire mais en tant que sa *praxis* dispersée me revient totalisée par la matière pour me transformer ; c'est l'expérience historique de la matière comme *praxis* sans auteur[173].

Mais il s'agit aussi pour Sartre de systématiser des analyses qu'il retrouve dans certains passages d'Engels et de Marx. En effet, l'analyse du déboisement des paysans chinois est une réécriture d'un passage de la *Dialectique de la nature* d'Engels[174], et, de manière plus générale, la matière ensorcelée renvoie aux analyses que fait Marx du phénomène de crise, que ce soit dans le *Manifeste du parti communiste* ou dans le livre III du *Capital*, lorsque les intentions subjectives des capitalistes se retournent dialectiquement contre eux.

Le second mode d'activité du pratico-inerte que met en lumière Sartre provient de la manière dont le pratico-inerte transmet ses « exigences » aux individus qui se rapportent à lui[175]. En effet, comme nous l'avons mentionné, pour agir, l'individu doit épouser les exigences de la matérialité, c'est-à-dire répondre aux impératifs de cette dernière. Ces exigences sont intériorisées par les individus et se transforment en *exis*, c'est-à-dire en disposition permanente de l'individu. Ainsi à l'origine de l'appartenance de classe, il y a, selon Sartre, des « synthèses passives de la

---

[171] *Cf. supra*, Partie II, chap. 6.

[172] *CRD*, Livre I, C, p. 272–276.

[173] *CRD*, Livre I, C, p. 335–336.

[174] F. Engels, « Le rôle du travail dans la transformation du singe en homme », *DN*, p. 180–181.

[175] Sur l'analyse des exigences de l'objet, voir notamment *CRD*, Livre I, C, p. 296–307.

matérialité »[176]. La notion de « synthèse passive » joue un rôle important dans l'exposé de Sartre. Celle-ci renvoie à l'activité synthétique (ou quasi-synthétique) que réalise la matérialité comme s'il s'agissait d'un agent humain. La notion provient de Husserl : Sartre évoque explicitement dans un entretien de 1965 « sa notion de *synthèse passive* » et estime qu'elle « est une notion extrêmement profonde »[177]. Bien qu'il ne précise pas davantage ce qu'il veut dire, on peut se référer à l'usage qu'il fait de cette notion dans la *Critique de la Raison dialectique*. Cette notion, qui prend une importance au moment où Husserl cherche à explorer davantage la phénoménologie génétique[178], renvoie à l'activité ambiguë qui doit s'effectuer pour que l'individu puisse percevoir un monde et des objets : il faut en effet qu'une série d'opérations ait lieu sans pour autant que ces opérations soient des activités de l'esprit – opérations qui semblent ainsi se caractériser par une sorte d'activité passive. Or si pour Husserl, il s'agit d'une activité réalisée par l'individu au sens large (ou en lui), pour Sartre, l'activité synthétique provient de la chose elle-même, de l'objet matériel en tant qu'il nous dicte des conduites ou des manières de nous représenter le monde.

Enfin, le troisième mode d'activité du pratico-inerte, que nous allons étudier plus précisément par la suite, consiste à unifier des individus dispersés. En effet, alors que les organismes pratiques constituent des entités qui totalisent le monde chacun de leur point de vue, la matérialité fait en sorte qu'ils appartiennent à un même monde. Le pratico-inerte en tant que « collectif » a donc un pouvoir de « totalisation » des *praxis*, et par là d'articulation de l'intersubjectivité. C'est ce que nous devons explorer plus précisément en abordant la question de l'ontologie sociale et de l'intersubjectivité.

3.2 L'ontologie sociale et la question de l'intentionnalité collective.

Le Tome 1 de la *Critique de la Raison dialectique* a pour titre « Théorie des ensembles pratiques » : il cherche à fonder l'intelligibilité dialectique des notions fondamentales de « l'anthropologie structurelle », c'est-à-dire d'une théorie générale du social qui soit également une « ontologie sociale » (dégageant l'être des réalités sociales). Sartre affronte le social en tant que tel, non pas pour le réduire à une conception préalable (phénoménologique ou marxiste), mais pour se laisser transformer par son objet.

La conception du social proposée par la *Critique de la Raison dialectique* vient répondre de manière originale aux difficultés des conceptions phénoménologiques et marxistes du social. Ces difficultés tiennent à un double présupposé : premièrement,

---

[176] *CRD*, Livre I, C, p. 340.

[177] « L'écrivain et sa langue », *SIX*, p. 70.

[178] Sartre connaît certainement cette notion par les *Méditations cartésiennes* (*cf.* notamment E. Husserl, *MC*, IV, §38 « Genèse active et passive », p. 65–67).

le social se caractérise par un mode d'être unique et homogène (qui apparaît à l'identique dans toutes les dimensions du social : famille, classe, mouvement social, État, etc.), et deuxièmement il trouve son fondement dans une relation à deux termes – relation binaire que peut prendre des formes très variées : individu à individu (relation intersubjective), sujet à objet (corrélation phénoménologique), individu à communauté, individu à structure matérielle, communauté à structure matérielle, etc. La *Critique de la Raison dialectique*, quant à elle, d'une part, propose une ontologie *pluraliste* des réalités sociales (le social peut prendre des formes ontologiques diverses et parfois antithétiques) et d'autre part met au jour le fait qu'elles se caractérisent par une *structure ternaire complexe*. Les trois éléments de cette structure ternaire (l'individu, la communauté, et la structure matérielle ou « résidence matérielle ») s'organisent entre eux de diverses manières et constituent des configurations sociales différentes, que Sartre classe en trois grands « types » (série, groupe, institution ou groupe institué). Ces trois grandes configurations sont toujours présentes (dans des proportions variables) dans toute société humaine et interagissent en permanence les unes avec les autres.

L'erreur de toutes les conceptions antérieures du social provient de leur perspective partielle : elles essaient à chaque fois d'engendrer le social à partir d'une relation entre seulement deux termes. Ainsi, le marxisme oscille entre deux conceptions de cette relation binaire fondamentale : tantôt il élabore un modèle *expressif* de l'existence sociale dans laquelle l'individu est l'expression soit de sa place dans les rapports de production (c'est-à-dire dans la structure matérielle) soit de la classe à laquelle il appartient (c'est-à-dire sa « communauté »), tantôt il penche vers une conception *agonistique* du social pour laquelle la relation binaire fondamentale se situe dans la lutte des classes, c'est-à-dire la relation entre deux « communautés » antagonistes. Ces modèles matérialistes, qu'ils soient holistes ou agonistiques, révèlent tous des caractéristiques fondamentales du social, et dans certaines circonstances correspondent parfaitement à sa configuration effective. Ils négligent néanmoins chacun bien des aspects et ne peuvent pas s'appliquer à toutes les configurations sociales. La phénoménologie, de son côté, oscille également entre deux grandes conceptions binaires du social. Elle opte ainsi parfois pour une relation binaire entre l'individu et la structure matérielle : que ce soit sous la forme d'une constitution de l'objet social, ou sous celle d'une institution, il s'agit toujours de mettre au jour une relation plus ou moins complexe, et plus ou moins réciproque, entre un « sujet » et son « objet ». Mais le plus souvent, la phénoménologie choisit de penser le social à partir de la relation binaire entre deux sujets : la relation intersubjective est alors posée comme forme élémentaire du social à partir de laquelle il est possible d'engendrer l'ensemble de ses configurations. Dans *Phénoménologie et sociologie*, B. Karsenti, V. Descombes et J. Benoist reviennent longuement sur cette illusion qui constitue, selon eux, l'une des impasses de la phénoménologie pour penser le social[179]. Les relations intersubjectives sont en effet toujours médiées ou déterminées par des relations sociales : il n'est pas possible de passer de l'intersubjectivité au social puisque la première présuppose déjà en réalité la seconde. La

---

[179] J. Benoist et B. Karsenti (dir.), *Phénoménologie et sociologie*, Paris, PUF, 2001.

difficulté propre de la phénoménologie face au social tient au fait que, bien que révélant certaines dimensions du social, elle ne semble pas pouvoir l'atteindre lui-même : ce dernier n'est pas pensable au moyen des catégories philosophiques dont il dispose (il n'est ni objet, ni sujet, ni composé de relations intersubjectives). Ce qui lui manque, comme l'a bien vu Merleau-Ponty, c'est donc une *ontologie sociale*.

Sartre critique le modèle intersubjectif du social dans la Section B du Livre I. En effet, il ne faut pas conclure du fait que le deuxième moment de l'exposition dialectique soit consacré aux « relations humaines » que Sartre conçoive le social à partir de l'intersubjectivité. Bien qu'il reprenne certains éléments des analyses de la socialité de *L'Être et le Néant* ou des *Cahiers pour une morale*, il n'est pas question de les intégrer sans une critique de la perspective abstraite dont ils sont issus. En effet, la conception du social vers laquelle tendait alors Sartre était celle d'après laquelle la relation intersubjective est intériorisée sous la figure de l'Autre, comme norme sociale du comportement (ou comme Tiers social ou symbolique). Ces analyses sont certes reprises et développées dans la *Critique de la Raison dialectique* (à titre de moment de l'exposition dialectique), mais Sartre montre aussi qu'elles ne suffisent pas pour comprendre le social dans son ensemble. S'il s'agit en effet d'une dimension indispensable du social, il ne s'agit pas du social lui-même : d'une part, elle ne parvient pas à montrer le fondement des hiérarchies (qui assurent l'intériorisation de l'Autre) et donc de la norme sociale, et d'autre part, le social manque de consistance et l'on ne parvient pas à comprendre sa permanence. Comme le dit Sartre :

> Ni le rapport de réciprocité ni le rapport ternaire [c'est-à-dire un rapport intersubjectif à trois termes] ne sont totalisants : ce sont des adhérences multiples entre les hommes et qui maintiennent une « société » à l'état colloïdal[180].

Il faut prendre l'image employée par Sartre au sérieux. Ces rapports intersubjectifs ne parviennent à créer du social qu'à l'état de « colle » : les individus s'agglutinent entre eux en permanence mais sans ordre ni structure. Il s'agit certes d'un élément indispensable au social[181], mais cela ne permet pas d'expliquer ce dernier : le social, c'est en effet d'abord des règles de structuration ou des normes qui ont une solidité. C'est précisément ce que met en scène l'exemple que développe Sartre au début de la Section B : une scène à trois entre deux travailleurs (un jardinier et un cantonnier) séparés par un mur (c'est-à-dire sans lien intersubjectif direct), et un intellectuel à sa fenêtre (observant les autres d'une position de « surplomb »). Sartre montre d'une part qu'il y a bien une nécessité de penser une relation sociale à la fois entre les travailleurs et entre ceux-ci et l'intellectuel, qui préexiste à leur possible rencontre intersubjective et qui la conditionne, et d'autre part que cette relation n'est pas l'œuvre d'un Tiers ou spectateur extérieur qui unifie artificiellement de l'extérieur (comme le postule un individualisme nominaliste). À la relation intersubjective

---

[180] *CRD*, Livre I, B, p. 223–224.
[181] *CRD*, Livre I, A, p. 208–210.

(qu'elle soit à deux ou à trois), Sartre montre qu'il est donc nécessaire d'ajouter un nouvel élément : le « milieu matériel » ou la « résidence matérielle »[182].

La conception du social réside peut-être tout entière dans l'explication de la formule qui constitue selon Sartre la « découverte capitale de l'expérience dialectique » : « l'homme est "médié" par les choses dans la mesure même où les choses sont "médiées" par l'homme »[183]. L'enjeu pour Sartre est d'intégrer et de dépasser l'ensemble des modèles du social disponibles : chacun contient une part de vérité, mais est faux en tant qu'il se pose comme unique paradigme du social. Pour Sartre, comme nous l'annoncions, la structure fondamentale du social est une articulation entre trois éléments. Le premier élément est ce qu'il appelle la « résidence matérielle »[184] ou le « milieu matériel ». Cet élément, qui est de l'ordre du pratico-inerte, donne au social sa dimension matérielle et objective, c'est-à-dire sa consistance, sa rigidité et sa permanence. Le second élément correspond à l'individu en tant que sujet agissant : ce dernier est en rapport à la fois avec la « résidence matérielle » (dont il intériorise les exigences) et avec un ensemble d'autres individus également en rapport avec cette même résidence matérielle. C'est ce qui nous amène au troisième élément : l'ensemble des autres individus qui se rapportent à la même résidence matérielle. Cet ensemble est d'une part conditionné dans sa structuration même par la résidence matérielle à laquelle tous se rapportent (de sorte que les rapports intersubjectifs, ou « réciproques », sont médiés par cette matérialité), mais peut d'autre part grâce à son action diffuse ou commune, susciter l'activité propre de cette résidence matérielle (en tant que cette action échappe à tous) ou bien transformer les structures de cette résidence matérielle (et ainsi se restructurer en tant que groupe par le moyen de son action sur la matérialité qui le conditionne). C'est à ce niveau qu'on voit l'équivalence dialectique que Sartre instaure entre le fait que les individus sont médiés par les choses et les choses par les individus.

Ces trois éléments du social se structurent alors dans une configuration ternaire au sein de laquelle l'un des éléments fait fonction de médiateur imposant ses caractéristiques propres à l'ensemble. Sartre dégage ainsi trois grands « types » de configuration du social. Dans le premier type de configuration, que Sartre appelle « sérialité », c'est la résidence matérielle qui fait office de médiateur et qui structure l'ensemble des rapports entre les éléments. L'élément matériel (que Sartre appelle « collectif ») domine en ceci que ce sont ses exigences qui s'imposent à chaque individu (dont la *praxis* est une simple ré-extériorisation d'exigences pratico-inertes intériorisées) et qui structurent les rapports intersubjectifs possibles au sein de la multiplicité des individus. Ces rapports intersubjectifs sont minimaux et se placent sous le régime de la séparation (ou de l'atomisation) : chacun suit individuellement

---

[182] C'est le ressort du passage dialectique de la Section B à la Section C (*CRD*, Livre I, B, p. 232–233).

[183] *CRD*, Livre I, A, p. 193.

[184] La formule apparaît pour la première fois dans le Section B (*CRD*, Livre I, B, p. 218), mais elle est analysée tout au long de la Section C. On pourra se reporter par exemple à l'analyse de la « Méditerranée » de Philippe II comme résidence matérielle rendant possible la fuite d'or et l'inflation (*CRD*, Livre I, C, p. 277–280).

les règles prescrites par le collectif et se trouve dans l'impuissance d'y déroger (sans se faire marginaliser, exclure ou éliminer). Le second type de configuration, qui correspond à ce que Sartre appelle le « groupe » (dont le « groupe en fusion » est le type pur), se présente comme une structuration ternaire tout à fait différente de celle de la sérialité. La fonction de médiateur revient non plus au collectif, mais à la multiplicité des individus. Il en résulte que les relations entre les individus ne sont plus médiées par la matérialité mais par tous les autres individus du groupe en tant qu'ils se rapportent immédiatement les uns aux autres. La *praxis* des individus singuliers continue certes à être la ré-extériorisation d'exigences intériorisées, mais ces dernières sont désormais celles du groupe comme ensemble pratique visant un certain nombre d'objectifs définis. La totalisation n'est plus l'œuvre de la résidence matérielle, mais celle de l'ensemble des individus en tant que chacun se fait tour à tour totalisateur du groupe. Dans le groupe, tout le monde est en effet médiateur : chacun étant à la fois extérieur au groupe (en tant qu'il le totalise) et intérieur (en tant qu'il se découvre totalisé par d'autres), le groupe apparaît à chacun comme un tout devant soi et dans lequel il ne cesse de s'inclure par la médiation des autres[185]. En outre, le groupe n'impose pas ses exigences aux individus seulement, mais également à la matérialité : le groupe constitue une entité sociale en mesure d'agir efficacement et de transformer la matérialité (en détruisant un collectif, en modifiant une disposition matérielle, en prenant place dans un autre collectif, en fondant de nouvelles institutions, etc.).

À ces deux premières configurations, Sartre en ajoute enfin une troisième, qu'il désigne comme le « groupe institué ». Une telle configuration se distingue, par sa structuration originale, à la fois du groupe en fusion et de la sérialité tout en empruntant certaines caractéristiques à l'un et à l'autre. L'élément qui occupe la fonction de médiateur est le groupe en tant que tout unifié à la manière d'un organisme. En effet, dans le groupe institué, la *praxis* de chaque individu n'est pas la ré-extériorisation d'une exigence s'adressant à la multiplicité des individus (comme dans la sérialité et dans le groupe), mais d'une exigence qui s'adresse spécifiquement à chaque individu : ce dernier se voit doté à la fois d'une fonction et d'une place dans le tout, et il incarne le tout (c'est-à-dire qu'il *est* le tout) en tant qu'il effectue la *praxis* exigée. C'est en ce sens qu'on peut dire que, dans cette nouvelle configuration, c'est l'individu qui joue finalement le rôle de médiateur : étant donné que l'idée d'hyperorganisme n'a pas de consistance, seul un organisme individuel peut incarner l'unité et la totalité que forme le groupe institué[186]. L'organisme individuel est médiateur à un double titre, aux deux pôles de la société. Il est tout d'abord ce qui, à travers la figure du Souverain, donne sa structure et son unité à la configuration institutionnelle ou bureaucratique : le groupe institutionnel cherche en effet à surmonter sa diversification fonctionnelle (et donc la sérialité qui le menace en permanence) en représentant

---

[185] Ces analyses reprennent et transforment des éléments qui avaient déjà été travaillés par Sartre dans les *Cahiers pour une morale*. *Cf. supra*, Partie II, chap. 6.

[186] Sartre développe en particulier ces analyses dans le Tome 2 de la *CRD*, lorsqu'il étudie la « totalisation d'enveloppement dans une société directoriale » (titre de la Section B), à travers le cas du phénomène bureaucratique dans l'URSS stalinienne.

son unité dans un Souverain (qui peut être un groupe d'individus, mais tend toujours à être le corps d'un individu singulier[187]). C'est donc par la médiation de l'organisme individuel du Souverain que le groupe institutionnel se rapporte à lui-même comme à un tout. Mais à l'autre pôle de la société, au niveau de l'activité effective, on voit que c'est l'individu singulier membre de l'institution qui, en tant qu'il agit conformément aux exigences de l'institution, se constitue en médiateur : lorsqu'il agit, c'est en effet l'institution elle-même qui agit. Ainsi *incarne*-t-il à son tour cette institution et se réalise en tant que dépositaire de l'autorité souveraine.

Ces trois grands types de configurations (série, groupe, institution) ne représentent pas seulement différents modes d'être du social, mais également des processus de subjectivation distincts. En effet, si Sartre a toujours refusé l'idée d'une nature humaine, la nouveauté de la *Critique de la Raison dialectique* par rapport à *L'Être et le Néant* tient au fait que le processus de subjectivation n'est pas conçu comme une entreprise individuelle (où un projet singulier se vit comme aventure en se confrontant au monde particulier dans lequel il existe), mais comme dépendant du type de structuration sociale dans lequel l'individu est pris. La première configuration produit ainsi *l'individu sériel*, c'est-à-dire l'individu dominé par l'Autre ou l'Altérité (sa *praxis* étant l'intériorisation des exigences de collectifs dans lesquels il s'insère) : chacun se rapportant à lui-même et aux autres en tant qu'Autre, personne n'est soi, et l'Autre est à la fois tout le monde et personne. L'individu est donc pris dans un processus de réification[188] et ce type de subjectivation correspond alors à l'expérience de l'aliénation. La seconde configuration, quant à elle, correspond à un tout autre processus de subjectivation : en s'intégrant dans un groupe, chacun se rapporte à soi-même et aux autres non pas comme Autres mais comme Mêmes. S'ils s'éprouvent comme interchangeables (et sont donc prêts à se sacrifier pour les autres, c'est-à-dire à mourir à leur place), ce n'est pas parce qu'ils sont identiques dans leur Altérité (et d'un point de vue extérieur), mais au contraire parce que l'autre est vu comme une extension de soi et comme un autre soi-même. Dans une telle subjectivation, chacun fait l'expérience la plus poussée de la liberté. Enfin, la troisième configuration révèle la subjectivité institutionnelle ou bureaucratique dans laquelle chacun s'éprouve comme dépositaire de l'autorité de l'institution dans ses actions. Dans cette subjectivation on fait l'expérience de l'autorité ou de la souveraineté.

Nous avons insisté sur le caractère d'idéaltype de chacune des grandes configurations du social. Sartre ne cesse de rappeler ce point méthodologique fondamental : la sérialité pure, le groupe en fusion pur ou la bureaucratie pure n'existent pas en

---

[187] Ainsi la personne singulière de Staline (présente elle-même dans chaque administration et même dans chaque foyer au moyen d'une représentation ou d'une figurine) réalise-t-elle l'unification de la bureaucratie soviétique morcelée par la parcellisation des tâches, et au-delà, de l'ensemble de la société soviétique (*cf.* CRD2, Livre III, B, p. 198–348).

[188] « Nous pouvons remarquer [...] sous cette forme élémentaire la nature de la réification : ce n'est pas une métamorphose de l'individu en chose comme on pourrait le croire trop souvent, c'est la nécessité qui s'impose au membre d'un groupe social, à travers les structures de la société, de vivre son appartenance au groupe et, à travers lui, à la société entière comme un statut moléculaire » (*CRD*, Livre I, C, p. 286).

tant que tels dans la réalité[189]. Ainsi, après avoir décrit le groupe en fusion, Sartre prend-il le soin de préciser :

> Bien entendu cette description théorique ne s'applique jamais entièrement : il n'est pas vrai que la liberté partout jaillissante et partout la même apprenne par tous à chacun, par chacun à tous le projet commun. Il y a des conflits dans la mesure même où la liquidation de la sérialité est un processus temporel qui se trouve *ici* en retard et *là* en avance ; […] En outre, nous avons supposé, pour la commodité, que les individus qui le composent sont *homogènes* […]. En fait, chacun vient au groupe avec un *passif* (c'est-à-dire avec un conditionnement complexe qui le singularise dans sa matérialité) ; et ce passif – dans lequel il faut faire entrer les déterminations biologiques comme les déterminations sociales – contribue à créer, en dehors même de la sérialité, une hystérésis qui peut susciter une *série* nouvelle. Pour ces raisons et pour d'autres encore, le schème théorique que nous avons indiqué ne s'applique pas à la réalité[190].

Les lecteurs ont pourtant souvent cherché à faire correspondre les différents moments de l'exposé dialectique avec des entités réelles historiques (l'enfer du pratico-inerte correspondant au capitalisme, le groupe en fusion à la Révolution, l'institution à la bureaucratisation, etc.), alors qu'il s'agit de l'exposé de catégories pures.

C'est ce qu'on voit notamment dans la dernière section du Livre II[191] « De l'expérience dialectique comme totalisation : le niveau du concret, le lieu de l'histoire ». Sartre montre que toute entité sociale concrète est en réalité toujours une articulation des trois statuts de la socialité, lesquels coexistent en permanence. Une « classe sociale » se compose, par exemple, à la fois d'individus sérialisés (c'est-à-dire identiques en tant qu'ils agissent selon la norme de l'Autre), d'institutions particulières (syndicats, partis, etc.) et de groupes (unités d'actions)[192]. Il explicite la complexité des interactions entre ces différents statuts à travers de longues analyses historiques de l'Algérie coloniale jusqu'à la guerre d'indépendance[193] et de la France de 1848[194]. Les « partisans de l'Algérie française » sont ainsi décrits par Sartre comme une entité sociale complexe articulant les trois statuts du social : cette entité est composée d'abord de la grande masse d'individus sérialisés qui sont définis par la résidence matérielle « Algérie coloniale » comme « pieds noirs » ou « européens » ; à cela s'ajoute l'ensemble des institutions organisant l'Algérie française (l'administration coloniale française, la police, l'armée, etc.) et les individus institutionnels

---

[189] C'est ce que manque tout à fait R. Aron et ce qui le conduit à critiquer l'analyse de Sartre comme étant « parfois simpliste en ses antinomies : car la vie des hommes en société se déroule inévitablement dans l'entre-deux de la série et du groupe, de l'aliénation et de la liberté » (R. Aron, art. cit., p. 171).

[190] *CRD*, Livre II, A, p. 503–504.

[191] Dans l'édition de 1960 (publiée par Sartre), il s'agit de la Section « D ». A. Elkaïm-Sartre la transforme en Section « B » dans l'édition de 1985.

[192] Sartre l'annonce dès l'Introduction : « Il nous apparaîtra peut-être alors que des réalités comme la classe, par exemple, n'ont pas un type d'être unique et homogène mais qu'elles sont et qu'elles se font sur tous les plans à la fois dans le sens d'une totalisation plus complexe que nous n'imaginions d'abord » (*CRD*, Introduction, B, p. 182).

[193] *CRD*, Livre II, D, p. 793–813.

[194] *CRD*, Livre II, D, p. 833–865.

qui sont définis par elles, et enfin un certain nombre de groupes « fusionnel » (les groupes terroristes qui placent des bombes, font des « ratonnades », etc.). Sartre montre que loin de former un ensemble cohérent, cette entité sociale complexe constitue un ensemble dynamique et mouvant dans lequel chaque configuration particulière s'appuie sur les autres et cherche à agir sur ces dernières pour les transformer. Les institutions, comme les groupes, prétendent représenter les individus sérialisés et agir en leur nom : mais pour justifier cela, il leur faut agir sur les individus sérialisés pour s'assurer que cette adhésion est effective. Aussi chacun cherche-t-il à utiliser à son profit l'action de l'autre. Les institutions peuvent pousser les groupes à agir à la fois pour réaliser certains de leurs objectifs officieux et pour se poser en tant que représentant responsable et digne de confiance. À l'inverse, les groupes cherchent en permanence à radicaliser les individus sérialisés, c'est-à-dire à les conduire soit à soutenir passivement l'action du groupe soit à entrer dans le groupe ; pour cela, ils tentent de déborder et radicaliser les institutions afin que celles-ci finissent par les appuyer. Les individus sérialisés quant à eux, en fonction des situations, penchent et appuient plutôt les groupes ou plutôt les institutions, dans la mesure où leur situation d'impuissance et de séparation fait qu'ils ne peuvent agir qu'au moyen de ces derniers. Une situation historique particulière est donc constituée de la dynamique de l'ensemble de ces éléments et de la forme toujours précaire que prend alors la structuration.

L'analyse du social se complexifie encore lorsque Sartre intègre une nouvelle détermination. Ces réalités sociales complexes sont en effet prises dans des affrontements avec d'autres réalités complexes : les partisans de l'Algérie française s'opposent aux partisans de l'indépendance, la classe bourgeoise s'oppose à la classe ouvrière, etc. Sartre atteint ainsi le niveau de complexité permettant de donner une intelligibilité pleine au phénomène de lutte des classes. Chaque classe « agit » sur elle-même (pour se mobiliser et s'unifier) et sur l'autre classe (pour produire une démobilisation et une désunification), en utilisant les différents statuts du social présents en elle et chez l'autre. En effet, les groupes et les institutions de chaque classe (seule part agissante d'une classe) cherchent d'une part à mobiliser les individus sérialisés de leur classe derrière eux (de sorte qu'une grande partie de la propagande diffusée consiste à accroître le danger et à manipuler les individus sérialisés pour les rallier), et d'autre part à agir sur les individus sérialisés de la classe opposées afin de les dissocier de leurs représentants agissants (groupes et institutions). Cette action peut se faire de plusieurs manières : par la destruction des groupes et institutions (action directe), par la radicalisation des groupes et institutions du parti adverse (provocation), ou encore par la transformation des individus sérialisés de sorte qu'ils ne se reconnaissent plus dans les groupes et institutions. Ainsi, pour Sartre, une grande part de la lutte des classes consiste en une forme d'ingénierie sociale au cours de laquelle l'enjeu est de transformer les conditions matérielles (la résidence matérielle ou les collectifs) des individus sérialisés, de manière à ce qu'ils se subjectivent d'une autre manière et ne soient plus représentés par leurs représentants (l'enjeu de la plupart des conflits est ainsi de montrer que ceux qui agissent ne représentent pas ceux au nom de qui ils agissent). L'action des groupes et institutions de chaque classe est donc double : ils agissent sur leur propre matérialité pour faire adhérer la série à leur action et sur la matérialité de l'autre classe pour désorganiser l'action de cette dernière.

Dans l'analyse du social qu'il propose dans la *Critique de la Raison dialectique*, Sartre cherche donc bien à dépasser le caractère limité de l'ensemble des analyses phénoménologiques et marxistes du social pour les intégrer dans un modèle plus englobant. Sartre espère qu'un tel cadre théorique peut permettre de mettre en lumière la complexité des phénomènes sociaux et leurs dynamiques, et cela de façon à donner une importance maximale à la matérialité sociale tout en préservant le rôle indispensable de la *praxis*.

3.3 Le sens de l'histoire.

L'anthropologie structurelle, dont le Tome 1 de la *Critique de la Raison dialectique* pose les fondements, devait d'après le projet initial de Sartre être dépassée et intégrée dans une anthropologie historique à même de ressaisir le mouvement progressif de totalisation qui est à l'œuvre dans l'histoire concrète. L'enjeu de cette deuxième étape, qui devait faire l'objet du Tome 2 (dont la partie rédigée par Sartre a été publiée de manière posthume), était « d'établir qu'il y a *une* histoire humaine avec *une* vérité et *une* intelligibilité »[195].

Sartre cherche ainsi à éviter un double écueil. Tout d'abord, l'écueil historiciste, celui qu'incarne à ses yeux R. Aron (comme importateur de l'historicisme allemand) et qui l'avait dans un premier temps séduit[196]. Contre une telle conception pour laquelle l'histoire n'existe qu'en tant que produit d'une conscience historique, c'est-à-dire en tant que récit ou mise en récit d'événements, il s'agit pour Sartre d'affirmer qu'il y a une totalisation à l'œuvre dans le processus historique lui-même. Il n'y a pas seulement totalisation au niveau de la *praxis* individuelle ni même au niveau social. L'histoire est en effet, selon Sartre, « la totalisation de toutes les multiplicités pratiques et de toutes leurs luttes »[197] en un seul mouvement qui ne dépend pas d'une totalisation individuelle. Le mouvement d'unification immanent à l'histoire humaine que Hegel et Marx avaient annoncé, se révèle, selon Sartre, être la vérité de la « période post-stalinienne » de l'histoire – période qui se caractérise par la constitution d'un « *one World* »[198]. Il ne s'agit pas tant d'affirmer qu'il n'y a qu'un seul mouvement historique continu depuis le début de l'humanité, que de mettre en lumière le fait que l'humanité est progressivement en train de s'unifier, c'est-à-dire de se constituer en un système unique dont tous les éléments sont interdépendants. Sartre revient sur cette idée à la toute fin de la *Critique de la Raison dialectique* :

---

[195] *CRD*, Introduction, B, p. 184.
[196] *Cf. supra*, Partie I, chap. 1 ; A. Feron, « Dépasser le relativisme historique. Merleau-Ponty et Sartre face à Aron », *Études sartriennes*, n° 23, 2019, p. 17–40.
[197] *CRD*, Livre II, D, p. 893.
[198] *CRD*, Introduction, B, p. 166.

> L'histoire passée est une histoire *pluraliste* ; séparés par des obstacles qu'ils n'ont pas les moyens de franchir quotidiennement, les peuples – sauf dans les cas de grandes migrations et d'invasions – forment des ensembles relativement clos. Et chacun se distingue des autres par d'irréductible particularités [...]. Ce pluralisme tend à se réduire mais, jusqu'au XIXe siècle – inclusivement – des raisons que nous aurons à donner maintenant le continent asiatique, malgré la pénétration colonialiste et semi-colonialiste, et le « monde occidental » en état relatif de non-communication. L'ensemble des facteurs actuels du « One World » (révolution industrielle exigeant une économie planétaire – à travers l'impérialisme et par celui-ci –, regroupement et décolonisation des peuples colonisés ou semi-colonisés, industrialisation sous contrôle communiste des pays sous-développés) amène pour la première fois le processus historique à totaliser l'humanité concrète et actuelle, c'est-à-dire les deux milliards d'hommes aujourd'hui travaillant sur terre et dont les besoins, les travaux, les produits de ces travaux et les divers ordres sociaux qu'ils engendrent réagissent les uns sur les autres, sur la condition de chaque individu, et pour la première fois, dans l'unité d'un conditionnement mutuel[199].

Sartre se situe ici au plus près du Marx de *L'idéologie allemande* qui montre que le développement du marché mondial consacre la constitution d'une « histoire mondiale » ou « universelle »[200]. Avant la constitution du marché mondial qui rend l'ensemble des individus de l'humanité dépendants les uns des autres, il pouvait encore y avoir des histoires régionales, mais à partir d'un certain moment, les activités des individus sont progressivement intégrées en un même mouvement totalisateur qui est à la fois le résultat de l'activité de tous et ce qui la conditionne.

Cette totalisation historique (sans totalisateur) est cependant irréductible à une simple composition des *praxis* individuelles et même collectives. C'est en cela que Sartre critique l'écueil que constitue la conception engelsienne du processus historique, exposée notamment dans sa célèbre « Lettre à Bloch » de septembre 1890. En fait, Sartre est prêt à accorder à Engels une grande partie de sa description du processus historique, et notamment l'idée selon laquelle

> L'histoire se fait de telle façon que le résultat final est toujours issu des conflits d'une foule de volontés individuelles, dont chacune à son tour est faite telle qu'elle est par une foule de conditions particulières d'existence ; il y a donc là d'innombrables forces qui se contrecarrent mutuellement, un groupe infini de parallélogrammes de forces, d'où ressort une résultante – l'événement historique – qui peut être regardée elle-même, à son tour, comme le produit d'une force agissant comme un tout, *sans conscience* et sans volonté. Car, ce que veut chaque individu est empêché par chaque autre et ce qui s'en dégage est quelque chose que personne n'a voulu[201].

Cependant, ce que Sartre refuse, c'est l'interprétation qu'Engels en propose ensuite. Ce dernier conçoit en effet le processus historique, sur le modèle des processus naturels, comme une moyenne résultant de la confrontation des *praxis* individuelles :

---

[199] *CRD*, Livre III, p. 310.

[200] « Quand en Angleterre est inventée une machine qui prive de pain d'innombrables travailleurs en Inde et en Chine et bouleverse toute la forme d'existence de ces empires, cette invention devient un fait au plan de l'histoire mondiale » (K. Marx et F. Engels, *L'Idéologie allemande*, Paris, Les éditions sociales, 2014, Fragment I/5–3, p. 87–89).

[201] F. Engels, Lettre à Bloch, 21 septembre 1890, *LF*, p. 155.

C'est ainsi que l'histoire jusqu'à nos jours se déroule à la façon d'un processus de la nature et est soumise aussi, essentiellement, aux mêmes lois de mouvement qu'elle. […] Les volontés individuelles – dont chacune veut ce à quoi la poussent sa constitution physique et des circonstances extérieures, économiques en dernière instance […] – n'arrivent pas à ce qu'elles veulent, mais se fondent en une moyenne générale, en une résultante commune[202].

Selon Sartre, une telle interprétation rend inintelligible le mouvement de l'histoire et ruine tout idée de dialectique historique[203].

Il s'agit donc pour Sartre de montrer contre Aron qu'il y a bien un sens immanent à l'histoire (celui de l'unification croissante de l'humanité en un même monde), mais contre Engels que ce sens est un mouvement dialectique de totalisation. Cette totalisation a toutefois ceci de particulier qu'elle n'est pas l'œuvre d'un sujet individuel ou collectif, mais qu'elle est, selon la formule de Sartre une « totalisation sans totalisateur »[204] :

S'il doit y avoir une Vérité de l'Histoire (et non *des* vérités – même organisées en système), il faut que notre expérience nous découvre que le type d'intelligibilité dialectique précédemment décrit s'applique à l'aventure humaine tout entière, ou, si l'on préfère, qu'il y a une temporalisation totalisante de notre multiplicité pratique et qu'elle est intelligible, bien que cette totalisation ne comporte pas de grand totalisateur[205].

Or ce qui rend possible cette totalisation anonyme, c'est le phénomène que Sartre avait déjà mis au jour au niveau du pratico-inerte, à savoir la possibilité d'une activité passive ou d'une synthèse passive. L'unification de l'humanité (qu'on appellerait aujourd'hui « mondialisation ») est ainsi permise, selon Sartre, par l'unité de la « résidence matérielle » de l'humanité : tous se rapportent à un même collectif (« le marché mondial ») dont chacun intériorise les exigences, réglant sa *praxis* en fonction de ce collectif, et prenant ainsi place dans son développement. C'est en ce sens que Sartre peut affirmer que la matière est le « moteur passif de l'Histoire »[206]. Ainsi, la description de la Méditerranée de l'époque de Philippe II comme résidence matérielle organisant les flux de métaux précieux et provoquant des effets économiques et sociaux en différents lieux de l'Europe[207], anticipe d'une certaine manière ce qu'aurait peut-être été la description de l'unification de l'humanité sous l'effet du marché mondial. C'est en effet seulement sur le fond d'une telle unification matérielle de l'humanité qu'il peut y avoir une *unité* de l'histoire humaine : rien de ce qui arrive à l'humanité ne peut être isolé, car chaque événement agit, à différents niveaux, sur l'ensemble des autres êtres humains, et participe à une redéfinition continuelle des possibilités d'action des hommes. Ainsi, l'unité matérielle est la condition de possibilité qu'il y ait une processualité à l'œuvre touchant l'ensemble

---

[202] F. Engels, Lettre à Bloch, 21 septembre 1890, *LF*, p. 155.

[203] *Cf. QM*, III, note p. 93/p. 81–82 et p. 146/p. 120–121. Sur les différentes figures de la processualité dans la *CRD* et la critique du modèle de processualité physico-chimique, voir A. Bouffard, « Processus et histoire chez Sartre et Lukács », *Études sartriennes*, n° 23, 2019, p. 109–133.

[204] *CRD*, Introduction, B, p. 183 et p. 190 ; Livre II, D, p. 893–894.

[205] *CRD*, Introduction, B, p. 179.

[206] *CRD*, Livre I, C, p. 234.

[207] *CRD*, Livre I, C, p. 276–288.

de l'humanité, et donc qu'il y ait, à proprement parler, une histoire de l'humanité. C'est en effet sur la base de cette unité matérielle qu'il peut y avoir une « totalisation d'enveloppement », notion que Sartre travaille dans le Livre III de la *Critique de la Raison dialectique* et qui doit lui permettre d'établir, au moment diachronique de l'expérience critique, qu'il a bien une *unité* de l'histoire. S'il y a donc *une* Histoire chez Sartre, celle-ci ne provient pas d'une signification déjà déposée téléologiquement dans l'humanité à son début et qui serait progressivement réalisée (sur un modèle hégélien), mais du fait que l'histoire s'unifie progressivement et qu'il revient à l'action humaine présente et à venir, en tant qu'elle participe à la totalisation en cours, d'orienter cette histoire dans une certaine direction.

C'est alors que Sartre retrouve, au Livre III, la discussion avec Aron et le relativisme historique. Il distingue en effet la « totalisation d'enveloppement », qui est le *fondement réel* de l'unité de l'histoire humaine à partir d'un certain moment de son développement, du *sens* de l'histoire, qu'il définit comme la réactualisation de la totalisation d'enveloppement « par le travail de l'historien situé »[208]. Or ce sens, étant donné le caractère situé de l'historien, est nécessairement *limité*. Cependant Sartre refuse de conclure de la « limitation du sens » à la relativité de l'histoire elle-même, comme il le faisait à l'époque de *L'Être et le Néant*. L'historien ne « constitue » pas l'histoire, il « dévoile, explicite » l'histoire : ce qu'il révèle de l'histoire correspond ainsi toujours à la réalité de ce qui s'est passé ; cependant, s'il n'est pas en mesure d'intégrer ce qu'il dévoile dans une retotalisation dialectique, ce qu'il affirme se révèle partiel et devient faux[209]. Ainsi Sartre peut-il affirmer que la seule chose qu'il est possible de conclure du caractère situé et perspectif de la connaissance historique est, non pas la relativité de l'objet (le « connu ») comme le veut Aron, mais la relativité du sujet connaissant. Ce qui caractérise en effet, selon lui, « l'idéalisme dogmatique et positiviste des historiens conservateurs » est que, s'ils situent toujours bien l'objet étudié par rapport au chercheur, ils oublient en revanche de situer le chercheur lui-même dans le développement historique[210]. La *Critique de la Raison dialectique* se veut au contraire une enquête située et rendue possible par le processus historique en cours unifiant l'histoire humaine.

L'enjeu de la *Critique de la Raison dialectique* était de mettre au jour une rationalité propre de l'histoire irréductible à la *praxis* individuelle et pourtant intelligible. Il s'agissait en effet de donner un sens à la formule de Marx selon laquelle « les hommes font leur histoire sans savoir l'histoire qu'ils font ». Cette formule, sur laquelle s'appuie Lévi-Strauss pour justifier son entreprise d'anthropologie structurale[211], indique à la fois qu'il y a une logique historique et que celle-ci échappe aux

---

[208] *CRD*, Livre III, p. 308. Sur l'ensemble de ce passage, voir J. Simont, « Sartre et la question de l'historicité. Réflexions au-delà d'un procès », *LTM*, n°613, 2001, notamment p. 118–124.

[209] « Ce qui se révèle, en effet, à travers la reconstruction située, c'est cette part de l'Être que la perspective choisie permet de découvrir : et cette part de l'Être est totalement et pleinement réelle ; seule est relative la limite qui sépare en lui le connu de l'inconnu et qui reflète d'autres limites : celles des historiens actuels » (*CRD*, Livre III, p. 309).

[210] *CRD*, Livre III, p. 312.

[211] Cl. Lévi-Strauss, « Histoire et ethnologie », *Anthropologie structurale*, Paris, Pocket, 1985 [1re éd. 1958], p. 37.

agents. L'objet de l'histoire scientifique est d'exhiber cette structure que Lévi-Strauss appellerait « inconsciente » de l'histoire, mais que Sartre comprend comme des processus dialectiques structurés mais échappant à la compréhension que les agents ont de leur *praxis* individuelle. Il s'agit donc de mettre en lumière ce qu'on pourrait appeler des « lois de l'histoire », à savoir une rationalité diachronique.

*
* *

La *Critique de la Raison dialectique* apparaît comme l'une des entreprises intellectuelles les plus ambitieuses du siècle. L'enjeu est de fonder une « anthropologie structurelle et historique », c'est-à-dire une totalisation dialectique de l'ensemble des savoirs de l'humanité, afin d'éclairer le monde contemporain. L'objectif est indissociablement théorique et pratique : il s'agit de comprendre l'unification du monde en cours qui caractérise l'époque poststalinienne, et de mettre au jour des outils intellectuels permettant de comprendre et de transformer ce monde.

Un tel projet, qui cherche à instituer un langage commun (à caractère dialectique) entre la philosophie, les sciences (humaines principalement) et la politique, est le point d'aboutissement et certainement le chef d'œuvre du projet intellectuel dont nous avons suivi l'évolution depuis 1944. En effet, dans la *Critique de la Raison dialectique*, la « syntaxe commune » recherchée doit ici encore prendre appui sur une synthèse des apports de la tradition marxiste et phénoménologique.

La *Critique de la Raison dialectique* n'aura cependant jamais la réception attendue. Un événement de l'année 1961 semble condenser et symboliser cette réception ratée : la conférence que Sartre donne à l'École normale supérieure au mois d'avril 1961 à l'occasion de la parution de la *Critique de la Raison dialectique*. Cette conférence, organisée à l'initiative d'A. Badiou et d'E. Terray, semblait devoir assurer la transition entre les différentes générations intellectuelles et diffuser la problématique et les enjeux du travail critique de Sartre[212]. La salle des Actes de l'ENS rassemble pour cette occasion plusieurs générations de normaliens : les contemporains de Sartre qui s'inscrivent dans la synthèse de l'existentialisme, du marxisme et de l'hégélianisme (J. Hyppolite, M. Merleau-Ponty, etc.), ceux qui vont devenir les penseurs de premier plan des années soixante (G. Canguilhem, L. Althusser, etc.), des normaliens plus âgés fortement influencés par Sartre (A. Badiou et E. Terray), et enfin une toute nouvelle génération de normaliens qui formera le noyau de l'althussérisme (J. Rancière, P. Macherey, É. Balibar, Y. Duroux, etc.). Dans un entretien avec P. Hallward, Rancière décrit l'attente que suscite cette conférence[213] : il

---

[212] Sur cette conférence, voir notamment MPV, *SIV*, p. 282–283 et p. 286–287, A. Badiou, « Jean Hyppolite (1907–1968 », *Le petit panthéon portatif*, Paris, La Fabrique, 2008, p. 47–48 ; L. Althusser, Lettre à Sartre, 3 juin 1972 (IMEC, ALT2. C) et *L'avenir dure longtemps. Suivi de Les Faits*, Paris, Éditions Stock/IMEC, 1994, p. 371–372 ; D. Janicaud, *Heidegger en France*, Paris, Albin Michel, 2001, t. 1, p. 183–184.

[213] « Moi je suis arrivé à l'École en 1960 ; on était toujours dans le moment de la phénoménologie triomphante, autour de Husserl et Heidegger. Et l'influence de Sartre était encore forte. […] Quand je suis arrivé à l'École j'étais toujours très imprégné de Sartre, et son grand livre sur la raison

encourage alors tous ses camarades de promotion à lire la *Critique de la Raison dialectique*[214]. La désillusion est cependant totale. Loin de réussir à convaincre les futurs althussériens moins enthousiastes que lui, la conférence aura l'effet contraire[215] :

> Pour moi [cette conférence] marquait une désillusion par rapport à Sartre ; ça marquait un peu la sortie de Sartre de notre horizon, cette soirée. Je crois que ceux de ma génération qui étaient là ont eu le même sentiment, même si l'influence de Sartre se fait encore sentir par exemple sur Badiou qui reste un grand sartrien[216].

La rupture est consommée et l'effet l'immédiat, comme le note Rancière : « Je n'ai jamais vu plus personne (à l'École) discuter Sartre ». La nouvelle génération althussérienne disqualifiera l'œuvre de Sartre en bloc et ne cherchera jamais à s'y confronter sérieusement[217] – ce qui étouffera toute possibilité de débat ou de dialogue à son sujet, et donnera immédiatement l'impression d'une œuvre périmée, arrivant trop tard[218]. Bien qu'elle joue de manière souterraine un certain rôle dans les développements intellectuels des années soixante, la *Critique de la Raison dialectique* sera en effet rapidement considérée comme un livre dépassé. Mais derrière le rejet de l'ouvrage de Sartre, ce que refusent plus fondamentalement ces jeunes philosophes c'est le projet théorique d'articulation entre phénoménologie et marxisme qui a dominé le champ intellectuel depuis la Libération. Il nous faut ainsi nous interroger, en conclusion de notre étude, sur le passage à une nouvelle époque qui s'effectue brutalement vers 1960.

---

dialectique venait de sortir, et je l'avais lu avec passion » (J. Rancière, « Que sous la forme de la rupture : entretien avec Jacques Rancière », entretien avec P. Hallward, http://cahiers.kingston.ac.uk/interviews/ranciere.html).

[214] « Un conjoncture philosophique : un entretien avec Étienne Balibar et Yves Duroux », entretien avec P. Hallward (le 6 mai 2007), http://cahiers.kingston.ac.uk/interviews/balibar-duroux.html.

[215] « Ensuite il y a eu cette célèbre conférence de Sartre en avril 1961, dans la Salle des Actes ; Sartre a fait un truc vraiment nul. [...] Je crois que c'était une conférence sur le possible, en gros le thème c'était comment le possible est gagné sur l'impossibilité d'être homme. C'était extraordinairement faible. À la suite de quoi je me souviens qu'il a été attaqué par plusieurs, Althusser de manière plutôt polie, et plus sèchement par Roger Establet, qui était au sein du cercle de l'UEC et qui l'a attaqué sur des thèmes althussériens, pour dire en gros "ce que vous faites c'est la philosophie de la conscience, et votre praxis ce n'est que de la conscience, ça suppose un cogito transparent", et ainsi de suite » (J. Rancière, art. cit.)

[216] J. Rancière, art. cit.

[217] Comme en témoigne la lecture de la *CRD* par Althusser. Son exemplaire de la *CRD* (conservé à l'IMEC, BP ALT, B 51/15) est fortement annoté en rouge au début (principalement les deux premières sections de *QM*) : il cherche alors à débusquer l'humanisme de Sartre. L'Introduction est quant à elle à peine annotée, et la suite de la *CRD* ne porte qu'une petite marque en marge. À partir de la page 489, l'ouvrage n'est même pas découpé.

[218] J. Rancière, art. cit. Y. Duroux, pour sa part, dit, en parlant de cette conférence : « Je dirais c'est l'apogée de quelque chose et aussi la fin » (« Structuralisme fort, sujet faible : un entretien avec Yves Duroux », entretien avec P. Hallward, 7 mai 2007, http://cahiers.kingston.ac.uk/interviews/duroux.html).

Conclusion

> « Le propre d'une recherche, c'est d'être indéfinie. La nommer et la définir, c'est boucler la boucle ; que reste-t-il ? Un mode fini et déjà périmé de la culture, quelque chose comme une marque de savon, en d'autres termes une *idée* »
> (Sartre, *Critique de la Raison dialectique*, Préface, p. 13).

L'échec de la conférence de Sartre en 1961 et le rejet dont est victime la *Critique de la Raison dialectique* cristallisent la rupture de la nouvelle génération philosophique avec la problématique qui a structuré le champ intellectuel depuis la Libération – et cela tant du point de vue du marxisme que de celui de la phénoménologie. La *Critique de la Raison dialectique* est en effet l'œuvre la plus monumentale qu'ait produite l'entreprise d'articulation de la phénoménologie et du marxisme, et Sartre fait alors figure, au début des années soixante, de dernier représentant actif de ce projet théorique. Trần Đức Thảo a quitté la France en 1952 en livrant *Phénoménologie et matérialisme dialectique*, et a définitivement coupé les ponts avec l'ensemble du milieu intellectuel occidental : devenant pendant plusieurs années un « philosophe de parti » au service de la révolution vietnamienne, il affirme avoir entièrement abandonné la phénoménologie pour rejoindre les positions du matérialisme dialectique[1]. Merleau-Ponty, quant à lui, a assurément inspiré des nouvelles générations au début des années cinquante lorsqu'il essayait, notamment dans ses cours, de rapprocher la phénoménologie et les sciences humaines au moyen d'un marxisme reformulé selon un paradigme linguistique[2] ; mais *Les aventures de la dialectique* et ses prises de positions très modérées dans les années cinquante (notamment à l'égard du colonialisme) ont produit une rupture définitive entre lui et une grande

---

[1] Malgré ces déclarations d'intention, les textes de Trần Đức Thảo des années soixante et soixante-dix restent cependant fortement imprégnés par la démarche phénoménologique.

[2] Selon F. Dosse, Merleau-Ponty constitue une « passerelle phénoménologique » vers le structuralisme (F. Dosse, *Histoire du structuralisme*, t. 1 « Le champ du signe 1945-1966 », chap. 6, p. 55-61).

partie de la jeune génération³. Même lorsqu'on s'inspire de Merleau-Ponty, il s'agit de le dissimuler et de disqualifier publiquement ses tentatives philosophiques.

La mort de Merleau-Ponty quelques semaines après la conférence de 1961 fait ainsi de Sartre le dernier survivant d'une époque philosophique qui est en train de se clore. La conférence de 1961 devient alors rétrospectivement celle des retrouvailles manquées entre les deux principaux représentants de la philosophie française de l'après-guerre. Merleau-Ponty se rend certes à la conférence, mais sa présence est décrite comme spectrale et comme annonciatrice de sa mort prochaine. Il n'y aura donc jamais de dialogue entre eux sur la *Critique de la Raison dialectique*. S'il existe quelques notes de travail attestant d'un début de lecture de la *Critique de la Raison dialectique*⁴, elles sont toutefois peu développées : il est difficile de savoir quelle analyse Merleau-Ponty aurait faite de l'ouvrage (s'il aurait reconduit les développements récents de la pensée de Sartre à *L'Être et le Néant* ou s'il aurait pris la mesure de la nouveauté de ce que propose alors Sartre) et l'influence qu'elle aurait eue sur sa propre pensée. Merleau-Ponty s'est toujours appuyé (positivement ou négativement) sur Sartre pour élaborer sa philosophie : la version achevée du *Visible et l'invisible* aurait donc certainement comporté une prise en compte et une discussion de la *Critique de la Raison dialectique*⁵. Merleau-Ponty continuera pour sa part de hanter la pensée sartrienne tout au long des années soixante – comme en témoigne la récurrence de références souvent rapides et discrètes à Merleau-Ponty, mais toujours significatives, dans les entretiens, articles et ouvrages de Sartre. Avec la disparition de Merleau-Ponty, Sartre se retrouve ainsi esseulé, en tant que dernier grand représentant de l'après-guerre philosophique.

Une telle présentation est toutefois en partie trompeuse en ceci qu'elle prend au mot la rhétorique structuraliste (notamment dans sa déclinaison althussérienne), qui se pose au centre du champ intellectuel et dont l'une des stratégies principales consiste à présenter en termes évolutionnistes l'opposition avec son principal rival dans le champ intellectuel : Sartre et le projet d'articulation entre phénoménologie et marxisme sont ainsi systématiquement désignés comme « dépassés ». Or le milieu normalien, bien qu'il se pense comme une avant-garde philosophique et politique, n'englobe pas l'ensemble du champ intellectuel de l'époque. La pensée de

---

³Ainsi Althusser raconte-t-il avoir dit publiquement peu après la mort de Merleau-Ponty : « Vous savez, Merleau est mort […]. Il était mort de son vivant » (L. Althusser, *L'avenir dure longtemps. Suivi de Les Faits*, Paris, Éditions Stock/IMEC, 1994, p. 442). L'enterrement de Merleau-Ponty par les communistes s'est tenu le 29 novembre 1955 à la Mutualité, lorsque plusieurs milliers de personnes (dont une grande partie d'étudiants) sont venues écouter les principaux intellectuels communistes prononcer les interventions rassemblées dans R. Garaudy, G. Cogniot, M. Caveing, J.-T. Desanti, J. Kanapa, V. Leduc, H. Lefebvre, *Mésaventures de l'anti-marxisme. Les malheurs de M. Merleau-Ponty*, Paris, Éditions sociales, 1956.

⁴*Cf. supra*, Partie III, chap. 8.

⁵Il est fort possible que son appréciation critique de la philosophie sartrienne (laquelle s'appuie principalement sur *L'Être et le Néant*) et notamment du traitement de la dialectique chez Sartre (ou de son absence) ne correspondît pas à celle que nous pouvons lire dans ses derniers manuscrits et notes de travail. La mort du philosophe fige donc à jamais la lecture merleau-pontyenne de Sartre à un stade antérieur à la *Critique de la Raison dialectique*.

Sartre connaît ainsi un succès très important, dans les années soixante, au sein du milieu intellectuel et militant non-normalien. Ce milieu, principal adversaire et cible des textes althussériens, cherche à réaliser une déstalinisation du Parti communiste français en suivant le modèle du Parti communiste italien (d'où le surnom d' « Italiens » donné à ceux qui s'inscrivent dans cette perspective – et cela à rebours du modèle « chinois » prôné par les althussériens) et s'appuie en grande partie sur la pensée de Sartre[6]. Sartre et *Les Temps Modernes* jouent alors un rôle important dans le développement de ce courant, qui s'affirme dans l'Union des étudiants communistes (UEC) et dans l'UNEF, principal syndicat étudiant, c'est-à-dire dans une partie importante de la jeunesse qui sera au premier plan en Mai 68. De la même manière, si Merleau-Ponty est violemment rejeté par les penseurs proches du Parti communiste, sa pensée aura néanmoins d'importants prolongements chez des intellectuels qui se situent à l'époque dans des milieux politiques proches du conseillisme (comme Cl. Lefort, C. Castoriadis ou M. Richir) ainsi qu'au sein de ce que l'on appellera par la suite la « deuxième gauche » socialiste.

Mais, en second lieu, à un niveau théorique, la rupture du structuralisme avec la configuration intellectuelle de l'après-guerre, si elle est réelle, est bien moins absolue que ne le proclament leurs discours. Ces discours mettent en effet en scène une série d'oppositions tranchées (philosophie de la conscience ou du sujet contre philosophie du concept, humanisme contre antihumanisme, *praxis* contre structure, diachronie contre synchronie, etc.) pour accentuer toujours davantage la discontinuité et le renversement dont le début des années soixante aurait été le théâtre – discours repris par presque tous les grands penseurs de cette décennie (Althusser, Foucault, Derrida, Canguilhem, Bourdieu, etc.). Notre étude, qui s'est efforcée de mettre en lumière la manière dont Sartre, Merleau-Ponty et Trần Đức Thảo ne cessent de faire évoluer leur cadre théorique tout au long des vingt années qui suivent la Libération, permet au contraire de montrer le caractère sommaire de ces dichotomies : celles-ci ne parviennent tout au plus qu'à saisir l'opposition des penseurs des années soixante à la synthèse théorique entre marxisme et phénoménologie de l'immédiat après-guerre (1944-47). Or nous avons vu que dès 1947-48, nos trois auteurs cherchent à repenser en profondeur la manière dont ils articulent les deux courants de pensée : ils se confrontent alors aux développements les plus récents en sciences humaines et s'efforcent de faire droit au phénomène des structures (que ce soit à travers la version faible de l'anthropologie culturelle américaine et des concepts comme la « personnalité de base », ou la version forte proposée par Lévi-Strauss sur le modèle de la linguistique structurale). Durant ces mêmes années, que nous avons caractérisées comme celles de la « crise de l'existentialisme », les futurs penseurs des années soixante commencent à s'affirmer philosophiquement en prenant eux-mêmes leurs distances avec le projet d'articulation entre marxisme et phénoménologie (dans sa formulation de l'immédiat après-guerre) – projet qui les

---

[6]C'est ce qui explique les nombreux contacts de Sartre avec le Parti Communiste Italien et ses diverses conférences en Italie dans les années soixante (notamment à l'Institut Gramsci de Rome).

avait un temps séduits au début de leur formation[7]. Ils ne s'aperçoivent toutefois pas que leurs aînés sont eux-mêmes en train d'évoluer, et dans des directions similaires aux leurs. C'est sans doute l'une des raisons pour lesquelles les penseurs des années soixante n'ont que rarement cherché à revoir l'image qu'ils avaient de Sartre ou de Merleau-Ponty à la Libération. Une autre raison, peut-être plus décisive, tient à la manière dont le problème des structures est posé par ces deux générations philosophiques. Alors que les structuralistes des années soixante radicalisent la notion de structure pour la couper de tout rapport à la diachronie et la genèse, Sartre, Merleau-Ponty et Trần Đức Thảo insistent au contraire sur la nécessité de rendre raison du phénomène structural par une approché génétique : il s'agit de faire droit aux structures sans pour autant les absolutiser, et en ayant toujours le souci les articuler à leur formation et possible transformation. Ainsi, dès la fin des années quarante, le cadre théorique que cherchent à élaborer nos trois auteurs pourrait être caractérisé comme *post-structuraliste*. On pourrait alors se demander si l'absence de réception d'un texte comme la *Critique de la Raison dialectique* ne tiendrait pas tant, comme on l'a souvent dit, au fait qu'elle vienne « trop tard », mais au fait qu'elle vienne *trop tôt* – à un moment où le paradigme structural ne s'est pas encore pleinement affirmé et où le champ intellectuel ne l'a pas intégré au point de ressentir le besoin de le dépasser[8]. Ainsi, notre étude a cherché à restituer, sous l'apparente cassure des années 1960, les continuités et médiations entre les séquences théoriques de 1945 et 1965.

La continuité entre la séquence 1944-61 et celle qui s'ouvre dans les années soixante apparaît encore plus forte au niveau du projet théorique d'ensemble. Il nous semble en effet que les structuralistes, dans leur grande majorité, reprennent le projet théorique que nous avons décrit comme celui d'élaborer une « syntaxe commune » à même de surmonter la séparation des champs philosophique, scientifique et politique. Et comme Sartre, Merleau-Ponty ou Trần Đức Thảo, la génération des années soixante a la conviction que si le marxisme constitue bien une pensée incontournable pour réaliser cette syntaxe, il est en même temps, à lui seul, insuffisant : il doit, au contraire, s'articuler à des concepts issus d'une autre tradition théorique (et qui peuvent révéler de manière rétroactive certains aspects novateurs du marxisme jusqu'alors passés inaperçus). C'est ce qu'a souligné récemment J.-M. Salanskis, qui dans *Philosophie française et philosophie analytique au xxe siècle* insiste sur la continuité relative entre la phénoménologie française de l'après-guerre (Merleau-Ponty et surtout Sartre) et ce qu'il appelle les « philosophies de la cassure », en particulier en ce qui concerne leur rapport au marxisme. Ces derniers héritent en effet de la génération de l'après-guerre, à la fois d'une transformation de la concep-

---

[7] Il nous semble important de rappeler ce point pour comprendre certaines des raisons pour lesquelles les générations de philosophes des années 1960 et 1970 se sont explicitement constituées *contre* le projet d'articulation entre marxisme et phénoménologie (bien plus que contre la phénoménologie ou le marxisme pris isolément). Pour un certain nombre d'entre eux (en particulier Derrida et Foucault, mais également Bourdieu), ce projet de synthèse a constitué leur premier projet philosophique. L'ayant investi pendant plusieurs années avant de l'abandonner, ce projet de synthèse leur apparaîtra toujours comme un « espoir déçu » de jeunesse.

[8] Par la suite, les post-structuralistes ont préféré développer leur propre pensée sans s'y référer, et cela alors même que leurs projets s'en rapprochent fortement (Bourdieu est à cet égard emblématique).

tion de la philosophie[9] (laquelle doit faire pleinement droit à sa contestation par les sciences humaines et la politique), et de la certitude que le marxisme propose une contribution essentielle pour l'élaboration d'un langage conceptuel transdisciplinaire en mesure de rendre compte de l'ensemble des dimensions de l'existence[10]. Cependant, la différence principale entre ces ceux époques tient à ce que la nouvelle génération estime que la synthèse proposée dans l'après-guerre à partir de la phénoménologie et du marxisme est non seulement vouée à l'échec, mais s'est transformée en obstacle épistémologique à la réalisation du projet. En cela, ils sont certainement tributaires de *Phénoménologie et matérialisme dialectique* de Trần Đức Thảo : si cet ouvrage constitue encore un effort de synthèse entre marxisme et phénoménologie, il met également en lumière les contradictions insurmontables de la phénoménologie et la nécessité de dépasser cette dernière[11]. Ainsi, comme le dit Trần Đức Thảo, alors que Sartre et Merleau-Ponty étaient placés devant l'obligation de choisir entre le marxisme et la phénoménologie, ils ont désespérément cherché à préserver l'articulation entre les deux – ce qui les aurait conduits à des impasses théoriques et pratiques[12]. Si l'évolution de Merleau-Ponty est imputée à son idéalisme phénoménologique, les défauts de la synthèse de Sartre proviendraient également des restes phénoménologiques ou existentiels. Pour les althussériens, en effet, Sartre n'est pas parvenu à proposer un cadre théorique permettant d'unifier les différents domaines. Comme le confie l'althussérien Y. Duroux,

> L'engagement politique de Sartre, on trouvait ça étonnant, impressionnant. On trouvait simplement qu'il n'avait pas la théorie de son engagement[13].

Il s'agit donc pour eux d'élaborer un cadre théorique permettant d'articuler l'engagement politique sartrien, le développement des sciences sociales et la philosophie (conçue par les althussériens d'une manière bien plus traditionnelle et académique que Sartre). C'est l'articulation entre marxisme et structuralisme qui doit, selon eux, permettre de répondre à cette exigence.

---

[9] D'après J. M. Salanskis, Merleau-Ponty et Sartre ont « profondément décalé l'image du philosophe » (*op.cit.*, p. 66). Les philosophies de la cassure, qui reprennent cette nouvelle image, n'auraient, selon lui, même pas été possibles sans cette transformation.

[10] « En quelque sorte, nos auteurs [les « philosophes de la cassure »] ont hérité, de la génération précédente, la certitude que la perspective tracée par Marx instaure l'enjeu de la nouvelle émancipation prolétarienne comme un enjeu transversal, concernant toutes les strates de l'expérience et de la culture. La digestion du marxisme, largement engagée en parallèle avec l'époque de la "phénoménologie française" – celle des œuvres de Sartre et de Merleau-Ponty – a conduit à la compréhension claire du caractère nodal et crucial de ce dont parle Marx (l'économie politique, la lutte des classes, l'aliénation) pour tout le champ des choses humaines, de l'infrastructure à la superstructure » (J.-M. Salanskis, *Philosophie française et philosophie analytique au XXe siècle*, Paris, PUF, 2016, p. 54-55).

[11] Ainsi il n'est pas étonnant que la trajectoire ultérieure de Trần Đức Thảo l'amène à approfondir sa rupture avec la phénoménologie et à sortir de la phénoménologie vers la linguistique et l'anthropologie. Ces disciplines ne seront cependant pas abordées dans une perspective structuraliste, mais toujours abordée d'une manière génétique.

[12] *FH*, Préface, p. 6.

[13] Y. Duroux, « Structuralisme fort, sujet faible : un entretien avec Yves Duroux », entretien avec P. Hallward, 7 mai 2007, http://cahiers.kingston.ac.uk/interviews/duroux.html).

Enfin, les développements théoriques des années soixante s'appuient en grande partie sur l'héritage qu'ont laissé les travaux de Sartre, Merleau-Ponty et Trần Đức Thảo – et notamment en ce qui concerne la connaissance des courants marxiste et phénoménologique. Nos auteurs ont en effet joué un rôle décisif dans la diffusion croissante des deux traditions de pensée en France et la légitimation de ces dernières dans le champ intellectuel et philosophique. À la faveur des débats et de la découverte de nouveaux textes, ainsi que de l'accès à des recherches nouvelles, se développe alors une connaissance de plus en plus précise des deux traditions. Si dans l'immédiat après-guerre les penseurs peuvent se contenter de citations prélevées dans les *corpus* marxiste et phénoménologique, et interprétées sans souci d'historicisation et de contextualisation, une telle pratique devient très rapidement impossible. En effet, au même moment se multiplient les éditions et traductions des œuvres des deux courants (rendant les œuvres plus facilement accessibles et donnant une meilleure vue de l'ensemble du *corpus*), les commentaires précis et érudits, ainsi que les débats, qui contraignent les penseurs à développer une connaissance et une utilisation bien plus rigoureuse de ces deux courants de pensée. Des synthèses audacieuses bâties sur des intuitions et des références vagues, l'on passe progressivement à un travail herméneutique témoignant d'une toute autre rigueur philosophique, philologique et historique. L'évolution de la rigueur interprétative des œuvres de Merleau-Ponty, Sartre et Trần Đức Thảo tout au long de ces vingt années est à cet égard emblématique. Ainsi, au cours de cette période, on aboutit à une meilleure connaissance à la fois de la phénoménologie et du marxisme – connaissance qui sera encore amplifiée dans les années soixante lorsque les synthèses que nos auteurs proposent seront contestées, à la fois du point de vue du marxisme (par le courant althussérien) et du point de vue de la phénoménologie.

Du côté de la phénoménologie, qui, à partir des années soixante, se retire presque entièrement du champ intellectuel et n'occupe plus qu'une place relativement limitée dans un champ philosophique dominé par le structuralisme[14], on trouve en effet le même type de rhétorique fortement hostile qui disqualifie les élaborations théoriques de Sartre et de Merleau-Ponty (et dans une moindre mesure seulement celles de Trần Đức Thảo, qui est plutôt laissé à son oubli). Avec le développement d'une génération de commentateurs de la phénoménologie (plutôt que de philosophes cherchant à prolonger la phénoménologie), on n'a pas manqué de souligner les diverses « erreurs » ou « contresens » que Merleau-Ponty ou Sartre auraient commises dans leur lecture de Husserl ou de Heidegger. Cette génération, fortement marquée par l'œuvre du second Heidegger, relira alors Husserl à travers ce prisme et en mettant en avant la question de l'être au détriment de la perspective existentielle de Merleau-Ponty et de Sartre centrée sur le pôle subjectif de la corrélation[15].

---

[14] On peut voir un symptôme de cette perte d'importance de la phénoménologie dans la non reconduction par Althusser, à la rentrée 1962, du séminaire que J. Beaufret organisait à l'ENS depuis l'après-guerre, et cela non pas en raison d'une hostilité entre les deux hommes, mais du peu d'intérêt que ce séminaire suscite alors parmi les élèves (*cf.* D. Janicaud, *Heidegger en France*, Paris, Albin Michel, 2001, t. 1, p. 187).

[15] Sur l'histoire de la « seconde lecture » de Heidegger, voir E. Kleinberg, *Generation Existential. Heidegger's Philosophy in France 1926-1961*, Ithaca and London, Cornell University Press, 2005, Part II « The Second Reading », p. 157-206 ; D. Janicaud, *op. cit.*

Les pensées de Merleau-Ponty et de Sartre sont alors très largement considérées comme littéraires et peu rigoureuses d'un point de vue philosophique. Comme le résume R. Barbaras,

> Jusqu'à la fin des années 1980, l'influence considérable de la phénoménologie allemande, heideggérienne en particulier, à laquelle s'ajoutait la vivacité du courant structuraliste, conduisait à négliger purement et simplement la phénoménologie française, c'est-à-dire essentiellement les philosophies de Sartre et de Merleau-Ponty. Dans le meilleur des cas, on les considérait comme de pâles épigones des grands phénoménologues allemands, dans le pire des cas comme des œuvres relevant de la « bouffonnerie » (Sartre) ou de la (mauvaise) littérature (Merleau-Ponty)[16].

Cette mise à l'index durera pendant de nombreuses années : pour Merleau-Ponty jusque dans les années 1990, et pour Sartre, jusque dans les années 2000, sans qu'elle soit encore tout à fait surmontée.

Mais si structuralistes et phénoménologues des années soixante se rejoignent pour disqualifier Sartre et Merleau-Ponty, les seconds se distinguent cependant des premiers par leur rejet du projet théorique d'ensemble que nos auteurs partagent en revanche avec les structuralistes. En effet, non seulement les phénoménologues abandonnent l'idée d'articuler marxisme et phénoménologie, mais ils renoncent surtout à l'ambition de développer des discours et des pratiques qui sortent du cadre classique régissant le champ philosophique. Ainsi la phénoménologie des années soixante se situe-t-elle en retrait non seulement par rapport à la génération précédente, mais aussi par rapport au projet husserlien lui-même pris dans toute son ampleur. En abandonnant l'ambition de se constituer en « syntaxe commune », la phénoménologie accepte alors de n'être plus qu'une philosophie, c'est-à-dire une « langue » parmi d'autres, ayant ses propres règles et structures, mais ne cherchant pas à penser le réel dans l'ensemble de ses dimensions. Cette restriction du spectre de la phénoménologie s'accompagne toutefois d'un retour de l'ancienne prétention philosophique d'être une pensée souveraine qui n'a pas à prendre en compte la contestation qui lui vient de ces autres domaines. Ainsi J. Benoist relève-t-il à propos de cette nouvelle phénoménologie :

> C'est comme si rien ne s'était passé, comme si en ce siècle rien n'existait hors la phénoménologie et un certain nombre de critiques décisives n'avaient pas été formulées contre elle[17].

La phénoménologie retrouve alors, selon la formule de J.-T. Desanti, son « ethnocentrisme », et développe un langage « barbare » d'une haute technicité[18] qui peut difficilement être audible au-delà du petit cercle des locuteurs de la langue phénoménologique. S'affirme alors la tendance à ignorer le développement des savoirs positifs, à se tenir à distance des autres traditions philosophiques, et à se

---

[16] Sur ce point, voir R. Barbaras, « Introduction », dans R. Barbaras (dir.), *Sartre. Désir et liberté*, Paris, PUF, 2005, p. 14-15.

[17] J. Benoist, « Sur l'état présent de la phénoménologie » (1998), *L'idée de phénoménologie*, Paris, Beauchesne, 2001, p. 25.

[18] J.-T. Desanti, *Le philosophe et les pouvoirs (et autres dialogues)*, Paris, Hachette Littératures, 2008 [1re éd. 1976], chap. 1 « Le philosophe et les barbares (Philosophie – Épistémologie – Conscience commune) », p. 11-42.

garder absolument de se compromettre dans le domaine politique. Les études phénoménologiques se partagent ainsi entre une spécialisation technique et universitaire du commentaire de la phénoménologie de Husserl (souvent dans une perspective heideggérienne), et d'autre part une restriction importante du champ d'étude (il ne s'agit plus de s'intéresser au tout du monde, mais à un type de phénomène particulier), dans une perspective qui se veut « fondamentale » ou théologique. En cela, la séquence qui s'ouvre à partir des années soixante se distingue fortement de celle qui est dominée par Sartre, Merleau-Ponty ou Trần Đức Thảo, dont les œuvres, malgré leur technicité et leur difficulté, cherchent toujours à s'adresser aux non-philosophes en ne perdant jamais tout à fait le contact avec le sens commun : pendant près de vingt ans, la phénoménologie est ainsi bien plus qu'une matière de séminaires universitaires ou de colloques, et elle est discutée dans des milieux très variés parfois fort éloignés des cercles philosophiques. Ainsi l'abandon du projet d'articuler phénoménologie et marxisme coïncide-t-il avec un certain renoncement à ce qui constituait l'une des ambitions du projet husserlien, à savoir celui de faire de la phénoménologie un métalangage unifiant les savoirs et plaçant l'humanité (européenne) devant ses responsabilités historiques.

Certes, ici encore, une telle description néglige les continuités. Un certain nombre de phénoménologues poursuivent encore le projet que nous avons suivi pendant vingt ans[19]. J.-T. Desanti peut ainsi être considéré comme l'un de ses héritiers les plus fidèles. Après sa rupture avec le Parti communiste, il reprend le projet de Sartre, Merleau-Ponty et de Trần Đức Thảo visant à articuler le marxisme et la phénoménologie au sein d'une philosophie de la *praxis*[20] : bien que ses rapports au marxisme et à la phénoménologie évoluent, ces deux pensées marquent profondément la synthèse qu'il recherche. L'entreprise critique à l'égard de la phénoménologie qu'il développe notamment en 1962-63 lors d'un séminaire des « journées marxistes » de l'UEC et dont la transcription est publiée sous le titre *Phénoménologie et praxis*[21] s'inspire quant à elle fortement de *Phénoménologie et matérialisme dialectique* de Trần Đức Thảo ; et les analyses socio-historiques qu'il propose dans les années soixante-dix et quatre-vingt trouvent l'une de leurs principales sources dans la *Critique de la Raison dialectique* de Sartre[22]. D'autres penseurs cherchent également, à partir du début des années soixante, à articuler marxisme et phénoménologie, non pas à partir de Husserl, mais à partir de Heidegger. L'heideggeriano-marxisme (G. Granel, K. Axelos, P. Fougeyrollas, H. Lefebvre, F. Châtelet, etc.), qui se développe notamment à partir du groupe *Arguments*, s'appuie alors sur les analyses de la technique et du monde moderne qu'on trouve chez Heidegger, pour les faire

---

[19] *Cf.* A. Feron « Marxisme et phénoménologie en France », dans J.-N. Ducange et A. Burlaud (dir.), *Marx, une passion française*, Paris, Éditions la Découverte, 2018, p. 237-239.

[20] J.-T. Desanti, « Postface en guise d'avant-propos », *Introduction à la phénoménologie*, Paris, Gallimard, 1973, p. 15-16.

[21] J.-T. Desanti, *Phénoménologie et praxis*, Paris, Éditions sociales, 1963.

[22] *Cf.* notamment J.-T. Desanti, *Le philosophe et les pouvoirs (et autres dialogues)*, *op. cit.*, et *Un destin philosophique ou Les pièges de la croyance*, Paris, Hachette Littératures, 2008 [1re éd. 1982].

rejoindre la critique marxiste du capitalisme[23]. P. Ricœur, de son côté, poursuit ses propres travaux et s'intéresse à de nombreuses reprises au croisement entre phénoménologie et marxisme[24]. Les recherches de M. Henry témoignent, par ailleurs, elles aussi d'une volonté d'articuler phénoménologie et marxisme : il est en effet conduit à relire l'ensemble de l'œuvre de Marx pour y retrouver une phénoménologie de la vie qui lui est propre[25]. Enfin, J. Derrida, s'il n'affronte que rarement le marxisme de manière explicite et s'éloigne de la phénoménologie, reste marqué par ces deux traditions et peut être vu comme un continuateur. Plus récemment encore, les travaux de P. Rodrigo ou de J. Vioulac s'inscrivent dans la lignée des tentatives d'articuler le marxisme et la phénoménologie. Cependant toutes ces tentatives (à part sans doute celle de J.-T. Desanti) diffèrent profondément du projet de synthèse que nous avons étudiée pendant les vingt années qui ont suivi la Seconde Guerre mondiale en ceci qu'elles sont des tentatives strictement philosophiques et personnelles : elles ne sont pas animées par la volonté de dépasser le cadre du discours et de la rationalité propre de la philosophie pour la mettre à l'épreuve de domaines obéissant à des rationalités hétérogènes. En cela, ces penseurs sont tributaires de l'évolution plus générale du champ philosophique qui conduit à l'abandon du côté de la phénoménologie, mais également de celui marxisme (comme nous allons le voir), de l'ambition de se constituer en métalangage.

C'est la raison pour laquelle ce projet théorique trouve peut-être ses meilleurs héritiers en dehors de France. En Italie d'abord, dans les années soixante et soixante-dix, au sein d'un mouvement sans doute aussi important dans le champ culturel que celui qui a lieu en France. Cette « phase italienne » de la synthèse entre marxisme et phénoménologie, qui prend la relève de la « phase française »[26], se construit autour de la figure d'E. Paci et de la revue *Aut-Aut*, qu'il a fondée sur le modèle des *Temps Modernes*, et rassemble des penseurs comme G. D. Neri, A. Bonomi ou P. A. Rovatti. Mais, si à bien des égards elle est fortement marquée par l'influence de la phase française (les œuvres de Sartre, Merleau-Ponty et de Trần Đức Thảo sont traduites et activement discutées), elle a également son originalité, et ne se réduit pas à un commentaire de ses prédécesseurs français. À cette phase italienne, il faudrait également ajouter des développements originaux et peu connus qui ont eu lieu en Europe de l'Est : K. Kosik, étudiant de J. Patočka, en République tchèque, l'École de Budapest sous l'influence de Lukács, ou encore le groupe *Praxis* en Yougoslavie. Il s'agit ici encore de trouver une nouvelle syntaxe pour articuler philosophie, sciences et politique, contre la synthèse marxiste-léniniste officielle.

---

[23] *Cf.* M. Poster, *Existential Marxism in Postwar France : From Sartre to Althusser*, Princeton, New Jersey, Princeton University Press, 1975, chap. 6 « The *Arguments* Group : Existentialized Marxists », p. 209-263.

[24] *Cf.* notamment P. Ricœur, « Le "questionnement à rebours" (*Die Rückfrage*) et la réduction des idéalités dans la *Krisis* de Husserl et *L'idéologie allemande* de Marx » (1978), *Alter*, n°5, 1997, p. 315-330 ; « L'originaire et la question-en-retour dans la *Krisis* de Husserl » (1980), *À l'école de la phénoménologie*, Paris, Vrin, 2004, p. 361-377 ; *Idéologie et utopie*, Paris, Le Seuil, 1997.

[25] M. Henry, *Marx*, Paris, Gallimard, 1976.

[26] P. A. Rovatti, *Critica e scientificità in Marx*, Milano, Feltrinelli, 1973, p. 13-14.

Le marxisme, quant à lui, évolue depuis la fin des années des années soixante-dix, dans une direction analogue à celle de la phénoménologie. Il a en grande partie abandonné, en raison de processus historiques et sociaux plus vastes et de leurs divers effets sur la structuration du champ intellectuel, sa prétention à se constituer en un ensemble de discours, de pratiques, et d'institutions traversant et unifiant les champs spécifiques de la philosophie, des sciences et de la politique. Si certains de ses concepts et idées continuent d'avoir une influence dans les domaines philosophique, scientifique ou politique, le marxisme ne se présente plus comme un cadre théorique englobant pouvant assurer l'unification des rationalités et des pratiques. Ainsi, par exemple, malgré la crise de 2008 (crise qui s'explique tout particulièrement bien au moyen des concepts de Marx) et le renouveau important des études marxistes depuis le début des années 2000, le marxisme n'est pas parvenu à reprendre place dans le discours scientifique (il reste par exemple tout à fait marginal dans le champ de l'économie) ni à proposer une pratique politique cohérente perçue comme crédible par le plus grand nombre (son caractère marginal s'observant ainsi également dans le champ politique). L'évolution du marxisme confirme de ce fait en grande partie le diagnostic que formule Merleau-Ponty dans la Préface de *Signes*, selon lequel Marx est devenu un « classique ». S'il est passé dans l'ordre de la « vérité seconde », c'est qu'il n'est désormais « plus vrai *dans le sens où il se croyait vrai* »[27] : il s'agit d'« une philosophie »[28] et non du dépassement de la philosophie. Il en résulte que, lorsque l'on s'intéresse, du côté du marxisme, à la phénoménologie[29], et que l'on esquisse un rapprochement fécond autour de thématiques communes (l'aliénation, le rapport au monde, la *praxis* ou l'agir, etc.), l'enjeu reste principalement intra-philosophique : même quand les recherches théoriques sont portées par une intention politique, elles ne parviennent que peu à dépasser le cadre de la discussion philosophique pour se doter d'une efficace politique. Le contraste est frappant avec les articles des *Temps Modernes* qui étaient dénoncés à Moscou ou censurés par le gouvernement gaulliste ; avec une époque où le Parti communiste jugeait nécessaire de réunir plusieurs milliers d'étudiants pour dénoncer *Les aventures de la dialectique*, ou encore l'extrême droite de plastiquer l'appartement de Sartre pour ses articles sur l'Algérie. On peut se réjouir que les discussions aient retrouvé des cadres plus pacifiques, mais on ne peut que constater l'incapacité de la parole philosophique à s'adresser plus largement à la population. Il en résulte donc que si, comme l'écrit L. Sève, « Marx et Husserl » est « une confrontation qui est toujours d'avenir, en forme de grand programme de travail des deux côtés »[30], cette confrontation ne peut plus s'inscrire dans le même projet théorique que celui de Sartre, de Merleau-Ponty et de Trần Đức Thảo, d'une part parce que le marxisme et la phénoménologie ne sont plus les mêmes, mais d'autre part parce que le champ

---

[27] *Signes*, Préface, p. 19.

[28] *Signes*, Préface, p. 22-23.

[29] Intérêt bien réel depuis quelques années, comme en témoigne le regain de curiosité pour la figure de Trần Đức Thảo, ou encore l'école thématique organisée à l'ENS de Lyon sur le thème « Phénoménologie et marxisme » (les 21-24 septembre 2015).

[30] L. Sève, *Penser avec Marx aujourd'hui. T. 3 : « La philosophie » ?*, Paris, La Dispute, 2014, p. 166.

intellectuel et la situation sociale, historique et politique se sont profondément transformés.

Les développements de la phénoménologie et du marxisme depuis les années soixante permettent ainsi de mettre en lumière la singularité du projet théorique qui a animé nos trois auteurs entre 1944-1961. Si la tentative de synthèse entre phénoménologie et marxisme joue un rôle aussi structurant dans chacune de leurs œuvres respectives, c'est qu'à travers elle, ce qui est interrogé, c'est la place même de la philosophie – interrogation qui, loin d'avoir été résolue par les développements ultérieurs de ces deux courants, est peut-être au contraire en partie refoulée par ces derniers. En effet, la métaphore des trois langues, qui nous a servi de guide tout au long de notre étude, pourrait donner l'impression que ces trois domaines se situent sur le même plan et ont le même statut. Or si la science et la politique occupent une place définie (comme lieu de production des savoirs sur le monde et comme dimension pratique de l'existence où s'élaborent les institutions communes), celle de la philosophie apparaît bien plus incertaine. La question qui se pose alors pour nos trois philosophes est de savoir quel sens a la pratique philosophique face à ces deux rationalités qui semblent embrasser l'ensemble de l'existence humaine. Face à cette situation, la philosophie paraît en effet n'avoir que trois options : soit de se replier sur son propre discours pour se construire un espace de liberté relativement marginal dans lequel il peut se développer à l'abri du monde et des contestations venues d'ailleurs ; soit de dissoudre entièrement dans l'une des deux autres rationalités et de devenir un simple appendice de la science (en se faisant épistémologie) ou de la politique (en s'identifiant au combat idéologique) ; soit enfin, dans un sursaut d'orgueil, s'affirmer comme unique source du vrai et de la connaissance en disqualifiant les deux autres rationalités (ce qui est la tentation des discours hégélien et heideggérien). En s'inspirant de la dimension ethnologique que J.-T. Desanti donne à cette métaphore dans *Le philosophe et les pouvoirs*, on pourrait dire que le choix se fait entre repli identitaire sous le bouclier du relativisme culturel, assimilation complète à une autre culture, ou bien affirmation ethnocentriste.

Il nous semble que l'une des spécificités des œuvres de Sartre, Merleau-Ponty et de Trần Đức Thảo, est le fait de n'accepter aucune de ces options et d'assumer pleinement la tâche de donner un sens à la philosophie dans un monde où celle-ci est plus que jamais contestée. En effet, ils ne veulent pas renoncer à l'ambition totalisante de la philosophie qui conduit celle-ci à refuser la spécialisation et à considérer que l'ensemble de tout ce qui existe relève de son domaine de compétence ; mais ils n'entendent pas non plus ériger le discours philosophique (sous sa forme classique) en unique rationalité et seul point à partir duquel le monde peut s'éclairer. Pour parvenir à respecter ces deux exigences, il leur a été nécessaire de tenter de réinventer la philosophie en transformant profondément la manière même dont celle-ci est pratiquée. Ainsi, tout en refusant la soumission de la philosophie à l'égard des sciences et de la politique, c'est-à-dire tout en continuant à affirmer le droit à l'existence de la philosophie, nos trois auteurs affirment la nécessité, pour cette dernière, de prendre acte du fait qu'elle est contestée dans son langage et sa rationalité par le développement des sciences et l'existence effective, sociale et politique, des êtres humains. Plus encore, c'est seulement à condition d'intégrer ces contestations que la philosophie peut avoir une signification dans le monde contemporain. La philosophie doit devenir autre au contact des savoirs que produit la science sur le monde, et en assumant la responsabilité politique des êtres humains par rapport au monde. Mais ce dépassement radical d'une certaine pratique de la philosophie n'est pas pour autant son abandon : pour reprendre une formule de Marx que nous avons rencontrée tout au long de notre parcours, c'est au contraire par cette transformation que la philosophie peut véritablement devenir elle-même et se réaliser.

Cette nouvelle pratique de la philosophie est à la fois ce qui a fait la fécondité et l'originalité de leur œuvre, mais aussi la difficulté qu'a rencontrée sa réception. Les œuvres de Sartre, de Merleau-Ponty et de Trần Đức Thảo cherchent en effet continuellement à articuler des discours et des pratiques radicalement hétérogènes : hétérogénéité des domaines et des rationalités (celles de la philosophie classique, des sciences et de la politique), hétérogénéité des métalangages (phénoménologie et marxisme), mais aussi hétérogénéité des modes d'articulation possibles de ces rationalités et de ces métalangages. Ces confrontations ne sont pas seulement théoriques, mais elles se font au contact de l'époque dans laquelle ils vivent, et sont, de ce fait, fortement imprégnées par elle. La difficulté que rencontre l'institution philosophique à rendre compte d'une grande partie des textes qu'ont produit Sartre, Merleau-Ponty et Trần Đức Thảo (mais aussi les bibliothèques à les classer) tient au fait qu'ils n'obéissent pas aux partages disciplinaires classiques (ce qui explique pourquoi des pans entiers de leur *corpus* est le plus souvent négligé et passé sous silence).

Cet effort pour renouveler en profondeur la pratique philosophique nous semble être l'une des leçons fondamentales de leur projet théorique. Si notre travail s'inscrit d'abord dans l'histoire de la philosophie et cherche à restituer la spécificité du dialogue qui se noue entre les courants marxiste et phénoménologique pendant près de vingt ans en France, il nous apparaît cependant que le problème auquel s'affrontent Sartre, Merleau-Ponty et Trần Đức Thảo est encore le nôtre. Comment continuer à donner un sens à la pratique philosophique tout en la transformant radicalement au contact des savoirs positifs et de l'exigence politique et sociale ? À une époque où la place de la philosophie est plus que jamais menacée, où l'affirmation ethnocentriste n'est guère plus crédible et où la stratégie de repli sur le langage de la tribu philosophique ne peut être qu'un expédient provisoire, si la philosophie ne veut pas se dissoudre entièrement, elle ne peut que se réinventer. Car, comme le disait V. Jankélévitch aux états généraux de la philosophie en 1979 :

> Se battre pour la philosophie, n'est-ce pas encore philosopher ? […] La philosophie n'est pas un cadeau de Noël qui nous serait donné tout ficelé dans son emballage de papier rose : sa fonction est de contester, mais son destin est d'être contestée ; il faut donc la reconquérir sans cesse, et surtout la *mériter*.

Remerciements

Mes remerciements vont tout d'abord vers Julia Jensen et Stefano Micali, qui ont accepté d'accueillir cet ouvrage dans leur collection. Je voudrais également remercier Rahul Sharma, Mario Gabriele et les équipes de Springer pour le travail réalisé afin de permettre la publication de l'ouvrage.

Je tiens ensuite à remercier Renaud Barbaras d'avoir accepté de prendre la direction de mes recherches : la liberté et la confiance qu'il m'a accordées, ainsi que son soutien constant, m'ont permis de réaliser ce travail dans les meilleures conditions. C'est auprès de lui que j'ai découvert la phénoménologie, et appris qu'à défaut d'être une science, elle est certainement une philosophie rigoureuse.

J'adresse également mes sincères remerciements à Jocelyn Benoist, Étienne Bimbenet, Florence Caeymaex et Franck Fischbach, dont les travaux ont irrigué mes recherches. Ces recherches ont également directement profité des nombreuses rencontres intellectuelles que j'ai pu faire au cours de ces dernières années. Je voudrais en particulier remercier Grégory Cormann, pour les discussions stimulantes que nous avons pu avoir à Paris comme à Liège, et Jacopo d'Alonzo, en qui j'ai trouvé un partenaire de recherche enthousiaste sur Trần Đức Thảo.

Cette étude n'aurait pas été possible sans l'apport inestimable qu'ont été les divers cadres collectifs auxquels j'ai pu participer : le séminaire Sartre, les travaux de la Grande Édition Marx et Engels (GEME), et surtout le séminaire « Lectures de Marx » de l'ENS d'Ulm. Ce séminaire a été pour moi, pendant de nombreuses années, un lieu incomparable de discussions collectives, de dynamisme intellectuel et d'enrichissement permanent : plus que tout, je remercie sincèrement les co-organisateurs et co-organisatrices, grâce à qui mon travail de recherche n'a jamais été une entreprise solitaire.

Je voudrais ensuite tout particulièrement remercier tous ceux et toutes celles qui, par amitié, m'ont aidé plus directement à l'une ou l'autre des étapes de la réalisation de ce travail : Guillaume, Hubert, Jacopo, Jordi, Laélia, Ludovic, Marion, Ovidiu, Paul, Paula, Samuel, Victor B., Victor G., Vincent, Yohann. Les discussions que j'ai pu avoir avec eux, leurs conseils, ainsi que leur relecture attentive et leurs critiques bienveillantes m'ont été indispensables.

Enfin je ne sais comment remercier Alix. Elle a été là à chacune des étapes de ce travail : elle l'a nourri et stimulé continuellement par ses idées, ses multiples relectures et critiques impitoyables. Sans nos discussions et sans son soutien indéfectible, la tâche aurait paru insurmontable. Pour toutes ces raisons et bien d'autres encore, cet ouvrage lui est dédié.

Bibliographie

1. Sources primaires

1.1. Sartre

L'Être et le Néant. Essai d'ontologie phénoménologique, Paris, Gallimard, 1943, 724 p. (Bibliothèque des Idées) ; Paris, Gallimard, 1994, 687 p. (Tel)
Réflexions sur la question juive, Paris, Gallimard, 1985 [1re éd. 1946], 185 p. (Folio-Essais, 10)
L'existentialisme est un humanisme, Paris, Gallimard, 1996 [1re éd. 1946], 108 p. (Folio-Essais, 284)
Situations, I. Critiques littéraires, Paris, Gallimard, 1993 [1re éd. 1947], 314 p. (Folio-Essais, 223)
Situations, II. Littérature et engagement, Paris, Gallimard, 1999 [1re éd. 1949], 321 p. (NRF)
Situations, III. Lendemains de guerre, Paris, Gallimard, 2003 [1re éd. 1949], 236 p. (NRF)
Saint Genet : comédien et martyr, Paris, Gallimard, 1952, 692 p. (NRF)
Critique de la Raison dialectique. Tome I. Théorie des ensembles pratiques, Paris, Gallimard, 1985 [1re éd. 1960], 921 p. (Bibliothèque de philosophie)
Situations, IV. Portraits, Paris, Gallimard, 1964, 460 p. (NRF)
Situations, V. Colonialisme et néo-colonialisme, Paris, Gallimard, 1964, 255 p. (NRF)
Situations, VI. Problèmes du marxisme, 1, Paris, Gallimard, 1964, 385 p. (NRF)
Situations, VII. Problèmes du marxisme, 2, Paris, Gallimard, 1965, 345 p. (NRF)
Situations, VIII. Autour de 68, Paris, Gallimard, 1972, 478 p. (NRF)
Situations, IX. Mélanges, Paris, Gallimard, 1972, 365 p. (NRF)
Situations, X. Politique et autobiographie, Paris, Gallimard, 1976, 227 p. (NRF)
Carnets de la drôle de guerre (septembre 1939-mars 1940), Paris, Gallimard, 1995 [1re éd. 1983], 675 p. (NRF)
Œuvres romanesques, Paris, Gallimard, 1981, CXII-2174 p. (Bibliothèque de la Pléiade)
Cahiers pour une morale, Paris, Gallimard, 1983, 603 p. (Bibliothèque de philosophie)
Lettres au Castor et à quelques autres, Paris, Gallimard, 2 vol. 1983, 366 p. et 521 p. (NRF)
Critique de la Raison dialectique. Tome II (inachevé). L'intelligibilité de l'Histoire, Gallimard, 1985, 469 p. (Bibliothèque de philosophie)
Questions de méthode, Paris, Gallimard, 1986, 164 p. (Tel)
Mallarmé. La lucidité et sa face d'ombre, Paris, Gallimard, 1986, 171 p. (Arcades)
Vérité et existence, Paris, Gallimard, 1989, 143 p. (NRF Essais)
La responsabilité de l'écrivain, Lagrasse, Éditions Verdier, 1998, 61 p. (Philosophie)

La transcendance de l'Ego et autres textes phénoménologiques, Paris, Vrin, 2003, 219 p. (Commentaires)
« Esquisses pour la *Critique de la Raison dialectique* », dans *Études sartriennes*, n°10, 2005, p. 9-23.
Théâtre complet, Paris, Gallimard, 2005, LXII-1611 p. (Bibliothèque de la Pléiade)
« Pour une psychologie de l'homme féodal » *LTM*, n°645-646, 2007, p. 76-123.
« Mai-juin 1789. Manuscrit sur la naissance de l'Assemblée nationale », *Études sartriennes*, n°12 « Sartre inédit », 2008, p. 19-154.
« Liberté – Égalité. Manuscrit sur la genèse de l'idéologie bourgeoise », *Études sartriennes*, n°12 « Sartre inédit », 2008, p. 165-256.
Les mots et autres écrits autobiographiques, Paris, Gallimard, 2010, LXXIII-1655 p. (Bibliothèque de la Pléiade)
Qu'est-ce que la subjectivité ?, Paris, Les Prairies ordinaires, 2013, 189 p. (Essais)

1.2 Merleau-Ponty

La structure du comportement, Paris, Presses Universitaires de France, 1977 [1re éd. 1942], 248 p. (Bibliothèque de philosophie contemporaine)
Phénoménologie de la perception, Paris, Gallimard, 1945, 531 p. (Bibliothèque des Idées)
Humanisme et terreur. Essai sur le problème communiste, Paris, Gallimard, 1980 [1re éd. 1947], 310 p. (Idées)
Sens et non-sens, Gallimard, 1996 [1re éd. 1948], 229 p. (Bibliothèque de philosophie)
Éloge de la philosophie et autre essais, Paris, Gallimard, 1989 [1re éd. 1953], 308 p. (Folio-Essais, 118).
Les aventures de la dialectique, Paris, Gallimard, 2000 [1re éd. 1955], 322 p. (Folio-Essais, 364)
Signes, Paris, Gallimard, 2001 [1re éd. 1960], 564 p. (Folio-Essais, 381)
Le visible et l'invisible, Paris, Gallimard, 1964, 361 p. (Bibliothèque des Idées)
Résumés de Cours. Collège de France. 1952-1960, Paris, Gallimard, 1968, 182 p. (NRF)
Prose du monde, Paris, Gallimard, 1969, 213 p. (NRF)
La Nature. Notes. Cours du Collège de France, Paris, Le Seuil, 1995, 381 p. (Traces écrites)
Notes de cours au Collège de France 1958-1959 et 1960-1961, Paris, Gallimard, 1996, 403 p. (Bibliothèque de philosophie)
Parcours, 1935-1951, Lagrasse, Éditions Verdier, 1997, 249 p. (Philosophie)
« Notes de cours sur *L'origine de la géométrie* de Husserl », dans BARBARAS, Renaud (dir.), *Notes de cours sur* L'origine de la géométrie *de Husserl. Suivi de Recherches sur la phénoménologie de Merleau-Ponty*, Paris, Presses Universitaires de France, 1998, p. 3-92.
Parcours deux, 1951-1961, Lagrasse, Verdier, 2000, 378 p. (Philosophie)
Psychologie et pédagogie de l'enfant. Cours de Sorbonne 1949-1952, Lagrasse, Éditions Verdier, 2001, 574 p. (Philosophie)
Causeries 1948, Paris, Le Seuil, 2002, 77 p. (Traces écrites)
L'institution, la passivité. Notes de cours au Collège de France (1954-1955), Paris, Belin, 2003, 299 p.
Le monde sensible et le monde de l'expression. Cours au Collège de France. Notes, 1953, Genève, Métis Presses, 2011, 223 p. (Champ contre champ)

1.3. Trần Đức Thảo

« Marxisme et phénoménologie », *La revue internationale*, n°2, jan-fév. 1946. p. 168-174.
« Sur l'Indochine », *LTM*, n°5, février 1946. p. 878-900.
« Les relations franco-vietnamiennes », *LTM*, n°18, mars 1947, p. 1053-1067.
« Sur l'interprétation trotzkyste des événements d'Indochine », *LTM*, n°21, 1947, p. 1697-1705.
« Questions du communisme. Réponse de Trần Đức Thảo à une enquête de R. Stéphane », *Confluences*, n°18-20, 1947, p. 276-287.
« La *Phénoménologie de l'Esprit* et son contenu réel », *LTM*, n°36, sept 1948, p. 492-519.
« Alexandre Kojève et Trần Đức Thảo : Correspondance inédite » (1948), *Genèse*, n°2, 1990, p. 131-137 ; repris dans JARCZYK, Gwendoline et LABARRIÈRE, Pierre-Jean. *De Kojève à Hegel: 150 ans de pensée hégélienne en France*. Paris, Albin Michel, 1996, p. 61-68.
« La critique de la philosophie (Marx) », dans ALQUIÉ, Ferdinand, ARON, Raymond, BUBER, Martin, CAILLOIS, Roland, DAVY, Marie-Madeleine, PATRI, Aimé, *L'homme, le monde, l'histoire*, Paris, Arthaud, 1948, p. 79-83. (Cahiers du Collège philosophique)
« Le conflit franco-vietnamien », *La Pensée*, n°22, jan-fév 1949, p. 17-19.
« Existentialisme et matérialisme dialectique », *RMM*, vol. 58, n°3-4, 1949, p. 317-329.
« Les origines de la réduction phénoménologique chez Husserl » (1944), *Deucalion*, n°3, 1950, p. 128-142.
Où en est-on aujourd'hui avec la philosophie ? [en vietnamien], Paris, Minh Tân, 1950.
Phénoménologie et matérialisme dialectique. Paris, Minh Tân, 1951, 368 p. Rééditions fac-similé : New York, Gordon & Breach, 1971 ; Paris, Éditions des Archives Contemporaines, 1992. Autres rééditions : *De Husserl à Marx. Phénoménologie et matérialisme dialectique*, Paris, Éditions Delga, 2012, 311 p. ; et dans BENOIST, Jocelyn, et ESPAGNE, Michel, *L'itinéraire de Trần Đức Thảo*, Paris, Armand Colin, 2013, p. 267-499.
« Figures du Vietnam nouveau », *NC*, n°51, janvier 1954, p. 101-124.
« Les forces productives et les rapports de production dans les crises de la société féodale du Viêtnam » [en vietnamien], *Sciences historiques et activité révolutionnaire*, n°1, juin 1954, p. 35-49.
« Recherches sur la valeur de la littérature ancienne » [en vietnamien], *Recherches en littérature, histoire et géographie*, n°3, 1954, p. 27-39.
« La *Proclamation aux officiers et aux soldats* du général Tran Hung Dao et la société vietnamienne à l'époque de l'essor du régime féodal » [en vietnamien], *Recherches en littérature, histoire et géographie*, n°5, février 1955, p. 31-39.
« Le président Ho Chi Minh, un maître grandiose » [en vietnamien], *Le peuple, organe du Parti*, n°442, 1955.
« L'origine de la conscience dans l'évolution du système nerveux » [en vietnamien], dans la *Revue de l'Université de pédagogie*, n°1, 1955, p. 7-26.
« La dialectique du système nerveux » [en vietnamien], *Revue de l'Université de pédagogie*, n°2, 1955, p. 59-75.
« Le contenu social du roman *Kim Van Kieu* » [en vietnamien], dans la *Revue de l'Université de pédagogie*, n°5, 1956, p. 11-40.
« Le noyau rationnel dans la philosophie hégélienne », *Revue de l'Université de pédagogie*, n°6-7, juillet 1956, p. 18-66 ; trad. fr. *La Pensée*, n°119, 1965 p. 3-23.
« Les forces de promotion de la liberté démocratique » [en vietnamien], *L'Humanisme*, n°3, 15 octobre 1956, p. 1.
« Contenu social et formes de la liberté » [en vietnamien], *Les Belles œuvres de l'hiver*, n°1, décembre 1956.
« Trần Đức Thảo fait son autocritique » [en vietnamien], *Le Peuple, organe du parti*, n°1531, n°1532 et n°1533, des 25, 26 et 27 mai 1958.
Recherche sur l'origine du langage et de la conscience. Paris, Éditions Sociales, 1973, 343 p. (Ouvertures)

« De la phénoménologie à la dialectique matérialiste de la conscience », *NC*, n°79-80, décembre 1974 – janvier 1975, p. 37-42 ; *NC*, n°86, 1975, p. 23-29.
« Note biographique » (1984), *LTM*, n°568, nov. 1993, p. 144-153.
La formation de l'homme (1986), édité par l'Association d'amitié franco-vietnamienne, 1992.
La Philosophie de Staline (1): Interprétation des principes et lois de la dialectique, Paris, Éditions Mây, 1988, 62 p.

1.4. Phénoménologie

BERGER, Gaston, *Le cogito dans la philosophie de Husserl*, Paris, Aubier, 1941, 159 p. (Philosophie de l'esprit)
FINK, Eugen, *De la phénoménologie*, trad. D. Frank, Paris, Éditions de Minuit, 1974, 245 p. (Arguments)
—, *VI. Cartesianische Meditation*, Dordrecht, Boston, London, Kluwer Academic Publishers, 1988, 2 vol. XII-241 p, 325 p. (Husserliana. Dokumente)
—, *Sixième méditation cartésienne. L'idée d'une théorie transcendantale de la méthode*, trad. N. Depraz, Grenoble, Jérôme Millon, 1994, 287 p. (Krisis)
GURWITSCH, Aron, *Esquisse de la phénoménologie constitutive*, Paris, Vrin, 2002, 418 p. (Textes philosophiques)
HEIDEGGER, Martin, *Qu'est-ce que la métaphysique ? suivi d'extraits sur l'être et le temps et d'une conférence sur Hölderlin*, trad. H. Corbin, Paris, Gallimard, 1938, 254 p. (Les Essais VII)
—, *Être et Temps*, trad. E. Martineau, Paris, J. Lechaux, E. Ledru, 1985, 323 p. (Authentica) (édition hors-commerce et disponible sur internet à l'adresse : http://t.m.p.free.fr/textes/Heidegger_etre_et_temps.pdf)
—, *Le principe de raison*, trad. A. Préau, Paris, Gallimard, 1983 [1re éd. 1962], 270 p. (Tel)
HUSSERL, Edmund, *Recherches logiques*, trad. H. Elie, A. L. Kelkel, R. Schérer, Paris, Presses Universitaires de France, 1958 (Vol. 1), 1961 (Vol. 2/1), 1962 (Vol. 2/2), 1963 (Vol. 3). (Epiméthée)
—, *Leçons pour une phénoménologie de la conscience intime du temps*, trad. H. Dussort, Paris, Presses Universitaires de France, 1965, XII-205 p. (Épiméthée)
—, *Idées directrices pour une phénoménologie, Livre premier, Introduction générale à la phénoménologie pure*, trad. P. Ricœur, Paris, Gallimard, 1950, XL-567 p. (Bibliothèque de philosophie)
—, *Ideen zu einer reinen Phänomenologie und Phänomenologischen Philosophie, 2. Buch, Phänomenologische Untersuchungen zur Konstitution*, La Haye, M. Nijhoff, 1952, 426 p. (Husserliana : Edmund Husserl gesammelte Werke, Bd. 6)
—, *Idées directrices pour une phénoménologie et une philosophie phénoménologique pures, Livre second, Recherches phénoménologiques pour la constitution*, trad. E. Escoubas, Paris, Presses Universitaires de France, 1996 [1re éd. 1982], 419 p. (Épiméthée)
—, *La phénoménologie et les fondements des sciences*, trad. D. Tiffeneau, suivi de *Postface à mes idées directrices pour une phénoménologie pure*, trad. A. L. Kelkel, Paris, Presses Universitaires de France, 1993, XIV-299 p. (Épiméthée)
—, *Logique formelle et logique transcendantale*, trad. S. Bachelard, Paris, Presses universitaires de France, 2009 [1re éd. 1957], 446 p. (Épiméthée)
—, *Méditations cartésiennes. Introduction à la phénoménologie*, trad. G. Peiffer et E. Levinas, Paris, Vrin, 1947 [1re éd. Paris, Armand Colin, 1931], 136 p. (Bibliothèque des textes philosophiques)
—, *Die Krisis der europäischen Wissenschaften und die transcendantale Phänomenologie*, La Haye, M. Nijholff, 1952, 559 p. (Husserliana : Edmund Husserl gesammelte Werke, Bd. 6)
—, *La crise des sciences européennes et la phénoménologie transzendantale*, trad. G. Granel, Paris, Gallimard, 1976, IX-589 p. (Bibliothèque de philosophie)
—, *Expérience et jugement*, trad. D. Souche, Paris, Presses Universitaires de France, 1970, 299 p. (Épiméthée ; 41)

LEVINAS, Emmanuel, « L'œuvre d'Edmund Husserl », *Revue philosophique*, janvier-février 1940 ; repris dans *En découvrant l'existence avec Husserl et Heidegger*, Paris, Vrin, 2006, p. 11-75.
RICŒUR, Paul, *À l'école de la phénoménologie*, Paris, Vrin, 2004 [1re éd. 1986], 296 p. (Bibliothèque d'histoire de la philosophie)
—, « Phénoménologie existentielle », *Encyclopédie française*, vol. XIX, 1957, 19.10.8-19.10.12.
PICARD, Yvonne, « Le temps chez Husserl et chez Heidegger », *Deucalion*, 1946, n°1, août 1946 ; repris dans *Philosophie*, n°100, 2008/4, p. 7-37.

1.5. Marxisme

ALTHUSSER, Louis, « Note sur le matérialisme dialectique », *Revue de l'enseignement philosophique*, oct-nov 1953, p. 11-17.
—, *Pour Marx*, Paris, Maspero, 1965, 263 p. (Théorie, 1)
ALTHUSSER, Louis, BALIBAR, Etienne, ESTABLET, Roger, MACHEREY, Pierre, RANCIÈRE, Jacques, *Lire le Capital*, Paris, PUF, 2008 [1re éd. 1965], 665 p. (Quadrige)
BABY, Jean, MAUBLANC, René, POLITZER, Georges, WALLON, Henri, *Cours de marxisme. 1ère année, 1935-1936*, Paris, Bureau d'éditions, 1936, 128 p.
BABY, Jean, FRIEDMANN, Georges, LABÉRENNE, Paul, MAUBLANC, René et WALLON, Henri, *Cours de marxisme. 2e année, 1936-1937*, Paris, Bureau d'éditions, 1937, 128 p.
BENJAMIN, Walter, « Sur le concept d'histoire », *LTM*, n°25, novembre 1947, p. 623-634.
CHAULIEU, Pierre [CASTORIADIS, Cornelius], « Sartre, le stalinisme et les ouvriers », *Socialisme ou Barbarie*, n°12, août 1953 ; repris dans *L'expérience du mouvement ouvrier*, Paris, UGE, 1974, p. 179-243.
DESANTI, Jean-Toussaint, *Introduction à l'histoire de la philosophie. Suivi de : Esquisse d'un second volume*, Paris, Presses Universitaires de France, 2006, 311 p. (Quadrige)
—, *La pensée captive. Articles de* La Nouvelle Critique *(1948-1956)*, Paris, Presses Universitaires de France, 2008a, 435 p. (Quadrige)
DIETZGEN, Joseph, *Pièces pour un dossier : L'essence du travail intellectuel. Écrits philosophiques annotés par Lénine*, Paris, Maspero, 1973, 249 p. (Théorie « Textes »)
ENGELS, Friedrich, *M. E. Dühring bouleverse la science (Anti-Dühring)*, trad. Bracke, Paris, Éditions Costes, 1931-1933, 3 vol., XXXIV-228, 199, 242 p. (Œuvres complètes des F. Engels)
—, *L'Anti-Dühring. M. E. Dühring bouleverse la science*, trad. E. Bottigelli, Paris, Éditions sociales, 1971 [1re éd. 1950], 502 p.
—, *Origine de la famille, de la propriété privée et de la famille*, trad. J Stern, Paris, Éditions sociales, 1971 [1re éd. 1954], 365 p.
—, *Dialectique de la nature*, trad. D. Naville, Paris, Librairie Marcel Rivière et Cie, 1950b, 454 p. (Bibliothèque philosophique)
—, *Dialectique de la nature*, trad. E. Bottigelli, Paris, Éditions sociales, 1952, 368 p.
—, *La guerre des paysans*, Paris, Éditions sociales internationales, 1929, 191 p.
—, *Ludwig Feuerbach et la fin de la philosophie classique allemande*, trad. E. Bottigelli, Paris, Éditions sociales, 1979, XXV-212 p. (Classiques du marxisme. Édition bilingue)
GUTERMAN, Norbert, LEFEBVRE, Henri, *La conscience mystifiée*, Paris, Gallimard, 1936, 285 p. (Les Essais, 14)
JAMES, Cyril Lionel Robert, *Les jacobins noirs. Toussaint Louverture et la Révolution de Saint-Domingue*, trad. P. Naville (revue par N. Vieillescazes), Paris, Éditions Amsterdam, 2017 [1re éd. 1949], 461 p. (Histoires Atlantiques)
GOLDMANN, Lucien, *Sciences humaines et philosophie*, Paris, Éditions Gonthier, 1966 [1re éd. 1952], 156 p. (Bibliothèque Médiations ; 46)
—, *Marxisme et sciences humaines*, Paris, Gallimard, 1970, 361 p. (Idées ; 228)

KORSCH, Karl, *Marxisme et philosophie*. Suivi de *L'état actuel du problème « Marxisme & philosophie » : anti-critique par la même occasion*, trad. B. Dericquebourg, G. Fondu, J. Quétier, Paris, Allia, 2012, 166 p.
LEFEBVRE, Henri, *Le matérialisme dialectique*, Paris, Presses Universitaires de France, 1971 [1re éd. 1939], 168 p. (Nouvelle encyclopédie philosophique ; 21)
—, *L'existentialisme*, Paris, Éditions du Sagittaire, 1946, 256 p.
—, *Logique formelle et logique dialectique*, Paris, Éd. Sociales, 1947, LIII-291 p.
—, « Le marxisme et la pensée française », *LTM*, n°137-138, juillet-août 1957, p. 117.
—, *Problèmes actuels du marxisme*, Paris, Presses Universitaires de France, 1958, 126 p. (Initiation philosophique)
—, « L'exclu s'inclut », *LTM*, n°149, juillet 1958, p. 226-237.
—, « Réponse au camarade Besse », *LTM*, n°149, juillet 1958, p. 238-249.
LEFORT, Claude, « Double et triple jeu. Réponse à Maurice Merleau-Ponty et à Pierre Hervé », *Jeune Révolution. Revue des étudiants communistes internationalistes*, n°2, 1946.
—, « Les pays coloniaux. Analyse structurelle et stratégie révolutionnaire », *LTM*, n°18, mars 1947, p. 1068-1094.
—, « Le marxisme de Sartre », *LTM*, n°89, avril 1953, p. 1541-1570.
—, « De la réponse à la question », *LTM*, n°104, juillet 1954, p. 157-184.
LENINE, Vladimir Ilitch, *Cahiers sur la dialectique de Hegel*, trad. N. Guterman et H. Lefebvre, Paris, Gallimard, 1938, 220 p.
—, *Quel faire ?*, *Œuvres complètes*, t. 5, Paris, Moscou, Éditions du Progrès, Éditions sociales, 1966, p. 355-544.
—, *Matérialisme et empiriocriticisme : notes critiques sur une philosophie réactionnaire*, trad. non renseignée, Moscou, Paris, Éditions du Progrès, Éditions sociales, 1973, 383 p.
—, *Deux tactiques de la social-démocratie dans la révolution démocratique*, *Œuvres complètes*, t. 9, *op. cit.*, p. 9-39.
—, *Impérialisme, stade suprême du capitalisme. Essai de vulgarisation*, *Œuvres complètes*, t. 22, *op. cit.*, p. 201-327.
—, *Cahiers philosophiques*, trad. non renseignée, Moscou, Paris, Éditions du Progrès, Éditions sociales, 1973 [1re éd. 1955], 607 p.
—, *La révolution prolétarienne et le renégat Kautsky*, *Œuvres complètes*, t. 28, *op. cit.*, p. 235-336.
—, *La maladie infantile du communisme (Le « gauchisme »)*, *Œuvres complètes*, t. 31, *op. cit.*, p. 11-116.
—, « Le Communisme » (12 juin 1920), *Œuvres complètes*, t. 31, *op. cit.*, p. 167-169.
—, « La portée du matérialisme militant », *Œuvres complètes*, t. 33, *op. cit.*, p. 230-240.
LUKACS, Georg, *Existentialisme ou marxisme ?*, trad. E. Kelemen, Paris, Nagel, 1961 [1re éd. 1948], 292 p. (Collection Pensées)
—, *Histoire et conscience de classe*, trad. K. Axelos, Paris, Éditions de Minuit, 1960, 385 p. (Arguments ; 1)
—, *Le jeune Hegel*, trad. G. Haarscher, R. Legros, Paris, Gallimard, 1981, 2 vol., 446 et 394 p. (Bibliothèque de philosophie)
—, *Marx et Engels historiens de la littérature*, trad. G. Badia, Paris, l'Arche, 1975, 116 p. (Travaux ; 25)
LUXEMBURG, Rosa, *La crise de la social-démocratie (Brochure de Junius)* (1915), dans *Œuvres complètes de Rosa Luxemburg, tome IV, La brochure de Junius, la guerre et l'Internationale (1907 - 1916)*, trad. M. Hermann, Marseille et Toulouse, Éditions Agone & Collectif Smolny, 2014, XXIV-230 p.
MANDEL, Ernest, « Lettre à Jean-Paul Sartre », *Quatrième Internationale*, janvier 1953 (repris dans *La Longue marche de la révolution*, Paris, Galilée, 1976, p. 83-123).
MARX, Karl, *Morceaux choisis*, trad. N. Guterman et H. Lefebvre, Paris, Gallimard, 1934, 463 p.
—, *Contribution à la critique de la philosophie du droit de Hegel*, trad. V. Béguin, A. Bouffard, P. Guerpillon et F. Nicodème, Paris, Éditions sociales, 2018, 344 p. (GEME)
—, *Œuvres philosophiques*, t. VI, trad. J. Molitor, Paris, Éditions Costes, 1937, 259 p.
—, *Manuscrits économico-philosophiques de 1844*, trad. F. Fischbach, Paris, Vrin, 2007, 236 p. (Textes & Commentaires)

—, *Misère de la philosophie*, Paris, Éditions sociales, 1961, 221 p.
—, *Le dix-huit Brumaire de Louis Bonaparte*, trad. G. Cornillet, Paris, Éditions sociales Messidor, 1984, 230 p. (Essentiel)
—, *Les luttes de classes en France 1848-1850*, trad. G. Cornillet, Paris, Éditions sociales Messidor, 1984, 251 p. (Essentiel)
—, *Contribution à la critique de l'économie politique*, trad. G. Fondu et J. Quétier, Paris, Éditions sociales, 2014, 280 p. (GEME poche)
—, *Le Capital*, trad. J.-P. Lefebvre et al. Paris, Éditions sociales, 2016, LVIII-814 p. (Les Essentielles)
MARX, Karl, ENGELS, Friedrich, *La sainte famille ou Critique de la critique, contre Bruno Bauer et consorts*, Traduction d'E. Cogniot, Paris, Éditions sociales, 1969, 256 p.
—, *L'idéologie allemande. Premier et deuxième chapitres*, trad. G. Fondu et J. Quétier, Paris, Éditions sociales, 2014, 496 p. (GEME poche)
—, *L'idéologie allemande*, trad. G. Badia, Paris, Éditions sociales, 2012 [1re éd. 1968], XXIX-621 p. (Les Essentielles)
—, *Manifeste du parti communiste*, trad. E. Bottigelli, Paris, Flammarion, 1998, 206 p. (GF Flammarion)
—, *Lettres sur « Le Capital »*, trad. G. Badia et J. Chabbert, Paris, Éditions sociales, 1964, 456 p.
—, *Lettres sur les sciences de la nature*, trad. J.-P. Lefebvre, Paris, Éditions sociales, 1973, 158 p. (Classiques du marxisme)
NAVILLE, Pierre, « Marx ou Husserl », *Revue internationale*, n°3 et n°5, mars et mai 1946.
—, *La psychologie, science du comportement. Le behaviourisme de Watson*, Paris, Gallimard, 1942, 253 p. (L'avenir de la science)
—, *Psychologie, marxisme, matérialisme. Essais critique*, Paris, Librairie Marcel Rivière et Cie, 1948 [1re éd. 1946], 312 p. (Bibliothèque philosophique)
POLITZER, Georges, *Critique des fondements de la psychologie. La psychologie et la psychanalyse*, Paris, Presses Universitaires de France, 1974 [1re éd. 1928], VIII-262 p. (À la pensée, 5)
—, *Principes élémentaires de philosophie*, Paris, Éditions sociales, 1972 [1re éd. 1946], VIII-286 p.
—, *Principes fondamentaux de philosophie*, Paris, Éditions sociales, 1954, X-533 p.
—, *Écrits 1. La philosophie et les mythes*, Paris, Éditions sociales, 1969, 392 p.
—, *Écrits 2. Les fondements de la psychologie*, Paris, Éditions sociales, 1969, 304 p.
ROSENTHAL, Mark Moiseevic, IOUDINE, Pavel Fedorovitch (dir.), *Petit dictionnaire philosophique*, Paris, E. Varlin, 1977 [Reprod. en fac-sim. de l'éd. de Moscou, Éditions en Langues Étrangères, 1955], 638 p.
STALINE, Joseph, *Le matérialisme historique et le matérialisme dialectique*, trad. non renseignée, 1945, Paris, Éditions sociales, 32 p.
TROTSKI, Léon, *Ma vie*, trad. M. Parijanine, Paris, Gallimard, 1953, 694 p. (Folio)
—, *Leur morale et la nôtre*, trad. V. Serge, Paris, Éd du Sagittaire, 1939, 89 p.
—, « L'URSS en guerre » (25 septembre 1939), *Défense du marxisme*, Paris, Études et documentation internationales, 1972, p. 101-124.

2. Littérature secondaire et critique

2.1. Sur Merleau-Ponty

BARBARAS, Renaud, *De l'être du phénomène. Sur l'ontologie de Merleau-Ponty*, Grenoble, Jérôme Millon, 2001, 379 p. (Collection Krisis)d
—, *Le tournant de l'expérience. Recherches sur la philosophie de Merleau-Ponty*, Paris, Vrin, 1998, 289 p. (Bibliothèque d'histoire de la philosophie)

—, « Merleau-Ponty et la nature », *Chiasmi international*, n°2, 2000, p. 47-61.
—, « Merleau-Ponty et la psychologie de la forme », *Les Études philosophiques*, n°57, 2001/2, p. 151-163.
—, « Les trois sens de la chair. Sur une impasse de l'ontologie de Merleau-Ponty », *La vie lacunaire*, Paris, Vrin, 2011, p. 19-33. (Problèmes et controverses)
BARBARAS, Renaud (dir.), *Notes de cours sur L'origine de la géométrie de Husserl*, Paris, Presses Universitaires de France, 1998, 406 p. (Épiméthée)
BIMBENET, Étienne, *Nature et humanité. Le problème anthropologique dans l'œuvre de Merleau-Ponty*, Paris, Vrin, 2004, 322 p. (Bibliothèque d'histoire de la philosophie)
—, *Après Merleau-Ponty. Études sur la fécondité d'une pensée*, Paris, Vrin, 2011, 252 p. (Problèmes et controverses)
BRUZINA, Ronald, « Eugen Fink and Maurice Merleau-Ponty : The Philosophical Lineage in Phenomenology », dans T. Toadvine, L. Embree (dir.), *Merleau-Ponty's Reading of Husserl*, Dordrecht, Kluwer Academic, 2002, p. 173-200. (Contributions to phenomenology)
CAILLOIS, Roland, « De la perception à l'histoire : la philosophie de Maurice Merleau-Ponty », dans *Deucalion*, II, 1947, p. 57-85.
—, « Destin de l'humanisme marxiste » (sur *Humanisme et Terreur*), dans *Critique*, 4, n°22, p. 243-251.
CEFAÏ, Daniel, « Merleau-Ponty et le marxisme. La dialectique comme emblème de la découverte de la démocratie », *Actuel Marx*, n°19, 1996.
COLONNA, Fabrice, *Merleau-Ponty et le renouvellement de la métaphysique*, Paris, Hermann, 2014, 459 p. (Hermann Philosophie)
COOPER, Barry, *Merleau-Ponty and Marxism : From Terror to Reform*, Toronto, Buffalo, London, University of Toronto Press, 1979, XV-223 p.
DESANTI, Jean-Toussaint, « Le philosophie et le prolétaire », dans *La Nouvelle Critique*, n°1, 1948, p. 26-36.
—, « Merleau-Ponty et la décomposition de l'idéalisme », dans *La Nouvelle Critique*, 1952, n°37, p. 63-82.
—, « En souvenir de Maurice Merleau-Ponty. Réflexions en marge de *Le visible et l'invisible* », dans *Les Cahiers de philosophie*, n°7, printemps, 1989, p. 145-154.
DODEMAN, Claire, « Marx et l'élaboration du concept de nature dans la philosophie de Merleau-Ponty », *Actuel Marx*, n°58, 2015/2, p. 118-129.
DUFOURCQ, Annabelle, *Merleau-Ponty : une ontologie de l'imaginaire*, Dordrecht, Heidelberg, London, New York, Springer, 2012, p. 68-76.
GARAUDY, Roger, COGNIOT, Georges, CAVEING, Maurice, DESANTI, Jean-Toussaint, KANAPA, Jean, LEDUC, Victor, LEFEBVRE, Henri, *Mésaventures de l'anti-marxisme. Les malheurs de M. Merleau-Ponty*, Paris, Éditions sociales, 1956, 159 p. (Problèmes)
GERAETS, Theodore, *Vers une nouvelle philosophie transcendantale. La genèse de la philosophie de Maurice Merleau-Ponty jusqu'à la* Phénoménologie de la perception, La Haye, Martinus Nijhoff, 1971, 212 p. (Phaenomenologica)
HUBENY, Alexandre, « Humanisme et dialectique. Le sens de l'histoire chez le premier Merleau-Ponty », *Chiasmi International*, n°3, 2001, p. 149-170.
HYPPOLITE, Jean, « Existence et dialectique dans la philosophie de Merleau-Ponty », dans *Les Temps Modernes*, n°184-185, octobre 1961, p. 228-244 ; repris dans *Figures de la pensée philosophique. Écrits de Jean Hyppolite (1931-1968)*, Paris, Presses Universitaires de France, 1971, 2 vol., VII-1042 p. (Épiméthée)
—, « L'évolution de la pensée de Merleau-Ponty », dans *Figures de la pensée philosophique. Écrits de Jean Hyppolite (1931-1968)* Paris, Presses Universitaires de France, 1971, p. 705-730. (Épiméthée)
—, « Sens et existence dans la philosophie de Maurice Merleau-Ponty », dans *Figures de la pensée philosophique. Écrits de Jean Hyppolite (1931-1968)* Paris, Presses Universitaires de France, 1971, p. 731-758. (Épiméthée)

—, « Notices : Maurice Merleau-Ponty », dans *Association amicale des anciens élèves et l'École normale supérieure*, 1962, p. 54-55.

JAY, Martin, « Phenomenological Marxism : The Ambiguities of Merleau-Ponty's holism », dans *Marxism and Totality*, Berkeley-LA, University of California Press, 1984, p. 361-384.

KRUKS, Sonia, *The Political Philosophy of Merleau-Ponty*, Sussex, Harvester Press, 1981, XI-152 p. (Philosophy Now, 13)

LARISON, Mariana, *Être en forme. Dialectique et phénoménologie dans la dernière philosophie de Merleau-Ponty*, Paris, Éditions Mimésis, 2016, 310 p. (L'œil et l'esprit)

LEFORT, Claude, *Sur une colonne absente (écrits autour de Merleau-Ponty)*, Paris, Gallimard, 1978, 224 p.

—, « Penser les rapports de l'homme avec l'Être », dans *Le Monde*, 2 mai 1981.

Low, Douglas, *The Existential Dialectic of Marx and Merleau-Ponty*, New York, Peter Lang Publishers, 1987, 252 p. (American university studies. Series V, Philosophy)

REVAULT D'ALLONNES, Myriam, *Merleau-Ponty. La chair du politique*, Paris, Éditions Michalon, 2001, 124 p. (Le bien commun)

RICHIR, Marc, « Merleau-Ponty et Marx : un rapport vivant », *Magazine littéraire*, n°324, sept 1994, p. 58-59.

ROBERT, Frank, *Phénoménologie et ontologie. Merleau-Ponty lecteur de Husserl et Heidegger*, Paris, L'Harmattan, 2005, 356 p. (Ouverture philosophique)

—, « Fondement et fondation », *Chiasmi International*, n°2, 2000, p. 351-372.

SAINT AUBERT, Emmanuel (de), *Du lien des êtres aux éléments de l'être. Merleau-Ponty au tournant des années 1945-1951*, Paris, Vrin, 2004, 268 p. (Bibliothèque d'histoire de la philosophie)

—, *Le scénario cartésien. Recherches sur la formation et la cohérence de l'intention philosophique de Merleau-Ponty*, Paris, Vrin, 2005, 268 p. (Bibliothèque d'histoire de la philosophie)

—, *Vers une ontologie indirecte. Sources et enjeux de l'appel à l'ontologie chez Merleau-Ponty*, Paris, Vrin, 2006, 280 p. (Bibliothèque d'histoire de la philosophie)

SICHÈRE, Bernard, *Merleau-Ponty ou le corps de la philosophie*, Paris, Grasset, 1982, 253 p. (Figures)

SILVERMAN, Hugh, « Merleau-Ponty on Language and Communication », *Inscriptions. After Phenomenology and Stucturalism*, Evanston, Northwestern University Press, 1987, p. 95-107.

TILLIETTE, Xavier, *Merleau-Ponty ou la mesure de l'homme*, Paris, Éditions Seghers, 1970, 188 p. (Philosophes de tous les temps, 64)

TOADVINE, Ted, EMBREE, Lester (dir.), *Merleau-Ponty's Reading of Husserl*, Dordrecht, Springer, 2002, 297 p. (Contributions to Phenomenology).

TOADVINE, Ted, « Merleau-Ponty's Reading of Husserl. A Chronological Overview », dans *Merleau-Ponty's Reading of Husserl*, TOADVINE, Ted, EMBREE, Lester (dir.), Dordrecht, Springer, 2002, p. 227-286. (Contributions to Phenomenology)

VAN BREDA, Herman Leo, « Maurice Merleau-Ponty et les Archives-Husserl à Louvain », *Revue de métaphysique et de morale*, octobre-décembre 1962, 67e année, n°4, p. 410-430.

WAHL, Jean, « A propos d'une conférence de Maurice Merleau-Ponty sur les aspects politiques et sociaux de l'existentialisme », dans *Fontaine*, 9, n°51, avril 1946, p. 678-679.

WHITESIDE, Kerry Holmes, « Perspectivism and Historical Objectivity : Maurice Merleau-Ponty's Convert Debate with Raymond Aron », *History and Theory*, mai 1986, vol. 25, n°2, p. 132-151.

—, *Merleau-Ponty and the Foundation of an Existential Politics*, Princeton, New Jersey, Princeton University Press, 1988, 339 p. (Studies in Moral, Political, and Legal Philosophy)

2.2. Sur Sartre

2.2.1. Ouvrages et articles

AMIEL, Bastien « Sartre et le R.D.R : inventer une position politique », dans PAGÈS, Claire et SCHUMM, Marion (dir.) *Situations de Sartre*, Paris, Hermann, 2013, p. 345-358.

ARON, Raymond, *Histoire et dialectique de la violence*, Paris, Gallimard, 1973, 270 p. (Les Essais, 181)

ARONSON, Ronald, *Sartre's Second Critique*, Chicago, London, University of Chicago Press, 1987, XVII-253 p.

BARBARAS, Renaud (dir.), *Sartre. Désir et liberté*, Paris, Presses Universitaires de France, 2005, 191 p. (Débats philosophiques)

BAROT, Emmanuel, « Sartre : de la réification à la révolution », KOUVÉLAKIS, Eustache (dir.), dans *Marx 2000*, Paris, Presses Universitaires de France, 2000, p. 143-154.

—, « "La situation, c'est de la matière : cela demande être traité" (*La Nausée*). De Roquentin à la morale révolutionnaire en passant par « l'expérience critique » de la *Critique de la Raison dialectique* », intervention au Séminaire Sartre à l'ENS (Ulm), 7 novembre 2012 (texte disponible sur http://adlc.hypotheses.org)

BAROT, Emmanuel (dir.), *Sartre et le marxisme*, Paris, La Dispute, 2011, 404 p.

BIRCHALL, Ian, *Sartre et l'extrême gauche. Cinquante ans de relations tumultueuses*, trad. É. Dobenesque, Paris, Éditions La Fabrique, 2011, 400 p.

BOUFFARD, Alix, « Processus et histoire chez Sartre et Lukács », *Études sartriennes*, n°23, 2019, p. 109-133.

BOURGAULT, Jean, « La distance et l'amitié. Sartre, Merleau-Ponty et la question de la réduction phénoménologique. », *Cahiers philosophiques*, n° 81, décembre 1999, p. 93-143.

CABESTAN, Philippe, *L'être et la conscience. Recherches sur la psychologie et l'ontophénoménologie sartriennes*, Bruxelles, Ousia, 2004, 423 p.

CABESTAN, Philippe, ZARADER, Jean-Pierre (dir.), *Lectures de Sartre*, Ellipses, 2011, 325 p. (Lectures de…)

CAEYMAEX, Florence, « La dialectique entre Sartre et Merleau-Ponty », *Études sartriennes*, n°10, 2005, p. 111-137.

—, « Praxis et inertie. La *CRD* au miroir de l'ontologie phénoménologique », dans WORMSER, Gérard (dir.), *Sartre. Violence et éthique*, Paris, Parangon, 2006, p. 45-63.

—, « La *Critique de la Raison dialectique* : une phénoménologie de la praxis ? », dans *Alter, revue de phénoménologie*, n°17 (« Le monde social »), 2009, p. 29-44.

—, « Vie et praxis : le statut de l'organisme dans la *Critique de la Raison dialectique* », dans *Bulletin d'analyse phénoménologique,* Volume 6 (2010), n°2 (« La nature vivante »), disponible en ligne : http://popups.ulg.ac.be/bap/

CATALANO, Joseph, *A Commentary on Sartre's Critique of Dialectical Reason*, Chicago, London, University of Chicago Press, 1986, XII-282 p.

CHIODI, Pietro, *Sartre e il marxismo*, Milano, Feltrinelli Editore, 1965, 219 p.

COHEN-SOLAL, Annie, *Sartre. 1905-1980*, Paris, Gallimard, 1999 [1re éd. 1985], 962 p. (Folio Essais)

COLOMBEL, Jeannette, *Sartre ou le Parti de vivre* Paris, Grasset, 1981, 317 p.

—, *Jean-Paul Sartre. 1, Un homme en situation ; 2, Une œuvre aux mille têtes*. Paris, Librairie Générale Français, 1985, 730 p. (Livre de poche)

CONTAT, Michel, RYBALKA, Michel, *Les Écrits de Sartre*, Paris, Gallimard, 1980, 786 p.

CONTAT, Michel (dir.), *Sartre*, Paris, Bayard, 2005, 286 p. (Les compagnons philosophiques)

COOMBES, Sam, *The Early Sartre and Marxism*, Bern, Peter Lang, 2008, 330 p. (Modern French Identities, 64)

COOREBYTER (de), Vincent, *Sartre face à la phénoménologie. Autour de « L'intentionnalité » et de « La transcendance de l'Ego »*, Bruxelles, Ousia, 2000, 696 p.

—, *Sartre avant la phénoménologie. Autour de « La Nausée » et de la « Légende de la vérité »*, Bruxelles, Ousia, 2005, 331 p.

—, « La théorie de l'idéologie dans la *Critique de la Raison dialectique* », intervention au colloque « Lectures croisées de la *CRD* (1960-85) », 9-10 mai 2008.

—, « La genèse de l'idéologie bourgeoise : Sartre critique du marxisme », intervention au colloque annuel du Groupe d'études sartriennes (GES), 20-21 juin 2008.

CORMANN, Grégory, « Passion et liberté. Le programme phénoménologie de Sartre », dans CABESTAN, Philippe, ZARADER, Jean-Pierre (dir.), *Lectures de Sartre*, Ellipses, 2011, p. 103-107.

—, « Questions de méthodes : Sartre, Giovannangeli, la phénoménologie et les "structuralistes" », *Bulletin d'analyse phénoménologique* X 11, 2014 (Actes 7), p. 74-88.

CORMANN, Grégory, DASSONNEVILLE, Gautier, « Traduire la *Psychopathologie générale* : Sartre avec Lagache et Aron face à Jaspers. Une lecture du mémoire de DES de Sartre sur *L'Image dans la vie psychologique* (1927) », *Revue germanique internationale*, n°30, 2019, p. 99-129.

CORMANN, Grégory, ENGLEBERT, Jérôme, « Des situations-limites au dépassement de la situation. Phénoménologie d'un concept sartrien », *Sartre Studies International*, Volume 22, Issue 1, 2016, p. 99-116.

DELEUZE, Gilles, « Il a été mon maître » (1964), dans DELEUZE, Gilles, *L'île déserte. Textes et entretiens 1953-1974*, Paris, Éditions de Minuit, 2002, p. 109-113.

DESAN, Wilfrid, *The Marxism of Jean-Paul Sartre*, Doubleday & Company Inc, NY, 1965, XIII-320 p.

FERON, Alexandre, « Dépasser le relativisme historique. Merleau-Ponty et Sartre face à Aron », *Études sartriennes*, n°23, 2019, p. 17-40.

—, « Sartre contre Lefort. De quoi l'expérience prolétarienne est-elle le nom ? », *Rue Descartes*, n°96, 2019, p. 65-79.

FLAJOLIET, Alain, *La première philosophie de Sartre*, Paris, Éditions Champion, 2008, 962 p.

FLYNN, Thomas R., *Sartre and Marxist Existentialism. The Test Case of Collective Responsibility*, Chicago, University of Chicago Press, 1984, XIV-265 p.

GORZ, André, « Sartre ou de la conscience à la praxis », dans *Le socialisme difficile*, Paris, Le Seuil, 1967, p. 205-213.

—, « Sartre et le marxisme », dans *Le socialisme difficile*, Paris, Le Seuil, 1967, p. 215-244.

JEANSON, Francis, *Sartre par lui-même*, Paris, Le Seuil, 1955, 192 p. (Écrivains de toujours ; 29)

KOUVÉLAKIS, Eustache, CHARBONNIER, Vincent (dir.), *Sartre, Lukács, Althusser : des marxistes en philosophie*, Paris, Presses Universitaires de France, 2005, 209 p. (Actuel Marx Confrontations)

LOUETTE, Jean-François, « Le deuxième sexe dans *Les Mains sales* », *Revue d'histoire littéraire de la France*, vol. 116, 2016/2, p. 365-386.

MAZAURIC, Claude, « Sartre et l'histoire de la Révolution française », dans *Études sartriennes*, n°14, 2010, p. 99-123.

PHILIPPE, Gilles « La nostalgie du style ? Réflexions sur l'écriture philosophique de Jean-Paul Sartre », *Rue Descartes*, n°47, 2005/1, p. 45-54.

SALANSKIS, Jean-Michel, « Sartre, Kant et la sérialité », *Études sartriennes*, n°10 « Dialectique, littérature », p. 25-54.

SIMONT, Juliette, *Jean-Paul Sartre. Un demi-siècle de liberté*, Paris, Bruxelles, De Boeck Université, 1998, 242 p. (Le point philosophique)

—, « Sartre et la question de l'historicité. Réflexions au-delà d'un procès », *LTM*, n°613, 2001, p. 109-130.

—, « La *Critique de la Raison dialectique* : du besoin au besoin, circulairement », dans CONTAT, Michel (dir.), *Sartre*, Paris, Bayard, 2005, p. 195-210.

TOMÈS, Arnaud, « Le statut de la phénoménologie dans la *Critique de la Raison dialectique* », dans Ph. Cabestan, J.-P. Zarader (dir.), *Lectures de Sartre*, Ellipses, 2011, p. 131-146.

VERSTRAETEN, Pierre, *Violence et éthique. Esquisse d'une critique de la morale dialectique à partir du théâtre politique de Sartre*, Paris, Gallimard, 1972, 453 p. (Les Essais, 165)

—, *L'anti-Aron*, Paris, Éditions de la Différence, 2008, 121 p. (Les Essais, 59)

WAHNICH, Sophie, « L'histoire de la Révolution française peut-elle être dialectique ? Sartre, Lévi-Strauss, Benjamin », dans *L'Homme et la société*, n° 181, 2011, p. 99-120.
—, *La révolution française n'est pas un mythe*, Paris, Klincksieck, 2017, 247 p. (Critique de la politique)
WORMSER, Gérard, *Sartre. Violence et éthique*, Lyon, Parangon, 2006, 169 p. (Sens Public)

2.2.2. Numéros de revue

Études sartriennes:
« Dialectique, littérature », Études sartriennes, n°10, 2005, 336 p.
« Sartre inédit (manuscrits « Mai-Juin 1789 » et « Liberté-Égalité ») », Études sartriennes, n°12, 2007-2008, 281 p.
« Sartre, l'histoire et les historiens », Études sartriennes, n°14, 2010, 163 p.
Autres revues:
« Notre Sartre », Les Temps Modernes, n°632-634, juillet-octobre 2005.
« Sartre inédit », Obliques, n°18-19, 1979, 368 p.

2.3. Sur Trần Đức Thảo

2.3.1. Ouvrages et articles

[Anonyme], « Notes critiques. *Phénoménologie et matérialisme dialectique*, par Tran-Duc-Thao », dans la *Revue de Métaphysique et de Morale*, 58ᵉ année, n°3, juillet-septembre 1953, p. 310-313.
BARTHES, Roland, « Sur le livre de Trân Duc Thao *Phénoménologie et matérialisme dialectique* », *Combat*v, 11 octobre 1951 ; repris dans *Œuvres complètes: T. 1, 1942-1965*. Paris, Le Seuil, 1993, p. 107.
BENOIST, Jocelyn, ESPAGNE, Michel (dir), *L'itinéraire de Trần Đức Thảo. Phénoménologie et transferts culturels*, Paris, Armand Colin, 2013, 502 p. (Armand Colin - Recherches)
BENOIST, Jocelyn, « Une première naturalisation de la phénoménologie ? », dans BENOIST, Jocelyn, ESPAGNE, Michel (dir), *L'itinéraire de Trần Đức Thảo. Phénoménologie et transferts culturels*, Paris, Armand Colin, 2013, p. 25-46.
D'ALONZO, Jacopo, *Trần Đức Thảo's Theory of Language Origins*, Thèse en sciences du langage soutenue à l'université Sorbonne Nouvelle Paris 3, 2018.
DE WAEHLENS, Alphonse, « *Phénoménologie et matérialisme dialectique*, Trần Đức Thảo », *Critique*, 1952, n°56, p. 85-88.
FERON, Alexandre, « Trần Đức Thảo. De la phénoménologie au matérialisme dialectique. Comment régler ses comptes avec sa conscience philosophique d'autrefois ? », dans BENOIST, Jocelyn, ESPAGNE, Michel (dir), *L'itinéraire de Trần Đức Thảo. Phénoménologie et transferts culturels*, Paris, Armand Colin, 2013, p. 163-185.
—, « Qui est Trần Đức Thảo ? Vie et œuvre d'un philosophe vietnamien », *Contretemps-web*, texte disponible sur internet à l'adresse : https://www.contretemps.eu/qui-est-tran-duc-thao-vie-et-oeuvre-dun-philosophe-vietnamien/.
—, « Trần Đức Thảo et l'idée finkienne de Phénoménologie de la phénoménologie », *Revue philosophique de Louvain*, vol. 117 (3), août 2019, p. 499-526.

GIOVANNANGELI, Daniel, « Husserl entre Tran Duc Thao et Derrida. Un moment de la phénoménologie en France », dans BENOIST, Jocelyn, ESPAGNE, Michel (dir), *L'itinéraire de Trần Đức Thảo. Phénoménologie et transferts culturels*, Paris, Armand Colin, 2013, p. 133-146.
MCHALE, Shawn, « Vietnamese Marxism, Dissent, and the Politics of Postcolonial Memory: Trần Đức Thảo, 1946-1993 », dans *Journal of Asian Studies*, 61 : 1, février 2002, p. 7-31.
PAPIN, Philippe, « Itinéraire II. Les exils intérieurs », dans BENOIST, Jocelyn, ESPAGNE, Michel (dir), *L'itinéraire de Trần Đức Thảo. Phénoménologie et transferts culturels*, Paris, Armand Colin, 2013, p. 62-89.
RICŒUR, Paul. « Sur la phénoménologie », *Esprit*, décembre 1953, n°209, p. 821-839 ; repris dans *À l'école de la phénoménologie*, Paris, Vrin, 2004, p. 159-185.
TRINH Van Thao, *Les compagnons de route de Hô Chi Minh. Histoire d'un engagement intellectuel au Viêt-nam*, Paris, Karthala, 2004, 318 p. (Hommes et Sociétés)

2.3.2. Entretiens réalisés dans le cadre des recherches menées

Entretien avec Vincent Von Wroblewski (février 2014).
Entretien avec Lucien Sève (16 décembre 2014).
Entretien avec Giao Nguyen Ngoc (18 mars 2015).
Entretien René Schérer (17 juillet 2017).

2.4. Sur la phénoménologie

2.4.1. Ouvrages et articles

BARBARAS, Renaud, *Introduction à la philosophie de Husserl*, Chatou, Éditions de La Transparence, 2004, 189 p.
—, *Le désir et la distance. Introduction à une phénoménologie de la perception*, Paris, Vrin, 2006 [1re éd. 1999], 175 p. (Problèmes et controverses)
—, *Introduction à une phénoménologie de la vie*, Paris, Vrin, 2008, 381 p. (Problèmes et controverses)
—, *Dynamique de la manifestation*, Paris, Vrin, 2013, 356 p. (Problèmes et controverses).
—, *La vie lacunaire*, Paris, Vrin, 2011, 216 p. (Problèmes et controverses)
BENOIST, Jocelyn, *Autour de Husserl. L'Ego et la raison*, Paris, Vrin, 1994, 321 p. (Bibliothèque d'histoire de la philosophie)
—, *L'idée de phénoménologie*, Paris, Beauchesne, 2001, 159 p. (« Le grenier à sel »)
BENOIST, Jocelyn, KARSENTI, Bruno (dir.), *Phénoménologie et sociologie*, Paris, Presses Universitaires de France, 2001, 255 p. (Fondements de la politique)
BARASH, Jeffrey Andrew, *Heidegger et le sens de l'histoire*, trad. S. Taussig, Paris, Galaade Editions, 2006, 401 p.
BRUZINA, Ronald, *Edmund Husserl and Eugen Fink : Beginnings and Ends in Phenomenology, 1928–1938*, New Haven, Yale University Press, 2004, XXVII-627 p. (Yale Studies in Hermeneutics)
DERRIDA, Jacques, *Le problème de la genèse dans la philosophie de Husserl*, Paris, Presses Universitaires de France, 1990, 292 p. (Épiméthée)
—, *La voix et le phénomène. Introduction au problème du signe dans la phénoménologie de Husserl*, Paris, Presses Universitaires de France, 1967, 119 p. (Épiméthée)

DE WAEHLENS, Alphonse, « De la phénoménologie à l'existentialisme », dans *Le choix, le monde, l'existence*, Grenoble, B. Arthaud, 1947, p. 37.
DUPONT, Christian, *Phenomenology in French Philosophy: Early Encounters*, Dordrecht, Heidelberg, New York, London, Springer, 2014, 338 p. (Phaenomenologica, 208)
FARGES, Julien, « Husserl et la Grande Guerre : l'irruption critique de l'histoire dans la phénoménologie », *Transversalités*, n°132, 2015/1, p. 43-59.
FERON, Alexandre, « Marxisme et phénoménologie en France », dans DUCANGE, Jean-Numa, BURLAUD, Anthony (dir.), *Marx, une passion française*, Paris, Éditions la Découverte, 2018, p. 229-240.
GIOVANNANGELI, Daniel, « La lecture dialectique des *Leçons* », dans BENOIST, Jocelyn (dir.), *La Conscience du temps. Autour des « Leçons sur le temps » de Husserl*, Paris, Vrin, 2008, p. 137-159. (Problèmes et controverses)
GREISCH, Jean, *Ontologie et temporalité. Esquisse d'une interprétation intégrale de* Sein und Zeit, Paris, Presses Universitaires de France, 1994 [1re éd. 1985], VI-522 p. (Épiméthée)
JANICAUD, Dominique, *La phénoménologie dans tous ses états*, Paris, Gallimard, 2009, 323 p. (Folio. Essais ; 514)
LAVIGNE, Jean-François, *Husserl et la naissance de la phénoménologie (1900-1913). Des* Recherches logiques *aux* Ideen *: la genèse de l'idéalisme transcendantal*, Paris, Presses Universitaires de France, 2005, 809 p. (Épiméthée)
LAWLOR, Leonard, *Derrida and Husserl: The Basic Problem of Phenomenology*, Bloomington, Indiana University Press, 2002, 286 p. (Studies in Continental Thought)
MARION, Jean-Luc, « Un moment français de la phénoménologie », *Rue Descartes*, n° 35, 2002, p. 9-13.
MONSEU, Nicolas, *Les usages de l'intentionnalité. Recherches sur la première réception de Husserl en France*, Louvain-la-Neuve, Peeters, 2005, 330 p. (Bibliothèque philosophique de Louvain ; 67)
PATOČKA, Jan, *Qu'est-ce que la phénoménologie ?*, trad. E. Abrams, Grenoble, Jérôme Million, 2002, 285 p. (Collection Krisis)
PERREAU, Laurent, *Le monde social selon Husserl*, Dordrecht, Heidelberg, New York, London, Springer, 2013, 382 p. (Phaenomenologica, 209)
PRADELLE, Dominique, « Solipsisme et stratifications méthodologiques. Commentaire de la Cinquième Méditation (première partie §42-48) », dans LAVIGNE, Jean-François (dir.), *Les méditations cartésiennes de Husserl*, Paris, Vrin, 2008, p. 169-174. (Études & commentaires)
SPIEGELBERG, Herbert, *The Phenomenological Movement. A Historical Introduction*, La Haye, Boston, London, Martinus Nijhoff Publishers, 1982 [1re éd. 1960], XLVIII-768 p. (Phaenomenologica, 5-6)
TYMIENIECKA, Anna-Teresa (dir.), *Phenomenology and Existentialism in the Twentieth Century*, *Analecta Husserliana*, Volumes CIII (2009), CIV (2009), CV (2010), Springer, 2009-2010, 3 vol., X-456, XV-453, IX-394 p. (The Yearbook of Phenomenological Research)
VAN BREDA, Herman Leo, « Le sauvetage de l'héritage husserlien et la fondation des Archives Husserl », *Husserl et la pensée moderne*, La Haye, Martinus Nijhoff, 1959, p. 1-41. (Phaenomenologica 2); repris dans *Geschichte des Husserl-Archivs / History of the Husserl-Archives*, Springer, 2007, xiii-161 p.
WALDENFELS, Bernard, *Phänomenologie in Frankreich*, Frankfurt am Main, Suhrkamp Verlag, 1983, 576 p.

2.4.2. Numéros de revue

Revue internationale de philosophie, Bruxelles, Revue internationale de Philosophie, n°2, janvier 1939, p. 201-420.

2.5. Sur Marx et le marxisme

BALIBAR, Étienne, *La philosophie de Marx*, Paris, La Découverte, 2014 [1ʳᵉ éd. 1993], 263 p.
BENSAÏD, Daniel, « Politiques de Marx. Des luttes de classes à la guerre civile en France », dans MARX, Karl, ENGELS, Friedrich, *Inventer l'inconnu. Textes et correspondance autour de la commune*, Paris, La Fabrique, 2008, p. 11-103.
BENSUSSAN, Gérard, LABICA, Georges, *Dictionnaire critique du marxisme*, Paris, Presses Universitaires de France, 1985 [1ʳᵉ éd. 1982], XVI-1 240 p.
BLANK, Daniel, CARVER, Terrell, *A Political History of the Editions of Marx and Engel's « German Ideology Manuscripts »*, New York, Palgrave Macmillan, 2014, 214 p.
BOUFFARD, Alix, FERON, Alexandre, FONDU, Guillaume, « Les éditions françaises du *Capital* » dans *Ce qu'est Le Capital de Marx*, Paris, Éditions sociales, 2016, p. 91-145. (Les parallèles)
BREWER, Anthony, *Marxist Theories of Imperialism. A Critical Survey*, London, New York, Routledge, 1980, XI-300 p.
COTTEN, Jean-Pierre, « Les *Études philosophiques* de Marx et Engels : la constitution d'un corpus légitime », dans LABICA, Georges (dir.), *1883-1983. L'œuvre de Marx, un siècle après*, Paris, Presses Universitaires de France, 1985, p. 41-46.
DARDOT, Pierre, LAVAL, Christian, *Marx, prénom : Karl*, Paris, Gallimard, 2012, 809 p. (NRF essais)
DUCANGE, Jean-Numa, BURLAUD, Anthony (dir.), *Marx, une passion française*, Paris, Éditions la Découverte, 2018, 346 p. (Recherches)
FISCHBACH, Franck, *Philosophies de Marx*, Paris, Vrin, 2015, 206 p. (Moments philosophiques)
HAUPT, Georges, *L'historien et le mouvement social*, Paris, Maspero, 1980, 341 p. (Bibliothèque socialiste)
JAY, Martin, *Marxism and Totality. The Adventures of a Concept from Lukács to Habermas*, Berkeley, Los Angeles, University of California Press, 1984, 576 p.
KOUVÉLAKIS, Eustache, « Crises du marxisme, transformation du capitalisme », dans BIDET, Jacques, et KOUVÉLAKIS, Eustache (dir.), *Dictionnaire Marx contemporain*, Paris, Presses Universitaires de France, 2001, p. 41-56.
LABICA, Georges, *Karl Marx. Les Thèses sur Feuerbach*, Paris, Presses Universitaires de France, 1987, 138 p. (Philosophies, 13)
LÖWY, Michael, *L'évolution politique de Lukács 1909-1929. Contribution à une sociologie de l'intelligentsia révolutionnaire*, Paris, Presses Universitaires de France, 1976, 319 p. (Sociologie d'aujourd'hui)
—, *Dialectique et révolution. Essais de sociologie et d'histoire du marxisme* », Paris, Anthropos, 1973, 236 p.
—, *La théorie de la révolution chez le jeune Marx*, Paris, Éditions sociales, 1997, 253 p.
ROVATTI, Pier Aldo, *Critica e scientificità in Marx*, Milano, Feltrinelli, 1973, 207 p. (I Fatti e le idee : saggi e biografie. Filosofia)
SÉVE, Lucien, *Penser avec Marx aujourd'hui. T1 : Marx et nous*, Paris, La Dispute, 2004, 282 p.
—, *Penser avec Marx aujourd'hui. T2 : L'homme ?*, Paris, La Dispute, 2008, 586 p.
—, *Penser avec Marx aujourd'hui, T3 : La philosophie*, Paris, La Dispute, 2014, 704 p.
THOMPSON, Edward Palmer, *Misère de la théorie. Contre Althusser et le marxisme antihumaniste*, trad. A. Blin, A. Burlaud, Y. Douet et A. Feron, Paris, Éditions l'Échappée, 2015, 387 p. (Collection Versus)
VADÉE, Michel, *Marx, penseur du possible*, Paris, L'Harmattan, 1998 [1ʳᵉ éd. 1992], 553 p. (L'Ouverture philosophique)
VAN DER LINDEN, Marcel, *Western Marxism and the Soviet Union. A Survey of Critical Theories and Debates Since 1917*, Leiden, Brill, 2007, IX-380 p. (Historical Materialism ; 17)
WEBER, Henri, *Marxisme et conscience de classe*, Paris, Union générale d'Éditions, 1975, 442 p. (10/18)

3. Le contexte historique et intellectuel

3.1. Sources primaires (ouvrages de l'époque ou des acteurs de l'époque)

ALQUIÉ, Ferdinand, « Existentialisme et philosophie chez Heidegger », *La revue internationale*, n°2-3, 1946, p. 244-252 et p. 333-341.

ALQUIÉ, Ferdinand, ARON, Raymond, BUBER, Martin, CAILLOIS, Roland, DAVY, Marie-Madeleine, PATRI, Aimé, *L'homme, le monde, l'histoire*, Paris, Arthaud, 1948, 253 p. (Cahiers du Collège philosophique)

ALTHUSSER, Louis, *L'avenir dure longtemps*. Suivi de *Les Faits*, Paris, Éditions Stock/IMEC, 1994 [1re éd. 1992], 573 p. (Livre de poche)

ARON, Raymond, *La sociologie allemande contemporaine*, Paris, Presses Universitaires de France, 2007 [1re éd. 1935], XIVI-147 p. (Quadrige. Grands textes)

—, *Introduction à la philosophie de l'histoire*, Paris, Gallimard, 1938, 335 p.

—, *La philosophie critique de l'histoire. Essai sur la théorie allemande de l'histoire*, Paris, Le Seuil, 1970 [1re éd. 1938], 318 p. (Points : sciences humaines ; 18)

—, *Le grand schisme*, Paris, Gallimard, 1948, 347 p.

—, *L'opium des intellectuels*, Paris, Calmann-Lévy, 1955, 337 p.

—, *Marxismes imaginaires. D'une sainte famille à une autre*, Paris, Gallimard, 1970, 347 p. (Folio Essais)

—, *Mémoires*, Paris, Julliard, 1983, 778 p.

AVELINE, Claude, CASSOU, Jean, CHANSON, André et al. *L'heure du choix*, Paris, Éditions de Minuit, 1947, 175 p.

BALIBAR, Étienne et DUROUX, Yves, « Un conjoncture philosophique : un entretien avec Étienne Balibar et Yves Duroux » (propos réunis par P. Hallward, le 6 mai 2007), disponible sur internet à l'adresse : http://cahiers.kingston.ac.uk/interviews/balibar-duroux.html.

BEAUFRET, Jean, « Proudhon », revue *Commune*, n°47, juillet 1937.

—, « Existentialisme et marxisme » (1945), *Introduction aux philosophies de l'existence. De Kierkegaard à Heidegger*, Paris, Éditions Denoël, 1971, p. 65-77.

—, « Qu'est-ce que l'existentialisme ? », *Le Monde*, 11 et 15 décembre 1945.

—, « Vers une critique marxiste de l'existentialisme », *Revue socialiste*, Nouvelle série, n°2, juillet 1946, p. 149-154.

—, « Réponse à une enquête sur le communisme », dans « Question du communisme », *Confluence*, n° 18-20, 1947, p. 27-43.

—, « Réponse à une enquête sur le communisme », dans « Marxisme ouvert contre marxisme scolastique », *Esprit*, n°145, 16e année, mai-juin 1948, p. 744-746.

BEAUVOIR (de), Simone de, *L'invitée*, Paris, Gallimard, 1943, 419 p.

—, *Le sang des autres*, Paris, Gallimard, 1945, 224 p.

—, *Pour une morale de l'ambiguïté*, Paris, Gallimard, 1947, 227 p.

—, *Le Deuxième Sexe, I. Les faits et les mythes, II. L'expérience vécue*, Paris, Gallimard, 2001 [1re éd. 1949], 2 vol., 317 et 528 p.

—, *Les Mandarins*, Paris, Gallimard, 1954, 579 p.

—, *Faut-il brûler Sade ? (Privilèges)*, Paris, Gallimard, 1972 [1re éd. 1955], 255 p. (Collection Idées)

—, *La Longue marche, essai sur la Chine*, Paris, Gallimard, 1957, 489 p.

—, *Mémoires d'une jeune fille rangée*, Paris, Gallimard, 1958, 365 p.

—, *La Force de l'âge*, Paris, Gallimard, 1960, 624 p.

—, *La Force des choses*, Paris, Gallimard, 1963, 687 p.

—, *La Cérémonie des adieux* suivie de *Entretiens avec Jean-Paul Sartre (août-septembre 1974)*, Paris, Gallimard, 1981, 559 p.

—, *Lettres à Sartre, Tome I : 1930-1939, Tome II : 1940-1963*, Paris, Gallimard, 1990, 2 vol., 399 et 440 p.

—, *Journal de guerre*, septembre 1939-janvier 1941, Paris, Gallimard, 1990, 368 p.

—, *Cahiers de jeunesse, 1926-1930*, Paris, Gallimard, 2008, 849 p.

CAMUS, Albert, *Œuvres complètes, I, 1931-1944*, Paris, Gallimard, 2006, CIV-1477 p. (Bibliothèque de la Pléiade ; 161)

CASANOVA, Laurent, *Le Parti communiste, les intellectuels et la nation*, Paris, Éditions sociales, 1949, 144 p.

CASSOU, Jean, *La mémoire courte*, Paris, Éditions du Sillage, 2017 [1re éd. 1953], 109 p.

DALMAS, Louis, *Le communisme yougoslave depuis sa rupture avec Moscou*, Paris, Terre des hommes, 1950, XLIII-223 p.

DERRIDA, Jacques, « Ponctuations : le temps de la thèse » (1980), *Du droit à la philosophie*, Paris, Galilée, 1990, 662 p. (La philosophie en effet)

—, *Politique et amitié. Entretiens avec Michael Sprinker sur Marx et Althusser*, Paris, Galilée, 2011, 124 p. (La philosophie en effet)

DESANTI, Dominique, *Les staliniens (1944-1956). Une expérience politique*, Paris, Fayard, 1975, 383 p.

—, *L'année où le monde a tremblé. 1947*, Paris, Albin Michel, 1976, 398 p. (H comme Histoire)

—, *Ce que le siècle m'a dit. Mémoires*, Paris, Hachette, 2009 [1re éd. 1997], 950 p. (Hachette Littératures)

DESANTI, Dominique, DESANTI, Jean-Toussaint, *La liberté nous aimé encore*, Paris, Odile Jacob, Paris, 2004 [1re éd. 2001], 351 p.

DESANTI, Jean-Toussaint, *Phénoménologie et praxis*, Paris, Éditions sociales, 1963, 149 p.

—, « Postface en guise d'avant-propos » (1973), *Introduction à la phénoménologie*, Paris, Gallimard, 1976, p. 11-16. (Idée)

—, « Introduction », *Introduction à la phénoménologie*, 3e éd., Paris, Gallimard, 1994, p. 9-44. (Folio Essais)

—, *Un destin philosophique ou Les pièges de la croyance*, Paris, Hachette Littératures, 2008 [1re éd. 1982], 395 p.

DE WAEHLENS, Alphonse, « La philosophie de Heidegger et le nazisme », *LTM*, n°22, juillet 1947, p. 115-127.

DOMARCHI, Jean, « Théorie de la valeur et phénoménologie », *La revue internationale*, n°2, février 1946, 14 p.

DUROUX, Yves, « Structuralisme fort, sujet faible : un entretien avec Yves Duroux », entretien avec P. Hallward, 7 mai 2007, disponible sur internet à l'adresse : http://cahiers.kingston.ac.uk/interviews/duroux.html.

FOUCAULT, Michel, *Les mots et les choses. Une archéologie des sciences humaines*, Paris, Gallimard, 1966, 400 p. (Bibliothèque des sciences humaines)

—, *Dits et écrits*, 1954-1988, *I. 1954-1975, II. 1976-1988*, Paris, Gallimard, 2001 [1re éd. 1994], 2 vol., 1707 et 1735 p. (Quarto)

—, « La vie : l'expérience et la science », *Dits et écrits, II. 1976-1988*, Paris, Gallimard, 2001, p. 1583-1584. (Quarto)

GANDILLAC, Maurice (de), *Le siècle traversé. Souvenirs de neuf décennies*, Paris, Albin Michel, Paris, 1998, 517 p.

GANDILLAC, Maurice (de), GOLDMANN, Lucien, PIAGET, Jean (dir.), *Entretiens sur les notions de genèse et structure*, Paris, Hermann, 2011 [1re éd. 1965], 357 p. (Cerisy archives : philosophie)

HAVET, Jacques, « De la khâgne comme formation et comme viatique : un *Bildungsroman* », dans GARRIGOU, Marcel (dir.), *Khâgne... et après. Lycée Louis le Grand 1934-1939*, Toulouse, Arts et formes, 1997, p. 157-197.

HYPPOLITE, Jean, *Genèse et structure de la « Phénoménologie de l'Esprit »*, Paris, Éditions Montaigne, 1946, 592 p. (Philosophie de l'esprit)

KOJÈVE, Alexandre, *Introduction à la lecture de Hegel. Leçons sur la* Phénoménologie de l'Esprit *professées de 1933 à 1939 à l'École des Hautes Études réunies et publiées par Raymond Queneau*, Paris, Gallimard, 1968 [1re éd. 1947], 599 p. (Bibliothèque des Idées)

—, *L'empereur Julien et son art d'écrire*, Paris, Éditions Fourbis, 1990, 59 p.

LACROIX, Jean « Marx et Hegel », *Le Monde*, 23 octobre 1947.
LANGEVIN, Paul, « Matérialisme mécaniste et matérialisme dialectique », *La Pensée*, 1947, n°12, p. 8-12.
LEFEBVRE, Henri, *La somme et le reste*, Paris, Economica-Anthropo, 2009 [1er éd. 1959], XXIV-775 p. (Anthropologie)
LÉVI-STRAUSS, Claude, *Les structures élémentaires de la parenté*, Paris, La Haye, Mouton, 1967 [1re éd. 1947], XXX-591 p.
—, « Introduction à l'œuvre de Marcel Mauss », dans MAUSS, Marcel, *Sociologie et anthropologie*, Paris, Presses Universitaires de France, 1993 [1re éd. 1950], 482 p. (Quadrige)
—, *Anthropologie structurale*, Paris, Pocket, 1985 [1re éd. 1958], 480 p. (Agora, 189)
—, *La pensée sauvage*, Paris, Pocket, 1985 [1re éd. 1962], 349 p. (Agora, 2)
LÖWITH, Karl, « Les implications politiques de la philosophie de l'existence chez Heidegger », *LTM*, n°14, novembre 1946, p. 343-360.
—, « Réponse à M. de Waehlens », *LTM*, n°35, août 1948, p. 370-373.
MALRAUX, André, *Les conquérants*, Paris, Grasset, 1928, 271 p.
—, *La condition humaine*, Paris, Gallimard, 1933, 403 p.
—, *L'espoir*, Paris, Gallimard, 1937, 369 p.
MOUGIN, Henri, *La sainte famille existentialiste*, Paris, Éditions sociales, 1947, 189 p.
LYOTARD, Jean-François, *La phénoménologie*, Paris, Presses Universitaires de France, 2011 [1re éd. 1954], 133 p. (Quadrige)
NIZAN, Paul, *Les chiens de garde*, Marseille, Agone, 2012 [1re éd. 1932], 177 p. (Éléments)
REVEL, Jean-François, *Mémoires. Le voleur dans la maison vide*, Paris, Plon, 1997, 649 p.
WAHL, Jean, *Le malheur de la conscience dans la philosophie de Hegel*, Paris, Rieder, 1929, 264 p. (Philosophie)
—, *Vers le concret. Études d'histoire de la philosophie contemporaine (William James, Whitehead, Gabriel Marcel)*, Paris, Vrin, 2004 [1re éd. 1932], 222 p. (Bibliothèque d'histoire de la philosophie)
—, *Études kierkegaardiennes*, Paris, F. Aubier, 1938, 744 p.
WALLON, Henri, « Pour une encyclopédie dialectique. Sciences de la nature et sciences humaines », *La Pensée*, 1945, n°4, p. 17-22.
WEIL, Éric, « La cas Heidegger », *LTM*, n°22, juillet 1947, p. 128.
(Coll.) L'esprit européen. Textes in-extenso des conférences et des entretiens organisés par les Rencontres internationales de Genève, 1946, Paris, O. Zeluck, Neuchâtel, Éditions de la Baconnière, 1947, 358 p.

3.2. Numéros de revue

Commentaires, « Raymond Aron 1905-1983. Histoire et politique », vol. 8, n°28-29, février 1985.
Confluences, « Questions du communisme », n°18-20, 1947, 344 p.
Esprit
Revue internationale
La Nouvelle Critique. Revue du marxisme militant
—, « Présentation », *La Nouvelle Critique*, n°1, décembre 1948, p. 1-18.
La Pensée. Revue du rationalisme moderne.
Les Temps Modernes.

3.3. Archives

Archives-Husserl, Louvain, Belgique.
Archives-Husserl, Louvain-la-Neuve, Belgique.
Archives Lukács, Budapest, Hongrie.
Fonds Althusser, IMEC, Caen, France.
Fonds Merleau-Ponty, BNF, France.
Fonds Merleau-Ponty, Bibliothèque de l'ENS (Ulm), France.
Fonds Sartre, BNF, France
Archives de la Préfecture de Police, Le Pré Saint-Gervais, France.
Archives de la direction des Renseignements Généraux, Pierrefitte-sur-Seine, France.
Archives de la Sorbonne et de l'École Normale Supérieure, Pierrefitte-sur-Seine, France.

3.4. Sources secondaires sur le contexte intellectuel et historique

ARCHARD, David, *Marxism and Existentialism. The Political Philosophy of Sartre and Merleau-Ponty*, Belfast, Blackstaff Press, 1980, 126 p.
ANDERSON, Perry, *Sur le marxisme occidental*, trad. D. Letellier et S. Niémetz, Paris, Maspero, 1977, 167 p. (Petite collection Maspero, 194)
AUDIER, Serge, *Machiavel, conflit et liberté*, Paris, Vrin/EHESS, 2005, 313 p. (Contextes)
AUFFRET, Dominique, *Alexandre Kojève. La philosophie, l'État, la fin de l'histoire*, Paris, Grasset, 1990, 639 p. (Livre de poche)
BADIOU, Alain, *Le petit panthéon portatif*, Paris, La Fabrique, 2008, 177 p.
—, *L'aventure de la philosophie française depuis les années 1960*, Paris, La Fabrique, 2012, 267 p.
BARING, Edward, *The Young Derrida and French Philosophy. 1945-1968*, Cambridge, Cambridge University Press, 2011, 326 p. (Ideas in Context, 98)
BIANCO, Guiseppe (dir.), *Jean Hyppolite. Entre structure et existence*, Paris, Éditions de la Rue d'Ulm, 2013, 283 p. (Figures normaliennes)
BIANCO, Guiseppe, FRUTEAU DE LACLOS (dir.), *L'angle mort des années 1950. Philosophie et sciences humaines en France*, Paris, Publications de la Sorbonne, 2016, 224 p. (La Philosophie à l'œuvre)
BOSCHETTI, Anna, *Sartre et « Les Temps Modernes » : une entreprise intellectuelle*, Paris, Éditions de Minuit, 1985, 326 p. (Le sens commun)
BOUTANG, Yann Moulier, *Louis Althusser, une biographie, Tome 1, la formation du mythe*, 1918-1956, Paris, B. Grasset, 1992, 2 vol., 350 et 476 p.
BURNIER, Michel-Antoine, *Les existentialistes et la politique*, Paris, Gallimard, 1966, 191 p. (Collection Idées)
CAEYMAEX, Florence, *Sartre, Merleau-Ponty, Bergson. Les phénoménologies existentialistes et leur héritage bergsonien*, Hildesheim, Zürich, New York, Olms Verlag, 2005, 333 p. (Europaea Memoria. Studien und Texte zur Geschichte der europäischen Ideen)
CARROY, Jacqueline, OHAYON, Annick, PLAS, Régine, *Histoire de la psychologie en France. XIXe et XXe siècle*, Paris, La Découverte, 2006, 271 p. (Grands Repères. Manuels)
Castelli Gattinara, Enrico, Les inquiétudes de la raison. Épistémologie et histoire en France dans l'entre-deux-guerres, Paris, Vrin/EHESS, 1998, 338 p. (Contextes)
DESCOMBES, Vincent, *Le même et l'autre. Quarante-cinq ans de philosophie française (1933-1978)*, Paris, Éditions de Minuit, 1979, 224 p. (Critique)
DOSSE, François, *Histoire du structuralisme, 1. Le champ du signe, 1945-1966, 2. Le chant du cygne, 1967 à nos jours*, Paris, La Découverte, 2012 [1re éd. 1991-1992], 2 vol., 472 et 550 p. (La Découverte-Poche. Sciences humaines et sociales)

Fergnani, Franco, *Marxismo e filosofia contemporanea. La discussione tra i marxisti e il dialogo con il pensiero contemporaneo : da Dewey a Sartre e a Merleau-Ponty*, Cremona, Gianni Mangiarotti Editore, 1964, 508 p.

Ferrières, Gabrielle, *Jean Cavaillès. Philosophie et combattant (1903-1933)*, Paris, Presses Universitaires de France, 1950, V-236 p.

Garo, Isabelle, *Foucault, Deleuze, Althusser & Marx. La politique dans la philosophie*, Paris, Éditions Démopolis, 2011, 420 p.

Giovannangelli, Daniel, « Présentation », *Philosophie*, 2008/4, n° 100, p. 3-6.

Goebel, Michael, *Paris, capitale du tiers monde. Comment est née la révolution anticoloniale (1919-1939)*, trad. P. Stockman, Paris, La Découverte, 2017, 447 p.

Gothlin, Eva, *Sexe et existence. La philosophie de Simone de Beauvoir*, trad. M. Kail et M. Ploux, Paris, Éditions Michalon, 2001, 357 p.

Gouarné, Isabelle, *Introduction du marxisme en France. Sciences humaines et philosoviétisme (1920-1939)*, Rennes, Presses Universitaires de Rennes, 2013, 288 p. (Histoire).

Howard, Dick, *The Marxian Legacy*, London & Basingstoke, MacMillan Press, 1977, 340 p.

Janicaud, Dominique, *Heidegger en France*, Paris, Albin Michel, 2001, 2 vol., 595 et 192 p. (Bibliothèque Albin Michel Idées)

Keck, Frédéric, « Beauvoir lectrice de Lévi-Strauss. Les relations hommes/femmes entre existentialisme et structuralisme », *LTM*, n° 647-648, 2008/1, p. 242-255.

—, *Claude Lévi-Strauss, une introduction*, Paris, Pocket, 2005, 349 p. (Série « Une introduction »)

Kelly, Michael, *Modern French Marxism*, Oxford, Basil Blackwell, 1982, 240 p.

Kleinberg, Ethan, *Generation Existential. Heidegger's Philosophy in France 1926-1961*, Ithaca and London, Cornell University Press, 2005, X-294 p.

Kotek, Joel, Kotek, Dan, *L'affaire Lyssenko*, Bruxelles, Éd. Complexe, 1986, 238 p. (La mémoire du siècle)

Israel, Stéphane, *Les études et la guerre. Les normaliens dans la tourmente (1939-1945)*, Paris, Éditions de la Rue d'Ulm, 2005, 334 p.

Jarczyk, Gwendoline, Labarrière, Pierre-Jean, *De Kojève à Hegel : 150 ans de pensée hégélienne en France*, Paris, Albin Michel, 1996, 261 p. (Bibliothèque Albin Michel Idées)

Labica, Georges, *Le marxisme-léninisme (Éléments pour une critique)*, Paris, Éditions Bruno Huisman, 1984, 142 p. (Index)

Lichtheim, George, *Marxism in Modern France*, New York & London, Columbia University Press, 1968 [1re éd. 1966], 212 p.

Madjarian, Grégoire, *Conflits, pouvoirs et société à la Libération*, Paris, UGE, 1980, 440 p.

Moreno Pestaña, José Luis, *En devenant Foucault. Sociogenèse d'un grand philosophe*, trad. P. Hunt, Broissieux, Éditions du Croquant, 2006, 249 p.

Pompeo Faracovi, Ornella, Il marxismo francese contemporaneo fra dialettica e struttura (1945-1968), Milano, Feltrinelli Editore, 1972, 284 p.

Poster, Mark, *Existential Marxism in Postwar France : From Sartre to Althusser*, Princeton, New Jersey, Princeton University Press, 1975, 415 p.

Pudal, Bernard, *Prendre parti. Pour une sociologie historique du PCF*, Paris, Presses de la Fondation nationale des sciences politiques, 1989, 329 p.

Roth, Michael S., *Knowing and History: Appropriations of Hegel in Twentieth-Century France*, Ithaca, New York, Cornell University Press, 1988, XV-264 p.

Russon, John, « Dialectic, Difference, and the Other : the Hegelianizing of French Phenomenology », dans Schrift, Alan (dir.), *The History of Continental Philosophy*, vol. 4, 2010, p. 17-42.

Salanskis, Jean-Michel, *Philosophie française et philosophie analytique au XXe siècle*, Paris, Presses Universitaires de France, 2016, 155 p. (Philosophie française contemporaine)

Sapiro, Gisèle, « Modèles d'intervention politique des intellectuels. Le cas français », *Actes de la recherche en sciences sociales*, n°176-177, 2009/1, p. 8-31.

—, *La responsabilité de l'écrivain. Littérature, droit et morale et France* (xixe-xxe), Paris, Le Seuil, 2011, 746 p.

—, *Les écrivains et la politique en France. De l'Affaire Dreyfus à la guerre d'Algérie*, Paris, Le Seuil, 2018, 394 p.
STERNHELL, Zeev, *Ni droite ni gauche. L'idéologie fasciste en France*, Paris, Gallimard, 2012 [1re éd. 1983], 1075 p. (Folio histoire)
SURYA, Michel, *La révolution rêvée. Pour une histoire des intellectuels et des œuvres révolutionnaires. 1944-1956*, Paris, Fayard, 2004, 578 p. (Histoire de la pensée)
TOSEL, André, « Matérialisme, dialectique et "rationalisme moderne". La philosophie des sciences à la française et le marxisme (1931-1945) », MATTÉI, Jean-François (dir.), *Philosopher en français*, Paris, Presses Universitaires de France, 2001, p. 387-407. (Quadrige)
VARSA SZEKERES, Vera, *Salamandre. Une vie confrontée à la Gestapo française et à la police politique hongroise*, trad. P. Remetean et T. Loisel, Paris, L'Harmattan, 2017, 288 p.
WALDENFELS, Bernard, BROEKMAN, Jan, et PAŽANIN, Ante, *Phänomenologie und Marxismus, 1. Konzepte und Methoden ; 2. Praktische Philosophie ; 3. Sozialphilosophie ; 4. Erkenntnis- und Wissenschaftstheorie*, Frankfurt am Main, Suhrkamp Verlag, 1977-1979, 4 vol., 271, 256, 256, 262 p.
WALDENFELS, Bernard, BROEKMAN, Jan, et PAŽANIN, Ante, *Phenomenology and Marxism*, London, Routledge, 1984, XI-316 p. Traduction des 2 premiers volumes allemands.
WORMS, Frédéric, *La philosophie en France au XXe siècle. Moments*, Paris, Gallimard, 2009, 643 p.

4. Divers

ALAIN, *Propos*, Paris, Gallimard, 1956, 1370 p. (Bibliothèque de la Pléiade)
ARVON, Henri, *Feuerbach ou la transformation du sacré*, Paris, Presses Universitaires de France, 1957, 185 p. (Épiméthée)
BENDA, Julien, *La trahison des clercs*, Paris, Grasset, 1927, 308 p. (Les Cahiers verts)
BERGSON, Henri, *Matière et mémoire*, Paris, Presses Universitaires de France, 1999, 281 p. (Quadrige)
—, *L'évolution créatrice*, Paris, Presses Universitaires de France, 1981, XI-372 p. (Quadrige)
BIMBENET, Etienne, *L'animal que je ne suis plus*, Paris, Gallimard, 2011, 501 p. (Folio Essais)
BOURDIEU, Pierre, *Esquisse d'une théorie de la pratique*, Paris, Le Seuil, 2000 [1re éd. 1972], 429 p. (Points. Essais ; 405)
—, *Le sens pratique*, Paris, Éditions de Minuit, 1980, 475 p. (Le sens commun).
—, *Méditations pascaliennes*, Paris, Le Seuil, 2003 [1re éd. 1997], 391 p. (Points. Essais)
BRAUDEL, Fernand, *Écrits sur l'histoire*, Paris, Flammarion, 2013 [1re éd. 1969], 315 p. (Champs histoire)
BRETON, Breton *Second manifeste du surréalisme* (1930), dans *Œuvres complètes. I*, Paris, Gallimard, 1988, p. 782-783. (Bibliothèque de la Pléiade ; 392)
BROCHEUX, Pierre et HÉMERY, Daniel, *Indochine. La colonisation ambiguë (1858-1954)*, Paris, La Découverte, 1994, 427 p. (Textes à l'appui. Série Histoire contemporaine)
DELEUZE, Gilles, *L'île déserte. Textes et entretiens 1953-1974*, Paris, Éditions de Minuit, 2002, 416 p. (Paradoxe)
DELEUZE, Gilles, PARNET, Claire, *Dialogues*, Paris, Flammarion, 2006 [1re éd. 1977], 187 p. (Champs. Essais)
DE MAN, Henri, *Au-delà du marxisme*, trad. A. Pels, Paris, Le Seuil, 1974 [1re éd. 1927], 444 p. (Bibliothèque politique)
DESANTI, Jean-Toussaint, *Le philosophe et les pouvoirs (et autres dialogues)*, Paris, Hachette Littératures, 2008 [1re éd. 1976], 438 p. (Pluriel)
GOLDSTEIN, Kurt, *La structure de l'organisme*, Paris, Gallimard, 1983 [1re éd. 1951], XI-446 p. (Collection Tel)

GONDEK, Hans-Dieter, TENGELYI, László, *Neue Phänomenologie in Frankreich*, Berlin, Suhrkamp, 2011, 708 p. (Suhrkamp Taschenbücher Wissenschaft)
GROETHUYSEN, Bernard, *Autres portraits*, Paris, Gallimard, 1995, 254 p. (Les Cahiers de la nrf)
GUILLEMIN, Henri, *Le coup du 2 décembre*, Paris, Gallimard, 1951, 479 p.
HALBWACHS, Maurice, *Le destin de la classe ouvrière*, Paris, Presses Universitaires de France, 2011, XXXVIII-577 p. (Le lien social)
HEGEL, Georg Wilhelm Friedrich, *Morceaux choisis*, trad. N. Guterman et H. Lefevbre, Paris, Gallimard, 1939, 351 p.
—, *Phénoménologie de l'Esprit*, trad. J. Hyppolite, Paris, Aubier, 1939-1941, 2 vol., VII-359 et 360 p. (Philosophie de l'esprit)
—, *Principes de la philosophie du droit*, trad. J.-F. Kervégan, Paris, Presses Universitaires de France, 2013, VIII-798 p. (Quadrige)
HENRY, Michel *Marx*, Paris, Gallimard, 1976, 2 vol., 479 et 486 p. (Bibliothèque des idées)
HOLENSTEIN, Elmar, *Jakobson ou le structuralisme phénoménologique*, Paris, Seghers, 1975, 243 p. (Philosophie)
JANET, Pierre, *Les débuts de l'intelligence*, Paris, Flammarion, 1934, 261 p. (Bibliothèque de philosophie scientifique)
KANT, Emmanuel, *Critique de la raison pure*, trad. A. J.-L. Delamarre, F. Marty, Paris, Gallimard, 1990, 1018 p. (Folio Essais ; 145)
KARDINER, Abram, *L'individu dans sa société. Essai d'anthropologie psychanalytique* (1939), Paris, Gallimard, 1969, 536 p. (Bibliothèque des sciences humaines)
—, *The Psychological Frontiers of Society*, New York, Columbia University Press, 1946, XXIV-475 p.
KARSENTI, Bruno, *L'homme total. Sociologie, anthropologie et philosophie chez Marcel Mauss*, Paris, PUF, 2011 [1re éd. 1997], XIII-455 p. (Quadrige).
LOISON, Laurent, *Qu'est-ce que le néolamarckisme ? Les biologistes français et la question de l'évolution des espèces. 1870-1940*, Paris, Vuibert, 2010, VI-248 p.
MACMILLAN, Malcolm, « The Concept of Inhibition in Some Nineteenth Century Theories of Thinking », *Brain and Cognition*, 30/1, février 1996, p. 4-19.
MANIGLIER, Patrice (dir.), *Le moment philosophique des années 1960 en France*, Paris, Presses Universitaires de France, 2011, XII-588 p. (Philosophie française contemporaine. Moments)
MAUSS, Marcel, *Sociologie et anthropologie*, Paris, PUF, 1993 [1re éd. 1950], 482 p. (Quadrige)
MEILLASSOUX, Quentin, « Soustraction et contraction. À propos d'une remarque de Deleuze sur Matière et mémoire », *Philosophie*, n°96, 2008/1, p. 67-93.
PÉGUY, Charles, *Situations*, Paris, Gallimard, 1940, 253 p. (NRF)
PIAGET, Jean, *Le jugement et le raisonnement chez l'enfant*, Neuchâtel, Delachaux & Niestlé, 1924, 434 p.
RICŒUR, Paul, « Le "questionnement à rebours" (*Die Rückfrage*) et la réduction des idéalités dans la *Krisis* de Husserl et *L'idéologie allemande* de Marx » (1978), *Alter*, n°5, 1997, p. 315-330.
—, « L'originaire et la question-en-retour dans la *Krisis* de Husserl » (1980), *À l'école de la phénoménologie*, Paris, Vrin, 2004, p. 361-377.
—, *Idéologie et utopie*, Paris, Le Seuil, 1997, 410 p. (La couleur des idées)
PIÉRON, Henri, *Le cerveau et la pensée*, Paris, F. Alcan, 1923, III-332 p. (Nouvelle collection scientifique)
SAUSSURE (de), Ferdinand, Paris, Payot, 1973, XVIII-510 p. (Payothèque)
SOMMER, Christian (dir.), *Nouvelles phénoménologies en France*, Paris, Hermann, 2014, 280 p. (Rue de la Sorbonne)
WORMS, Frédéric (dir.), *Le moment 1900 en philosophie*, Lille, Presses Universitaires du Septentrion, 2004, 417 p. (Philosophie)

Index

A

Adoratsky (ou Adoratskij), Vladimir Viktorovič, xliv
Alain (ou Chartier, Émile-Auguste), 26, 151
Altman, Georges, 314
Alquié, Ferdinand, xxiv, 3, 176
Anderson, Perry, xlv, 93
Angrand, Cécile, 169
Archard, David William
Aron, Raymond, vi, xxiii, xxiv, xxxv, 4, 10, 14, 19, 40–52, 141, 142, 168, 176, 270, 273, 274, 334, 340, 383, 386, 387, 408, 414, 428, 430, 432, 433
Aronson, Ronald, 384
Arvon, Henri, 337
Audier, Serge, 246
Auffret, Dominique, 16, 186
Axelos, Kostas, 444

B

Baby, Jean, 14
Bachelard, Gaston, 328
Badiou, Alain, lii, 434, 435
Balibar, Étienne, 335, 420, 434, 435
Barash, Jeffrey Andrew
Barbaras, Renaud, v–ix, 146, 148, 214, 230, 248, 336, 338, 360, 363, 366, 367, 443, 449
Baring, Edward, 174
Barot, Emmanuel, 392, 393
Barthes, Roland, 184
Baudelaire, Charles, 24, 298
Bauer, Bruno, xlv, 129
Beaufret, Jean, xxiv, xxviii, 442
Beauvoir, Simone de, xxiv, xl, 1, 2, 8, 12, 41, 43, 56, 62, 151, 168, 175, 242, 258, 279–281, 283, 284, 286, 297, 298, 300, 302, 313, 321, 322, 346, 349, 381, 384, 412
Benda, Julien, 61
Benedict, Ruth, 249
Benjamin, Walter, 143, 296
Benoist, Jocelyn, xxxii, xxxiv, 31, 70, 72, 174, 175, 184, 193, 196, 199, 201, 212, 213, 216, 329, 423, 443, 449
Bensaïd, Daniel, 143, 294
Bensussan, Gérard, xlii, xlvii, 326
Berger, Gaston, xxxv, xxxvii, 80, 119
Bergson, Henri, 213, 220
Besse, Guy, 328
Bettelheim, Charles, 3
Bianco, Guiseppe, 171
Bidet, Jacques, 326
Bimbenet, Étienne, 192, 221, 231, 449
Birchall, Ian, 10, 314
Blank, Daniel, xliv, xlv
Bloch, Marc, 296, 383, 386, 431, 432
Blum, Léon, 185
Bonomi, Andrea, 445
Boschetti, Anna, xxix, 1, 30
Bottigelli, Émile, 183
Bouffard, Alix, xliii, 116, 286, 432
Boukharine, Nicolaï Ivanovitch, 116, 134, 149, 156, 282, 307, 308, 312

Bourdieu, Pierre, xxix, 11, 30, 319, 386, 387, 398, 414, 439, 440
Bourgault, Jean
Braudel, Fernand, 383, 386
Bréhier Emile, xxxvi, 78
Breton, André, 115
Brewer, Anthony Alan, 239
Brocheux, Pierre, 73
Broekman, Jan
Bruhat, Georges
Brunschvicg, Léon, 69, 77, 122, 151
Bruzina, Ronald, xxxvii, 80, 119
Burlaud, Antony, xlii, xliii, 444
Burnier, Michel-Antoine, 314

C

Cabestan, Philippe, 8, 9, 31, 387
Caeymaex, Florence, 384, 449
Caillois, Roland, 176, 185
Calmette, Joseph, 296
Camus, Albert, 1, 280, 321
Canguilhem, Georges, 434, 439
Carroy, Jacqueline, 217
Casanova, Laurent, 114, 169
Cassou, Jean, 1–5, 168
Castelli Gattinara, Enrico, xxviii, 182
Castelnau, Jacques, 296
Castoriadis, Cornelius, 317, 439
Catalano, Joseph S.
Carver, Terrell, xliv, xlv
Cavaillès, Jean, xxxv, xxxvi, 68–70, 73, 75, 77, 227
Caveing, Maurice, 438
Cefaï, Daniel
Charbonnier, Georges, li, 110, 117, 165
Châtelet, François, 444
Chiodi, Pietro
Cogniot, Georges, 438
Cohen-Solal, Annie, 279, 316
Colombel, Jeannette, 52
Colonna, Fabrice, 119
Contat, Michel, 387, 414
Coombes, Sam
Coorebyter, Vincent de, 8
Corbin, Henri, 41, 42, 47, 48, 67
Cormann, Grégory, 8, 10, 31, 53, 283, 284, 449
Costes, Alfred, xliv, xlv, 100, 116, 337
Cotten, Jean-Pierre, 180
Courtade, Pierre, 114, 116, 169
Courtine, Jean-François, 70
Crozier, Michel, 256
Cuzin, François, xlviii, 75

D

Dalmas, Louis, 282, 294
D'Alonzo, Jacopo, 222, 449
Dardot, Pierre, 129
Darwin, Charles, 144, 192
Dassonneville, Gautier, 10
Davy, Marie-Madeleine, 176
De Gaulle, Charles, 65, 326, 375
De Man, Henry, 31, 36
De Vlies, Paul
De Waehlens, Alphonse, xxiv, xxv, xxxviii, 119, 122, 184, 193, 204, 287, 392
Deleuze, Gilles, xxxiii, 2, 7–63
Derrida, Jacques, 170, 171, 173, 174, 193, 196, 204, 205, 226, 227, 328, 439, 440, 445, 463
Desan, Wilfrid
Desanti, Dominique, 116, 168, 169, 183
Desanti, Jean-Toussaint, v, xxiv–xxvii, xxxii, xxxiii, xlviii, l, li, 1, 3, 12, 69, 75, 111, 114, 116, 168, 169, 183, 196, 229, 337, 381, 438, 443–445, 447
Descartes, René, xxvii, 58, 84, 124, 409
Descombes, Vincent, xxxiii, 31, 328, 398, 423
Devouassoux, Simone, 75
Dietzgen, Joseph, xlvii
Dilthey, Wilhelm Dilthey 41, 47, 116
Dodeman, Claire, 123, 336
Domarchi, Jean, xxiv, 3, 296
Dosse, François, 437
Ducange, Jean-Numa, xlii, xliii, 444
Duclos, Jacques, 316
Dufourcq, Annabelle, 353
Dufrenne, Mikel, xxiv
Dumézil, Georges, 299
Dupont, Christian, xxxv
Duras, Marguerite, 169
Durkheim, Émile, 31, 32, 225, 253
Duroux, Yves, 434, 435, 441

E

Elkaïm-Sartre, Arlette, 408, 414, 428
Embree, Lester, 117–119
Engels, Friedrich, xxiii, xlii, xliv, xlvii, 12, 14, 17, 23, 25, 67, 93, 97, 100, 143, 180, 181, 183, 185–190, 192, 199, 202, 208–210, 212, 220–223, 225, 243, 251, 252, 256–258, 269, 274, 284, 285, 294, 296, 299, 301–303, 335, 337, 340, 363, 421, 431, 432, 449
Englebert, Jérôme, 53

Index

Espagne, Michel, xli, l, 8, 10, 70, 72, 174, 175, 184, 193, 329
Establet, Roger, 435

F

Fadeïev, Alexandre, 169
Fanon, Frantz, 312
Febvre, Lucien, 296, 383
Fergnani, Franco
Feron, Alexandre, v, vii, xliii, 74, 116, 329, 393, 430, 437, 444
Ferrières, Gabrielle, 69, 77, 80
Feuerbach, Ludwig, xlvii, 12, 17, 26, 86, 87, 125–127, 129, 133, 134, 148, 180, 183, 192, 225, 271, 285, 337, 353, 359, 419
Fink, Eugen, viii, xxxv, xxxvi, xxxvii, xlii, 66, 68, 80, 81, 91, 119, 120, 195, 196
Fischbach, Franck, xliv, xlv, 85, 87–90, 171, 251, 449
Flajoliet, Alain, 8
Flynn, Thomas R.
Fondu, Guillaume, xliii
Foucault, Michel, xxiv, xxxiii, xlviii, 171, 174, 193, 439, 440
Fougeyrollas, Pierre, 444
Francastel, Pierre, 383
Friedmann, Georges, xliv, 14
Fruteau de Laclos, Frédéric

G

Gaillard, Pol, 169
Gandillac, Maurice de, 113, 171, 172
Garaudy, Roger, 438
Garo, Isabelle, xxxiii
Garrigou, Marcel, 73
Geiger, Jean-Baptiste
Genet, Jean, 282–284, 296, 297, 300, 302–309, 312, 313, 315, 320, 321
Geraets, Theodore, 114, 115, 117, 118
Giovannangeli, Daniel, 174, 199, 284
Goebel, Michael, 73
Goldmann, Lucien, 171, 172, 328, 337
Goldstein, Kurt, 127, 234
Gondek, Hans-Dieter
Gonseth, Ferdinand, 328
Gorz, André, 397, 400
Gothlin, Eva, 283
Gouarné, Isabelle, xxx, xlvii, li, 14, 32, 182
Gouhier, Henri, 70, 78
Granel, Gérard, 343, 354, 379, 444
Greisch, Jean, 48

Guérin, Daniel, 10, 76, 234, 386
Guillemin, Henri, 296, 306, 320, 383
Gurvitch, Georges, 386
Gurwitsch, Aron, 118, 119
Guterman, Norbert, xli, xliv, xlv, xlvi, 67, 286

H

Haeckel, Ernst, 210, 220
Halbwachs, Maurice, 31, 36
Hallward, Peter, 434, 435, 441
Havet, Jacques, 73
Hegel, Georg Wilhelm Friedrich, xxxvii, xxxviii, xliii, xlv, xlvi, xlvii, xlix, 2, 4, 15, 16, 75, 109, 110, 115, 116, 124, 125, 127, 136, 141, 148, 151, 152, 154, 157, 176, 179–181, 183–188, 190, 191, 193–196, 199–202, 213, 250, 253, 256, 272, 273, 285–297, 299, 302, 325, 335, 337, 340, 344, 348, 358, 361, 363, 370, 388, 394, 398, 406, 407, 430
Heidegger, Martin, vi, xxiii, xxiv, xxvii, xxxi, xxxii, xxxv, xxxviii, liii, 3, 4, 7–10, 29, 40–52, 57, 66, 67, 105, 119, 125, 127, 173, 195, 199, 234, 270, 271, 281, 285, 286, 333, 336, 355, 386, 392, 419, 434, 442, 444
Hémery, Daniel, 72–74
Henry, Michel, 379, 445
Héraclite
Hering, Jean
Hervé, Pierre, xlviii, 75, 114, 116, 169
Hilferding, Rudolf, 238
Hitler, Adolf, xxxiv
Hô Chi Minh, 72, 74–76, 184, 329, 330
Holenstein, Elmar, 263
Howard, Dick
Hubeny, Alexandre
Husserl, Edmund, 7, 65, 109, 174, 234, 281, 334, 386
Hyppolite, Jean, xxiv, xxviii, xxxvi, xxxviii, 171, 194, 286, 291, 292, 434

I

Israël, Stéphane, 67, 69, 71, 72, 74, 78

J

Jackson, John Huglings
Jakobson, Roman, 236, 260, 263
James, Cyril Lionel Robert, 230, 234
Janet, Pierre, 213

Janicaud, Dominique, xxxi, xxxii, 173, 193, 434, 442
Jankélévitch, Vladimir, 448
Jarczyk, Gwendoline, 184
Jaspers, Karl, xxxv, xxxviii, 10
Jay, Martin
Jdanov, Andreï, 168, 169
Jeanson, Francis, 315

K

Kanapa, Jean, 169, 438
Kant, Emmanuel, 84, 133, 171, 174, 177, 198, 234, 299, 311, 328, 340, 398–404
Kardiner, Abram, 249, 251, 386
Karsenti, Bruno, 8, 31, 233, 423
Kautsky, Karl, xxx, xlvii, 158, 239, 285, 338
Keck, Frédéric, 284, 395
Kelly, Michael, 169
Khrouchtchev, Nikita, 375
Kierkegaard, Søren, xxiv, xxxviii, 340, 348, 358
Kleinberg, Ethan, xxxi, xxxii, xxxvii, 8, 41, 442
Koestler, Arthur, 161, 307
Kojève, Alexandre, vii, xxxv, xxxvii, xxxviii, xlv, xlvi, 4, 16, 41, 68, 115, 127, 146–148, 151, 177, 184–192, 213, 244, 250, 286, 292, 330, 340, 348, 356, 361, 362, 370
Korsch, Karl, 337, 341, 346
Kosik, Karel, 445
Kostov, Traïcho, 307
Kotek, Joel et Dan, 169
Kouvélakis, Stathis
Koyré, Alexandre, xxxv
Kruks, Sonia

L

Labarrière, Pierre-Jean, 184
Labérenne, Paul, 14
Labica, Georges, xlii, xlvii, 86, 125, 180, 271, 326
Lacroix, Jean, 2
Landgrebe, Ludwig, xxxv, xlii, 66
Landshut, Siegfried, xliv, xlv
Langevin, Paul, 182
Larison, Mariana, 336, 350, 361
Laval, Christian, 129
Lavelle, Louise
Lavigne, Jean-François, 198
Lawlor, Leonard, 174, 196
Le Senne, René, xxxvi, 71

Leduc, Victor (Nechtschein, Vladimir), 169, 438
Lefebvre, Henri, xli, xliv, xlv, xlvi, 67, 85, 167, 182, 183, 286, 327, 328, 337, 401, 438, 444
Lefort, Claude, xxiv, 94, 113, 230, 280, 317, 321, 337, 439
Leiris, Michel, 298, 299, 386
Lénine, Vladimir Ilitch, xxx, xlvi, xlvii, 14, 24, 67, 111, 116, 117, 134, 139, 143, 149, 154–163, 234, 238, 239, 285, 325, 326, 337, 338, 341–344, 346, 347, 376
Levinas, Emmanuel, xxxii, xxxiv, xxxv, 195
Lévi-Strauss, Claude, 171, 236, 275, 280, 281, 283, 284, 296, 298, 303–305, 321, 322, 328, 381, 383, 385, 386, 395, 396, 402, 410, 433, 434, 439
Lévy-Bruhl, Lucien, 298
Lewin, Kurt, 386
Lichtheim, Georges
Linton, Ralph, 249
Lipietz, Alain, 326
Loison, Laurent, 220
Louette, Jean-François, 283
Low, Douglas
Löwith, Karl
Löwy, Michael, 114, 115, 143
Lukács, Georg, 24, 52, 53, 67, 94, 104, 111, 113, 114, 116, 117, 125, 130–134, 137–139, 145
Luxemburg, Rosa, 50, 67, 116, 142, 143, 149, 285
Lyotard, Jean-François, xxiv
Lyssenko, Trofim, 169, 220, 241, 390

M

Macherey, Pierre, xlvii, 434
Machiavel, Nicolas, 245–247
MacMillan, Malcolm
Madjarian, Grégoire, 1
Mallarmé, Stéphane, 296, 315, 321
Malraux, André, 10, 42, 106, 232, 273, 290, 370
Mandel, Ernest, 317
Maniglier, Patrice
Marcel, Gabriel, xxxviii, xl, xlix, 53, 124
Marcenac, Jean
Marcuse, Herbert
Marion, Jean-Luc, 49
Martineau, Emmanuel, 47, 57, 286
Martinet, Gilles, 3
Martinet, Jean-Daniel, 230, 239

Marx, Karl, 10, 67, 110, 174, 234, 279, 335, 387, 441, 449
Mascolo, Dyonis, 169
Mattéi, Jean-François, xxx, 182
Maublanc, René, 14
Maulnier, Thierry (Talagrand, Jacques), 114
Mauss, Marcel, 8, 31, 34, 35, 225, 233, 280, 283, 284, 298, 299, 302, 304, 305, 386
Mayer, Jacob-Peter, xlv, xliv
Mazauric, Claude, 296
McHale, Shawn, 329
Mead, Margaret, 249
Meillassoux, Quentin, 9
Mendel, Gregor, 169
Mendès-France, Pierre, 333, 368, 375
Molitor, Jules, xlv, 87
Monnerot, Jules, 340
Moré, Marcel, 115
Moreno Pestaña, José Luis, 174
Morhange, Pierre, xliv
Morin, Edgar, 116, 169
Mougin, Henri,
Mouillaud, Maurice, 169
Moulier-Boutang, Yann, 75
Mumford, Lewis, 386

N
Nabert, Jean,
Nadeau, Maurice, 3
Naville, Pierre, xxiii, 1, 3, 13, 16, 17, 76, 95, 126, 135, 140, 147, 148, 183, 234
Neri, Guido Davide, 445
Nizan, Paul, li, xlvi, xliv, xxvii, 10, 18, 20, 54, 114, 116, 133, 145
Noël, Léon (Mgr), 448

O
Ohayon, Annick, 217

P
Paci, Enzo, 445
Papin, Philippe, 175, 329
Parnet, Claire, 7
Patoèka, Ian, viii, 445
Patri, Aimé, 176
Pavlov, Ivan, 126, 213
Pažanin, Ante
Péguy, Charles, 54, 113, 271
Perreau, Laurent, 31
Philippe, Gilles, 402, 409–411, 425, 432

Piaget, Jean, 171, 172, 208, 213, 220, 328
Picard, Yvonnes, xlviii, 75, 199, 455
Piéron, Henri, 213
Piobietta, Stéphane,
Plas, Régine, 217
Plekhanov, Georgi, xlvii, 285
Politzer, Georges, li, xlix, xliv, 10, 14, 131, 169
Pompeo Faracovi, Ornella,
Poster, Mark, xlv, xxxvii, 2, 12, 445
Pradelle, Dominique, 198
Prenant, Marcel, 169, 328
Pudal, Bernard, li

R
Rajk, László, 307
Rancière, Jacques, 434, 435
Ravaisson, Félix, 220
Revault D'Allonnes, Myriam, 143
Revel, Jean-François (Ricard, Jean-François), 67, 69, 71, 76–78
Riazanov, David, xliv
Richir, Marc, 439
Ricœur, Paul, xxiv, xxviii, xxxiv, xxxviii, xl, xlix, 1, 179, 184, 196, 198, 204, 214, 234, 445
Riesman, David, 386
Rodrigo, Pierre, 379, 445
Romains, Jules, 58, 370
Rosenthal, Gérard, 284, 315
Rosenthal, Mark Moiseevic
Roth, Michael S.
Rousset, David, 243, 280, 284, 314, 315
Rovatti, Pier Aldo, 445
Russon, John
Rybalka, Michel

S
Saint Aubert, Emmanuel de, 111, 115, 124, 128, 257
Salanskis, Jean-Michel, 440, 441
Sapiro, Gisèle, xxix, 11
Saussure, Ferdinand de, 236, 259, 261–263, 268
Scheler, Max, xxxv, 66, 234
Schérer, René, xlix, 70
Schrift, Alan
Semerari, Guiseppe, 384
Serge, Victor
Servin, Marcel, 325
Sève, Lucien, 69, 446
Sichère, Bernard, 141, 168
Siemek, Marek

Silverman, Hugh J., 261
Simont, Juliette, 281, 414, 433
Sommer, Christian
Sorel, Georges, xliv
Spiegelberg, Herbert, xxiv, xxxiv, xxxv, xxxviii, 66
Spinoza, Baruch, 68
Staline, Joseph, xlvii, liii, 14, 156, 169, 239, 244, 294, 325, 327, 330, 343, 381–383, 393, 427
Stein, Edith, xlii
Stéphane, Roger, 75, 82, 176, 310, 313
Sternhell, Zeev
Stirner, Max, 129
Surya, Michel, 1, 2, 12, 164, 168, 169, 314
Szekeres, Georges, 116

T
Tengelyi, László
Terray, Emmanuel, 434
Thompson, Edward Palmer, 28, 143, 167, 170
Thorez, Maurice, 1, 114, 164
Tilliette, Xavier, 120
Tito, Josip Broz, 168, 294
Toadvine, Ted, 117, 119, 124
Tomès, Arnaud, 387, 400
Tosel, André, xxx, 182
Trinh Van Thao, 184, 329
Trotski, Léon, 10, 67, 111, 116, 134, 143, 149, 154, 156, 157, 234, 241–245, 267, 268, 282, 284, 285, 311, 326, 337, 342, 364, 369, 370, 372, 376

U
Urbančič, Ivo

V
Vadée, Michel, 143
Vajda, Mihály
Valéry, Paul, 139
Van Breda, Herman Leo, xxxv, xxxvi, 67–71, 75–81, 103, 118, 119, 179, 194, 234, 235
Van der Linden, Marcel, 239
Varsa Szekeres, Vera, 116
Verstraeten, Pierre, 309, 311, 383
Vieillescazes, Nicolas
Vioulac, Jean, 379, 445
Vittorini, Elio, 168
Von Uexküll, Jakob, 419
Von Wroblewski, Vincent

W
Wahl, Jean, xxxv, xxxvii, xxxviii, xlix, 4, 185, 358
Wahnich, Sophie, 296
Waldenfels, Bernard, xxxiv, 41, 387
Wallon, Henri, 14, 182
Weber, Henri, 24
Weber, Max, 51, 341, 354
Weil, Éric, 176, 185, 232
Welter, Gustav, 296
Whiteside, Kerry Holmes, 112–115, 123, 141, 153
Whyte, William, 386
Worms, Frédéric, xlix, liii, 2
Wormser, Gérard

Z
Zarader, Jean-Pierre, 8, 31, 387
Zaslavski, David, 43

9783030706890